GARIBALDI

EN FRANCE

DOLE, AUTUN, DIJON

GARIBALDI

EN FRANCE

DOLE, AUTUN, DIJON

PAR

G. THEYRAS

AVOCAT, ANCIEN MAGISTRAT

OUVRAGE ORNÉ DE DESSINS ET DE CARTES

> Ce monde sera-t-il donc éternellement condamné à être foulé aux pieds par de lâches et vils fripons? La plante humaine serait-elle donc toujours affamée de ce fumier, qui pourtant la fait dépérir?
> *(Lettre de Garibaldi à M. Gœgg, 3 septembre 1872.)*

AUTUN
IMPRIMERIE DEJUSSIEU PÈRE ET FILS
1888

TOUS DROITS RÉSERVÉS

PRÉFACE

Ce livre n'est pas une compilation, c'est un témoignage. L'auteur raconte ce qu'il a vu et entendu, comme il l'a vu et entendu, pendant les quatre mois par lui passés à l'armée des Vosges, en qualité de sergent des mobilisés d'Autun. Ses souvenirs ont été contrôlés, coordonnés, complétés à l'aide des documents officiels français et allemands, des écrits, des dépositions, des déclarations de nombreux témoins, et, en ce qui concerne le combat d'Autun auquel il assistait avec la première compagnie des mobilisés de cette ville, au moyen d'une enquête faite sur les lieux.

Les dépêches et pièces officielles, l'enquête parlementaire sur les actes du gouvernement de la Défense, les rapports à l'Assemblée nationale qui en ont été la conséquence, la *Guerre franco-allemande* rédigée par la section historique du grand état-major prussien, les publications de MM. Bordone, Marais, du général Pellissier, les rapports de M. Castilhon, juge suppléant au tribunal civil d'Autun, chargé du service du parquet pendant l'occupation garibaldienne, celui de M. Debuschère, commissaire de police à la même époque, les articles publiés dans *le Télégraphe* de Lyon par M. Castilhon du 24 janvier au 5 février 1873, etc., sont les principales sources écrites auxquelles il a puisé. Les conversations relatées dans le cours de ce récit ne sont point une œuvre d'imagination; l'auteur les a entendues lui-même ou les tient de personnes dignes de foi. Il les a rapportées avec la plus grande exactitude possible, afin de mieux représenter à l'esprit du lecteur la physionomie de l'armée garibaldienne, de la faire en quelque sorte revivre à ses yeux. Il en est de même de tous les détails contenus dans ce livre; c'est de l'histoire et non pas du roman. L'auteur n'a pas la prétention de ne s'être jamais trompé, mais il a celle d'avoir tout fait pour ne pas l'être et ne pas légitimer les soupçons sur sa véracité. Ceux qui pourront lire les documents, interroger les témoins, acquerront la conviction que la vérité n'a été blessée dans ce livre ni par exagération, ni par invention. Ces explications générales doivent tenir lieu des notes dont ce volume serait surchargé.

Tombé à sa sortie du collège en pleine orgie garibaldienne, l'auteur a suivi avec le plus vif intérêt toutes les péripéties romanesques de cette aventure extraordinaire; le tableau en est gravé en sa mémoire. Il certifie la copie conforme à l'original; la vie seule manque à cette photographie. Son récit paraîtra pâle aux yeux de ceux qui ont assisté à la saturnale. Certains incidents trop crus ou trop délicats ont été omis; l'éloignement en a relégué beaucoup d'autres dans l'ombre : il suffit que l'ensemble ressorte exact et bien en lumière. La distance même des événements a permis d'atteindre plus facilement ce résultat.

Le voyageur errant à travers les rues de Naples, « perdu dans le labyrinthe des petites boutiques, des échoppes en plein vent, coudoyé, abasourdi par la fourmilière d'hommes et de femmes qui achètent, vendent, bavardent, gesticulent, ayant son horizon borné par les hautes maisons aux balcons surplombant à tous les étages, » ne peut se faire une idée adéquate de cette ville justement célèbre. Pour cela, il faut qu'il monte au splendide couvent de San-Miniato. Naples, immensément étalée et prolongée jusqu'au Pausilippe, jusqu'au Vésuve par une traînée de maisons blanches, lui apparaît alors en entier, étagée comme un amphithéâtre gigantesque autour du golfe qui se courbe, embrassant la mer bleue toute miroitante sous les rayons du soleil, sous la coupole du firmament dont elle reflète l'azur. Tout de même en histoire. Il faut être convenablement éloigné des événements pour les embrasser d'un coup d'œil, en voir l'ensemble, le relief, se dégager des détails, en apprécier l'importance relative.

Ce livre qui n'est pas une compilation n'est pas davantage une œuvre de passion ni de parti. L'auteur n'a jamais eu à se plaindre personnellement ni de Garibaldi, ni de M. Bordone, ni de M. Marais, ni d'un garibaldien quelconque. Il les a considérés et les considère encore comme ces quantités indéterminées dont le mathématicien se sert pour résoudre un problème; on ne s'enflamme ni pour ni contre les inconnues x, y, z; on s'en sert simplement pour découvrir la vérité et la mettre en lumière; ainsi a-t-il procédé.

Il n'a pas eu non plus l'arrière-pensée de faire des applications à nos discordes civiles actuelles. Si les républicains revendiquent pour eux Garibaldi et les garibaldiens, s'ils entendent se déclarer solidaires de leurs actes, c'est leur affaire; on en pourra tirer des conclusions, mais l'auteur ne les y a pas mises.

Il estime que la politique doit rester étrangère à l'appréciation des faits militaires; il est convaincu que les républicains français suffisent amplement à dépopulariser la République, à l'avilir, à la traîner dans la boue, dans le sang, à la renverser, et il n'a jamais songé à aller chercher en Italie ni ailleurs des arguments contre elle.

« Cecy est donc un livre de bonne foy. »

Depuis longtemps déjà, les acteurs de la pièce garibaldienne nous ont donné leur avis sur la manière dont ils prétendent avoir joué leur rôle; il était juste que les spectateurs émissent aussi le leur.

L'invasion garibaldienne est du reste l'un des épisodes les plus singuliers de la guerre 1870-1871, l'un des faits les plus saillants de notre histoire locale. Il faut remonter jusqu'à l'invasion des Arabes au commencement du huitième siècle, jusqu'au siège d'Autun par le maréchal d'Aumont en 1591, pour découvrir dans nos annales quelque chose d'équivalent. A ce titre, il y avait utilité de dire ce qui s'était réellement passé, d'opposer la vérité à l'erreur, de laisser à ceux qui viendront après nous une relation véridique.

Il n'était que temps. Dieu, que les années vont vite! Dans un quart de siècle, combien restera-t-il des cent vingt à cent cinquante Autunois qui ont combattu le 1er décembre 1870, et qui avaient presque tous dépassé trente ans à cette époque?

> Eheu! fugaces, Postume, Postume,
> Labuntur anni................

Autun, le 25 décembre 1887.

G. THEYRAS.

GIUSEPPE GARIBALDI
1870

GARIBALDI
EN FRANCE

DOLE, AUTUN, DIJON

CHAPITRE Ier

Le Quatre-Septembre. — Arrivée de Garibaldi. — Dôle.

I. Révolution du 4 septembre. Ses conséquences à l'intérieur et à l'extérieur. La levée en masse, les corps francs, les officiers improvisés, Garibaldi. — II. Circonstances de la venue de Garibaldi en France, ses projets; il est nommé commandant de l'armée des Vosges. — III. Dôle. État-major garibaldien. — IV. Difficultés avec les autorités civiles et militaires. Blanc-seing donné par Gambetta à Garibaldi. Discussions intestines. Affaires Frapolli et de Baillehache. — V. Situation militaire. Guerre aux jésuites, aux prêtres, aux citoyens. Départ de Dôle.

I

La capitulation de Sedan plaçait la France dans une position analogue à celle de la Prusse après les batailles d'Iéna et d'Auerstedt, à celle de l'Autriche après Solférino et Sadowa. Devait-elle imiter ces nations et accepter la paix, ou bien continuer la guerre? Avant de lancer le pays dans les aventures, il y avait lieu d'examiner avec le plus grand soin sur quels éléments de résistance, sur quelles sympathies étrangères l'on pouvait compter; il fallait interroger les généraux, les diplomates, les ministres, les représentants élus du pays, tous ceux qui étaient

De qui ces factieux tenaient-ils la mission de s'immiscer dans les affaires de la France, de disposer d'elle en des circonstances aussi graves? Qui les avait autorisés à renverser le gouvernement impérial que huit millions de suffrages venaient récemment d'acclamer et qui seul pouvait alors traiter avantageusement de la paix ou continuer la lutte? Etait-ce la province qui ne connaissait quelques-uns d'entre eux que pour les redouter et les honnir? Était-ce la majorité de la population parisienne qui se soulevait et les élevait sur le pavois? C'étaient eux seuls qui, dès la déclaration de guerre, dans l'attente de revers ardemment désirés, poussés par une ambition criminelle et par les sociétés secrètes, avaient préparé de longue main l'insurrection qui éclatait et poussaient sur la Chambre, sur les Tuileries, la minorité des déclassés, des vagabonds, des tarés, Belleville et Montmartre, tandis que les gens de bien « atterrés par la surprise et l'indignation, restaient immobiles et attendaient les événements sans chercher à les conjurer ou à les diriger. »

Trahie par Trochu, gouverneur de Paris, qui, après avoir prononcé ce serment : « Je me ferai tuer sur les marches de votre palais car je suis soldat, catholique et Breton, » pactisait avec l'émeute et se mettait à sa tête, « seule calme, seule vaillante au milieu d'un monde officiel qui perdait la tête et dans lequel circulait comme un souffle de défaillance, » refusant toutefois de faire couler le sang des rebelles, « afin de ne pas ajouter, disait-elle, à nos désastres les horreurs de la guerre civile, » l'Impératrice-régente, poussée par ses conseillers, quittait le palais des Tuileries, accompagnée du chevalier Nigra, ambassadeur d'Italie, et du prince de

Metternich, ambassadeur d'Autriche, en s'écriant : « Ah ! quelle folie ! devant l'ennemi, briser ainsi notre dernière résistance ! Palais fatal ! c'est donc la destinée de toutes les royautés de te quitter ainsi ! »[1]

Le lendemain, la France en deuil, instruite par la joie même des pervers de toute l'étendue de son malheur, apprenait qu'une camarilla sinistre et bouffonne s'était emparée du pouvoir à la façon des bandits qui dévalisent le voyageur attardé et solitaire au carrefour des grands chemins. Dépourvus de génie, de talent, de dévouement, de cœur, d'expérience et même de simple bon sens, ces aventuriers n'apportaient pour tout secours au pays en détresse que leur cupidité aiguisée par une longue attente et celle de la bande d'affamés qui les suivaient haletants, pour prendre part à la curée.

Aussi bien la patrie, cet ensemble de traditions, cette communauté d'idées, d'aspirations, de sentiments qui, plus que le sol et la langue, relient entre eux les divers éléments d'une société, n'existait pas pour ces révolutionnaires dont toute la politique consistait dans la haine du passé.

« N'est-ce pas un être fictif, s'écriait M. Jules Simon, l'un des membres du gouvernement de la Défense nationale, dépendant uniquement des conventions humaines qui, sous le nom de patrie, se place entre l'humanité et la famille ? Qu'est-ce que la patrie, le sais-je ? Quel préjugé plus soigneusement entretenu que celui-là ? On ne nous le présente jamais qu'avec des images héroïques ; tout le monde enfle sa voix pour en parler, il semble que c'est la plus belle vertu ! On fait, à force d'art, de

---

1. Imbert de Saint-Amand. *Les Femmes des Tuileries*.

singulières créations dans le cœur humain. Quoi de plus difficile que de persuader à cent mille hommes grossiers qu'ils doivent se faire hacher pour sauver quelques mètres de soie tricolore attachés à un piquet? On y parvient pourtant. Et que faut-il pour cela? De grands mots et quelques fanfares! » — « Cinq milliards, l'Alsace et la Lorraine pour la République, mais c'est donné ! » osait dire un autre membre du gouvernement.

Tel était le patriotisme des hommes qui, sous prétexte de relever le drapeau arraché des mains de nos vaillants et malheureux soldats, mais en réalité pour établir leur exploitation cynique, eurent l'infamie de violer devant l'envahisseur la constitution du pays, de chasser la représentation nationale, de fouler aux pieds l'administration, de dissoudre les conseils élus, de destituer, de briser, de disperser, d'anéantir tout ce qui faisait la force de la nation, de désunir les Français, substituant leurs appétits faméliques, leur inexpérience, leur indignité, aux capacités, aux dévouements, à la volonté de la France, voilant leur mise en coupe du pays, c'est-à-dire leur république, du nom aussi pompeux que mensonger de « Gouvernement de la Défense nationale », avouant par là même combien était impopulaire et redouté ce régime qui, mieux que la Restauration, « sortait des bagages de l'étranger. »

Immédiatement, nous perdions les dernières sympathies de l'Europe monarchique. La médiation qu'elle avait offerte le 3 septembre à l'Impératrice-régente sur ces deux bases : intégrité du territoire de la France et maintien de la dynastie impériale, elle la refusait dédaigneusement aux Trochu, aux Jules Favre, aux Gambetta, aux Crémieux et autres émeutiers dépourvus de considération et ne lui inspirant que du mépris. L'Italie allait à Rome ; la République américaine elle-même se jetait aux pieds de M. de Bismarck.

Rien de plus triste que le spectacle lamentable qui s'offrit alors aux yeux des citoyens. « Les révolutions précédentes affirmaient de fausses doctrines, mais elles affirmaient ce qui suppose une foi. » L'insurrection du 4 septembre se fit au nom des appétits les plus grossiers ; elle ne croyait à rien qu'aux jouissances matérielles : le pillage des fonctions publiques était son unique but. Le 4 septembre, à trois heures et demie du soir, la République était proclamée pour tenir tête à l'ennemi, disait-on, et sauver la France, et à trois heures et demie, le 4 septembre, la curée des places commençait. Tout d'un coup, on vit « sortir des bas-fonds de la société une nuée de pauvres diables, les uns, fripons en rupture de ban, les autres, parents ou complaisants des envahisseurs de la veille. Tout ce monde, plus ou moins incapable ou indigne, se précipite sur les emplois, cherchant des jouissances, des broderies, des traitements, sans se préoccuper le moins du monde des austères devoirs de l'homme chargé des affaires de son pays. On improvise ainsi des ministres, des directeurs généraux, des conseillers d'État, des ambassadeurs, des préfets, etc. On chasse les bons et anciens serviteurs. La machine administrative déraille. Le désordre est partout, les archives disparaissent et les caisses se vident. »[1]

Durant tout le mois de septembre, comme si l'ennemi ne foulait pas le sol de la patrie, ils ne s'inquiètent que de l'affermissement de leur exploitation, perdant un

---

1. Général Ambert. *Histoire de la guerre de 1870-71*, page 246.

temps précieux à répandre les fables, les injures, les mensonges, les calomnies, pour discréditer la monarchie, la rendre odieuse et l'avilir; bouleversant les administrations au moment même où l'on avait le plus besoin de leur expérience et de leur influence; distribuant la France aux fruits secs de toutes les positions; vidant les cafés de la province, de la capitale, les antres des sociétés secrètes, pour remplir les préfectures, les sous-préfectures, les tribunaux, les bureaux les plus infimes.

Triste temps où le désordre et la dictature s'accentuant chaque jour, ainsi que les violences populaires, « tous les fléaux paraissent déchaînés sur la France : les méfaits d'une populace cynique, le délire des proconsuls renversant toutes les lois, le capricieux pouvoir d'un dictateur emporté à la dérive par les passions révolutionnaires ». [1]

Absorbé par les soucis de son établissement, par la guerre au bonapartisme, le gouvernement ne fait rien pour arrêter la marche de l'envahisseur, et le 18 septembre, plus de cent mille Allemands se présentent devant Paris dégarni, dont un coup de main audacieux les aurait rendus maîtres. « Ce gouvernement qui osait se nommer le gouvernement de la défense nationale, avait donc perdu quatorze jours, pendant lesquels l'ennemi s'avançait à marches forcées sur Paris. » [2]

L'affaire de Châtillon, qui eut lieu le cinquième jour du siège, le mit en présence de la nécessité inéluctable. Au lieu de faire la République, il fallait traiter ou se battre. Mais pour entamer des pourparlers, des élections

---

1. Leroy-Beaulieu. *Revue des Deux-Mondes*, 15 mars 1871. p. 301-302.
2. Général Ambert. *Histoire de la guerre de 1870-71*.

étaient indispensables : « Vous êtes nés d'une sédition et vous pouvez demain être jetés à terre par la populace de Paris », répondait dédaigneusement M. de Bismarck à Jules Favre dans l'entrevue de Ferrières. Or, les hommes du Quatre-Septembre n'ignoraient pas que ces élections seraient la fin de leur règne ; ils craignaient surtout qu'elles ne fussent le commencement de la reddition de leurs comptes. Ils se décidèrent donc d'autant plus aisément à continuer la guerre, qu'abrités sous les lambris dorés des palais nationaux, ni eux ni les leurs n'y devaient prendre part et que c'était le seul moyen de prolonger leur domination.

Le décret instituant « la commission des barricades » sous la présidence de Rochefort fut le premier acte de cette folie criminelle qui s'appelle « la guerre à outrance ». Puis vinrent d'autres décrets aussi puérils avec accompagnement de discours, de proclamations, de déclamations creuses. En choses militaires comme en politique, les factieux de l'hôtel de ville ne connaissaient que le roman de 1793. Ils semblaient ignorer qu'à cette époque les volontaires avaient été encadrés dans une vieille armée régulière de 200,000 hommes, léguée par la monarchie, et que du reste les 30,000 hommes du duc de Brunswick étaient alors remplacés par un million d'Allemands. A les entendre, la levée en masse, sans chefs, sans cadre, sans habillements, sans bonnes armes, devait faire face à tout. Ennemis-nés des officiers généraux, des hommes du métier dont ils redoutaient l'influence, craignant d'être renversés par eux à leur tour, ils les écartaient le plus possible de la direction et de la conduite des armées, affirmant follement qu'un uniforme tel quel, le cri de Vive la République ! et *la Marseillaise* étaient suffisants pour repousser l'ennemi. « Ces messieurs avaient admis en principe que, pour être bon capitaine, il fallait ne pas savoir un mot de son métier. M. Crémieux, par exemple, arrêtait dans la rue un homme dont la physionomie lui revenait et lui disait : « Seriez-vous capable de commander une armée? N'avez-vous pas un plan, une idée militaire quelconque? Nous ferons de vous n'importe quoi [1]. » Par contre, ceux que leurs connaissances spéciales désignaient pour concourir à la défense étaient traités en suspects.

Par le même principe, l'avocat Gambetta, « cet organisateur de la défaite », travesti en homme de guerre, se faisait décerner prématurément par ses créatures le titre pompeux « d'organisateur de la victoire ! » « Une fois nanti du ministère de la guerre, il se croit en droit de commander des armées et de donner des ordres aux généraux devant l'ennemi... Un jour, à propos de l'expédition des dix-huitième et vingtième corps sur Pithiviers que, selon mes idées... conformes à celles du général d'Aurelles, je trouvais compromettante, Gambetta me dit, en parlant des généraux et des ordres qu'il leur donnait, un mot qui m'effraya : « Eh ! je sais ce que je fais ; cela va bien. Je les fais marcher comme des pions sur un un damier. » [2]

« Au lieu d'avoir la sagesse dès le début, de s'entourer d'une consulte compétente, qui lui eût épargné de cruelles méprises et des revers inévitables à partir de la grande déception d'Orléans... cet avocat sans expérience brise tout sur sa route. Eperonné par son imagination en

---

1. *Enquête parlementaire.* Déposition du général Le Flô, ministre de la guerre du gouvernement de la Défense nationale, page 628.
2. Glais-Bizoin. *Dictature de cinq mois.*

feu, surexcité par les voix venues de Paris, par des amis des fournitures à outrance »[1] qui exploitaient sa vanité, Gambetta n'est plus qu'un homme en délire.

La formation des corps francs fut une autre conséquence de l'inexpérience militaire, de l'affolement des séditieux du Quatre-Septembre, de leur suspicion à l'égard des armées régulières.

« Après nos premiers revers, on eut l'illusion de croire que des détachements improvisés de francs-tireurs pourraient lutter avec avantage contre les armées régulières qui envahissaient le pays. Les administrations qui avaient saisi le pouvoir sur les divers points de la France encouragèrent la formation de corps francs dans lesquels s'enrôlaient le plus souvent les hommes qui, aux travaux de l'armée régulière, préféraient les hasards d'une vie sans discipline, à des officiers réguliers des chefs de leur choix.

» Le gouvernement de Tours favorisa cet engouement, et, par un décret du 28 septembre 1870, risqua de tarir le recrutement si nécessaire de notre armée, en allouant à ceux qui s'enrôleraient dans les compagnies de corps francs, et non dans l'armée, une solde de un franc par jour pour les soldats et de un franc cinquante pour les sous-officiers. On créait en outre pour les corps un service de réquisitions, de rations et de vivres. »[2]

Ces agissements inspirés par le plus vil égoïsme annihilaient la défense, servaient puissamment nos ennemis « auxquels nul bonheur ne manqua pendant cette fatale période. » Et cependant, bien que la paix s'imposât

---

1. E. de Kératry. *L'Armée de Bretagne.*
2. Rapport de M. de Ségur sur *l'armée des Vosges.*

après Sedan, il y avait encore dans le pays des moyens de résistance dont un autre gouvernement, s'il se fût décidé à continuer la guerre, eût pu tirer un tout autre parti. Un vieux républicain, M. Lanfrey, le constatait à la fin de décembre 1870 : « Nous avions trois mois de répit; c'était plus qu'il n'en fallait pour organiser une armée terrible et redoutable. Les éléments ne manquaient pas; ils ne demandaient qu'à être réunis et disciplinés. On a préféré lever d'énormes quantités d'hommes qu'on ne pouvait ni armer, ni équiper, ni nourrir. On a jeté partout le désordre et la désorganisation, tout en se gardant bien de rien changer à la vieille routine administrative et militaire. On a détruit la confiance du soldat par des destitutions sans motifs, bientôt suivies de réhabilitations sans effet. On a fait des chefs d'armée avec des journalistes de troisième ordre ; on a livré nos emprunts aux aventuriers de la finance ; on a confié des fonctions de la plus haute importance à des bohèmes politiques, qui parlent du matin au soir de faire des pactes avec la mort et qui n'ont fait de pactes qu'avec leurs appointements. Chacun est à même de juger de l'exactitude de ce tableau. »

La dictature de l'incapacité, ajoute M. Boreau-Lajanadie, rapporteur de la commission d'enquête sur les actes du gouvernement de la Défense nationale, « a valu à la France des défaites, des désastres, la capitulation de Paris, le démembrement du pays, le traité que nous avons été contraints de subir à Bordeaux. Elle a valu à la République la guerre civile, la Commune, les crimes, l'assassinat des otages, l'incendie de nos monuments. Si les membres du gouvernement de la Défense avaient été assez heureux ou assez habiles pour relever l'honneur de nos armes, pour expulser l'ennemi de notre territoire, pour signer une paix glorieuse à Bordeaux, ils en auraient assurément et à juste titre revendiqué pour eux l'honneur. Malheureux, et malheureux par leur faute, ils ne peuvent aujourd'hui se dérober à la responsabilité des défaites qu'ils ont essuyées, des humiliations qu'ils ont subies et fait subir à la France.

« Qu'on ne dise donc pas que la continuation de la guerre et les souffrances qui en ont été la suite sont un legs de l'Empire..... Est-ce sa faute, si l'on a placé à la tête des affaires des hommes absolument étrangers à l'administration des choses militaires; si l'on a subordonné les chefs de l'armée à l'autorité des préfets; violé toutes les règles de la hiérarchie, destitué des généraux pour les remplacer par des commissaires civils et des commissaires d'armement, créé des camps comme celui de Conlie; si l'on s'est entouré d'agents que l'on peut juger par leurs dépêches, de conseillers que l'on peut juger par leurs combinaisons stratégiques.

» Qui a fait cela, si ce n'est le gouvernement de la Défense? Et s'il n'est pas responsable de ces actes, quel gouvernement le sera jamais?

» Sans l'aveu de la nation, il s'était emparé du pouvoir le 4 septembre; sans l'aveu de la nation, il s'est maintenu au pouvoir pendant cinq mois. Au refus de convoquer une assemblée nationale il a ajouté la faute de dissoudre les conseils généraux, les conseils municipaux, de telle sorte que la mainmise sur le pays, sur ses forces, ses libertés, ses droits a été complète et absolue.

» Les forces de la France, on les a usées, épuisées, non pas seulement dans l'intérêt de la défense, mais dans l'intérêt d'un parti; et le nom de République, dans les proclamations de M. Gambetta et de ses collègues, a toujours sonné plus haut que celui de patrie.

» Les libertés de la France, libertés parlementaires, départementales, municipales, on les a foulées aux pieds. On a chassé le Corps législatif et les conseils élus pour substituer : aux conseils élus des commissions nommées par les préfets ; au Corps législatif les dictateurs de l'hôtel de ville, et l'on a maintenu le régime de l'arbitraire et du bon plaisir jusqu'à la chute de Paris ; on aurait voulu le conserver jusqu'à l'épuisement du pays.

» Les droits de la France, on les a confisqués ; on a malicieusement réparti tous les impôts même l'impôt du sang. On s'est joué de l'armée et de la magistrature. On a arrêté, emprisonné, expulsé les citoyens, on s'est arrogé le droit suprême de disposer du sort de la nation.....

» En présence de faits injustifiables et indiscutables, votre commission a dû appeler la réprobation de l'Assemblée et du pays sur la dictature de 1870, sur la révolution d'où elle est sortie, sur les usurpations et les excès de pouvoir qui en ont prolongé la durée au grand détriment de la défense nationale et au grand profit de nos ennemis. » [1]

Cette énumération est incomplète, car l'invasion des sectaires, aussi funeste que l'invasion prussienne, rendit possible la venue de Garibaldi. Cette anarchie despotique imposant effrontément à tout un peuple son incapacité, son aveuglement, ses passions, ne recula même pas devant la honte de confier le drapeau de la France à

---

1. Boreau-Lajanadie. *Rapport sur les actes du gouvernement de la Défense nationale*, p. 279 à 281.

son insulteur, à son mortel ennemi, à celui dont l'épée était encore toute rougie du sang de nos soldats. Elle ne se contenta pas de former, contre toutes les règles, des armées où les généraux et les officiers de métier étaient traités en suspects, en *pions*, par un ministre de la guerre d'opéra-comique, elle infligea encore à la patrie française l'affront suprême du vieux Garibaldi. Lorsque l'aventurier révolutionnaire débarqua à Marseille, le génie de la France se voila la face, se retira de nous, car tout était perdu, même l'honneur.

II

La Prusse, qui voulait rétablir à son profit l'empire d'Allemagne et obtenir l'hégémonie en Europe, se préparait depuis de longues années à la lutte contre la France. Pendant que M. de Moltke organisait ses armées, M. de Bismarck s'efforçait de créer en Europe et dans notre pays une situation politique favorable à ses desseins. Indépendamment des fourberies ordinaires de sa diplomatie, il prenait le contre-pied de la politique française et, malgré son mépris pour la Révolution et ses partisans, faisait alliance avec eux.

Peu scrupuleux sur les moyens, comprenant toute la force que pouvait lui donner contre la France, au moment d'un conflit, la maladie révolutionnaire dont elle est atteinte depuis 1789, il centralisait entre ses mains la direction du parti du désordre auquel il imprimait une vive impulsion. L'Internationale, la Ligue de la paix, la théorie des nationalités, celle des armées improvisées, la haine du « militarisme », l'unité italienne, le programme dit libéral, toutes ces élucubrations antifrançaises alors prônées par la presse d'opposition et par les sociétés secrètes, étaient autant d'armes forgées par le chancelier de fer et dirigées contre nous. C'est de Berlin que partaient les ordres ; c'est de Berlin que venait la « lumière » pour la franc-maçonnerie, les chefs pour l'Internationale, les subsides pour les journaux d'opposition qui faisaient l'œuvre prussienne ; c'est de Berlin que la politique catholique imposée à la France par des traditions et par des intérêts plusieurs fois séculaires, était combattue au moyen des loges dont il tenait en mains tous les fils.

« Pendant que la Prusse préparait ainsi les événements, le gouvernement français, abandonnant le principe d'autorité, penchait vers la fausse liberté du parlementarisme [1]. » Entraîné par le courant d'opinions factices créées par la secte, Napoléon III inaugurait l'Empire libéral ; dès lors il était perdu et les sociétés secrètes l'emportaient avec M. de Bismarck. Le renversement du pouvoir temporel des papes, la persécution du Kulturkampf dirigée contre les catholiques au lendemain des victoires de l'Allemagne, l'immixtion du chancelier prussien dans nos affaires intérieures pour amener au pouvoir les républicains sectaires, immixtion révélée notamment par le procès d'Arnim, tous ces actes et d'autres encore l'acquittaient envers la Révolution. On ne peut donc douter du rôle prépondérant qu'il joua dans l'émeute du 4 septembre et dans l'insurrection commu-

---

[1]. Général Ambert. *Histoire de la guerre de 1870-1871.*

narde ; elles furent l'aboutissement et le couronnement de son œuvre. « La Commune ne pouvait triompher qu'avec l'appui matériel de M. de Bismarck qui nous l'avait promis », a dit Cluseret le fameux général de la Commune. « Le traité conclu entre la Prusse et la Révolution, écrit le général Ambert, reçut sa première exécution le 4 septembre 1870 ; la seconde vint à l'heure de la Commune, lorsque les Prussiens, maîtres de Saint-Denis, firent renverser la colonne de la grande armée, assassiner les prêtres catholiques, et promener le pétrole sur nos palais et nos maisons. Le lendemain, ils délivrèrent des saufs-conduits aux chefs des assassins et des incendiaires qu'ils avaient eu l'infamie d'accepter pour complices. Les événements ont donc été conduits par la Prusse avec une haine sans exemple, une infernale cruauté et une sourde persévérance. »

Parmi les hommes qui à l'étranger ont secondé ses desseins, qui ont applaudi à ses succès, Garibaldi apparaît au premier plan. L'unité italienne, si chère à l'opposition et dont ce sectaire était le porte-drapeau, a été le prologue de l'unité allemande ; la politique anticatholique à laquelle il a si tristement attaché son nom était celle de la Prusse ; les sociétés secrètes où il dominait étaient en communauté d'idées et d'aspirations avec M. de Bismarck relativement à l'amoindrissement de la France. La conformité des vues et des intérêts, la similitude du but à atteindre, créaient une alliance naturelle entre le ministre prussien et le chef révolutionnaire.

On a affirmé « que du 12 au 22 juillet 1870, M. le comte d'Arnim, ministre de Prusse près le Saint-Siège, quitta son poste pour se rendre à Caprera. Son absence n'aurait pas été de longue durée. Il se serait embarqué à

Livourne à bord d'un navire prussien. Ce fait d'une haute importance a été répété sans être démenti. » [1]

Si, avant la révolution du Quatre-Septembre, l'Allemagne avait besoin des révolutionnaires pour la provoquer, leur concours lui était encore utile, après la chute de l'Empire, pour rendre définitifs les résultats qu'elle en avait retirés.

C'est dans ces circonstances que Garibaldi offrit ses services au gouvernement de la Défense nationale. Tandis que l'Italie allait à Rome, il venait en France coopérer à notre défaite, par suite assurer le renversement du pouvoir temporel des papes et la victoire de l'Italie sectaire. A défaut des hommes du Quatre-Septembre, il comptait obtenir d'un soulèvement démagogique, ou des circonstances habilement exploitées, sinon la dictature, du moins un commandement suffisamment important pour peser en maître sur les destinées de notre pays. Les calomnies répandues contre les généraux français, la propagande organisée en sa faveur par la démagogie à l'effet de l'appeler à la tête de nos armées comme généralissime, sa conduite vis-à-vis des chefs de corps placés dans son voisinage, vis-à-vis du gouvernement, vis-à-vis des citoyens, vis-à-vis des Prussiens, ne pouvaient pas avoir d'autre but.

Toutefois le gouvernement de la Défense ne répondit pas à ses offres ; il craignait non sans raison de se donner un maître : on sut bien lui forcer la main. Le 8 septembre, le comité de salut public de Lyon offrait à l'unanimité à Garibaldi le commandement de tous les corps francs. La ligue du Midi et Marseille tournaient aussi vers lui leurs

---

1. Général Ambert. *Histoire de la guerre de 1870-1871.*

regards. Le comité italien de cette ville, après s'être entendu avec l'Internationale par l'intermédiaire du citoyen Bastéalic, chargeait un certain Bordone, d'Avignon, des démarches nécessaires pour amener Garibaldi en France.

L'homme auquel s'adressaient les délégués italiens et qui devait jouer un rôle prépondérant à l'armée garibaldienne était né à Avignon le 2 novembre 1821 d'une mère italienne. « Bordone était un nom italianisé. Pour une raison ou pour une autre, il avait dépouillé son nom de Bourdon et s'affublait de ce nom de guerre Bordone, qui avait un parfum calabrais et pouvait au besoin dérouter les huissiers et les juges. » Ex-chirurgien auxiliaire de deuxième classe selon les uns, ex-pharmacien selon les autres sur la frégate l'*Ulloa*, il avait quitté ce service dans des circonstances qui n'ont jamais été bien élucidées ; on a affirmé qu'il y avait été contraint par des faits graves d'indélicatesse. Quoi qu'il en soit, il commença à partir de ce moment une vie aventureuse qui aboutit à plusieurs condamnations en police correctionnelle. Condamné le 13 mars 1857 par le tribunal de Chartres à dix francs d'amende pour coups et blessures, le 27 juillet 1858 par le même tribunal à cinquante francs d'amende pour détournement d'objets saisis, le 24 juillet 1860 par la cour de Paris à deux mois de prison et cinquante francs d'amende pour escroquerie, il aurait en outre, d'après le communard Cluseret, encouru une autre peine de trois années d'emprisonnement, prononcée par le tribunal de Cherbourg, pour escroquerie. C'est alors qu'il se lança dans la révolution et qu'afin d'éviter les poursuites de la justice il se rendit en Italie, où il fit avec Garibaldi la campagne des Deux-Siciles, en qualité de colonel. Entre temps, son dossier avait été transmis à la cour du Quirinal aux fins d'extradition. On ignore quelles explications furent fournies, mais le ministère des affaires étrangères français restitua ce dossier au parquet avec cette annotation : « Par ordre supérieur, suspendre les poursuites. » On a vraisemblablement prétendu qu'à partir de ce moment M. Bordone était devenu un espion international chargé de renseigner les cours française et italienne sur les menées des révolutionnaires et plus particulièrement de Garibaldi. On s'explique ainsi qu'il n'ait pas subi sa peine à son retour en France et qu'il soit devenu l'*alter ego* de Garibaldi.[1]

La délégation de Tours accueillit assez froidement les ouvertures de ce singulier ambassadeur; cependant, M. Crémieux, lié par ses attaches maçonniques, donna officieusement son consentement : « Oh! ce cher Garibaldi, dit-il à M. Bordone, que j'aurais de plaisir à le voir! Ah! si nous pouvions le faire entrer à Paris, quel effet ça produirait! Dût-on sacrifier du monde pour cela, nous l'y ferons entrer. Oui, allez nous le chercher, et dès que vous serez arrivés en France, venez directement à Tours, sans vous arrêter à Marseille et surtout sans passer par Lyon[2]. » Cette autorisation arrachée par la confraternité sectaire ne devait pas, dans la pensée de M. Crémieux, être suivie d'exécution; on lui avait dit que Garibaldi était gardé dans son île de Caprera par l'escadre italienne, et comme il s'abstenait de fournir toute aide matérielle, enjoignant à M. Esquiros, administrateur des Bouches-du-Rhône, de refuser son concours,

---

1. Léo Taxil. *Confessions d'un ex-libre penseur*, p. 277 et suiv.
2. Bordone. *Garibaldi et l'Armée des Vosges*. 1re partie. Dôle.

il espérait que M. Bordone échouerait dans son entreprise. Mais il avait compté sans l'Internationale, sans les sociétés secrètes qui avaient un si grand intérêt à la venue en France du révolutionnaire cosmopolite, et M. Bordone, triomphant des obstacles qui lui étaient opposés, trouvait le navire dont il avait besoin. Le 7 octobre, dans la soirée, le yacht *la Ville de Paris* débarquait à Marseille le fameux condottière. Le gouvernement de Tours avait été avisé de cette arrivée par un télégramme expédié de Bonifacio. A cette nouvelle, M. Crémieux s'écriait en levant les mains au ciel : « Oh ! mon Dieu, il arrive, il ne nous manquait plus que cela ! »[1]

Il semble que cette exclamation désespérée lui fût arrachée par la crainte que Garibaldi, venant à Tours, ne s'emparât du pouvoir, car il télégraphiait immédiatement au préfet de Valence ces instructions : « Recevez Garibaldi comme je le recevrais moi-même. Si vous pouvez le retenir à Valence, vous ferez un acte de la plus grande utilité pour le gouvernement. Je fais partir Auguste Bartholdi, chef de bataillon de la garde nationale, qui le recevra à son arrivée à Valence et aura pour vous des instructions particulières. Je lui donnerai aussi une lettre pour Garibaldi qu'il faut absolument retenir à Valence. Amitié. AD. CRÉMIEUX. »[2]

Que se passa-t-il à Valence ? Le gouvernement changea-t-il d'avis ou bien Garibaldi ne voulut-t-il pas obtempérer à ses désirs ? La seconde hypothèse paraît la plus probable, car le préfet de la Corse, Ceccaldi, qui avait

---

1. Bordone. *Garibaldi et l'Armée des Vosges*. 1re partie. Dôle.
2. Perrot. *Rapport sur les actes du gouvernement de la Défense nationale*, t. II, page 417, dépêche du 7 octobre 1870. 8 h. 35 du soir, n° 5390.

prêté son appui à l'entreprise de M. Bordone, fut destitué quelque temps après, malgré l'intervention de Garibaldi.

Déçue dans ses calculs, la délégation de Tours feignit l'enthousiasme ; afin d'accaparer à son profit la popularité de l'Italien, elle donna l'ordre, par l'intermédiaire de M. Gent, de lui faire « une réception splendide. » A son débarquement à Marseille, ce démagogue fut salué comme un roi par le canon des forts, tandis que le monde officiel et la foule ordinaire des curieux se portaient à sa rencontre.

« Nous trouvâmes là plus ardents et plus chauds dans leurs manifestations, écrit M. Bordone, ceux qui s'étaient le plus opposés à notre arrivée, et qui, plus préoccupés du soin de leur popularité que du bien-être de celui dont ils comptaient se servir, plutôt que de le servir, encombraient les voitures, afin de produire, eux aussi, leur petit effet, et au risque de laisser aller à pied ceux qui avaient amené et payé ces mêmes voitures. » [1]

Escorté par la légion urbaine, par les gardes civiques, ces mameloucks des pachas Esquiros et Delpech, acclamé par la populace, l'aventurier italien fut conduit à la préfecture au milieu d'une foule en délire.

« Cette partie de la population marseillaise, qui fournissait un contingent à la garde civique, laissa échapper un enthousiasme insensé et força les habitants de la Cannebière à pavoiser leurs maisons ; de sorte que la ville ressemblait à une jeune vierge qu'un pouvoir tyrannique forcerait à sourire, alors qu'elle a la mort dans l'âme. »

Garibaldi quitta Marseille le lendemain et se rendit

---

1. Bordone. *Garibaldi et l'Armée des Vosges*, 1re partie. Dôle

directement à Tours, en train spécial. Tout le long du trajet, les révolutionnaires prévenus de son passage le saluèrent de leurs hourrahs sauvages. A Avignon, au pays de M. Bordone, on lui offrit « son premier cheval de bataille ». Ces manifestations évidemment concertées pour en imposer à la délégation de Tours, devaient assurer à Garibaldi un commandement important et l'indépendance durant toute la campagne. Selon les circonstances, il était possible d'en faire sortir une dictature.

L'arrivée à Tours, qui eut lieu le lendemain matin, ne répondit pas toutefois à ces brillants débuts. Le gouvernement n'étant pas obligé dans cette ville de ménager la démagogie, déposa son enthousiasme de circonstance et s'abstint de toute réception officielle. M. Gent, employé dans un ministère, fut seul envoyé à la gare au-devant de Garibaldi : dans la journée eurent lieu à la préfecture les visites de MM. Crémieux et Glais-Bizoin. Si la vue de ce général impotent, incapable de marcher, les rassurait pour leur domination, elle leur montrait en même temps l'impossibilité de le mettre à la tête d'une armée. « On s'était fait cette réflexion qu'il aurait beaucoup mieux valu le nommer *grand pape de la République universelle* que de lui donner un commandement[1]. » Mais Garibaldi ne l'entendait pas ainsi et il fallait compter avec lui, car il tenait dans ses mains tous les éléments de désordre, seule clientèle de la République, à cette époque. On le vit bien par la proposition que lui fit, le même jour, le futur général de la Commune, Lissagaray, de signer un appel aux armes pour la défense de la République et de

---

1. *Enquête parlementaire sur les actes du gouvernement de la Défense nationale*, t. IV. Déposition de Baillehache.

soulever tous les départements du Midi. Une autre députation conduite par M. Rouvier lui présentait cette adresse :

« Les républicains de Tours, unis aux républicains d'Espagne, représentés par quelques-uns de leurs députés, viennent saluer en vous l'homme qui a été le libérateur de l'Italie, le grand citoyen de la République universelle qui a le plus contribué à l'affranchissement de la pensée humaine, en préparant la chute du pouvoir temporel des prêtres. Entre la démocratie française et la démocratie italienne, s'interposait cette chose infâme qui fut l'Empire. Aujourd'hui, vous venez apporter à notre jeune République l'appui de votre grand nom et de vos vaillants compagnons d'armes. Lorsque, républicains français, italiens, espagnols, nous aurons vaincu l'ennemi commun, nous aurons jeté les fondements de cette grande fédération humaine à laquelle viendront s'associer les démocrates allemands, et qui formera bientôt les États-Unis d'Europe. Vive Garibaldi, vive l'Italie, vive la République universelle ! »

C'est ainsi que la seule présence de Garibaldi « dont le nom, dit M. Bordone, est une menace permanente pour les adorateurs des anciennes institutions et des codes vermoulus », surexcitait toutes les mauvaises passions, donnant, dès le premier jour, la mesure des résultats néfastes qu'elle devait fatalement produire. On l'a dit avec raison : « Tout ce que le monde renfermait d'aventuriers ne tarda pas à affluer en France, qui devint pour eux comme une nouvelle Californie. Les Français abattus par l'adversité, redoutant tout conflit politique, toute discussion intestine dans un moment aussi suprême, commirent la faute inexcusable de laisser se fortifier dans le pays un parti qui, ayant un homme taré à sa tête, devait se grossir d'éléments semblables. »

Gambetta, sorti de Paris en ballon, arrivait à Tours le même jour que l'Italien ; la capitale de la Touraine réunissait un instant ces deux hommes qui devaient faire tant de mal à la France. Il faut rendre toutefois cette justice à Gambetta qu'il n'avait aucune illusion garibaldienne, surtout, qu'il ne se souciait nullement d'abdiquer en faveur du condottière ni de lui créer une situation prépondérante dont il eût pu se servir contre le gouvernement. L'offre qu'il lui fit tout d'abord du commandement des volontaires italiens réunis à Chambéry au nombre de deux cent cinquante à trois cents en est une preuve. « Ce fut, écrit le général Ambert, la seule circonstance militaire où son jugement ne lui fit pas défaut. »

Garibaldi qui avait rêvé la dictature refusa avec indignation ; il annonça son départ pour Caprera ; en même temps, on organisait un soulèvement à Marseille et dans le Midi où le « grand pape de la République universelle » devait se faire lui-même la position qu'on lui refusait ailleurs. De son côté M. Bordone menaçait les membres du gouvernement de la révolution qui, selon lui, devait « sortir étonnée de la trace du premier pas que Garibaldi va faire en arrière ». [1]

Les hommes du Quatre-Septembre qui avaient été vaillants contre une souveraine désarmée reculèrent devant le vieux Garibaldi. Le lendemain, Gambetta lui offrait le commandement d'une brigade de garde mobile et celui de tous les corps francs de la zone des Vosges, depuis

---

1. Bordone. *Garibaldi et l'Armée des Vosges*, Ire partie. Dôle.

Strasbourg jusqu'à Paris ; les autres troupes éparses dans l'Est demeuraient sous les ordres du général Cambriels.

Pensant que les circonstances et sa vieille expérience de conspirateur l'aideraient à augmenter cette situation insuffisante pour l'accomplissement de ses desseins, Garibaldi accepta ces propositions.

III

Le 13 octobre, l'aventurier italien quittait Tours, se dirigeant sur Dôle où il avait décidé d'établir son quartier général. On lui avait donné pour chef d'état-major général un officier supérieur de l'amée sarde, le colonel Frapolli, ancien ministre de la guerre de Victor-Emmanuel ; le gouvernement espérait suppléer par ce choix à l'insuffisance trop évidente du chef de corps et contrebalancer les tendances révolutionnaires de son entourage. Dans le même ordre d'idées, M. de Baillehache était nommé intendant ; au-dessous du chef d'état-major, les colonels Gauckler et Lobbia étaient respectivement mis à la tête des Français et des Italiens.

Ingénieur en chef du Bas-Rhin, le sous-chef d'état-major Gauckler semble avoir été appelé à ce poste important pour renseigner le délégué à la guerre de Freycinet dont il était l'ami d'enfance. Protestant de l'école piétiste, il ne partageait pas toutes les idées de Garibaldi, mais si comme ingénieur il avait une valeur véritable, il montra qu'il ne comprenait rien aux choses militaires ni aux hommes, et donna une triste idée de son caractère en se faisant le panégyriste de M. Bordone, en prenant au sérieux son grotesque généralat.

Le sous-chef italien d'état-major Lobbia était un viveur. Ne voyant dans sa haute position qu'un moyen de s'amuser et de s'enrichir, il se livrait au dévergondage et aux tripotages les plus éhontés. Lorsqu'il allait dans les maisons de débauche, il « s'y faisait accompagner par le commissaire de police pour faire croire qu'il s'y rendait dans un motif d'ordre public[1]. » La vente des brevets et autres concussions lui permettaient de mener grand train. A l'instar de M. Bordone, il avait eu maille à partir avec la justice de son pays ; leur conduite à tous deux « était inqualifiable ».

L'aide de camp du général était M. Bordone ; nommé colonel par Gambetta, il trouva, peu de temps après, le moyen de devenir, malgré le gouvernement, chef d'état-major, puis, plus tard, d'être promu au grade de général de brigade.

M. Canzio, gendre de Garibaldi, commandait à ce titre le quartier général. Le secrétaire Basso, chef d'escadron ; le moine apostat Fra Pantaleo, capitaine d'état-major ; l'avocat Foulc Denis, compatriote et compagnon de M. Bordone dans l'expédition de Caprera, capitaine d'état-major ; le jeune Bordone Giovanni, fils de M. Bordone, lieutenant puis capitaine d'état-major ; une quantité innombrable d'autres galonnés, les adjudants-majors Tironi, Pasqua, Gattorno, Niocchi, Fontana, Galeozzi, Orense, *e tutti quanti*, totalement étrangers au métier militaire, « secondaient à merveille M. Canzio, dit un

---

1. Castillon. *Le Télégraphe* de Lyon.

historiographe garibaldien, et ne donnaient aucune prise aux ennemis de la démocratie. »

Les forces mises sous les ordres de Garibaldi étant destinées, en principe, à opérer dans les Vosges avec celles du général Cambriels, reçurent le nom « d'armée des Vosges » qu'elles conservèrent. Elles furent divisées en quatre brigades commandées par les généraux Bossack-Hauké, Delpech, Menotti Garibaldi et Ricciotti Garibaldi. Après la mort de Bossack, son commandement fut donné à M. Canzio.

Le général Bossack-Hauké, jeune polonais, se faisait remarquer par l'exaltation de ses idées politiques; il avait fait la connaissance de Garibaldi au congrès révolutionnaire de Genève.

M. Delpech, type de ces aventuriers que les révolutions font émerger des bas-fonds de la société, avait été homme de peine dans une brasserie, puis lampiste et teneur de livres; il s'était signalé au 4 septembre par ses motions incendiaires dans les réunions publiques. Successivement sous-préfet d'Aix, préfet de Marseille, il avait organisé la terreur dans cette ville, au moyen de la fameuse garde civique. Retranché dans la préfecture avec le citoyen Esquiros, administrateur des Bouches-du-Rhône, sous la garde de ses janissaires, il jouait au pacha dont il menait la vie luxueuse. Au nom de l'égalité, il se faisait nourrir princièrement par le peuple : « Cigares extra, château-lafitte, château-margaux, dragées, sirops, bombes glacées, punch, gâteaux, perdreaux, grives, becs-fins, lièvres, poulardes, truffes, etc., etc., sans compter les frais personnels de blanchissage de linge, de bottes à l'écuyère, d'étoffes pour robes, de paires de gants, de chemises, de femmes de charge et même de bouquets, etc., » il se payait tout cela de sa propre autorité, avec l'argent du public détourné de sa destination, tandis que son journal *l'Égalité* parlait « de dévouement au peuple, d'amour de la patrie, d'immolation, de sacrifice », et prêchait la guerre contre les riches, les religieux et autres jouisseurs. [1]

Menacé dans sa situation par l'arrivée de M. Gent, nommé en remplacement d'Esquiros, il donna sa démission de préfet, et, toujours en vertu de l'égalité, se fit élire colonel de la garde civique. Quelque temps après, Garibaldi reconnaissant en lui les qualités d'un vrai républicain, l'appelait au commandement de la deuxième brigade de l'armée des Vosges.

La troisième brigade avait pour chef Menotti Garibaldi. Agé de trente ans environ, ce fils légitime du général se distinguait par son indolence, sa taciturnité, son insignifiance. Ses manières, ses allures rappelaient le commis-voyageur dont il avait jusqu'alors exercé le métier. « Bon père de famille, honnête et passant ses soirées à jouer au billard, son jeu favori, » il paraissait toujours profondément ennuyé... « Il remplissait ses fonctions un peu comme un écolier à qui on donne un pensum et était toujours empressé de se débarrasser des soucis du commandement. »

Son frère Ricciotti, fils naturel reconnu de Garibaldi, n'avait que vingt-trois ans, quand il fut appelé au commandement de la quatrième brigade. « C'était un élégant jeune homme, ayant tout le luxe et la dépravation d'un petit crevé de boulevard, passant son temps dans les intrigues, plus fait pour l'antichambre d'un boudoir

---

[1]. De Mornay. *Rapport de la commission des marchés*, ch. IV.

que pour commander une armée... Ardent et passionné pour le plaisir, il était très aimé des soldats dont il flattait les basses passions [1]. » Au demeurant, brave, distingué, de figure sympathique, de taille élevée, ayant une belle prestance malgré une légère claudication, il s'amusait franchement, n'avait pas le temps de s'occuper des tristes haines sectaires et est à peu près le seul officier supérieur garibaldien qui ait parfois tenté la fortune contre les Prussiens. D'ailleurs général nul, ignorant les premiers éléments de l'art, il aurait fait un bon sous-lieutenant.

Le gendre de Garibaldi, M. Canzio, qui commandait le quartier général avant d'avoir été mis à la tête de la première brigade, était un tout jeune et fort beau garçon somptueusement habillé. « De taille moyenne, mais parfaitement bien prise, physionomie extrêmement fine, dit un de ses admirateurs, M. Canzio est à la fois un modèle de distinction et un type de bravoure intelligente [2]. » Aussi novice à la guerre, aussi ami du plaisir que son beau-frère Ricciotti, il ne se signala jamais que par l'ardeur de ses sentiments révolutionnaires et par des « turpitudes » qui, d'après le colonel Gauckler, démoralisaient l'armée. [3]

La nomination au grade de général de ces trois jeunes hommes n'ayant d'autre titre que leur nom pour commander une brigade, prouve que le grand révolutionnaire égalitaire n'était l'ennemi des distinctions sociales et du népotisme que s'il n'en profitait pas.

Sous la variété des caractères, des aptitudes, ces chefs

---

1. Castilhon. *Le Télégraphe* de Lyon.
2. Marais. *Garibaldi et l'Armée des Vosges*.
3. Perrot. Rapport, t. II, p. 638, dépêche n° 7220.

improvisés avaient un point de contact : ils ignoraient également et absolument le métier militaire. Tous, conformément à la formule alors employée, étaient les ennemis irréconciliables du « militarisme »; ils possédaient tous cette condition d'aptitude révolutionnaire dont M. Ordinaire se faisait l'écho : « Prenez des généraux dans les rangs des simples soldats, dans la jeunesse surtout. »

C'était là le personnel qui, sous les ordres du vieux Garibaldi, devait convaincre les généraux, les officiers français, d'incapacité et prouver à la France, à l'Europe, qu'il n'y avait rien de plus essentiel pour faire un bon capitaine, un soldat aguerri, que d'ignorer l'art de la guerre, pourvu que l'on soit un révolutionnaire de profession.

IV

Ces théories insensées n'avaient pour but que de constituer l'armée de la Révolution, de faciliter aux incapables, aux tarés, l'accaparement des fonctions militaires. On s'en aperçut dès le premier jour; les plus déplorables excès se manifestèrent immédiatement. Suivant les paroles de M. Bordone, ce fut « un déluge de procédés arbitraires[1] », dans cette armée transformée en « écuries d'Augias. »[2]

« On menait joyeuse vie dans les murs de Dôle.

---

1. Perrot. Rapport, t. II, p. 418, dépêche n° 95.
2. Id. Rapport, t. II, p. 472, dépêche n° 104.

Chaque garibaldien s'armait et s'équipait aux dépens des citoyens. Les réquisitions militaires allaient vite : chevaux, voitures, selles d'hommes et de femmes passaient aux défenseurs de la République qui se souciaient autant de la Prusse que de la France. » [1]

Lyon, Chambéry, toutes les villes où les garibaldiens s'arrêtaient avant d'être dirigés sur l'armée des Vosges, se plaignaient amèrement de ces nouveaux Vandales. La mise à sac de tous leurs casernements [2], les réquisitions impayées, les révoltes, les attentats contre les propriétés, contre les citoyens, et même parfois les assassinats, étaient leurs seules occupations. « Il y a ici depuis longtemps, écrivait, le 13 novembre, M. Challemel-Lacour, préfet de Lyon, au ministre de la guerre, neuf cents garibaldiens qu'on paie et qui ne font rien. » Trois jours après, il revenait à la charge : « Les Italiens qui errent à Lyon depuis six semaines, sous prétexte de former l'armée de Garibaldi, se livrent à tous les désordres. Ils viennent d'assassiner deux hommes dans la même nuit..... Je demande qu'on m'en débarrasse..... » Le même jour il insistait encore dans une autre dépêche : « Veuillez donner l'ordre à vos prétendus garibaldiens qui sont ici, d'aller s'organiser ailleurs. Il faut à tout prix que Lyon soit purifié de cette engeance. »

Garibaldi assistait émerveillé, enthousiasmé à tous ces exploits.

« Miliciens de l'armée des Vosges, s'écriait-t-il dans une proclamation datée d'Amange, le 29 octobre, le noyau cosmopolite que la République française rallie dans son sein, composé d'hommes choisis dans l'élite des nations,

---

1. Général Ambert. *Histoire de la guerre de 1870-71.*
2. De Ségur. *Rapport sur l'armée des Vosges*, p. 107.

représente l'avenir humanitaire, et sur la bannière de ce noble groupe, vous pouvez lire l'empreinte d'un peuple libre qui sera bientôt le *motto* de la machine humaine... Quelle noble mission est donc la vôtre, fils de la liberté, élite de tous les peuples ! Oh ! certes, je ne changerais pas mon titre de milicien de la République pour une couronne. »

Effectivement, aucun potentat agissant au nom de son bon plaisir n'afficha jamais un aussi profond mépris de toutes les lois. Aussi, un cri de réprobation unanime s'éleva-t-il bientôt de toutes parts contre ces « hommes choisis dans l'élite » des bagnes de toutes les nations. Chacun protestait contre le « motto » que s'efforçait d'imprimer à la « machine humaine » le « noble groupe » dont tous les actes conformes à la devise significative PATATRAC inscrite sur son drapeau rouge, étaient coordonnés au renversement de la société.

Harcelé de réclamations et de plaintes, Gambetta se rendit dans l'Est pour imposer aux populations « le déluge des procédés arbitraires » de Garibaldi. Les garibaldiens profitèrent de sa venue pour asseoir leur domination sur de plus larges bases. Il s'agissait, après avoir obtenu la prééminence sur les autorités civiles, d'agrandir leur commandement en supplantant par la calomnie le général Cambriels, de façon à réunir entre leurs mains toutes les forces de l'Est[1]. « Destituez Cambriels qui a livré les Vosges, » répétaient-ils sur tous les tons au ministre de la guerre.[2]

---

1. Perrot. Rapport, t. II, p. 436, dép. n° 5,553.—Bordone. *Garibaldi et l'Armée des Vosges*, 1re partie, Dôle, p. 76 et 42.
2. Perrot. Rapport, t. II, p. 424, dép. 73. — Bordone. *Garibaldi et l'Armée des Vosges*, 1re partie, Dôle. p. 40 et suiv., 88 et suiv.

Gambetta se refusa à disgracier un officier général, qui portait à la tête une blessure non encore cicatrisée reçue quelque temps auparavant au service du pays, mais il donna à Garibaldi la dictature dans son armée et dans les pays occupés par ses troupes. Indépendamment du pouvoir de nommer ses officiers, il lui conférait le droit illimité de réquisitions.

« Le ministre de l'intérieur et de la guerre autorise le général Garibaldi, personnellement, à signer les réquisitions relatives à l'exécution de la mission de guerre dont il a été chargé et qu'il a acceptée. Ces réquisitions devront toujours porter la signature du général Garibaldi. — Fait à Besançon, le 18 octobre 1870. — Signé : L. GAMBETTA. »

Sans tenir compte de ces concessions exagérées qui devaient être la source de tant d'abus, les révolutionnaires reprochèrent vivement au dictateur de n'avoir pas nommé Garibaldi à la place de Cambriels.

« Il faut bien le dire, écrit M. Bordone, dès le commencement de sa mission, il était déjà en proie à ces hésitations qui l'ont empêché de prendre des mesures qu'on eût peut-être appelées révolutionnaires, mais dont l'opportunité était manifeste. Il a trop respecté, en un mot, l'esprit de routine qui anime les administrations militaires et qui a produit dans la guerre de 1870-71 de si funestes résultats. Il appartenait à un homme placé dans une situation telle qu'il n'en exista jamais pour qui que ce soit, en aucun pays, à aucune époque, de ne garder aucune préoccupation sur les jugements de l'histoire, de ne pas plus s'inquiéter des plaintes du militarisme que de celles du cléricalisme, et de sacrifier sans hésitation ceux qu'il savait incapables ou traîtres. » [1]

Sans perdre de vue l'accroissement de son armée et par conséquent de son influence politique, et tout en continuant sa campagne contre le général Cambriels [2], Garibaldi, désormais assuré de l'obéissance des fonctionnaires civils et de sa propre indépendance, s'occupait d'éloigner de son état-major tous ceux qui n'avaient pas donné des gages suffisants à la révolution. Il fallait des complices à l'armée des Vosges. MM. Frapolli et de Baillehache ne convenaient point pour ce rôle : ils furent sacrifiés. Le colonel Frapolli avait du reste été le rival en maçonnerie du chef italien. Quelque temps auparavant, il avait été élu contre lui grand maître d'une partie importante de la franc-maçonnerie italienne, celle qui acceptait la monarchie avec la dynastie de Savoie ; sa collaboration pouvait obliger Garibaldi à faire la guerre et l'empêcher de profiter de certaines éventualités politiques.

M. de Baillehache en soutenant M. Frapolli, en refusant d'arborer le drapeau rouge à Lyon, sur le local affecté au comité d'enrôlement de l'armée des Vosges, en faisant dissoudre par l'autorité ce comité révolutionnaire, devait partager la disgrâce du chef d'état-major.

D'ailleurs, pour que Garibaldi pût accomplir son œuvre, il lui fallait à la tête de l'armée M. Bordone, auquel cette position était vraisemblablement destinée dès l'origine, et il le nomma sans consulter le ministre, malgré le ministre. De son autorité privée, il substitua purement et simplement aux deux officiers choisis par le gouver-

---

1. Bordone. *Garibaldi et l'Armée des Vosges*, 1ʳᵉ partie. Dôle.
2. Perrot. Rapport, t. II, pp. 433, 436, 439, 446, dépêches nᵒˢ 580, 5553, 551, 5691. — *Enquête parlementaire*, t. IV. p. 22, dépêche n° 30.

nement, son favori, qui s'empara de leurs fonctions, « créant une confusion, un gâchis impossible à décrire. » [1]

« Qui dois-je reconnaître comme chef d'état-major et intendant de l'armée des Vosges? télégraphiait le préfet de Chambéry, le 9 novembre 1870, au ministre de la guerre, à Tours. Le colonel Frapolli et M. de Baillehache sont ici porteurs de pouvoirs réguliers du quartier général Garibaldi; on annule ces pouvoirs par signature Bordone. Organisation ici en suspens et en péril; trouble et anarchie déplorables; effet produit détestable. » [2]

Quand même elle était aux mains de Gambetta, les garibaldiens se souciaient peu de l'autorité ministérielle.

Le prétexte mis en avant pour colorer cette mesure illégale fut l'incapacité prétendue des deux évincés. En vain M. de Baillehache eut-il recours à M. Gambetta.

« Grande anarchie règne. Si colonel Bordone n'est arrêté immédiatement par votre ordre, l'organisation de l'armée des Vosges est compromise. Bordone fait retirer colonel Frapolli pour prendre sa place, me retire mes pouvoirs pour y placer le capitaine Foulc.... J'ai vu Garibaldi dont l'entourage a besoin d'être épuré. Bordone fait arrêter toutes dépêches adressées à mon nom et agit en maître pour tout. Italiens et Français prêts à témoigner d'anarchie complète due aux intrigues de Bordone. »

A cette vaine invocation adressée à un gouvernement sans autorité, M. Bordone répondait hardiment par cette dépêche suivante adressée aux préfets :

« Vous informe que M. de Baillehache ne fait plus partie de l'armée sous le commandement de Garibaldi

---

1. Perrot. Rapport, t. II, voir dépêche de Baillehache.
2. Id. Rapport, t. II, p. 465, dépêche n° 994.

et qu'il n'a plus aucun titre pour agir en qualité d'employé de notre intendance. »

Le favori faisait en même temps placarder à Lyon l'avis suivant :

« Lyon, le 10 novembre. — ..... Au nom du général et par son ordre, les soi-disant corps de l'intendance organisés à Lyon, à Chambéry, par M. de Baillehache, sont dissous..... Toutes commissions provisoires ou non signées par le même M. de Baillehache, sont nulles de plein droit. Le capitaine d'état-major Foulc remplira jusqu'à nouvel ordre les fonctions d'intendant général de l'armée des Vosges. »

Cette hardiesse étonnante avec laquelle M. Bordone, fort de l'appui de Garibaldi, donnait des ordres aux préfets et empiétait sur les attributions du pouvoir, s'explique par ses antécédents. Cluseret juge ainsi le personnage : « M. Bordone est un escroc doublé d'un mouchard avec l'aplomb des deux réunis. »[1]

Cette lutte de cour éclatant au milieu de ce camp démocratique, les ordres contradictoires qui résultèrent, pendant un certain temps, de cette usurpation de fonctions, l'active incapacité du quartier général, rendaient toute organisation impossible.

Abandonnés à eux-mêmes, les différents corps, selon leurs tendances, se livraient aux débordements, se mettaient en révolte ou s'empressaient de quitter une armée livrée à de pareilles mains. Le présent présageait l'avenir.

Expulsés malgré tous leurs droits, les bannis Frapolli et de Baillehache se réfugièrent à Tours.

---

1. Léo Taxil. *Confessions d'un ex-libre penseur.*

« Là, écrit M. Frapolli, M. Gambetta commença par me déclarer qu'il était dans l'intention de mettre tout le monde à la frontière à commencer par Garibaldi et continua dans le ton du plus fort courroux. Je me taisais et je laissais crier..... il prit la plume et écrivit debout devant un pupitre, sous mes yeux, l'ordre du 15 novembre :

« Le membre du gouvernement de la Défense nationale, ministre de l'intérieur et de la guerre, confirme itérativement M. le colonel Frapolli dans les fonctions de chef d'état-major du corps du général Garibaldi, qui avaient été déterminées par décision du gouvernement. C'est à lui seul que je reconnais ce titre et les pouvoirs qu'il comporte. Il ira donc prendre immédiatement son poste auprès du général Garibaldi et procédera à l'élimination du sieur Bordone, dont les antécédents judiciaires et la conduite ne sauraient se concilier avec le caractère de représentant du gouvernement français. Si besoin est, M. le général Crouzat est par moi invité à assurer par la force régulière l'exécution de mes ordres. — Tours, le 15 novembre 1870. — Signé : Léon GAMBETTA. »

M. Bartholdi était chargé de notifier cette décision au commandant en chef de l'armée des Vosges et de procéder à son exécution.

« Le général Garibaldi écouta la requête (!), écrit M. Bordone, et prit connaissance de la pièce délivrée par le ministre de la guerre ; il ne voulut pas même recevoir celui qu'elle concernait, et fit au messager la réponse qu'il avait déjà faite à M. Sourdeaux : « Le colonel Bordone me rend des services *inarrivables (sic)*;

il est mon chef d'état-major; je n'ai rien à faire avec M. Frapolli, qui n'a qu'à se retirer. »[1]

On voit qu'avant d'en arriver à cette extrémité, Gambetta avait déjà inutilement insisté auprès de Garibaldi pour obtenir l'éloignement de M. Bordone. Tout devait échouer contre l'obstination du général. On lui mit sous les yeux le casier judiciaire de son favori ; il répondit qu'il retournerait à Rome si on le privait de ses services.

Redoutant que, s'il quittait l'armée des Vosges, Garibaldi ne se plaçât à la tête des forces révolutionnaires, ne donnât l'impulsion aux tendances séparatistes de la Ligue du Midi, le gouvernement ne crut pas devoir profiter de cette excellente occasion de se débarrasser d'un ennuyeux et dangereux concours. Au lieu de faire exécuter ses ordres, il s'inclina devant les caprices du condottière italien et se résigna lâchement à tolérer à la tête de l'armée des Vosges un homme qui usurpait et déshonorait cette haute situation. Poussant encore plus loin l'oubli de ses devoirs, le dictateur refusait de protéger ses concitoyens contre les vexations intolérables d'un étranger.

« Urgence. Besançon de Tours, 21 octobre 1870. — Guerre à général Cambriels, à Besançon. — J'ai reçu votre dépêche confidentielle contenant la lettre des conseillers généraux de la Haute-Saône sur les faits relatifs au général Garibaldi. Je vous prie de ne pas perdre de vue que je ne puis accueillir qu'avec une extrême réserve les appréciations qui sont produites sur le général Garibaldi, et les faits et gestes de son corps d'armée. Vous en comprenez la raison. Elle tient tout entière à l'indivi-

---

1. Bordone. *Garibaldi et l'Armée des Vosges*. 2ᵉ partie. Autun.

dualité si tranchée du général Garibaldi. Je suis, pour mon compte, disposé à ne point me laisser influencer par les renseignements que je ne puis contrôler. Je vous prie de vouloir imiter ma circonspection à cet égard. Pour ce qui est de l'incident de la caisse du receveur particulier, il faut que vous sachiez que j'ai donné au général Garibaldi un droit de réquisition personnel et que j'ai autorisé les préfets et agents administratifs à requérir pour son compte. Ce n'est pas légèrement que j'ai accordé ce droit, c'est parce que je me crois en mesure de pouvoir toujours répondre des actes de réquisition du général, quand il les aura ordonnés lui-même. C'est une question de mesure. Je vous remercie néanmoins de votre dépêche. — Léon GAMBETTA.

Désormais Garibaldi et M. Bordone pouvaient tout oser ; ils étaient assurés de l'impunité : une partie de la France leur était abandonnée comme un pays conquis.

V

A la faveur de cette désorganisation les Allemands poursuivent leurs succès. Après la prise de Strasbourg, le XIVe corps ennemi commandé par le général de Werder avait été dirigé vers le Sud. Fort de 23 bataillons, de 20 escadrons, de 72 pièces et d'une compagnie de pionniers, soit de 25,000 hommes environ [1], il s'était mis en marche dans la direction de Troyes et de Châtillon, dans le but de « mettre obstacle aux tentatives ayant pour objet la formation de nouvelles troupes dans

---

[1]. Voir l'ordre de bataille du XIVe corps dans le supplément LXXXI, *Guerre franco-allemande de 1870-1871*, 2e partie, p. 98.

les départements des Vosges, de la Haute-Marne et de l'Aube, de désarmer les populations et de faire son possible pour rétablir et utiliser la ligne ferrée Blainville-Épinal-Faverney-Chaumont, etc. Des dispositions communes devaient être concertées avec la quatrième division de réserve dans le but de se couvrir du côté de Belfort; pour tout le reste, le XIVe corps avait à pourvoir par lui-même au soin d'assurer ses derrières. »[1]

Le 2 octobre, le général de Werder ignorant l'importance des forces qu'il allait avoir à combattre, commençait son mouvement par les Vosges. Le 4, il occupait Raon-l'Étape, Étival, et, après quelques escarmouches s'emparait des débouchés ouest des deux principaux passages des Vosges.

Les troupes auxquelles il avait eu affaire faisaient partie de « l'armée des Vosges » en voie de formation, sous les ordres du général Cambriels ; ces forces, d'un effectif de 30,000 hommes environ, se composaient principalement de gardes mobiles de Belfort, d'une partie de la garnison de Besançon, de troupes de l'armée dite de Lyon et de francs-tireurs. En arrière de ce corps, « de nombreux bataillons de gardes nationaux tirés des départements les plus voisins avaient été réunis à Dijon, Besançon et Lyon, à des détachements de gardes mobiles et à des bandes de francs-tireurs, et constitués en grandes unités tactiques. A la nouvelle de la chute de Strasbourg, le général Cambriels, s'attendant à voir les Allemands déboucher par les Vosges, rassemblait sous le commandement du général Dupré la majeure partie de ses forces en état de tenir la campagne et les portait à la

---

1. *Guerre franco-allemande de 1870-71*, 2e partie, p. 298.

rencontre de l'ennemi jusque sur la Meurthe. Le 6 octobre, ces troupes atteignaient les environs de Saint-Dié, Nompatelize et la Voivre, à l'effectif de 15,000 hommes à peu près, avec douze bouches à feu. » [1]

Après avoir livré au XIVe corps les combats de la Bourgonce, de Rambervilliers et de Brugères, les 6, 9 et 11 octobre, elles battaient en retraite le 12 sur Remiremont et Gérardmer, tandis que les Allemands se concentraient autour d'Épinal. Dans la nuit du 13 au 14, le général Cambriels, inquiet pour ses communications par suite de l'apparition de nouvelles troupes allemandes entre Mulhouse et Belfort, se repliait sur Saint-Loup et Luxeuil.

Ces conditions déterminaient le général allemand à adopter, le 15, la direction de Vesoul, à la poursuite des Français qu'il rejoignait et battait de nouveau sur l'Ognon, le 22 octobre. Dans la soirée du même jour, après avoir fixé son quartier général à Voray, il s'arrêtait au parti d'amener d'abord son corps d'armée dans la vallée de la Saône, puis de s'avancer vers l'Ouest par Gray et Dijon. Le 26 octobre, Gray est occupé par une brigade d'infanterie et deux brigades de cavalerie ennemies, qui s'établissent en avant de cette ville, sur les trois directions principales de Dijon, Châtillon-sur-Seine et Langres, et entreprennent, le 27, des reconnaissances dans la direction de Dijon. Dans cette marche elles se heurtent à Saint-Seine-l'Église et à Talmay aux gardes nationaux de Dijon commandés par le médecin Lavalle, et grâce à l'ineptie de ce singulier général, elles s'emparent de 490 soldats et de 15 officiers.

---

[1]. *Guerre franco-allemande de 1870-1871*, 2e partie, p. 301.

Le lendemain, dès le matin, le XIV⁰ corps était concentré autour de Gray et marchait dans la direction de Dijon, avec la masse principale de ses forces. La troisième brigade badoise et les troupes prussiennes atteignaient la Vingeanne à Talmay, Renève-l'Église et Dampierre ; la première brigade badoise poussait en première ligne jusqu'à Mirebeau ; la deuxième brigade badoise demeurait seule à Gray. Les nôtres qui s'étaient repliés à la débandade sur Dijon et Auxonne ne s'opposaient point à cette marche. Le 29, l'ennemi s'apprêtait à poursuivre son offensive vers Dijon, jusque sur la Tille, quand une dépêche du général de Moltke le faisait rétrograder sur Vesoul où il arrivait le 3 novembre, après avoir laissé à Gray un fort contingent de toutes armes.

« Toutefois, comme un rapport de la première brigade badoise, reçu dans l'après-midi du 29, annonçait l'évacuation de Dijon par les Français, à l'instigation du comité de défense, le lieutenant général de Beyer était chargé de se porter le lendemain sur cette ville, avec deux brigades badoises, pour en prendre possession, à la condition toutefois de ne pas se laisser entraîner à une affaire sérieuse, hors le cas de circonstances favorables. »[1]

Conformément à ces ordres, les première et troisième brigades badoises se mettent en marche à sept heures et demie du matin ; leurs patrouilles de cavalerie rencontrent, vers neuf heures, nos avant-postes d'Arc-sur-Tille et constatent l'occupation de la Norge.

Quelque temps après, le gros des ennemis engage le

---

1. *Guerre franco-allemande de 1870-1871*, 2⁰ partie, p. 324.

combat contre six mille Français environ rappelés en toute hâte de Beaune et commandés par le colonel Fauconnet de l'armée régulière. Après s'être emparés de Saint-Apollinaire, les Allemands pénètrent dans les faubourgs à l'est et au nord. « Une lutte acharnée s'y engage alors, avec la participation fort active des habitants ; les Allemands enlevant les maisons l'une après l'autre, finissent par atteindre le ruisseau du Suzon ; mais, comme il était à supposer, d'après l'opiniâtreté de la défense que l'on ne pourrait être maître de l'intérieur de la ville avant la nuit et que les pertes seraient d'ailleurs considérables, le général de Beyer, ayant égard aux instructions du commandant du corps, ordonnait, à quatre heures du soir de cesser le combat. Les bataillons badois évacuent alors le terrain conquis, sous la protection de l'artillerie qui canonne la ville jusqu'à la nuit close ; dans ce mouvement rétrograde, les deux compagnies du deuxième régiment se voyaient contraintes de se faire jour de vive force au travers d'une colonne ennemie qui leur barrait le passage sur la route de Langres. Quand la première brigade se trouve ralliée à l'est du parc de Montmuzard, elle s'établit en cantonnements à Saint-Apollinaire et à Varois ; la troisième brigade en fait autant plus au sud, à Quétigny et à Couternon..... Les pertes de la journée montaient, pour les Allemands, à 250 hommes environ ; pour les Français, à 200 tués et plus de 100 prisonniers. Le colonel Fauconnet était du nombre des morts. Dans le courant de la nuit, une députation de Dijon se présentait au quartier général badois à Varois ; elle demandait que la ville fût épargnée, s'engageait à fournir des vivres pour 20,000 hommes et se portait caution que la population garderait désormais une attitude pacifique. En conséquence, le 31 octobre, les troupes badoises occupaient Dijon, que l'adversaire avait évacué sur ces entrefaites, et se couvrait à grande distance en plaçant des avant-postes et en coupant les chemins de fer. » [1]

Avant de pénétrer dans la ville, le général de Beyer, semblant douter de sa victoire, la faisait parcourir par des patrouilles afin de se convaincre que les Français l'avaient évacuée.

Le développement fort notable que nos forces avaient atteint dans l'Est, à cette époque, non moins que le plan de campagne de l'ennemi, permettaient de s'opposer à la prise de Dijon. En effet, « autour de Besançon, une masse de 45,000 hommes avec 7 batteries, dont le général Cambriels avait dû quitter le commandement pour cause de maladie, avait été réunie sous les ordres du général Michel, auquel succédait bientôt le général Crouzat. Dans la zone comprise entre Dôle, Pesmes et Auxonne se trouvaient les troupes de Garibaldi qui comptaient maintenant 12,000 hommes environ, avec six bouches à feu, et plus bas, en descendant la Saône, 18,000 hommes à peu près et trois batteries faisant partie d'un corps en formation à Nevers. Avec ses troupes de tête poussées jusqu'à la Côte-d'Or, le XIVe corps se développait donc sur un front stratégique relativement assez considérable en face d'un adversaire plus de trois fois supérieur. En outre, 12,000 hommes, gardes mobiles et gardes nationaux pour la plupart, menaçaient de Langres le flanc droit des lignes de communication. D'autre part, il est vrai, la première division de réserve

---

[1]. *Guerre franco-allemande de 1870-1871*, 2e partie, p. 326, 327, 328.

arrivait précisément pour faire échec à la garnison de Belfort. »[1]

Le gouvernement qui avait laissé à Garibaldi toute latitude d'opérer selon les circonstances, « isolément et indépendamment », poussant l'obséquiosité jusqu'à s'abstenir de lui donner des ordres, suppliant toutes les autorités « d'éviter tout ce qui pourrait ressembler à un conflit » avec lui, avait lieu d'espérer que le révolutionnaire italien, placé à proximité de la capitale de la Bourgogne, se porterait à son secours. Le 21 octobre, en effet, Garibaldi prenait vis-à-vis du ministre l'engagement de couvrir Dijon, de barrer le passage à l'ennemi [2]; et le 22, il lui affirmait que Dijon était couvert [3], ajoutant, le 28, qu'il ne croyait pas à un danger sérieux pour Dijon [4]. Or, bien que dès le 29 il ait eu connaissance de la marche certaine des Prussiens sur cette ville [5], bien qu'à cette date M. d'Azincourt, administrateur de la Côte-d'Or, lui eût télégraphié de venir au plus vite à son secours [6], bien qu'il n'ignorât pas qu'une attaque effectuée sur le flanc des Allemands, pendant leur marche, eût sauvé la capitale de la Bourgogne et refoulé vers le Nord le général de Werder [7]; bien qu'enfin il ne fût pas attaqué lui-même ; il ne bougea pas et laissa écraser le colonel Fauconnet, sachant parfaitement que cet officier disposait de forces insuffisantes.

---

1. *Guerre franco-allemande de 1870-1871*, 2ᵉ partie, p. 329 et suiv.
2. Perrot. Rapport, t. II, p. 422, dépêche n° 118.
3. Id. Rapport, t. II, p. 425, dépêche n° 102.
4. Id. Rapport, t. II, p. 441 et 442, dépêche n° 5623.
5. Bordone. *Garibaldi et l'Armée des Vosges*, 1ʳᵉ partie. Dôle, p. 64, 95 et suivantes.
6. Perrot. Rapport, t. II, p. 443, dépêche n° 5789.
7. Bordone. *Garibaldi et l'Armée des Vosges*, 1ʳᵉ partie. Dôle, p. 95 et 96.

C'est que toute son attention, toute son activité, étaient absorbées par les intrigues, les difficultés politiques, par le souci des bonapartistes, des curés, des jésuites, auxquels il faisait une guerre sans trêve et sans merci. Cet étranger suspect, qui avait la prétention de donner des leçons de patriotisme à des Français, chassait alors les jésuites de leurs maisons de Dôle et du Mont-Rolland, mettait ces établissements au pillage et faisait arrêter les prêtres qui s'avisaient de résister aux vexations, aux profanations sacrilèges de ses infâmes soldats. « C'étaient des traîtres, disait-il, qui désiraient la domination des Prussiens et correspondaient avec eux par signaux et par dépêches [1]. » Et il y avait des gens pour répéter ces monstrueuses sottises et y ajouter foi !

Cependant, le 3 novembre, le général de Werder recevait du grand quartier général l'ordre, « tout en observant Besançon autant qu'il en serait besoin, de pousser ses opérations offensives jusqu'aux abords de Dôle et jusqu'au nœud de voies ferrées d'Arc-Sénans, au sud du Doubs, comme aussi de jeter des troupes, par Dijon, dans la direction de Chalon-sur-Saône. » [2]

Le commandant des forces allemandes placées entre Langres, Besançon, Dôle, n'était pas sans inquiétudes sur le résultat de ses opérations. Outre que son infériorité numérique était considérable, les renseignements erronés qui lui étaient transmis sur nos intentions le plongeaient dans une grande perplexité. Croyant d'abord à un mouvement offensif de Garibaldi sur Dijon et Gray, il prenait des précautions en rapport avec ces données.

---

1. Bordone. *Garibaldi et l'Armée des Vosges*, 1re partie. Dôle, p. 50 et suivantes.
2. *Guerre franco-allemande de 1870-1871*, 2e partie, p. 329.

Mais à la date du 7 novembre, il acquérait la certitude d'un déplacement des forces françaises de Besançon sur Dôle, puis dans la direction du Sud-Ouest; il prescrivait alors pour le 10 une marche du XIV⁰ corps sur Dôle, afin de tomber sur notre flanc, s'il en était encore temps, et de mettre obstacle à de nouvelles levées d'hommes dans cette région.

« En réalité, lit-on dans le rapport du grand état-major prussien, les Français étaient surtout préoccupés en ce moment de la crainte que les Allemands, encore renforcés peut-être par une partie de l'armée de blocus de Metz, ne vinssent à descendre la Saône dans la direction de Lyon. Par suite de cette appréhension, le corps réuni autour de Besançon, laissant une nombreuse garnison dans cette place, avait rompu le 8 novembre sur Chagny, où il arrivait le 12; c'était, en y comprenant d'autres troupes appelées probablement de Lyon, un effectif de 50,000 hommes à peu près qui se trouvait massé sur ce point. A cette même date, les corps francs commandés par le général Garibaldi entamaient de même le mouvement qui leur avait été prescrit sur Autun, pour y garder les routes menant à Bourges et à Nevers. Une arrière-garde restait à Dôle jusqu'au 12 novembre, afin de couvrir le départ. »

Cette manœuvre, qui livrait l'Est aux Prussiens et que rien ne nécessitait encore, semble avoir été inspirée à Gambetta par l'état-major garibaldien peu soucieux de supporter le choc du corps d'armée du général prussien, par lequel il était sur le point d'être attaqué. M. Sourdeaux, commissaire du gouvernement auprès de Garibaldi, ne peut guère avoir puisé ailleurs cette idée singulière, étant donnée la position du XIV⁰ corps au commencement de novembre[1], de considérer le Morvan comme « la vraie citadelle » de la France, comme le boulevard de Lyon.

« Je vous ai écrit et télégraphié hier, mandait-il le 6 novembre, à 1 h. 5 du soir, à la délégation de la guerre, à Tours, mais la situation se modifie d'heure en heure et se tend de plus en plus d'après avis annonçant puissante concentration et marche rapide de l'ennemi. Je conclus nécessité immédiate d'une concentration correspondante de toutes vos forces vives sur un terrain choisi par vous pour y livrer une grande bataille, coûte que coûte. Ligne à choisir paraît devoir être en arrière du Morvan en raison des marches à faire pour opérer jonction des généraux d'Aurelle et Michel. Ce dernier prêt à servir sous le premier. Les places fortes de l'Est se défendent avec leurs seules garnisons. Décidez tout de suite le parti à prendre et donnez immédiatement vos ordres de mouvement. Tout indique extrême urgence... »[2]

Deux heures plus tard, il insistait de nouveau :

« Voyez, ajoutait-il, d'après renseignements entre vos mains, si votre vraie citadelle n'est pas le Morvan même. L'ennemi peut-il vous y laisser s'il va sur Lyon? Pays propice à immense concentration, même des troupes en voie d'organisation, car grandes ressources et grandes facilités de défense. Enfin, point central.—SOURDEAUX. »[3]

Ces raisons peu concluantes impressionnèrent M. de Freycinet; supposant contre toute vraisemblance que le général de Werder, dont le quartier général était encore à Vesoul, allait se porter sur Nevers, il répondit le

---

1. Bordone. *Garibaldi et l'Armée des Vosges*. 1re partie. Dôle, p. 89.
2. Perrot. Rapport, t. II, p. 457, dép. n° 5592.
3. Id.   Id.,   t. II, p. 458.

même jour, à 7 h. 30 du soir, à Garibaldi, de se rendre dans le Morvan et d'abandonner Dôle qui était l'objectif de l'ennemi !

« Nous nous décidons à abandonner la ligne du Jura en laissant des garnisons à Besançon et à Auxonne. L'ennemi paraît vouloir se porter par diverses routes sur le Morvan et tâcherait peut-être de gagner Nevers en évitant Chagny. Je pense que ce qui serait le plus avantageux, c'est qu'avec vos vaillantes troupes vous alliez défendre les défilés du Morvan, si propices pour vos hardis coups de main. Tâchez de couvrir la direction de Nevers. Le colonel Bonnet est à Chagny avec des forces et de l'artillerie, prêt à vous donner la main. — C. DE FREYCINET. »

Garibaldi ne se le fit pas répéter deux fois ; en moins de vingt-quatre heures son armée était transportée à Autun, où M. de Freycinet lui adressait ces félicitations :

« Je vous remercie de la promptitude et de la précision de votre mouvement. On reconnaît là le général Garibaldi ! J'espère que gardé par vous le Morvan sera bien gardé ! »[1]

C'est ainsi que l'Est était abandonné sans combat, que nos troupes étaient transportées sur une ligne qui ne fut jamais menacée et d'où l'on devait les rappeler, six semaines plus tard, pour les renvoyer au même point dans de bien plus mauvaises conditions. Grâce à cette combinaison extraordinaire, Garibaldi débarrassé du voisinage des Prussiens allait faire du Morvan la citadelle de ses pillages, le boulevard de sa république universelle.

---

1. Perrot. Rapport, t. II, p. 467, dépêche n° 5148.

Le plan du général de Moltke avait réussi. En jetant quelques troupes dans la direction de Chalon-sur-Saône, en étendant outre mesure, depuis les Vosges jusqu'à l'extrémité sud de la Côte-d'Or, les 25,000 hommes du XIVe corps, il avait obtenu l'évacuation de l'Est et assuré les communications de ses armées avec la mère patrie.

Les Allemands marchaient alors sur Dôle évacué et l'occupaient tandis que le général de Werder, dans l'intention de s'assurer la conservation de Dijon menacé, pensait-il, par les forces de Garibaldi et du général Crouzat, y concentrait son corps d'armée et y établissait son quartier général relié à Gray et à Vesoul.

« L'intention du général de Werder était de demeurer provisoirement dans cette position établie de manière à faire face surtout vers le Sud, et d'y attendre l'entrée en ligne de la quatrième division de réserve venant d'Alsace. Jusque-là, le général comptait mettre le temps à profit pour inquiéter l'ennemi et pour approvisionner son propre corps, sur les derrières duquel des troupes d'étapes wurtembergeoises s'étaient avancées jusqu'aux environs de Saint-Loup. »[1]

Le rôle de Garibaldi, pendant son séjour à Dôle, a essentiellement consisté à semer la zizanie autour de lui, à faire le gâchis, à molester tout le monde, à donner plus de tracas à l'administration, au gouvernement, que toutes les autres armées ensemble. Un mois s'était à peine écoulé, depuis son arrivée dans le Jura, et chacun en était excédé. « Je ne comprends pas, répondait le fameux préfet révolutionnaire de Lyon, Challemel-Lacour, au « sieur Bordone », de quoi vous voulez

---

1. *Guerre franco-allemande de 1870-1871*, 2° partie, p. 337.

parler, mais ce que je comprends, c'est que vous êtes peu poli, et que je ne souffre chez personne l'étrange langage que vous prenez. Épargnez-moi vos conseils et vos télégrammes, je n'y répondrai plus. » Le directeur général de l'exploitation des chemins de fer n'était pas plus satisfait. Dans une dépêche datée de Clermont, le 25 octobre, il se plaint au ministre des travaux publics de ce que les communications entre Dôle, Mouchard, Besançon, Dijon, Pontarlier, la Suisse et Lons-le-Saunier, soient supprimées pour le public, par ordre de Garibaldi, « sans qu'aucun danger ne motive cette situation [1] ». Le trésorier-payeur général de Lons-le-Saunier, les receveurs particuliers, les généraux, les intendants, les commandants de place, les préfets, les administrations civiles et militaires, les corps élus, les troupes mises malgré elles sous les ordres de Garibaldi, le clergé, les citoyens honnêtes jetaient les hauts cris [2]. C'était le commencement du sens dessus dessous, de la révolution, du patatrac universels.

A l'instar de ces poissons qui, pour échapper à leur ennemi, projettent une liqueur qui trouble les eaux et les dérobe à la vue, Garibaldi, afin de se soustraire aux Prussiens, répandait autour de lui le noir venin de la discorde. Le 30 octobre, il aurait pu sauver Dijon et modifier considérablement notre situation militaire dans l'Est; il ne le fit pas et finalement rétrograda précipitamment sur Autun, à la première menace du danger,

---

1. Perrot. Rapport, t. II, p. 434, dépêche n° 5420.
2. Perrot. Rapport, t. II, dépêches n° 5223, p. 445; n° 5231, p. 424; n°ˢ 5531, p. 449; 5691, p. 446 et passim; n° 5228, p. 423; n° 5299, p. 426; n° 5152, p. 438, n° 5687, p. 443; — Bordone. *Garibaldi et l'Armée des Vosges*. Dôle, p. 39, 45, 47, 48; — Jules Onnée. *Faits et Gestes de la légion bretonne pendant la campagne de 1870-1871*, p. 83 et suivantes.

traînant à sa suite comme prisonniers, non pas des Prussiens mais de pauvres prêtres enchaînés, qui avaient commis le crime de ne pas être enchantés de ses persécutions[1] et qui n'échappèrent à la cour martiale garibaldienne que sur l'ordre de Gambetta. On commençait à comprendre à qui il était venu faire la guerre.

[1]. Perrot. Rapport, t. II, dépêches n° 1047, p. 466 et n° 5457, p. 472.

CHAPITRE II

Les Garibaldiens à Autun.

I. Arrivée de Garibaldi à Autun; invasion des églises et des établissements religieux; silhouette de l'armée et de la vie garibaldiennes [1]; revue passée par Garibaldi. Première impression sur les républicains universels. — II. Officiers, officières et soldats garibaldiens; leur recrutement, leur conduite; malhonnêteté, incapacité, concussions. — III. Les troupes françaises régulières de l'armée des Vosges; le 42° régiment de mobiles de l'Aveyron; la première légion des mobilisés de Saône-et-Loire; hostilité des garibaldiens à leur égard. Les malades aux ambulances garibaldiennes; dénuement et mortalité parmi les troupes françaises. — IV. Situation faite à la population par l'occupation garibaldienne; attentats contre les personnes et les propriétés. — V. Impuissance d'une partie des autorités, effacement ou complicité des autres; les républicains et le sous-préfet Marais. — VI. Les nuits garibaldiennes.

I

Le mardi 8 novembre 1870, dans la soirée, des voyageurs recouverts d'énormes manteaux gris descendaient en gare d'Autun par le dernier train. L'un d'eux, haut de six pieds, portait un képi gris de fer dont le turban était orné de trois galons d'or; les autres avaient des casquettes rouges également galonnées; par l'ouverture des manteaux on apercevait des chemises rouges, des aiguillettes d'or et les gardes d'acier des épées. Les éperons

---

1. L'auteur comprend sous le nom de Garibaldiens tous les révolutionnaires, quels que soient leurs costumes et leurs nationalités. A l'armée des Vosges on désignait exclusivement sous ce nom les volontaires qui portaient la chemise rouge; les autres étaient tous appelés francs-tireurs. Par troupes françaises, il entend les mobiles, les mobilisés, les détachements de l'armée régulière et tous ceux, à quelque corps qu'ils appartinssent, qui s'occupaient uniquement de repousser l'envahisseur.

dorés sonnaient aux talons des hautes bottes ; des revolvers dans leurs gaînes pendaient aux ceinturons. La gare était presque déserte ; le sous-préfet Marais et quelques autres personnes attendaient, presque seuls, dans la cour ces étranges officiers. C'est ainsi que l'on apprit la prochaine arrivée de Garibaldi à Autun.

A peine débarqués, les officiers d'ordonnance du célèbre condottière italien se firent conduire chez les sacristains pour leur demander les clefs des églises où Garibaldi avait décidé de cantonner ses troupes. La négociation ne marcha pas toute seule ; l'un des bedeaux fit le récalcitrant et refusa de se déranger. La tête à la fenêtre,.....

.... Dans le simple appareil
D'une beauté qu'on vient d'arracher au sommeil,

il se préparait à regagner son duvet, quand le grand capitaine brandissant son grand sabre dont la pointe menaçait le casque à mèche du malheureux sacristain, lui cria d'une voix de stentor : Descends-tu ou si je monte ? En même temps, ses compagnons ébranlaient de leurs talons de bottes la porte chancelante. Devant ces arguments décisifs le paisible bedeau dut s'exécuter ; quelques instants après, le capitaine Barbe-Bleue recevait les clefs à la pointe de son sabre.

Le lendemain, à la première heure, les personnes qui se rendent aux églises se heurtent aux sentinelles garibaldiennes. Par les portes ouvertes, elles voient le lieu saint rempli de chemises rouges, les feux de bivouac allumés avec les chaises, les autels transformés en tables de cuisine ; elles entendent les chants obscènes, les blasphèmes épouvantables de cette soldatesque effrénée.

> Et leurs pas ébranlant les arches colossales
> Troublent les morts couchés sous le pavé des salles.

Une dame très myope arrive sans rien apercevoir jusqu'à la porte du collatéral gauche de la cathédrale ; un fringant officier tout rouge, tout cousu d'or, se dresse devant elle.

— Sacramento ! encore *oune !* Eh ! qué voulez-vous ? lui dit-il d'un ton brutal.

— Mais je viens à la messe, Monsieur.

— La *missa ! vecchia ruffiana ;* la *repoublica ouniversale* va vous en donner des *missas ;* au nom *della patria* envahie, nous allons *détrouire la soupertizione.* [1]

— Oh, Monsieur, la superstition c'est comme le chiendent ; plus on en arrache, plus il en repousse.

Cependant, d'autres troupes arrivent et s'alignent sur le Champ-de-Mars, en attendant qu'on les conduise dans les couvents et les maisons d'éducation où elles doivent être casernées et que Garibaldi leur abandonne pour le pillage. Parmi toutes ces chemises rouges, un bataillon attire l'attention par sa propreté, sa tenue et les jolis minois des soldats. C'est le bataillon *Patatrac,* ainsi nommé à cause de son immense drapeau en soie rouge frangée d'or, sur lequel se détachent en grosses lettres blanches le mot : PA — TA — TRAC. Les jeunes gens presque tous imberbes qui le composent appartiennent à la bohème italienne ; il y a là des étudiants en droit, en

---

1. La messe, vieille p.....; la république universelle va vous en donner des messes ; au nom de la patrie envahie nous allons détruire la superstition.

médecine, en rupture de leur famille et de la faculté, des cerveaux brûlés de tout acabit qui sont venus faire leurs farces en France, autrement dit, y fonder la *republica universale*. On y voit de charmants types d'adolescents. Les beaux yeux, les longs cheveux noirs coupés en rond, ramassés vers les oreilles en ailes de pigeon, les teints mats à peine rosés par la froidure font bien sous la casquette rouge. La chemise de flanelle de même couleur, à parements et à col noirs, entre dans le pantalon gris enfermé dans des guêtres de cuir; une ceinture bleue roulée autour de la taille, un élégant petit manteau gris, complètent ce costume plein de coquetterie. Une nuée d'officiers papillonnent autour de cette brillante jeunesse. Leurs justaucorps rouges sont tout chamarrés; leurs culottes irréprochablement collantes plongent dans de fines bottes; leurs chevelures lustrées comme l'aile du corbeau doivent faire la fortune et le désespoir de leurs perruquiers. Ils sont tellement attifés, bichonnés, pomponnés, qu'il faut regarder à plusieurs reprises leurs galons, leurs torsades d'or, leurs longs sabres à l'énorme garde d'acier poli qui traînent et résonnent sur le pavé, pour bien se convaincre que ce sont des soldats.

A côté de ce bataillon qui est l'aristocratie, le high-life de l'armée garibaldienne, se rangent d'autres troupes qui n'ont guère que le costume de commun avec lui. Les visages sombres, les traits flétris, les types de bandits, les figures de sac et de corde y abondent et prennent, sous la chemise rouge, une expression d'oiseau de proie, de hyènes en quête de cadavres. Là, sont réunis tous ces déclassés cosmopolites que l'aventurier italien traîne après lui dans ses expéditions. Ce sont eux dont un député italien disait : « Que n'abolit-on la gendarmerie maintenant qu'ils sont partis ? »

A peine sont-ils deux ou trois mille sur le Champ-de-Mars ; ils font du volume et du bruit comme une armée. Les colloques bruyants, les jurons les plus grossiers sont accompagnés d'une mimique effrénée ; à chaque instant on croit qu'ils vont en venir aux mains. L'harmonieuse langue italienne prend des sons de crécelle en passant par ces gosiers parcheminés. Lorsque, sur l'ordre d'un officier supérieur au profil de brigand des Abruzzes, les drapeaux rouges s'agitent et que du milieu de ces énergumènes s'élèvent les cris mille fois répétés : « *Evviva la republica universale !* » un frisson vous passe par tout le corps, on comprend le *patatrac*. Les paisibles citoyens se retirent, l'oreille basse, sans proférer une parole, pensifs et rêveurs : que va-t-il sortir de tout cela ?

Les chemises rouges ne sont que l'avant-garde de l'armée des Vosges. D'après le décret de Gambetta, tous les corps francs disséminés dans la région de l'Est ainsi qu'un certain nombre de régiments de mobiles ont été mis sous les ordres de Garibaldi. Ces différentes troupes arrivent successivement à Autun. Celui qui n'a pas vu la ville à cette époque ne peut se figurer l'aspect vraiment carnavalesque qu'elle présentait. Les francs-tireurs de Marseille, d'Oran, d'Alger, de Constantine, les éclaireurs du Jura, les Ours de Nantes, les francs-tireurs de la Mort, les guérillas grecque, espagnole, égyptienne, hongroise, d'Orient, les chasseurs des Alpes, d'Alexandrie, etc., cinquante à soixante corps, de tous costumes et de tout acabit, coudoyaient dans les rues les pauvres mobiles déguenillés de l'Aveyron, des Alpes-Maritimes, des Basses-Alpes, les artilleurs de la Charente-Inférieure et les mobilisés de Saône-et-Loire. Quinze à vingt mille hommes de toutes couleurs, affublés de costumes et de noms plus excentriques les uns que les autres, armés de toutes sortes de fusils, remplissaient les rues de leur va-et-vient continuel. Les maisons particulières en étaient encombrées ; cafés, restaurants, pâtisseries, étaient littéralement pris d'assaut : on eût tout donné gratuitement que la presse n'y eût pas été plus grande. A la fin de décembre, les rayons des magasins étaient dégarnis ; plusieurs négociants réalisèrent en quelques jours une petite fortune.

C'est que l'argent roulait à l'armée des Vosges. La France payait bien, les garibaldiens mangeaient et buvaient bien, et tout allait bien : « Mangiamo bene, beviamo bene, la Francia paga bene, e tutto andra bene », répétaient ces farceurs et leur conduite était en parfait accord avec leurs paroles. Ils étaient là une nuée d'officiers improvisés, anciens épiciers, ex-rempailleurs de chaises, ex-procureurs (pas du roi, bien entendu), bohèmes ou sacripants qui, sous l'égide du bon Giuseppe Garibaldi, s'entendaient à merveille à faire danser l'anse du panier de la France. Aucun costume n'était trop beau, nul mets n'était trop fin, aucun vin n'était trop exquis pour ces décavés qui, la veille encore, se procuraient à grand'peine le strict nécessaire. Certains d'entre eux étaient tellement embarassés des liasses de billets de banque, qu'ils se servaient de leurs tiges de bottes en guise de porte-monnaie. Les neuf dixièmes de ces officiers n'avaient jamais été soldats ; l'amitié de Lobbia, de Bordone, de Delpech, de l'un des membres de la famille Garibaldi, une référence maçonnique et leur toupet, leur tenaient lieu de science et d'expérience militaires.

L'amitié d'un grand homme est un présent des dieux.

Il y avait un ancien fabricant de chaises qui avait obtenu un brevet de capitaine d'état-major pour solde d'une note arriérée. Agé de près de soixante ans, excellent homme d'ailleurs, il parlait à merveille le français de Tarascon. Au saut du lit, vers neuf heures, il allait faire sa cour au quartier général, à la place, recueillait les potins, et, sa journée ainsi faite, revenait prendre son absinthe.

— « *Coquine de Diou,* disait-il invariablement en se laissant choir lourdement sur la banquette du café, quel homme que ce Bordone ! Il fallait voir comme il a secoué ce Lobbia devant le général et Garibaldi lui a donné raison. Quel homme que ce Garibaldi ! En voilà un qui fera voir le tour à tous les capitulards du Badinguet et à toute la graine romaine ! » etc. (*Assentuez* la prononciation.)

Les variations de ce thème avec intermèdes de cartes, de « perroquets » et de « jolies petites », lui rapportaient quinze francs par jour. L'unique fois qu'il monta à cheval, il fut bien plus vite descendu ; il disparut dans un tas de neige accumulée le long de la chaussée ; on eut toutes les peines du monde à l'en tirer : il boite depuis cette époque. « Dedans » Tarascon, il doit passer, s'il vit encore, pour un foudre de guerre.

Notre capitaine avait des sosies. Du reste, quand on pense que le chef de l'état-major général, le citoyen Bordone, colonel, puis général, était chirurgien ou pharmacien de son métier, on peut aisément juger de ce que valaient ses sous-ordres.

La sous-préfecture était le quartier général de cet état-major panaché ; c'est là où le vieux condottière gisait sur un lit, en proie à la goutte cruelle qui ne lui permettait guère de remuer depuis son arrivée. Quelques courses aux environs dans un équipage réquisitionné, la revue des « vieux garçons » de l'arrondissement, la réception des officiers des gardes nationale et mobilisée, signalèrent seules sa présence à Autun ; une audience accordée à quelques femmes acheva d'épuiser l'activité du héros. Tandis qu'il recevait le corps d'officiers le chapeau sur la tête, il fut, à son ordinaire, gracieux et galant pour les dames et leur fit un discours contre les curés.

« Évitez, leur dit-il, tout contact avec les prêtres et donnez à vos enfants une éducation exempte de préjugés religieux. C'est l'engeance cléricale qui est la cause de tous nos malheurs ; elle s'insinue partout comme un serpent au milieu du foyer domestique ; il faut l'en chasser, car ce sont les prêtres qui, par leurs idées anti-libérales, s'opposent au développement régulier des institutions républicaines, etc. »[1]

Il faut croire qu'il fut pathétique, car l'émotion gagna les cœurs et en fin de compte on s'embrassa. La mère X..... ouvrit le feu : vieille, sale, absolument repoussante, d'autant plus démonstrative, elle déposa deux longs baisers humides sur les joues augustes du lion de Caprera. La France et l'Italie s'embrassaient ; quel spectacle ! Il y en eut qui pleurèrent d'attendrissement ; oh les femmes ! « Il a vraiment la figure d'un saint ! » disait l'une d'elles en sortant.

---

1. Castilhon. *Le Télégraphe* de Lyon.

Toutes les visiteuses ne ressemblaient pas à la mère X..... ; on comptait parmi elles de jeunes et jolies femmes du bon monde. Cette réception fut la première et la dernière de Garibaldi à Autun, « car les habitants ne tardèrent pas à être indignés de toutes les atrocités dont ils furent les témoins et souvent les victimes[1]. » L'équipée fit du bruit et chacun désirait voir un général assez attrayant pour provoquer un pareil enthousiasme auprès du beau sexe. Aussi les curieux se pressaient-ils devant la sous-préfecture dont la grande porte était toujours ouverte, mais leurs regards fouillaient inutilement les fenêtres ; le héros des deux mondes était invisible. En attendant son apparition, on regardait la cour remplie d'officiers bigarrés et des cent-gardes de l'austère républicain. Ce corps d'élite se composait de petits jeunes gens jolis à croquer, qui ressemblaient bien plus à des filles qu'à des hommes : leur costume très soigné était à peu près celui des autres Italiens. Lorsqu'un officier supérieur entrait ou sortait, ils s'alignaient de chaque côté de la porte et présentaient gracieusement les armes à la manière italienne, en inclinant à demi leurs fusils au lieu de les tenir verticaux. C'était d'un effet charmant.

On ne pouvait garder plus longtemps en chambre le général Garibaldi ; il fallait de toute nécessité l'exhiber, le présenter à l'armée, à la population. Une grande revue fut donc décidée à laquelle devaient prendre part toutes les troupes de la place d'Autun.

Par une belle après-midi de novembre, le cortège du général Garibaldi débouchait sur le Champ-de-Mars, précédé d'un escadron de guides. Coiffés d'une calotte

---

1. Castillhon. Le *Télégraphe* de Lyon.

rouge avec plumes de coq sur l'oreille, enfouis dans d'amples manteaux gris doublés de rouge, les jambes protégées par de hautes bottes montant au-dessus du genou, ces cavaliers offraient des silhouettes de brigands parfaitement réussies. Derrière eux caracolaient de nombreux officiers d'ordonnance multicolores et empanachés ; à en juger par leur tenue en selle, plusieurs devaient monter à cheval pour la première fois. Après ce menu fretin venaient les gros bonnets, toute une pléiade de colonels et de généraux improvisés par la grâce de Garibaldi. Le colonel Lobbia en chemise de soie rouge, avec sabre turc et bonnet polonais ; les généraux Menotti et Ricciotti Garibaldi ; le Marseillais Delpech, ex-garçon tanneur avant le Quatre-Septembre, successivement sous-préfet d'Aix, préfet de Marseille, puis général de la deuxième brigade de l'armée des Vosges ; Canzio, gendre de Garibaldi, le don Juan de l'armée, « l'enfant chéri des belles » ; Bordone, apothicaire, colonel, général et tutti quanti, brillaient au milieu de cette escorte dans des costumes éblouissants. Montés sur des chevaux de prix, ces républicains austères laissent flotter au vent les riches pelisses bordées de fourrures retenues par des torsades d'or, les lourdes aiguillettes d'or, tandis que les éperons dorés labourent les flancs de leurs montures et que l'or contenu dans leurs goussets leur donne l'arrogance des parvenus.

Enfin Garibaldi apparaît. Quatre hommes et un caporal l'ont péniblement hissé dans sa victoria traînée par des chevaux magnifiques. Coiffé d'un chapeau tyrolien, recouvert d'un manteau brésilien gris sous lequel se détache la chemise rouge, sans insignes, sans galons, il cache sous les fourrures ses jambes et ses mains torturées par la goutte. La figure est caractéristique : les yeux très vifs brillent au milieu du visage allongé, amaigri, encadré de longs cheveux blancs et d'une barbe soigneusement peignée. Son air de Fra Diavolo lui sied; au fond, il semble bon homme. En le considérant attentivement, on est surpris des abominations, des attentats qu'il laisse commettre. Sur son passage, tous les Italiens qui ne font pas partie de la revue s'agenouillent et tendent les bras vers lui; à l'entrée des Platanes un groupe de chemises rouges, fusils en bandouillère, se précipite, lève les mains et chante *con passione* le refrain de l'hymne garibaldien :

> O Garibaldi,
> O Padre mio,
> Dammi fucile
> Che voglio partire. [1]

— *Salute, ragazzi*, leur répond Garibaldi. *Viva la Republica universale; abasso Pio IX!* (Bonjour mes enfants; vive la république universelle; à bas Pie IX!)

Le cortège arrive devant le front des troupes; la musique attaque le fameux hymne avec toute la furia italienne. Les cuivres vibrent, les exécutants miment le chant avec leurs instruments, le chef de musique s'agite comme un démoniaque, il bat la mesure avec son cornet à pistons dont il tire les sons les plus perçants. Sa large ceinture de laine bleue contient tout un arsenal : un coutelas long de deux pieds s'y croise avec un pistolet de même taille. Les yeux lui sortent de la tête; on dirait la pythonisse sur son trépied. Cette musique s'adresse

---

1. O Garibaldi, ô mon père, donne-moi un fusil, parce que je veux partir.

aux muscles, elle fait lever les pieds, mais ce n'est qu'une musique de cirque.

Les troupes sont alignées sur deux rangs tout autour du Champ-de-Mars ; elles s'échelonnent aussi le long de l'avenue de la Gare et du boulevard de la République. De sa voiture, Garibaldi les inspecte avec l'air satisfait d'un bon propriétaire qui visite ses domaines ; ses chemises rouges lui valent d'excellentes fermes ; elles lui procurent l'argent, les honneurs, la célébrité : sans elles que serait-il ? Et cependant ce sont elles qui acclament, en frémissant, ce démocrate, cet égalitaire, traîné comme un prince par des chevaux splendides, entouré d'un état-major aussi chamarré, aussi hautain que celui d'un potentat ! L'humanité a toujours eu besoin de fantoches et d'idoles pour incarner ses passions.

La revue s'achève au milieu de l'enthousiasme indescriptible des garibaldiens et de la tristesse morne des pauvres mobiles et de la population. Les acclamations frénétiques à la République universelle étaient de mauvais augure dans la triste situation où la France se débattait. Alors que chacun faisait abstraction de ses préférences et de ses convictions politiques pour se dévouer tout entier au salut de la patrie, de semblables manifestations inopportunes et déplacées ne pouvaient que nuire à la défense, en refroidissant les bonnes volontés.

Le lendemain matin, l'ex-fabricant de chaises, notre capitaine d'état-major, prenait son absinthe et versait dans son verre des pleurs au souvenir de ses émotions de la veille.

— « *Coquine de Diou,* disait-il avec l'*assent,* quel homme que ce Garibaldi ! Et Bordone et Menotti et Ricciotti et Lobbia, en voilà qui *représaintent !* Ah, la prêtraille n'a qu'à bien se tenir et tous les jésuites en robe courte. Quand on *painse* que pas un mobile n'a acclamé Garibaldi, c'est *dégoutaint;* un homme qui se *dérainge*, le recevoir ainsi. Bordone fera des *ésemples;* à tout prix il faut se débarrasser des *embusses* des calotins. »

Cet homme n'était qu'un écho ; il exprimait en son langage les idées, les préoccupations qui dominaient au quartier général. L'arrestation de M. Pinard et de plusieurs ecclésiastiques, la mise à sac de l'évêché et des maisons religieuses, la profanation des églises, les vexations de toutes sortes exercées sur de paisibles citoyens, les privations et les corvées dont on accabla les malheureux mobiles : tels furent les faits d'armes accomplis, les *ésemples* donnés par Bordonne pour déjouer les *embusses* des calotins. Tandis que le tiers de la France était foulé aux pieds du Teuton, ces républicains universels s'ingéniaient à persécuter des Français qui, par patriotisme, obéissaient à un Gambetta et lui donnaient sans murmurer leur or et le sang de leurs enfants.

II

Malgré tous ses attraits la guerre aux calotins eût été insuffisante pour occuper les nombreux loisirs, pour assouvir l'activité dévorante des paladins du Charlemagne à rebours qui se nommait Garibaldi. Ces soldats d'opéra comique savaient leur répertoire :

> Et gaîment, et gaîment l'on s'élance,
> De l'amour, de l'amour au combat !

Officier d'état-major.   Officier d'infanterie.   Officière d'infanterie.   Soldat d'infanterie

TYPES GARIBALDIENS

Et ils y allaient gaiement. Si les murailles de la sous-préfecture pouvaient parler, quelles révélations nous serait-il donné d'apprendre? Du moins, avons-nous entendu quelques échos de la joyeuse vie qu'on y menait. Hâtons-nous de le dire, elle n'avait rien de commun avec celle des Spartiates. Coucher sur la dure, supporter le froid, manger le brouet noir, se priver de plaisirs, tout cela était fort bon à Lacédémone. A Autun, ce régime était réservé aux soldats français; les chemises rouges préféraient renouveler les exploits de Sardanapale.

Leur chef, le colonel Lobbia, s'était arrangé à la sous-préfecture un charmant petit nid bien chaud, bien parfumé, d'où il narguait la rigueur de la saison. De moelleux tapis assourdissaient le bruit des pas, des fauteuils capitonnés ouvraient leurs bras à de beaux officiers coquettement frisés, aux mains blanches ornées de bagues précieuses, à la taille souple prise dans des casaques écarlates rehaussées de brillantes dorures; des gerbes de fleurs fraîches venues de Nice s'étalaient sur la cheminée dans de grands vases de porcelaine de Sèvres et donnaient l'illusion du printemps; une riche pendule complétait cette décoration.

Parmi cette élégante jeunesse, un lieutenant était l'objet des égards de toute l'assistance. Petit, imberbe, d'apparence juvénile, remarquablement beau, il présentait quelque chose de singulier dans toute sa personne. Il y avait des rondeurs de mollets, de jambes, de hanches, de poitrine, qui donnaient à rêver; les pieds étaient ceux d'un enfant, les mains potelées embrassaient à peine la poignée du sabre; tout cela se mouvait d'une manière féline, inaccoutumée, inexprimable. On regardait, on regardait encore, et la voix flûtée, harmonieuse, jurait avec l'opulence des chairs, avec cet attirail guerrier : des doutes traversaient l'esprit. Bientôt, la vérité se faisait jour; le plantureux lieutenant était assis sur les genoux du signor il Maggior.

— Contessina, roucoulait le galant major, vous êtes aujourd'hui d'une fraîcheur éclatante; ces roses pâlissent auprès de votre teint. Vos émotions de l'autre jour, devant Dijon, vous ont été salutaires.

— Oh! ne m'en parlez pas, Luidgi; ces mobiles sont tellement lâches que nous avons failli être pris par les Prussiens.

Toute l'assistance. — Les Français sont ignobles, per Baccho! vraiment ils méritent leur sort!

La contessina. — Ah! si vous vous y étiez trouvés, signori, que diriez-vous donc? Ces gens-là s'imaginent que nous sommes venus nous faire tuer pour eux; ils sont vraiment trop bons. Comme l'a dit très bien le général Garibaldi, nous sommes ici pour anéantir les riches, les prêtres, les tyrans, fonder la République universelle, et nous nous réservons pour cette grande œuvre.

Toute l'assistance. — Viva Garibaldi! Viva la Republica universale!

La contessina *se levant*. — Carissimi amici, je vous quitte; à ce soir. A propos, assisterez-vous au dîner du colonel Bordone? Il fera très bien les choses et arrosera ses galons d'une façon princière?

Un officier. — Adorable contessina, cela dépend de Lobbia; il n'aime guère Bordone qui accapare Garibaldi et remplit l'état-major d'un tas de portefaix et de va-nu-pieds français.

La contessina. — Oh, baron! vous êtes cruel, mais il

paraît que ce sera magnifique ! Bordone accompagné d'une brune piquante est allé jusqu'à Marseille, en train spécial, faire les emplètes. Il y aura des primeurs, des fleurs de Nice, mille choses rares et délicieuses, un dessert de deux mille francs. On y acclamera la République universelle, on y boira à la mort des prêtres et des tyrans. On dit même que le général Garibaldi se fera porter au dessert.

Le baron prétendu. — Toujours charmante, toujours tentatrice, contessina ; nous en reparlerons. En attendant, buvons à la santé du général Garibaldi et à la vôtre, fléau des cœurs !

Et les bouteilles de champagne de se vider à la ronde.

Les contessinas n'étaient pas rares à l'armée des Vosges. Certains corps en comptaient autant que d'officiers ; il y en avait de tous grades, depuis celui de commandant jusqu'à celui de sous-lieutenant. « Presque tous les officiers avaient leurs femmes ou leurs maîtresses, et ces femmes ou ces maîtresses touchaient la solde d'officiers[1]. » Tel commandant avait sa femme pour capitaine, tel capitaine son amie pour lieutenant. Touchante union dans le commandement !

Ces amazones étaient de deux sortes : les unes, à l'exemple de la contessina, avaient coupé leurs longs cheveux, chaussé des bottes élégantes, enfoui leurs rondes jambes dans des culottes collantes, couvert leurs têtes mignonnes de la casquette ou du képi, arboré le grand sabre ; les autres, moins hardies, généralement plus maigres, se contentaient d'un costume mixte, dans le genre de celui des cantinières.

1. *Enquête parlementaire*, t. IV, p. 95.

Il y avait une ancienne modiste qui commandait un bataillon. Je la vois encore, devant le front des troupes, avec son écharpe rouge, coiffée d'un chapeau tyrolien agrémenté de plumes et de quatre galons d'or, caracoler sur un grand cheval, brandir son épée et crier d'une voix grêle : « Bataillon, en avant ! » La courte jupe grise, empesée, à petits plis, oscillant rapidement entre le dos de la cavalière et la croupe de son coursier, battait l'air comme un éventail ; chignon, plumes et chapeau voltigeaient sur sa tête ; ses jambes trop courtes et trop faibles enserraient mal les flancs de sa monture. Dans les rues étroites, cheval et cavalière pénétraient comme une toupie à travers les rangs qu'ils rompaient ; il fallait relever les blessés et les éclopés : c'était grotesque.

Indépendamment de celles qui faisaient le service actif, il y avait des cadres de réserve, des *officières* sans troupes ; ce n'était pas les moins occupées.

Par une froide soirée de cet hiver rigoureux, un soldat français, de planton à la sous-préfecture, battait vigoureusement la semelle pour se réchauffer. La bise était glaciale, la neige craquait sous ses souliers à semelles de carton :

<blockquote>Le ciel à l'horizon scintillait étoilé.</blockquote>

Le malheureux planton avait la figure vergetée ; il claquait des dents sous une vareuse et un pantalon de bourre encollée.

A travers les fenêtres, il entendait le cliquetis des verres, les rires et les conversations bruyantes des nombreux invités du colonel Bordone qui donnait, aux frais du public, un de ces pantagruéliques dîners restés célèbres à Autun sous le nom de *dîners colonel*[1]. Aux légumes rares, aux poissons les plus délicats, aux mets les plus exquis, rapportés du Midi en train spécial par l'amphytrion, succédait un somptueux dessert arrosé des vins les plus fins. Plus de deux mille francs pris sur les frais généraux de l'armée, assure-t-on, soldèrent ce festin de Sardanapale offert à une trentaine de convives[2]. Par la porte entr'ouverte s'échappaient l'odeur des mets, le parfum des fleurs qui jonchaient la table, l'arôme des *puros;* les bouteilles de champagne crépitaient comme une fusillade.

Deux officiers recouverts de fourrures demandent à être conduits auprès des officiers de service; ils sont introduits; les fourrures tombent. C'étaient deux *officières* hors cadre qui venaient charmer les longues heures de service de leurs collègues. On dresse la table, un baccara s'organise, l'or roule, les billets s'entassent, on vide de nombreuses flûtes à la République universelle.

De l'antichambre où il était rentré, le pauvre moblot entendait vaguement

> S'étouffer des baisers, se mêler des haleines,

tandis que dans une autre salle les vivats des convives à la République universelle étaient une amère dérision à son triste sort. La République universelle n'était pas faite pour lui.

Le quartier général avait de nombreuses succursales en ville. Chacun connaît les maisons où les aventuriers garibaldiens dépensaient, à jouer un « jeu d'enfer », à

1. Castilhon. *Le Télégraphe* de Lyon.
2. Castilhon. *Enq. parl.* t. IV et le *Télégraphe* de Lyon.

faire une noce échevelée, l'or prodigué par la France, cet or qui aurait dû servir à chasser l'envahisseur. Il faudrait vivre au temps de Brantôme, de Boccace ou de l'Arétin, pour pouvoir raconter certaines scènes qui se sont alors passées dans nos murs.

> Là chaque heure inventait mille nouveaux plaisirs.

L'argent que Bordone muni du blanc-seing de Gambetta allait râfler à cinquante lieues à la ronde, dans les recettes particulières et générales, alimentait cette kermesse sans fin. Aussi bien, les soldes, tout élevées qu'elles étaient, eussent été insuffisantes, s'il n'y avait eu des moyens de les augmenter.

Les majorations d'effectifs, les changements de corps, les bons d'équipements et de dépenses personnelles doublaient, triplaient... décuplaient pour beaucoup leur solde régulière.

Un certain Eynard, qui avait eu l'idée ingénieuse de former une compagnie « d'isolés », c'est-à-dire d'individus ayant perdu leur corps, et avait été, à ce titre, nommé commandant par Garibaldi, portait quarante à cinquante hommes sur ses états de paie, tandis qu'en réalité il n'en avait jamais plus de huit ou dix[1]. Le chef de bataillon Deodatto Rey de Bellonet, ancien garibaldien de l'expédition des Deux-Siciles, qui s'était nommé lui-même commandant des francs-tireurs de l'Hérault et se faisait payer dix-sept francs par jour, « avait sous ses ordres 23 officiers ou sous-officiers et 83 soldats seulement; » il en annonçait trois mille à l'intendance de l'armée des

---

1. Castilhon, *Enquête parlementaire*, t. IV, p. 85.

Vosges [1] ! Un autre commandant dont le bataillon se composait de neuf hommes, les faisait figurer pour un chiffre plus que décuple sur les contrôles !

« L'effectif des corps n'était jamais vérifié malgré les mutations nombreuses et journalières. Aussi, les chefs des compagnies de francs-tireurs, gens pour la plupart fort peu délicats, d'autant que nous avons eu la preuve qu'il y avait parmi eux plusieurs repris de justice, ne se faisaient pas faute d'empocher aux dépens du trésor de la France des sommes considérables. D'après des renseignements puisés aux sources les plus sûres [2], l'effectif de plusieurs compagnies était plus que doublé sur les états de solde. » [3]

En appliquant ce système communément usité à l'armée garibaldienne, « où les officiers eux-mêmes s'entr'envoyaient leurs hommes afin d'avoir un plus fort effectif » aux jours de solde, le colonel italien Ravelli s'appropria plusieurs centaines de mille francs [4]. Comme au théâtre où, pour simuler un cortège considérable aux yeux des spectateurs, les mêmes figurants disparaissent dans les coulisses pour reparaître sur la scène par un autre côté, les acteurs garibaldiens se multipliaient de même sur les contrôles des payeurs, avec moins de chances d'être reconnus. « D'après les états de solde, la France payait 70,000 hommes dont près de deux cents colonels ou généraux [5]. » Or l'armée garibaldienne ne dépassa pas le nombre de 18,000 hommes en décembre et de 50,000

---

1. De Ségur. *Rapport sur l'armée des Vosges*.
2. Rapport de M. le commissaire de police d'Autun.
3. Castilhon. *Le Télégraphe*, de Lyon.
4. Castilhon et Debuschère. — *Enquête parlementaire*, t. IV, p. 86. Le *Télégraphe*, de Lyon.
5. Général Ambert. *Histoire de la guerre de 1870-71*.

à la fin de janvier[1]! La différence représente l'importance des détournements commis de ce chef.

Le grand nombre d'ordonnateurs qui, sur tous les points du territoire, se mettaient à la disposition des corps francs, rendaient aussi facile que commun le vol à « l'entrée en campagne. » Les uns, après avoir touché cette indemnité à Marseille, à Chambéry, à Lyon ou ailleurs, se la faisaient payer une seconde fois, une troisième fois, une quatrième fois à Autun, à Dijon, et réciproquement; les autres plus prudents donnaient leur démission, se faisaient nommer officiers dans un autre corps, sous un autre nom et recevaient de nouveau, selon leur grade, cinq cents francs à mille francs qui s'ajoutaient à leurs appointements. L'absence de contrôle, la désorganisation générale, certaines complicités, permettaient de renouveler cette lucrative opération autant de fois qu'on trouvait à changer de corps.[2]

Un ancien artiste lyrique, devenu officier d'ambulance par la même opération qui avait transformé le pharmacien Bordone en général français, avait inventé un système très ingénieux de se faire des rentes. Arrivé à Autun avec un seul galon, il en conquit successivement deux, puis trois, dans l'espace de quelques jours; à chaque fois, il touchait une entrée en campagne complète. Peu de temps après, il fit découdre ses galons, se fit renommer sous-lieutenant, lieutenant, capitaine, et rempocha de nouvelles entrées en campagne. A la fin, les domestiques de la maison où il était logé, lassées

---

1. Bordone. *Garibaldi et l'Armée des Vosges*. 2ᵉ partie. Autun, p. 218 et suiv.; 3ᵉ partie, Dijon, p. 412.
2. Castilhon, *Enq. parlem.*, t. IV, p. 85, 86. — Debuschère. *Rapport*. — *Le Télégraphe* de Lyon. — De Ségur. *Rapport sur l'armée des Vosges*.

de coudre et de découdre ses galons, refusèrent leur service ; il dut se pourvoir ailleurs. Étant donné le gaspillage qui régnait à l'armée des Vosges, il n'y a pas de raison pour qu'il n'ait pas continué jusqu'à la fin à exploiter cette riche veine.[1]

L'avidité de certains officiers n'avait d'égale que leur cynisme. Gardant pour eux le montant de leurs multiples entrées en campagne et de leurs soldes majorées, ils payaient leurs dépenses personnelles avec des bons que l'état-major ou la sous-préfecture ordonnançait, sur la présentation des fournisseurs. Bottes molles de soixante à quatre-vingts francs, manteaux de cent à deux cents francs, étoiles d'or, rubans, galons, écharpes, frais de café, cigares, notes d'hôtel, champagne, cartes de visite, lorgnons, savon, bains aromatiques, eaux de senteur, jusqu'à des courtisanes et des lanternes vénitiennes pour égayer et éclairer l'orgie, toutes ces douceurs étaient offertes à nos frais par ce bon Garibaldi à ses soldats. « On a même osé présenter une note de quatre-vingts francs pour trois jours passés chez un nommé Vernachet qui tenait une maison de débauche, dans laquelle les officiers seuls et en tenue pouvaient avoir leur entrée[2]. »

L'explosion de l'indignation publique non moins que la crainte de n'avoir plus rien à donner aux siens, obligèrent M. Bordone à intervenir.

« Des plaintes nombreuses, disait-il dans l'ordre du jour en date du 15 novembre 1870, arrivent sur le

---

1. Déclaration faite à l'auteur par l'une des personnes les plus honorables d'Autun.
2. De Ségur. *Rapport*; Castilhon. *Le Télégraphe* de Lyon ; *Enq. parl.*, t. IV, p. 80.

compte de soldats, sous-officiers et même officiers (sic), qui ne craignent pas de se présenter dans les magasins et d'y réquisitionner sur un simple bon signé par eux, et quelquefois même sans donner un bon. Il sera affiché par la ville et publié à son de trompe qu'aucun marchand ne doit livrer à crédit, ni accepter en paiement des bons de réquisition qui ne seraient pas régulièrement approuvés par l'état-major général. Si, contrairement aux lois de l'honneur, une personne quelconque appartenant à l'armée commettait de nouveau un acte pareil à celui que nous signalons, elle serait livrée à la cour martiale sous l'accusation de vol. »

Quand il eut donné à l'imitation de l'honnêteté ce que nécessitait impérieusement son propre intérêt, M. Bordone s'occupa de choses plus importantes. Le pillage se régularisa ; la cour martiale ne condamna pas les voleurs et la bacchanale continua de plus belle.

Pressés faute d'avenir, les républicains universels se hâtaient au vol, à la débauche, n'ayant de soins que pour s'enrichir ou pour dissiper, se jouant de l'argent comme s'ils en eussent regorgé. Aussi bien, lorsqu'ils avaient épuisé les concussions, leurs ressources ne l'étaient pas encore. Sur les crédits ouverts par l'État ou sur le produit des loteries et des souscriptions, ils se faisaient faire des avances par l'état-major, « libéral d'un bien qu'il reprenait à pleines mains sur la République. » C'est ainsi qu'un certain Massoneri, chef d'escadron de remonte, se fit délivrer trente mille francs et disparut sans rendre de comptes ; il en fut de même de l'italien Penazzi, chef de la compagnie des chasseurs européens d'Alexandrie. « A d'autres on faisait des avances en argent sous la forme de prêts qui ne figurent pas aux recettes comme restitués. Ces prêts étaient la plupart du temps autorisés par M. Delpech, qui délivrait des bons sur la caisse du comité italien..... M. Bordone faisait de même payer des avances que l'on ne rendait pas davantage. »[1]

Parfois on agissait d'une façon encore plus cavalière.

« Un jour M. Caron, officier d'état-major, grand ami du capitaine Bordone (fils du général), lui contait ses malheurs : j'aurais grand besoin de fonds, disait-il, mon tailleur devient très pressant et je ne puis le satisfaire. Le capitaine Bordone rit de son embarras et lui dit qu'en bon camarade il le tirera d'affaire; puis écartant le revers de sa botte, il y puisa une liasse de billets de banque et dissipa les ennuis de son cher Caron. »

Outre ces moyens plus ou moins accessibles à tous, il y en avait de spéciaux à chaque situation particulière.

Dans son rapport, M. de Ségur énumère une faible partie des tripotages dont les fournitures d'équipement ont été l'occasion; l'État les payait plusieurs fois leur valeur. La fourniture des vivres était une autre mine d'or pour certains; les bœufs, les vaches, les moutons, les grains, les fourrages, volés aux paysans ou achetés à des prix dérisoires, au nom de l'intendance, lui étaient comptés trois ou quatre fois plus cher qu'ils n'avaient été payés. « Il se faisait en outre sur les rations de fourrages et d'avoine que les chevaux ne mangeaient pas un trafic scandaleux. »[2]

La vente des grades, dont la collation avait été attribuée à Garibaldi par Gambetta, enrichissait une autre catégorie d'officiers; le sous-chef d'état-major Lobbia

---

[1]. De Ségur. *Rapport sur l'armée des Vosges*.
[2]. Castilhon. *Le Télégraphe de Lyon*.

tenait boutique ouverte et publique de brevets sur parchemin pour tous les grades.[1]

En appliquant quelques-uns de ces moyens, le chef d'escadron d'état-major Castellagi avait économisé une centaine de mille francs qu'il portait toujours sur lui. Un jour dans la crainte de tomber entre les mains des Prussiens, il les confia à l'honneur de M. de Grancey chez lequel il était logé[2]. « Un tel fait suffit pour indiquer ce que l'armée garibaldienne a dû coûter à la France, et pour faire comprendre comment a pu être dépensé le crédit que la générosité de Gambetta avait ouvert pour les dépenses de ces aventuriers. »[3]

Dans cette armée de langues et de mœurs différentes, bizarre assemblage du rebut de toutes les nations, l'immoralité variait d'homme à homme, il n'était pas d'abus qui ne fût autorisé et toute fonction pouvait aboutir à un profit illicite. Le seul chemin du pouvoir, c'est-à-dire de l'argent, était d'assouvir par des acclamations à la République universelle et à son prophète, par des motions incendiaires contre le clergé, contre les honnêtes gens, l'immense vanité et la rage prétrophobique du vieux Garibaldi. Lui, content de jouir de l'adoration de cette tourbe, s'enivrant d'un encens grossier, véritable Bouddha révolutionnaire, n'étendait pas plus loin sa vigilance; et les fonds gaspillés, engloutis en si peu de temps, en sus du produit des loteries, des souscriptions, des crédits réguliers de l'intendance suffisants pour subvenir à tous les besoins de l'armée[4], s'élèvent à « un

---

[1]. Perrot. Rapport, t. II, p. 638, dépêche n° 7220 et le *Télégraphe* de Lyon.
[2]. *Enq. parl.*, t. IV, déposition de Grancey.
[3]. Perrot. Rapport, t. II, p. 177.
[4]. Celui de janvier était de deux millions cent mille francs. Dépêche du 3 décembre de l'intendant Baumès.

million deux cent quarante-huit mille cent soixante quatorze francs. » A cette somme, « il faut ajouter les dépenses ordonnancées directement par les préfets de Lyon et de Chambéry, les livraisons d'effets d'habillement et d'équipement pris à Lyon dans les magasins de la garde nationale et mobilisée, et diverses ressources, telles que quatre mille francs provenant de la vente d'objets mobiliers saisis chez les Frères de la Doctrine chrétienne à Caluire. »[1]

« Pendant tout le mois de novembre, écrit M. Castilhon, époque de la formation de l'armée dite des Vosges, il n'y avait aucun contrôle, aucune surveillance, pas d'intendance ; aussi, on ne peut s'imaginer tous les abus qui ont existé. Messieurs les officiers garibaldiens qui arrivaient pour la plupart en guenilles étalaient, quelques jours après, un luxe de costume révoltant, tandis que les malheureux mobiles étaient vêtus d'effets en lambeaux insuffisants à les abriter pendant les froids rigoureux. Malgré les indemnités considérables d'entrée en campagne, ils se faisaient faire des bottes de soixante à quatre-vingts francs, des manteaux de deux cents francs qu'ils ne payaient pas, et trouvaient commode de solder leurs fournitures avec un bon que le marchand faisait viser à la sous-préfecture. »[2]

L'arrivée du payeur Martinet et de l'intendant Baumès substitués à MM. Bordone et Delpech, comme administrateurs, « permit à l'armée des Vosges de vivre », mais n'arrêta pas les abus. Que pouvaient faire ces deux hommes d'honneur égarés dans cette forêt de Bondy ?

---

1. De Ségur. *Rapport sur les marchés de l'armée des Vosges*, p. 156.
2. Castilhon. *Le Télégraphe* de Lyon.

Obligés de payer les bons ordonnancés par le quartier général et par la sous-préfecture[1], il ne leur appartenait pas de vérifier les causes des dépenses et le gaspillage réglementé ne cessa pas. Le scandale devint tellement grand que le préfet de Lyon, Challemel-Lacour, refusa de s'occuper davantage des garibaldiens ; il en avisait Gambetta en ces termes : « J'ai payé jusqu'à présent trois cent mille francs pour l'armée des Vosges, lui écrivait-il, mais il y a bien des désordres et bien des aventuriers autour de Garibaldi. Épurez-moi cela ; je ne paierai plus rien jusqu'à nouvel ordre. »

Si Gambetta eût suivi le conseil du fameux proconsul, il eût été obligé de renvoyer la plupart des officiers garibaldiens. Dans une lettre adressée au *Constitutionnel* en 1874, M. Ordinaire déclare qu'il y avait cinq officiers honnêtes, y compris lui et le colonel Gauckler, dans tout l'état-major de Garibaldi ! Cette affirmation, tout exagérée qu'elle paraisse, n'étonnera pas ceux qui ont assisté à la formation des hordes garibaldiennes.

L'écho de la Renommée, faisant connaître au loin les exploits garibaldiens, amenait à Autun tous ceux qui avaient envie d'en faire autant. Du sein de la populace des grandes villes accouraient des troupes d'hommes connus par leurs antécédents et dont Garibaldi résumait toutes les aspirations. « J'en ai vu arriver les trois quarts avec des chemises sortant de leurs culottes : trois jours après ils se promenaient dans les rues bariolés et chamarrés d'or[2]. » — « Tous ces officiers d'emprunt qui, la veille encore, exerçaient les métiers les plus vils et les

---

1. *Enq. parl.* t. IV, dépos. Debuschère.
2. *Enq. parl.*, t. IV, p. 94.

moins avouables, se jetaient comme à une curée sur les places que Garibaldi leur distribuait... avec une largesse peu parcimonieuse. » [1]

Ne pouvant suffire à toutes les demandes, M. Bordone appelait Gambetta à son aide : « Chasse au galon, télégraphiait-il le 11 novembre 1870, prend ici des proportions énormes et désorganise les corps [2]. » — « On aurait dit que dans la campagne de France il ne s'agissait que d'une chasse au galon », dit-il ailleurs [3]. Et il ne s'agissait effectivement pas d'autre chose pour les garibaldiens. A part quelques sectaires et quelques agents prussiens, poursuivant le triomphe de la Prusse par la révolution, la plupart de ces officiers ne recherchaient que les profits dans leurs fonctions.

Un certain nombre d'entre eux, arrivés à Autun avec quelques vagabonds recueillis deci delà, s'étaient nommés eux-mêmes à leurs grades ; on a déjà parlé de ce commandant fantaisiste qui avait neuf hommes sous ses ordres. Un nommé Delorme avait inventé un autre procédé très ingénieux pour obtenir les galons de commandant et les émoluments qui s'ensuivent. Il avait racolé, à son de caisse ou de trompe, dans différentes villes, en leur promettant deux francs par jour, un certain nombre de mineurs de quatorze ans à dix-huit ans, volés pour la plupart à leurs parents ; il en avait formé un corps, *les Enfants perdus de Paris*. Parmi ces soldats lilliputiens se trouvaient plus de cinquante enfants de Chalon-sur-Saône, que leurs pères vinrent réclamer quelques jours après au parquet et au quartier général. Le madré inven-

---

1. Castilhon. *Le Télégraphe* de Lyon.
2. Perrot. Rapport, t. II, p. 472, dépêche n° 104.
3. Bordone. *Garibaldi et l'Armée des Vosges*, 2ᵉ partie. Autun, p. 178.

teur du premier bataillon scolaire avait prévu ces démarches, et comme il tenait beaucoup à toucher le plus longtemps possible la solde de son grade, il avait emmené son bataillon de moutards dans une direction inconnue à l'état-major, de telle sorte que les Chalonnais durent s'en aller sans remmener leurs enfants.

Garibaldi qui délivrait des commissions d'officiers aux femmes mariées et aux prostituées n'était pas plus difficile pour les hommes. Le premier venu « réunissait sous ses ordres trente à quarante soldats, donnait un nom à sa compagnie et allait aussitôt demander un brevet de capitaine, quand il était assez modeste pour ne pas solliciter celui de commandant. »[1]

L'état-major comptait parmi ses membres des repris de justice[2], notamment le commandant Castellagi, évadé du bagne de Rome, le même qui, à Dijon, circulait dans les environs des Prussiens avec une somme de cent mille francs sur lui[3]. Un autre officier condamné à plusieurs années de prison en Italie disait à la personne chez laquelle il logeait : « Je suis encore un des plus honorables de la bande ; les camarades en ont bien vu d'autres. »

Le commandant Eynard, dont il a été question, avait obtenu ses quatre galons d'une façon grotesque. Arrivé auprès du général, il prétendit que ses mérites lui valaient ce grade, et comme on n'avait aucune troupe à mettre à sa disposition, il fut chargé d'organiser le fameux corps des isolés ! Quand il racontait ce roman « vécu », il en riait le premier à gorge déployée[4]. La

---

1. Castilhon. *Le Télégraphe* de Lyon.
2. Idem, ibidem.
3. *Enq. parl.*, t. IV, dépos. de Grancey.
4. *Enq. parl.*, t. IV, p. 85.

farce fut poussée à ce point qu'un autre officier, pour augmenter le nombre de ses galons et devenir commandant, offrit de former un corps avec les détenus qui étaient à la prison d'Autun ![1]

Quand il n'y eut plus de place nulle part, l'état-major servit de refuge aux amis que l'on ne pouvait caser ailleurs. Un employé de la sous-préfecture qui avait été chassé par le sous-préfet Marais pour indélicatesse fut nommé officier d'état-major[2]! Il est vrai que sa mère était l'amie de Lobbia, mais Lobbia avait autant d'amis qu'il y avait d'individus prêts à partager avec lui leur entrée en campagne, de telle sorte que le nombre des officiers déjà quatre fois plus grand que dans l'armée régulière[3] finit par devenir aussi considérable que dans celle du nègre Soulouque, avec laquelle d'ailleurs l'armée des Vosges avait la plus grande ressemblance.

Avec un pareil recrutement, on imagine facilement quels pouvaient être les capacités, les travaux, le dévouement à la patrie de tous ces galonnés.

Le poste si important de commandant de place fut occupé pendant un mois par le commandant de Maï[4], dont toute l'instruction consistait à savoir signer son nom. Un jour, il reçoit devant témoins une lettre ayant rapport à ses affaires privées; il l'ouvre, la tient la tête en bas, fait mine de la parcourir, et la dépose ensuite, toujours la tête en bas, au milieu des papiers et corres-

---

1. *Enq. parl.*, t. IV, p. 85, 99.
2. *Enq. parl.*, t. IV, p. 95.
3. Castilhon. *Le Télégraphe* de Lyon.
4. Ce nom est orthographié de trois manières dans les documents; on lit : de Maï, du May, Dumay. On a adopté la première donnée par l'*Écho de Saône-et-Loire*, comme ayant une saveur italienne.

pondances intéressant la place, en disant avec suffisance : « C'est bien, je verrai ! » Il attendait son secrétaire absent en ce moment pour connaître le contenu de cette lettre !

« La plupart de ces officiers passaient leur temps à fumer, à boire ou à jouer chez les pâtissiers de la ville où plusieurs d'entre eux ont perdu des sommes considérables..... Les capitaines d'état-major n'avaient d'autre occupation que de monter à cheval, jouer ou se chauffer. Jamais on ne leur confiait aucun travail sérieux, qu'ils auraient été, du reste, incapables d'exécuter. Un de ces officiers attachés à la remonte, le nommé Corthier, qui a été décoré probablement parce qu'il absorbait plus d'absinthe et de liqueurs fortes que les autres, n'avait jamais à la bouche que les mots les plus orduriers et les plus canailles ; avec cela, il était plein de vantardise et parlait sans cesse des Prussiens qu'il avait tués ! Ses camarades avouaient qu'il n'était brave qu'en paroles, et que les jours de combat il avait bien soin de se tenir éloigné des endroits exposés au feu de l'ennemi. »[1]

« Les officiers garibaldiens jouaient un jeu d'enfer ; ils passaient leurs nuits à cette occupation ; et il faut croire qu'ils gagnaient de l'argent, car je sais que dans une semaine ils ont envoyé 14,000 francs en Italie. »[2]

La conversation favorite de tous ces révolutionnaires fainéants, jouisseurs et pillards, si utiles aux Prussiens, était d'accuser de trahison les généraux, les officiers, les soldats de l'armée régulière qui se battaient, et les citoyens honnêtes qui donnaient leur argent et leurs enfants à la patrie.

---

1. *Le Télégraphe* de Lyon.
2. *Enquête parlementaire*, t. IV, p. 95.

« Gambetta aussi nous trahit, s'écriait publiquement l'un d'eux, à la nouvelle de l'échec du général d'Aurelle de Paladines, car il n'aurait pas dû se contenter de le destituer, il aurait fallu le fusiller; ce ne serait d'ailleurs que faire justice à ce général clérical qui a évacué Orléans pour obéir à l'évêque Dupanloup. Du reste, ajouta-t-il d'un ton froidement cynique, il faut qu'on complète ce que nos pères ont commencé en 1793; et pour que la République puisse s'établir en France il faut faire tomber quarante mille têtes. — Qui serait juge en pareil cas, lui demanda un interlocuteur? — La cour martiale, reprit-il. »

Cette conversation, tenue par l'un des juges du colonel Chenet n'est qu'une déclaration de guerre au genre humain; on ne discute pas avec de pareilles gens; on les subit jusqu'à ce qu'on les supprime, comme Robespierre d'atroce et sanglante mémoire.

« Un autre officier d'état-major, le nommé Caron, tenait également les propos les plus ignobles contre le clergé. » Aussi s'empressa-t-on de le décorer. Son appréciation des faits criminels commis à l'évêché par les sicaires garibaldiens, dépeint bien l'infamie de ces bandits qui, non contents de voler et de maltraiter leurs victimes, leur insultaient encore. « Quand on pense, disait-il le lendemain de l'attentat, que le chef du clergé d'Autun, l'évêque, a osé se voler lui-même et répandre ensuite le bruit que ce sont les soldats qui l'ont volé, afin de nous faire partir, cela nous montre jusqu'à quel point de dégradation et d'avilissement sont tombés les habitants d'Autun dont la plupart sont abrutis par les prêtres. »[1]

1. Castilhon. *Le Télégraphe* de Lyon.

Un grand nombre d'officiers garibaldiens n'avaient pas besoin des prêtres pour se vautrer dans la dégradation, l'avilissement et le déshonneur ; leur propre perversité suffisait à les ravaler au-dessous des brutes les plus ignobles.

Au reste, Garibaldi ne donnait pas aux chefs une telle licence que les soldats n'en eussent encore une plus grande. Suivant les mœurs du général, les lieutenants se piquent d'une conduite sévère ou donnent à la paresse un temps dû au travail; à leur exemple aussi, le soldat respecte ou méprise le devoir. Dans l'armée de Garibaldi, ce n'était que désordre, débauche et ivresse; tout y représentait les excès des brigands et des bacchantes plutôt que la discipline militaire et l'aspect d'un camp. Cantonnés par rage antireligieuse dans les maisons d'éducation, dans les couvents, dans les églises, les soldats s'y livraient impunément à tous les débordements. L'aspect de ces casernes improvisées, celui des hommes, étaient lamentables; pas de tenue, pas de discipline, pas d'occupations utiles, pas d'officiers, rien qu'une cohue ignorante, insolente, désordonnée, capable de tout, sauf de se mesurer avec les Prussiens. Les abords de ces édifices, dans un vaste périmètre, étaient dangereux; les balles sifflaient aux oreilles, les coups de fusil étaient fréquents. Depuis le grand Séminaire, on tirait en guise de cible sur les toits du petit Séminaire! Tant que les balles n'atteignirent que les Français, on laissa faire; enfin un Italien fut tué et Lobbia intervint : ce n'était pas trop tôt.

« Des désordres de plus en plus graves, disait-il dans son ordre du 10 décembre, se produisent dans l'intérieur et aux abords des casernes, désordres qui n'auraient pas lieu ou qui seraient singulièrement atténués si la surveillance des officiers sur les troupes était plus continue. Défense absolue de tirer des coups de fusil dans le voisinage des casernes; l'imprudence ou la malveillance peuvent ainsi trop facilement causer des malheurs comme celui qui s'est produit hier soir, à la première compagnie de la légion Tanara, et qui a coûté la vie au milicien Sartoris... »

L'habitude de décharger les armes à tout propos, dans les casernes, en pleine rue et jusque dans les cafés, ne fit qu'empirer, et un certain nombre d'accidents eurent ainsi lieu dans les diverses localités occupées par les troupes garibaldiennes.

La force des soldats s'énervait dans ce dévergondage contre l'esprit de toute discipline; l'argent dont ils regorgeaient leur permettait l'orgie.

Au nom de l'égalité qui est, comme on sait, l'un des dogmes fondamentaux de l'évangile républicain, ils recevaient deux francs, trois francs et même quelques-uns cinq francs par jour; tandis que les mobiles, les mobilisés, n'avaient droit qu'à un maigre franc fort irrégulièrement distribué. Joignez à cette solde le casuel provenant du pillage, des réquisitions forcées, surtout dans les campagnes où les paysans étaient exaspérés, et vous aurez des hommes à même de vivre copieusement. La vente des effets militaires était pour eux une autre source importante de revenu. A chaque instant on leur distribuait des habillements, gilets tricotés, caleçons, flanelles, ceintures, etc., qu'ils s'empressaient de vendre : tel corps avait reçu deux équipements complets depuis son arrivée à Autun. Tous les dons en nature qui affluaient de tous les points de la France leur étaient presque exclusivement réservés. Oh! les braves dames patriotes de Salins, de Dôle, de Marseille, de Nice, de Toulon, de Valence, etc., sont admirables de dévouement, de charité ! Si toutefois elles connaissaient l'usage auquel on emploie les énormes ballots d'effets qu'elles ont mille peines à réunir, leurs blanches mains ne se fatigueraient pas autant.

La vente des armes était réservée pour les grandes circonstances, mais elle n'était pas rare. Combien d'Autunois ont eu et ont encore en leur possession quelques-unes des jolies carabines Spencer à huit coups dont les garibaldiens étaient armés?

Additionnez tous ces petits profits et vous aurez un budget quotidien assez rondelet. Aussi ne voit-on qu'eux à travers la ville; toute la journée ils sautent de café en café, de restaurant en restaurant, faisant chère lie, occupés à jouer, à chanter, à flirter, à menacer, à voler, à insulter. Au lieu d'être tenus en haleine et assujettis à faire l'exercice, au lieu de monter la garde aux avant-postes et de se fortifier par le travail, ils promènent leur oisiveté dans toutes les rues, le fusil sur l'épaule, le revolver ou le poignard au côté, redoutables seulement à leurs hôtes, et d'autant plus ardents à dévorer de nouveaux plaisirs qu'ils ont jusqu'alors mené une vie plus misérable. Au milieu des délices de cette nouvelle Capoue, plongés dans tous les excès, ils affaiblissent leur corps par l'oisiveté, leur âme par la débauche. La corruption et la brigue achèvent de confondre tous les degrés du service. Aussi la discipline ne les gêne-t-elle guère; jamais ils ne saluent leurs chefs, avec lesquels ils se disputent ou se battent sans encourir d'autres représailles qu'un coup de poing de la part de ceux qui ont le poignet solide[1]. Ils auraient cependant grand besoin d'apprendre leur métier, car ils manœuvrent comme un troupeau de moutons. Il leur serait également utile de dérouiller leurs armes, de se brosser un peu, de nettoyer leurs casernements absolument infects de malpropreté. Leurs officiers ont bien autre chose à faire qu'à s'occuper de ces détails tout au plus bons pour les janissaires du Badinguet. Une armée républicaine se réunit pour la paie, pour les distributions de vêtements ou de vivres ; le reste du temps elle est libre et vive la joie !

Au milieu de ces soldats corrompus par la licence, entouré d'un cortège considérable d'officiers et de courtisans également dépravés, gens incapables d'obéir quand l'esprit du commandement eût été meilleur, Garibaldi, plus méprisé de jour en jour et plus impotent, pouvait se glorifier d'avoir transformé une ville honnête en un bagne où les forçats étaient les maîtres[2]. Retiré dans ses appartements, enfoui sous des couvertures, semblable à ces animaux paresseux des montagnes des Alpes qui demeurent couchés et engourdis par le froid pendant de longs mois, il languissait tout le jour, oisif, indolent, l'intelligence obscurcie[3], presque éteinte, et ne sortait de sa stupeur, ne retrouvait une étincelle de vie, que pour applaudir à ces abominations, pour vomir une insulte nouvelle contre la religion et les meilleurs citoyens.

1. Le *Télégraphe* de Lyon, passim.
2. De Ségur. *Rapport sur l'armée des Vosges.*
3. Perrot, Rapport, t. II, p. 629, dépêche n° 7128.

III

Pendant que ces *universels* se livrent ainsi à leurs ébats, les mobiles, les mobilisés, demi-nus, quelques corps francs commandés par des hommes de cœur, gèlent dans les postes avancés, trop heureux si ces beaux messieurs daignent leur envoyer leur maigre solde, un pain gelé, souvent avarié, et la chair pantelante de vaches étiques ou malades. C'est l'élément honnête de l'armée ; ils ne tripotent, ils n'insultent ni ils ne volent. Leur politesse, leur tenue digne, le dévouement, la bonne éducation de leurs chefs, contrastent en général avec l'ignominie garibaldienne. Aussi sont-ils recherchés et accueillis avec bonté par les habitants, trop heureux de les loger aux lieu et place de la canaille cosmopolite : aux jours du danger, ce seront eux seuls qui sauveront l'honneur.[1]

Deux détachements de l'armée régulière prenaient également la guerre au sérieux ; c'était une compagnie du génie et un peloton de ligne commandé par un vieux sergent. Là, les hommes propres, astiqués, étaient sous la surveillance ininterrompue des chefs ; la discipline régnait ; les cantonnements étaient nettoyés, les armes fourbies ; une salle de police et un ordinaire existaient comme dans une caserne. Les officiers et les hommes

---

[1]. Castilhon. *Enquête parlementaire,* t. IV, p. 84 ; Debuschère, p. 95, et le *Télégraphe* de Lyon.

occupés toute la journée n'avaient pas de temps à perdre à flâner dans les rues ; leur attitude grave et triste laissait assez voir combien nos désastres les avaient frappés au cœur. Aussi bien, après Sedan, quel Français, quel soldat pouvaient être joyeux?

Je vois encore la figure mâle du vieux sergent qui commandait le détachement de ligne. Agé de trente-cinq à quarante ans, il symbolisait en sa personne cette vieille armée française, toute d'honneur et de dévouement, qui a inscrit tant de victoires sur nos drapeaux. Irréprochablement propre, son uniforme avait ce je ne sais quoi qui ne se voit plus aujourd'hui nulle part. La capote, le pantalon, rapés, brillaient de propreté ; le long usage les avait tellement assouplis, assimilés au corps, qu'ils ne faisaient plus qu'un avec lui ; les souliers et les guêtres reluisaient, l'ancien bonnet de police crânement campé sur l'oreille accentuait cette physionomie de vieux grognard. Les yeux hautains, dédaigneux, illuminaient la figure en lame de couteau, zébrée de cicatrices. De longues moustaches, une impériale, deux brochettes de décorations, les trois chevrons et les sardines avec leurs reflets de vieil or terni, en faisaient un type digne du pinceau d'un grand peintre.

Il fallait le voir s'avancer, plein de mépris, au milieu de la cohue garibaldienne, se balançant avec cette cadence, cette souplesse de la tête, des bras, de tout le corps, acquise par vingt années d'exercice. Les groupes s'ouvraient devant lui, on le suivait du regard et plus d'un cœur palpitait en apercevant cette incarnation du courage, de la discipline et de l'honneur français.

Les soldats de cette école, les corps réguliers ou irréguliers qui ne s'occupaient pas de politique n'étaient pas bien vus à l'armée des Vosges. Pour eux, Garibaldi ne daignait pas faire usage du blanc-seing que lui avait donné Gambetta; aussi leur situation matérielle était-elle pitoyable. Qui ne se rappelle les mobiles de l'Aveyron? Partis en été, à une époque où l'on pensait que la guerre serait bientôt terminée, ils avaient reçu un équipement avec lequel il était impossible de faire une campagne d'hiver. Quand ils vinrent à Autun, leurs effets avaient besoin d'être remplacés. Tout au moins leur eût-il fallu de bons souliers, des guêtres, des caleçons, des capotes, pour supporter les rigueurs du terrible hiver de 1870. Si la patrie a droit au sang de ses enfants, elle a l'obligation de leur fournir les choses indispensables à la santé. Envoyer des jeunes gens camper dans les neiges, par une température de quinze à vingt degrés au-dessous de zéro, avec de mauvais souliers, des vareuses et des pantalons à travers lesquels on voit le jour, c'est manquer à tous les devoirs de l'humanité.

Le triste état dans lequel ils se trouvaient était un objet de pitié pour tous, excepté pour le quartier général. « Certains corps, et les malheureux mobiles de l'Aveyron surtout, faisaient peine à voir, écrit M. Marais. Brusquement enlevés à leurs travaux et à leurs habitudes, condamnés à la vie des troupes en campagne avant même d'avoir pu soupçonner quelles en étaient les exigences et les nécessités, ces pauvres Aveyronnais, qui formaient le 42e de marche, avaient presque toujours été aux avant-postes de l'armée de la Loire avant de rejoindre l'armée des Vosges. Et pourtant, chose étrange! ils n'avaient pas encore vu le feu. Mais, en revanche, ils avaient subi bien des fatigues et leurs misérables vareuses étaient déchirées, trouées, percées aux coudes et aux entournures ; leurs chemises en morceaux, leurs pantalons en loques, leurs souliers tournés, éculés, usés à ce point que le pied de l'homme, remplaçant la semelle absente, était directement en contact avec la neige et avec la terre glacée. Encore fallait-il, en cet état, faire la faction et les rondes sans autre abri qu'une misérable couverture. »

En vain réclamèrent-ils au quartier général, ils n'obtinrent jamais que des fournitures dérisoires.

Un jour, un de leurs officiers supérieurs se présente avec une réquisition régulière au magasin d'habillement, à un moment où l'on venait d'y recevoir plusieurs ballots de flanelles, de bas, de gilets tricotés, de caleçons. Il prie, il supplie d'avoir pitié de ses pauvres enfants : J'en ai déjà plus de deux cents atteints de la petite vérole, disait-il ; s'ils ne sont pas mieux habillés, l'épidémie va se généraliser. Je ne puis pourtant pas les laisser mourir ainsi. Le commandant d'habillement avait reçu les ordres les plus formels de ne rien lui délivrer ; il fut obligé de refuser. Un quart d'heure après, plusieurs compagnies de chemises rouges faisaient une rafle générale de tous ces effets. Le commandant était furieux : c'est la troisième fois depuis huit jours que ces vauriens viennent vider mon magasin ; c'est écœurant, disait-il.

Le lendemain, l'officier de mobiles revient à la charge ; on avait reçu le matin même un magnifique assortiment de chemises, de flanelles, de bas, etc., il ne put rien obtenir encore. Dans la journée, on fit porter à l'état-major ce que l'on n'avait pas voulu donner aux mobiles de l'Aveyron. Il en était toujours de même : tout ce qui était beau allait au quartier général et de là en Italie pour une portion ; les garibaldiens se servaient ensuite ; on donnait aux autres ce dont personne ne voulait.

Les mobiles qui avaient quelque argent achetaient aux garibaldiens les pantalons, les chemises de flanelle, les caleçons, les bas, que ces derniers remplaçaient facilement. Quant aux souliers, il était impossible de s'en procurer même avec son argent ; les cordonniers de la ville étaient réquisitionnés pour le service de messieurs les garibaldiens. Les pauvres étaient réduits à grelotter ; bientôt ils devenaient la proie de la vérole noire.

Rien de plus lamentable à voir que les cantonnements des Aveyronnais au petit Séminaire. La gaieté française qui d'ordinaire trouve partout sa place en était bannie ; la misère, la désespérance l'avaient tuée. Les pantalons de toutes couleurs, les vareuses et les képis sordides, les mauvais souliers, une méchante couverture parfois jetée sur leurs épaules, donnaient à ces soldats l'aspect de mendiants. Ils allaient ainsi, silencieux et mornes, tristes et résignés comme les grands bœufs de leurs montagnes ; on voyait à leur attitude qu'ils avaient fait leur sacrifice, qu'ils s'attendaient au sort de leurs camarades mourant sur une paille fétide remplie de vermine, victimes de la petite vérole et des privations.

Des feux de bivouac étaient allumés dans la cour carrée tout autour des cloîtres ; dans les marmites cuisait une maigre soupe, la plupart du temps sans légumes, où nageaient quelques tranches de viande de rebut ; du pain gelé complétait cet ordinaire peu restaurant. Encore n'était-ce pas sans peine qu'ils se le procuraient, et ne l'avaient-ils pas tous les jours. Le service des réquisitions ne fonctionnait pas pour eux ; il leur fallait traiter de gré à gré avec des fournisseurs qui passaient après les réquisitionnaires garibaldiens. Quant au vin, au sucre, au café, il n'en pouvait être question. Le sucre se payait de deux à trois francs la livre; le café, comme toutes les denrées qu'il fallait tirer du dehors, était à des prix inabordables pour des budgets de un franc par jour.

L'excellent vin de 1870 ne se vendait pourtant que quarante francs la pièce au vignoble; les caves étaient pleines des récoltes de 1867, 1868, 1869, que la crainte des Prussiens faisait céder à des prix infimes. Il eût été facile de procurer à nos soldats un vin de première qualité à vingt et vingt-cinq centimes le litre; pour cela, il eût fallu une organisation, mais dans cette armée extraordinaire le gâchis était seul organisé. On s'y occupait en haut lieu des prétendues menées bonapartistes et cléricales, de ses plaisirs et de ses petites affaires; le reste venait ensuite. L'incurie était tellement grande que le bois manquait à chaque instant, qu'il n'y avait pas de paille pour faire coucher les soldats. On en avait distribué les premiers jours de l'arrivée des troupes : le long usage l'avait réduite en son, les poux faisaient la farine.

Un semblable état de choses était imposé à Strasbourg, à Belfort, à Metz, à Paris. A Autun, dans un pays de bois et de fermes, où aucune armée n'avait encore passé, regorgeant de denrées de toute espèce, ayant ses communications libres avec tout le Midi, cet état n'eût pas dû se produire, si les chefs avaient eu quelque souci de la santé des troupes, quelques notions de leurs fonctions, de la responsabilité qui leur incombait.

L'approvisionnement de quinze à vingt mille hommes dans les circonstances où était placée l'armée des Vosges n'était pas une chose très difficile, d'autant plus que les moyens de transport ne manquaient pas. Chemins de fer, voitures publiques, voitures particulières, le commandement avait tout accaparé, tout réquisitionné, sans en tirer parti, enlevant ainsi à la ville la possibilité de se ravitailler, créant la famine en pleine abondance, à un tel point que les habitants dépourvus de provisions éprouvaient souvent de réelles difficultés à se procurer les choses qui leur étaient nécessaires.

Au milieu de ce *patatrac* général, les mobiles de l'Aveyron étaient les plus éprouvés. Les grands dortoirs du petit Séminaire présentaient un spectacle pitoyable ; des petits tas juxtaposés de paille pulvérisée conservaient comme du sable l'empreinte des corps ; de distance en distance, quelque malheureux atteint de la vérole noire tremblait sous sa mince couverture en attendant une place dans les ambulances remplies de malades ; de temps en temps un mourant grimaçait horriblement dans une dernière convulsion. Un matin, dans un seul dortoir, quatre-vingts soldats ne purent se lever. Leur aumônier, M. l'abbé Dalquier, se multipliait auprès d'eux, leur prodiguant les encouragements, s'efforçant de leur adoucir les angoisses du grand passage ; il assistait impuissant aux souffrances physiques de ces pauvres jeunes gens : toute la literie du petit Séminaire avait été envoyée aux ambulances, il ne restait rien. Quelques-uns de ces effets prodigués aux garibaldiens, un peu de cet or dont ils avaient les poches pleines, une répartition plus équitable des corvées auraient pu prévenir l'explosion de cette épidémie qui fit tant de ravages.

Les mobiles des Basses-Alpes, des Alpes-Maritimes, des Hautes-Pyrénées, mieux équipés lorsqu'ils vinrent à Autun, souffrirent moins des rigueurs de la saison ;

mais comme tous les corps réguliers de l'armée des Vosges, ils subirent des privations et des corvées dont les garibaldiens étaient exempts.

Les mobilisés de la légion de Saône-et-Loire reçurent un képi, une vareuse et un pantalon transparents, une paire *d'escarpins*, une couverture de corde : leur solde était d'un franc par jour. Tant qu'ils restèrent à Autun ou dans les environs, tout alla bien. Les hommes couchaient, mangeaient chez eux ou chez l'habitant ; leurs familles fournissaient ce qui manquait. La situation changea complètement lorsqu'ils furent à Dijon ; au bout de quinze jours ils étaient méconnaissables. Le colonel Pelletier faisait ses efforts pour procurer aux hommes les effets indispensables dans une campagne aussi dure. Il insistait surtout pour avoir des capotes. Le préfet Frédéric Morin, enfoui dans cette peau de bique légendaire restée célèbre à Mâcon, à l'abri sous les lambris dorés de sa préfecture, répondait que les volontaires de 1793 n'avaient pas de capotes. Ce révolutionnaire en était encore en 1870 au bataillon de la Moselle en sabots ! Il aurait bien dû imposer ses théories aux soldats de la révolution cosmopolite, à messieurs les garibaldiens ; cela eût permis de nourrir et d'habiller les soldats de la France.

Mais il n'en avait cure. Tout entier absorbé, lui aussi, par le souci des bonapartistes et des cléricaux, par les intrigues tendant à renverser le général Pradier, commandant les subdivisions de Mâcon et de Bourg, il n'avait ni temps ni argent à consacrer aux pauvres mobilisés. Cependant, le 8 décembre, M. Hyenne, conseiller de préfecture à Mâcon, revenant d'Autun, exposait au conseil « la misère des mobilisés qui sont dans cette ville. » Malgré cette réclamation M. Morin ne dépensait pas même les 195 francs que le département avait alloués par homme. « Si cette constatation officielle de son économie peut consoler l'ombre de M. Frédéric Morin, tant mieux pour lui; mais les mobilisés qui sont morts dans les hôpitaux de Chagny, de Verdun, de Dijon; ceux qui sont rentrés dans leurs foyers les pieds gelés, la constitution délabrée pour tout le reste de leur vie, pourraient bien lui demander un autre compte[1]. »

Les « mendiants de Saône-et-Loire », comme les appelaient les autres corps, ne touchèrent pas davantage le cœur de Garibaldi; en vain les dons, les ballots d'effets d'équipement se succédèrent-ils, les pauvres mobilisés n'en bénéficièrent pas et ils restèrent jusqu'au bout dans leurs guenilles. Ceux qui voulurent échapper à cette misère durent changer de corps et revêtir la livrée garibaldienne. A un moment donné ce fut une migration considérable des mobiles et des mobilisés dans les « chemises rouges. » Peut-être, était-ce pour arriver à ce résultat que Garibaldi les laissait manquer de tout et insulter par ses bandits. « Le costume de ces pauvres mobiles, a déposé M. Castilhon, contrastait avec celui des francs-tireurs et des Italiens..... Nous voyions venir tous les jours des gens déguenillés, qui, quelques jours après, étaient splendidement vêtus du double manteau et de la chemise rouge, en un mot du costume complet; nos pauvres mobiles, au contraire, n'avaient qu'une vareuse très légère et des pantalons qui les garantissaient peu contre le froid. Sous ce rapport, on trouva dès le

---

[1]. Général Pellissier. *Les Mobilisés de Saône-et-Loire en 1870*, p. 22, 37, 39, 42.

principe une différence très grande entre ces différents corps de troupes..... Il y avait entre les mobiles, dont la tenue était bonne et les garibaldiens qui ne recherchaient que le désordre, écrit ailleurs M. Castilhon, des causes de haine qui se traduisaient à chaque instant par des rixes où, sans aucun motif, les Italiens attaquaient à main armée, quand ils étaient en nombre, nos pauvres mobiles. Il y avait des rues où tous les soirs on entendait des coups de feu; plusieurs mobiles furent blessés, quelques-uns même tués. Ainsi, un sergent des mobiles des Basses-Alpes fut lâchement accosté par quatre garibaldiens qu'il ne connaissait pas, au moment où il sortait tranquillement de dîner, et il reçut en pleine poitrine plusieurs coups de couteau qui amenèrent sa mort[1]. » La rage de certains garibaldiens contre les mobiles atteignit un tel degré de violence, que dans les combats ils tiraient sur ces derniers plutôt que sur les Prussiens ! On doit le reconnaître, il a fallu tout le chauvinisme de la jeune génération de 1870 pour lui faire supporter, sans révoltes toutes ces privations, toutes ces souffrances, toutes ces injustices. Si l'on envoyait demain contre les Prussiens un régiment équipé, armé, nourri, exercé, commandé, comme les mobiles de l'Aveyron et les mobilisés de Saône-et-Loire, il n'irait pas loin.

Ce qu'il y avait de plus affreux à l'armée des Vosges, c'étaient les ambulances. Nous ne parlons pas de celles qui avaient été établies par l'initiative privée au Saint-Sacrement, aux Oblats, à l'Évêché, à la Charité, et où des personnes dévouées s'efforcèrent de suppléer à l'incurie officielle. Il s'agit des ambulances garibaldiennes

---

1. Castilhon. *Le Télégraphe* de Lyon. *Enq. parl.* t. IV, p. 84.

et spécialement de celle du collège. L'entrée dans cette dernière équivalait à un bon pour le cimetière. On eût pu graver sur sa porte l'inscription de l'enfer du Dante :

Lasciate ogni speranza, o voi che entrate. [1]

Un frisson d'horreur parcourait le corps lorsqu'on pensait qu'une blessure ou une maladie pouvait vous faire tomber entre les mains des ambulancières et des ambulanciers garibaldiens.

M. le docteur Riboli, médecin en chef de l'armée des Vosges, savait son métier; il n'en était malheureusement pas de même de ses sous-ordres, qui appartenaient à toutes les professions, sauf à celle de médecin. Un ancien garçon de café de *la Victoire*, à Nice, étincelait dans un costume de chirurgien-major ! C'était le pendant de l'apothicaire Bordone devenu général. Or, comme M. Riboli contracta une fluxion de poitrine dès les premiers jours de son arrivée à Autun, le soin des malades fut abandonné à ces Diafoirus d'un nouveau genre. Ils avaient avec eux des infirmières et des lingères qui les valaient; à la tête de ces dernières était une femme qui, avant la guerre, exerçait à Marseille un métier infâme : la cour d'assises de Saône-et-Loire la condamna, quelque temps après, aux travaux forcés à perpétuité pour avoir prêché la guerre civile dans les clubs du Creusot.

Tout ce personnel archigalonné et grassement payé montrait un dévouement à la hauteur de ses connaissances médicales. Il ne tuait jamais ses malades; il se contentait de les laisser mourir sans secours d'aucune

---

[1]. Abandonnez toute espérance, ô vous qui entrez.

sorte. A l'exemple des officiers garibaldiens abandonnant leurs soldats à eux-mêmes, il se déchargeait sur des infirmiers aussi ignares et aussi peu dévoués que lui du soin des infortunés tombés entre leurs mains.

Le jour de l'attaque d'Autun, au premier coup de canon, alors que tous les médecins de notre ville se portaient sur le lieu du combat ou dans des ambulances improvisées pour recueillir et soigner les blessés ; alors que le docteur Rérolle, notamment, se prodiguait au petit Séminaire, ces messieurs de l'ambulance du collège se sauvaient sur Mesvres, sans laisser d'aliments et de secours d'aucune sorte pour leurs malades, et ne revenaient que le soir, vers dix heures, quand tout danger avait disparu. Pendant leur absence, plusieurs blessés avaient été portés au collège et étaient morts sans secours. Un seul survivait au retour de ces fuyards. Il leur reprocha amèrement leur abandon : « Vous voilà enfin, leur dit-il ; il est bien temps quand mes camarades sont morts ! » Lui-même avait été gravement frappé. Messieurs les ambulanciers estimèrent plus urgent d'aller dîner que de panser sa blessure. Le lendemain, quand ils revinrent, le malheureux avait expiré.

On peut juger par cet exemple de la situation des autres malades. Si l'on ajoute qu'il n'y avait ni draps, ni linge, ni couvertures, ni remèdes, on comprendra la mortalité qui régna, surtout lorsque les privations et les fatigues eurent fait éclater parmi les troupes françaises cette terrible épidémie de vérole noire qui fit tant de ravages. C'était un spectacle lamentable de voir les files de lits dégarnis sur lesquels agonisaient nos pauvres soldats. Beaucoup étaient tout habillés ; quelques-uns gisaient entre deux matelas. Les figures boursouflées, noircies, écarlates, n'avaient plus la forme humaine ; les morts coudoyaient les mourants qui imploraient vainement des secours. Quelles affreuses morts ! quelles épouvantables agonies ! Un jour, un varioleux ne pouvant plus supporter ces souffrances, cet abandon, se précipita du premier étage dans la cour du collège. Il tomba sur un tas de neige durcie joignant le mur et s'y enfonça jusqu'au cou. La réaction produisit une guérison presque instantanée. Ce fut la plus belle cure de messieurs les ambulanciers ; d'ordinaire, leurs patients succombaient au bout de peu de temps.

On descendait les morts dans une salle du rez-de-chaussée donnant sur la cour d'honneur et située au milieu de l'aile principale. On les jetait comme un sac de blé sur les vêtements accumulés de ceux qui étaient morts avant eux. J'en ai vu, un jour, une dizaine entassés les uns sur les autres, demi-nus ou tout habillés, la tête en bas, les pieds en l'air, à droite, à gauche, dans la posture où ils étaient tombés. A l'armée des Vosges on ignorait beaucoup de choses, mais principalement le respect pour les morts.

La mise en bière était une autre atrocité ; les corps raidis par le froid, par la mort, courbés en deux, recroquevillés par la dernière convulsion, craquaient sous l'effort lorsqu'on les étendait au fond du cercueil. Les figures écorchées par le couvercle ressortaient sous la planche qui se soulevait à droite ou à gauche jusqu'à ce que les pointes l'aient définitivement assujettie ; c'était affreux. Toutes les bières étaient accumulées sur un camion, et le convoi composé d'un prêtre s'avançait lugubre au milieu de la foule compacte des soldats, tandis qu'on apportait sur des brancards d'autres malades dans la pourvoyeuse du cimetière. En voyant ces victimes du devoir conduites aussi piteusement à leur dernière demeure, on pensait à leurs familles qui, à cette heure, attendaient anxieuses des nouvelles de leurs enfants. Involontairement on évoquait les mères, les pères, les fiancées, les sœurs, les frères, et ce cortège qui n'était pas là émouvait plus par son absence que s'il eût été sous les yeux. Au soir d'une grande bataille, l'on n'est pas enterré avec plus de désinvolture. Pas même un piquet d'honneur pour les morts dans une ville où plusieurs milliers de soldats erraient inoccupés !

Cependant la cohue garibaldienne vaquait à ses plaisirs : l'indignation vous serrait à la gorge quand on voyait ces écuyers de Franconi tout cousus d'or en face de cette misère suprême. Avec le prix de l'équipement d'un seul de ces officiers d'état-major, incapables, inutiles, on eût acheté du linge, des couvertures, des remèdes pour sauver la vie de plusieurs de ceux qui étaient entassés sur le camion. Avec le produit des dilapidations, les trois quarts seraient revenus à la santé. Il n'y avait pas de fonds pour les malades, disait Bordone ; et il n'y en avait effectivement que pour les concussions et pour l'orgie.

Le lieutenant Villa, ex-chanteur ambulant, secrétaire du docteur Riboli, portait au compte de l'ambulance un peigne en ivoire de huit francs, dix bouteilles de vin de champagne et soixante francs dus à M. Jean[1]. Étaient-ce les varioleux et les blessés qui allaient chez M. Jean ?

Si tout l'argent gaspillé ou volé avait été employé comme il aurait dû l'être, si le général Garibaldi s'était

---

1. Pour ruelle Saint-Jean où se trouve le lupanar.

occupé de cette surveillance et de ses soldats au lieu de s'inquiéter des calotins, il y aurait eu moins de scandales, moins de malades et moins de morts.

Mais il ne s'agissait que de Français « abrutis par les prêtres », et le grand pape de la canaille universelle les laissait tranquillement mourir ; c'était autant de besogne de moins pour ses sicaires. Ces derniers regorgeaient de tout et se portaient bien ; donc tout allait bien. « La Francia paga bene e tutto andra bene. »

IV

Les soldats français n'étaient pas les seuls à goûter les douceurs de la République universelle, à pâtir des exploits des soldats de la Révolution ; les habitants d'Autun partageaient avec eux les délices de ce nouvel âge d'or. Ces « écrevisses » qui tournaient si prestement le dos aux Prussiens le 1er décembre 1870, étaient d'une vaillance à toute épreuve contre les citoyens paisibles.

Les réquisitions, les pillages, les vols, les insultes, les calomnies, les voies de fait, les emprisonnements arbitraires, étaient la monnaie dont on payait l'hospitalité des habitants. Cette conduite était une conséquence du programme garibaldien : « Nous ne sommes pas venus ici pour nous battre, mais pour fonder la République universelle », disaient les « universels » à qui voulait les entendre. Or, leur République universelle ne fut que le vol universel. Au moyen des réquisitions détournées de leur but d'utilité publique, ils organisèrent le banditisme et s'approprièrent tout ce qui était à leur convenance. Chemins de fer, voitures, chevaux, maisons, vivres, fournitures diverses, fourrages, céréales, bestiaux, ils prirent tout, ils accaparèrent tout, maltraitant, emprisonnant ceux qui s'opposaient à leurs rapines. Chaque semaine, le chef d'état-major Bordone requérait un ou plusieurs trains spéciaux et sous prétexte de mission allait faire des parties fines à Lyon, à Avignon ou ailleurs ; il en rapportait des friandises pour l'état-major, des provisions pour ses dîners fins, quelquefois même des wagons entiers de marchandises ayant la même destination.

« Dans ses voyages à Lyon, qui se répétaient souvent et toujours en train spécial, Bordone emmenait les officiers d'état-major qui désiraient se distraire et faire des soupers fins chez Casati. Quelque temps avant le jour de l'an, il prenait même dans son wagon une belle pâtissière qui allait faire ses emplettes à Lyon ; celle-ci en rapporta deux wagons pleins de marchandises que le délicat Bordone eut la prétention de faire passer comme transports de guerre. Malheureusement, la compagnie ne voulut pas entendre de cette oreille ; elle trouva que les bonbons et autres friandises de ce genre n'étaient pas faits à l'usage exclusif de messieurs les traîneurs de sabre garibaldiens, et que tout au moins il fallait payer les droits dus comme pour une marchandise ordinaire. Bordone, vexé de ce qu'on enfreignait ses ordres, dépêcha à la gare un officier d'état-major qui menaça d'arrestation le chef de gare et voulut procéder par intimidation. Celui-ci resta impassible et il fallut bon gré mal gré que les douceurs de la pâtissière fussent payées à la compagnie[1]. » Ce paiement toutefois n'eut lieu qu'après le départ des garibaldiens. « Il paraît que Garibaldi veut décidément prendre les Prussiens par la douceur, écrivait le chef de gare à son administration, car ces colis renfermaient des confitures. »

Que M. Bordone eût modéré sa tyrannie, son avarice inspirait peu de crainte, mais il était d'une monstrueuse impertinence, d'un insupportable orgueil, d'une tyrannie sans égale. Plus mal élevé qu'un valet, aussi arrogant qu'un démagogue, de tous les tyrans la plus insolente, la plus insupportable espèce, il traitait les fonctionnaires, les représentants de la compagnie du chemin de fer comme ses esclaves, les menaçant à tout propos, les fatiguant d'ordres et de contre-ordres multipliés, leur imposant par la force ses exigences ridicules, ne leur permettant pas même d'exécuter les ordres du ministre de la guerre, pour le transport des troupes de Bourbaki.

Tandis que les mouvements de l'armée de l'Est s'effectuaient difficilement par la ligne ferrée d'Étang à Chagny, dans une saison exceptionnellement rigoureuse, au milieu de l'encombrement des neiges, « la compagnie de P.-L.-M. avait à pourvoir aux marches et contre-marches des troupes de Garibaldi aux environs d'Autun. L'administration de la guerre est toujours restée complètement étrangère aux ordres relatifs au transport de ces troupes..... Garibaldi et son entourage avaient nettement déclaré qu'ils n'entendaient pas se soumettre aux ordres de la délégation de Tours et, plus tard, à celle de Bordeaux. Ainsi, aux objections fondées sur ce que le matériel de la compagnie était entièrement réquisi-

---

1. Castilhon. *Le Télégraphe* de Lyon.

tionné pour les besoins de l'armée de l'Est, le colonel Lobbia, chef d'état-major de Garibaldi, répondit à l'inspecteur de la compagnie en résidence à Autun : « Le ministre n'a pas le droit d'empêcher un transport commandé par Garibaldi. » A ce sujet, nous croyons devoir citer une dépêche du sieur Bordone qui fournit en même temps des renseignements curieux sur la manière de procéder de Garibaldi. Cette dépêche, datée d'Autun, 18 novembre, est ainsi conçue : « Malgré l'absence de M. de la Taille [1], la gare d'Autun fera préparer immédiatement, et toute autre combinaison restant suspendue jusqu'à l'exécution du présent ordre, un convoi composé de la machine et de ses accessoires et du wagon-salon du général sur Chagny. On devra m'informer immédiatement de l'heure à laquelle ce convoi sera prêt et devra partir. Le colonel chef d'état-major, BORDONE. »

« On voit que ces réquisitions n'admettaient pas les obstacles résultant d'autres combinaisons, c'est-à-dire des mouvements ordonnés par le ministre de la guerre. Quant au convoi spécial et au salon requis pour le transport de Garibaldi, ce n'est pas là un fait isolé. Garibaldi ne voulait voyager qu'en train spécial, alors même qu'il pouvait se servir sans perte de temps des trains ordinaires ou des trains de troupes. Il lui fallait également un wagon-salon. Ces exigences se sont maintenues depuis l'arrivée de Garibaldi en France, jusqu'à la fin de la guerre, même dans les moments les plus critiques. La compagnie avait appelé l'attention du gouvernement sur ces abus, dès l'époque où Garibaldi organisait à Dôle le corps désigné sous le nom d'armée des

---

1. L'inspecteur de la compagnie.

Vosges, mais elle n'a jamais reçu de réponse. Il faut ajouter que Garibaldi employait le chemin de fer, même pour les mouvements de troupes les plus insignifiants, par exemple : de Nolay à Épinac..... 13 kilomètres ; d'Autun à Épinac..... 23 kilomètres ; d'Autun au Creusot..... 35 kilomètres et 27 par la route. On gaspillait ainsi en pure perte des ressources qui faisaient défaut ailleurs.

» Par suite de la situation indépendante où se trouvait Garibaldi et des menaces de coercition dont ses réquisitions étaient suivies quand les agents de la compagnie n'y faisaient pas droit immédiatement, on a dû exécuter un très grand nombre de trains pour des transports qui auraient pu être exécutés par les routes plus facilement et plus expéditivement que par la voie de fer, et cela aux époques où le matériel manquait pour les mouvements des armées françaises, et où, en outre, ces mouvements étaient ralentis par l'encombrement des voies dans la région d'Autun, Chagny et Dijon. Par exemple, du 7 au 11 janvier, c'est-à-dire au moment où les encombrements résultant du transport du 15e corps étaient à leur comble, la compagnie a dû exécuter dix-huit trains spéciaux d'Autun à Dijon pour le service de l'armée de Garibaldi. »[1]

On reste confondu devant l'audace incroyable de ces démagogues égalitaires, de ces partisans de la liberté, à qui il faut à tout prix des wagons-salons, des trains spéciaux, qui se moquent des ministres et dont la tyrannie dépasse celle des pachas les plus abrutis.

---

1. Perrot. Rapport, t. II, p. 315. *Note sur le transport de l'armée du général Bourbaki et sur les services requis par Garibaldi.* Paris, 7 octobre 1872. Chemins de fer de P.-L.-M., direction.

« Colonel Bordone veut un train, télégraphiait le 26 décembre le chef de gare d'Autun à ses supérieurs, et dit qu'il fera occuper militairement les gares d'Autun et d'Étang, si dans la soirée il n'est pas fait droit à sa demande... En cas de refus, menace de faire arrêter par la force les trains à Étang. » [1]

Devant ces menaces, la Compagnie n'ignorant pas que le personnage était capable de tout, faisait venir de Nevers une machine et le matériel nécessaire, et le lendemain M. Bordone partait pour Avignon, abandonnant son poste dans les circonstances les plus critiques, alors que le ministre lui avait donné l'ordre de marcher sur Dijon évacué le même jour par les Prussiens.

Arrivé à Avignon où il restait huit jours, « il donnait l'ordre au conducteur du train de tenir la machine toujours chauffée et prête à partir, s'amusant à jouer au souverain et à faire attendre plusieurs jours de suite qu'il donnât l'ordre du départ. » [2]

En vain M. de Serres pressait l'état-major garibaldien d'aller à Dijon [3]; privé de son « inarrivable » Bordone, le « héros des deux mondes » n'était plus qu'une boussole désorientée, cherchant son pôle à Lyon, à Avignon, aux quatre points cardinaux.

« Chef état-major à colonel Bordone, Grand-Hôtel, Lyon, faire suivre Avignon. — Arrivez au plus vite; Dijon va être attaqué par Prussiens et ici on désorganise

---

[1]. Perrot. Rapport, t. II, p. 301. — Note sur les mouvements de l'armée des Vosges, par M. de la Taille, inspecteur de P.-L.-M. à Autun, pendant la guerre.

[2]. Castilhon. *Le Télégraphe* de Lyon.

[3]. Perrot. Rapport, t. II, pp. 611, 612, 613, 614, 616, 618, dép. n°ˢ 757; 793, 792, 7101, 750, 7117, 7120.

à force. — Gauckler. — Autun, le 2 janvier, 12 h. 20 soir (midi vingt). » [1]

A 3 h. 16 du soir, le colonel Gauckler télégraphiait à M. de Serres pour le faire patienter :

« Général attend votre officier. Bordone absent depuis huit jours, arrivera probablement ce soir. Ennemi semble se diriger sur Autun, Saulieu, à moins que ce soit une feinte. » [2]

M. Bordone ne donnait toujours pas signe de vie; il se trouvait bien à Avignon où il tranchait du pacha, « se montrant à sa ville natale dans le rayonnement de sa toute-puissance. »

Le colonel Gauckler dut lui télégraphier de nouveau le lendemain : « Vous êtes décidément dans la lune. Officiers français donnent démission en masse, y compris vos amis. » [3]

Pour le coup il fallait répondre, et avec cette audace dont il n'y a pas d'exemple, M. Bordone se faisait une arme de l'abandon de son poste, du désarroi de l'armée, pour arracher encore à la faiblesse honteuse du ministre les satisfactions que son orgueil insensé réclamait sans cesse.

Il télégraphiait donc le 3 janvier, à 3 h. 5 du soir, à M. de Freycinet :

« Voici dépêche que je reçois : « Vous êtes décidément dans la lune. Officiers français donnent démission en masse, y compris vos amis. Signé : Gauckler. » J'attends à chaque instant réponse du général à une dépêche que

---

1. Perrot. Rapport, t. II, p. 609, dépêche sans numéro.
2. Idem, ibidem, t. II, p. 611, dépêche n° 757.
3. Idem, ibidem, t. II, p. 618, dépêche n° 104.

je lui adressai ce matin, pour terminer ici une question qu'il m'a chargé de résoudre. J'attendrai également la vôtre, car je suppose que les événements vous prouvent suffisamment ce que j'avais prédit. Immobilisation par l'intempérie ne dispense pas d'immobilité ni de dissolution par suite d'absence. Réponse urgente, préfecture Avignon. — BORDONE. » [1]

Au lieu de sévir, de traduire devant un conseil de guerre celui qui avait abandonné son poste devant l'ennemi, pour montrer qu'il résumait en sa personne le génie de l'état-major garibaldien ; au lieu de profiter de cette preuve décisive pour licencier cet état-major tintamarresque, pour renvoyer chez lui le général « Boum » et son cortège de figurants ; M. de Freycinet, qui s'était imposé à la France comme M. Bordone s'imposait à lui, dont la valeur militaire et l'autorité égalaient celles du favori de Garibaldi, comprenant une audace dont il donnait lui-même l'exemple, s'inclinait devant le chef d'état-major garibaldien et se contentait de lui répondre paternellement :

« J'ignore quelle réponse vous attendez de moi. Mais si par votre absence vous avez voulu prouver l'utilité militaire de votre personne et si vous n'avez pas craint de faire cette preuve au détriment des intérêts de votre pays, je m'en affligerais sincèrement pour vous que je croyais incapable d'un tel calcul. La France, colonel, doit passer avant les rivalités de personnes. Je m'attends donc à ce que vous allez retourner d'urgence à votre poste et y réparer le tort que votre absence prolongée a pu causer aux opérations militaires de votre légion. Je

---

1. Perrot. Rapport, t. II, p. 618, dépêche n° 104.

ne veux plus recevoir d'autre dépêche de vous qu'au lendemain d'une victoire. » [1]

Pendant que le chef d'état-major se promène ainsi aux frais de l'État, les autres officiers s'approprient, aux mêmes fins, les équipages des particuliers. Cinq agents de police sont occupés à rechercher pour eux les voitures de la ville ; celles des environs sont directement réquisitionnées par les Garibaldiens ou enlevées par eux pendant la nuit. Quand ils daignent les rendre, ce qui n'arrive pas toujours, chevaux et voitures sont la plupart du temps dans un état déplorable. On alla jusqu'à réquisitionner pour Garibaldi une chaise à porteur, style Louis XV, vert et or, découverte par les rôdeurs dans un château des environs. Lorsqu'il passait sur la place porté à bras par ses deux italiens, on eût dit, à voir sa figure pâle et décharnée, d'un marquis d'ancien régime momifié, plutôt que de « l'invincible » et démagogique général d'une armée aussi « héroïque » que républicaine.

Et ce n'étaient pas seulement la ville et les riches que l'on épuisait au moyen des réquisitions et sous prétexte d'amasser des approvisionnements pour la guerre ; on dépouillait jusqu'aux laboureurs, et les campagnes enrichies par dix-huit années de prospérité et de paix étaient ravagées comme une terre ennemie.

Les miliciens se répandaient par escouades dans les campagnes et emportaient tout ce qu'ils trouvaient : c'était une razzia perpétuelle.

« ... A Lucenay-l'Évêque, chef-lieu de canton voisin d'Autun, a déposé M. Castilhon, les garibaldiens allaient

---

1. Perrot. Rapport, p. 626, dépêche n° 7228.

faire des réquisitions journalières. Les habitants étaient si maltraités qu'ils disaient : « Si nous ne craignions » d'être accusés de manquer de patriotisme, nous dirions » que nous désirons les Prussiens ; au moins nous serions » régulièrement pillés [1]. » La quantité de fourrages enlevée de force et sans indemnité est énorme, écrit-il ailleurs. »

D'autres fois, sous prétexte qu'ils agissent pour le compte de l'intendance, ils obligent les paysans, le revolver sous le nez, à leur livrer les denrées à des prix inférieurs aux cours.

« Un nommé Salomon reçoit un jour la visite d'une trentaine de garibaldiens armés, conduits par un nommé Gauthier, qui était fournisseur de l'agent même de l'intendance. Ils lui demandent quelques milliers de fourrage et de foin. Ce sieur Salomon était tout disposé à obtempérer à la réquisition qui lui était faite, seulement il demande le prix qu'on voulait bien lui offrir. Après plusieurs pourparlers, on lui offrit quatre-vingts francs pour le mille de fourrage ; Salomon dit que le prix courant était bien supérieur à cette somme puisque tous les jours on offrait cent vingt francs pour la même quantité. Il ajouta : « Je suis tout disposé à accepter un » prix modéré, mais je ne puis fournir au prix que » vous m'indiquez ; » et comme il ne voulait pas accepter le premier prix offert, on le saisit et on le mit en prison ; on eut soin de s'emparer aussi de son fourrage. Entré le 3 janvier en prison, Salomon en sortit le 5. » [2]

Le vol à main armée procurait à ces soldats les poulets,

---

1. Enq. parl. t. IV, déposition Castilhon.
2. Castilhon. Le *Télégraphe* de Lyon.

les quartiers de lard, le vin, les liqueurs, le tabac, etc., et généralement toutes les choses pour lesquelles on ne pouvait donner des bons de réquisition. Mettant en pratique leurs théories communistes, ils entraient dans les magasins, se servaient, et tandis que les uns s'esquivaient sans payer, les autres armaient leurs revolvers dont ils présentaient le canon en guise de paiement. Dans les pays les plus éprouvés par l'invasion, les exactions et les vexations des Allemands ne purent qu'égaler celles des garibaldiens dans l'Autunois.

Par la seule vertu de leur profession de foi révolutionnaire, ils se croyaient maîtres de tout et agissaient en conséquence ; ils ne respectaient pas même les domiciles privés. Après avoir envahi et saccagé les édifices religieux où leurs dégâts dépassèrent la somme de deux cent mille francs [1], ils dévastèrent les maisons des particuliers : toutes celles qui n'étaient pas habitées furent ouvertes et mises à sac. Le soir, ils quittaient leurs casernements, envahissaient les maisons particulières, s'y établissaient de vive force sans billets de logement, s'emparaient de ce qui était à leur convenance, exigeaient qu'on les nourrît, insultaient et maltraitaient les récalcitrants. Lorsque la gendarmerie ou la police essayait de s'opposer à leurs déprédations, ils n'hésitaient pas à se servir de leurs armes : un sergent de ville fut blessé, deux gendarmes furent écharpés sous les yeux mêmes du commandant de place qui ne daigna pas intervenir.

Les officiers donnaient l'exemple ; leur grossièreté, leurs exigences, leur indélicatesse, dépassaient celles

---

1. Castilhon. *Le Télégraphe* de Lyon.

des soldats; trop souvent les galons ne constataient que l'avancement dans le vice. On n'en finirait pas si l'on rapportait tous les actes inconvenants dont certains officiers se sont rendus coupables dans les maisons où ils étaient logés. Tel officier vidait la cave, tel autre la garde-robe, celui-ci parlait à la fille ou à la maîtresse de la maison comme à des femmes publiques, celui-là brutalisait son hôte.

Le commandant racoleur Delorme, sous prétexte de visiter un vieux souterrain qui passait sous la maison où il était logé, enleva à une famille très connue d'Autun deux cent trente bouteilles de vin fin, dont il fit honneur à sa maîtresse qui était son capitaine !

Ils ne volaient pas tous, mais la plupart étaient des ignorants et se conduisaient comme des malotrus et des saltimbanques. Leur conduite dans les maisons où ils étaient reçus variait d'ailleurs selon qu'ils redoutaient ou non des représailles possibles.

Le jour de l'arrivée de Garibaldi, un jeune officier à chemise rouge éclatante, frisé et parfumé comme pour le bal, se présente chez M. Z.

— Monsieur, aimez-vous la musique, lui dit-il en l'abordant?

— Certainement, Monsieur, et même beaucoup.

— Tant mieux, nous en ferons et vous serez content. Je parcours la ville depuis trois heures, poursuit le fringant officier avec son léger accent italien, sans pouvoir trouver de logement. En désespoir de cause, je m'en suis remis à la Providence et, accompagné de mon ordonnance, j'ai poursuivi mon chemin, bien décidé à demander un lit dans la première maison qui aurait l'air hospitalier. Votre porte s'est trouvée ouverte ; j'ai dit à mon domestique : Entrons ; et je vois, Monsieur, que je ne me suis pas trompé. »

Un exorde aussi insinuant ne pouvait aboutir à un refus ; une chambre fut donnée à l'onctueux Italien. A peine installé, il s'empresse de témoigner sa reconnaissance en vidant les tiroirs des meubles et en en jetant le contenu dans le corridor.

Le soir, il racontait d'une tout autre manière sa prise de possession à des officiers mécontents de leurs logements : — Vous ne savez pas faire, vous autres, leur disait-il, cette maison me convenait, j'ai mis mon revolver à la main, j'ai fait sonner mon sabre et mes bottes et j'ai dit au propriétaire que j'étais envoyé chez lui par Garibaldi. Aussi s'est-il empressé de me donner de suite une chambre fort convenable où rien ne me manque, où je suis parfaitement bien.

Le procédé dont il se vantait à tort d'avoir usé était du reste très souvent employé par ses collègues qui se montraient exigeants en proportion des prévenances qu'on avait pour eux.

> Laissez-leur prendre un pied chez vous,
> Ils en auront bientôt pris quatre.

En continuant ses manières doucereuses notre pourfendeur manqué fit comprendre à M. Z. qu'en installant les bureaux militaires au salon, les chevaux à l'écurie, la voiture dans la remise, etc., il serait soustrait à tous logements de troupes, et, de fil en aiguille, il s'empara d'une partie de la maison.

Toujours avec le même système de courbettes italiennes, il se fit apporter d'abord le café, ensuite le bouillon, puis il demanda l'autorisation de dîner à la salle à manger. Ayant goûté « l'excellent montrachet » de son hôte, il lui en demanda quelques bouteilles pour faire partager son bonheur à ses amis !

Cependant le salon tendait de jour en jour à se transformer en une cantine d'une propreté tout italienne ; de temps en temps *Madame la capitaine* venait s'y remettre des travaux..... de Mars en se couchant avec ses bottes sur le canapé, tandis que l'ordonnance et le lieutenant se prenaient aux cheveux et se battaient tumultueusement à qui mieux mieux.

Deux coqs vivaient en paix, une poule survint.

Le pacifique M. Z. finit par survenir, lui aussi, et par montrer les dents. Un beau jour, las de ce désordre incessant, il fit maison nette et mit à la porte, sans plus de galanterie, la dona capitaine, le signor lieutenant et toute la séquelle.[1]

Cet officier qui n'était autre que le chanteur ambulant Villa se faisait suivre par une ordonnance chargée spécialement de lui mettre et de lui ôter ses gants, son manteau et son sabre ! Très obséquieux ou très insolent selon les gens et les circonstances, il cassa, dit-on, deux dents à son restaurateur, pour tout paiement !

Un autre aubergiste eut grand peine d'arracher sa fille des mains des sacripants logés chez lui. « Des soldats avaient demandé à boire dans leur chambre ; étant malade et sa domestique absente, il crut pouvoir envoyer sa fille âgée de quinze ans à peine ; mais les misérables se sont jetés sur elle et je ne sais où cela

---

1. M. Z., dont le témoignage est au-dessus de tout soupçon, a fourni par écrit à l'auteur tous les renseignements relatifs à Villa.

aurait été, sans l'intervention d'un voisin qui l'a délivrée. » [1]

C'était insuffisant pour eux de dévaliser, de maltraiter, d'insulter les gens qui les logeaient, ils s'attaquaient encore, en plein jour, en pleine rue, aux habitants, poussant l'ignominie et l'audace jusqu'à mendier avec leurs armes dont ils menaçaient les passants [2]. Quand l'un d'eux était poursuivi, il donnait un coup de sifflet et immédiatement une centaine de ces hommes dont les rues étaient pleines entouraient le plaignant, mis ainsi dans l'impossibilité de trouver le coupable. Lorsqu'ils volaient ensemble, ils conduisaient en prison ceux qui leur résistaient. Ils se jetèrent sur un aubergiste qui s'opposait au vol de ses provisions, et bien qu'il ne se fût pas défendu ils s'emparèrent de sa personne et le menèrent à la place. « Le commandant de place le fit mettre en prison pour quatre jours [3]. » Un soir, vers onze heures, ils arrêtent un paysan qui conduisait une voiture de fourrage ; ils s'emparent du foin et le vendent. Le malheureux qui s'est permis de défendre son bien est jeté en prison [4] ! Le fournisseur Lenoble n'ayant pu, par suite du mauvais état des chemins couverts de neige, aller chercher dans la forêt le gros bois que Menotti lui avait demandé, est arrêté à onze heures du soir et incarcéré ! Le prétexte le plus futile suffisait alors pour être emprisonné. « Sur la dénonciation d'un seul garibaldien on arrêtait une masse d'individus [5]. » Au nom de la liberté, on suppri-

---

1. Journal d'un Autunois du 8 novembre 1870 au 18 mars 1871.
2. *Enquête parlementaire*, t. IV, p. 86.
3. Idem, ibidem, t. IV, p. 97.
4. Idem, ibidem, t. IV, p. 97.
5. Idem, ibidem, t. IV, p. 97.

mait toutes les libertés et la plus précieuse de toutes, la liberté individuelle, n'existait plus que pour la canaille révolutionnaire.

« A la suite de l'équipée du 1ᵉʳ décembre, écrit M. Castilhon [1], Autun fut mis de plus en plus en état de siège et un ordre venu de l'état-major défendit d'entrer en ville ou d'en sortir sans un laisser-passer. On arrêtait impitoyablement les honnêtes habitants de la campagne qui, ignorant cette mesure, venaient à Autun sans permission. On les conduisait habituellement devant le commandant de place qui les laissait en prison vingt-quatre ou quarante-huit heures avant de les mettre en liberté. Il est même arrivé que les propriétaires connus des environs, dont on n'ignorait pas les opinions conservatrices, sont restés plus de huit jours à la maison d'arrêt avant que le président de la cour martiale daignât les interroger pour reconnaître leur identité. »

Les prêtres étaient surtout l'objet de la rage de ces misérables et toutes les abominations étaient permises à leur égard. Dans ses proclamations, dans ses discours, Garibaldi les désignait à la haine de ses hordes; leur destruction était le premier article de la constitution de sa République universelle, l'une des causes de sa venue en France. Aussi leur patience fut-elle soumise à de dures épreuves. On les mettait en joue, on leur crachait à la figure, on leur jetait des ordures, on les maltraitait, on les arrêtait, on proférait devant eux ces sales propos, ces plaisanteries aussi écœurantes qu'obscènes dont la canaille a le secret. [2]

---

1. *Le Télégraphe* de Lyon.
2. Jules Onnée. *Faits et Gestes de la légion bretonne*, p. 260 et suiv., 217 et suivantes.

Tous ces attentats se commettaient sans que l'autorité militaire intervînt autrement que pour insulter les victimes. Lorsque des réclamations se produisaient, « on adressait les plaignants soit à la place, soit à l'état-major, dont les bureaux étaient encombrés d'officiers magnifiquement habillés, mais aussi insolents que mal élevés. Ceux-ci renvoyaient le plus souvent les personnes qui avaient des griefs à faire valoir en les intimidant par des menaces et en prétendant qu'elles manquaient de patriotisme [1]. » « J'ai su, a déposé M. Castilhon, par les nombreux rapports de M. le commissaire de police, que les habitants de la ville qui allaient se plaindre à la place des vols commis à leur préjudice, — ils étaient si nombreux qu'il y avait peu de personnes qui n'en aient été victimes, — étaient fort mal reçus par M. de Maï, qui répondait aux réclamants : Vous êtes des réactionnaires, vous manquez de patriotisme, on va vous faire arrêter. Cela ralentissait, vous le comprenez, le zèle des réclamants. »

Le pillage des établissements religieux, de l'évêché, des maisons particulières, les vols et les voies de fait n'amenèrent aucune répression. Lorsque, dans des circonstances exceptionnelles, les chefs furent obligés de sévir, ce ne fut guère qu'en apparence et l'on s'empressa de dédommager les miliciens punis.

« En revenant du parquet, a déposé le commissaire de police, je trouvai un Italien qui venait de voler à main armée dans un magasin. Je m'écrie : Voilà un homme qui vient de voler à main armée dans un magasin ; je vous requiers de l'arrêter. Cet officier fit son

---

1. *Le Télégraphe* de Lyon.

devoir ; il arrêta l'Italien qui ne voulait pas marcher ; l'officier lui mit les menottes ; on le conduit à la prison, et je croyais que cet homme allait passer devant le conseil de guerre. On le condamna à huit jours de prison. Dix jours après, je fus tout étonné de rencontrer cet homme qui avait été nommé caporal, et qui, en passant à côté de moi, me menaça du geste et de la voix. »[1]

V

Ainsi encouragés par leurs chefs, certains corps se comportaient comme de véritables bandes de voleurs. Les nombreux repris de justice qui s'y trouvaient ayant la force entre mains, assurés de l'impunité, faisaient la loi aux autorités civiles désarmées. Un procureur de la république ne comptait guère alors, un maire pas davantage, un commissaire de police encore moins.

M. Darbois, substitut du procureur de la République, rencontre dans la grande rue un prêtre qui était l'objet des injures et des sévices d'une bande de forcenés ; en homme de cœur, il leur reproche l'indignité de leurs procédés. Tandis qu'il les admoneste, il reçoit quelque part un vigoureux coup de pied qui envoie rouler son chapeau de l'autre côté de la chaussée. Cet acte inqualifiable ne fut pas puni ; M. Darbois dut se juger très

---

1. *Enq. parl.*, t. IV, p. 99.

heureux d'en être quitte à si bon compte ; il eût reçu un coup de baïonnette ou un coup de fusil qu'il n'en eût probablement pas été davantage.

La commission municipale s'était réduite au rôle de servante très humble de messieurs les garibaldiens ; aussi ne se gênaient-ils pas plus avec elle que si elle eût été composée de vils réactionnaires. Lorsqu'ils faisaient casser le conseil municipal pour se mettre à sa place, les membres de cette commission, d'esprit aussi ambitieux que pointu, ne prévoyaient pas le rôle de domestiques que leur réservait leur idole Garibaldi. Ces défenseurs des droits du peuple qui, « depuis vingt ans, luttaient et tonnaient contre les abus de tous les régimes passés, présents et futurs, acceptèrent sans mot dire l'esclavage et la tyrannie garibaldienne. Au lieu de tenir tête aux pillards, aux insulteurs, « de défendre les intérêts d'une ville qu'il représentait malgré elle, le maire Pernette, le Socrate, l'homme inflexible dans ses principes, trouvant la tâche au-dessus de ses forces, ne sut que se retirer lâchement au jour des difficultés. » Lui, qui se voilait la face devant ce que les républicains d'aujourd'hui appelaient alors « la corruption impériale », il ne trouva pas un mot pour flétrir des crimes de droit commun et protester contre eux. M. Constant fut plus honnête et plus brave ; désirant sauvegarder sa responsabilité et son honneur, il donna sa démission motivée.

« Les exigences qui se multiplient, chaque jour plus pressantes, autour de l'administration municipale, écrivait-il le 19 novembre à M. Aug. Marais, sous-préfet d'Autun, le rôle passif et subalterne qu'on prétend lui imposer, le sans-gêne tout militaire avec lequel on la traite, comme aussi les actes regrettables qu'on lui signale et qu'elle est réduite à déplorer, sans avoir aucun moyen de répression, rendent les fonctions de ses membres difficiles, et les placent, à mon avis, dans une situation à laquelle ils auraient beaucoup de peine à s'habituer. » Il ajoutait, dans une autre lettre adressée au rédacteur de l'*Écho de Saône-et-Loire* : « Depuis quelques jours, nous avons vu s'établir dans notre ville un pouvoir nouveau dont l'autorité est, à ce qu'il paraît, très supérieure en toutes choses à celle de l'administration civile. A peine installés, les agents de ce pouvoir, usant de leur droit, nous firent signifier leurs ordres et volontés dans un langage dont la vigueur et la précision ne laissaient pas place à l'ombre d'une réplique. Que faire en pareil cas ? Continuer de prêter son concours à des actes dont on n'est plus responsable ? Je n'ai pas cru devoir le faire. »

Si certains membres de la commission municipale n'étaient pas satisfaits des agissements des garibaldiens, ces derniers ne les appréciaient pas davantage. Elle était composée cependant des plus purs républicains autunois; MM. Pernette, Philibert André, Magnien, Mérandon, Duverne, etc., en faisaient partie.

« Le croiriez-vous ? écrivait, le 16 novembre 1870, M. Ordinaire, officier d'état-major de Garibaldi, plus tard député du Rhône, l'autorité elle-même nous entrave. L'autorité..... nous regarde d'un mauvais œil et il s'en faut peu que nos concitoyens ne considèrent notre armée comme une bande..... Dans les circonstances terribles où nous sommes..... il nous faut des Dantons, des Robespierres, des conventionnels !

» Oui, nous sommes les soldats de la révolution cosmopolite. Italiens, Espagnols, Polonais, Hongrois, ont compris qu'ils venaient en France défendre la République universelle. »

Telles étaient les idées qui avaient cours à l'état-major ; elles jettent une vive lumière sur les faits et réciproquement.

M. Debuschère, commissaire de police, qui pendant toute cette triste période fit preuve d'un grand courage, était menacé à chaque instant par cette soldatesque ignoble ; il avait dû se munir d'un revolver pour se faire respecter. Un garibaldien se présente un jour dans son cabinet, une formule de réquisition d'une main, un revolver de l'autre, lui intimant l'ordre de la signer. Le commissaire de police tire son revolver de sa poche, l'arme, le met sous le nez de son singulier visiteur : « Qu'y a-t-il pour votre service? » lui dit-il. Et le garibaldien décampe. Les rapports de M. Debuschère avec le quartier général n'étaient pas plus agréables. Un sergent de ville est blessé, des particuliers sont dévalisés ; il fait son rapport. Aussitôt il est mandé à la place et menacé d'arrestation s'il ne se rétracte pas. « C'est tout ce que vous avez à me dire, répond-il aux chefs d'état-major, eh bien, je me retire. » Et il se rend au parquet pour demander protection à ses chefs qui, hélas ! n'étaient pas plus armés que lui contre tous ces débordements.[1]

Quant à la gendarmerie, elle était écharpée lorsqu'elle voulait prêter main-forte aux citoyens. Le sous-préfet lui-même n'était pas admis à faire acte d'autorité ; quand il s'avisait d'exercer ses fonctions, M. Bordone le menaçait de le faire arrêter. Bien qu'il eût cédé à l'état-major la plupart de ses appartements, il n'était pas

---

1. *Enq. parl.*, t. IV, p. 100.

même maître du surplus. La mère de l'employé qu'il avait chassé pour indélicatesse et qui avait été nommé officier d'état-major, forte de l'amitié de Lobbia, persistait à demeurer avec son fils à la sous-préfecture et fendait du bois « sur la tête du sous-préfet malade. » Le commissaire de police eut toutes les peines à faire déguerpir cette audacieuse famille. [1] La passion révolutionnaire absorbait toutefois à ce point ce singulier représentant du gouvernement, qu'il supportait gaiement tous les horions pourvu que les conservateurs fussent écrasés.

Certains républicains d'Autun l'encourageaient dans cette voie, en dénonçant leurs concitoyens auprès de lui. Leur conduite avant, pendant et après l'occupation garibaldienne ne peut laisser aucun doute sur leur connivence avec les républicains universels. N'est-ce pas M. A. qui provoqua l'envahissement de l'évêché en racontant aux garibaldiens que des armes et de l'argent destinés aux Prussiens y avaient été cachés en grande quantité...? Certains membres de la commission municipale n'ont-ils pas accusé les conservateurs de lâcheté et de trahison le 1er décembre 1870 ? Alors qu'ils avaient été témoins de la fuite honteuse des « chemises rouges, » de l'ineptie, de l'incurie de Garibaldi et de son état-major, ils ne trouvèrent de paroles de blâme, d'accusation que pour les victimes, pour leurs concitoyens ! C'est ainsi que les garibaldiens étaient autorisés dans leurs excès par ceux-là mêmes qui avaient mission de s'y opposer.

« Le commissaire de police, dont on ne saurait trop

[1]. *Enq. parl*, t. IV, p. 95.

louer l'énergie et la fermeté de conduite pendant cette triste occupation, eut beau signaler ces faits à M. le sous-préfet ; ce dernier, pactisant malheureusement avec tous ces gens de désordre, leur laissa faire tout ce qu'ils voulurent et s'abstint de protester. »[1]

Ce sous-préfet, l'esprit le plus étroit du monde, possédé de la haine de ses administrés, était le type parfait des révolutionnaires du Quatre-Septembre.

Ancien maître d'études à l'institution Sainte-Barbe, ce politicien rageur avait troqué sa férule contre les fonctions importantes qu'il occupait à Autun ; il y avait apporté toute l'envie du pion qui a passé sa jeunesse à crier contre les supériorités sociales : c'était une sorte de sectaire jugeant ses administrés d'après leurs opinions et par suite ne les cotant pas haut dans son estime. Bien que son rôle apparent ait été assez effacé, à cause de la présence des garibaldiens, il n'en a pas moins été l'admirateur et parfois l'instigateur de ce qui s'est fait, trop heureux d'écraser à son tour ceux qui l'avaient légitimement dominé. Cet ex-pion, qui avait la haine instinctive des honnêtes gens, a insulté tous ceux dont l'honorabilité l'offusquait.

D'après lui l'Empire, « ...dans un criminel et monstrueux égoïsme dynastique, s'était attaché à détruire d'avance jusqu'aux moindres éléments de la résistance. »

Il est clair que l'Empereur avait le plus grand intérêt, ainsi que l'événement l'a démontré, à assurer le triomphe des armées prussiennes et à aller mourir en Angleterre. On peut, d'après cet échantillon, apprécier les jugements de M. Marais sur ses administrés.

---

1. Castilhon. *Le Télégraphe* de Lyon.

M. Schneider surtout avait le don de l'exaspérer ; il ne lui pardonnait pas d'avoir fondé le Creusot : « Il faut, disait-il, que je le coupe en deux, que je le démonétise. »

Le crime du grand industriel était digne de tous les supplices : « Il avait formé au Creusot son petit empire, dans le grand empire de son seigneur et maître Napoléon III. »

Le code civil, paraît-il, y était inconnu. « Un ouvrier de la mine, des ateliers de construction, des forges ou des hauts-fourneaux, succombait-il victime d'un accident quelconque, laissant veuve et enfants dans la misère, M. Schneider pouvait à son gré ou bien assurer à sa famille une pension de dix centimes par jour, ou bien ne rien donner du tout. »

Il avait commis des attentats bien plus graves ; il obligeait les ouvriers à travailler. « S'il forçait les enfants qui avaient fréquenté l'école établie par l'usine, et les ouvriers qui avaient contribué pour former la caisse de secours à rester toujours dans ses ateliers ; grand baron industriel, s'il attachait l'homme non plus à la glèbe, mais au puits, à l'établi, au four, c'est, disait-on, qu'il ne voulait avoir autour de lui qu'une famille. »

La République, en supprimant le commerce et le travail, a émancipé l'ouvrier du puits, de l'établi, du four ; elle lui a donné la liberté de la misère, et M. Schneider n'astreint plus personne à travailler pour lui.

L'ancien président du Corps législatif avait bien d'autres défauts ; en apparence il n'était rien au Creusot, en réalité il était tout : « M. Schneider était le maire du Creusot, et M. l'adjoint..... M. Schneider moins le nom. »

Songez combien les habitants de la grande cité industrielle étaient à plaindre d'avoir un pareil homme pour maire et pour adjoint!

Il ruinait littéralement le Creusot. C'était une espèce de juif qui « vendait chèrement une rue à la commune, ... louait à un taux énorme des écoles et une mairie complètement impossibles..... et distribuait les dons de la charité officielle par la main du bureau de bienfaisance ! »

C'était encore un tortionnaire « qui tolérait que les ouvriers soient traités de brutes et en brutes par des êtres (les contre-maîtres) qui semblent regretter de n'avoir plus en mains le fouet d'autrefois. »

M. Marais oublie de mentionner les étangs que l'on faisait certainement battre pour empêcher les grenouilles de chanter !

Enfin le fondateur de la plus grande usine métallurgique française était « un Normand du Creusot, un personnage de comédie que Molière eût encadré entre le docteur Diafoirus et le marquis de la Critique de *l'École des femmes.* »

Comme c'est beau d'être lettré !

Quant au clergé et à la magistrature, « c'étaient les deux pouvoirs les plus hostiles à l'idée de progrès. »

Mgr de Marguerye, « à propos de la naissance du prince dit impérial, avait écrit ou plutôt fait écrire, et pour cause, deux pages incroyables qui, comme ses autres lettres pastorales ou mandements, n'étaient d'un bout à l'autre que des panégyriques enthousiastes de l'homme du Deux-Décembre. »

La République est moins forte que Napoléon III ; elle n'a point de panégyristes parmi le clergé.

« Les magistrats, complètement à la dévotion du

bonapartisme, avaient figuré en bon nombre parmi les plus dévoués pourvoyeurs de la transportation ou de l'exil en 1851. »

Un jour, l'un d'eux se présente à la sous-préfecture pour demander des explications au sujet de l'arrestation arbitraire de M. Pinard. L'entrevue fut orageuse; on connaît la conclusion.

— Allez, Monsieur, vocifère le sous-préfet Marais, vous n'êtes qu'un homme du Deux-Décembre !

— Et vous, Monsieur, riposte l'interpellé, vous n'êtes qu'un manant !

Si l'on en croit M. Marais, les maires, les conseillers municipaux, les propriétaires, grands et petits, les paysans, n'avaient pas la moindre notion de patriotisme : « Comment en eût-il été autrement ? Un magistrat nommé par la République, ou tout au moins par un ministre de la République, en octobre 1870, s'empressait, dès son arrivée, de déclarer qu'il avait beaucoup d'estime pour ces gens-là. »

Les journalistes, le reste de la population, étaient entachés de « ce vieil égoïsme niais et malhonnête que l'on appelle généralement bonapartisme, orléanisme ou conservatisme..., tout ce qui avait soutenu l'Empire, tout ce qui l'avait aidé à piller la France (!!!), tout ce qui avait eu sa petite part de la chasse entreprise par ce lion de contrebande, combattait ouvertement ou secrètement contre la République, » en se plaignant de la conduite des garibaldiens et en trouvant leur pillage absolument intolérable.

L'armée régulière, la mobile, les gardes nationaux étaient des lâches ignorants auxquels l'idée de patrie était étrangère. Les garibaldiens avaient seuls la science militaire, la dignité de la vie, le courage à toute épreuve et un patriotisme ardent. Tandis que le capitaine de vaisseau César Pradier, commandant la subdivision de Saône-et-Loire, était insulté par M. Marais, Ricciotti Garibaldi était « l'intrépide combattant, toujours le premier au feu, et qui semble, lui aussi, comme autrefois Charles XII, trouver dans le bruit de la fusillade sa musique de prédilection. »[1]

Dans la population civile il n'y avait d'honnêtes et de patriotiques que Frédéric Morin, préfet de Saône-et-Loire, Marais, sous-préfet d'Autun, Dumay, maire du Creusot, et tous ceux qui ont essayé d'y organiser la Commune.

Les amis intimes avec lesquels il allait au café étaient Dumay, Supplissy, Galliot, Nigaut, etc., tous condamnés plus tard par la cour d'assises aux travaux forcés et à la relégation, à la suite des désordres de 1871.

Ce sous-préfet, qui trouvait que M. Pinard « était un misérable digne d'être fusillé, déshonoré ou ruiné, » qui a ridiculement essayé d'attaquer le patriotisme de Mgr de Marguerye, de MM. Schneider, d'Esterno, Changarnier, etc., faisait sa société habituelle d'un nommé Supplissy, commissaire de police au Creusot, ancien horloger failli, condamné, le 31 août 1870, à cent francs d'amende et six mois de prison, pour avoir crié : Vive la Prusse ! et promené le drapeau rouge à Montcenis. Quelques jours après son installation, ce singulier commissaire disait à l'une de ses voisines : « Soyez tranquille, mère Mariette, nous partagerons bientôt avec les riches. » Dans une réunion privée, il avait dit cette autre affreuse

---

1. Aug. Marais. *Garibaldi et l'Armée des Vosges.*

parole : « Je veux du sang, je boirai du sang, je mangerai du Schneider ! »

M. Marais assistait fréquemment aux réunions publiques qui se tenaient au Creusot, dans les mois de novembre et de décembre 1870, janvier, février et mars 1871. Jamais il n'y est intervenu pour combattre, au nom de l'ordre, les doctrines subversives qui y étaient professées. Il semblait, par son silence, autoriser et approuver toutes les idées qui étaient émises devant lui : « Écrasons les calotins, démolissons leurs écuries ; puis viendra le tour des gros et des réactionnaires. Il faut aller chez les réactionnaires et les balayer. Les petits alors deviendront grands et les grands deviendront petits. Ayez soin surtout de ne point ménager ceux qui ne sont point de notre parti; envoyez-leur une balle entre les deux épaules. Il n'y a que le premier cadavre qui coûte ; quand celui-là est étendu dans la rue, le reste va tout seul. »

Tel était le diapason de ces clubs ; tels étaient les gens que M. Marais trouvait seuls estimables, seuls patriotiques, seuls honorables, seuls français. On l'a dit avec raison, après un verdict de la cour d'assises de Saône-et-Loire, du 6 septembre 1872 : « Il n'avait que le sentiment de la solidarité qui le liait, lui, homme de désordre et membre, dit-on, de l'Internationale, avec tous les fauteurs de bouleversement et tous les partisans véreux de la liquidation sociale. »

On comprend dès lors le motif des accusations portées par M. Marais contre les conservateurs et tous ceux qui se contentaient d'être Français ; il voulait les déshonorer pour les mieux détruire. Les renseignements erronés par lui fournis à l'état-major sur ses administrés, son attitude humble vis-à-vis de Garibaldi, sa haine profonde contre tous les bons citoyens, ses excitations contre eux[1] n'ont pas peu contribué à enhardir les garibaldiens dans leurs excès. Malgré toute son insolence, Bordone n'eût pas osé ce qu'il a osé, s'il avait senti auprès de lui un surveillant honnête, énergique, qui eût été disposé à remplir son devoir.

VI

Cet état de choses absolument révolutionnaire, joint à la mise en scène pittoresque de cette singulière armée, faisait d'Autun un objet d'étude très instructive pour le spectateur désintéressé.

Lorsque la nuit favorable à l'orgie étendait ses ombres sur la vieille cité d'Auguste, tandis que les paisibles citoyens se fermaient chez eux à double tour, tristes, écœurés, inquiets, les rues se peuplaient d'une foule bariolée qui allait à ses plaisirs le revolver à la ceinture, le fusil en bandoulière ou l'épée au côté. Huit heures sonnent. La musique italienne, rangée en rond au-dessus des Platanes, joue avec brio la marche de Garibaldi et diverses fanfares italiennes. Une nuée de soldats en armes l'entoure jusqu'au Champ-de-Mars encombré de voitures, de charrettes, de fourgons, de caissons alignés, et déborde sur la Terrasse, dans les rues, sous les Platanes. Des Italiens dansent, d'autres chantent ; la danse

---

1. *Enq. parlem.*, t. IV, p. 99.

est gracieuse, les voix, d'une grande pureté, s'accordent et s'harmonisent : nos chorales ne produisent pas autant d'effet que ces chœurs improvisés, car la science musicale et la meilleure direction ne sauraient remplacer ces âmes passionnées, ces gosiers de rossignol, ces tempéraments d'artistes. L'Italien naît musicien, apte par nature à goûter tous les beaux arts : c'est une race bien douée.

La musique cesse, la circulation se rétablit; suivons ce groupe qui descend en chantant la grande rue de Marchaux. Les voilà qui s'arrêtent et barrent le chemin à un placide bourgeois; l'un d'eux croise la baïonnette et arme son fusil, un autre sort son revolver de sa gaîne, en fait jouer le ressort : « Au nom della patria en danger, una lira pei i vestri defensori [1] », et ils tendent la main. Le malheureux citadin, tout interloqué, comprend sans comprendre et tire son porte-monnaie dont il est immédiatement dépouillé. Tandis qu'il proteste, la baïonnette traverse ses habits; elle est sur sa chair et refroidit ses velléités de résistance : il prend ses jambes à son cou et rentre chez lui.

D'autres pénètrent dans un bureau de tabac et se remplissent les poches; au moment de payer, un revolver est placé sous le nez de la demoiselle de magasin. La bande disparaît dans les ténèbres.

Au secours! au secours! à l'assassin! crie-t-on dans un carrefour obscur et désert, et le cliquetis des armes qui s'entrechoquent, les bruits sourds des coups de crosse de fusil accompagnent ces appels désespérés. Ce sont deux malheureux mobiles qui, au sortir d'un café, ont

---

1. Au nom de la patrie en danger, un franc pour vos défenseurs!

été attaqués à l'improviste et sans provocation par une dizaine de forbans dont les casquettes rouges, momentanément éclairées par un réverbère, s'éclipsent dans l'ombre, là-bas, au tournant d'une ruelle. L'un des mobiles est à moitié assommé, l'autre perd son sang par plusieurs blessures. On s'empresse autour d'eux et quelques officiers écarlates, qui ont jeté en passant un regard dédaigneux sur cette scène sanglante, s'éloignent gaiement en fredonnant un air joyeux : « Ce ne sont que des mobiles », dit l'un d'eux pour toute oraison funèbre.

Mais quels sont ces chants, ces lumières? Quelle foule dans l'église de Saint-Jean! Quelle cérémonie, quelle fête, réunissent à cette heure une assemblée aussi nombreuse? Entrons. Oh! horreur! un soldat revêtu d'une aube blanche vomit des blasphèmes du haut de la chaire de vérité. Il a fini, il descend et la soldatesque affublée de divers ornements ecclésiastiques parodie une procession. Les chasubles, les chapes, les tuniques blanches, les cierges allumés, les missels ouverts, les encensoirs, un ciboire, tout l'appareil du culte, défilent sous vos yeux au milieu des imprécations et des hurlements obscènes. Cette procession sacrilège sort et se rend dans les jardins ; une statue de la Vierge se rencontre sur le parcours, on lui coupe la tête et on met à la place un tas d'ordures. Le jardin est saccagé, on fait un feu de joie avec les ornements. C'est la compagnie du capitaine Canaveole qui prend ses ébats. Taisons-nous et filons, car nous pourrions recevoir une balle en guise de bénédiction. [1]

Nous nous heurtons dans la rue à une escouade de

---

1. *Enq. parl.*, t. IV, p. 96.

chemises rouges qui traînent un prisonnier, les coups de crosse activent sa marche; d'horribles blasphèmes retentissent : « Allegro, sacramento!... Presto, presto, Jesu Christo!... » et se mêlent aux injures les plus malpropres. C'est un vieillard, un prêtre que l'on conduit en prison; le malheureux a eu l'audace de s'opposer à la profanation de son église. Ils s'éloignent, et à la lumière vacillante des réverbères on aperçoit la tête blanche, nue, du respectable ecclésiastique oscillant à droite et à gauche, poussé par ces brutes qui se le rejettent en ricanant.[1]

Quel est cet homme qui court si rapidement? C'est un brave négociant qui va se plaindre à l'état-major : une vingtaine de ces bandits ont enfoncé les portes de sa cave et sont en train d'y faire ripaille. Vin, fromage, sucre, eau-de-vie, tout est bon pour ces pillards; il a voulu résister et défendre sa propriété : deux coups de feu qui heureusement ne l'ont pas atteint l'ont fait rentrer précipitamment chez lui. Il en est sorti par une porte de derrière et le voilà qui court à toutes jambes demander du secours : « Vous êtes un mauvais citoyen, lui répond-on à la place; si les Prussiens étaient là, il faudrait bien que vous les nourrissiez. » Et comme il insiste : « Sacramento! décampe au plus vite, vieux calotin, ou je te fais empoigner. »

Pan!..... pan!..... pan!..... et les balles vous sifflent aux oreilles et des soldats s'enfuient dans toutes les directions comme une volée de perdrix débandées. Ces coups de feu sont partis du premier étage d'une maison où, à la lumière du gaz, on aperçoit un homme, le revol-

[1]. *Enq. parl.*, t. IV, p. 96.

ver au poing, l'air décidé, tout prêt à recommencer. Une vingtaine de garibaldiens ne se trouvant pas bien dans l'église où ils sont casernés ont voulu pénétrer de force, sans billets de logement, dans sa maison déjà remplie de soldats et comme ils s'apprêtaient à enfoncer la porte, il a tiré au hasard et le voilà débarrassé. C'est dommage qu'il n'ait pas plus d'imitateurs ; les garibaldiens seraient peut-être moins audacieux.

Encore une troupe qui passe ; elle vient d'arriver par le dernier train et se rend de sa propre autorité au petit Séminaire où un bon républicain l'a engagée à se rendre pour « faire enrager les curés. » Ce sont les zéphirs d'Alger et les francs-tireurs d'Oran. Ils sont bien deux cents et n'ont pas l'air commode. Comment vont-ils se loger ? Oh ! la chose est simple, ils font lever les élèves et se mettent à leur place. Le supérieur leur fait observer qu'il a déjà affecté les locaux de la division des petits au logement de mille hommes, qu'il est tard ; la troupe devient menaçante : il s'incline. Il lui faudra renvoyer le lendemain ses élèves qui auront grelotté de froid toute la nuit, assister au pillage de toutes les provisions de la maison, à la destruction du mobilier, à l'enfoncement des portes. En quelques jours, les dégâts dépasseront quarante mille francs !

Au grand Séminaire, il en est de même. Les bâtiments et la cour sont pleins de chemises rouges ; les feux de bivouac sont entretenus avec le mobilier. Les garibaldiens se vantent de brûler tous les couvents avant leur départ. Cet établissement a été envahi, pillé ; à plusieurs reprises le feu y a été mis avec des matières combustibles apportées dans ce but ; les élèves ont été renvoyés, hués, mis en joue. Les ecclésiastiques qui sont obligés de s'y rendre en entendent et en voient de toutes les couleurs.

Les habitations particulières ne sont pas mieux respectées. Regardez cette maison d'où les propriétaires sont absents : les parquets, les chambranles, les portes servent de bois à brûler. Plus haut ces destructeurs ont mis en pièce l'escalier de bois qui conduit au premier étage, pour faire du feu avec ses débris. On serait assiégé depuis six mois, privé de toute communication avec le dehors qu'on ne se conduirait pas autrement. Certains immeubles offrent l'aspect des maisons de Paris au lendemain du siège. La ville devra plus tard rembourser toutes ces dégradations ; pendant plusieurs années son budget en sera obéré ; on comprend que M. Constant ait voulu dégager sa responsabilité. Et cependant Ordinaire et la clique garibaldienne trouvent que l'on n'en fait pas assez, que la commission municipale « manque d'énergie, perd la tête et se noie dans un verre d'eau. » Que leur faut-il donc, grand Dieu ! Vous ne comprenez pas, mais ce sont les têtes des malheureux qu'ils pillent. « Il sera bien difficile de gouverner ce département sans faire tomber quelques têtes... cela me répugne beaucoup, je n'aime pas le sang...!!! » disait Frédéric Morin, préfet de Saône-et-Loire, à un officier de marine qui lui parlait de la situation.

Avançons et continuons notre promenade. Voyez ce groupe. Ils sont huit réunis en rond, les bras sur les épaules les uns des autres. Ils chantent une harmonieuse romance pleine d'amour et de langueur. La mélodieuse langue italienne se prête merveilleusement à l'expression des sentiments tendres :

> O bella mia,
> O carissima !.....

roucoulent-ils sous les fenêtres d'une blonde enfant. Les ténors ont une ampleur de son remarquable ; les accompagnements sont enlevés avec maëstria ; on dirait d'un orchestre. Ce groupe est d'un bel effet avec ses costumes, ses armes, au milieu du carrefour : à droite, une maison en torchis, à ogives, à pignon, fait saillie sur la rue ; en face, une vieille tour, le toit pointu d'une antique demeure, la flèche de la cathédrale, dorment dans la brume de la nuit. Et les chants s'élèvent doux et mystérieux ; l'on s'éloigne à regret ; les accords s'en vont *decrescendo, moriendo,* et se perdent dans le lointain.

O ciel ! le couvent des Oblats est-il en feu ! D'où proviennent ces lueurs, ces flammes qui rougissent l'obscurité ? Ce sont les matelas et les paillasses dont les garibaldiens font un feu de joie ; simple histoire de détruire la vermine cléricale. Ils sont là mille à douze cents, toute la lie du port de Marseille, sous le commandement de Delpech, et s'y livrent à une saturnale sans fin. Ce sont eux qui ont saccagé Marseille : on les a envoyés à Autun pour s'en débarrasser. Les caves, les greniers, le jardin sont mis à sac ; le supérieur est grossièrement insulté ; cette bande de démons veut à tout prix le fusiller ; les frères qui veulent s'opposer au pillage sont également menacés ; l'un d'eux mis en joue à plusieurs reprises succombera aux suites de ces frayeurs. Delpech laisse faire ; parfois même il donne l'exemple. C'est ainsi qu'étant fatigué d'entendre cette orgie infernale, il va loger en ville et emporte les meubles du salon des pères !

Les voilà qui font une procession sous les cloîtres du couvent. Un ancien repris de justice affublé d'une chasuble préside à la cérémonie ; des femmes, si l'on peut appeler cela des femmes, lui servent d'acolytes. On blasphème, on hurle et on se rend devant la porte du père Rambert, que l'on ébranle à coups de pied. Le vénérable prêtre, à peine sorti, est témoin des obscénités les plus incroyables, entend les menaces de mort résonner à ses oreilles, mais ne se laisse pas intimider. « Me voici, leur dit-il du ton le plus énergique, fusillez-moi donc! Quel est celui d'entre vous qui veut me fusiller?..... qu'il parle! Voilà déjà longtemps que vous êtes ici, et depuis votre arrivée, vous n'avez fait que commettre des vols ; vous avez pillé, vous avez saccagé, votre conduite n'est pas excusable. Il faut que vous ou moi nous y passions!... Je vais faire immédiatement ma plainte à l'état-major [1]. » Et il traverse les rangs, la tête haute, indigné, pour se rendre au quartier général. Fort mal accueilli tout d'abord, il s'impose par l'énergie de ses réclamations et arrache par son attitude résolue une promesse, qui du reste ne devait pas être tenue, de faire cesser les abus criants dont il se plaignait. Le lendemain et les jours suivants l'orgie continue ; elle prend fin lorsqu'il n'y a plus rien à piller ni à détruire. Quand l'*Égalité* quitta le couvent, il n'y restait que les murs dégradés.

L'évêché n'est guère mieux traité. Depuis quelques jours des détachements de la Guérilla marseillaise, des francs-tireurs de Caprera, des Vengeurs de la mort, etc., y sont logés et s'ébaudissent dans cette capitale de toutes les calottes. Mais voyons-les à l'œuvre.

Il est onze heures moins un quart. Dans la grande cour de l'évêché on aperçoit une cinquantaine d'ombres noires se diriger en silence vers l'escalier. La lune qui

1. *Enq. parl.*, t. IV, p. 79.

sort des nuages éclaire de véritables types de Mandrin ; les épées nues, les sabres-baïonnettes, les galons des officiers et des sous-officiers jettent des lueurs sur les hauts murs noirs. La porte résiste, on brise un carreau, l'espagnolette joue, le vestibule est escaladé, la porte ouverte de l'intérieur livre passage à la bande : en un clin d'œil l'opération est terminée. A la manière dont ils s'acquittent de cette besogne, on voit qu'ils n'en sont pas à leur coup d'essai. Ce sont des virtuoses du vol. A leur tête est un grand escogriffe noir comme le démon ; la petite casquette à large visière porte, ô triple honte !!! les trois galons d'or ; sa large main calleuse est plus habituée à manier la pince-monseigneur que l'épée. Il se nomme Paget et est capitaine de la 5e compagnie de la Guérilla marseillaise. Avant la guerre il était chef d'une bande de malfaiteurs de Marseille pratiquant le vol à l'américaine ; il se présenta à la tête de ces hommes, fut incorporé avec eux et nommé leur capitaine. Il a été décoré de deux condamnations à la prison, le 26 avril 1866 et le 10 décembre 1867.

A côté de lui le capitaine Mick se recommande par des états de service encore plus brillants ; c'est un des plus forts escrocs de Marseille : deux condamnations à six mois de prison chacune (28 septembre 1867, — 1er mai 1868) attestent ses hauts faits.

Le lieutenant Lécusson marche sur la trace de leurs vertus ; il n'a été inscrit qu'une fois cependant à l'ordre du jour de l'armée du vice, le 9 mars 1864 ; il a été condamné à trois mois de prison pour vol et vagabondage. — Le sergent-major Aufan compte un chevron : 14 mai 1868, deux mois de prison pour vol. — Le fourrier Richard a une épinglette d'honneur : 1er avril 1870 ;

six jours de prison pour détournement d'objets saisis.
— Le clairon Giraud est un vieux grognard à trois chevrons : 14 décembre 1860, trois mois de prison, vol ; 23 juillet 1861, trois ans de prison, vol ; 6 août 1861, quatre mois de prison, vol.[1] Les soldats sont dignes de tels chefs.

La troupe, une bougie d'une main, le sabre-baïonnette de l'autre, s'avance en criant : « Un Prussien ! un Prussien ! nous cherchons un Prussien, qui s'est introduit dans l'évêché ! » Une partie fouille les appartements du chancelier ; elle visite surtout les garnitures de cheminées et les tiroirs, tandis que le gros de la troupe envahit comme un ouragan la chambre de Mgr de Marguerye, son salon, ses cabinets. « Ils m'ont à peine laissé le temps d'ouvrir et sont entrés tumultueusement en m'entraînant et me faisant reculer, » a déclaré Leclerc, le valet de chambre de Monseigneur. Le vénérable prélat, surpris dans son sommeil, n'a pas le temps de se lever. Ces brigands soulèvent les rideaux, passent leurs sabres sous le lit, furettent partout, fouillent les meubles, les plus petits tiroirs ; ils y reviennent à trois reprises. Ils se font ensuite conduire à la cave « où ils creusent des fosses à enterrer un bœuf, » dans l'espoir de trouver l'argent destiné aux Prussiens, disent-ils. Pour s'aider dans ce travail et agir avec plus de succès, ils vont chercher le jardinier Bongrand, le somment de leur faire connaître le trésor de l'évêché.

Vers deux heures et demie du matin, ils se retirent enfin après avoir bouleversé tout l'évêché, emportant à

---

1. *Écho de Saône-et-Loire*, 9 juillet 1874. Compte rendu du conseil de guerre de Bourges.

la place du Prussien prétexté : la montre de Sa Grandeur, une chaine et un cachet en or, plusieurs médailles d'argent, une médaille en or d'une valeur de deux cent dix francs, le porte-monnaie du jardinier contenant vingt francs, une jumelle, un nécessaire à barbe, une croix pectorale en or, deux épingles de pallium, deux burettes en cristal, les bas du valet de chambre, etc., et autant de bouteilles de vin qu'ils en peuvent porter. Avant de sortir ils ont eu soin de faire réveillon : le garde-manger, l'office, ont été vidés. Là dessus ils vont se coucher, non sans s'être battus et avoir desséché la dernière bouteille.

Trois heures du matin ! il est temps d'aller dormir. Entendez-vous dans la cathédrale ces cris, ces clameurs? Qui jette ces clartés? C'est la ronde du sabbat. Ils brûlent les chaises et dansent autour du feu. On distingue des voix de femmes. Quel spectacle !

> On croirait voir l'enfer tourner dans les ténèbres
> Son zodiaque affreux plein de signes funèbres;
> Tous volent, dans le cercle emportés à la fois;
> Satan règle du pied les éclats de leurs voix.

Encore un prisonnier! Des gendarmes l'entraînent. C'est M. Pinard, l'ancien ministre. Il a été arrêté la veille, au cimetière, par ordre de Bordone, pendant qu'il assistait à un enterrement. Il est dirigé sur Lyon. Bordone est toujours furieux d'avoir été condamné par la cour de Paris, le 24 juillet 1860, à deux mois de prison et cinquante francs d'amende pour escroquerie, sur le réquisitoire de M. Pinard, alors substitut du procureur près cette cour ; et il a fait *arquepincer* l'ancien ministre sous prétexte de menées bonapartistes. La ficelle est tellement grossière que Challemel-Lacour lui-même relâchera M. Pinard.

Dieu! quel tapage! Ce sont des officiers et deux sous-officiers à casquette écarlate qui sortent d'une maison de jeu. Chose étonnante, ils sont tous enchantés, les perdants et les gagnants.

— Un officier. Paolo, je verrai demain Lobbia, je lui ferai signer votre commission d'officier et celle de Rufino. Avec les entrées en campagne, vous me paierez tous deux les quatorze cents francs que je vous ai gagnés.

— Un sous-officier. Comment nous habillerons-nous ?

— L'officier. Rien de plus simple, per Baccho! Vous irez chez un tailleur, vous lui délivrerez des bons ; je me charge de les faire ordonnancer. La France est assez riche pour bien payer ses défenseurs.

Le reste de la conversation se perd dans l'éloignement. Voilà un singulier moyen d'arriver à l'épaulette !

Encore des flammes ! La gare des marchandises en est tout entourée ; ce sont de gigantesques feux de bivouac. Avivés par des charges de planches arrachées aux wagons à coups de hache, ils projettent au loin leurs lueurs sanglantes et détachent de rouges silhouettes dans l'obscurité ; on dirait d'un campement de brigands. Le poste garibaldien établi à la gare s'occupe surtout de la dévaliser ; il se chauffe avec les wagons ! Cinquante voitures de ballast, sans compter une quantité considérable de bois volé, y passeront en peu de temps ![1]

1. *Enq. parlem.*, t. IV, p. 100.

Mais on nous a aperçus.

— Une sentinelle. Qui vive !

— France.

— La sentinelle. Avanti !

Pan! Le maladroit a fait partir son fusil en croisant la baïonnette. La balle nous siffle aux oreilles et va s'enfoncer dans une fenêtre. Détalons au plus vite avant que le poste ne sorte, car ces fusils-là partent tout seuls, et allons prendre un repos bien mérité après cette nuit de Valpurgis.

CHAPITRE III

Mission de Garibaldi.

I. L'établissement du quartier général à Autun facilite à Garibaldi l'accomplissement de sa mission révolutionnaire. — II. Ses paroles, ses actes, ceux de son entourage montrent qu'il est venu en France faire la guerre aux Français. — III. Haine des garibaldiens pour les habitants; la terreur à Autun.

I

Garibaldi ne pouvait choisir une ville plus convenable qu'Autun pour y exercer à son aise sa tyrannie odieuse. Là, en effet, il ne redoutait pas de compétition pour la suprématie; général en chef il n'avait pas à craindre, comme dans une ville plus importante, la venue d'un autre général qui eût partagé le pouvoir avec lui. Les autorités civiles moins élevées hiérarchiquement que dans un chef-lieu, acquises d'ailleurs aux idées révolutionnaires, lui donnaient, à l'exception de la police et de la magistrature, des gages de servilité; et le parti républicain composé d'une minorité hargneuse et sans valeur se mirait avec complaisance en Garibaldi, trop heureux de pouvoir satisfaire enfin par ses lâches délations d'anciennes et basses rancunes. On a affirmé qu'un certain M..., républicain autunois répandu, avait sollicité « l'honneur pour Autun de recevoir Garibaldi et ses troupes, disant qu'il y avait en ville dix-sept couvents et maisons d'éducation dans lesquels on pouvait loger un corps d'armée sans aucune charge pour les habitants. » La lettre finissait ainsi : « Du reste, la présence de l'illustre général sera d'un effet moral (!) excellent pour nos populations un peu tièdes. » Quoi qu'il en soit, il est certain que la situation des armées allemandes en novembre ne désignait pas Autun comme un point stratégique important, et que l'on ne peut expliquer son occupation prolongée par tout un corps, qui s'y immobilisa pendant deux mois, que par des calculs politiques. Le besoin de s'éloigner des Prussiens et de tout contrôle, non moins que la composition et l'esprit de la population autunoise, faisaient de cette ville un excellent repaire pour l'aventurier révolutionnaire et ses hordes indisciplinées. Par ces mêmes motifs, le gouvernement ne devait pas permettre à Garibaldi de s'y établir; s'il pensait que la région autunoise devait être mise en état de défense, il fallait y envoyer un général français mais non le condottière prétrophobique.

Autun est en effet le chef-lieu d'un des diocèses les plus considérables de France ; à ce titre le clergé y exerce une influence légitime. De même que dans une place de guerre l'autorité militaire est au premier rang, ainsi, dans une sous-préfecture qui possède un siège épiscopal, l'autorité ecclésiastique jouit nécessairement d'une haute situation. La clientèle du clergé autunois était considérable en 1870.

Mgr de Marguerye occupait alors le siège de saint Léger. Cet évêque était aimé et respecté. Sa bienveillance, son amabilité, sa courtoisie, sa connaisance des hommes, son talent d'administrateur, un long séjour à Autun, se joignaient à un beau nom, à un extérieur imposant, vains dehors qui ont aussi leur puissance. Plusieurs de ses conseillers, élevés successivement aux honneurs de l'épiscopat, rehaussaient de leurs dignités celle du prélat qui les avait formés. Franchement rallié au régime impérial tant que les intérêts de l'Église furent sauvegardés, il eut le courage de défendre contre le pouvoir les droits de la papauté et de sacrifier à son devoir la bienveillance de l'Empereur. Il n'était pas jusqu'à son attitude au concile du Vatican qui l'avait fait bien voir de la bourgeoisie libérale toujours si avide d'opposition.

Un autre ecclésiastique avait contribué à étendre dans de notables proportions le patronage du clergé. M. l'abbé Duchêne, supérieur du petit Séminaire, était un de ces hommes excessivement rares à qui il est donné de faire aimer l'autorité. Une connaissance intuitive du cœur humain, une bonté infatigable qui n'excluait pas la fermeté, une franchise et une rondeur toutes militaires, une grande largeur d'esprit, un extérieur en rapport avec ces remarquables qualités, lui conciliaient vite la sympathie de ceux qui l'approchaient. Tandis qu'habituellement l'influence du maître ne s'étend guère au-delà des années du collège, la sienne croissait avec le temps et se transformait insensiblement en une respectueuse et inaltérable amitié. Son petit Séminaire était dans un magnifique état de prospérité; durant vingt-cinq ans il avait été l'éducateur d'une grande partie de la jeunesse autunoise. Les familles de ses nombreux élèves, toutes les personnes avec lesquelles ses fonctions l'avaient mis en rapport pendant ce quart de siècle, s'unissaient aux courtisans du succès pour lui créer une position considérable à Autun et augmenter par là même le prestige du clergé.

La plupart des prêtres du diocèse, formés à la même

école que M. Duchêne, se distinguaient comme lui, sous la diversité des caractères et des aptitudes, par leur esprit de tolérance ouvert à toutes les saines aspirations modernes. Ils convenaient à la Bourgogne où l'on aime les natures franches et vivantes, où les vins généreux forment des tempéraments généralement peu portés au mysticisme. Toutes ces causes réunies à la dignité de la vie contribuaient à la popularité du clergé dans la ville épiscopale.

C'est ce milieu que choisit Garibaldi pour en faire son quartier général, comme s'il eût recherché avidement cette occasion d'assouvir plus facilement ses haines prétrophobiques. Ce chef de bande appartenait à une secte toute moderne dont les initiés entrent en convulsions au seul mot de prêtre. Par quel phénomène étrange un homme arrive-t-il à cet état mental vraiment extraordinaire, en vertu duquel il est saisi de fureur à la vue d'une soutane, comme le taureau lorsque dans l'arène immense les *chulos* agitent devant ses yeux leurs *capas* de couleur pourpre, et que les *banderillos* le harcèlent et le piquent de leurs flèches barbelées ? La réponse appartient aux philosophes et aux médecins aliénistes. Depuis de longues années Garibaldi vivait matériellement et moralement de cette haine, à laquelle il devait sa renommée ; il en était possédé au point de ne pouvoir parler ni écrire sans faire immédiatement intervenir le prêtre abhorré. On sait toute la boue qu'il s'est efforcé de jeter sur Pie IX, sur le sacerdoce, et sous laquelle il demeurera à tout jamais enseveli. Il est inutile de rééditer toutes les élucubrations de ce cerveau malade ou profondément perverti. La conclusion d'une lettre qu'il écrivait de Caprera le 22 juin 1873 résume tout l'homme,

« Carissimo, ... J'appartiens à l'Internationale. Je déclare avec orgueil que si je voyais surgir une *société du démon* ayant pour but de combattre les souverains et les prêtres, j'irais m'enrôler dans ses rangs. — Votre......
Giuseppe Garibaldi. »

Laisser venir ce convulsionnaire à Autun, c'était mettre le loup dans la bergerie, le placer dans les circonstances les plus favorables au développement de sa manie antireligieuse, lui donner les moyens d'exercer sa rage sectaire, fournir matière à tous les excès ; bref, lui faire combattre à coup sûr les Français et non pas les Prussiens.

II

Pour se rendre un compte exact de l'effet produit par le séjour de l'armée garibaldienne à Autun, il faut rappeler l'état des esprits antérieurement à son arrivée. Une seule pensée absorbait alors l'attention publique : les faits de guerre. A la confiance téméraire du mois de juillet et des premiers jours d'août, avait succédé, après Sedan, par suite des mensonges du gouvernement, un espoir maladif, imaginaire, en des succès réparateurs des premiers désastres. La révolution du Quatre-Septembre était passée presque inaperçue, au milieu de la surexcitation générale.

Quelques manifestations regrettables, organisées à Autun par des gens mal famés, avaient tout d'abord inquiété l'opinion. Une bande d'énergumènes avait promené un drapeau à travers les rues de la ville, en criant et en vociférant ; elle avait menacé le sous-préfet M. Breynat, et envahi l'hôtel de ville ; le drapeau qui dominait cet édifice avait été arraché, jeté à terre et piétiné par une populace égarée. Un des agents provocateurs de cette scène honteuse excitait les gamins à souiller le drapeau de la France. Ce malheureux trouvait qu'il n'était pas assez humilié par l'ennemi ; il éprouvait une jouissance de fou à le faire fouler aux pieds.

L'effervescence de la canaille fut vite calmée. Le ministre de l'intérieur invita le conseil municipal et les agents administratifs de l'arrondissement à conserver provisoirement leurs fonctions et à maintenir énergiquement l'ordre. Bientôt la tranquillité se rétablit et l'attention se concentra de plus en plus sur la guerre.

Le patriotisme des conservateurs crut devoir maintenir l'union autour du drapeau. Si l'on ne criait plus : A Berlin ! à Berlin ! l'on disait volontiers avec Jules Favre : « Ni un pouce du territoire, ni une pierre de nos forteresses. » Avec quelle avidité attendait-on les journaux ! on ne les lisait pas, on les dévorait ! Toutes les histoires les plus invraisemblables, tous les récits les plus fantastiques, étaient accueillis avec la crédulité de l'espérance. Aujourd'hui, c'était un mystérieux cercueil circulant entre Metz et Strasbourg, escorté des plus hauts chefs de l'armée allemande et renfermant, sous ses draperies de velours lamé d'argent, le roi Guillaume, le maréchal de Moltke ou le comte de Bismarck ; demain, c'était une bataille épique livrée sous les murs de Metz délivrée et où cinquante mille Prussiens avaient mordu la poussière ; une autre fois c'était une nouvelle prophétie toujours entourée de toutes les garanties d'authenticité désirable, et qui annonçait la victoire définitive en faveur de la France ; tous les jours c'étaient des dépêches rapportant des engagements meurtriers pour les envahisseurs, presque inoffensifs pour nos troupes ! Lorsque Paris fut bloqué, la surexcitation atteignit son apogée ; les nouvelles apportées par ballons et par pigeons voyageurs, les proclamations délirantes du gouvernement de Tours, entretenaient la population dans un éréthisme continuel. La seule politique des Français était de chasser l'envahisseur ; on verrait plus tard à régler la forme du gouvernement.

C'est dans ces circonstances solennelles que Garibaldi vint verser sur cette folie du patriotisme sa douche glacée qui s'appelait la République universelle. Vive la République universelle ! Que venait faire cette exclamation à Autun, en France ? Que pouvait-elle signifier en novembre 1870 ? Faire la République universelle, avec qui ? Avec les nations monarchiques de l'Europe qui se détournaient dédaigneuses de nos malheurs, de notre abaissement ? Avec la Prusse ? alors que Paris était assiégé, que les ruines de Strasbourg, de Metz, fumaient encore, alors que les atrocités de Bazeilles étaient présentes à tous les esprits, que les champs de bataille de Wissembourg, de Reischoffen, de Gravelotte, de Saint-Privat, de Sedan, étaient inondés du sang de nos soldats, et que le roi Guillaume rehaussait sa couronne de tout l'éclat de ses gigantesques victoires ? On n'en pouvait croire ses oreilles, on n'y comprenait rien ou plutôt on craignait de comprendre.

L'incertitude ne fut pas de longue durée. Garibaldi et son entourage éclairèrent leur République universelle de définitions de mots et surtout de choses tellement nettes qu'aucun doute ne fut plus permis. A bas Pie IX ! à bas les prêtres ! à bas les riches ! disait, dans ses discours et dans ses proclamations, celui qui, le 20 octobre 1847, se jetait aux pieds du pape et « offrait son humble appui, *fût-ce au prix de tout son sang*, à l'œuvre de délivrance consacrée par Pie IX » ; qui, en 1875, acceptait de Victor-Emmanuel, après l'avoir vilipendé, une dotation annuelle de cent mille francs !

« Inutile de prêter confiance aux paroles du prêtre qui n'a pas de patrie et qui fait aujourd'hui la cour à Guillaume..... Inutile d'écouter ces riches et ces puissants dont la majeure partie, énervée par vingt années de sybaritisme et habitués de vivre dans le luxe et dans la débauche (!) ont peur de voir leurs châteaux ruinés et leur cantine mise à sec par les insatiables soldats du Nord. Inutile... »

Cette proclamation qui ne rappelle en rien celles d'Alexandre, de César ou de Napoléon était adressée aux soldats de l'armée des Vosges par un général cosmopolite, par l'ancien adulateur de Pie IX, par le futur pensionné de Victor-Emmanuel. Et avec une répugnante émulation de bassesse et de perversité, tous les *universels* répétaient ces paroles odieuses et dissolvantes.

Les actes accompagnaient les paroles. On a raconté, à titre d'exemples, quelques-uns des exploits de ces austères républicains ; si l'on voulait tout rapporter il faudrait répéter cent fois les mêmes excès. Ce qui a été sommairement indiqué suffit pour faire comprendre ce qu'était la République universelle. Le colonel Gauckler, sous-chef d'état-major de Garibaldi, complète et sanctionne de son indiscutable autorité ce qui a été écrit précédemment :

« Confirme dépêches antérieures..... nombreux scandales; Italiens se croient en pays conquis; articles de journaux de Lyon exagérés, mais fond vrai. Faudra finir par donner à Cremer ou autre capable, commandement de armée Vosges. Cela est triste. »[1]

Et le 6 janvier, il ajoutait :

.... « Garibaldi est à la merci de son entourage italien qui vaut très peu, surtout son gendre et Lobbia, sous-chef d'état-major, connu par histoire des tabacs italiens, peu avantageusement. Quand Bordone est absent, cet entourage commet, au nom de Garibaldi, des inepties et des turpitudes qui démoralisent l'armée. Il semble qu'il y ait parti pris de ne pas agir. Grâce aux blancs-seings et délégations donnés à Lobbia, il se fait des nominations et des tripotages qui scandalisent le public. Les Français voudraient combattre et sont humiliés d'avoir des chefs italiens incapables et sans probité. Bordone a grand'peine à éviter démissions en masse et ne sauvera que difficilement le nom de Garibaldi d'une tache qui rejaillira sur la République. Trop long vous citer les faits. Si désirez adresserai rapport. Préférerais commission d'enquête. »[2]

Le préfet du Rhône Challemel-Lacour et Gambetta achèvent la démonstration et jugent à son tour M. Bordone, ce digne émule de Lobbia dans l'amitié de Garibaldi.

---

1. Perrot. Rapport, t. II, p. 629, dépêche n° 7128.
2. Idem, ibid., t. II, p. 638, dépêche n° 7220.

« La conduite de Bordone à Autun est l'objet des plaintes de tous, une cause de découragement, un péril très grave, télégraphiait le 5 décembre Challemel-Lacour à Gambetta. Elle mériterait un conseil de guerre....... Vous devez en savoir plus que moi ; mais ce que je sais m'oblige à dire que le maintien d'un tel chef d'état-major est un scandale. Garibaldi est aveugle ; vous ne pouvez pas l'être. N'y a-t-il pas moyen d'éloigner Bordone sans blesser Garibaldi ? En tout cas, tout doit céder à l'intérêt public. » [1]

Le lendemain Gambetta répondait :

« Tout ce que vous me dites sur Bordone m'est connu ; mais je ne puis l'enlever à Garibaldi qui veut le garder. C'est sur Garibaldi directement qu'il faut agir. » [2]

Cependant, les difficultés se multipliaient, et le 25 décembre, Gambetta appelait à son aide M. Gent, préfet des Bouches-du-Rhône, compatriote de M. Bordone :

« Les affaires de Garibaldi et de Frapolli nous causeraient beaucoup d'ennuis si nous n'arrivions pas à tirer au clair toute cette situation. Vous savez sans doute que Garibaldi a pour chef d'état-major Bordone, qui est, à ce qu'il paraît, très difficile à vivre, car il y a de nombreuses démissions dans le corps de Garibaldi, provoquées par ses procédés, ses allures omnipotentes, son insupportable hauteur, sans préjudice d'une foule d'autres causes dont je ne veux rien dire ici. Vous comprenez admirablement que rien n'est possible au sujet de Bordone contre la volonté de Garibaldi ; et il paraît qu'il n'y a pas moyen de lui faire entendre raison. Si vous pou-

---

1. Perrot. Rapport, t. II, p. 487, dépêche n° 987.
2. Idem, ibid., t. II, p. 490, dépêche n° 5374.

viez à votre tour user de votre influence sur lui, ce serait nous rendre un grand service. »

» Le malheur de la situation est que les dissidents qui abandonnent Garibaldi veulent se reformer sous les ordres du général Frapolli. Il y a par conséquent une sorte de rivalité qui irrite au plus haut point Garibaldi et surtout Bordone. L'affaire du comité de Marseille est une épisode de cette lutte. Frapolli reçoit tout le monde, et grâce à Bordone tout le monde s'en va. Je pense donc que dans l'affaire des cent mille francs votés par le conseil municipal de votre ville, il faut avant tout savoir ce qu'il y a au fond de cette question, et je vous serai obligé si vous voulez bien vous en expliquer avec Garibaldi personnellement. Mais faites bien attention que tout passe par Bordone et que l'on ne reçoit jamais de réponse que de lui. Le plus fâcheux, c'est qu'à tout propos et hors de propos, Garibaldi parle de donner sa démission, ce qu'il ne faudrait à aucun prix. Mais les embarras s'accumulent et il est temps de trancher cette situation si on ne peut la dénouer. » [1]

Tel est le jugement absolument définitif porté par des personnages républicains à même d'être bien renseignés sur la conduite des garibaldiens à Autun, sur celle des deux chefs qui détenaient effectivement le pouvoir à l'armée des Vosges. Ces deux hommes d'ailleurs se dénonçaient et s'accusaient des faits les plus graves, comme s'ils se fussent ingéniés à mettre réciproquement leurs actes en lumière, à confirmer les appréciations sévères dont ils étaient l'objet. « Tous les jours nous avions des rapports avec l'état-major fran-

---

1. Perrot, Rapport, t. II, p. 552, dépêche n° 5207.

çais[1] et nous entendions formuler des récriminations contre Lobbia; d'un autre côté, j'ai entendu un officier italien me dire toute espèce d'horreurs de Bordone; ils dévoilaient mutuellement leurs faits et gestes[2]. » Entouré de dissensions, Garibaldi était sans autorité, sans prestige. Bordone et Lobbia commandaient sous son nom, ennemis invétérés dont les haines envenimées par des amis pervers et le séjour d'un camp où abondaient les germes de discorde, s'aigrissaient encore par la comparaison qu'amenait entre eux la prétention d'avoir un cortège de courtisans et d'adulateurs. La faveur de Garibaldi penchait tantôt d'un côté, tantôt de l'autre. Ils ne s'en hâtaient pas moins de jouir et de tout accaparer, tandis que la déplorable indigence des troupes françaises n'obtenait de la pitié du général aucun soulagement.

Autant et mieux que Gauckler, Challemel-Lacour et Gambetta, les Autunois savaient à quoi s'en tenir sur Bordone, sur Lobbia, sur les garibaldiens, et leur patriotisme souffrait cruellement d'assister dans de semblables conjonctures à de pareilles ignominies. La passion de délivrer la France était alors tellement ardente qu'on eût accepté volontiers les vexations de ces pendards si l'on eût pensé qu'ils fussent capables d'aider jamais à cette grande œuvre. Mais l'illusion n'était pas possible. A la vue de cet état-major, de ce corps d'officiers, de ces soldats, les moins clairvoyants, les plus chauvins s'apercevaient nécessairement que cette triste armée commandée nominativement par un général complètement impotent et prétrophobique, n'était bonne qu'à

---

[1]. M. Castillon dînait au même hôtel et à la même table que l'état-major garibaldien.
[2]. *Enq. parl.* t. IV, p. 93 ; voir aussi *le Télégraphe* de Lyon.

molester les Français et pas du tout à combattre les Prussiens. Aussi l'indignation était-elle générale contre cette cohue de pillards cosmopolites dont les méfaits constituaient à la fois un scandale et un danger, et empruntaient aux circonstances un caractère particulièrement odieux.

On a prétendu que Garibaldi avait obéi à des considérations stratégiques en envahissant Autun pendant la nuit. « Fidèle à ses habitudes, il avait voulu envelopper du plus profond secret l'un de ces mouvements rapides qui lui étaient si familiers (!). » On a ajouté que l'autorité civile n'avait été informée de son arrivée qu'à huit heures du soir. « Le 9 novembre, à huit heures du soir, M. le capitaine Tironi, aide de camp du général, d'abord, puis une dépêche de M. le colonel Canzio, commandant du quartier général, apprirent aux autorités d'Autun que le général Garibaldi allait arriver à neuf heures et demie du soir avec mille hommes de l'armée des Vosges. » On en a tiré cette conséquence que l'occupation des églises était obligatoire. « L'autorité civile, d'accord sur ce point avec le général Garibaldi, ne crut pas devoir laisser mourir de froid de pauvres soldats dans les rues et à la porte des maisons dites de Dieu. Elle donna l'ordre d'ouvrir les églises. » Autant d'affirmations, autant d'erreurs.

On a pu apprécier, le 1er décembre 1870, le genre spécial de rapidité propre à l'armée garibaldienne; du 1er décembre au 10 janvier 1871, période durant laquelle elle est restée inoccupée, ou plutôt trop occupée à Autun, il a été donné à tous de faire la même constatation. La raison alléguée n'est donc pas sérieuse ; du reste elle est catégoriquement démentie par les faits. Deux jours avant l'arrivée de Garibaldi, la sous-préfecture était sens dessus dessous; des ouvriers y travaillaient même la nuit pour préparer les logements du général et de sa suite. On concédera que l'on pouvait s'occuper en même temps de trouver des logements nécessaires à mille hommes. L'occupation précipitée des églises était si peu indispensable, que la cathédrale a été rendue au culte dès la fin de novembre et pendant une partie du mois de décembre, parce que les hommes y gelaient; or, à cette époque, ce n'était pas mille hommes, mais quinze à vingt mille qui étaient à Autun. On est dès lors obligé d'admettre que la profanation des églises faisait partie du plan garibaldien. Aussi bien c'étaient là les exploits ordinaires de Garibaldi; ce sont eux qui l'ont rendu célèbre et non ses victoires, puisqu'il a presque toujours été battu. Il n'y a pas une de ses expéditions qui n'ait été signalée par des sacrilèges. Dans une de ses campagnes en Italie, les hommes de plusieurs de ses compagnies portaient une hostie sur leurs casquettes, en guise de cocarde.

L'envahissement nocturne de certains établissements religieux n'était pas plus justifié. Les élèves du petit Séminaire, notamment, payaient leur pension; ils avaient un droit aussi indiscutable de rester dans leurs lits que le premier citoyen venu. Leur jeunesse même devait être, comme chez les nations les plus sauvages, une cause de ménagement sinon de respect. On admettrait à la rigueur qu'on leur eût imposé, comme aux autres citoyens, la charge des logements militaires; mais il n'était pas plus permis de leur prendre leurs lits, de les mettre violemment à la porte de leur demeure, qu'un simple particulier, surtout pendant la nuit, et avec les circonstances aggravantes de menaces, alors que mille hommes étaient déjà installés chez eux. Quand bien même ces occupations militaires eussent été indispensables, Garibaldi devait veiller à ce qu'elles s'effectuassent sans les tristes excès qui les ont accompagnées et suivies, comme il avait le devoir d'assurer le respect des propriétés privées et des habitants. S'il ne l'a pas fait c'est qu'il s'agissait de maisons religieuses et que son programme comportait leur mise à sac, l'écrasement des honnêtes gens et le triomphe des coquins. Quant à la guerre, il n'en avait cure ; c'était seulement un prétexte pour justifier sa présence, organiser l'armée du désordre. « La République passe avant la France....., la patrie s'efface devant la République », écrivait le capitaine d'état-major Ordinaire. « Nous ne sommes pas venus pour combattre les Prussiens, mais pour fonder la République universelle », disaient les soldats et les officiers. Et Garibaldi corroborait ces déclarations par ses actes, par ses paroles, par ses écrits. « Evviva la republica universale! Abasso Pio nono! » tel était son cri de guerre ; le drapeau rouge était son emblème; sa devise était « Patatrac »; les tristes exploits de ses bandes proclamaient sa mission.

Cependant une seule chose était alors nécessaire et ce n'était pas la lutte contre les enfants de la France, quels que fussent leurs crédos politiques ou religieux, mais la lutte contre l'Allemand. Il n'y avait aussi qu'un seul ennemi et cet ennemi n'était ni les prêtres, ni les riches, ni Pie IX, le seul de tous les souverains d'Europe qui ait élevé la voix en notre faveur; c'était Guillaume Ier, empereur d'Allemagne.

III

Tout pouvoir a ses adulateurs. Garibaldi faisait d'autant moins exception à la règle qu'il laissait plus de licence à ses partisans : peu de généraux ont su se concilier leurs soldats par leurs vertus militaires autant que lui par l'absence de ces mêmes qualités.

C'est dire que son état-major partageait sa manière de voir au point de vue politique et religieux. Toutefois, parmi l'élément français, la passion politique dominait d'autant plus que, sentant le pouvoir insurrectionnel moins affermi, il redoutait davantage les risques de l'aventure du Quatre-Septembre. Pour cette catégorie spéciale d'officiers, le bonapartisme était la bête noire, parce qu'ils se rendaient très bien compte que tout autre parti était impuissant à les mettre à la raison ; pour eux, les haines religieuses ne venaient qu'au second rang, et s'ils n'en étaient pas possédés au même degré que leur général, il s'efforçaient du moins pour lui mieux faire la cour de se mettre à son diapason.

Aussi les Autunois soupçonnés en bloc de bonapartisme et de cléricalisme n'étaient pas auprès d'eux en odeur de sainteté. « Au timbre de ma lettre, écrivait le 16 novembre 1870 M. Ordinaire au journal *les Droits de l'homme*, vous voyez où nous sommes, dans la ville la plus cléricale qui soit en France. C'est un foyer de réaction monarchique. Cela a moins l'air d'une cité que d'un vaste couvent : partout, de grands murs noirs, des fenêtres grillées, derrière lesquels, dans l'obscurité et le silence, prient et conspirent pour la bonne cause, pour le droit divin, des moines de toutes couleurs. Dans la rue, à chaque pas, la chemise rouge coudoie la soutane noire, et il n'est pas jusqu'aux marchands qui n'aient un air mystique trempé dans l'eau bénite. Aussi sommes-nous ici à l'index..... » On le serait à moins. D'ailleurs, les garibaldiens n'avaient pas attendu de connaître l'opinion des Autunois à leur égard pour les haïr de toute la haine du fripon pour l'honnête homme. Dès le premier jour ils ne « voyaient dans la population calme et patriotique d'Autun que des réactionnaires, que des espions, que des gens à fusiller. » Mais leur haine s'accrut de leurs excès mêmes jusqu'à égaler la rage du voleur contre sa victime qui se défend ou le dénonce.

Abandonnés, trahis par leurs protecteurs naturels, les habitants d'Autun durent subir le régime de compression et de terreur que Bordone-Pacha organisa contre eux. « Depuis quelques jours, télégraphiait Gambetta le 25 décembre à M. de Freycinet, je lis un grand nombre de dépêches signées Bordone. Cet homme, vous le savez, est chef d'état-major de Garibaldi ; vous n'ignorez pas tout ce qu'on en dit, et il y a lieu de procéder avec lui sans se départir des règles de la prudence. C'est lui qui signe toutes les dépêches. C'est lui qui commande, taille, tranche, fait tout auprès de Garibaldi. Je fais d'abord une première remarque, c'est que les dépêches signées Bordone sont écrites dans une forme souvent inacceptable. Nul ne parle et n'écrit comme lui. On dirait vraiment qu'il est omnipotent. Il donne des ordres aux préfets. Il prescrit des mesures, il ordonne des arrestations. Il n'y a rien enfin qu'il ne fasse partout, chez lui comme hors de chez lui. De pareilles façons d'agir ne peuvent engendrer que de graves abus, et je tiens encore une fois à vous mettre en garde contre ces prétentions démesurées que nous ne pouvons accepter.

» Pour prendre un exemple, il se targue d'une dépêche 5136 que vous avez adressée au général Frapolli et à l'intendant Baillehache. Je ne désapprouve point cette dépêche qui réserve les droits de Garibaldi, ce à quoi je tiens essentiellement. Mais le chef d'état-major Bordone en prend texte pour donner des ordres au général Frapolli, pour lui prendre son monde à Chambéry, pour lui adresser des injonctions blessantes, pour le vexer, le molester en termes qui dépassent toutes mesures. Vous n'ignorez pas que le général Frapolli a été commissionné par le gouvernement pour former une légion à part qui n'a rien à faire avec les affaires de Garibaldi. Le général Frapolli, homme de mérite et de cœur, ne peut être à la merci de l'importance momentanée de Bordone, et je voudrais, quand vous écrirez à Bordone, que vous lui fissiez sentir que s'il veut continuer à mériter la faveur bienveillante qu'à la considération de Garibaldi on lui a témoignée, son premier devoir est de laisser M. Frapolli tranquille, libre dans ses actions qui sont parfaitement indépendantes de celles de M. Bordone. C'est ce qui aurait dû être recommandé spécialement dans l'affaire des officiers Païs et Massoneri que le général Frapolli avait engagés et que M. Bordone veut aujourd'hui traduire en cour martiale. Le même jour, l'affaire du comité de Marseille que M. Bordone dissout quand il est notoire que ce comité fonctionne pour Frapolli et non pour M. Bordone... Arrivezdonc à réduire les prétentions de M. Bordone. Je n'ignore pas les ménagements que la situation comporte, mais il y a un moyen de ramener M. Bordone à son véritable rôle et je vous prie avec votre habileté accoutumée de n'y pas manquer. » [1]

S'il en usait ainsi à l'égard des chefs du gouvernement républicain, on peut juger comment il traitait les soldats et les citoyens qu'il tenait dans sa main. Tourmenté de tous les délires d'un pouvoir malfaisant, imprévu, éphémère, il était soutenu contre Gambetta par Garibaldi, qui redoutait par-dessus tout un chef d'état-major capable de le contrôler comme général. Chacun souffrait de sa violence, de son despotisme : les soldats vis-à-vis desquels il s'emportait parfois jusqu'à les menacer de son épée nue; les fonctionnaires qu'il traitait en valets et auxquels il faisait un crime de remplir leur devoir; les simples citoyens qui devaient tout supporter sans rien dire.

Enhardis par ces exemples, les officiers et les soldats garibaldiens menaçaient de mettre du plomb dans la tête de tous ceux qui résistaient à leur brigandage. La situation faite aux citoyens devint bientôt intolérable. Insultés, menacés, pillés, ils n'avaient pas même la ressource de quitter Autun à leur volonté ou de se plaindre par la voix des journaux. La ville était bloquée comme si elle eût été assiégée. On n'en pouvait sortir sans des laisser-passer difficiles à obtenir : d'ailleurs, les trains de voyageurs étaient supprimés et les voitures étaient toutes réquisitionnées. On craignait de confier ses impressions à la poste; le cabinet noir de l'armée

---

1. Perrot. Rapport, t. II, p. 555, 556, dépêche n° 5180.

des Vosges ouvrait les lettres et notait sur une liste des suspects tous ceux qui ne se déclaraient pas enchantés d'être tyrannisés par le sultan Garibaldi et par ses nombreux pachas. Plusieurs officiers et de nombreux soldats furent jetés en prison pour avoir été trop francs dans leurs correspondances [1]. Lorsqu'on écrivait, il était prudent de peser ses expressions, car la cour martiale ne plaisantait pas avec ceux qui critiquaient le grand général et une accusation de trahison eût été vite organisée. On se rendait parfaitement compte de l'état des choses et on préférait se taire plutôt que de faire connaissance avec les séides qui avaient arrêté M. Pinard et envahi l'évêché.

La terreur était telle qu'on tremblait de recevoir le *Journal de Mâcon* qui de temps en temps racontait quelques-uns des attentats commis à Autun : tant on se sentait isolé, privé du secours tutélaire des lois et des magistrats, à la merci du premier gredin venu! Il courait des bruits, des rumeurs sinistres, précurseurs ordinaires des troubles et des égorgements. Des émissaires de la révolution racontaient partout que les habitants d'Autun avaient réuni un million pour les Prussiens, que des armes étaient cachées, que les riches et les prêtres trahissaient la patrie et appelaient les ennemis de leurs vœux, tout prêts à tendre la main aux Allemands quand ils se présenteraient devant les murs de la ville. Ces monstrueuses accusations, d'autant plus avidement reçues par la canaille qu'elles servaient mieux ses haines et ses secrets appétits, pouvaient à chaque

---

1. *Enq. parl.*, t. IV, p. 151. Rapport sur les abus de pouvoir commis par l'ex-général Bordone.

instant amener une catastrophe, en servant de prétexte aux sacripants cosmopolites qui terrorisaient Autun. Une étincelle eût suffi pour allumer l'incendie.

On allait se précipiter dans les forfaits, peut-être même dans les meurtres[1], si l'intervention du gouvernement et l'inimitié de Bordone et de Lobbia ne s'y fussent opposées. Ces deux hommes qui gouvernaient la vieillesse de Garibaldi avec un désaccord assez commun dans un pouvoir partagé, exerçaient à des titres divers une grande influence : Lobbia, par sa nationalité ; Bordone, par le service rendu à Garibaldi en l'amenant en France, par sa connaissance du pays et surtout par sa nullité militaire et sa complicité silencieuse. Tous deux, par leurs querelles incessantes dont l'écho parvenait au dernier soldat, faisaient diversion aux discordes civiles ; tandis qu'ils cherchaient à se supplanter l'un et l'autre, ils laissaient quelque répit aux Français. D'un autre côté le gouvernement, saisi des plaintes des intéressés, rappela au quartier général la présence des Allemands en France et insista à plusieurs reprises pour obtenir enfin la coopération de Garibaldi. Ces deux causes, jointes au mécontentement de nombreux officiers et de beaucoup de soldats, préservèrent la ville des horreurs dont elle était menacée. Les révolutionnaires durent remettre à une époque ultérieure l'établissement complet de leur république universelle.

1. *Enq. parlem.*, t. IV, p. 88.

CHAPITRE IV

Expédition de Dijon; combat d'Autun.

I. Situation des Français dans l'Est au milieu de novembre ; projet d'expédition contre Dijon. Coup de main de Châtillon ; Garibaldi marche sur Dijon ; combats de Prenois et de Darois ; attaque infructueuse de Dijon ; panique et retraite de l'armée des Vosges. Appréciation du grand état-major prussien sur la journée du 26 novembre. — II. Le général de Werder prend l'offensive ; combat de Pasques ; pertes des Allemands dans les journées du 26 et du 27. — III. Garibaldi se replie en toute hâte sur Autun ; débâcle de son armée ; le général Keller marche sur Arnay et de là sur Autun. — IV. Les garibaldiens accusent les Mobiles de l'insuccès du 26 novembre et de la déroute. — V. Malgré les avis reçus de toutes parts, Garibaldi ne prend aucune disposition pour s'opposer à la marche du général Keller et défendre Autun ; arrivée de la 3ᵉ brigade badoise devant la ville ; sa ligne de bataille. — VI. Surprise d'Autun ; fuite des garibaldiens ; belle conduite des artilleurs mobiles de la Charente-Inférieure. — VII. Ordre de combat des Français et des Allemands ; le combat du 1ᵉʳ décembre. — VIII. Retraite des Allemands ; on ne les poursuit pas. Combat de Châteauneuf. Conclusion.

I

A la suite de l'évacuation par nos troupes de la région à l'est de Dijon, le général Crouzat s'était replié sur Chagny où, le 15 novembre, il recevait l'ordre de se diriger sur Nevers pour aller rejoindre l'armée de la Loire. Après son départ il ne restait plus dans la vallée de la Saône qu'une dizaine de mille hommes en voie d'organisation, sous les ordres des généraux Cremer et Crévisier, dont les attributions réciproques n'étaient pas encore clairement définies. L'armée des Vosges, forte de seize à dix-sept mille hommes, occupait Autun avec le gros et rayonnait, par ses exactions, à gauche jusqu'à Château-Chinon, à droite jusqu'à Nolay, en avant dans la vallée d'Ouche jusqu'à Saulieu, Bligny, Sombernon. Il s'agissait d'organiser avec ces forces un mouvement offensif contre Dijon.

Le général Bressolles qui commandait à Lyon la 8ᵉ division militaire, dirigeait des troupes sur Chagny; il estimait qu'avec ces renforts une attaque bien combinée pouvait réussir. Garibaldi avait un autre plan; il voulait surprendre Dijon la nuit, après avoir dessiné une fausse attaque du côté de Montbard, tandis que les troupes du bassin de la Saône feraient « une démonstration dans le sud et l'ouest de la ville pour attirer de ce côté l'attention de l'ennemi [1]. » Sans apprécier la valeur intrinsèque de cette combinaison, il est évident que pour augmenter les chances de succès, il fallait attendre le moment où chacun serait prêt à y coopérer; or, la discorde régnait entre les généraux Cremer, Crévisier et Bressolles, par suite de compétition pour le commandement, et l'on ne savait pas encore à quelle date l'harmonie serait rétablie entre eux. Garibaldi, sans s'arrêter à ces considérations importantes, se décida à aller de l'avant, se bornant à aviser ses voisins de ses mouvements. Il redoutait, ce semble, qu'en marchant de concert avec eux, ils ne lui enlevassent une partie des lauriers qu'il estimait tout cueillis.

Son fils Ricciotti, envoyé du côté de Montbard, venait en effet de surprendre à Châtillon-sur-Seine des troupes d'étapes allemandes et leur avait infligé des pertes sensibles.

---

1. Bordone. *Garibaldi et l'Armée des Vosges*, 2ᵉ partie.

Voici en quels termes M. Bordone annonçait cette affaire au gouvernement : « Coup de main exécuté à une heure du matin avec quatre cents francs-tireurs contre huit cents Prussiens logés dans Châtillon : de notre côté, trois tués, douze blessés ; du côté de l'ennemi, cent vingt tués, dont un colonel faisant fonctions de préfet ; un commandant d'infanterie et huit à dix officiers ; en ce moment partent de Saulieu se dirigeant sur Arnay-le-Duc, cent soixante-sept prisonniers dont onze officiers, infanterie, cavalerie, quatre-vingt-deux chevaux, quatre voitures armes et munitions et un char de poste avec correspondance ; vous informerai si dans cette correspondance il y a quelques renseignements utiles. Les Prussiens appartiennent au VII° corps d'armée, 11° division, 27° brigade infanterie, 3° de landwehr. — BORDONE [1]. » Ce hardi coup de main, une rencontre également heureuse des Francs-Tireurs du Doubs contre un détachement prussien à Auxon-sur-Aube et certains renseignements qui lui étaient parvenus, donnaient à penser à Garibaldi qu'il n'avait plus qu'à se montrer pour mettre en fuite le général de Werder. « L'impression causée sur nos ennemis par ces deux affaires nous rassurait complètement de ce côté, dit M. Bordone, mais ne nous permettait plus d'attendre pour l'exécution de notre projet sur Dijon..... Masqués

---

[1]. Le grand état-major prussien estime à moins de cent quatre-vingts hommes, tués, blessés ou disparus, le total des pertes éprouvées par les troupes d'étape de Châtillon.

A la suite de ce petit succès qui fit honneur à Ricciotti, mais qui malheureusement ne se renouvela pas, les prisonniers furent amenés à Autun. Les officiers allemands furent grassement traités par l'état-major garibaldien ; on leur servit un copieux dîner où l'on fuma pour vingt-cinq francs de cigares. Ce festin, d'après M. Debuschère, n'a jamais été payé. *Enq. parl.*, t. IV, p. 101.

par la 4ᵉ brigade (opérant du côté de Montbard), nous voulions arriver à Dijon par des marches et une attaque de nuit. »[1]

En conséquence, le 21 novembre 1870, Garibaldi quittait Autun. Son armée était alors forte de seize mille six cents hommes, divisés en quatre brigades. La première, commandée par le général Bossack, comprenait les Francs-Tireurs du Rhône, les Éclaireurs du Rhône, les Chasseurs égyptiens, la Légion espagnole, les Éclaireurs de Gray, le 1ᵉʳ bataillon des mobiles des Alpes-Maritimes, le 42ᵉ régiment de mobiles (Aveyronnais); soit un total de quatre mille deux cent cinquante hommes.

La deuxième brigade, ayant pour chef le colonel Delpech, était composée de l'Égalité de Marseille, de la Guérilla d'Orient et de la Guérilla marseillaise; soit un total de quinze cent cinquante hommes.

La troisième, sous les ordres de Menotti Garibaldi, comptait un effectif de cinq mille six cent quatre-vingts hommes : Corps francs italiens, Compagnie de Colmar, Compagnies d'Oran, Compagnies d'Alger, Compagnies de Vaucluse, Francs-Tireurs du Doubs, Francs-Tireurs génois, Francs-Tireurs du Midi, Garde civique marseillaise, 2ᵉ bataillon des Alpes-Maritimes, bataillon des mobiles des Basses-Alpes, bataillon des mobiles des Basses-Pyrénées.

La quatrième brigade, commandant Ricciotti Garibaldi, était entièrement formée de corps francs : Francs-Tireurs de Savoie, de Dôle, de l'Isère, du Doubs, Alsaciens de Paris, etc. Ensemble, deux mille cinq cents hommes environ.

1. Bordone. *Garibaldi et l'Armée des Vosges*, 2ᵉ partie.

Garibaldi disposait en outre de la légion des Mobilisés de Saône-et-Loire forte de mille sept cent soixante-quatorze hommes, de trois cents cavaliers, de quatre cents artilleurs desservant trois batteries de quatre soutenues par un bataillon de trois cents hommes. [1]

Toutes ces troupes, à l'exception des Mobilisés de Saône-et-Loire, qui continuaient à garder Autun sous la direction du colonel Lobbia, sous-chef d'état-major, devaient être réunies le 24 novembre, dans l'après-midi, à Pont-de-Pany.

A son départ d'Autun, l'armée témoignait par son attitude de la nullité de ses chefs et faisait mal augurer de cette expédition. Mais le plus sinistre présage, c'était « Garibaldi lui-même sans connaissance de la guerre, incapable de prévoyance, ne sachant ni régler une marche, ni comment on s'éclaire, ni dans quelle mesure il convient de se hâter ou de temporiser », achevant de perdre par son infatuation les faibles moyens que lui laissaient son impotence et le sens commun. Aussi la concentration eut-elle lieu dans des conditions déplorables.

Depuis l'arrivée de Garibaldi, le 8 novembre, jusqu'à son départ pour Dijon, rien n'avait été fait pour préparer cette expédition : les hommes n'avaient été exercés ni à marcher ni à tirer à la cible ; aucune mesure surtout n'avait été prise pour assurer leur subsistance. Aux réclamations incessantes adressées par les chefs de corps, le général répondait par son ordre du 19 novembre :

« A dater de ce jour, tous les corps de l'armée des

---

[1]. Ces chiffres sont empruntés au *Récit officiel de la campagne*, publié par le général Bordone, chef d'état-major de l'armée des Vosges.

Vosges doivent être toujours prêts à marcher et à combattre. La responsabilité retombera sur les chefs de corps où cet ordre serait transgressé. L'excuse du manque de pain ne sera pas valable; on en aura là où il sera possible de s'en procurer. A défaut, tous les corps délégueront un officier, s'ils n'ont déjà un commissaire, qui se procurera des bœufs en nombre nécessaire pour la subsistance des troupes, et ces bœufs paîtront dans le voisinage de la brigade ou des corps détachés en cantonnement, et suivront les colonnes en marche. A cet effet, l'officier ou le commissaire s'adjoindra des hommes pour les soins à donner aux animaux, et les bouchers nécessaires pour l'abatage et le débit des viandes. M'adressant à des hommes de cœur comme ceux dont je m'honore d'être le chef, je crois superflu d'expliquer les motifs qui m'obligent à donner les dispositions susénoncées. La République saura bientôt que nous savons vivre au camp comme dans les villes. — Signé : G. Garibaldi. »

Cette manière de nourrir une armée avec des paroles creuses est simple mais peu réconfortante. Par cet ordre, le général se déchargeait du soin de fournir des vivres aux troupes et les réduisait à la famine. Il est clair, en effet, que du 19 au 21 novembre au matin, des officiers étrangers au pays n'avaient pas le temps d'organiser un pareil service et de se procurer les bœufs nécessaires à l'alimentation de quinze mille hommes pendant huit jours. Aussi les troupes s'en passèrent-elles et « l'armée vécut au camp comme dans les villes », où tout était pour les garibaldiens et où les autres manquaient de tout.

A déffaut de vivres, on se contentait de faire payer à

chacun sa solde, et ceux qui arrivaient dans des localités épuisées mouraient de faim. Si l'on entrait dans un pays offrant quelques ressources, les chemises rouges commençaient par se servir et les autres avaient leurs restes, s'il y en avait. L'inégalité la plus révoltante existait en toutes choses à l'armée des Vosges où les garibaldiens avaient le pas sur tous, comme s'ils se fussent ingéniés à faire une amère ironie de la devise : « Liberté, égalité, fraternité ».

Les troupes arrivèrent exténuées à Pont-de-Pany. « Dans l'après-midi chaque chef recevait ses instructions pour la marche de nuit projetée sur Dijon. »

La brigade Bossack devait marcher par la route de Sombernon à Dijon et attaquer cette ville, à droite, par le faubourg d'Ouche, tandis que Menotti Garibaldi était chargé d'attaquer à gauche, près la gare. A cet effet, ce dernier, avec le gros de l'armée, devait remonter jusqu'à Malain et gagner Dijon en suivant la chaussée du chemin de fer. Un détachement important de la troisième brigade avait ordre d'éclairer le flanc gauche d'Ancey à Lantenay ; la deuxième brigade occupait le hameau de Pasques en soutien. [1]

On n'attendait ni Cremer ni Crévisier ; sur la foi de renseignements superficiels fournis par un officier garibaldien venant de Dijon et représentant la situation des Allemands dans cette ville comme désespérée, on se hâtait de partir. « Les Prussiens étaient en désarroi, disait-il, par suite d'une dépêche annonçant la perte d'une grande bataille sous Paris, où on leur avait pris trente mille prisonniers, et Garibaldi n'avait qu'à se pré-

---

[1]. Bordone. *Garibaldi et l'Armée des Vosges*, 2ᵉ partie.

senter devant Dijon pour s'en emparer presque sans coup férir... A la réception de cette dépêche, Garibaldi était moralement sûr qu'il pouvait marcher sur Dijon [1]. »

Le chef de l'armée des Vosges était en outre persuadé qu'à son approche les Dijonnais se révolteraient et massacreraient les Allemands pris ainsi entre deux feux. Aussi ne doutait-il pas du succès. « Eh bien, colonel, allons-nous souper à Dijon ? disait-il à M. Bordone le 26 au soir. — « Allons souper à Dijon », répondait ce dernier. [2]

« Garibaldi comptait et devait compter tenir Dijon, écrit M. Marais. La garde nationale avait fait bravement son devoir quand les Prussiens avaient attaqué et pris la ville le 30 octobre ; elle avait encore des armes et des munitions ; les exactions prussiennes avaient irrité tous les habitants et le général avait noué des intelligences avec eux. Déguisé en ouvrier mécanicien, le capitaine français Bourcet, qui connaissait fort bien Dijon, y avait pénétré et travaillait à amener un soulèvement. » [3]

Dans ces conjonctures, Garibaldi ne comptait plus sur ses voisins que pour garantir Dijon repris contre un retour offensif de l'ennemi. « La présence dans la vallée de la Saône des généraux Cremer, Crévisier et du colonel Bourras qui avaient un peu d'artillerie, lui garantissait que l'ennemi, une fois surpris et chassé de Dijon, la possession de cette ville nous resterait assurée par le concours de toutes ces forces. » [4]

---

1. *Enq. parl.*, t. IV, p. 73, déposition de M. Luce Villiard, administrateur de la Côte-d'Or.
2. Bordone. *Garibaldi et l'Armée des Vosges*, 2ᵉ partie.
3. Marais. *Garibaldi et l'Armée des Vosges*, p. 53.
4. Bordone. *Garibaldi et l'Armée des Vosges*, 2ᵉ partie, Autun, p. 181.

Mais il fallait d'abord prendre Dijon. Or, les dispositions pour la surprise projetée étaient à peine en voie d'exécution, que l'avant-garde de la brigade Bossack se heurtait aux avant-postes prussiens de Velars et engageait le combat avec ces troupes bientôt secourues par celles de Plombières. L'alerte était donnée et la tentative avortée.

Garibaldi se replie sur Lantenay où il passe la journée du 25 sans être inquiété. Le 26 au matin, l'ennemi est signalé à Prenois, et vers onze heures le combat s'engage entre Pasques et Prenois, avec la colonne du général de Degenfeld, forte de trois bataillons, d'un escadron et demi et d'une batterie d'artillerie, soit de deux mille huit cents hommes environ[1]. Très inférieurs en en nombre, les Prussiens sont successivement refoulés sur Prenois, sur Darois, puis sur Talant et sur Dijon où ils arrivent à la nuit.

Sans donner de repos à ses troupes exténuées, sans prendre aucune disposition en prévision d'un échec possible, Garibaldi donne l'ordre d'attaquer Dijon, que le général de Werder occupait avec vingt mille hommes et soixante pièces de canon. La nuit était sombre; l'attaque devait avoir lieu à la baïonnette, sans tirer un coup de fusil. Les premiers postes furent enlevés, mais leurs décharges avaient averti l'ennemi, et lorsque les troupes arrivèrent en vue de Dijon, un feu de salve sur quatre rangs ouvert par deux bataillons allemands jeta la panique dans les rangs de ces soldats harassés.

---

1. 2ᵉ bataillon et fusiliers du 3ᵉ badois, 1ᵉʳ bataillon du 4ᵉ badois, la moitié du 1ᵉʳ escadron et le 3ᵉ des dragons badois du corps et 1ʳᵉ batterie lourde. *Guerre franco-allemande de 1870-1871*, 2ᵉ partie, p. 603.

« Debout dans sa voiture, l'épée à la main, pendant que les balles sifflent à ses oreilles, écrit M. Marais, Garibaldi chante le refrain :

> Aux armes ! aux armes ! aux armes !
> L'étranger veut nous envahir,
> Nous saurons le punir !

» Qui n'a pas vu Garibaldi en ce moment, ajoute M. Bordone, ne peut savoir tout ce qu'il y a en lui de simple et de sublime à la fois, ni ce que la même voix humaine peut avoir d'intonations diverses, depuis le ton le plus mâle et le plus retentissant, jusqu'au ton le plus doux et le plus caressant. »

Si la musique et le chanteur étaient beaux, la tactique était faible. La baïonnette et les chansons sont insuffisantes aujourd'hui pour remporter la victoire. Tandis que Garibaldi se livre ainsi aux chants patriotiques, il oublie de prendre les mesures nécessaires pour arrêter la panique. Abandonnées à elles-mêmes, laissées sans ordres, ignorantes de ce qui se passe, craignant des dangers imaginaires, les troupes se débandent et un échec insignifiant se transforme en une véritable débâcle. L'armée bat précipitamment en retraite sur Sombernon et Arnay-le-Duc, par Plombières, Lantenay, Ancey, dans la plus grande confusion.

« La route de Dijon à Autun, écrit un témoin oculaire, offrait un spectacle triste et saisissant. Sur tout son parcours, on voyait échelonnée cette armée des Vosges dont le général avait la réputation d'être invincible. Ce fameux général qui devait sauver la France, dont la seule présence devait mettre l'ennemi en déroute et réaliser de nouveau ces paroles de César au sénat romain : *Veni*, *vidi, vici,* était lui-même en fuite. Il était venu, il avait vu et il s'en retournait : *Veni, vidi, fugi !*

» Oh ! quelle amère déception ! Oui, sur cette longue route on ne pouvait rencontrer un groupe de trente hommes appartenant au même corps. C'était une cohue bariolée de capotes grises, de chemises rouges, vertes, bleues. Par-ci par-là retentissait le cri de gare ! poussé par les cochers des voitures réquisitionnées, transportant confortablement messieurs les officiers garibaldiens, tandis que les officiers de nos mobiles traînaient la jambe sur le grand chemin, à côté de leurs hommes, comme eux épuisés par les privations, la faim et la fatigue. Tout cela s'en allait pêle-mêle à Arnay-le-Duc, point de ralliement indiqué par l'état-major. »

Les Allemands ont apprécié de la façon suivante la journée du 26 :

« Dijon, 27 novembre 1870. — Une reconnaissance faite le 26 a fait connaître que Garibaldi avait quitté Pasques avec son corps d'armée. A l'entrée de la nuit, les avant-postes du bataillon de fusiliers du 3ᵉ régiment, violemment attaqués, furent soutenus par le bataillon Unger, qui repoussa trois attaques à cinquante pas. L'ennemi a fui en désordre, jetant ses bagages et ses armes... — Signé : DE WERDER. »

« Du côté des Allemands, écrit le grand état-major prussien, les bataillons de fusiliers de la première brigade et la troisième batterie légère, à la suite d'un court engagement, refoulaient, le 26, vers Lantenay, l'ennemi qui s'était de nouveau reporté jusqu'à Velars. Une colonne plus considérable commandée par le général de Degenfeld, qui éclairait sur la route de Saint-Seine, poussait jusqu'à Darois sans rencontrer l'adversaire, et se rabattait vers la vallée de l'Ouche. Cependant, parvenue auprès de Pasques, elle se trouvait en présence du général Garibaldi, qui marchait à sa rencontre, à la tête de six bataillons environ, avec douze pièces. Bien couvertes par le feu de leur artillerie, les troupes badoises se repliaient alors progressivement, vers une heure de l'après-midi, par Prenois et Daix, où avait été envoyé le premier bataillon du troisième régiment, pour venir s'établir en cantonnement d'alerte autour de Talant. Le bataillon de fusiliers de ce dernier régiment achevait à peine de placer les avant-postes à Hauteville, lorsque, vers six heures et demie du soir, ceux-ci sont assaillis par de grosses colonnes dont l'obscurité avait dissimulé l'approche et rejetés sur Daix. Mais les fusiliers, secondés par le premier bataillon accouru à leur aide, ouvrent alors un feu de salve sur quatre rangs contre les corps français qui poussent impétueusement le long de la route, et ceux-ci, après quelques retours infructueux, renoncent bientôt à de nouveaux efforts. »

Il ressort de ces textes officiels allemands que, pendant la journée du 26, Garibaldi a eu affaire à une simple reconnaissance, et que le soir deux bataillons ennemis ont suffi à mettre son armée en déroute. Les mitrailleuses dont ont parlé plusieurs auteurs et notamment Bordone, semblent avoir été des feux de salve sur quatre rangs.

On a écrit que Werder avait attiré Garibaldi dans un guet-apens, à l'affaire du 26. Le rapport officiel de l'état-major prussien dit simplement que le général allemand, avisé de notre mouvement par Darois, « avait résolu d'accepter la lutte avec toutes les forces qu'il avait sous la main. En conséquence, les troupes prussiennes et la première brigade badoise, laissant de faibles avant-postes seulement, se massaient dans Dijon et sa banlieue; en même temps l'ordre était envoyé à la troisième brigade badoise postée à Is-sur-Tille, d'être à Vantoux le 27, à huit heures du matin. » [1]

Si l'on rapproche ce texte de la dépêche de Werder citée plus haut et du double mouvement qu'il fit exécuter le lendemain sur Pasques, au nord-ouest par le Val-Suzon, Darois et Prenois, à l'ouest par Plombières et Lantenay, l'on voit que la reconnaissance du 26 avait effectivement pour but d'entraîner Garibaldi au-dessus de Dijon et de lui couper la retraite. La marche en avant de l'armée des Vosges fit avorter ce plan. Il fut heureux, pour Garibaldi, ainsi qu'on l'a dit avec raison, que le général allemand n'ait pas eu l'idée de le laisser pénétrer dans Dijon le 26 au soir; le lendemain, il l'eût pris comme dans une souricière. A ce point de vue, la panique du 26 a sauvé l'armée des Vosges d'un véritable désastre.

II

Cependant, le 27, dès la première heure, les Allemands ignorant la fuite des garibaldiens, prennent l'offensive, comptant les rencontrer dans leurs positions de la veille. Tandis qu'une des colonnes ennemies marche de Talant sur Darois, Prenois et Pasques, le général de Werder se

---

[1]. *Guerre franco-allemande,* 2ᵉ partie, p. 603.

porte sur Lantenay par Plombières et de là sur Pasques occupé par la deuxième brigade française sous les ordres de Delpech.

Garibaldi, qui avait passé la nuit à Lantenay, avait omis de faire connaître à ces troupes la nouvelle situation ; elles se croyaient toujours couvertes par le gros de l'armée et, selon leur habitude, ne se gardaient pas, lorsque vers onze heures du matin elles virent déboucher entre deux bois, dans la direction de Lantenay, une masse noire que l'épaisseur du brouillard ne permit pas tout d'abord de reconnaître. L'incertitude ne fut pas de longue durée; la précision mathématique des mouvements et la voix du canon dénoncèrent l'ennemi; il était à huit cents mètres.

Les premières décharges et la surprise causèrent une profonde stupeur dans nos rangs. Delpech, ignorant les premiers éléments de l'art militaire, ne savait où donner de la tête. Un ancien officier français, qui avait fait en cette qualité les guerres de Crimée, d'Italie, du Mexique, le colonel Chenet, chef de la Guérilla d'Orient, vint heureusement le tirer d'embarras et rallier les hommes qui commençaient à se débander. D'après ses conseils l'Égalité fut envoyée en avant, la Guérilla marseillaise en tirailleurs sur la droite. Lui-même postait la troupe de soutien, plaçait ses soldats derrière les murs d'enceinte du hameau situé sur une hauteur, et improvisait une barricade à l'entrée du village avec deux charrettes et quelques fagots.

Cependant Delpech qui, en fait de tactique, ne connaissait que la légende révolutionnaire, se met à crier à deux reprises aux tirailleurs près desquels il était : « A la baïonnette! » L'ennemi se trouvait alors à cinq cents mètres, et pour l'atteindre il fallait traverser un terrain découvert, en pente, fraîchement labouré. Si ce mouvement eût été exécuté, les hommes n'auraient pas fait deux cents mètres sans être tués jusqu'au dernier. Au deuxième cri : « A la baïonnette », le commandant Chapeau, n'écoutant que sa noble ardeur, avait franchi le mur derrière lequel il était embusqué et s'était précipité en avant..... A vingt pas, deux balles ennemies le frappaient en pleine poitrine. Afin d'éviter un désastre, le colonel Chenet dut intervenir et prendre le commandement.

Durant trois heures, l'enceinte du village, hérissée de mousqueterie, tint en respect l'armée allemande au moins dix fois supérieure en nombre. A ce moment, Chenet s'aperçoit qu'il va être débordé sur la droite, que sa ligne de retraite est menacée ; la retraite par la gauche était impossible à cause d'un ravin étroit fortement encaissé, commandé à la gorge par des pièces de l'artillerie ennemie. Pour se tirer d'affaire il a recours à une ruse ; il fait sonner par trois clairons la sonnerie à gauche, tandis que de la voix et du geste il rappelle à lui les tirailleurs. L'ennemi qui connaissait nos sonneries donne dans le piège et se porte du côté indiqué par les clairons ; dès lors la retraite fut assurée.

Le colonel Chenet en active le mouvement qu'il couvre en restant quinze minutes encore dans le village avec une quarantaine d'hommes dévoués. Il ne quitte Pasques que lorsque tous ses soldats sont sous bois et les Prussiens à cinquante mètres des murs de clôture. Il sort alors du hameau, franchit trois enclos et parcourt lentement huit cents mètres de terrain découvert et labouré, en espaçant ses soldats à de grandes distances les uns des autres et rejoint sa guérilla dans le bois.

Sur les quarante hommes qui secondaient le colonel, trois furent tués et quinze blessés : nos pertes totales furent de quarante-cinq hommes, dont quinze tués.

La résistance que le général prussien rencontra l'obligea de passer la nuit à Pasques et retarda de vingt-quatre heures la poursuite des Allemands ; elle permit à l'armée des Vosges d'effectuer sa retraite sur Sombernon, Arnay-le-Duc et Autun, sans être autrement inquiétée.

Le 28 novembre au matin, l'état-major prussien affichait cette nouvelle sur les murs de Dijon :

« Dijon, 27 décembre 1870. — Général Garibaldi a attaqué la ville de Dijon le 26 au soir, mais il a été repoussé. Le général Werder a repris l'offensive et après un brillant combat a enlevé la ville de Pasques. »

Le même jour le général de Werder télégraphiait à Berlin : « Dijon, 27 novembre 1870.— ...Aujourd'hui 27, je me suis mis en marche avec trois brigades pour attaquer, et j'ai atteint, en tournant par Plombières, l'arrière-garde près de Pasques. L'ennemi a perdu dans les journées du 26 et du 27 trois à quatre cents hommes tant tués que blessés ; nos pertes sont d'environ cinquante hommes. Menotti Garibaldi doit avoir commandé le 26. »

Le chiffre définitif officiel des pertes subies par l'armée allemande, le 26 et le 27 novembre, est, d'après le grand état-major prussien, de soixante-quatorze hommes et de six chevaux. Il se décompose ainsi : le 26, un officier et douze hommes tués ou morts des suites de leurs blessures, cinq officiers et trente-six hommes blessés ; le 27, deux hommes et trois chevaux tués, dix-huit hommes et trois chevaux blessés. Si l'on ajoute un officier disparu, deux hommes tués et un homme blessé le 24 novembre, un homme tué, un officier, et sept hommes blessés le

25 novembre, l'on obtient un total de quatre-vingt-sept hommes et de six chevaux, mis hors de combat par quinze mille hommes pendant six jours de campagne!!

M. Bordone trouve ce résultat magnifique. Il soutient même que « la tentative sur Dijon en somme avait réussi, puisque nous sommes réellement entrés dans Dijon et en sommes revenus sans être inquiétés ni poursuivis. » Cette allégation est le pendant de cette autre affirmation d'après laquelle l'armée des Vosges était un modèle de discipline.

A propos de l'affaire du 1er décembre, on aura l'occasion de constater des erreurs aussi grossières dans le *Récit officiel de la campagne* par le général Bordone.

III

Nous avons laissé Garibaldi à Lantenay dans la soirée du 26 ; le 27 au matin, il se dirigeait sur Sombernon où il passait la nuit. Le lendemain il se transportait au château de Commarin, et le 30, dans la matinée, après avoir ordonné de continuer la retraite, il gagnait Bligny-sur-Ouche, d'où il se dirigeait avec son chef d'état-major « en toute hâte sur Autun, où il arrivait vers dix heures du matin, par le chemin de fer qui dessert les houillères d'Épinac et de la vallée de l'Ouche[2] ». Au

---

1. *Guerre franco-allemande de 1870-71,* 2ᵉ partie, suppl. cv, p. 253.
2. Bordone. *Garibaldi et l'Armée des Vosges,* 2ᵉ partie, *Autun,* p. 204.

fur et à mesure qu'il quittait ces diverses positions, elles étaient occupées par les Allemands.

Garibaldi, qui semble avoir eu tout d'abord l'idée de se maintenir à Arnay et à Bligny et de donner la main aux généraux Cremer et Crévisier dont les avant-postes étaient à Bessey et à Tard-le-Haut, ne persista pas dans cette résolution lorsqu'il apprit la marche de l'ennemi dans cette direction. Tout porte à croire qu'en abandonnant cette ligne de défense pour se reporter précipitamment sur Autun, il espérait que les Allemands, se sentant menacés sur leur gauche par Cremer, ne le poursuivraient pas et qu'il leur échapperait, sans risquer de nouveau sa réputation militaire dans les hasards des champs de bataille. Autrement on ne s'expliquerait pas pourquoi il se serait replié sur Autun sans combattre, alors qu'il n'avait devant lui que deux brigades badoises renforcées de certains contingents de la 4ᵉ division de réserve.[1]

Il est évident que les conjonctures lui fournissaient l'occasion de tenter le sort des armes. Avec les quinze mille hommes dont il disposait, assuré par dépêches en date des 28 et 29 novembre du concours de Cremer qui s'offrait à coopérer à une nouvelle attaque contre Dijon, il pouvait opposer le double de leur effectif aux troupes badoises, qui ne dépassaient pas onze mille hommes. Dans des conditions moins favorables Cremer livra la bataille de Nuits où les Prussiens reconnaissent avoir perdu un millier de soldats.

D'après M. Bordone, la retraite aurait été nécessitée

---

1. 1ᵉʳ bataillon du 25ᵉ, 2ᵉ escadron du 1ᵉʳ uhlan de réserve, 1ʳᵉ batterie légère de la 4ᵉ division de réserve. *Guerre franco-allemande de 1870-71*, 2ᵉ partie, p. 604 et 605.

par la marche sur Autun des Prussiens de Châtillon et de Montbard, au nombre de dix mille hommes, avec trente pièces de canon et de la cavalerie. « La jonction entre ces troupes et celles de Werder qui étaient sorties de Dijon, devenait menaçante pour notre base d'opérations. »

Cette appréciation est erronée. On a vu en effet que, pour résister à Garibaldi, Werder n'avait appelé à lui que la troisième brigade postée à Is-sur-Tille et des fractions de la 4e division de réserve. D'autre part, la composition de la colonne qui opéra contre l'armée des Vosges, le chemin qu'elle suivit et sa retraite précipitée, dès que Cremer se porta en avant, montrent bien qu'il y avait possibilité de faire face avantageusement aux Badois de Werder. Garibaldi préféra rentrer à Autun.

Cette stratégie peu compliquée qui consiste à fuir à toutes jambes devant l'ennemi et à ne s'arrêter que là où l'on suppose qu'il ne viendra pas, évite les désastres et permet de dire ensuite, comme M. Bordone, que l'armée des Vosges est la seule qui n'ait pas été battue.

Les soldats qui rentraient à Autun le 30 novembre n'avaient pas l'air victorieux.

« Nous vîmes revenir à Autun, dit un témoin, par petits groupes de cinq, six, dix hommes, dans le plus grand désordre, les francs-tireurs et les Italiens traitant hautement nos mobiles de lâches, criant que c'étaient eux qui les avaient empêchés d'être victorieux, qu'ils les avaient trahis, lançant enfin contre eux à chaque instant les épithètes les plus grossières. »[1]

« L'armée en déroute rejoignit Autun, après trois

---

1. *Enq. parl.*, t. IV, p. 81.

jours de marches forcées dans un indescriptible désordre. Les soldats garibaldiens marchaient à l'aventure par groupe de cinq ou six et dans la plus affreuse débandade ; ils arrivaient par toutes les routes, annonçant hautement qu'ils venaient d'être trahis. Les officiers qui les conduisaient, réquisitionnaient et pillaient partout sur leur passage, donnant à leurs hommes l'exemple le plus détestable. Ceci se passait du 27 au 30 novembre. »[1]

« Les garibaldiens ont mis trois jours pour se rendre à Autun, où les officiers d'abord les avaient précédés, ajoute un autre témoin. Ces officiers se sont emparés des billets de logement. Les soldats au nombre de trois mille qui arrivaient à leur suite en voulaient aussi. La ville a été en quelque sorte prise d'assaut par les troupes qui demandaient des billets de logement. »[2]

Laissés en arrière pour soutenir la retraite, les mobiles revinrent les derniers. Affamés, harassés, profondément écœurés de ce qu'ils avaient vu et des insultes des garibaldiens, ils n'avaient plus même la force de se plaindre. Accroupis dans les rues, sur les escaliers, isolés ou par petits groupes, silencieux, inertes, sans vivres, sans casernement, ils auraient passé en grand nombre la nuit à la belle étoile, si les habitants émus de compassion ne les eussent fait entrer chez eux. On doit leur rendre cette justice qu'ils n'ont contribué en rien à fonder la légende garibaldienne. Il fallait les entendre parler de Garibaldi, de Bordone et des garibaldiens. Leurs sentiments pour ces aventuriers n'avaient absolument rien de commun avec l'enthousiasme que les soldats de la

---

[1]. Castilhon. *Le Télégraphe* de Lyon.
[2]. *Enq. parl.*, t. IV, p. 94.

Grande Armée professaient pour Napoléon et sa vieille garde.

Durant toute la soirée et une partie de la nuit les troupes continuèrent à arriver ; des voitures particulières réquisitionnées se rendirent sur la route d'Arnay pour ramener les hommes qui, n'en pouvant plus de faim et de fatigue, s'étaient laissés tomber sur le chemin, dans les fossés ou sur les tas de pierre.

Témoins de cette fuite échevelée, les Prussiens se décidèrent, malgré leur petit nombre, à poursuivre Garibaldi jusqu'à Autun.

« Le 28 novembre, dit le compte rendu du grand état-major prussien, les patrouilles jetées vers l'ouest par le XIVe corps, trouvant Sombernon encore occupé par l'arrière-garde de l'ennemi, qui faisait retraite au plus vite, le général de Werder prescrivit à la troisième brigade renforcée du troisième régiment de dragons, de la première et de la deuxième batterie légère et de la deuxième batterie lourde, de marcher, le 29, sur ce point, puis de là sur Autun ; les contingents de la première brigade établis à Plombières et des fractions de la quatrième division de réserve appelées, le 27, de Mirebeau sur Dijon, étaient chargées de flanquer ce mouvement en suivant la route qui remonte de Pont-de-Pany le long de la vallée de l'Ouche.[1]

» L'avant-garde de la troisième brigade, chassant devant elle des petits partis ennemis, arrive le 29 à

---

1. La colonne latérale de gauche se composait des premier et deuxième régiments des grenadiers du corps (six bataillons), du premier bataillon, du 25e, du quatrième escadron du 2e dragons, du deuxième escadron du 1er uhlan de réserve, de la troisième batterie légère de la première brigade badoise, de la première batterie légère de la quatrième division de réserve. — *Guerre franco-allemande*, 2e partie, p. 605.

ARMÉE DES VOSGES

Échaunay; le gros vient à Sombernon, tandis que la colonne latérale de gauche gagne Sainte-Marie-sur-Ouche. Le lendemain le mouvement continue jusqu'à Arnay-le-Duc et Veuvey; le 1ᵉʳ décembre, le général Keller marche sur Autun, après avoir établi à Arnay-le-Duc la colonne venue par la vallée de l'Ouche, afin de se couvrir contre les entreprises de l'ennemi par Bligny ou par Ivry. »

L'attaque d'Autun est donc bien une conséquence de la débâcle de Dijon. Les Prussiens, malgré leur prudence bien connue, ne craignirent pas de s'aventurer à une aussi grande distance de leur base d'opération, parce qu'ils venaient d'expérimenter la valeur militaire de Garibaldi.

IV

La tentative malheureuse sur Dijon eut un épilogue. Il fallait justifier devant les populations la fuite précipitée et le lamentable désarroi de l'armée; on ne trouva rien de mieux que d'accuser les mobiles de lâcheté.

Le 29 novembre, à dix heures du matin, on placarda sur les murs d'Arnay-le-Duc une affiche à peu près conçue en ces termes :

« Le général Garibaldi annonce que l'armée des Vosges est en pleine débandade, que la batterie d'artillerie française est complètement désorganisée, et que les mobiles ont fui lâchement. Il convoque tous les chefs de corps présents à Arnay-le-Duc au quartier général, pour recevoir des ordres à l'effet de réorganiser l'armée. »

De leur côté les soldats garibaldiens, au fur et à mesure qu'ils se ralliaient, rejetaient sur les mobiles la responsabilité de la défaite et les traitaient de lâches.

Enfin, chose plus grave, un officier d'état-major, le capitaine Ordinaire, qui avait la spécialité d'insulter les Français dans les journaux de Lyon, se fit l'écho de ces attaques odieuses dans plusieurs correspondances adressées à la presse révolutionnaire.

Le corps des officiers de mobiles s'émut de ces accusations ignobles et adressa une plainte énergique au général.

Les mobiles en même temps prenaient une attitude menaçante. « Mal habillés, insuffisamment nourris, mal armés, déplorablement commandés par un général impotent et un état-major de Franconis[1], ils avaient, disaient-ils, toujours été placés en première ligne et avaient soutenu la retraite de l'armée, tandis que les garibaldiens, abondamment pourvus de tout, munis d'excellents fusils à répétition, toujours les premiers dans les boulangeries, les boucheries, les confiseries et les cafés, étaient placés en arrière-garde les jours de combat, et, soit par maladresse, soit de propos délibéré, leur tiraient des coups de fusil dans le dos et les accusaient ensuite de lâcheté. Cela ne pouvait durer; il en fallait finir. Il n'y avait qu'à l'armée des Vosges où les Français étaient insultés et traités de lâches. »

Et à l'appui de leurs dires, ils faisaient observer qu'ils étaient revenus à Autun avec leurs armes et leurs

---

[1]. Allusion au cirque Franconi et à ses écuyers.

bagages, après les *écrevisses rouges* qui, pour se sauver plus vite, jetaient leur fourniment le long de la route.

Pour calmer l'effervescence des esprits, Menotti Garibaldi dut écrire cette lettre :

« Armée de Vosges. — Commandement de la 3ᵉ brigade. — Epinac-les-Mines, 6 décembre 1870. — A M. le commandant Hiriart, du bataillon des Basses-Pyrénées. — Monsieur, J'ai lu avec indignation une correspondance de journal qui attaque odieusement tous les mobiles, et particulièrement ceux des Basses-Pyrénées que vous commandez ; j'ai appris en même temps que le corps d'officiers s'était justement ému de ces calomnies, et que raison allait en être demandée à l'auteur. Dans la situation critique où se trouve la France, je ne crois pas qu'aucun de ses enfants ait le droit de disposer de sa vie, qui appartient tout entière à la patrie. Veuillez donc être assez bon, commandant, pour dire à votre brave corps d'officiers, que je les prie instamment de se mettre au-dessus des calomnies et du calomniateur, et de se venger de lui par le plus profond mépris. J'ose compter que vos officiers, que j'estime, voudront me faire cette concession si pénible à un militaire. Je leur en serai particulièrement reconnaissant et leur en tiendrai compte. Du reste, dites-leur bien qu'ils ont toutes mes sympathies et que je compte sur eux. Recevez, commandant, l'assurance de mes meilleurs sentiments. — Le commandant en chef de la 3ᵉ brigade, MENOTTI GARIBALDI. »

Les attaques continuant de plus belle, Menotti Garibaldi écrivit cette seconde lettre :

« Armée des Vosges. — Commandement de la 3ᵉ brigade. — Épinac-les-Mines, 16 décembre 1870. — A M. Hiriart, commandant le bataillon des Basses-Pyrénées. — Monsieur, Je viens de lire, dans une correspondance de journal écrite dans je ne sais quel but, que les mobiles placés sous mes ordres et notamment les bataillons des Basses-Pyrénées et des Alpes-Maritimes, avaient fait échouer, par leur lâcheté, l'attaque de nuit dirigée contre Dijon dans la soirée du 26 novembre dernier. Jaloux de l'honneur et de la dignité des troupes que je commande, je m'inscris en faux contre de pareilles informations ; je me sers à dessein de ce terme, ne voulant pas qualifier plus sévèrement des attaques si odieuses. Ce que je puis dire, ce que j'affirme hautement, c'est que dans toutes les circonstances où j'ai eu l'honneur de les conduire au feu, toutes les troupes de ma brigade, sans distinction, ont bravement fait leur devoir. Du reste, je tiens du général en chef lui-même que, de toutes les attaques de nuit qu'il a dirigées, celle de Dijon est une de celles, sauf l'échec final, qui a été exécutée avec plus d'ordre et de précision ; quant aux quelques coups de fusil qui se sont fait entendre pendant l'affaire, je dois dire, pour être juste, que c'est du côté des mobiles qu'ils ont été les plus rares. Je termine en vous rappelant que dans l'ordre du jour du 2 décembre, le général Garibaldi porte à la connaissance de l'armée que les bataillons des Basses-Pyrénées et des Alpes-Maritimes se sont particulièrement distingués sous les murs d'Autun. » Je vous autorise, Monsieur, à livrer au besoin ma lettre à la publicité. Recevez, Monsieur, l'assurance de mes meilleurs sentiments. — Le commandant en chef de la 3e brigade de l'armée des Vosges, Menotti Garibaldi. »

Ces lettres n'arrêtèrent pas la calomnie, et la prétendue lâcheté des mobiles continua à défrayer les conversations garibaldiennes et les correspondances des feuilles républicaines.

Telle fut, avec le système de privilège qui régnait. sans vergogne à l'armée des Vosges, la cause principale de cette haine profonde qui, durant toute la campagne, exista entre l'élément français et les révolutionnaires garibaldiens.

Cette expédition si mal concertée, plus mal conduite encore, où l'impéritie du commandement laissa se propager jusqu'à Autun une panique commencée aux portes de Dijon, produisit le plus mauvais effet sur le moral de l'armée ; elle lui enleva toute illusion au sujet de Garibaldi et de son entourage. L'affaire du 1er décembre confirma ce jugement ; elle démontra que sous le rapport militaire les garibaldiens valaient encore moins que leurs chefs.

V

Malgré cette débandade, on ne se rendait pas un compte exact de l'état des choses, et l'idée que les Prussiens pourraient poursuivre leur succès jusqu'à Autun venait à l'esprit de peu de gens. On croyait communément que les Allemands se contenteraient de donner la chasse aux traînards et ne s'aventureraient pas à une aussi grande distance de leur base d'opération, sans avoir débarrassé la vallée de la Saône des troupes françaises qui la défendaient. Cette opinion semblait partagée par l'état-major de Garibaldi qui ne faisait garder ni la ligne de la Drée, ni la ligne du chemin de fer, ni le passage de l'Arroux à Surmoulin, ni les routes de Nolay et de Saulieu, ni les bois de la Vesvre et de Saint-Denis, ni aucune des avenues d'Autun. En ne voyant pas un seul poste, pas un soldat dans ce grand triangle dont les trois sommets sont à Saint-Forgeot à Saint-Léger et à Saint-Pantaléon, personne ne pouvait supposer que l'ennemi était à Arnay et menaçait Autun.

On ne se préparait pas davantage à la lutte à l'intérieur de la ville. M. Bordone prétend que des travaux de défense auraient été exécutés, d'après ses ordres, aux abords de la place; il parle de « meurtrières pratiquées à tous les murs des faubourgs de la ville qui reçurent des garnisons suffisantes pour les garantir d'une surprise. » Il ajoute que le 30 novembre il visita les positions avec Garibaldi et que « tout fut trouvé dans un ordre parfait. » Cette affirmation est fausse. La vérité est que ces mesures de précaution ont été prises après le 1er décembre; à l'arrivée des Allemands, il n'y avait ni un créneau, ni un épaulement, ni une barricade, ni un ouvrage quelconque de défense dans tout le territoire de la commune d'Autun et des communes environnantes.

Les troupes étaient toutes en ville; aucun ordre de défense ne leur fut signifié, ainsi qu'on le fit le 3 décembre suivant, alors que l'on craignait un retour offensif des Prussiens et que l'on avait l'intention de résister.

Les Mobilisés de Saône-et-Loire restèrent sous la promenade des Marbres de huit heures du matin à midi, sans pouvoir obtenir un ordre quelconque. A ce moment, on les renvoya chez eux en leur enjoignant de se trouver à quatre heures, au lieu ordinaire de réunion, avec armes et bagages, tout prêts à partir.

Il en fut de même pour la plupart des autres corps et notamment pour les artilleurs mobiles de la Charente-Inférieure. A partir de midi, la plus grande partie de l'armée remplissait les cafés, les restaurants, les auberges, les maisons particulières, les rues et les places, dans la plus complète ignorance de ce qui se préparait ; « les soldats encombraient les cafés et paraissaient ne pas se douter de l'approche des Prussiens. » [1]

« En avant, à droite, à gauche, pas de reconnaissances, pas de grand'gardes, pas d'avant-postes, pas de vedettes, pas d'éclaireurs, pas de factionnaires, rien, rien. » Dans l'intérieur de la place, pas un régiment sous les armes. Rien ne donnait donc à penser qu'on allait se battre. A moins d'être prévenu, on ne pouvait évidemment inventer que les Prussiens étaient à deux heures de marche.

Cette inertie de l'état-major ne provenait pas toutefois de l'ignorance des mouvements de l'ennemi.

« Dès le 30 novembre, à huit heures du soir, écrit M. Marais, cette dépêche fut communiquée à M. le colonel Bordone, chef d'état-major de l'armée des Vosges : « Je » vous transmets dépêche suivante reçue à Chagny : » Préfet Côte-d'Or à maire Chagny ; Prussiens à Arnay ; » prévenir chef militaire. Signé : Luce Villiard. » M. le colonel Bordone répondit : « Impossible, nous avons à » Arnay des forces énormes. » Pourtant une dépêche du maire d'Épinac vint confirmer celle qu'on vient de lire et qui émanait de M. le colonel Pellissier, commandant les Mobilisés de Saône-et-Loire, à Chagny. Ordre fut

---

[1]. Castilhon. *Le Télégraphe de Lyon*.

donné au Creusot d'évacuer immédiatement le matériel de guerre et tous les outils destinés à la fabrication. La nuit s'écoula. Le lendemain, 1ᵉʳ décembre, les avertissements au sujet de la marche offensive des Prussiens se multiplièrent. De six heures du matin à une heure et demie de l'après-midi, une même personne envoya à l'état-major onze messagers différents. Tous étaient d'accord dans leur dire : Les Prussiens marchent en hâte sur Autun. Deux capitaines de la mobilisée, MM. Guyot et Grillot, bons cavaliers envoyés en éclaireurs, revinrent à une heure de l'après-midi en annonçant que, s'étant avancés à quatre kilomètres environ de la ville, ils avaient vu les Prussiens à moins de cinq cents mètres devant eux. M. Bordone, sembla ne tenir aucun compte de leurs renseignements. »

On affirme même qu'il les accueillit fort mal et leur dit que s'ils ne portaient pas les galons d'officier il les ferait arrêter ; ils avaient, disait-il, pris nos propres éclaireurs pour des Prussiens.

Les renseignements fournis par les maires, par les fonctionnaires, par les simples particuliers étaient reçus avec la même incrédulité systématique : Bordone menaçait les messagers; Lobbia haussait les épaules et leur riait au nez. M. de la Taille, inspecteur du chemin de fer, ayant reçu une dépêche du chef de gare de Sully lui annonçant l'arrivée de l'ennemi, la communiqua, à l'hôtel où il dînait, à M. Bordone qui lui répondit : « Ce n'est pas sérieux, les Prussiens ne peuvent pas être là[1]. »

« De son côté, M. le commissaire de police alla trouver M. Lobbia, colonel des Italiens, et lui adressa la même

---

1. *Enq. parl.*, t. IV, p. 116.

communication. Le colonel Lobbia le prit de très haut, disant que c'était impossible, que les Prussiens étaient très loin, que ceux qui tenaient un pareil langage ne pouvaient être que des traîtres, etc. » [1]

Enfin, chose vraiment incroyable et qui dépeint parfaitement l'état des esprits, le gendarme Marchand allant promener le cheval de son capitaine sur la route d'Arnay, franchit le passage à niveau du chemin de fer situé à cinq cents mètres environ de la porte Saint-André et se trouve nez à nez avec quatre uhlans. Il détale à toute bride et vient prévenir son chef qui se précipite lui-même à l'état-major. Là, on lui répond que son gendarme répand de fausses nouvelles et qu'il faut l'emprisonner. On allait donner suite à cette menace ainsi qu'on l'avait déjà fait pour un maire qui, vers une heure de l'après-midi, était venu donner un avis semblable, lorsqu'à deux heures dix minutes le premier coup de canon vint mettre fin à la conversation. Il ne fallut rien moins que cette preuve décisive pour faire admettre à l'état-major la présence des Allemands sous les murs d'Autun.

Tandis qu'avec un entêtement coupable Garibaldi se refuse à se mettre en état de résister à l'attaque des Prussiens, le général Keller, après avoir établi à Arnay-le-Duc la colonne venue par la vallée d'Ouche, se dirigeait sur Autun à la tête de la 3º brigade badoise renforcée d'un régiment de dragons et de trois batteries d'artillerie. [2]

---

[1]. *Enq. parl.*, t. IV, p. 81 et 97.
[2]. Troisième brigade d'infanterie badoise : général major Keller ; — aide-de-camp : lieutenant en premier Grohe, du 5º régiment d'infanterie ; — 5º régiment d'infanterie, colonel Sachs : 3 bataillons ; — 6º régiment d'infanterie, colonel Bauer : 2 bataillons ; — 3º régiment de dragons (prince Charles), lieutenant-colonel baron de Gemmingen ; — 1ʳᵉ et 2º batteries légères et 2º batterie lourde, lieutenant-colonel de Théobald. — *Guerre franco-allemande*, 2º partie, supp. LXXI, p. 99 et 100 et p. 604 du texte.

Cette seconde colonne, forte de cinq mille hommes au plus, se fractionnait elle-même en trois parties.

« L'une prenait la route de Thury et devait gagner la route de Nolay, de manière à attaquer Autun par l'Est. Mais en voulant abréger son chemin, et prenant pour un moment l'ancienne voie romaine, elle ne put franchir un passage où les pièces d'artillerie s'embourbèrent, et ne rejoignit l'autre colonne que le lendemain dans sa retraite. Personne ne l'inquiéta. »

La seconde, arrivée par Lally, s'engageait à la hauteur de Muse dans un chemin romain passant entre l'Échaulée et le plateau de Curgy et traversait les bois de l'Étang et de Saint-Denis pour aboutir derrière Saint-Pierre. Durant ce trajet pénible les roues des caissons s'enfonçaient parfois dans les ornières jusqu'au moyeu ; à diverses reprises les pièces demeurèrent embourbées. Les conducteurs frappaient les chevaux tandis que la troupe poussait à la roue. Le plus grand silence régnait alors dans les rangs allemands, nous a raconté un paysan réquisitionné, et l'inquiétude était peinte sur tous les visages. Les officiers braquaient anxieusement leurs lorgnettes sur les bois, craignant à chaque instant d'en voir déboucher quelques compagnies de francs-tireurs. Dans cette position critique, il eût été possible de défaire ces deux détachements ; Garibaldi n'en jugea pas ainsi et préféra, selon l'expression de l'un de ses admirateurs, « attendre l'ennemi dans son fort. »

La fraction la plus importante de la colonne badoise suivit la route directe par Voudenay et Cordesse. Pour protéger ses derrières, elle détacha quelques troupes sur la route de Dracy à Saint-Léger-du-Bois, tandis qu'un détachement d'infanterie occupait la ligne de

Surmoulin à Saint-Forgeot et que sur la route de Saulieu des cavaliers étaient postés à l'embranchement de tous les chemins, depuis ce dernier point jusqu'à la porte d'Arroux.

Le général Keller s'étant ainsi couvert contre les entreprises de Garibaldi, trouvant la route libre, traversa l'Arroux à Surmoulin et arriva à l'Orme avec trois mille hommes au maximum. Le gros de ce détachement suivit le chemin vicinal qui, de ce point, va rejoindre la route de Beaune, occupa successivement Saint-Symphorien, Saint-Pierre, les Rivières et la maison Barbançon située après le pont à gauche de la route de Nolay en allant à Autun. L'avant-garde s'avança même jusqu'à l'intersection des chemins de Beaune et de Chalon, dépassa cette dernière route, arriva en vue des Ragots « sans que, selon les expressions du chef d'état-major, une sentinelle eût signalé son approche ».

Durant cet intervalle, la batterie lourde qui avait été fractionnée et dont une partie resta embourbée jusqu'au lendemain, était arrivée sur le plateau de Saint-Martin et s'y était installée ; quelques pièces avaient également pris position à Saint-Symphorien, sur une petite éminence derrière la maison Abord. Le reste de l'artillerie, poursuivant sa route, avait atteint le passage à niveau du chemin de fer vis-à-vis Saint-Martin et de là menaçait la ville basse.

En arrière, la cavalerie reliait entre elles les différentes positions. A ce moment les troupes badoises, qui s'étaient déployées aussi facilement et aussi tranquillement qu'à la parade, occupaient un front de deux kilomètres et demi à vol d'oiseau, et leurs éclaireurs se présentaient en même temps à la porte d'Arroux, à la porte

Saint-André et au pont l'Évêque. Des soldats français qui flânaient alors sur la promenade des Marbres ont même déclaré avoir vu des cavaliers ennemis s'avancer jusqu'à la hauteur du petit Séminaire.

Pendant ce temps, l'état-major garibaldien et l'armée vaquaient en toute liberté à leurs plaisirs, tandis que Garibaldi faisait en calèche sa promenade habituelle après déjeûner.

On l'a dit mille fois, et cette vérité devenue banale doit encore être répétée parce qu'elle montre parfaitement jusqu'à quel point Autun a été surpris. Si au lieu d'annoncer son arrivée par le canon, le général Keller était allé de l'avant, il se serait emparé, presque sans coup férir, de la ville et des trois quarts de l'armée.

VI

Le premier coup de canon éclata comme un coup de tonnerre dans un ciel serein; on n'en pouvait croire ses oreilles, on s'ingéniait à en chercher la cause, on faisait toutes les hypothèses, on écartait la véritable : tant on était persuadé, d'après l'attitude insouciante de l'armée et des chefs, de l'absence de tout danger! D'autres coups de canon retentirent bientôt; le branle-bas de la fuite ou du combat fut instantané; il fallut bien se rendre à l'évidence : les Prussiens étaient aux portes d'Autun et canonnaient la gare et la ville basse.

Cette surprise fut générale; elle se manifesta même

chez des personnes qui, par leur situation, connaissaient la marche des Allemands, mais les croyaient encore loin et ne les attendaient que le lendemain.

Le sous-préfet Marais faisait fonction d'intendant militaire; il habitait sous le même toit que Garibaldi et son état-major ; il était en relations incessantes avec le général; il devait être au courant de ce qui s'y disait, de ce qui s'y faisait, des mesures prises : il fut aussi surpris que ses administrés.

« Le matin même de l'action, à neuf heures, a-t-il déposé devant la cour d'assises de la Seine en juin 1872, le général me fit prévenir par M. Spuller, préfet de la Haute-Marne, que la ville allait être attaquée, m'engageant en même temps à prendre toutes les mesures que je croyais compatibles avec l'intérêt de la ville et avec le mien. J'entendis vers une heure un premier coup de canon ; dans ces circonstances-là, je vous prie de croire que je n'étais pas très sûr des heures. Un premier coup de canon retentit et me surprit si bien, que je n'y pus pas croire. Je me dis que c'était l'inquiétude assez naturelle en pareil cas qui me faisait imaginer un coup de canon, mais un second coup retentit et un officier dans lequel je crois reconnaître celui qui accompagnait le soldat venu chez moi le 29 novembre, se précipite dans mon cabinet, jette un drapeau dans un coin, et dit : « Voilà le drapeau du corps, je le confie à la préfecture » ; je répondis : « Qui ne l'accepte pas! »[1]

L'aspect des rues est indescriptible. Les citadins rentrent précipitamment chez eux ; les fenêtres, les portes, les devantures se ferment avec bruit; quelques-uns

---

1. Affaire Bordone, p. 90.

chargent leurs effets précieux sur des voitures et se sauvent vers la montagne ; les plus affolés fuient sans rien emporter, en abandonnant tout. Une nuée de soldats surexcités s'agitent en tout sens ; un double courant s'établit en sens contraire : au midi, à l'est, à l'ouest, pour fuir les Prussiens ; au nord, pour leur faire face. En un instant, toutes les issues opposées à l'ennemi sont encombrées de garibaldiens, de francs-tireurs, se poussant, se bousculant, en proie à une panique qui s'accroît d'elle-même[1]. Les plus lâches jettent leurs fusils pour courir plus vite ; d'autres implorent des habitants indignés des habillements civils, trop heureux de se débarrasser de cette chemise rouge, de cet attirail guerrier dont ils étaient si fiers quelques minutes auparavant[2]. Ils demandent la route de Lyon, celle qui ne passe pas par Chalon. Beaucoup d'entre eux « dérobent, à main armée et de vive force, quantité de chevaux et de voitures pour se sauver plus vite. »[3]

La cohue est telle dans les quartiers hauts que la circulation est interceptée ; des habitants qui rentrent chez eux, des soldats qui se rendent sur le lieu du combat, sont obligés d'attendre durant plusieurs minutes qui leur semblent des heures pour se faufiler et sortir de la bagarre. Les spectateurs qui s'échappent affolés par les vomitoires trop étroits d'un théâtre où vient de se déclarer un incendie, n'ont pas des figures plus bouleversées, où l'angoisse se peigne d'une manière plus poignante.

Les salves d'artillerie qui se succèdent de plus en plus rapides, un obus qui éclate par-ci, par-là, activent cette

---

1. *Enq. parl.*, t. IV, p. 81 et 98, et *le Télégraphe* de Lyon.
2. *Enq. parl.*, dépos. Castilhon et Debuschère, et *le Télégraphe* de Lyon.
3. *Le Télégraphe* de Lyon.

fuite, l'exaspèrent pour ainsi dire, et moins d'un quart d'heure après la première détonation, les routes du Creusot, d'Étang, de Luzy, la montagne et la plaine, sont envahies par des bandes où le rouge domine, qui tournent le dos aux Prussiens et vont au hasard, où le souci de leur conservation les conduit.

« Reçois dépêches de tous côtés, télégraphiait de Lyon le général Bressoles au ministre de la guerre, m'annonçant fuyards en désordre de Garibaldi et autres corps francs. Ils viennent encore inonder la ville, y porter le désordre et l'indiscipline. Les chefs m'écrivent qu'ils viennent se réorganiser, c'est-à-dire vider encore les magasins de l'État. Je serais bien d'avis de ne leur rien donner ou de traduire en cour martiale tous les chefs. — Signé : Général BRESSOLES. »

Cet officier général, si bien renseigné sur les procédés des garibaldiens, ne précise pas le nombre des fuyards; il constate simplement qu'il est considérable et se compose uniquement de volontaires de Garibaldi et de corps francs [1]. Il est possible de fixer à peu près exactement ce chiffre. En effet, comme on le verra plus loin, il y avait moins de sept mille hommes au feu et l'on ne peut évaluer à plus de mille six cents ceux qui, le 1er décembre, gardèrent des positions en arrière de la ville; or, au 15 novembre, l'armée des Vosges, renforcée depuis cette époque, comptait seize mille six cents hommes [2] : huit mille garibaldiens au moins ont donc instantanément tourné le dos à l'ennemi. Au point de vue de la défense d'Autun, ce fait était d'autant plus grave que ces fuyards,

---

[1]. MM. Debuschère et Castilhon l'évaluent approximativement à plus de six mille hommes.
[2]. Bordone. *Garibaldi et l'Armée des Vosges*, 2e partie, *Autun*, p. 220.

parfaitement équipés, munis de chassepots, de remingtons ou d'excellents fusils à répétition, emportaient avec eux le meilleur armement et auraient dû être placés en première ligne. Leur départ faisait retomber tout le poids de la résistance sur les mobiles et les mobilisés, presque tous armés de mauvais fusils à piston.

M. Bordone avoue que le 2 décembre au matin il n'y avait à Autun que « la moitié à peu près de l'effectif de l'armée des Vosges [1] ». Il prétend, il est vrai, que « le reste continuait à couvrir la vallée d'Ouche et les avenues du Creusot »; mais il oublie que si Delpech avait été envoyé le 29 dans la vallée d'Ouche, avec mission d'occuper Thorey, Pont-d'Ouche et Veuvey, cet officier s'était retiré le 30 devant la colonne badoise venue par Pont-de-Pany et Bligny, et que le 1er décembre il réquisitionnait, par ordre, des vaches du côté opposé à l'ennemi. Il n'y avait donc plus aucune force française ou garibaldienne dans la vallée d'Ouche. [2]

Quant aux avenues du Creusot, qui le 1er décembre avaient été effectivement couvertes de garibaldiens en fuite, elles n'étaient plus couvertes le 2 dans la matinée que par leurs fusils jetés dans les bois ou le long des routes et dont on rapporta une quantité considérable à Autun. M. Bordone ne l'ignorait pas, puisque à la date du 2 décembre il s'exprimait ainsi dans son ordre du jour :

« Nous ne saurions flétrir avec assez d'énergie ceux que le bruit du canon ou de la fusillade met en fuite. Ordre est donné dans toutes les directions de les arrêter;

---

1. Bordone. *Garibaldi et l'Armée des Vosges*, 2e partie, *Autun*, p. 210.
2. *Affaire Bordone*, p. 25 et suiv.

il faut des exemples et nous nous soumettrons à la dure nécessité d'en faire : tout individu isolé, surpris en état de fuite, sera fusillé sans procès ; s'il s'agit d'un corps, il sera décimé. Quant aux autorités et aux habitants du pays où stationneront des fuyards, leur premier devoir est de leur refuser le boire et le manger ; qu'ils sachent bien que les misérables qui abandonnent ainsi leur poste, en semant derrière eux l'alarme et la terreur, compromettent la vie et quelquefois l'honneur des valeureux qui combattent...... »

Lorsque, pour donner satisfaction à l'opinion publique indignée et pour faire cesser les bruits de trahison qui couraient sur son compte, M. Bordone écrivit ces lignes, il n'avait pas encore inventé ce charmant euphémisme, au moyen duquel une fuite honteuse est transformée en cette opération militaire remarquable qui s'appelle : « Continuer à couvrir les avenues du Creusot ! »

Tout en fuyant, les garibaldiens se livrent à leur pillage accoutumé. Selon l'expression pittoresque d'un paysan, ils font la guerre aux poules et prennent d'assaut les poulaillers, les caves et les garde-manger.

Avant de quitter Autun ils s'étaient déjà emparés à main armée de tous les chevaux et de toutes les voitures qu'ils avaient pu trouver. Une épicerie avait été envahie, ils avaient dévalisé les magasins des armuriers. Une bande de sacripants, officier en tête, s'introduisent chez l'un d'eux pendant qu'il ferme sa devanture. « Des armes ! des armes ! nous sommes trahis ! » crient ces bandits, tandis qu'ils font main-basse sur tout ce qui est à leur convenance, fusils, munitions, etc. L'officier, l'épée nue et menaçante, demande de son côté des revolvers : « Je n'en ai qu'un, répond l'armurier en sortant de sa poche un revolver chargé, et je vous brûle la cervelle si vous ne rengaînez votre épée et si vous ne sortez de mon magasin. » Là-dessus, tous partent et prennent leur essor vers les bois.

Un certain nombre d'officiers et de soldats garibaldiens demeurés en ville font preuve de la couardise la plus éhontée ; les uns se cachent dans les caves ou dans les placards, les autres se revêtent d'habits bourgeois ou se couchent; quelques-uns restent dans les cafés où ils continuent à boire et à jouer. Des officiers d'état-major courent à la gare et font mettre à leur disposition un train spécial « d'évacuation », dit M. Marais ![1]

Pendant que les garibaldiens donnent ainsi la mesure de leur courage, de leur dévouement, de leur patriotisme, les mobiles et les mobilisés, si conspués par eux et par les journaux républicains, font instantanément et spontanément face à l'ennemi. En moins d'un quart d'heure ils sont sous les armes et marchent au canon.

« Le cri : aux armes! s'était fait entendre; les militaires qui se trouvaient presque tous en liberté, arrivent à la hâte au petit Séminaire où ils étaient casernés au nombre de cinq mille au moins, les uns pour prendre leurs effets et s'enfuir, les autres pour aller au combat. C'était une foule sans ordre, et pas un chef pour réunir ces corps divers qui ont peine à se reconnaître eux-mêmes [2]. » Ce tableau est d'une exactitude parfaite et doit être généralisé.

Le même désordre continua sur le champ de bataille. De notre côté, en effet, le combat a été soutenu exclu-

---

1. *Le Télégraphe* de Lyon et *Enq. parl.*, t. IV, p. 81 et 98.
2. L'abbé Duchêne. *Une Page de l'histoire du petit séminaire d'Autun 1870-1871*, p. 16 et 17.

sivement par des hommes de bonne volonté dépourvus de toute espèce de direction, et c'est à eux seuls qu'Autun doit d'avoir échappé à l'invasion, le 1ᵉʳ décembre 1870.

L'artillerie était parquée au petit Séminaire; elle se composait de deux batteries de quatre de campagne desservies par les artilleurs mobiles de la Charente-Inférieure, et d'une batterie de quatre de montagne appartenant à l'armée régulière.

Ces dix-huit pièces étaient rangées à côté les unes des autres, à l'extrémité de la grande esplanade qui domine les routes de Chalon et de Beaune et le plateau de Saint-Martin à Saint-Pierre. A l'exception de sept hommes de garde, tous les artilleurs étaient en ville et libres jusqu'à quatre heures, au moment où la batterie allemande établie à cheval sur la ligne du chemin de fer, vis-à-vis Saint-Martin, lança ses premiers obus sur la gare et sur les faubourgs de Saint-Jean et d'Arroux.

Sans attendre les ordres de leurs chefs, les sept artilleurs de garde se précipitent vers leurs pièces et les disposent en batterie; deux d'entre elles étaient chargées, ils les déchargent de suite sur les Prussiens; puis, à coups de hache, ils défoncent les caissons fermés à clef et continuent la lutte avec le concours de leurs camarades accourus successivement à leur poste de danger. Lorsque les officiers arrivèrent, l'action était déjà engagée et les batteries allemandes avaient concentré leurs feux sur cet espace trop restreint où nos artilleurs avaient de la peine à se mouvoir. Dès les premières décharges, la batterie de montagne ayant une portée insuffisante dut se retirer de la lutte, non sans avoir éprouvé déjà des pertes sensibles. De deux heures et quart à cinq heures moins cinq minutes, les Charentais, dont la première batterie avait tiré son premier coup de canon à Pasques et dont la deuxième le tira à Autun, soutinrent avec une grande bravoure le feu de l'ennemi. Non contents de répondre à l'artillerie prussienne et d'attirer sur eux tous ses coups, ils lancèrent des obus à balles sur les Badois qui, tout d'abord, ne rencontrant pas de troupes devant eux, s'étaient déjà avancés jusqu'au guide du pont l'Évêque et faisaient mine de marcher sur le petit Séminaire. A la deuxième décharge, cette colonne commença à reculer; elle fut tenue en respect jusqu'à l'arrivée de l'infanterie française.

Cependant, les obus prussiens qui hachaient les antiques tilleuls de l'esplanade du petit Séminaire et dont quelques-uns atteignirent la maison et faillirent incendier la bibliothèque, avaient déjà tué ou mis hors de combat un certain nombre de servants ou de chefs de pièces. En l'absence de l'ambulance garibaldienne « qui avait quitté Autun vers midi avec son matériel » se dirigeant sur Étang, on ne pouvait abandonner les blessés sur le terrain. Il fallait les transporter dans les salles transformées en ambulance improvisée, où les sœurs de Saint-Joseph les attendaient pour leur donner leurs soins. M. le docteur Rérolle qui s'était rendu sur les lieux dès le commencement du combat, accompagné de quelques confrères, requit pour le transport des blessés la compagnie de l'Étoile alors casernée au petit Séminaire. Ces chemises rouges indignes du nom de soldats refusèrent leur concours, bien qu'aucun autre service ne leur eût été commandé, et tandis que les professeurs et des habitants de la ville accourus en grand nombre s'empressent pour soigner les blessés, ces infâmes pénètrent dans le casernement des Charentais, s'introduisent dans l'appartement du colonel commandant la quatrième brigade et s'approprient ce qu'ils trouvent à leur convenance.

Pendant que les garibaldiens les volent, les artilleurs continuent vaillamment le combat. N'ayant plus que douze pièces par suite de la portée trop faible de la batterie de montagne, obligés de les charger par la gueule, trop serrés et se gênant les uns les autres, fortement éprouvés par le feu convergent de l'ennemi tirant sur quatre cents hommes occupant à peine mille mètres carrés, ils précipitent leur tir et oublient, pendant un certain temps, de déboucher les évents des obus à fusée dont on se servait alors. Le nombre des coups tirés dans ces conditions défavorables dut être assez grand, si l'on en juge par celui des obus trouvés intacts en 1871 dans les champs de la commune de Saint-Pantaléon et surtout à Saint-Martin. Il explique les pertes assez faibles de l'artillerie allemande en cette journée.

Il n'en fut malheureusement pas de même pour nos artilleurs; cinquante-trois de ces braves furent mis hors de combat : vingt-cinq[1] moururent des suites de leurs affreuses blessures. L'initiative et le courage de ces soldats improvisés dont la plupart voyaient le feu pour la première fois et n'avaient jamais tiré en cible, ne sauraient être assez loués; ils préservèrent la ville d'un bombardement et donnèrent à l'infanterie le temps de se porter à la rencontre de l'ennemi.

---

1. Conférer l'inscription du mausolée et l'état-civil de l'époque.

VII

Nous avons laissé la colonne badoise installée à Saint-Pierre, à Saint-Symphorien, le long de la route d'Arnay et de Saint-Martin, sur un terrain légèrement relevé, adossée au bois de la Vesvre et de Saint-Denis, dans une excellente situation pour attaquer la ville dont elle domine les abords.

Un détachement ennemi pénètre dans le clos de Saint-Martin par les portes latérales regardant Saint-Symphorien et la ligne du chemin de fer; plus tard quelques pièces y entrent aussi par la grande porte et prennent position derrière le puits, sur le bord du mur de soutènement faisant face au petit Séminaire.

Les trois batteries allemandes[1], diminuées de deux

---

[1]. Les passages de la *Guerre franco-allemande* cités plus haut établissent que le général Keller disposait de trois batteries d'artillerie, soit de dix-huit pièces seulement. Si l'on défalque de ce nombre les deux pièces de la batterie lourde qui restèrent en détresse et ne prirent pas part à l'action, il résulte que seize pièces au maximum ont été dressées contre la ville. Dans la 2ᵉ partie de son livre, p. 210, M. Bordone prétend que vingt pièces d'artillerie au moins étaient en batterie devant Autun; comme preuves à l'appui de ses dires il donne les renseignements pris auprès des paysans et sa propre estimation, basée sur le nombre de coups tirés en un temps déterminé. Les appréciations de M. Bordone ont peu de valeur. N'évalue-t-il pas à quinze mille hommes la force de la colonne qui a opéré contre Autun! D'ailleurs, pour que le général Keller ait eu quatre batteries avec lui, il aurait fallu qu'il en prît une à la colonne restée à Arnay, sous les ordres du prince Guillaume de Bade. Or comme ce dernier avait deux bataillons de plus que le général Keller et deux batteries seulement, il semble improbable qu'il n'ait conservé avec lui que six pièces

pièces au moins de la batterie lourde que l'on n'avait pu dégager, occupent dès lors les quatre positions de Saint-Denis, de Saint-Symphorien, du clos et de la route de Saint-Martin, dans des proportions qu'il est impossible de préciser.

Le clos et le chemin de Saint-Martin, depuis l'abside de l'église de Saint-Pantaléon jusqu'à la route d'Arnay, forment les limites qui, pendant la journée, n'ont pas été dépassées par l'aile droite prussienne.

Le centre ennemi s'étend de Saint-Symphorien à Saint-Pierre ; la tuilerie située vis-à-vis l'extrémité orientale du clos de Saint-Martin et la bifurcation du chemin de Saint-André à Saint-Pierre, cinq cents mètres environ au-delà des Dremeaux, en sont les points extrêmes.

Dès l'origine du combat, l'aile gauche prussienne va de Saint-Pierre à la route de Couches, vis-à-vis les Ragots, s'appuyant sur les Rivières et la maison Barbançon ; elle marche ensuite en avant dans la direction du petit Séminaire, qu'elle semble vouloir tourner à l'est par la route aboutissant au cimetière.

La gauche française est la première en ligne. Dix minutes après le premier coup de canon, elle se déploie en arrière du rempart romain, depuis l'angle septentrional de la caserne jusqu'au rond-point de la Croix-Verte. Elle est formée par le bataillon de mobiles des Basses-Pyrénées, commandant Borel (neuf cent soixante-dix hommes), par le 1er bataillon de mobiles des Alpes-Maritimes, commandant Bruneau (huit cents hommes), par le 2e bataillon de mobiles des Alpes-Maritimes, commandant Guide (sept cent soixante-seize hommes), et par quelques francs-tireurs en très petit nombre.

La mobile des Basses-Pyrénées défend le parc de

Saint-Jean où elle est logée, c'est-à-dire l'emplacement non encore bâti de la caserne et les jardins situés en deçà de la voie du chemin de fer. Dissimulée derrière les murs, elle tire sur la batterie qui, depuis la voie ferrée, bombarde la ville basse ; elle l'oblige à se reporter en avant, d'abord à la hauteur du chalet et définitivement vis-à-vis la maison Duchêne, où elle est protégée contre notre feu par les maisons bordant la route de Saint-Martin du côté du rempart. Les mobiles des Alpes-Maritimes occupent le faubourg Saint-Jean jusqu'à l'usine à gaz, une partie du boulevard Laureau et la route qui continue la rue de Mazagran dans la direction du rond-point de la Croix-Verte. La première compagnie des mobilisés de Saône-et-Loire reste pendant quelque temps derrière la porte Saint-André. Cette position placée sous le feu des batteries françaises et prussiennes est dangereuse : toutefois on ne voit rien ; on entend siffler les obus et c'est tout.

Sur le soir, la fusillade s'engage, sans grands résultats, entre les Français occupant le rond-point de la Croix-Verte et les Allemands de Saint-Martin ; la maison d'école de Saint-Pantaléon, située dans la ligne de tir, reçoit de part et d'autre un certain nombre de balles.

En avant de la gauche française, dans le quadrilatère traversé par la route d'Arnay et borné par le talus du chemin de fer, par le faubourg Saint-André, par la portion de rempart romain comprise entre ces lignes et par la route de Saint-Martin, quelques isolés de tous corps font le coup de feu sur l'artillerie allemande. De part et d'autre on fait plus de bruit que d'ouvrage et l'on se contente de conserver ses positions, ce qui est un succès pour les Prussiens. De notre côté une dizaine d'hommes sont mis hors de combat, principalement par des éclats d'obus. Par suite de leur situation dominante, les Allemands ne souffrent guère que du feu de l'artillerie française ; un de leurs officiers est blessé au ventre d'un éclat d'obus vis-à-vis la maison Duchêne : on raconte d'abord que c'est le général Keller ; renseignements pris, c'est un officier quelconque. L'examen des lieux démontre qu'à moins de foncer sur l'ennemi ou de le tourner par le chemin de fer, par la route d'Arnay ou celle de Saint-Martin, on ne pouvait que tirailler en pure perte. « Nous avons tiré tout le temps sans rien faire », disait, le 2 décembre, un officier de mobiles des Basses-Pyrénées, et dans la gauche française, ces soldats étaient presque les seuls à apercevoir l'ennemi.

Le centre français se constitue plus tard. Fort de mille à douze cents hommes au maximum et composé pour moitié de mobiles et de francs-tireurs, il opère dans l'espace de terrain formant cuvette, délimité : à gauche, par la route de Saint-André à Saint-Symphorien, longeant les murs du clos de Saint-Martin ; à droite, par la route de Saint-André à Saint-Pierre ; au nord-est, par une ligne joignant la tuilerie de Saint-Symphorien à la bifurcation de la route de Saint-André à Saint-Pierre ; au sud-ouest, par le chemin transversal partant de l'angle de la ferme des Dremeaux pour aboutir à la maison d'école de Saint-Pantaléon. A partir de ce dernier chemin jusqu'à la porte romaine de Saint-André, aucune troupe ne le relie à l'aile gauche ; il se trouve également isolé de la droite occupant la route de Nolay. Il ne peut entrer en contact avec l'ennemi que par la route de Saint-André à Saint-Pierre et à la hauteur de la tuilerie.

Son objectif est surtout le parc de Saint-Martin; il engage aussi la fusillade avec les tirailleurs allemands de Saint-Symphorien. Là encore on reste sur place sans pousser en avant. Nos pertes sont de trois ou quatre hommes tués et de quelques blessés; celles des Badois embusqués derrière des murs sont certainement inférieures. D'après M. Bordone, les mobiles du centre sont ceux des Alpes-Maritimes, postés tout d'abord à l'aile gauche; un de leurs bataillons se serait joint aux francs-tireurs pour se porter en avant. Le centre n'aurait donc été complètement formé qu'une heure au moins après l'attaque, c'est-à-dire entre trois et quatre heures, car il est absolument certain que, vers trois heures, les deux bataillons des Alpes-Maritimes faisaient encore partie de l'aile gauche. Les témoignages recueillis à ce sujet établissent qu'effectivement le centre n'est entré en ligne qu'à ce moment.

Sur la droite française, le 42ᵉ régiment de mobiles (Aveyron), commandant Williame (deux mille deux cents hommes), placé à l'est, sous les murs du petit Séminaire, aperçoit les Badois débordant sur les routes de Beaune et de Chalon et se porte vivement à leur rencontre, probablement par le vieux chemin qui part du cimetière et aboutit à la route de Couches, au-dessus des Ragots.

« L'artillerie, dit le commandant Ollivier, réussit à arrêter, avec des obus à balles, une colonne ennemie qui avançait sur le Séminaire. A une seconde décharge, cette colonne commença à reculer; ce que voyant, une troupe d'infanterie qui était en bas du plateau et que je ne pouvais pas voir, s'élança sur les Prussiens : c'était le régiment de mobiles commandé par M. Williame. Je vis les hommes quand ils sortirent de l'endroit où ils étaient cachés à mes yeux. »[1]

Le combat s'engage à la hauteur des Ragots ; les Badois déployés en tirailleurs des deux côtés de la route de Chalon reculent progressivement, repassent cette route et se tiennent quelques instants dans les champs avoisinant l'ancien puits de charbon et sur les déblais de ce puits, d'où ils dominent la partie du 42e déployée dans la plaine, tandis qu'une autre fraction de ce même régiment occupe à droite la colline sur la lisière des bois.

Le premier bataillon de mobilisés de Saône-et-Loire, (neuf cents hommes), venait d'arriver sur la route de Couhard à Brisecou et avait déjà dépassé les carrières de pierre et les fontaines de la ville, lorsqu'il reçoit l'ordre d'aller soutenir le 42e de mobiles. Il part aussitôt au pas de course, en ligne droite, à travers champs, franchit le ruisseau, dégringole la colline sous le feu des batteries allemandes qui cherchent à l'arrêter, saute les haies, traverse la plaine et arrive en quelques minutes sur la route de Chalon où il se développe en tirailleurs.

Les Prussiens ne l'avaient pas attendu ; ils s'étaient repliés sur la maison Barbançon, le long de la berge du ruisseau qui traverse en cet endroit la route de Beaune, et dans les prés en avant des Rivières, toujours suivis de près par les Aveyronnais qui continuent à être en première ligne. Une vive fusillade s'engage alors entre les Allemands de Saint-Martin, de Saint-Pierre, de la maison Barbançon, des Rivières, et les forces françaises échelonnées dans les champs compris entre les routes de Beaune et de Chalon jusqu'au Cerveau, et en arrière

---

[1]. Affaire Bordone, déposition Ollivier.

sur la colline jusqu'à la forêt de Planoise. De ce côté, nos pertes sont d'environ quinze hommes mis hors de combat.

La bonne volonté et l'entrain de ces braves gens sont vraiment admirables. A peine couverts, déplorablement armés, aussi inexpérimentés que leurs officiers et réciproquement, ils se portent néanmoins sans hésiter, avec ardeur, à la rencontre de vieux soldats remarquablement commandés, pourvus de tous les engins les plus perfectionnés, aguerris enfin par quatre mois de combats et de victoires.

M. Marais prétend que « les mobilisés d'Autun, cédant à la contagion de l'exemple et à l'ascendant de Garibaldi, étaient allés bravement recevoir le baptême du feu. » C'est absurde. Si les mobilisés avaient suivi l'exemple des garibaldiens ils auraient augmenté le nombre des huit mille fuyards qui continuaient à couvrir les avenues du Creusot.

Quant à Garibaldi, monté à Couhard en voiture avec tous ses bagages, sous l'escorte de la compagnie génoise, il était un peu éloigné pour faire sentir son ascendant. On savait du reste à quoi s'en tenir sur ce général paralytique qui, selon le colonel garibaldien Gauckler, « avait perdu toute initiative et cherchait des prétextes pour ne pas agir. Ses facultés affaissées, son intelligence obscurcie, le rendaient incapable de faire la guerre aux Prussiens. » On ne l'ignorait pas. Si les mobilisés de Saône-et-Loire sont allés bravement au feu, si « la vue des morts, les cris des blessés, le sifflement des balles, bruit fort nouveau pour eux, ne les ont pas démoralisés », s'ils n'ont pas suivi les huit mille garibaldiens en fuite, ils l'ont fait pour défendre leurs foyers, tout naturellement, parce que c'était leur devoir ; la personnalité de Garibaldi et son ascendant ont été complètement étrangers à cette conduite.

Une centaine de francs-tireurs à peine sont avec eux ; les autres remplissent les bois où on les aperçoit en grand nombre, fuyant le combat. Sans le vouloir, ils sont toutefois d'une certaine utilité ; les Allemands, qui ignorent leur fuite, craignent d'être tournés et débordés sur leur gauche.

« Pourtant, écrit M. Marais, étrange hasard parmi tous ces hasards qui forment le grand jeu qu'on appelle la guerre ! ce qui décourage le plus l'ennemi est précisément ce qui devrait le moins l'inquiéter. Ces soldats qui continuent à gravir la route du Creusot, et qu'il voit déjà se précipitant du haut de la montagne sur ses flancs, n'aspirent pas à la lutte, mais à la retraite. Ils courent attendre au Creusot, bien loin du danger, l'issue de l'engagement : ce sont des fuyards et non des combattants. »

La première compagnie des mobilisés de Saône-et-Loire, capitaines Leriche et Tricot (cent à cent vingt hommes), n'avait pas suivi à Couhard le premier bataillon dont elle faisait partie. Tandis que le colonel Pelletier se rend à Runchy avec le second bataillon de la même légion, elle reste sur le Champ-de-Mars pour donner le temps de rejoindre aux mobilisés d'Autun qui habitent les divers quartiers de la ville. Au bout d'un quart d'heure elle est prête à se mettre en marche.

A ce moment les Francs-Tireurs de la Mort défilent devant elle au nombre de soixante à quatre-vingts. Revêtus d'un uniforme de bure rousse semblable à celle que portent les capucins, ces Marseillais sinistrement farceurs sont coiffés d'une casquette marine de même couleur, sur le turban noir de laquelle se détachent en blanc deux tibias entrecroisés supportant une tête de mort. Le même motif funèbre est reproduit sur leurs fanions noirs. Un guide garibaldien hissé sur un grand cheval, le revolver au poing, la figure bouleversée, les habits en désordre, s'approche de ces troupes au coin de la Terrasse : « Avanti ! avanti ! s'écrie-t-il, n'ayez pas *pour*[1] *!* » Dans son affolement, le malheureux tremble de tous ses membres; il agite son revolver d'une façon fort inquiétante pour ceux qu'il croit encourager. Cette lugubre mise en scène jointe au sifflement des obus qui gémissent en filant au-dessus de la place, n'a rien de rassurant. Heureusement toute cette fantasmagorie disparaît et l'on reprend son sang-froid en face de la réalité.

La première compagnie quitte la dernière le Champ-de-Mars; elle s'engage dans la rue déserte de l'Arquebuse. Vis-à-vis le bureau de tabac, en face la maison Lagrange, elle croise un vieillard qui rentre en ville, tête nue. Une blouse bleue dont la couleur est ternie par l'usage, une barbe inculte, de longs cheveux blancs épars, un peu de sang qui coule d'une légère blessure à la tête et rougit la barbe et les cheveux, une exaltation cérébrale étonnante, lui donnent un aspect singulier. « En avant, ça ne fait pas de mal ! hurle-t-il sur le trottoir en agitant ses bras comme les ailes d'un moulin à vent. — Il n'a guère de mal effectivement, observe un loustic, mais il s'en va tout de même. — C'est le héros républicain de M. Marais; il en sera question plus loin.

---

1. Peur.

Les mobilisés d'Autun poursuivent leur chemin. Cinquante mètres avant la sous-préfecture, ils rencontrent le capitaine Guide, commandant le 1ᵉʳ bataillon des Alpes-Maritimes; cet officier, blessé aux deux jambes par des éclats d'obus, est porté sur deux fusils par quelques-uns de ses soldats; ses yeux brillent comme ceux d'une perdrix démontée. Deux autres mobiles blessés du même régiment sont apportés par derrière. La cour de la sous-préfecture est déserte; on arrive à l'angle de la promenade des Marbres.

En cet endroit, la compagnie se divise en deux fractions. La plus nombreuse descend le boulevard Laureau et se rend à la porte Saint-André par l'avenue plantée de marronniers qui aboutit au rond-point de la Croix-Verte, l'autre va la rejoindre par la promenade des Marbres et la route convergeant au même carrefour. Les branches des tilleuls, entre lesquelles passent en éclatant les obus prussiens et français, s'agitent et se heurtent avec bruit, comme en un jour d'orage; le soleil qui brille dans un ciel pur semble une anomalie au milieu de cette tourmente. On atteint ainsi le portail romain; la première compagnie s'y reforme et fait halte.

Durant ce parcours, elle n'a rencontré que les mobiles du capitaine Guide, rangés de part et d'autre de la route, en arrière du rond-point de la Croix-Verte. Le faubourg Saint-André, ce que l'on peut apercevoir de la route d'Arnay depuis l'entrée de ce faubourg, le chemin qui traverse le portail et entre en ville, ne sont pas occupés; à gauche, en allant à Saint-Jean, une vingtaine de soldats attendent l'arme aux pieds; quelques-uns se hissent sur le mur et interrogent l'horizon.

Un quart d'heure ou une demi-heure après leur arrivée, les mobilisés quittent cette position où ils ne servent à rien et se portent sur la droite. Après avoir traversé le pré Saint-Roch, sous les anciens remparts, ils débouchent vis-à-vis l'octroi, par-derrière la maison Minard où est une compagnie de mobiles ; de là, ils se rendent au pont l'Évêque en suivant la chaussée. A droite, à gauche, dans la prairie l'Évêque, dans la prairie Saint-Roch, on ne voit pas un soldat ; mais les Allemands de Saint-Martin qui dominent, ouvrent de ce côté un feu de salves qui blesse un mobilisé et deux francs-tireurs isolés venant en queue.

La première compagnie dépasse les maisons du pont l'Évêque. Au lieu de s'engager directement sur la route de Nolay, elle marche dans cette direction en pénétrant sous la tuilerie située en face le guide ; puis elle s'avance progressivement le long de la haie jusqu'à la barrière qui joignait alors la tuilerie du Redan.

Cette précaution est sage. Les Badois occupent encore la maison Barbançon ; d'autres sont embusqués derrière le Redan ; un certain nombre sont couchés à plat ventre sur la route, entre ces deux points. Une dizaine de mobiles, qui vont imprudemment de l'avant, essuient à cent mètres une décharge assez meurtrière.

Les Allemands battent immédiatement en retraite : ceux du Redan remontent à la hâte vers Saint-Pierre à travers les prés et les champs ; les autres disparaissent par la cour de la maison Barbançon, suivent le bord du ruisseau, gagnent l'usine à schiste et les Rivières. Dans leur retraite précipitée, ils laissent quelques hommes sur le terrain, notamment : un mort[1] qui fut enterré à

---

1. 3e brigade, 5e régiment, 1er bataillon, 4e compagnie, numéro 80.

l'angle du jardin Barbançon, et le sergent Hermann blessé au cou-de-pied, qui resta jusqu'au mois de mai à l'hospice d'Autun. Un petit mobile de l'Aveyron, casque à pointe en tête, fusil à aiguille à la main, le prend à califourchon et le porte au pont l'Évêque. C'est un spectacle grotesque de voir ce grand *mann* serrer le cou de son sauveur, qui ploie fièrement sous le fardeau, et regarder d'un œil suppliant les « bonnes françouses ». La platitude de l'Allemand vaincu n'a d'égale que son insolence lorsqu'il est vainqueur.

Il était environ trois heures et quart lorsque la maison Barbançon fut abandonnée par l'ennemi ; des mobiles, une dizaine de francs-tireurs, quelques mobilisés l'occupent. Le reste de la compagnie d'Autun se déploie le long de la route de Nolay, depuis l'ancien pont de bois qui joignait alors la maison Barbançon, jusqu'à la tuilerie faisant face au guide. Quelques vieux garçons de bonne volonté, sous la conduite d'un lieutenant, tournent le Redan et donnent la chasse dans les prés aux fuyards qui se hâtent vers Saint-Pierre. Ce serait le moment de poursuivre l'ennemi et de l'attaquer à Saint-Pierre et aux Rivières ; mais la droite n'a pas de chef et tout mouvement d'ensemble est impossible : on attend des ordres qui ne viennent pas.

L'aile droite est dès lors limitée : vis-à-vis Saint-Martin et Saint-Pierre, par les maisons du pont l'Évêque, par les tuileries faisant suite jusqu'à l'ancien pont de bois ; en face les Rivières, par la ligne de faîte des champs situés à droite sur la route d'Autun à Nolay, depuis la maison Barbançon. On ne peut évaluer à plus de vingt le nombre des chemises rouges égarées à travers les deux ailes françaises. Dans son long parcours qui a embrassé presque tout le front de bataille, la compagnie d'Autun en a rencontré cinq ou six ; les mobilisés du premier bataillon n'en ont pas vu davantage.

Vers trois heures et demie, les Allemands sont concentrés et la fusillade redouble. Désormais, on ne voit plus que la fumée de leurs coups de feu couronnant la crête du plateau et sortant par les fenêtres de Saint-Pierre. C'est un vrai combat à cache-cache. L'ennemi s'efforce de dissimuler son petit nombre en se multipliant; dès qu'un homme a tiré un coup de fusil, il se porte sur un autre point pour nous donner l'illusion d'un front de bataille plus étendu. Deci, delà, une tête allemande avec sa toque plate et sa barbe en broussaille émerge au-dessus des buissons et disparaît soudain. On en est réduit à tirer au jugé, à jeter son coup de fusil comme sur un lapin. Les résultats sont nécessairement mauvais, d'autant qu'un certain nombre des nôtres n'a jamais tiré en cible ni manié un fusil. Sur le soir, la lumière des détonations, qui piquette d'étoiles le fond noir du tableau, donnerait plus de précision au tir si elle n'enlevait en même temps du sang-froid, par suite de la certitude où l'on est d'attirer sur soi les coups de l'ennemi. Une douzaine de Français, appuyés sur un char devant la maison Barbançon, tiraillent depuis longtemps sur les Allemands postés aux fenêtres du village de Saint-Pierre. Une double décharge ennemie illumine soudain la haie joignant les maisons, crible le char et les portes de l'écurie, tue ou blesse cinq ou six des nôtres; les autres n'ont que le temps de se mettre à l'abri. Un mobile à la figure intelligente et expressive avait pris le chassepot et les cartouches d'un franc-tireur blessé; debout, à découvert, au bord de la route, il tirait depuis plus d'une heure sur Saint-Pierre avec un sang-froid extraordinaire. « Voilà ma vingt-septième cartouche, dit-il à son voisin, j'en veux brûler trente avant de rentrer. » Il vise, le coup part, le feu est encore dans le canon de son fusil, il pousse un soupir et tombe raide mort frappé d'une balle au-dessus du nez à la naissance du front; un sourire erre sur ses lèvres entr'ouvertes; une goutte de sang indique le passage du projectile, ses membres se détendent : c'est fini. Que de larmes seront versées sur ce bel adolescent gisant à terre, seul, abandonné, au milieu d'indifférents !

Jusqu'à cinq heures et demie on combat ainsi, au hasard, à la grâce de Dieu, sans direction, dans un désordre et un pêle-mêle complets. Les officiers de mobiles et de mobilisés ignorent quelles forces sont devant eux, la situation de l'armée, ce qu'il est opportun de faire. Aucun renseignement ne leur a été donné; pas un seul de ces officiers d'ordonnance qui, le matin, paradaient en ville, ne vient les mettre au courant, leur transmettre des ordres. Deux guides garibaldiens apparaissent un instant à l'entrée de la route de Nolay; ils jettent un regard inquiet sur l'horizon, ne parlent à personne et disparaissent à bride abattue comme un tourbillon. Leur rapport, s'il est détaillé, ne sera pas très exact.

Garibaldi est toujours à Couhard, à trois kilomètres en arrière, sur la hauteur, avec toutes ses voitures de bagages et deux obusiers qu'il a pris au petit Séminaire. En quittant l'esplanade où il est resté quelques minutes, il a donné aux premiers artilleurs arrivés cet ordre incroyable et cependant absolument vrai : « Mes amis, il faut enlever cela à la baïonnette ! » M. Bordone et le commandant de la troisième brigade restent un certain temps dans les greniers du petit Séminaire. « Du haut des combles de l'établissement du petit Séminaire où ils étaient en ce moment en observation, écrit M. Bordone, Menotti Garibaldi et le chef d'état-major eurent connaissance de ce mouvement dès qu'il commença. » Le sous-chef d'état-major organise en gare un train spécial ; le général Bossack, commandant la première brigade, est en mission ; le chef de la deuxième brigade, Delpech, réquisitionne des vaches. Dieu sait où sont tous les galonnés sans troupes !

Comme jadis le maréchal de Soubise, Ricciotti Garibaldi cherche en vain sa brigade ; il n'y a plus de brigades. Le premier bataillon des Alpes-Maritimes faisant partie de la brigade Bossack est à la gauche ; les Aveyronnais compris dans la même brigade sont à la droite ; l'aile gauche est composée de corps appartenant à la première et à la troisième brigade ; le centre est un mélange confus de toutes les brigades. L'aile droite, forte de trois mille quatre cents hommes, n'a pas de chef ; pas un officier supérieur ne vient sur la route de Nolay pour examiner les positions !

La seule présence de moins de cinq mille Allemands a mis en fuite huit mille garibaldiens et renversé le château de cartes de l'armée des Vosges. Tout cet éclatant décor kaléidoscopique de général en chef, d'état-major, d'armée, de brigades, de brigadiers, de légions, de colonels, de guérillas, de compagnies, de galonnés de toutes sortes, s'est éclipsé ; il n'en est plus question. Au premier coup de canon la féerie cesse, les déguisements tombent; la réalité se montre dans toute sa nudité. Ce n'est plus même une apparence d'armée ; c'est une cohue, une pétaudière. Ce n'est pas un combat, c'est un chaos, une

Babel de mouvements où les balles seules disposent, ordonnent, commandent, font office de général. Tant il est vrai qu'une nomination, un képi galonné, des rôles, ne suffisent pas pour créer un général, un chef d'état-major, des officiers, une armée. Plus encore ici qu'ailleurs l'habit ne fait pas le moine.

Abandonnés à eux-mêmes, les soldats tirent sur toutes les fumées qui blanchissent à travers les buissons, sur tout ce qui remue devant eux; tant pis si ce sont des Français! Des tirailleurs embusqués au pont l'Évêque brûlent une quantité de cartouches sur les mobiles qui vont et viennent dans le chemin reliant les Dremeaux à Saint-Pierre. Ils les prennent pour des Prussiens. Les combats des Apaches sont des merveilles de tactique comparativement à celui du 1er décembre; du moins chez ces sauvages les chefs sont en tête et guident leurs guerriers.

La nuit met fin au combat. Vers huit heures, toutes les troupes qui ont pris part à l'action rentrent en ville : il ne reste en dehors que deux postes peu nombreux, au pont l'Évêque et à Saint-André, en-deçà du pont.

A sept heures, la batterie allemande de la route de Saint-Martin s'avance jusqu'à la hauteur de l'abside de l'église de Saint-Pantaléon et tire de nouveau sur la ville à de rares intervalles. Un certain nombre d'obus atteignent, sans y causer de grands dommages, quelques maisons comprises dans l'îlot borné par la rue Saint-Antoine, la rue de l'Arbalète, la rue aux Cordiers et la Grande Rue ; aucun habitant n'est blessé. Les officiers de l'état-major prussien logés chez M. Abord, à Saint-Symphorien, disent aux dames de la maison : « N'ayez pas trop peur, Mesdames, on va seulement lancer sur la ville quelques grenades pour y mettre le feu. » Cet ordre, s'il a existé, n'a pas été exécuté; il n'est pas tombé de grenades sur Autun.

Pendant ce temps, une forte patrouille ennemie, composée d'un bataillon au moins, parcourt et fouille, sans rien rencontrer, tout l'espace de terrain occupé pendant la journée par le centre français; elle pousse même au delà, jusqu'au carrefour de Saint-Pantaléon. Venue de Saint-Martin et de Saint-Symphorien, elle s'engage dans la rue de Saint-Pantaléon, tourne à gauche sur la place faisant face au pont et remonte vers les Dremeaux et Saint-Pierre, après s'être assurée que les faubourgs sont évacués. Certains témoins prétendent même que des Allemands isolés se seraient avancés jusqu'au portail et auraient pénétré dans quelques maisons; ce fait semble controuvé. La patrouille rentre, le canon cesse de tirer. Cette reprise de la canonnade avait donc eu pour but de donner l'alerte aux troupes françaises et de les amener à se démasquer. Les Allemands savaient dès lors que toutes les troupes étaient en ville; ils pouvaient se retirer ou aller de l'avant à leur volonté.

A 8 heures 20, tout était terminé; les positions des deux armées étaient exactement les mêmes qu'au premier coup de canon. Les Prussiens pouvaient entrer à Autun aussi facilement qu'à leur arrivée; du pont l'Évêque à la place du Champ-de-Mars, il n'y avait pas un seul poste. Les habitants, habitués à voir circuler des troupes de tout acabit ne les auraient pas remarqués, surtout pendant la nuit et dans cette avenue peu fréquentée. Le Séminaire où était parquée l'artillerie et la sous-préfecture avec l'état-major auraient été enlevés en un tour de main; la suprise de l'après-midi n'avait pas rendu Garibaldi plus circonspect. « Le soir, quand les Prussiens ont été repoussés, ils ont campé à la porte d'Autun, dans les vallées environnantes. S'ils avaient eu l'audace d'entrer pendant la nuit, ils auraient facilement réussi, car nos troupes n'avaient pris aucunes précautions pour les en empêcher. On aurait dû être constamment sous les armes et tomber sur les Prussiens qui avaient eu l'audace de coucher à nos portes. » [1]

Le combat avait duré trois heures; six mille deux cents mobiles et mobilisés, et huit cents francs-tireurs au maximum, étaient entrés en ligne contre les cinq mille Allemands de Keller. Ces sept mille Français, joints aux six cents mobilisés du deuxième bataillon d'Autun envoyés à Runchy et aux mobiles des Basses-Alpes (onze cent trente-quatre hommes), qui occupaient la route de Brisecou et les bois environnants, forment un total de huit mille sept cent trente-quatre hommes, soit l'effectif que M. Bordone reconnaît avoir eu en mains le 2 décembre au matin. Huit mille garibaldiens, les mieux armés, les mieux équipés, avaient donc tourné le dos à l'ennemi, ou bien, si l'on préfère, continuaient à couvrir les avenues du Creusot, qui n'était guère menacé par les Badois de Saint-Pantaléon. Si ces huit mille fuyards eussent imité la conduite des huit mille mobiles et mobilisés; si un général sérieux eût eu le commandement de ces forces; si Cremer qui, le 1er décembre au matin, occupait Bligny avec dix mille hommes et deux batteries d'artillerie, eût été prévenu dès le 30 novembre au soir et non pas seulement le 2 décembre, le général Keller ne serait pas rentré à Dijon. Vingt-six mille hommes en

---

1. *Enquête parlementaire*, t. IV, p. 98.

effet disposant de trente pièces de canon et opérant dans leur pays, doivent venir facilement à bout de cinq mille hommes éloignés de vingt lieues de leur base d'opération, harassés par six jours de marches forcées; ou bien il est inutile de faire la guerre.

Le rapport du grand état-major prussien accuse une perte de vingt-trois hommes et de six chevaux, à savoir : un officier, trois hommes et un cheval tués; deux officiers, dix-sept hommes dont « trois artilleurs » et cinq chevaux blessés. [1]

Un peu plus d'une centaine des nôtres avaient été mis hors de combat; cinquante d'entre eux succombèrent aux suites de leurs blessures.

La belle conduite de l'artillerie française a fait un peu trop oublier le rôle des autres corps engagés, dont la bonne volonté ne le céda en rien à celle de leurs frères d'armes. Sous l'empire de ces préoccupations, on en est presque venu à passer sous silence leur concours, au point d'appeler la journée du 1er décembre la « canonnade d'Autun. » Il est juste de rectifier cette appréciation inexacte, de rendre à chacun ce qui lui est dû. De même que l'artillerie allemande n'aurait pu continuer son attaque si elle n'avait été soutenue par son infanterie, ainsi en a-t-il été de notre côté. Si nos artilleurs ont éprouvé relativement des pertes bien plus grandes, cela tient à l'espace trop restreint qu'ils occupaient, eu égard à leur nombre. En réalité, l'affaire d'Autun a été un combat ordinaire où l'artillerie et l'infanterie se sont donné mutuellement la main.

Le rapport du grand état-major prussien le constate; il

---

1. *Guerre franco-allemande de 1870-71*, 2º partie. Suppl. c. v, p. 253.

les met toutes deux sur la même ligne : « Vers deux heures et demie de l'après-midi, la tête de la troisième brigade débouchait devant Autun sans avoir essuyé grande résistance, quand elle est criblée tout-à-coup par un feu violent d'artillerie et de mousqueterie ; deux batteries badoises prennent position aussitôt sur la grande route, pendant que l'infanterie se déploie à l'est de celle-ci avec la troisième batterie, car les Français cherchaient à déborder la gauche. A plusieurs reprises, les Allemands résistent avec succès aux efforts de l'assaillant, mais la nuit survenant sur ces entrefaites les détermine à surseoir provisoirement à l'attaque de la ville... » [1]

Cette rédaction est amphibologique. Il ne faudrait pas l'entendre en ce sens que l'attaque des Français a précédé celle des Prussiens. Il est parfaitement certain que les Allemands ont attaqué les premiers, sur leur droite, avec leur artillerie, tandis qu'à l'est, leur infanterie trouvant le chemin libre s'avançait sur le petit Séminaire. Les Badois n'ont commencé à être débordés sur leur gauche que vers trois heures ; leur attaque sur ce point a guidé notre défense. Les garibaldiens qui, dès les premiers coups de canon, s'enfuyaient dans les bois, ont fait craindre au général Keller d'être débordé ; cette préoccupation a laissé sa trace dans le passage que nous venons de citer. L'erreur du général prussien est d'autant plus compréhensible qu'il connaissait les dangers de sa situation et ne pouvait imaginer une fuite aussi invraisemblable, aussi peu justifiée.

Tel est ce combat républicainement fameux, représenté par les historiographes révolutionnaires comme

---

1. *Guerre franco-allemande de 1870-71*, 2ᵉ partie, p. 605.

une autre bataille d'Austerlitz. Ce Marengo garibaldien a cependant une certaine importance, parce qu'il permet d'étudier la manière, la tactique de Garibaldi.

Le 1er décembre, ce général dispose de seize mille hommes et de trois batteries d'artillerie ; il peut compter sur le concours de Cremer qui est à Bligny avec dix mille hommes et douze pièces de canon [1]. Une colonne de cinq mille Allemands marche sur Autun ; une seconde colonne ennemie de six mille hommes est établie à Arnay-le-Duc, sous les ordres du prince Guillaume de Bade [2]. Dès le 30 novembre, Garibaldi est informé par le préfet Luce-Villiard du mouvement offensif des Prussiens.

Il néglige de prévenir Cremer et de s'entendre avec lui ; il ne fait garder aucune des avenues d'Autun ; il ignore l'importance de la colonne ennemie ; il concentre ses troupes dans une ville ouverte, leur donne toute liberté, deux heures avant l'arrivée des Allemands, et refuse de croire aux nombreux avis qui affluent de toutes parts, au sujet de leur marche.

Au premier coup de canon, il envoie ou laisse aller en arrière tous les corps bien équipés, bien armés ; ceux qui ont des fusils à piston sont en première ligne. Aucune direction d'ailleurs ne leur est donnée. Presque tous les commandants de brigades sont absents. Le général, les chef et sous-chef d'état-major observent chacun de leur côté ; leurs observations ne se traduisent par rien de pratique. La batterie de montagne a une

---

1. Dépêche du préfet de la Côte-d'Or à Garibaldi, rapportée p. 212 du livre de M. Bordone.
2. V. *Guerre franco-allemande de 1870-71*, 2e partie, p. 605.

portée trop faible ; elle pourrait être rapprochée : on ne s'en sert pas. Les deux batteries de campagne sont empilées l'une sur l'autre ; il serait avantageux d'en envoyer une dans une autre position : on les laisse sur l'esplanade où les artilleurs sont deux fois décimés par suite du manque d'espace.

L'aile gauche prussienne bat précipitamment en retaite ; il y aurait possibilité de la poursuivre. En combinant ce mouvement avec une attaque générale, le faible rideau de tirailleurs ennemis, qui ne compte pas plus d'un homme par mètre, pourrait être coupé ; on n'en fait rien. Trois ou quatre compagnies badoises se sont repliées sur les Rivières, où elles se trouvent complètement isolées ; trois mille quatre cents Français sont devant elles : on ne s'en inquiète pas. La batterie allemande de Saint-Martin est dans une position très aventurée : en arrière elle peut être tournée, en avant elle n'est défendue par aucunes troupes. En suivant la route longeant la cure et l'église, on peut arriver librement à soixante mètres des pièces sans être aperçu ; au plus fort du combat, deux femmes dépassent l'église de Saint-Pantaléon ; l'officier commandant la batterie leur fait avec son sabre le signe de se retirer. Il y aurait quelque chose à tenter de ce côté ; ce serait le cas de « faire enlever cela à la baïonnette ». Un bataillon de turkos s'emparerait de cette batterie en un tour de main. On n'essaie rien et on laisse les mobiles des Basses-Pyrénées tirer leur poudre aux moineaux dans le parc de Saint-Jean.

L'aile droite prussienne comprend environ huit cents hommes ; les deux tiers sont renfermés dans le parc de Saint-Martin ; les murs non crénelés permettent d'arriver jusques aux portes et de prendre les Allemands comme dans une souricière ; on les laisse bien tranquilles. Que ne dirait-on pas d'un général français qui aurait affiché une pareille incurie ?

On a beau chercher : dans ce triste combat, il n'y a rien, rien, absolument rien, que des hommes de bonne volonté livrés à eux-mêmes, abandonnés à leur inexpérience par un général indigne de ce nom. Plus on réfléchit à ce fait de guerre ; plus on examine les circonstances qui l'ont précédé, accompagné ou suivi ; plus on en analyse les péripéties ; plus on étudie la situation, les forces, les chances respectives des deux armées ; plus on pèse le pour et le contre ; et plus on se trouve réduit à cette alternative, enfermé dans ce dilemme : incapacité grossière ou trahison.

VIII

La rentrée des troupes fut triste et silencieuse ; on était allé au feu avec la conviction d'être battu ; on en revenait avec la persuasion que le lendemain verrait la prise d'Autun.

Telles étaient les idées des nombreux officiers qui encombraient le soir la cour de la sous-préfecture ; d'après eux la retraite s'imposait. Conformément aux bruits répandus par l'état-major, ils pensaient avoir eu affaire à quinze mille Allemands et l'état de l'artillerie française, très fortement éprouvée pendant la journée, ne permettait pas, disaient-ils, de continuer la lutte avec quelque chance de succès.

Le général et l'état-major n'étaient pas plus rassurés. Ils redoutaient qu'à la faveur de l'obscurité, un corps ennemi ne tournât nos positions et n'occupât les hauteurs; ils prévoyaient, dès minuit, un bombardement dont le petit Séminaire serait le but principal. « Au quartier général, écrit M. Marais, on s'attendait à une nouvelle attaque pour la nuit ou le lendemain matin. »

En ville, l'inquiétude était d'autant plus grande qu'on avait assisté à la fuite des garibaldiens et qu'on n'avait jamais eu beaucoup d'illusion au sujet de Garibaldi. On était étonné de l'hésitation des Allemands et on redoutait l'entrée d'un ennemi dont les cruautés avaient parfois rappelé celles des anciens barbares. Bien que l'on eût caché tous ses effets précieux, les appréhensions n'en étaient pas moindres.

« Un silence de mort[1] régnait partout, silence solennel, interrompu seulement par le piaffement des chevaux de l'artillerie et de l'état-major, prêts à être montés ou attelés au premier signal...... Tout conspirait à nous effrayer, même les précautions qu'on nous disait de prendre en cas de bombardement..... La nuit fut longue; le canon était dans les oreilles. Le jour paru, nos inquiétudes, un peu diminuées, continuèrent à être grandes. Le brave capitaine d'Houdelot, toujours sous l'impression d'un bombardement attendu, nous pressait de ne pas rester tous au petit Séminaire; il ne désirait que la présence de quelques-uns d'entre nous, pour la surveil-

---

1. M. l'abbé Duchêne. *Une Page de l'histoire du petit séminaire d'Autun*, p. 20.

lance de la maison et les soins à donner aux blessés et aux mourants..... »

Malgré l'éminence du danger, Garibaldi ne prit aucune mesure pour parer aux éventualités redoutées. Aucune patrouille, aucune reconnaissance, aucunes troupes ne furent envoyées en avant afin de surveiller les mouvements de l'ennemi, de l'inquiéter et d'éviter une nouvelle surprise. On ne fit rien qui annonçât l'intention de prolonger la résistance; les quelques précautions dont on usa n'indiquaient que la volonté de battre en retraite. M. Marais est dans l'erreur lorsqu'il affirme le contraire.

« Toutes les mesures, prétend-il, avaient été prises, dans la prévision d'une nouvelle attaque : les rues de la ville, au débouché des routes de Chalon, de Beaune, de Saulieu, barricadées; la route de Mesvres à Autun et le plateau d'Antully occupés par les mobilisés, sous le commandement du colonel Pelletier établi à Runchy; toutes les troupes consignées et les postes de combat pour chaque corps soigneusement fixés. »

Ces allégations sont notoirement fausses : les rues n'ont été barricadées et les mobilisés envoyés à Antully que plus tard, après le départ des Allemands. D'ailleurs, l'occupation de la route de Mesvres et du plateau d'Antully ne pouvait évidemment les empêcher d'entrer par Saint-André ou par le pont l'Évêque. Il ne faut pas oublier que Garibaldi, comme le déclare M. Bordone, croyait avoir quinze mille Allemands devant lui; dans ces circonstances, il était bien obligé de songer à la retraite, qui eût certainement été ordonnée si l'ennemi avait renouvelé son attaque le lendemain.

On en était là, attendant à chaque instant la reprise de la canonnade, en proie à une anxiété légitime, lorsque des habitants des communes voisines vinrent annoncer dans la matinée du 2 décembre que les Prussiens s'étaient retirés.

Cette heureuse nouvelle mettait fin aux angoisses. Dans un certain milieu elle produisit un changement à vue complet ; instantanément, on y passa de l'humilité à l'arrogance, de la prudence au courage. Les officiers qui avaient revêtu des habits civils s'empressèrent d'endosser à nouveau l'uniforme ; ceux qui s'étaient couchés pendant le combat prirent des attitudes héroïques. Plus on avait eu peur, plus on était audacieux ; il y eut alors une émulation de bravoure proportionnée aux défaillances de la veille. Peu à peu les rues se repeuplèrent de ces brillants uniformes, de ces éclatantes chemises rouges, vierges de la fumée du combat. L'arrogance garibaldienne s'augmenta de ce qui aurait dû la détruire. C'était à qui raconterait ses exploits et inventerait un épisode nouveau. On poussa la vantardise jusqu'à affirmer que Garibaldi avait attiré les Prussiens sous les murs d'Autun pour les mieux anéantir. Ce sont vraisemblablement quelques-uns de ces héros de la parole, revenus des bois, sortis de leur lit, des caves, d'un café ou d'un placard, et auxquels « leur Midi montait à la tête » qui ont joué à M. Marais le mauvais tour de lui conter la bataille du Ternin, dont on parlera plus tard.

Quoi qu'il en soit, on s'empressa d'accaparer au profit de Garibaldi et de son entourage la bonne volonté des mobiles et des mobilisés. Tout d'abord on parla d'eux ; bientôt il n'en fut plus question ; quelques jours après, il était établi que Garibaldi et les garibaldiens avaient tout fait.

L'ordre du 2 décembre ne put toutefois passer sous silence le rôle décisif des mobiles et des mobilisés.

« Le général Garibaldi adresse des félicitations pour leur belle conduite dans la journée d'hier à l'armée, et plus spécialement à l'artillerie de campagne et de montagne, au bataillon des Basses-Pyrénées, à ceux des Alpes-Maritimes commandés par le chef de bataillon Bruneau et par le capitaine Guide, à la garde nationale mobilisée, aux francs-tireurs de la quatrième brigade, à la compagnie génoise commandée par le capitaine Razetto et au capitaine Verdez de la brigade télégraphique, qui a conduit lui-même pendant assez longtemps une partie de la colonne qui opérait contre la gauche ennemie. Les troupes ont pu voir par la journée d'hier que lorsqu'on veut résister aux envahisseurs, même en nombre supérieur, on le peut... »

On remarquera que les Aveyronnais qui ont joué un rôle important dans le combat et ont perdu plusieurs hommes ne sont pas nommés ; ils étaient mal vus à l'état-major à cause de leurs opinions religieuses, et leur citation à l'ordre du jour eût montré que les mobiles et les mobilisés avaient seuls défendu Autun. On leur substitua la compagnie génoise qui escortait à Couhard le général Garibaldi ; la participation des Italiens à la défense d'Autun était dès lors établie.

Pendant qu'à l'armée des Vosges on perd ainsi son temps à des bagatelles, le général Keller se dirige en toute hâte sur Arnay. Averti du mouvement de Cremer sur Bligny, le général de Werder avait envoyé aux colonnes allemandes l'ordre de rentrer à Dijon. « Déjà toutes les dispositions d'attaque étaient prises pour la matinée suivante, lit-on dans le rapport du grand état-major prussien, quand, à une heure assez avancée de la soirée, un ordre du commandant du corps venait prescrire le retour sur Dijon. Les troupes rétrogradent donc le soir même jusque derrière la Drée; le lendemain elles gagnent Arnay-le-Duc; la colonne qui y avait été laissée en était partie pour Sombernon, sur un ordre reçu entre temps et rentrait le 3 à Dijon. »[1]

On a prétendu que la marche de Cremer sur Bligny avait été provoquée par le général Garibaldi; cette allégation est erronnée. Le 1er décembre, l'état-major de l'armée des Vosges recevait ces deux dépêches : « Général Cremer à général Bordone. — 1er décembre. — J'attaque Bligny demain; savez-vous la grande victoire de Paris? Ducrot sorti avec cent mille hommes. Prussiens refoulés. — S. CREMER. » — « Beaune, 1er décembre. — Préfet Côte-d'Or à général Garibaldi, à Autun. — Je vous préviens, par ordre du général Cremer, que ce soir il marchera sur Bligny avec dix mille hommes et du canon. — S. LUCE-VILLIARD. »

M. Bordone répondait : « Autun, 2 décembre, 3 heures matin. — Chef d'état-major à général Cremer et préfet Luce-Villiard, à Beaune. — Marchez hardiment en avant, sans vous inquiéter de Bligny, où ne rencontrerez aucun ennemi, troupes battues à Autun se retirent vers Sombernon en pleine débandade, gagnez-les de vitesse. — S. BORDONE. »

« Il reste donc bien établi, ajoute M. Bordone, qu'après l'affaire d'Autun, le 1er décembre, le général Garibaldi appela le général Cremer, non à son secours sous Autun, mais pour couper la retraite aux Prussiens en déroute. »

---

1. *Guerre franco-allemande de 1870-1871*, p. 605.

D'où il suit que le mouvement de Cremer qui a sauvé Autun provient de l'initiative de ce général et pas du tout de Garibaldi.

La retraite des troupes allemandes commença vers dix heures du soir ; elle s'opéra successivement. Le parc de Saint-Martin ne fut évacué qu'entre trois et quatre heures du matin ; le 2 décembre, à huit heures, « les derniers Prussiens occupaient encore le bois de Saint-Denis avec deux pièces de canon que les postes avancés voyaient luire au soleil levant. [1] » Ainsi aventurés, harassés par huit jours de marches forcées, inquiets de leur situation, les Badois auraient difficilement résisté à une attaque sérieuse. Déjà, pendant le combat, on avait constaté qu'ils se battaient fort mal ; un certain nombre de soldats couchés derrière les maisons avaient grand'peine de chasser le sommeil qui les accablait ; leurs officiers étaient obligés de les battre pour les faire marcher. Lorsqu'ils arrivèrent derrière la Drée, ils n'en pouvaient plus ; les sentinelles s'endormaient vers les pièces ; les précautions les plus élémentaires étaient négligées. De l'avis unanime de tous ceux qui les ont vus, il n'y avait rien de plus facile que « de les prendre ». On ne les inquiéta pas. Garibaldi leur laissa toute latitude de se reposer, de se ravitailler, de réquisitionner à leur volonté les chevaux, les voitures, le fourrage, l'avoine et les vivres, absolument comme s'ils eussent été chez eux.

Cependant, de tous les côtés, les avis arrivaient au quartier général au sujet de cette retraite et chacun demandait que l'on profitât de cette occasion inespérée

---

1. Journal d'un Autunois, du 8 novembre 1870 au 18 mars 1871.

d'infliger aux envahisseurs un échec, qui aurait eu alors un grand retentissement.

« Un de nos amis, M. Leloup, ingénieur directeur des nombreuses usines à schiste qui se trouvent dans le voisinage d'Autun, vint s'offrir pour conduire nos troupes par un chemin détourné, de manière à envelopper les Prussiens battus et démoralisés par leur échec..... » Garibaldi refusa.

« Il nous fut impossible de poursuivre l'ennemi, dit M. Bordone, nous n'avions pas de cavalerie..... Presque toutes nos troupes, depuis le 21 novembre, étaient en marche, elles avaient fourni les journées des 26 et 27 à Pasques, Prenois, Darois et Dijon ; leur retour à Autun n'avait fait qu'augmenter leurs fatigues, et enfin de onze heures du matin à cinq heures du soir, elles avaient eu à repousser un ennemi supérieur en nombre qui se croyait déjà victorieux presque sans combat... Nous étions harassés ; nous n'avions à Autun que la moitié à peu près de notre effectif, dont le reste continuait à couvrir la vallée d'Ouche et les avenues du Creusot... »[1]

Ces motifs ne sont pas sérieux. L'heure de la dépêche envoyée au général Cremer par M. Bordone établit que Garibaldi a eu connaissance de la retraite des Allemands avant que le parc de Saint-Martin ne fût évacué ; il n'était pas nécessaire d'avoir de la cavalerie pour cerner les mille à douze cents hommes qui s'y trouvaient isolés, occupés à cuver les trois ou quatre pièces de vin par eux absorbées pendant la soirée. Il y avait aussi possibilité de faire prisonnier le petit détachement qui, le 2 décembre, à huit heures du matin, était encore dans les bois

---

1. Bordone. *Garibaldi et l'Armée des Vosges*, 2ᵉ partie, Autun.

de Saint-Denis avec deux pièces de canon, d'aller rejoindre sur la Drée la tête de la colonne allemande mal gardée et dont la marche était appesantie par les voitures de réquisitions : des cavaliers n'étaient pas nécessaires pour cela.

Quant à la fatigue et aux combats, ils avaient été les mêmes pour les Allemands, et puisqu'ils devaient avoir la force de s'en aller, on devait avoir celle de les poursuivre ; une victoire eût mieux délassé l'armée qu'une journée de repos. Garibaldi négligeant de poursuivre l'ennemi en fuite, fit percer des meurtrières dans les murs et élever des barricades sur les routes, comme s'il était menacé d'une seconde attaque, et fut à bon droit suspect, tant il gâtait sa victoire, de n'être pas venu faire la guerre aux Prussiens. Son refus systématique et injustifiable de profiter d'une situation si avantageuse est bien plus grave que la surpise et l'absence de direction au 1er décembre, car s'il se fût simplement contenté de harceler l'ennemi et de retarder sa marche pendant vingt-quatre heures, il eût fourni à Cremer le temps de couper la retraite aux Badois.

Dans la matinée du 2 décembre, les Allemands quittèrent la ligne de la Drée, « emmenant près de cent bœufs pris dans les prés, le long de la route », et arrivèrent à Arnay qui avait été évacué le même jour par l'autre colonne ennemie. Depuis le matin, le général Keller était donc seul avec ses cinq mille hommes ; dans cette situation critique, il était perdu s'il eût été poursuivi. Le lendemain, la queue de sa colonne se heurte à la hauteur de Châteauneuf, aux dix mille hommes du général Cremer qui n'avait pas encore eu le temps de se jeter sur les lignes de communication. Tandis que le gros de l'ennemi se dirige sur Dijon, l'arrière-garde couvre la retraite et se sacrifie pour le salut de tous.

« Dans la matinée de ce même jour, la brigade badoise était rassemblée autour de Vandenesse et se disposait à reprendre sa marche, lorsqu'elle est soudainement assaillie par un feu très vif, partant des hauteurs de Châteauneuf; c'était le général Cremer, qui, pendant la nuit, à la demande du général Garibaldi, était venu s'y établir de Beaune, avec une partie de sa division. Les bataillons de mousquetaires du 5ᵉ régiment, faisant alors face à l'est et appuyés par le feu des trois batteries mises en action auprès de Vandenesse, gravissent les pentes rapides et chassent l'ennemi de la hauteur qui commandait la route de Sombernon; pendant ce temps, le bataillon de fusiliers du 6ᵉ régiment repoussait de gros partis ennemis débouchant de Sainte-Sabine sur Vandenesse. Puis, après que les convois et les équipages régimentaires ont pris une avance suffisante, les troupes badoises rompent progressivement le combat. L'adversaire n'essaie pas de les suivre, sauf sur la hauteur; mais deux compagnies du 1ᵉʳ bataillon du 6ᵉ régiment et la 2ᵉ batterie lourde le contraignent à faire volte-face. Dans la soirée, la brigade arrive sans nouveaux incidents à Velars, d'où elle gagne Dijon le 4. »[1]

Dans cette affaire, l'ennemi avait perdu cent soixante-neuf hommes et six chevaux, à savoir : un officier, dix-neuf hommes tués; trois officiers, soixante-quatorze hommes, six chevaux blessés; deux officiers, quatre médecins, soixante-six hommes disparus[2]; mais le

---

1. *Guerre franco-allemande*, 2ᵉ partie, p. 605.
2. Id. ibid. suppl. c. v, p. 253 et suiv.

général Keller avait atteint son but. En sacrifiant cent soixante-neuf hommes, il avait ralenti le feu des Français, gagné du temps, et quand ses troupes engagées eurent rempli leur mission et rejoint successivement la colonne, le passage dangereux était franchi et la route libre jusqu'à Sombernon et Dijon.

» Le général Cremer ne pouvait songer à les poursuivre. Il devait s'attendre, d'après l'avis qu'il avait reçu de Garibaldi, à voir les troupes de ce dernier apparaître à la suite de la colonne prussienne et compléter le mouvement : avec les forces dont il disposait, il ne pouvait s'éloigner davantage de son quartier général. Mais en voyant manquer ainsi une si belle occasion, peut-être unique, d'un triomphe sur lequel il avait dû compter, parmi les épithètes, — et il était, dit-on, énergique en pareil cas, — dont il a dû qualifier la conduite du chef de l'armée des Vosges, il n'a pu en trouver de trop fortes ! Comment ! Lorsqu'il est de principe absolu qu'on doit poursuivre l'ennemi en retraite sans lui donner le temps de se reformer, de se reposer; lorsque, dans le cas dont il s'agit, l'on sait qu'il aura sa ligne de retraite coupée et qu'il faut, plus que jamais, être là pour appuyer l'effort de ceux qu'on a convoqués, pas un homme n'est mis en mouvement ! Nous le demandons à tout homme de bonne foi : quelque ignorant qu'on puisse être en fait de questions militaires, est-il possible de commettre une telle ineptie, de laisser passer une telle occasion ? Qui ne comprendra la position désespérée de cette colonne ennemie, ne pouvant espérer aucun soutien, n'ayant pas l'entrain de la victoire de la veille, assaillie sur son flanc droit, et, au moment où elle s'apprête à résister, attaquée sur ses derrières, ce qu'on appelle vulgairement prise entre deux feux! Dans ce cas, le général Cremer aurait pu détacher une partie de ses forces pour prendre les devants et gagner, par les hauteurs, le défilé et le rendre infranchissable; quelques abattis, quelques feux convergents à établir, et la tête de la colonne était arrêtée. Pas un homme de cette expédition n'aurait dû rejoindre le quartier général, et la première imprudence commise par le commandant prussien aurait dû être cruellement expiée! Mais, ces considérations de tactique élémentaire étaient probablement ignorées, ou plutôt la pensée dominante du chef de l'armée des Vosges et de son brillant état-major était la joie d'en être quitte à si bon marché, et de pouvoir reprendre en paix la plantureuse existence que nous connaissons. » [1]

Lorsque le général Keller ayant franchi les défilés arriva à Sombernon, il dut certainement offrir des actions de grâce au ciel et à Garibaldi, qui l'avaient préservé d'un désastre imminent et complet.

Ainsi se termina la première expédition de l'armée des Vosges, à la fin de laquelle chacun des belligérants reprit les positions qu'il occupait antérieurement. Elle avait duré douze jours, l'ennemi avait perdu cent cinquante-cinq hommes et quinze chevaux [2], auxquels il y a lieu de joindre cent soixante-neuf hommes et six chevaux mis hors de combat à Châteauneuf par le corps d'armée de Cremer. Nos pertes étaient bien supérieures.

---

1. Commandant de C.
2. Pour obtenir ce total, il faut ajouter aux chiffres précédemment cités, celui de quarante-cinq hommes et de trois chevaux qui semblent avoir été mis hors de combat le 30 novembre par l'arrière-garde de l'armée des Vosges. — *Guerre franco-allemande de 1870-1871*, 2⁰ partie, supp. cv, p. 253 et suiv.

Cette campagne présente trois phases : dans la première, Garibaldi marche contre les vingt-cinq mille hommes de Werder et après quelques succès d'avant-garde à Pasques, Prenois et Darois, il est repoussé sous Dijon ; dans la seconde, à Arnay, à Bligny, il s'enfuit devant onze mille Allemands, malgré la proximité de Cremer, qui lui a offert son concours ; enfin, dans la troisième, à Autun, il n'échappe aux cinq mille Badois de Keller que par suite de la marche de Cremer sur Bligny.

La fortune lui avait souri le 1er décembre, elle lui avait offert vainement une occasion merveilleuse de justifier sa réputation et de l'accroître ; le 2 décembre elle renouvelle ses coquetteries ; elle en fait inutilement assaut : glacé peut-être par la vieillesse, le héros révolutionnaire reste insensible à ses avances les plus engageantes. La réponse de Louis XIV à Villeroy, au lendemain de la défaite de Ramillies : « Monsieur le maréchal, on n'est plus heureux à notre âge », ne saurait lui être appliquée. Le bonheur n'a pas manqué à Garibaldi ; c'est Garibaldi qui a manqué à la victoire.

CHAPITRE V

La légende garibaldienne.

I. Genèse de la légende garibaldienne française; ses inventeurs, ses propagateurs, ses historiens. — II. M. Marais et son roman du combat d'Autun. — III. Récit de M. Bordone. Il est agencé de façon à rejeter sur les habitants et sur le colonel Chenet la responsabilité de la surprise. — IV. La conduite des garibaldiens, le 1ᵉʳ décembre, est l'objet de la réprobation générale; ils cherchent à se disculper en accusant les habitants d'Autun de lâcheté et de trahison.

I

La première expédition de Dijon est le point de départ de la légende garibaldienne française dont nous verrons l'aboutissement à Dijon. Auparavant, Garibaldi était simplement un héros américain, un héros italien, le héros des deux mondes; après cette campagne, le parti révolutionnaire s'efforça de le faire passer pour un héros français. Son succès apparent à Autun couvrit ses réels revers antérieurs; il servit de thème à toutes les variations les plus vertigineuses. Cette entreprise si mal préparée, où une folle témérité le dispute à une incapacité, à une incurie incroyables, devint bientôt, dans la bouche des garibaldiens, une conception géniale.

Attribué tout d'abord et exclusivement aux mobiles, l'insuccès du 26 novembre fut également mis ensuite à la charge des habitants de Dijon et des généraux Cremer et Crévisier, parce que les uns ne s'étaient pas soulevés contre les Prussiens et que les autres n'avaient pas appuyé le mouvement offensif de Garibaldi.

L'abandon précipité de la ligne d'Arnay à Bligny fut représenté comme une de ces ruses de guerre familières aux grands capitaines. Son but, son résultat, avaient été d'amener les Allemands sous les murs d'Autun, où tout était préparé pour leur infliger une éclatante défaite. Plus que jamais Garibaldi était Garibaldi et Bordone était son prophète.

La dépêche du chef d'état-major au délégué à la guerre résume en style officiel les tarasconnades garibaldiennes; elle développe après coup les plans et transfigure les gestes de Garibaldi.

« État-major à Freycinet, guerre. — Dès notre départ de Dôle, avions compris importance d'Autun comme point stratégique pour couvrir établissement du Creusot et route de Lyon; n'avons pas hésité à nous y établir. Si par dislocation avons opéré sur d'autres points, c'est que nous redoutions concentration dans villes de troupes difficiles à manier : à la suite de notre pointe sur Dijon qui aurait pleinement réussi si les habitants nous avaient secondés, ainsi que troupes de vallée de la Saône, avons compris par mouvement signalé de l'ennemi qu'Autun était son objectif; aussi tout en ralliant les débandés à Bligny et Arnay-le-Duc, nous étions sûrs à Autun de donner une forte leçon aux Prussiens quand ils se présenteraient. Aujourd'hui importance de cette position est comprise par tous, entente avec le général Cremer est complète; si vous nous fournissez moyens d'action, nous vous répondons de la sécurité du Creusot et de la ligne de Lyon. — Signé : BORDONE. »

Il faut le reconnaître, l'affaire était fort bien présentée et Gambetta s'y laissa prendre ; il crut que c'était arrivé.

« Intérieur et guerre à général Garibaldi à Autun. — J'ai à vous remercier de tout ce que vous faites à la tête de votre petit corps, si simplement et si grandement selon votre manière habituelle. Je fais tout ce que je puis pour vous soutenir, et je vous prie de ne jamais douter du concours que je désire vous prêter... — Signé : Léon GAMBETTA. »

En même temps que le gouvernement, les journaux du parti recevaient d'autres *bordonades*. Leurs correspondants étaient comblés de faveurs de toutes sortes par le quartier général ; plusieurs d'entre eux étaient officiers d'état-major. Lady Mary White, reporter d'un journal anglais, munie d'un ordre de M. de Maï, commandant de place, obligeait M. le commissaire de police Debuschère à réquisitionner la voiture de M. Changarnier, avocat, parce qu'elle ne pouvait se contenter d'une voiture à un cheval ! La presse reconnaissait ces bons offices en publiant les récits les plus mensongers sur l'armée des Vosges et sur les faits de guerre auxquels elle était mêlée. Grâce à elle la légende garibaldienne se propageait au loin.

Le *Progrès* de Chalon, du samedi 3 décembre, s'exprimait en ces termes :

« Hier soir, une fâcheuse nouvelle se répandait à Chalon ; les Prussiens étaient à Autun ! La chose parut d'abord impossible, on les croyait encore aux prises, dans la vallée de l'Ouche, avec des troupes assez nombreuses pour les arrêter. Il fallut bien se rendre à l'évidence, lorsque le stationnaire du télégraphe annonça qu'il tombait des obus dans le voisinage du poste et demanda à son inspecteur s'il fallait déménager les appareils. De fait, les Prussiens ne trouvant devant eux que les mobiles de la... de... de... fuyant à toutes jambes, jetant sacs et armes, renversant pour fuir les lignes de volontaires qui se faisaient écharper, les Prussiens, disons-nous, avaient poussé sur Autun une vigoureuse reconnaissance de cavalerie, artillerie, infanterie, par les routes de Bligny et d'Arnay. Au moment de mettre sous presse (deux heures), nous n'avons pas de renseignements beaucoup plus positifs. Seulement nous savons : 1° que le télégraphe communique toujours avec Autun ; 2° que des troupes solides sont portées sur les points menacés. Et nous avons le ferme espoir que cette équipée du détachement du général Werder nous donnera une bonne razzia de prisonniers..... Mais les mobiles, mais leurs officiers et leurs officières !!! »

Ces contre-vérités n'étaient pas particulières au *Progrès* de Chalon; tous les *Progrès*, tous les organes républicains chantaient la même antienne ; le dénigrement et le sarcasme à l'égard des Français y faisaient pendant aux dithyrambes en l'honneur des troupes braves, solides, austères, héroïques, qui étaient les volontaires de Garibaldi.

Les renseignements suivants, transmis au préfet de Nevers et reproduits par le *Journal de la Nièvre*, ajoutent un trait à la légende; ils montrent dans quelle atmosphère de mensonges on vivait alors :

« Jeudi, attaque à l'improviste des Prussiens sur Autun ; les projectiles atteignaient jusqu'aux faubourgs, mais sans dommage pour les maisons. Combat très vif pendant toute la journée. Les Prussiens finalement repoussés à l'arme blanche jusqu'à quatorze kilomètres d'Autun. Le lendemain, nouveau et brillant combat à Cordesse. Corps prussien complètement mis en déroute, rejeté en désordre sur Saulieu et poursuivi dans les montagnes du Morvan par les Garibaldiens. 1,500 prisonniers, cinq ou six cents chevaux pris; on ignore le nombre des morts et des blessés qui est considérable. »

Sur ce canevas de dépêches officielles, officieuses et de correspondances, que Tartaréïn eût pu signer, les chemises rouges et les autres garibaldiens brodèrent à l'envi les fantaisies les plus capricieuses. Comme autant d'apôtres, ils annoncèrent partout sur leur passage la bonne nouvelle d'un Garibaldi vainqueur et libérateur.

Beaucoup d'entre eux étaient de ces pays aimés du soleil où l'imagination exubérante se complait dans des inventions d'où elle ne peut parfois se débrouiller elle-même; Avignon, Marseille, Tarascon, les avaient vus naître; ils étaient proches parents de Bompard et de Tartaréïn. Ils ne mentaient pas, ils « ézagéraient » seulement; « entre *gensses* de Tarascon, pas moins, on sait bien ce que parler veut dire. »

A côté de ces virtuoses de l'exagération se trouvait tout un groupe important de deshérités du sort qui réparaient à la hâte, à l'armée des Vosges, les longues injustices de la fortune. Beaucoup y étaient arrivés dans le plus piteux état : les souliers éculés, les habits sordides, les chapeaux crasseux, les casquettes à trois ponts, brochaient sur les pantalons percés d'où la chemise s'échappait. Désormais tout chamarrés d'or, déguisés en gentlemans, ils pensaient en frémissant au moment affreux où il leur faudrait reprendre leurs loques puantes. En chantant les louanges de Garibaldi, ils payaient une dette de reconnaissance et espéraient éterniser son pouvoir qu'ils partageaient.

Il y avait aussi là des sectaires farouches pour lesquels Garibaldi était comme un pape, comme un vicaire de Satan sur la terre. Successeur de Mazzini, grand-maître de la Maçonnerie italienne et peut-être chef suprême de la Maçonnerie cosmopolite, le vieux condottière avait droit, de leur part, à ce dévouement complet, aveugle, que la secte ténébreuse exige de ses adeptes. Du moment qu'elle avait intérêt à ce que Garibaldi passât pour un grand homme, il en devait être ainsi, fût-il momifié depuis des siècles. Selon leur pouvoir, ces affiliés s'efforçaient d'exalter leur général qui était en même temps leur chef maçonnique.

Puis c'étaient les fuyards protestant énergiquement contre leur fuite et acclamant Garibaldi pour la faire oublier et se rehausser de la gloire qu'ils lui prêtaient.

C'étaient encore les simples jouisseurs qui s'amusaient immensément de ce carnaval perpétuel et encensaient l'hôte qui les hébergeait.

Certains républicains, craignant comme M. Gauckler que l'incapacité de Garibaldi ne portât tort à la République, tâchaient de faire retomber sur son entourage les responsabilités encourues, tout en continuant à prôner le héros des deux mondes.

Les complices, les convaincus, les amis, complétaient ce concert et le dirigeaient.

Toute cette clientèle considérable se confondait en un immense hosanna ; le bruit qu'elle faisait, le pouvoir qu'elle détenait, étourdissaient, éblouissaient les simples et imposaient silence aux clairvoyants.

Au fur et à mesure qu'elle s'éloignait d'Autun la renommée garibaldienne s'accroissait dans sa course. La boule de neige devenait avalanche, balayant, renversant tout ce qui lui résistait.

Telle est la genèse de cette gigantesque réclame révolutionnaire que la voix publique a si véridiquement dénommée la légende garibaldienne, et qui consiste essentiellement en ceci : transformer Garibaldi et les garibaldiens en autant de demi-dieux, et rabaisser les Français qui avaient le malheur d'être avec eux, les ravaler au-dessous des incapables, des lâches et des traitres.

II

De tous les écrivains révolutionnaires qui ont pieusement recueilli ou inventé les divers éléments de la légende garibaldienne, M. Marais est incontestablement le plus intéressant, le plus enthousiaste ; sa description du combat d'Autun est absolument épique. Soit qu'il ait effectivement ajouté foi aux hâbleries des garibaldiens, soit plutôt qu'il ait craint de voir la République compromise par leur conduite, il a réuni avec habileté la vérité à l'erreur dans un alliage tel qu'à moins d'avoir assisté au combat et d'avoir fait une enquête sur les lieux, il est complètement impossible de s'y reconnaître.

Il serait fastidieux de le suivre à travers les vingt-deux pages qu'il consacre au combat d'Autun ; il faudrait presque autant de rectifications qu'il y a de phrases : la vérité ne lui sert qu'à enchâsser l'erreur. Là même où un fait réel est relaté seul, une réticence ou une atténuation en défigure la physionomie. Tant le vrai dans ce livre nage au milieu du faux ; tant la légende obsède et dirige la plume de l'écrivain.

Ainsi, l'ordre du jour du 2 décembre ne lui permet pas de passer sous silence les mobiles et les mobilisés, de nier la part qu'ils ont prise à l'action ; toutefois il trouve moyen d'en parler de façon que tout le mérite de leur conduite revienne à Garibaldi et aux garibaldiens. D'après lui, comme on l'a vu, les mobilisés de Saône-et-Loire ne sont allés au feu qu'entraînés « par la contagion de l'exemple et par l'ascendant de Garibaldi. » Il en est de même des mobiles de l'Aveyron, avec cette différence importante toutefois qu'il ne les nomme pas et se contente de les désigner sous le nom de la brigade garibaldienne Bossack, dont ils faisaient partie :

« Sur la droite française, les Prussiens ont d'abord réussi à se loger dans le hameau du Pont-l'Évêque [1], qui touche presque à la promenade de la ville, à occuper les deux routes de Beaune et de Chalon, à les dépasser même. Ils vont tourner la position du petit Séminaire et aborder la forêt de Planoise, qui couronne les hauteurs de Montjeu. Encore quelques efforts et ils prennent à la fois la ville et l'armée dont ils coupent la retraite. [2]

---

1. Le faubourg de Pont-l'Évêque n'a pas été occupé par l'ennemi qui, de ce côté n'a pas dépassé le guide des routes de Chalon et de Nolay.

2. On a supposé que les Allemands avaient l'intention de tourner le petit Séminaire par le chemin qui de la route de Couches aboutit au cimetière, mais en réalité ils ne sont pas même allés jusqu'aux Ragots. Quant à aborder la forêt de Planoise, à tourner la ville et à couper la retraite à l'armée, c'est du roman. Un mouvement aussi étendu ne pouvait être exécuté par des forces aussi peu nombreuses, un bataillon au maximum ; elles se seraient coupé à elles-mêmes la retraite : le commandant d'artillerie Ollivier qui occupait l'esplanade du petit Séminaire affirme, du reste, qu'elles se dirigeaient contre cet établissement.

Mais la brigade Bossack habilement dirigée par l'énergique commandant Clerici, qui remplace le général alors en mission, fait bonne contenance. Disposés en tirailleurs derrière les haies et les fossés qui les abritent, les Français regagnent du terrain lentement mais sûrement. L'ennemi s'est d'ailleurs trop tard approché des bois, les francs-tireurs l'ont devancé de ce côté. Tapis au milieu des broussailles, invisibles et insaisissables, mais sûrs de leurs coups, les francs-tireurs ont déjà abattu de nombreux ennemis. De plus, au milieu de la forêt, presque au sommet des hauteurs, la route du Creusot se remplit d'une masse de gens armés. Tout à coup la plus grande partie de ceux-là s'abat dans la plaine. Traversant au pas de course les champs et les prés, escaladant les haies, sautant les fossés, ils appuient la brigade Bossack, dont le mouvement offensif s'accentue de plus en plus et toujours avec succès. L'ennemi a bien vite compris la manœuvre ordonnée par Garibaldi, et il craint à son tour d'être débordé. »

La brigade Bossack et les francs-tireurs, dont parle M. Marais, ne sont autres que les mobiles de l'Aveyron ; la masse de gens armés qui s'abat dans la plaine, ce sont les mobilisés de Saône-et-Loire ; « l'énergique Clerici », dont la direction ne s'est nullement fait sentir aux mobilisés, si tant est qu'elle se soit exercée sur les mobiles de l'Aveyron, est introduit dans ce récit avec la brigade Bossack et des francs-tireurs aussi héroïques qu'imaginaires pour lui donner une couleur garibaldienne. On dirait vraiment que ce sont des troupes et des officiers garibaldiens qui ont arrêté de ce côté la marche de l'ennemi. M. Marais est d'autant moins excusable d'avoir ainsi falsifié les faits qu'il se trouvait sur la route de Chalon avec les mobilisés et qu'il a pu constater, comme eux, l'absence des garibaldiens, le manque de direction, l'inexactitude de tout ce qu'il avance.

Ailleurs il rend hommage aux mobiles des Alpes-Maritimes, mais il explique leur courage par la présence au milieu d'eux d'une victime du Deux-Décembre : c'est cette victime qui les a empêchés d'aller couvrir, eux aussi, les avenues du Creusot et leur a communiqué son ardeur.

« Enfin la mobile des Alpes-Maritimes qui défend, avec celles des Basses-Pyrénées, le centre de la position française [1], supporte sans se troubler le feu de l'artillerie prussienne, tout en répondant par une vive fusillade. Trois hommes sont là, d'ailleurs, qui l'encouragent et la soutiennent mieux que par les paroles : par l'exemple. L'un, jardinier à Autun, victime autrefois du Deux-Décembre, M. X. au premier moment de l'attaque, a remarqué quelque hésitation chez les mobiles. Tête nue, en blouse bleue, sans armes, il se jette en avant et les entraîne en s'écriant : « Allons, mes amis, c'est là » qu'est l'ennemi ! » Et pendant trois quarts d'heure il reste au milieu d'eux, indiquant à l'un un abri contre les balles et la mitraille prussienne, à l'autre un ennemi qu'il peut atteindre, soutenant, secourant les blessés, etc. Grièvement atteint à la tête, il reste encore jusqu'au moment où il s'aperçoit qu'il est couvert de sang...(!!!) »

Voilà la légende et voici la réalité.

M. X. a été rencontré par les mobilisés d'Autun dans la rue de l'Arquebuse, vis-à-vis la maison Delagrange,

---

1. Comme on le verra plus loin, M. Marais place notre aile gauche sur le Ternin, de telle sorte que Saint-Jean et Saint-André deviennent le centre.

un quart d'heure au plus après le premier coup de canon ; il avait une égratignure à la tête et semblait fort bien portant. Comme il lui avait fallu cinq minutes au moins pour se rendre à l'endroit où il a été blessé et cinq autres minutes pour en revenir, il n'a pu demeurer plus de cinq minutes au milieu des mobiles, si tant est que leurs officiers aient toléré une pareille intrusion. Quant à leur indiquer des ennemis à atteindre, la chose était absolument impossible, parce que du rond-point de la Croix-Verte où ils se trouvaient d'abord, les mobiles des Alpes-Maritimes ne pouvaient apercevoir les Prussiens qui n'ont pas dépassé, pendant le combat, la tuilerie de Saint-Symphorien et la route de Saint-Martin. Il est du reste invraisemblable que des officiers aient permis à un pareil inconnu d'usurper leurs fonctions, dans un semblable moment ; s'il l'eût essayé, ils l'auraient certainement envoyé planter ses choux. Le rôle de M. X. s'est donc borné à aller voir en curieux ce qui se passait et à revenir au plus vite ! De là au héros de M. Marais, il y a loin.

Cette invention, cette inexactitude dans les détails, ce besoin constant de rabaisser les mobiles et les mobilisés, de mettre en doute leur courage et leur patriotisme, d'exalter les étrangers, les révolutionnaires, sont bien plus accentués encore dans l'ensemble. Mais il faut se borner ; aussi bien l'homérique combat du Ternin suffit pour donner la mesure de la véracité de M. Marais.

Alors qu'il est parfaitement certain, comme chacun peut s'en convaincre en faisant une enquête sur les lieux, que sur sa droite l'infanterie allemande n'a pas dépassé Saint-Forgeot et la route de Saint-Martin, M. Marais, pour agrandir le combat et la gloire de Garibaldi, prolonge à sa fantaisie le front de bataille jusqu'à la route de Château-Chinon. D'après ce système, Saint-Jean et Saint-André deviennent le centre français, tandis que l'aile gauche occupe les champs entourant le temple de Janus, entre les routes de Saulieu et de Château-Chinon.

Dans cet espace où pas un fantassin prussien n'a mis le pied, à l'ombre de ces ruines imposantes qui rappellent les anciens jours et la majesté du peuple romain, M. Marais donne libre cours à son imagination, il y développe la légende à son aise, il y renouvelle en l'honneur de son héros les hauts faits de l'antiquité.

« Sur la droite ennemie, la colonne prussienne, venue par la route de Saulieu, franchit le Ternin, affluent de l'Arroux, et cherche à déborder la gauche française. Des cavaliers ont déjà dépassé la route de Château-Chinon. Mais les troupes de l'armée des Vosges, soutenues par un bataillon de mobilisés que les Prussiens voient tout à coup sortir par la route de Mesvres, sur la pente ouest des hauteurs de Montjeu, font un mouvement en avant. L'ennemi hésite d'abord, puis il recule, mais bien lentement. Cependant ses boulets et ses obus sont également impuissants contre la gare protégée par le pont en fer suspendu au-dessus de la voie, vers le milieu du parc Saint-Jean. Un train d'évacuation a été préparé; il chauffe. Il ne part, il ne partira pas... Les Prussiens s'éloignent, pliant sous l'effort de l'armée des Vosges. Sur la gauche, les Français les obligent à repasser le Ternin, le franchissent eux-mêmes à leur suite, et les rejettent sur le plateau de Saint-Martin. Chargeant à la tête de ses francs-tireurs, Ricciotti arrive jusque sur une de leurs batteries; les artilleurs n'ont que le temps d'atteler et de se sauver en toute hâte, serrés de bien près par les francs-tireurs. »

Dans toute cette citation il n'y a pas un mot de vrai, à l'exception du bombardement de la gare, de l'organisation d'un train d'évacuation et de la marche sur Runchy du 2ᵉ bataillon de mobilisés. Ces faits réels semblent placés là tout exprès comme pour soutenir cet échafaudage d'inventions et donner à cette création imaginaire une apparence de vraisemblance qu'elle ne saurait avoir, du reste, que pour des lecteurs ne connaissant pas les lieux. Quoi de plus absurde, en effet, que d'attribuer aux mobilisés qui se trouvaient sur la route de Guenand, à l'opposé de l'ennemi, une influence quelconque sur ses mouvements? Et cette charge de Ricciotti depuis le temple de Janus jusqu'à Saint-Martin, à travers le Ternin et l'Arroux débordés, le long de la berge escarpée qu'il fallait nécessairement franchir pour atteindre le plateau où étaient les pièces prussiennes, est-elle assez risible? peut-on rêver une combinaison plus impossible, plus grotesque, plus ridicule? On dirait de l'imagerie d'Épinal.

Les grandes lignes du combat *maraisien* se dessinent maintenant; à gauche, à droite, au centre, tout est fait par les garibaldiens. A droite, « l'énergique Clerici » dirige la brigade garibaldienne Bossack et les troupes anonymes qui l'appuient; au centre, un garibaldien laïque, la victime du Deux-Décembre, encourage, commande, soutient, entraîne, etc., etc., les mobiles hésitants; à gauche, Ricciotti Garibaldi accomplit des exploits renouvelés des Grecs. Plus loin, le rôle de Garibaldi est glorieusement transfiguré, celui de ses censeurs travesti et stigmatisé avec indignation.

Aucun raffinement ne manque à l'apologie; le vrai y sert de véhicule au faux; c'est le cristal qui contient le breuvage empoisonné; c'est la mince couche d'argent dissimulant une médecine nauséabonde : c'est la duperie poussée jusqu'à l'art.

Après avoir ainsi dressé et élargi à son gré le piédestal, l'écrivain légendaire y élève pieusement le héros Garibaldi et ses héroïques compagnons ; les mobiles sont invités à les contempler avec vénération.

« Garibaldi avait longuement et minutieusement étudié, non seulement sur des plans et dans des livres, mais sur le terrain même, les abords d'Autun et la ville d'Autun, qu'il regardait, qu'il signalait comme le rempart du centre de la France... Son plan était arrêté longtemps à l'avance, et la place, la disposition de chaque corps déterminées... Vers une heure de l'après-midi un premier coup de canon retentit... Garibaldi, selon son habitude, était sorti en voiture. Quelques-uns le croient enlevé. Mais non... Rentrant en toute hâte il donne ses ordres aux officiers du quartier général. En un instant tout est prêt. Le quartier général aide les artilleurs de la mobile de la Charente-Inférieure à mettre leurs pièces en batterie sur l'esplanade du petit Séminaire, et Garibaldi ne quitte pas ce point, qu'il considère comme la clef de ses positions, avant de s'être assuré que tout va bien... Les Prussiens avaient espéré trouver des troupes en débandade, et elles s'étaient reformées ; une ville sans défense, et elle était bien gardée. Toutes leurs prévisions avaient été démenties par l'événement. Celles de Garibaldi, au contraire, s'étaient parfaitement justifiées. Les volontaires italiens avaient été ce qu'ils sont toujours, quand leur général, leur père, comme ils disent, est là. Nombre de francs-tireurs... avaient été admirables d'élan... Les mobilisés d'Autun, cédant à la contagion de l'exemple et à l'ascendant de Garibaldi, étaient allés bravement recevoir le baptême du feu…, enfin les mêmes recrues[1] qui n'avaient pas pu tenir en rase campagne, avaient retrouvé beaucoup de solidité derrière des murs et dans une forte position. Avaient-elles repris assez d'assurance, toutefois, pour se mesurer de nouveau en plaine avec un ennemi pourvu d'une nombreuse artillerie et toujours parfaitement éclairé par sa cavalerie ? Garibaldi ne le pensa pas. Et voilà sans doute l'une des raisons qui le décidèrent à ne pas risquer la poursuite. »

Garibaldi l'a dit ou ne l'a pas dit, mais M. Marais le proclame : ce sont les mobiles qui ont empêché le héros des deux mondes de tirer parti d'un succès qui leur était exclusivement dû. Vainqueurs ou vaincus, les *moblots* ont toujours été les boucs émissaires de l'armée des Vosges.

On a apprécié précédemment la conduite de Garibaldi au 1ᵉʳ et au 2 décembre, la valeur de ses prévisions, de ses plans, le dévouement des garibaldiens ; il n'y a pas lieu d'y revenir. En ce qui touche spécialement les Italiens, ils laissèrent sans vergogne leur général, leur père, à Couhard, « prirent la fuite du côté d'Étang, dit M. le juge Castilhon, et obligèrent par une réquisition le chef de gare à leur faire un train spécial ; ils se dirigèrent du côté de Chalon et de Lyon. »

« Il y eut un nombre énorme de fuyards, lit-on dans une note sur les mouvements de l'armée des Vosges envoyée à la direction du P.-L.-M. par M. de La Taille, inspecteur du chemin de fer. Pour en donner une idée, le lendemain de l'attaque d'Autun, qui avait été un échec pour les Prussiens, on nous demandait un train spécial

---

1. Les mobiles.

pour ramener du Creusot quinze cents fuyards qui refusaient de revenir à pied! Le Creusot est à 27 kilomètres d'Autun ; on peut juger ce qu'il se trouvait de fuyards dans toutes les directions. » [1]

« Les volontaires garibaldiens ont lâché pied du premier coup, a déposé M. le commissaire de police Debuschère devant la commission d'enquête parlementaire; il y en avait, *dès le début*, près de cinq mille qui prirent la fuite ; ce sont les troupes françaises qui résistèrent... Tout le monde a pu le voir. Il n'y a eu qu'une petite partie de troupes étrangères, avec l'état-major et l'escorte de Garibaldi, qui se soit portée au-devant de l'ennemi. »

En effet, parmi les quarante-six soldats [2] dont les noms sont gravés sur le monument élevé à leur mémoire dans le cimetière d'Autun, un seul est italien, et dès le lendemain du combat on a affirmé qu'il avait été tué à la porte du lupanar par une sentinelle dont il voulait forcer la consigne. « C'est fort ennuyeux, disait le lendemain du combat M. Bordone, devant une personne qui en pourrait témoigner, pas un des nôtres n'a été blessé. » Tous ceux qui ont succombé sont des Français, et à l'exception d'un officier de recrutement, M. Marchand, que l'on prétend avoir été assassiné dans une grange, de quatre francs-tireurs, de deux canonniers de l'armée

---

1. Perrot. Rapport, t. II, p. 298.
2. T. Guerineau, P. Rousseau, P.-F. Bernicard, M.-E. Pajot, R.-P. Bigot, G. Giraudeau, J. Bouthiller, H.-J. Heraudeau, L.-E. Gaudin, M. Rault, E. Cousin, L. Daunas, C. Bodin, Malinjoud, J.-M. Verdan, J.-B. Ginestet. E.-L. Marchand, J.-B.-A. Mari, F. Rovery, P.-F. Poulot, J. Parlejat, A. Bœuf, A.-G.-A. Bolgiani, E.-B. Aunis, P.-E.-B. Sallomon, J. Caille, A.-P. Drabier, J. Leblanc, L.-L. Penaud, H. Boudot, A.-E. Bremier, E. Belet, E. Rocheteau, A. Bibare, J. Coupeau, J. Barbereau, G. Lombard, L. Frayssinet, P.-J. Plécat, J. Albin, M. Mari, J. Bellissier, L. Daunas, F. Gravino, F.-C. Fiaton, D. Laborde, et quatre inconnus. (Inscription du mausolée élevé au cimetière d'Autun, en l'honneur des soldats morts le 1er décembre 1870.)

active et d'un soldat du 45ᵉ de ligne, ils appartenaient tous aux bataillons de mobiles.

A défaut d'autres preuves, l'inscription du mausolée suffit donc pour réfuter le légendaire démagogique Marais. Du fond de leur tombeau, près de quarante mobiles témoignent contre lui.

Les vingt-cinq artilleurs de la Charente-Inférieure, tombés pour la plupart victimes de l'imprévoyance garibaldienne, convainquent Garibaldi d'inertie, d'incurie, d'incapacité, parce que si dès le matin du 1ᵉʳ décembre ce général s'était occupé de leur préparer, de leur assigner des positions tenables, au lieu de les laisser surprendre entassés les uns sur les autres, la plus grande partie d'entre eux ne seraient pas morts. Les Prussiens qui étaient espacés et répartis sur quatre points différents ont eu trois artilleurs mis hors de combat.

Et c'est ainsi que la stèle funéraire du cimetière contredit M. Marais et renverse à Autun la légende garibaldienne.

III

Le second légendaire garibaldien est M. Bordone. Son récit, qui diffère beaucoup de celui de M. Marais, n'a été agencé qu'en vue de répondre aux nombreuses critiques auxquelles sa conduite et celle de Garibaldi ont trop justement donné lieu. Il importe de citer en entier cette apologie personnelle parce qu'elle résume tout le système de défense de l'état-major de l'armée des Vosges.

On se rappelle la dépêche par laquelle M. Bordone avisait le gouvernement du succès d'Autun : Garibaldi, y disait-il, avait si bien pris ses dispositions qu'il avait la certitude d'arrêter l'ennemi ! Ces dispositions, prétend le chef d'état-major, étaient les suivantes : indépendamment des fortifications élevées tout autour de la ville, on avait organisé en avant de la place une ligne de défense, de Saint-Jean à Saint-Pierre, passant par Saint-Martin et Saint-Symphorien; de plus, des reconnaissances avaient été envoyées sur la route d'Arnay ; pour assurer la retraite et ne pas « s'exposer à être entouré et forcé de mettre bas les armes »; on avait exécuté des travaux accessoires à Auxy et à Antully, et on avait couvert de plus de huit mille hommes les avenues du Creusot; enfin, « on avait fait diriger sur la gare d'Étang tout le matériel encombrant, car en cas d'insuccès, cette gare, par le chemin de fer de Blanzy ou par les routes ordinaires vers Charolles et le Creusot, permettait encore, grâce à la configuration du pays, de disputer pied à pied le terrain à des ennemis vainqueurs. »

Il est parfaitement exact que plus de huit mille hommes se portèrent en arrière, que les munitions, les bagages, les ambulances les suivirent. L'importance même de ce mouvement tend à appuyer l'opinion de ceux qui prêtent à Garibaldi l'intention d'évacuer Autun après un simulacre de défense. Quoi qu'il en soit, il est certain qu'aucunes meurtrières, qu'aucuns travaux de défense n'ont été faits ni ne pouvaient l'être à Autun, à Auxy, à Antully, ni ailleurs, avant le départ des Prussiens, puisque l'armée ne rentra à Autun que dans la soirée du 30 novembre et qu'à ce moment Garibaldi était décidé à abandonner la ville.

« Le 30 au soir, a déposé M. de La Taille, inspecteur du chemin de fer, j'étais à l'état-major, et j'appris là que l'on venait de recevoir une dépêche qui annonçait que les Prussiens étaient à Arnay-le-Duc. Quelques instants après, le colonel d'état-major M. Gauckler, vint à la gare me dire que l'armée était en déroute depuis Bligny, qu'il était impossible de soutenir le choc des Prussiens à Autun; qu'il fallait faire venir des wagons pour emporter les munitions, les approvisionnements et les campements militaires. Ce train devait partir vers cinq heures du matin, emmenant Garibaldi et son état-major, qui devait prendre par Étang et tourner par le chemin de fer jusqu'à Marmagne. Les troupes devaient passer par la montagne et aller se reformer sur Montcenis..... Je fis faire le train. Vers les cinq heures du matin, ne voyant rien arriver, j'allai à l'état-major; on me dit que l'on avait changé d'avis. » [1]

Tout de même, aucunes troupes, aucunes reconnaissances, n'ont été envoyées sur la route d'Arnay antérieurement à l'arrivée de l'ennemi sur la commune de Saint-Pantaléon. Les dépositions suivantes en font foi.

« Lorsque j'ai reçu l'ordre de me porter en avant d'Autun sur la route d'Arnay-le-Duc, a déposé devant la cour d'assises de la Seine M. Williame, commandant le 42ᵉ de mobiles de l'Aveyron, on m'a dit : « Vous n'avez rien à craindre, la position en avant est gardée par la guérilla d'Orient. » Je me suis avancé avec confiance et lorsque je suis arrivé à une certaine distance, j'ai reçu l'ordre de m'arrêter. J'ai voulu prendre connaissance des positions, savoir si elles étaient bien occupées, je me suis beaucoup exposé, car je suis allé peut-être à cinquante mètres des Prussiens qui couronnaient déjà les

---

1. *Enq. parl.*, t. IV, p. 116.

hauteurs. J'ai demandé alors à un paysan s'il n'y avait personne en avant et il m'a dit : Non, nous n'avons rien vu ; j'ai ajouté : Le couvent qui est là est-il occupé ? — Il n'y a personne. — Mais il doit y avoir des troupes ? Il répondit : Non, il n'y a personne. Au moment où il disait cela, un chef d'escadron dont j'ignore le nom, est venu me dire de faire demi-tour et de me reporter à la droite. J'ai fait demi-tour ; il y avait à peine cinq minutes que je marchais lorsque le canon prussien nous a tiré dessus. »[1]

Le capitaine Marie, du 7e chasseurs à cheval, a déposé dans le même sens :

« ..... Le chef d'état-major me donna l'ordre de faire une reconnaissance sur la route qu'on m'indiqua, disant qu'on surveillait les Prussiens. On me fit observer, sur la carte, le chemin que j'avais à suivre. Je fis mon *topo*. On me dit que je n'avais rien à craindre jusqu'au couvent, attendu qu'il était occupé par la guérilla d'Orient. Je ne fis charger les carabines de mes hommes qu'au dehors d'Autun. Mais j'avais à peine fait deux cents mètres en dehors de la ville, que trois coups de canon partant du chemin de fer vinrent passer sur ma tête. Je fis arrêter la colonne et je me lançai en avant. A deux cents mètres, je reçus une décharge de l'infanterie qui venait prendre position en marchant et en passant le talus du chemin de fer.

» M. LE PRÉSIDENT. — Êtes-vous arrivé à la hauteur du couvent de Saint-Martin ?

» M. MARIE. — Non, pas tout à fait ; l'infanterie prussienne s'avançait en se masquant derrière les maisons.

. . . .

---

1. *Affaire Bordone*. Compte rendu publié par M. Bordone, p. 62.

» M. Chenet. — ..... A l'armée des Vosges c'est votre escadron qui était la seule cavalerie de l'armée?

» M. Marie. — Oui.

» M. Chenet. — Ainsi, voilà une armée qui a un escadron et il ne reçoit l'ordre de faire une reconnaissance au moyen d'éclaireurs que lorsque les Prussiens sont sous les murs de la ville.[1] »

Cette observation du colonel Chenet montre ce qu'il faut penser « des précautions si bien prises » par l'état-major de l'armée des Vosges.

« En réalité les troupes n'étaient pas prêtes pour recevoir l'ennemi. On veille quand on l'attend; on se prépare quand on sait qu'il va arriver. Rien n'avait été fait. »[2]

M. de La Taille en fournit une preuve décisive. Dans une note qui lui avait été demandée par son administration il donne ces renseignements :

« Le 28, à une heure trente-cinq soir, je recevais de la gare d'Épinac la dépêche suivante : « D'après renseignements qui me paraissent sûrs, Garibaldi refoulé à deux kilomètres de Dijon. Quartier général va être reporté à Bligny. » Quelques minutes avant, une heure trente, j'avais reçu une dépêche d'Épinac, qui me demandait un train spécial pour neuf cents hommes à transporter d'Épinac à Nevers, transport qui fut effectué de suite. Je n'ai jamais bien compris cette expédition de troupes sur Nevers, à l'instant où l'on m'annonçait que Garibaldi avait été repoussé de Dijon..... Le quartier général reporté à Bligny ne peut y tenir longtemps; le 30, le chef de gare d'Épinac m'informait par dépêche

---

1. *Affaire Bordone.*— *Cours d'assises de la Seine.* Compte rendu publié par M. Bordone, p. 70.
2. *Enq. parl.*, t. IV, p. 98.

qu'il recevait réquisition de faire continuer sur Autun un train remorqué par une machine de la Société des mines et formé de wagonnets de cette société. C'est sur ces wagonnets que Garibaldi et son état-major rentraient à Autun, le 30, à dix heures trente-cinq du matin. On n'avait pas voulu attendre que l'on fît venir un train d'Autun.

» Dès le retour de Garibaldi à Autun, j'allai trouver son chef d'état-major, afin de savoir si nous devions évacuer ; j'ai rendu compte de ma visite à M. le chef d'exploitation dans les termes suivants : « Autun, le 30 novembre 1870. Monsieur l'ingénieur, chef de l'exploitation ; comme suite à ma lettre d'hier, j'ai l'honneur de vous informer de la rentrée, à Autun, du général Garibaldi et de son état-major. Je suis allé de suite trouver le chef d'état-major, pour avoir des renseignements sur la situation. Il m'a dit qu'Autun n'était pas menacé, qu'Épinac même ne l'était pas. M. le directeur des mines lui avait demandé s'il fallait faire repartir ses machines ; il lui avait répondu que c'était inutile. Le colonel chef de l'état-major m'a dit aussi que je pouvais être sans inquiétude, que je serais prévenu en temps utile, s'il fallait évacuer. Agréez, etc. »

» Dans l'après-midi du 30, je fis une reconnaissance en machine jusqu'à Épinac et je vis, sur tout le parcours, l'armée dans le plus grand désordre, qui rentrait à Autun cette journée et la suivante. A neuf heures du soir, je reçois une dépêche de la gare d'Épinac, m'informant que le général Delpech demandait à rentrer à Autun, en prenant également les wagonnets des mines ; je me rends à l'état-major pour dire que je m'oppose à ces transports, attendu que l'on courait les plus grandes chances d'accidents. Le chef d'état-major me remet alors

la dépêche suivante, à passer au général Delpech :
« ..... Massez-vous à Auxy qui est gardé. »

» A la même heure, l'on recevait une dépêche informant que l'ennemi entrait à Arnay et l'état-major donnait l'ordre au directeur d'Épinac de faire évacuer ses machines ; suivant mes instructions, elles furent dirigées sur Chagny, par Nolay. Quelques instants après mon retour à la gare, j'y étais rejoint par le colonel d'état-major Gauckler, qui venait me demander un train spécial pour embarquer le lendemain, à cinq heures du matin, Garibaldi et son état-major. L'armée, suivant le colonel, étant revenue en débandade, il n'était pas possible de se défendre le lendemain dans Autun ; l'état-major se rendrait par la voie ferrée à Marmagne, pour aller se placer du côté de Montcenis ; l'armée, passant la montagne, viendrait s'y reformer et disputer là le passage à l'ennemi.

» Je passai alors à Montchanin la dépêche suivante :
« Nous allons évacuer d'Autun à Montchanin. Faites-moi un train spécial pour me conduire à Autun. — Dix wagons plats et quatre à cinq J. — Si vous manquez de plats, amenez-moi des S. »

» Les wagons que je demandais à Montchanin m'étaient nécessaires, car je n'en avais pas assez pour l'embarquement des chevaux et voitures de l'état-major. Le départ était donc bien décidé. La nuit fut employée à charger les équipements, vivres et voitures. Notre évacuation étant commencée, l'usine du Creusot fait demander à l'état-major, par l'un de ses agents, si elle doit évacuer son matériel roulant et notamment son matériel de guerre en construction ; cette évacuation demandait un certain temps ; le Creusot avait quatre cents wagons et vingt machines à faire partir.

» Voici la réponse de l'état-major, qui fut remise au poste de la gare, le 1ᵉʳ décembre, à cinq heures du matin : « On vous a effrayés à tort, continuez votre travail. Nous vous couvrons. » Vers six heures du matin, ne voyant pas arriver l'état-major qui devait partir dès cinq heures, je me rendis au quartier général, et j'appris que le général Garibaldi avait décidé que l'on ne se retirerait pas et que l'on se défendrait dans Autun. La matinée du 1ᵉʳ décembre se passa sans rien d'extraordinaire ; pas la moindre nouvelle de l'ennemi. Vers onze heures trente nous recevons une dépêche du chef de gare de Saint-Léger-Sully, disant qu'on lui annonçait que les Prussiens sont à Igornay et à Dracy, en marche sur Autun.

» Je vais de suite à l'état-major, pour donner connaissance de cette dépêche au général Garibaldi ; le général était sorti et le chef d'état-major était à déjeuner. Je trouve, vers midi, ce dernier à son hôtel et je lui donne connaissance de la dépêche. Il me répond que c'est une fausse nouvelle, que cela ne peut pas être, mais que cependant si je veux bien aller jusqu'à Dracy avec une machine, de cette façon nous serons certains. J'accepte cette proposition, je rentre immédiatement à la gare, et je prends une machine pour me rendre à Dracy ; mais avant cette gare, à cinq kilomètres d'Autun environ, je rencontre des éclaireurs prussiens. — La route longe la voie ferrée. — Ils avaient arrêté le chef de gare de Dracy qui, n'ayant pas de télégraphe, venait à Autun à pied pour nous prévenir. Dès qu'ils voient la machine, ils le lâchent ; je le fais monter avec moi, nous rentrons de suite à Autun et je retourne avec lui à l'état-major. Le général Garibaldi n'était toujours pas rentré. Nous sommes introduits auprès du chef d'état-major, qui discutait avec un officier de garde nationale, M. Grillot, qui venait prévenir de l'approche des Prussiens. On l'avait menacé de le faire arrêter comme propagateur de fausses nouvelles. On avait déjà, du reste, arrêté une autre personne qui était venue annoncer l'approche des Prussiens.

» Les renseignements donnés par moi et par le chef de gare de Dracy surtout, qui avait été arrêté quelques instants auparavant, étant formels, on se contenta de nous répondre : « Alors, ce ne sont que quelques éclaireurs, mais l'armée prussienne ne peut être là ! » Je restai encore quelque temps à l'état-major, en attendant la rentrée du général Garibaldi ; j'y étais depuis vingt minutes seulement, lorsque le premier obus prussien tomba sur la ville.

» Le colonel d'état-major me donna l'ordre de retourner à la gare, de faire réunir les wagons, mais de garder le train en gare et de ne pas le laisser partir sans son avis. Ce train, qui contenait des quantités considérables de poudre, eut ainsi à essuyer le feu de l'ennemi ; la machine reçut deux obus dans ses roues : le deuxième wagon était chargé de poudre !.....

» Vers trois heures trente, le train se met en marche sans mon ordre ; je cours le rejoindre et monte sur le dernier wagon, d'où je fis les signaux d'arrêt au mécanicien ; la ligne était en pente, le train ne put s'arrêter qu'à trois kilomètres environ d'Autun. C'est alors seulement que j'appris que l'ordre du départ avait été donné par l'officier qui était chargé des munitions et redoutait avec raison de les voir sauter ; craignant que l'état-major ne les réclamât, je me rendis de suite à pied à Autun, donnant l'ordre au conducteur chef du train de le faire refouler, sans cependant l'amener sous le feu de l'ennemi.

» Lorsque j'arrivai à Autun, l'ennemi s'était retiré, mais en se retirant, il continua à bombarder la ville toute la soirée. Je trouvai à la gare le colonel Gauckler, menaçant tout le monde parce que le train était parti sans autorisation ; il me donna l'ordre écrit de faire revenir le train en gare.

» Cette pièce prouve bien l'ordre primitif verbal qui m'avait été donné de garder le train en gare pendant la bataille, lorsqu'il suffisait de le faire avancer de mille à mille cinq cents mètres pour mettre les munitions à l'abri du feu, mais on avait sans doute des vues sur le train. »[1]

On voit par là ce que valent les allégations de M. Bordone ; il ne lui a rien moins fallu que la dépêche du chef de gare de Dracy pour envoyer l'inspecteur du chemin de fer en reconnaissance ; les déclarations catégoriques de ce même agent l'obligèrent à admettre que quelques éclaireurs prussiens se dirigeaient sur Autun, et il donna au capitaine Marie l'ordre d'aller aux renseignements, au moment où l'ennemi était déjà à Saint-Martin. En présence de ce document catégorique s'évanouissent toutes les fantasmagories de M. Bordone. En réalité, il n'attendait pas les Prussiens le 1er décembre ; il agissait, en tous cas, comme s'il ne les eût pas attendus, et ne prenait pas plus de précautions que s'ils eussent encore été à Berlin : voilà la réalité.

La ligne de défense de Saint-Jean à Saint-Pierre est une autre invention de M. Bordone ; ni à Saint-Pierre, ni

---

1. Perrot. Rapport, t. II. Note de La Taille, p. 295 à 298.

à Saint-Symphorien, il n'y avait de troupes françaises le 1ᵉʳ décembre. Ces points étaient inoccupés ainsi que les routes qui y conduisaient.

Par une attestation adressée aux membres de la cour martiale de l'armée des Vosges, Garibaldi déclare qu'il a donné verbalement l'ordre à un capitaine de la guérilla d'Orient de continuer l'occupation du clos de Saint-Martin et de défendre cette position; il ajoute que la guérilla Marseillaise avait reçu un ordre analogue. En acceptant pour vraie cette déclaration, et en faisant d'ailleurs toutes les réserves nécessaires sur cette manière peu sérieuse de transmettre à un chef de corps un ordre auquel on attache le salut d'une ville et d'une armée [1], il en résulte que le seul point occupé en avant d'Autun était le parc de Saint-Martin. Etait-ce là une défense efficace? Les quatre cents hommes de la guérilla d'Orient, renfermés entre des murs, pouvaient-ils, même avec le concours des deux cent cinquante hommes de la guérilla Marseillaise, protéger utilement Autun? La route d'Arnay jusqu'à l'Orme, celle de l'Orme à Saint-Pierre par Saint-Symphorien, ne restaient-elles pas libres? Celle de Muse

---

[1]. « Ce qui m'étonne, c'est que Garibaldi, lui, un vieux soldat, jugeant une position si importante, aille se contenter de dire à un capitaine : « Vous direz » à votre colonel de garder la position. » Est-ce ainsi qu'on garde une position? Mais je n'ai jamais vu ça! Est-ce une position ou n'est-ce pas une position? Si c'est une position, je dois me garder en dehors; dans ce cas je dois recevoir des instructions pour envoyer des grand'gardes, des sentinelles avancées; et, dans tous les cas, je reste dans l'intérieur, si je n'ai pas d'instructions. Alors l'état-major doit envoyer des hommes en avant. Comment! je suis enfermé dans un couvent et vous voulez que j'empêche l'ennemi d'arriver jusqu'à moi! Mais qu'est-ce que c'est que des ordres pareils? Mais alors, si Garibaldi avait trouvé un caporal, un planton, il lui aurait dit : « Le colonel gardera la position? » Enfin, que diable, un colonel n'est pas un gamin; on le fait venir, on lui dit : « Colonel, voilà vos instructions », et un soldat sait faire son métier... » — *Affaire Bordone*. Observations du colonel Chenet devant la cour d'assises de la Seine, p. 49 et 50.

à Saint-Denis, les routes de Nolay, de Saulieu, étaient-elles gardées? Parmi les quatre voies de communication aboutissant plus ou moins directement à Autun par la plaine, le chemin d'Arnay pouvait seul être défendu sur une longueur d'environ quinze cents mètres par les deux guérillas de Marseille et d'Orient. Les Prussiens conservaient la pleine et entière liberté de tourner Autun par l'est, ainsi qu'ils l'ont fait.

Lorsque M. Bordone affirme qu'avec de semblables dispositions il avait la certitude d'arrêter les quinze mille Prussiens dont il se croyait menacé, il se moque du public et compte sur l'ignorance des faits et des lieux pour faire passer une assertion aussi invraisemblable.

L'ordre du jour du 3 décembre 1870, pris en prévision d'un retour offensif des Prussiens, démontre qu'à cette date on ne trouvait plus suffisant ce qui avait été fait le 1er décembre. Ainsi que cela aurait dû avoir lieu tout d'abord, toutes les troupes étaient rappelées à Autun et l'on cessait de « couvrir les avenues du Creusot »; les mobilisés de Saône-et-Loire, chargés de défendre les passages par où les Prussiens pouvaient tourner la ville et couronner les hauteurs, occupaient à l'extrême droite Auxy et Antully; les trois batteries d'artillerie placées dans trois positions différentes étaient protégées par des épaulements; on crénelait tous les murs pouvant servir à la défense; des barricades étaient élevées à l'entrée de toutes les routes; enfin, chaque brigade devait tenir des postes extérieurs et envoyer des patrouilles.

« Autun, 3 décembre 1870. — Ordre de défense. — Les deux batteries petit Séminaire et Saint-Jean[1] doivent

---

1. La troisième était en avant de la pierre de Couhard.

être soutenues par un bataillon d'infanterie chacune. Saint-Jean, Saint-Martin, Saint-Pierre, occupés par deux de nos bataillons et défendant notre front, doivent avoir tous les points défendables occupés au besoin, et les murs qui peuvent servir de défense doivent être crénelés. Toutes les positions susdites seront confiées à la troisième brigade qui les occupe déjà, et qui tiendra ses réserves en arrière des positions de front, dans les rues ou les enfoncements dans lesquels ces réserves ne seront pas exposées au feu de l'ennemi. En partant du petit Séminaire, où la 1re brigade échelonnera un de ses bataillons, cette brigade se chargera de l'enceinte de la ville, depuis ce point jusqu'à toute la partie méridionale de la ville et laissera ses réserves derrière les positions occupées. La 2e brigade occupera la partie occidentale de la ville, l'enceinte dans ses points occupables et les plus avantageux, et de plus, comme les autres brigades, elle doit tenir des postes extérieurs et envoyer des patrouilles. Les francs-tireurs de Ricciotti, en cas d'attaque, sortiront par la montagne [1] et dans le cas où la défense serait inutile de ce côté, ils se porteront à l'est, longeront les bois de ce côté et harcèleront le flanc gauche de l'ennemi. Les Enfants-Perdus de Paris et génie au soutien de l'artillerie.— Signé : G. GARIBALDI. »

Cet ordre de défense qui rappelle celui du gouverneur d'Autun pour la Ligue, Odinet de Montmoyen, sieur de Chissey, lors du siège de cette ville par l'armée royale du maréchal d'Aumont, en 1591 (18 mai-20 juin), est assez en retard au point de vue de la tactique. Il aurait réservé à Autun, si les Allemands y étaient revenus en

---

1. Route de Broye.

force, le sort de Bazeilles ou de Châteaudun. Il indique toutefois que Garibaldi avait reconnu lui-même l'insuffisance des mesures prises au 1ᵉʳ décembre. Si cependant cet ordre eût été donné le 30 novembre au lieu du 3 décembre ; si surtout, en ce qui concerne les postes extérieurs, les patrouilles, on eût veillé à son exécution, la faible colonne badoise de Saint-Pantaléon n'aurait pas surpris Autun et aurait pu recevoir « une forte leçon ».

M. Bordone nie d'ailleurs que l'armée des Vosges ait été surprise : « ... Dans les vagabondages de la partie adverse, disait-il en 1872 aux jurés de la Seine, lors du procès en diffamation que M. Chenet lui avait intenté, il y a un fait que je retiens, le fait de surprise, et quoi qu'il ne soit pour rien au procès, il importe essentiellement à l'honneur de l'armée des Vosges, de l'état-major et au mien, de ne pas le laisser passer..... Or dire que nous avons été surpris, c'est prouver contre la vérité. Depuis la veille au soir, nous avions envoyé l'ordre à Ricciotti, qui s'était battu le matin à Arnay, d'avoir à se replier sur Autun ; d'autres témoins prouveront que non seulement nous n'avons pas été surpris, mais que toutes les précautions étaient prises... Des chasseurs à cheval du 7ᵉ régiment de l'armée régulière, commandés par un officier, avaient été envoyés en reconnaissance sur la route d'Arnay... Les Prussiens sont arrivés par cette route : nous en avons été surpris, mais voilà la seule surprise que nous ayons éprouvée, car si l'ennemi est arrivé de ce côté, vous saurez tout à l'heure comment... »[1]

Dans son livre[2], M. Bordone émet la même affirma-

---

1. *Affaire Bordone*, p. 52.
2. Bordone. *Garibaldi et l'Armée des Vosges*, p. 209, note 1.

tion à diverses reprises. « Les avis donnés au Creusot de ne pas évacuer son matériel, et les reproches que le chef d'état-major adressa au sous-préfet d'Autun pour avoir donné un avis contraire, ainsi que le retour de Garibaldi et de son chef d'état-major, prouvent non seulement que le 1er décembre nous n'avons pas été surpris, mais qu'avec les dispositions prises nous avions la certitude d'arrêter l'ennemi sous Autun..... »

Les avis donnés au Creusot prouvent précisément le contraire. Lors de la marche sur Dijon, les directeurs de cette usine avaient été priés de ne pas évacuer leur matériel sans un avertissement de l'état-major; le 30 novembre, au soir, M. Marais voyant la débandade de l'armée, sachant du reste que le général était alors décidé à abandonner Autun, télégraphia à M. Schneider de mettre son outillage en sûreté. Le 2 décembre, après le départ des Prussiens, M. Bordone comprenant que cet avis contredisait sa dépêche au gouvernement tança vertement M. Marais : « Si vous vous avisez désormais, lui dit-il, de faire quoi que ce soit sans me prévenir, je vous ferai arrêter. » — « Enlevez-moi d'ici M. Marais, écrivait-il en même temps au préfet Frédéric Morin, parce que je ne puis croire que ce soit un bon citoyen et un patriote.[1] » La colère de M. Bordone et « les avis donnés au Creusot » avant l'expédition de Dijon, n'établissent donc nullement l'absence de surprise au 1er décembre et « la certitude d'arrêter l'ennemi sous Autun. »[2]

A l'encontre de ces allégations inexactes, on pourrait

---

1. *Affaire Bordone*, p. 212.
2. *Enq. parl.*, t. IV, p. 3 et 4.

invoquer le témoignage de la ville d'Autun tout entière ; celui de M. Marais corroboré par les dires et les écrits de M. Bordone lui-même est amplement suffisant. « Pour Lyon, pour le centre et le midi de la France, a écrit M. Marais, la position d'Autun était à ce moment d'une importance suprême. Elle a été surprise cependant. Qui a fait courir un danger terrible à l'armée des Vosges, à Lyon et au midi de la France? Il faut qu'on le sache, et qu'à défaut du conseil de guerre, l'opinion publique fasse justice du coupable. »

« Je dois dire, a déposé de son côté M. Bordone devant la commission d'enquête parlementaire, que quoique nous eussions pris toutes nos précautions pour nous garder à Autun, nous faillîmes être surpris par une route traversant l'un des faubourgs d'Autun à Arnay-le-Duc. Nous avions fait faire des meurtrières dans tous les murs de ce faubourg qu'on nomme Saint-Martin... [1] A onze heures du matin [2], nous entendîmes le canon ennemi, et on vint nous informer que les Prussiens étaient dans les faubourgs d'Autun. Nos positions étaient si bonnes, nos mesures si bien prises, que nous ne pouvions comprendre comment l'ennemi avait pu arriver jusque dans les faubourgs d'Autun et sur les talus du chemin de fer sans que nous en eussions été informés. »

« Le 1er décembre au matin, écrit-il ailleurs, Garibaldi lui-même allant visiter le poste Saint-Martin, situé en avant d'Autun, entre ceux de Saint-Jean et de Saint-Pierre, y trouva la guérilla d'Orient..... Nous aurons longuement à parler plus tard de son commandant.....

---

1. Après le départ des Prussiens.
2. Deux heures un quart.

Contentons-nous de dire pour le moment qu'il abandonna le poste qui lui était confié, et que quelques heures après son départ les Prussiens entrèrent par ce même faubourg jusque dans la ville d'Autun [1], sans qu'une sentinelle eût signalé son approche. Il était onze heures environ, quand on vint prévenir de ce fait Garibaldi et le colonel Bordone, qui s'attendaient à être attaqués d'un moment à l'autre, mais certains d'avoir fait garder toutes les avenues de la ville, ne pouvaient croire à un événement de ce genre. Ils purent se convaincre bientôt de la vérité, de leurs propres yeux, car le canon ennemi commença à lancer des obus dans l'intérieur de la ville. » [2]

Ainsi donc, comme on l'a déjà dit, il n'a rien moins fallu que le canon pour convaincre Garibaldi et son chef d'état-major de l'arrivée de l'ennemi sous les murs d'Autun. C'est bien là une surprise, ou il n'y en aura jamais.

Après avoir nié la surprise, M. Bordone prétend que si le clos de Saint-Martin n'avait pas été abandonné par la guérilla d'Orient, il n'y aurait pas eu de surprise. C'est encore une erreur. L'abandon de Saint-Martin n'est pour rien dans l'attaque imprévue, inattendue, des Allemands à Saint-Pantaléon, et par suite dans la surprise de l'armée des Vosges. L'occupation du clos ne pouvait arrêter la marche des Prussiens ; par l'Orme et par Saint-Denis, ils seraient arrivés de même en vue de la ville sans être signalés. La seule différence produite par cette occupation aurait été d'obliger l'ennemi à dresser ses batteries, soit en arrière sur la route

---

[1]. De ce côté l'infanterie badoise ne dépassa pas la commune de Saint-Pantaléon ; quelques cavaliers ennemis pénétrèrent seuls à Autun.
[2]. Bordone. *Garibaldi et l'Armée des Vosges*, t. IV, p. 206.

d'Arnay, en face du clos qu'elles auraient balayé, soit à l'est, à Saint-Symphorien, à Saint-Denis, en avant de Saint-Pierre, sur la route de Nolay ; mais la situation de notre artillerie n'en eût pas été meilleure, et cette attaque tout aussi imprévue eût été également une surprise. Pour que les choses se fussent passées différemment, il aurait fallu que M. Bordone tînt compte des renseignements transmis de toute part, que nos batteries eussent été réparties à l'avance sur un espace suffisant, protégées par des parapets, et que l'armée fût éclairée et gardée en avant, à Cordesse, sur la ligne de la Drée ; ce n'étaient évidemment pas les six cent cinquante hommes des guérillas de Marseille et d'Orient qui pouvaient le faire depuis Saint-Martin.

Il leur était même impossible de tenir seules dans cette position. Dès que les têtes de colonnes ennemies auraient débouché derrière la tuilerie de Saint-Symphorien et dans le chemin reliant Saint-Pierre aux Dremeaux, l'évacuation s'imposait, si l'on voulait éviter une scène de carnage analogue à celle du clos de Pouilly, près Dijon, où un grand nombre de mobilisés de Saône-et-Loire restèrent sur le terrain et versèrent inutilement leur sang, par suite de la stupide manie garibaldienne d'enfermer des hommes entre des murs sans les faire soutenir à l'extérieur.

La situation des Allemands à Saint-Martin était toute différente, puisque à gauche ils étaient protégés par leur centre et qu'à droite ils s'appuyaient sur leur artillerie. Ils avaient en outre la ressource, en cas extrême, de battre en retraite et de rejoindre leur gros par les deux petites portes latérales qu'ils avaient eu soin d'enfoncer. Dans ces conditions, le parc de Saint-Martin était pour eux l'un des anneaux d'une chaîne qui allait sans interruption jusqu'aux Rivières, tandis qu'il eût été pour les Français une véritable souricière.

Le fameux épisode de la guérilla d'Orient et de son chef n'a donc pas, au point de vue de la surprise et du combat d'Autun, l'importance que M. Bordone et les apologistes de Garibaldi lui ont donnée, pour les besoins de leur cause. La culpabilité du colonel Chenet, fût-elle prouvée, n'enlèverait rien à celle autrement grande de Garibaldi et de son chef d'état-major.

Il en serait de même, alors qu'il serait démontré que l'occupation du clos de Saint-Martin eût suffi pour empêcher la surprise et changer complètement la face des choses. Plus, en effet, cette position était considérée comme importante par Garibaldi, plus il était tenu de s'assurer qu'elle était effectivement défendue. Or le colonel Chenet l'a quittée, avec ordre ou sans ordre, entre neuf heures et demie et dix heures du matin.[1]

Si, comme le dit M. Bordone, le général et son chef d'état-major s'attendaient à être attaqués d'un moment à l'autre, par quinze mille Prussiens, pourquoi ne se rendaient-ils pas sur les lieux pour constater comment leurs ordres avaient été exécutés ? S'ils ne voulaient ou ne pouvaient y aller eux-mêmes, pourquoi n'y envoyaient-ils pas un officier d'état-major ? Ils auraient appris ainsi, en temps utile, le départ de la guérilla d'Orient ; ils auraient su que l'Orme, Saint-Symphorien, Saint-Pierre, la route de Nolay, n'étaient pas gardés ; de dix heures à deux heures, ils avaient amplement le temps de faire remplacer la guérilla d'Orient et de porter des troupes

---

1. *Affaire Bordone*, voir les dépositions unanimes des témoins.

en avant et à droite de Saint-Martin. Or, ils ne se sont pas aperçus de ce départ; ils ont ignoré, jusqu'à l'arrivée des Allemands, du moins M. Bordone le prétend, qu'il n'y avait pas un de leurs soldats en avant d'Autun. D'où il suit, que pendant les quatre heures qui ont précédé le combat, Garibaldi, M. Bordone, les officiers d'état-major, n'ont pas mis le pied sur la commune de Saint-Pantaléon, n'ont pas daigné inspecter la ligne de bataille, ne se sont pas occupés d'organiser la résistance, et, par conséquent, sont les seuls auteurs de tout ce qui est arrivé.

Dans un discours prononcé, le 1er décembre 1887, au cimetière d'Autun, à l'occasion de l'anniversaire du 1er décembre 1870, M. Pelletier, ancien sergent de l'armée régulière, successivement brasseur et lieutenant-colonel de la première légion des mobilisés de Saône-et-Loire, familier de Garibaldi, l'un de ses admirateurs les plus enthousiastes, a donné une version de la surprise d'Autun complètement différente de celles de MM. Bordone et Marais. Acculé par l'évidence des faits, ne pouvant soutenir devant des Autunois le système mensonger des historiographes garibaldiens, il reconnaît la surprise de l'armée et déclare que Garibaldi ne croyant pas être attaqué le 1er décembre, s'était borné, pour toute mesure de défense, à prescrire l'occupation du clos de Saint-Martin. Il trouve néanmoins cette précaution suffisante et se cramponne avec une énergie désespérée, comme à l'unique planche de salut, à cette odieuse légende Chenet, définitivement réfutée, depuis dix-sept ans, par la cour suprême, par le premier conseil de guerre de Lyon, et qui ne prouve plus aujourd'hui, comme on le verra plus loin, que l'infamie de certains garibaldiens et l'entêtement aussi incurable que risible de leurs admirateurs.

« Les prévisions de Garibaldi sur la marche de l'ennemi furent trompées, a dit M. Pelletier; il ne croyait pas à une attaque pour le 1ᵉʳ décembre. A midi[1], il donnait l'ordre de faire rompre les rangs aux mobilisés et de les convoquer pour le lendemain, à six heures du matin. Il avait à ce moment la conviction, ainsi qu'il le dit lui-même, que l'ennemi concentrait ses forces à Cordesse, Igornay et Dracy, et que la journée se passerait à prendre les mesures d'attaque et de défense pour le lendemain. Aussi quel ne fut pas l'étonnement général lorsqu'à deux heures du soir retentirent les premiers coups de canon jetant l'alarme dans toute la population; Saint-Martin, que l'on croyait bien gardé, était occupé par les Prussiens sans qu'aucun coup de fusil ait été tiré, Chenet avait abandonné son poste... Cette défection eut de graves conséquences. L'artillerie avait été casernée au petit Séminaire, ses pièces parquées sur l'esplanade qui domine la prairie du Pont-l'Évêque. Aux premiers coups de canon ennemi, nos braves artilleurs coururent à leurs pièces et ripostèrent coup pour coup sans prendre le temps d'espacer leurs pièces ou de changer leurs batteries de position. Pendant deux heures, ils combattirent courageusement dans des conditions d'infériorité sans pareille; complètement à découvert, sans épaulement, sans abri, agglomérés dans un espace beaucoup trop restreint, ils soutinrent vaillamment la lutte, quoique canonniers improvisés, contre une artillerie de beaucoup supérieure

---

1. Garibaldi quitta vers onze heures la sous-préfecture et ne rentra qu'après le premier coup de canon; il ne pouvait donc donner des ordres à midi. — Voir la note de M. de La Taille.

en nombre et en puissance. Aussi payèrent-ils chèrement la surprise produite par l'abandon de Saint-Martin. »[1]

Ainsi, voilà un général qui donne toute liberté à ses soldats, n'assigne aucune position à son artillerie, commande six cent cinquante hommes de service sur les seize mille six cents dont il dispose, bien qu'il soit persuadé que quinze mille Prussiens victorieux, devant lesquels il fuit depuis quatre jours, sont à une heure de marche de lui, et il existe encore des esprits assez aveuglés par la passion, monomanes ou sottement malhonnêtes, pour oser justifier cette conduite invraisemblable, inouïe, pour rejeter sur un chef de corps franc la responsabilité des suites nécessaires de l'incurie criminelle du général en chef. Autant dire que l'occupation de Saint-Martin rendait impossibles la marche des Allemands, leur attaque, la surprise de la ville, la canonnade de l'esplanade du petit Séminaire, donnait aux artilleurs des abris, des positions tenables, mettait les soldats sous les armes, bref, dispensait le général de toute espèce de coopération. Se figure-t-on le colonel Chenet, apercevant les Prussiens à l'Orme, à un kilomètre de Saint-Martin, et courant après Garibaldi, alors sorti en voiture, se rendant dans les cafés auprès de l'état-major, auprès des officiers et des soldats, pour leur annoncer l'arrivée du général Keller et les inviter à se porter à sa rencontre? Tous les apologistes de Garibaldi viendront se briser contre ces absurdités.

M. Pelletier donne à entendre que si Saint-Martin eût été occupé, l'artillerie française aurait changé de position ou, du moins, aurait eu le temps de faire des épau-

---

1. *La République du Morvan*, 4 décembre 1887.

lements. Or, M. Bordone lui répond que l'esplanade du petit Séminaire était le « seul point d'où nos deux batteries de campagne et notre batterie de montagne pouvaient servir efficacement à la défense de la ville »; de plus, les mulets de l'artillerie se trouvant au Pont-l'Évêque, dans l'usine de schiste, à cent mètres de l'avant-garde badoise, il était impossible de changer de position au commencement du combat. Donc, dans la pensée de l'état-major, et par la force des choses, notre artillerie devait, en toute hypothèse, rester au petit Séminaire, et, lors même que le colonel Chenet eût défendu Saint-Martin, que par suite l'artillerie allemande se fût établie sur l'une quelconque des nombreuses positions où il lui était loisible de s'installer[1] malgré l'occupation du couvent, nos artilleurs n'avaient plus le temps de faire des épaulements, de se créer des abris, sous le feu des ennemis, à moins de laisser bombarder la ville et canonner notre infanterie.

Le colonel Chenet n'a rien à voir dans tout cela. Quel

---

[1]. A lire les écrivains garibaldiens, il semblerait que la route de Saint-Martin fût la meilleure, la seule position d'où l'on pût canonner l'esplanade. Or, c'est précisément la plus mauvaise, à cause des arbres de la promenade des Marbres et du petit Séminaire, situés dans la ligne de tir et ne laissant à découvert qu'une faible portion du but à atteindre. Le grand nombre d'obus qui éclatèrent dans les branches sans arriver à destination le prouvent surabondamment. Les Allemands ignoraient la situation de notre artillerie et n'avaient en vue que le bombardement de la ville, lorsqu'ils dressèrent une partie de leurs batteries à la hauteur de la route de Saint-Martin, de part et d'autre du passage à niveau du chemin de fer. Si, dès l'origine, les seize pièces dont ils disposaient avaient été établies à l'est, en avant de Saint-Pierre, sur la route de Nolay, à Saint-Symphorien, à Saint-Denis, si elles avaient concentré leurs feux sur les mille mètres carrés occupés par les Charentais, ces derniers auraient été écrasés et n'auraient pu tenir une demi-heure. L'abandon de Saint-Martin a donc sauvé la ville, tout au moins d'un bombardement, parce qu'il a permis à notre artillerie de soutenir le combat jusqu'au soir. Là encore le hasard a réparé les fautes de Garibaldi.

que soit le jugement porté sur sa conduite, la surprise d'Autun et ses conséquences en sont donc indépendantes et restent tout entières à la charge de Garibaldi. Cette vérité « resplendit comme le soleil, aveugle qui ne la voit pas ! »

Les conclusions de M. Bordone sont diamétralement opposées ; selon lui, la conduite du colonel Chenet est la cause de tout ce qui s'est passé le 1er décembre. Par elle, il explique non seulement la surprise mais aussi le plan d'attaque de l'ennemi, et par conséquent notre défense, de telle sorte qu'elle devient la base de sa justification et de celle de Garibaldi.

C'est à travers la case laissée vide par le départ de la guérilla d'Orient que les Prussiens, dit-il, ont pu pénétrer dans nos lignes et ont failli bouleverser la savante ordonnance de l'échiquier garibaldien. « Une heure après l'abandon du poste de Saint-Martin, ils sont entrés dans Autun, et ont pénétré presque au cœur de la ville par cette position abandonnée », a dit Me Forest, l'avocat de M. Bordone, devant la cour d'assises de la Seine.[1]

Heureusement pour Autun, ajoute M. Bordone, nos dispositions étaient si bien prises qu'il suffit d'un effort énergique pour tout rétablir. Tandis que nos troupes de seconde ligne repoussaient les Badois des faubourgs où ils s'étaient installés et les refoulaient de plus en plus dans la direction de Saint-Martin, les postes de Saint-Jean, de Saint-Symphorien, de Saint-Pierre, ouvraient contre les artilleurs et leurs réserves un feu convergent qui les obligeait à reporter leurs pièces sur notre droite, à renoncer à leur attaque de front, et à essayer de nous

---

[1]. *Affaire Bordone.*

tourner par l'est. Le chef d'état-major raconte ces péripéties imaginaires du combat avec autant de calme et d'assurance que si elles avaient réellement existé.

« En moins de temps qu'il n'en faut pour l'écrire, dit-il, Garibaldi allant sur l'esplanade du petit Séminaire, seul point d'où nos deux batteries de campagne et notre batterie de montagne pouvaient servir efficacement à la défense de la ville, fit ouvrir le feu contre l'artillerie prussienne, qui s'était mise en batterie sur trois points différents, à trois kilomètres environ de la ville. En même temps, toutes les troupes cantonnées dans Autun furent mises en mouvement par les avenues qui se dirigeaient vers la route de Saint-Martin et d'Arnay-le-Duc, et la marche de l'ennemi fut arrêtée. Bientôt encore, sous l'impulsion énergique donnée par les chefs à leurs soldats, il commença à se replier et continua seulement son duel d'artillerie, en se voyant déjoué dans son premier plan d'attaque ; plusieurs fois même il fut obligé de changer ses batteries de place, par suite d'un feu de tirailleurs bien dirigé contre ses servants, et du tir de mieux en mieux réglé de notre faible artillerie. Après avoir franchi sans rencontrer la moindre résistance le poste de Saint-Martin, l'ennemi s'était avancé et éparpillé jusque dans le voisinage des maisons du faubourg d'Autun, et vers la gare du chemin de fer que, par sa batterie de droite placée sur la chaussée, il essayait d'incendier, mais que protégeait le pont-viaduc de la route de Montbard. Dès l'ouverture du feu, les postes de Saint-Jean et de Saint-Pierre avaient commencé le leur, principalement contre les artilleurs et la réserve, car ils étaient pour ainsi dire débordés au centre par l'avant-garde ennemie. A leur tour, les francs-tireurs de Ricciotti, unis à ceux de la troisième brigade, et les mobiles des Alpes-Maritimes, conduits par le capitaine Guide et le commandant Bruneau, après avoir repoussé des faubourgs l'ennemi qui avait essayé d'en occuper les premières maisons, continuèrent à le poursuivre dans la direction de Saint-Martin, et l'obligèrent à changer de nouveau la position de ses batteries, qui se portèrent successivement sur notre droite où, heureusement pour nous, nos artilleurs purent mieux les atteindre, car, dès le début de l'action, ils ne pouvaient rien ou presque rien contre la batterie de la chaussée du chemin de fer, à cause du rideau de grands arbres de la promenade des Marbres, situés au-dessous de l'esplanade du petit Séminaire....... Voyant son mouvement de front et son mouvement tournant vers notre droite manqué[1], et rencontrant sur ces points une résistance à laquelle il ne s'attendait pas, car en se retirant les soldats ne cessaient de crier : « A Autun trahis », comprenant d'ailleurs que notre artillerie qui répondait victorieusement et coup sur coup, quoique bien inférieure en nombre, lui rendait l'attaque de front impossible, le commandant des forces prussiennes, concentrant tout le feu de ses pièces sur l'esplanade du petit Séminaire, où, dans un instant tous les arbres furent hachés par les obus, et où une grande quantité de servants et de chefs de pièce furent tués ou mis hors de combat, fit faire un mouvement tournant sur notre droite de façon à gagner les hauteurs qui couronnent Autun et dominent l'esplanade du petit Séminaire. Toutes les réserves qui étaient dans les bois de Vesvres prirent part à ce mouvement; du haut des

---

1. De quel mouvement tournant s'agit-il ?

combles de l'établissement du petit Séminaire où ils
étaient en ce moment en observation, Menotti Garibaldi
et le chef d'état-major en eurent connaissance dès qu'il
commença. On détacha deux sections de la batterie de
montagne, on fit renforcer par quelques compagnies de
francs-tireurs les mobilisés de Seine-et-Oise [1] qui, sous
le commandement du lieutenant-colonel Pelletier, étaient
depuis plusieurs jours cantonnés du côté d'Auxy et d'Antully : toutes ces troupes ensemble vinrent se disposer
sous bois sur la lisière de la forêt de Planoise, et lorsque
les Prussiens commencèrent à gravir le terrain découvert
qui est entre cette forêt et la route de Nolay, en dehors
du poste de Saint-Pierre, toujours inquiétés par les troupes
embusquées derrière les murs d'enclos de ce village, le
feu des mobilisés commença sur toute la lisière du bois,
pendant que les francs-tireurs s'avançaient contre les
premières lignes ennemies. L'artillerie reçut alors l'ordre
de tirer sur les masses prussiennes, sans s'inquiéter
davantage du feu des batteries ennemies, et dans un
instant le mouvement des Prussiens fut arrêté ; ils se
replièrent en toute hâte sur le bois de Vesvres, refoulés
par toutes les troupes cachées jusque-là dans la forêt de
Planoise ; il était alors cinq heures environ, la nuit arrivait, et l'ordre de *bas le feu* fut partout donné, car dans
la mêlée nous aurions été exposés à tirer sur les nôtres.
Mais il nous fut impossible de poursuivre l'ennemi, nous
n'avions pas de cavalerie.... Les Prussiens étaient épuisés ; ils redoutaient tellement d'être poursuivis, que,
dans la soirée et même assez avant dans la nuit, ils
continuèrent à lancer des obus sur la ville, pour mas-

1. Saône-et-Loire

quer leur mouvement de retraite..... Nos pertes furent très sensibles surtout pour l'artillerie ; mais l'ennemi en subit de considérables, et, pour la première fois peut-être, depuis le commencement de la campagne, il abandonna sur le terrain, et sans être poursuivi, des morts et des blessés, quoiqu'il eût réquisitionné pour les enlever une grande quantité de chars. Il perdit pendant cette journée un des officiers généraux qui commandaient les forces dirigées sous Autun et qu'on ne doit pas estimer à moins de quinze mille hommes avec quatre batteries d'artillerie et une faible cavalerie. » [1]

Ce récit se complète par la déposition de M. Bordone devant la commission d'enquête parlementaire.

« ..... Nous avions alors deux batteries de quatre de campagne et une batterie de montagne, qui étaient placées sur le plateau du petit Séminaire d'où on pouvait utiliser cette artillerie. Les feux du poste de Saint-Jean et du poste de Saint-Symphorien convergeaient sur la ligne occupée par l'ennemi, nos batteries commençaient à répondre aux batteries prussiennes. Les Prussiens nous attaquèrent avec dix-neuf pièces en batteries ; cinq autres de leurs pièces étaient restées embourbées à quelque distance de là. On les arrêta dans leur premier mouvement. Ils croyaient entrer sans difficulté, mais les postes de Saint-Jean et de Saint-Symphorien s'étant mis à tirer sur les servants des batteries prussiennes qui étaient à deux kilomètres et demi d'Autun, le mouvement de l'ennemi fut arrêté. Nous pûmes repousser les Prussiens dans toutes les tentatives qu'ils firent ce jour-là, et nous fûmes assez heureux pour les battre égale-

---

1. Bordone. *Garibaldi et l'Armée des Vosges*, 2ᵉ partie, p. 207 et suiv.

ment dans un mouvement tournant qu'ils avaient essayé de faire en arrière d'Autun. »[1]

Les détails qui ont déjà été donnés permettent à chacun de contrôler ce roman. C'est un autre combat du Ternin, ni vrai ni vraisemblable. Si le chef d'état-major était allé une seule fois sur les lieux et se fût donné la peine de regarder, il se serait épargné le ridicule de faire tirer sur les batteries allemandes de Saint-Martin par les tirailleurs fantastiques de Saint-Symphorien et de Saint-Pierre, parce que, étant donnée la configuration du terrain, la chose est matériellement impossible. S'il avait un peu réfléchi, il n'aurait pas dit non plus que l'esplanade du petit Séminaire était le « seul point d'où nos deux batteries de campagne et notre batterie de montagne pouvaient servir efficacement à la défense de la ville », puisque le lendemain il en envoyait une à Couhard et l'autre à Saint-Jean. Enfin, sa préoccupation de charger le colonel Chenet et de tout rejeter sur lui, n'aurait pas dû l'aveugler au point de lui faire exagérer l'importance déjà assez grande du danger couru par l'armée des Vosges et par la ville d'Autun, en inventant un combat de faubourgs, ni avancer l'attaque de trois heures pour donner à entendre que le temps lui avait manqué de faire remplacer la guérilla d'Orient. Les Allemands ne sont pas arrivés à onze heures, comme il le prétend, mais après deux heures : « Le combat a duré de deux heures et demie jusqu'à la nuit », lit-on dans *l'Écho de Saône-et-Loire,* du 3 décembre 1870. « Vers deux heures et demie, la tête de la troisième brigade débouchait devant Autun », porte le rapport du grand état-major prussien.

1. *Enq. parlem.*, t. IV, p. 4.

Des notes prises le jour même par un habitant d'Autun dont on pourrait citer le nom relatent que la canonnade commencée à deux heures un quart a fini à cinq heures moins cinq minutes, pour reprendre de sept heures à huit heures vingt. Les souvenirs très précis de l'auteur et ceux de la majorité des habitants sont conformes à ces indications.

Dès que l'on sort de la vérité, les faits les plus simples, les plus clairs, se compliquent, s'obscurcissent. Le mouvement exécuté par la troisième brigade badoise, de Saint-Martin à la route de Chalon par Saint-Symphorien et Saint-Pierre, est tout naturel. Il n'en est plus de même, si l'on admet un instant avec M. Bordone que Saint-Symphorien et Saint-Pierre étaient occupés par nos troupes. Dans cette occurrence, la pointe supposée de l'avant-garde ennemie sur le faubourg Saint-André était une folle témérité qui l'exposait à un désastre complet.

C'est encore bien pis, lorsqu'il s'agit de l'attaque de notre droite par la gauche prussienne. On ne comprend pas, dans cette hypothèse, qu'un bataillon isolé ait osé commettre l'imprudence de passer à découvert sous le feu plongeant de Saint-Pierre, et de s'avancer jusqu'aux Ragots où sa ligne de retraite était absolument coupée. Pour que le général Keller ait tenté une semblable aventure, il aurait fallu qu'il fût de la force militaire de M. Bordone ou qu'il le considérât comme une quantité négligeable. Si tous les habitants de Saint-Pierre et de Saint-Symphorien, si tous les Aveyronnais et tous les mobilisés de Saône-et-Loire n'étaient là pour dire que le 1er décembre 1870 les Prussiens occupaient ces deux localités, l'absurdité de la combinaison de M. Bordone suffirait à sa réfutation.

La volonté manifeste de subordonner tous les incidents du combat à l'abandon de Saint-Martin par le colonel Chenet, de façon à faire peser sur cet officier toute la responsabilité de la surprise, a forcé le chef d'état-major à supposer des faits, à reporter à la fin de l'action l'attaque des Allemands par l'est. Si en effet M. Bordone eût reconnu, comme la chose a eu lieu, que dès l'origine les Badois avaient attaqué Autun par la route de Nolay et que partout ailleurs le rôle de leur infanterie s'était borné à soutenir leur artillerie, il n'y aurait plus eu possibilité d'attribuer la surprise de l'armée au colonel Chenet qui, en toute hypothèse, n'avait ni le pouvoir ni la mission de défendre la route de Beaune. De là découle toute l'économie de la description, la prétendue attaque de front par les faubourgs précédant l'attaque véritable par l'est, la substitution des Français aux Prussiens à Saint-Pierre et à Saint-Symphorien.

L'inexactitude dans les détails est aussi grande que dans l'ensemble. Les charretées de morts, les quinze mille Prussiens, les officiers généraux tués, les morts et les blessés laissés sur le terrain « pour la première fois peut-être depuis le commencement de la campagne », etc., etc., sont de simples *bordonades* qu'il suffit de constater.

Le désir de se justifier et de défendre la réputation militaire de Garibaldi n'explique pas toutes les inexactitudes dont fourmille le *Récit officiel de la campagne* par le général Bordone. Le rôle prêté aux mobilisés de Saône-et-Loire est étranger à la surprise; cependant il est faussé d'un bout à l'autre. On conçoit que M. Bordone les cantonne à Auxy et à Antully plusieurs jours avant le 1er décembre; cette affirmation entièrement erronée peut servir à montrer que l'armée des Vosges était protégée à son extrême droite contre un mouvement tournant de l'ennemi.

On démêle plus difficilement le motif pour lequel il les place, durant le combat, sous bois, sur toute la lisière de la forêt de Planoise. A quoi peut tendre cette nouvelle invention? Il semble qu'il était plus honorable pour eux de rester en première ligne sur la route de Beaune et de Chalon où ils se trouvaient réellement. Pourquoi leur substituer des francs-tireurs imaginaires? M° Forest nous donne encore la clef de l'énigme. M. Bordone les distribue sous bois pour éviter le reproche d'avoir envoyé, sur le point le plus périlleux, des hommes mal armés; il veut faire voir aussi par là avec quel soin, avec quelle sollicitude vraiment paternelle il savait utiliser les forces qu'il avait entre mains. Si on ne lisait la chose de ses yeux, si l'on n'avait assisté à l'action, on se refuserait à croire à une pareille audace.

« Il y avait parmi les défenseurs d'Autun des hommes, et j'en connais plusieurs, a dit M. Forest, qu'on appelait les mobilisés de Saône-et-Loire; j'ai eu l'honneur de causer avec eux de la bataille d'Autun et de l'armée des Vosges; les mobilisés étaient armés de fusils à piston vieux modèle, on ne pouvait pas les mettre en face des Prussiens; Garibaldi, d'après les conseils de M. Bordone, car c'est lui qui a eu cette idée, les a distribués dans la forêt de Planoise, et, lorsque après une lutte acharnée de cinq heures, les Prussiens, tournés, débordés, furent rejetés sur leur centre, ils ont été reçus à cet endroit non par M. Chenet et sa guérilla qui n'y étaient pas, mais par des hommes en blouse et en sabots. Voilà les hommes qui manquaient de tout, même de fusils, qui n'avaient pas de carabines Minié, de chassepots, mais qui ne craignaient pas de se faire tuer pour repousser les Prussiens. Ceux qui se battaient ainsi dans les bois, en arrière d'Autun, étaient des paysans commandés par ces aventuriers italiens ou polonais ; ceux-là n'ont pas été rencontrés à sept heures du soir à Montcenis, ni sur la route du Creusot....., mais celui qui les commandait[1] peut être fier de ses soldats, et celui-là, malgré les calomnies et les diffamations, n'a pas à craindre une cour martiale. »[2]

On a peine à contenir son indignation en lisant de semblables défis à la vérité. M. Bordone se faisant un piédestal du courage des mobilisés est aussi odieux qu'au 1er décembre 1886, alors qu'il se dressait avec son arrogance habituelle sur la tombe des mobiles morts pour la plupart victimes de son ineptie, pour insulter de plus haut ceux qui avaient eu le malheur de subir son stupide despotisme. Oui, il n'est que trop vrai, les mobilisés de Saône-et-Loire, comme les mobiles, manquaient de tout à l'armée des Vosges. On ne leur avait pas prodigué, comme aux garibaldiens, les riches vêtements, les hautes soldes et les bonnes armes : c'étaient de véritables parias, « les mendiants de Saône-et-Loire ». Quelques-uns d'entre eux étaient en sabots ; leurs vareuses d'amadou ne valaient pas des blouses ; leurs fusils à piston ne partaient souvent pas ; « on ne pouvait pas les mettre en face des Prussiens », et cependant, au jour du danger, ils étaient en première ligne, et non pas sous bois, avec les Aveyronnais aussi déguenillés qu'eux, parce que ceux à qui les bonnes armes avaient été confiées par M. Bor-

1. M. Bordone.
2. *Affaire Bordone*, p. 171.

donc, avaient jugé à propos de mettre leurs précieuses et coûteuses personnes à l'abri des balles prussiennes et d'aller faire la fantasia sur les avenues du Creusot; et ces mobilisés dont beaucoup n'étaient pas plus paysans que M. Bordone et Mc Forest, rendent témoignage que ni « les aventuriers italiens ou polonais », ni M. Bordone, qui ignore où ils étaient, ne les ont accompagnés au combat dont il a l'audace aujourd'hui de revendiquer l'honneur. Les chefs qui les ont conduits à l'ennemi, en avant d'Autun et non pas en arrière, ce sont leurs officiers et surtout leur bonne volonté et leur patriotisme, car les mobilisés d'Autun et beaucoup d'autres pouvaient rester chez eux, s'ils l'eussent voulu. Si M. Bordone « peut être fier d'eux », la réciproque n'est pas vraie ; leur vote contre Garibaldi lors des élections de 1871 à l'Assemblée nationale a manifesté, à l'époque, leur opinion sur ce trop célèbre condottière et sur ses compagnons.

L'allégation du chef d'état-major d'avoir ménagé la vie des mobilisés est stupéfiante. Si une compagnie badoise, se dissimulant derrière le talus du ruisseau, avait débouché tout d'un coup sur la route de Nolay, à la hauteur de la maison Barbançon, combien serait-il resté des cent à cent vingt mobilisés d'Autun qui occupaient seuls cette position avec une vingtaine d'isolés? Ils le savent, ils s'en souviennent et ils apprécient à leur juste valeur les vantardises de M. Bordone, qui, loin de les avoir distribués dans la forêt de Planoise, les a abandonnés seuls, à la gueule du canon, sans même envoyer un officier d'ordonnance pour s'enquérir de ce qu'ils devenaient.

Le récit qu'on vient de lire joint à celui de M. Marais fait parfaitement connaître de quels éléments se compose la légende garibaldienne ; il éclaire d'un grand jour la manière dont les choses se passaient à l'armée des Vosges; il permet de juger en connaissance de cause le chef d'état-major qui en était l'âme.

Si M. Bordone a cru voir effectivement ce qu'il raconte, c'est le cas de le dire, il n'y a vu que du feu; le tohu-bohu qui existait pendant le combat n'était dès lors qu'une faible expression de celui qui s'agitait dans son esprit. Si, au contraire, le souci de sa réputation et le besoin de se disculper l'ont engagé à dénaturer sciemment les faits, de façon à ce que le colonel Chenet demeurât le seul coupable, il n'y a pas d'expressions trop fortes pour flétrir l'auteur d'un pareil procédé. Dans les deux cas, il était périlleux d'être chef de corps sous un tel général. Le général Loysel n'a pas craint de le déclarer bien haut devant les jurés de la Seine :

« En 1871, au moment de la réunion de l'Assemblée nationale, a-t-il déposé, j'appris la situation déplorable dans laquelle M. Chenet se trouvait. Je l'avais connu si vaillant soldat, que je devais supposer qu'il était une victime; toutes les présomptions étaient en sa faveur; les renseignements que je recueillis ne firent que confirmer ces présomptions. Aussi, je répondis immédiatement à M. Chenet. Cependant, il avait un tort grave à mes yeux; je ne le lui cachai pas; il avait eu l'honneur de porter l'épaulette d'officier français, il avait quitté Constantinople mû par les meilleurs sentiments pour offrir son épée au pays, et il aurait dû avoir assez de respect de lui-même pour ne pas venir se mettre sous les ordres d'aventuriers qui ne pouvaient inspirer que la méfiance la plus légitime. »[1]

1. *Affaire Bordone*, p. 118.

IV

Des deux écrivains légendaires qui ont été analysés, il est incertain lequel mérite la palme : le premier est grotesque, le second est odieux. Si leurs récits avaient été publiés le lendemain du combat, ils eussent été, comme la dépêche du chef d'état-major, un grand sujet de risée pour les habitants, à moins cependant que l'indignation universelle dont la conduite des chefs de l'armée des Vosges était l'objet ne se fût accrue de tant d'audace. Aussi bien, au 2 décembre 1870, il n'y avait qu'une voix au sujet des garibaldiens, à quelque situation, à quelque opinion qu'on appartînt : voix de blâme, d'indignation, de dégoût, de la part de ceux qui avaient vu par eux-mêmes, ou connu par les récits des témoins, cette journée d'une ignominie incomparable et d'une délivrance toute fortuite, où le courage et le dévouement des uns ne firent que mettre davantage en relief la lâcheté et l'incurie des autres.

Cette unanimité dans la réprobation se manifestait toutefois de manières différentes : mille entretiens exprimaient les pensées de chacun. Suivant les uns, « Garibaldi était la victime de l'incapacité de son chef d'état-major. Arrivé à un âge avancé, atteint des infirmités de la vieillesse, augmentées encore par les rigueurs d'un hiver auquel le séjour de Caprera ne l'avait point préparé, il aurait eu besoin pour le seconder d'un homme du métier qui, par son activité, sa science militaire, sa notoriété, sa connaissance des hommes, suppléât à ce qui lui manquait, tout en se servant de son nom, comme d'un drapeau, pour réunir les éléments disparates dont se composait l'armée des Vosges. M. Bordone ne possédait aucune des qualités nécessaires pour remplir ce rôle. Absolument étranger par son état aux choses de la guerre, n'ayant jamais été soldat, promu subitement à l'emploi de chef d'état-major par la faveur et l'engouement inexplicables de Garibaldi, il n'était guère connu que de la république des pharmaciens et des herboristes et par ses condamnations en police correctionnelle. Son caractère dominant et cassant, son arrogance, achevaient de le rendre impossible, tout en dépopularisant Garibaldi aux yeux de l'armée et du pays et en compromettant par là même la République et les idées démocratiques dont ce dernier était le champion. Son incurie pendant le combat n'avait eu d'égale que l'insouciance avec laquelle il s'y était préparé ; prévenu de toutes parts et depuis la veille de la marche des Prussiens, il n'avait rien fait pour parer aux éventualités redoutées et infliger à l'ennemi la leçon que méritait son imprudente audace. »

Certains officiers italiens allaient plus loin encore ; ils accusaient hautement M. Bordone de trahison : d'après eux, « il se serait abouché pendant la retraite avec les Prussiens dont la marche sur Autun n'aurait été décidée qu'après avoir reçu de lui l'assurance formelle que la ville ne serait pas défendue. » Ces bruits étaient répandus partout, dans l'armée, à la ville, à la campagne. Un paquet de dépêches allemandes, perdu sur la route d'Arnay par la colonne du général Keller, pendant sa retraite, tomba en la possession d'une famille qui refusa de les remettre au chef d'état-major soupçonné par elle de trahison, et ne consentit à s'en dessaisir qu'entre les mains de Garibaldi.[1]

Les haines de parti étaient étrangères à ces appréciations. Elles émanaient même de préférence d'hommes connus par leurs opinions républicaines, soit que leur admiration pour Garibaldi les portât à le considérer comme impeccable, soit plutôt qu'en chargeant M. Bordone de toutes les fautes ils espérassent éloigner de la personne du général et de la République la responsabilité de cette affaire absolument inexplicable sans l'incurie ou la trahison.

« Le combat terminé, a dit M. Marais, les récriminations contre l'armée s'élevèrent avec la plus grande violence, et, un dimanche, quoiqu'il m'en coûtât, je dus prendre sur moi de prévenir le général. Je n'avais aucun souci de ce que disaient certaines gens, mais il y en avait d'autres qui avaient fait leur devoir, et j'écrivis au général : j'accusai quelqu'un, le général Bordone, en termes nets et formels. Le général me dit : « Êtes-vous bien sûr que Bordone soit le coupable ? » Je répondis : « Votre question même m'oblige à réfléchir, je n'ai plus rien à dire. » Il ajouta : « Tenez-vous à ce que je réponde à votre lettre ? — Non, mon général. — Alors jetez-la au feu ! » Il me dit alors : Sans rancune ! « C'est à vous, répondis-je, que je dois demander si vous me gardez rancune. »[2]

---

1. Voir les articles publiés en décembre, janvier 1887, par « un Vieux Républicain », dans le *Progrès de Saône-et-Loire*.
2. *Affaire Bordone*, p. 91.

Voyant que Garibaldi prenait la défense de son lieutenant, M. Marais craignit de se compromettre et retira sa dénonciation. L'opinion publique plus libre, plus courageuse, violemment surexcitée par les révélations que chacun faisait, ne se contenta pas de cette fin de non-recevoir et les accusations contre le chef d'état-major et contre l'armée continuèrent à se propager.

On disait d'un autre côté « que Garibaldi n'avait jamais eu l'intention de défendre Autun. Son expédition sur Dijon n'avait été qu'une vaine démonstration destinée à donner le change au pays ; elle devait désormais lui servir de prétexte pour ne plus rien faire. Venu en France afin de saper l'idée d'autorité, de faire l'œuvre des loges, donner l'impulsion à la révolution sociale, ayant une réputation politique et militaire à sauvegarder, le fameux chef de bandes tenait à conserver intactes, pour le moment du besoin, des troupes que dans sa pensée il réservait exclusivement pour la lutte contre les ennemis intérieurs de la République. Il se rendait compte, du reste, qu'il n'avait plus devant lui des soldats napolitains soudoyés par l'or de Cavour, gagnés d'avance à la cause révolutionnaire par les sourdes menées des sociétés secrètes et prêts à lever la crosse en l'air à son arrivée. Ce n'était plus ni le temps ni le lieu de renouveler la célèbre expédition des Mille ; Guillaume de Prusse n'était pas François de Naples, et la franc-maçonnerie cosmopolite redoutait le triomphe de la France. Garibaldi ne voulait donc pas risquer sa fragile renommée dans un combat sérieux où la victoire ne pouvait être que le fruit de la science militaire et du dévouement, et non celui d'intrigues et de conspirations ténébreuses. Du moment qu'il s'était cru menacé par des forces considérables, il avait envoyé les garibaldiens en arrière, tout en laissant en avant les mobiles pour couvrir sa retraite et sauver les apparences. Le hasard seul avait préservé Autun. »

D'autres prétendaient « qu'il n'était allé à Dijon que pour attirer les Prussiens à Autun ; tout en ayant l'air de les combattre, il désirait leur livrer une ville que ses opinions religieuses et politiques lui rendaient odieuse ; c'était pour assouvir ses haines de sectaire qu'il avait exagéré la débandade de Dijon, de façon à engager l'ennemi à pousser de l'avant, en admettant toutefois qu'il ne lui ait pas fait connaître ses résolutions d'une façon plus claire. Comment expliquer autrement l'absence de toute mesure de précautions, de toute préparation à la résistance ? Que dire des troupes laissées en liberté ? des canons entassés les uns sur les autres ? de la fuite en masse des garibaldiens ? du défaut de poursuite contre la faible colonne allemande ? Que l'évacuation des bagages et du matériel et l'envoi de quelques troupes en arrière aient eu vraiment pour but d'assurer la retraite en cas d'insuccès et de ne pas exposer l'armée à être entourée et forcée de mettre bas les armes, on pourrait l'admettre ; et encore eût-il fallu conserver les munitions, et ne pas envoyer plus d'hommes en arrière qu'en avant. Mais l'ordre donné la veille au chef de gare de préparer pour le lendemain un train d'évacuation ainsi que le départ de toutes les troupes bien armées, et surtout de l'ambulance, ne prouvaient-ils pas l'intention bien arrêtée de battre en retraite ? Le refus systématique de croire à l'arrivée de l'ennemi et de se précautionner en conséquence ne démontraient-ils pas aussi le désir de se ménager une surprise à la faveur de laquelle on espérait laisser entrer les Prussiens, lorsque les garibaldiens auraient évacué la ville ? La défense spontanée des artilleurs de la Charente-Inférieure avait renversé ce plan machiavélique et obligé Garibaldi à continuer la résistance qu'il avait du reste abandonnée à elle-même et réduite à son minimum. Ces paroles des Prussiens pendant leur retraite entendues par un grand nombre de personnes : « A Autun trahis ! à Autun trahis ! » venant se joindre à la conduite inexplicable du général, achevaient d'établir qu'ils avaient été expressément ou tacitement appelés à Autun. »

On disait encore que « la rapidité de la marche des Prussiens avait été la cause de leur revers ; s'ils fussent arrivés le lendemain, ils seraient entrés sans coup férir dans la ville abandonnée. Le sursis apporté au départ de Garibaldi avait été motivé par la persuasion où il était d'avoir une avance d'au moins vingt-quatre heures sur les Prussiens, par la nécessité de rallier l'arrière-garde laissée à Arnay, et de faire prendre un peu de repos aux troupes exténuées par trois jours de marches forcées ; mais il n'avait pas abandonné son projet communiqué dès la veille à M. de La Taille, de se porter en arrière sur le Creusot et de ne pas supporter à Autun le choc de l'ennemi. L'ordre donné aux troupes à midi de se tenir prêtes à partir à quatre heures, l'envoi du matériel de guerre à Étang, le départ des ambulances garibaldiennes dans cette direction, l'organisation d'un train d'évacuation pour l'état-major, la retraite de tous les garibaldiens sur Montcenis et le Creusot, enfin le général se rendant à Couhard avec ses bagages, toutes ces dispositions prouvaient l'intention de quitter Autun à l'approche des Allemands. Il était inadmissible, en effet, que tant de corps différents aient pris instantanément la même direction s'ils n'en avaient pas reçu l'ordre antérieurement. » A l'appui de cette opinion on pourrait ajouter qu'à l'exception du commandant de la Guérilla d'Orient, aucun chef de corps n'a été inquiété pour s'être replié en arrière. M. Bordone dit même dans son livre qu'ils couvraient les avenues du Creusot, donnant par là même à entendre qu'il les y avait envoyés. « L'affaire du 1er décembre n'était donc qu'une retraite, qu'une fuite, changée en victoire par l'initiative des artilleurs de la Charente-Inférieure et par la marche de Cremer sur Bligny. »

Enfin on rappelait « que, du 12 au 22 juillet, M. le comte d'Arnim, ministre de Prusse près le Saint-Siège, avait quitté son poste et s'était embarqué à Livourne à bord d'un navire prussien pour se rendre à Caprera auprès de Garibaldi. Cette démarche rapprochée de la haine que Garibaldi avait toujours témoignée à la France, par ses paroles et par ses actes, donnaient la mesure de son patriotisme français, autorisaient toutes les suppositions, faisaient comprendre sa venue en France, la débâcle de Dijon et l'affaire du 1er décembre. »

Quoi qu'il en soit, c'était une opinion fort accréditée alors que Garibaldi n'avait pas eu l'intention de s'opposer à l'entrée des Allemands à Autun. Outre qu'elle s'appuyait sur des actes dont elle était la seule explication plausible, il paraîtrait qu'elle s'autorisait également des paroles du général lui-même. Deux témoins irréprochables ont affirmé à l'auteur avoir lu sur les murs d'Autun, le lendemain ou le surlendemain du combat, une proclamation du général en chef, dans laquelle il blâmait les artilleurs de la Charente-Inférieure d'avoir ouvert le feu contre les Prussiens avant d'en avoir reçu l'ordre. Cette pièce n'était pas nécessaire, à cette époque, pour juger la conduite de Garibaldi; les faits parlaient assez par eux-mêmes.

Il en est encore de même aujourd'hui. Si l'on examine les mesures prises par Garibaldi avant et après l'arrivée des Allemands sous les murs d'Autun, l'on voit clairement qu'il n'avait pas l'intention de défendre cette ville, que la résistance s'est organisée par la force des choses, parce qu'il était impossible de faire autrement et dans les limites les plus restreintes possibles. Déçu dans son espoir de s'emparer de Dijon presque sans coup férir et d'acquérir par là une popularité qui, dans sa pensée, devait l'aider à réaliser ses visées politiques ambitieuses, il s'enfuyait précipitamment à Arnay, à Bligny, à Autun, bien décidé à aller plus loin encore, aussi loin qu'il serait nécessaire pour éviter une rencontre avec le général prussien. C'est ainsi que le 30 au soir, à l'annonce de l'entrée des Allemands à Arnay, il prenait tout d'abord la résolution d'évacuer Autun. Soit que la rapidité de sa propre fuite et les renseignements reçus postérieurement sur la composition de la colonne ennemie installée à Arnay lui eussent ensuite donné à penser que le général Keller commandait seulement l'avant-garde du XIV° corps, que le général de Werder le suivait avec le gros, que la marche des Allemands sur Autun n'aurait lieu qu'après la concentration à Arnay de toutes leurs forces; soit encore que la seconde colonne allemande ennemie s'avançant par la vallée de l'Ouche lui eût fait supposer que ce mouvement était dirigé contre Cremer, dont la présence dans cette région lui était connue, il demeurait persuadé qu'il ne pouvait être attaqué le

1ᵉʳ décembre, que peut-être même il ne le serait pas le 2 décembre, et, en conséquence, il ajournait sa retraite jusqu'au moment où il serait menacé.

Cette résolution de ne pas attendre l'ennemi à Autun, jointe à la fausse assurance de ne pas être attaqué le 1ᵉʳ décembre, peut seule expliquer l'insouciance et la folle sécurité de Garibaldi, la liberté donnée aux troupes, l'absence de toute précaution, de toute mesure défensive, le refus de croire jusqu'au dernier moment à l'arrivée des Prussiens. Si, en effet, il eût été résolu, ainsi qu'on l'a prétendu, à accepter le 2 décembre la lutte contre le XIVᵉ corps tout entier par lequel il se croyait poursuivi, il s'y serait préparé dès la veille et il n'aurait pas fait tranquillement de onze heures à deux heures sa promenade habituelle en voiture.

L'abandon d'Autun en cas de danger était tellement décidé dans son esprit, qu'au premier coup de canon l'ordre de rétrograder était donné à toutes les troupes garibaldiennes, aux mobiles des Basses-Alpes et aux mobilisés de Saône-et-Loire dont le colonel, familier de l'état-major, initié à ses secrets, se rendit en arrière, à Runchy [1], avec le 2ᵉ bataillon, sur l'une des lignes de retraite, tandis que le 1ᵉʳ bataillon était dirigé sur Couhard, d'où il pouvait rejoindre le 2ᵉ bataillon à Montcenis, à travers la montagne. Si l'artillerie eût pu partir aussi, il est évident, d'après ces dispositions, que la ville eût été immédiatement évacuée. Mais, d'une part, les

---

1. Ce colonel, après avoir pris les ordres de l'état-major, rentre chez lui à la hâte, « fait monter sa chèvre et sa femme en voiture, attache sa vache par derrière » et quitte Autun. Sa conduite montre bien qu'il s'attendait à l'entrée de l'ennemi. Il faisait suivre aux siens le mouvement de retraite qu'on lui avait ordonné à lui-même.

artilleurs avaient commencé le feu sans ordres, et, de l'autre, leurs chevaux et leurs mulets étaient logés au pont l'Évêque, à moins de cent mètres de l'avant-garde ennemie, de telle sorte qu'il y avait impossibilité d'emmener les pièces.

Garibaldi était donc forcé de continuer le combat pour dégager son artillerie. Il n'en persistait pas moins dans son idée de battre en retraite puisqu'il ne rappelait à lui, pendant la nuit du 1er au 2 décembre, aucun des corps envoyés en arrière, et qu'il faisait rentrer en ville toutes les troupes qui avaient pris part à l'action, laissant l'ennemi passer tranquillement la nuit à moins d'un kilomètre d'Autun.

Si le mouvement de Cremer sur Châteauneuf n'eût déterminé la retraite des Allemands, Garibaldi aurait certainement battu en retraite le lendemain, d'autant qu'il croyait avoir affaire à plus de quinze mille hommes et que l'artillerie française était incapable de supporter une nouvelle journée de lutte, dans la position où elle était, après les pertes qu'elle avait éprouvées.

La population ne s'y trompa pas. Son indignation légitime s'accrut encore des mensonges des garibaldiens et des mobiles criminels qu'elle imputait vraisemblablement au chef de l'armée des Vosges.

Dans ces conjonctures critiques, le parti garibaldien comprit qu'il était perdu s'il ne parvenait à rejeter sur quelqu'un la responsabilité des événements; il y fut aidé par les circonstances. Dès le lendemain de la déclaration de guerre, un bruit stupide s'était répandu dans toute la France : on accusait les prêtres et les riches d'avoir amené les Prussiens, comme si des catholiques pouvaient désirer la domination d'une nation protestante, et des capitalistes leur propre ruine. Cette rumeur absurde, inventée par ceux qui avaient intérêt aux divisions et aux discordes civiles, était répandue dans les masses par le parti révolutionnaire dont le patriotisme se manifesta au 4 septembre 1870 par une révolution en face de l'ennemi, révolution à jamais néfaste, qui nous a valu la perte de l'Alsace et de la Lorraine, celle de plus de cent mille hommes, de cinq à six milliards d'indemnité ou de dépenses de guerre, et a transformé notre défaite en un désastre dont toutes les lamentables conséquences ne sont pas encore réalisées aujourd'hui. Les garibaldiens avaient déjà utilisé cet odieux mensonge, pour exercer plus facilement contre le clergé et les habitants leurs vexations quotidiennes; on se rappelle que le prétexte de l'envahissement nocturne de l'évêché avait été de découvrir les armes et les millions destinés aux Prussiens. A l'occasion du 1er décembre ils le rééditèrent et mirent sous la protection du patriotisme affolé, des haines de parti et de la sottise humaine, les crimes de l'incapacité ou de la trahison. « C'étaient, disaient-ils, les prêtres et les réactionnaires qui avaient appelé les Prussiens en haine de Garibaldi et de la République; un million était prêt pour recevoir l'ennemi. »

Cette infâme calomnie ne prouvait que l'ignominie de ses auteurs; elle était tellement grossière que les légendaires eux-mêmes qui l'ont inventée, coordonnée ou rapportée, ne paraissent pas très convaincus de sa réalité. « Si, comme on l'a dit depuis, les Prussiens avaient des intelligences dans la place, écrit M. Bordone, ils auraient pu savoir que nous n'étions pas en état de les poursuivre... Ce qu'il y a de certain, c'est que plusieurs personnes notables d'Autun, pendant la journée du

1ᵉʳ décembre, avaient proposé d'aller traiter de la reddition de la ville avec le commandant des forces prussiennes, pendant que la petite armée des Vosges, malgré la fugue de la Guérilla d'Orient qui ressemble fort à une trahison, repoussait sur tous les points un ennemi par qui elle s'attendait à être attaquée, mais qu'elle avait la certitude d'arrêter, sinon de vaincre... » [1]

M. Marais n'écarte, faiblement d'ailleurs, la trahison, que pour attaquer avec plus de chances de succès, à l'aide de cette impartialité apparente, le patriotisme et le courage de ses adversaires politiques.

« Plusieurs habitants d'Autun, pendant ce temps-là, montrent tout autant de patience et de courage. Il est quatre heures, et, sur tous les points, la victoire semble se prononcer en faveur de l'armée des Vosges. N'importe, pour certaines gens qui ne courent d'ailleurs aucun danger, le combat dure trop longtemps. Le bruit de la canonnade et de la fusillade les importune. Décidément, ces étrangers italiens et ces francs-tireurs, d'accord avec les mobiles et les mobilisés, défendent trop la ville d'Autun et lui feraient courir quelque danger si l'ennemi triomphait. Il faut en finir. On se réunit, on se concerte, on prend le mot d'ordre de l'évêché, et on député auprès de la commission municipale deux membres de l'ancien conseil, deux signataires de cette patriotique délibération qui refusait, au nom de la ville d'Autun, 50,000 francs pour la défense nationale. Avait-on, en effet, préparé un million pour ces bons Prussiens, comme le déclarait M. Guigue, dit de Champvans, le confident intime de M. d'Autun, de Chalon et de Mâcon?

[1]. Bordone. *Garibaldi et l'Armée des Vosges*, 2ᵉ partie, p. 209.

Avait-on ainsi ménagé d'avance à ces honnêtes soldats de l'honnête Guillaume les moyens de se bien conduire à Autun comme à Dijon, où, selon l'expression de Messieurs leurs admirateurs, ils payaient tout? En dépit de toutes les apparences, nous avons grand'peine à le croire. Mais ce que nous sommes bien forcés d'admettre, c'est que M. Rossigneux, président du tribunal de commerce, un de ces républicains de 1848, qui s'étaient parfaitement faits aux idées de l'empire, et son collègue en mission, proposèrent sérieusement à la commission municipale d'aller parlementer avec l'ennemi. Inutile de dire que ce noble conseil fut accueilli comme il méritait de l'être. Pendant que les bonapartistes d'Autun proposaient de leur livrer la ville, les Prussiens s'éloignaient pliant sous l'effort de l'armée des Vosges..... Enfin nombre de personnes les entendirent s'écrier au retour : « A Autun trahis ! à Autun trahis ! » Avaient-ils été appelés à Autun, comme quelques-uns l'ont prétendu et avec la promesse à eux faite que la ville ne se défendrait pas? les paroles que nous venons de citer et divers propos recueillis depuis autoriseraient peut-être à considérer cette opinion comme plausible. Nous doutons fort qu'on puisse l'admettre cependant. Car pourquoi seraient-ils venus au nombre de douze à quinze mille? Pourquoi auraient-ils traîné avec eux trente canons, dont une demi-douzaine restèrent embourbés au village de Saint-Denis, à quelque distance d'Autun, circonstance qui contribua sans nul doute à les décourager? Il est vrai qu'en venant ils chantaient et disaient : « Nous allons le prendre dans son nid, le « vieil oiseau rouge. » Il est vrai encore qu'au retour ils gambadaient de toutes leurs pattes, comme disait un paysan qui avait été témoin de leur fuite. Il est vrai encore que l'abattement du lendemain contrasta singulièrement avec l'orgueilleuse confiance et l'allégresse de la veille. Mais pour expliquer ce brusque revirement, il n'est pas absolument nécessaire d'invoquer la trahison. L'énergie de la défense « du vieil oiseau rouge » suffit pour tout éclaircir. La poursuite des Prussiens, après l'échec de l'armée des Vosges devant Dijon, avait été vive, mais fatigante pour eux-mêmes. Un de leurs capitaines d'artillerie, M. Chaper, longtemps employé au Creusot, assure-t-on du moins, leur avait parfaitement indiqué les routes, les chemins de traverse, les passages, les côtés faibles de la ville d'Autun. Mais ils avaient espéré trouver des troupes en débandade, et elles s'étaient reformées ; une ville sans défense et elle était bien gardée. Toutes leurs prévisions avaient été démenties par l'événement. Celles de Garibaldi au contraire s'étaient parfaitement justifiées... » [1]

On voit entre quelles mains les Autunois étaient tombés aux sombres jours de l'année terrible ; aux angoisses patriotiques il leur fallait joindre le souci des haines politiques dont ils se sentaient entourés et menacés, comme s'ils étaient responsables de la lâcheté, de l'incapacité ou de la trahison des autres. Cette attitude du représentant du gouvernement à l'égard de la majorité de ses administrés, en face de l'ennemi, est profondément triste. Un pays est descendu bien bas quand la présence de l'envahisseur sur le sol national ne fait qu'aggraver les dissensions intestines. A la veille des redoutables éventualités qui nous menacent, on ne peut penser, sans frémir, aux dangers que ferait courir à la

---

1. Marais. *Garibaldi et l'Armée des Vosges*, p. 72 et suiv.

défense et à l'intégrité de la patrie le renouvellement malheureusement trop probable de semblables agissements.

Il est inutile de discuter au fond l'accusation de trahison portée sans preuves contre les conservateurs autunois par la tourbe cosmopolite commandée par Garibaldi et Bordone et admirée de M. Marais. Autant et mieux que beaucoup d'autres, l'antique sol éduen, par ses souvenirs grandioses et ses indéfinissables attraits, possède cette douceur inexplicable chantée par le poète, et dont les charmes irrésistibles enchaînent tout homme et ne lui permettent pas d'oublier le lieu de sa naissance. Il n'a rien moins fallu qu'un Bordone, un Marais et toute leur séquelle pour transformer en une pépinière de traîtres et de lâches cette ville qui, à travers les longs siècles de son existence si mouvementée, a toujours été illustrée par ses enfants ! Non, les descendants, les concitoyens des guerriers illustres, des magistrats intègres, des nombreux citoyens qui, dans les diverses carrières, ont honoré Autun et la France par leur savoir, leur honnêteté, leurs vertus publiques et privées, ne sont ni des lâches, ni des traîtres, et ceux qui l'ont dit sont de vils calomniateurs. Les nombreux espions que, grâce au mode de recrutement, l'Allemagne pouvait entretenir à sa solde dans l'armée des Vosges, étaient probablement les principaux auteurs de ces allégations perfides. Bismarck n'avait-il pas le plus grand intérêt à semer la division parmi les Français, à rendre suspects les meilleurs citoyens et à mettre la France à la merci des aventuriers révolutionnaires ? Ceux qui l'ont aidé dans cette œuvre impie en se faisant l'écho de la calomnie se sont jugés eux-mêmes.

La légende de la prétendue députation envoyée, pendant le combat, par les conservateurs, auprès de la commission municipale, afin de lui demander d'aller parlementer avec l'ennemi et de lui offrir 50,000 francs, est un autre spécimen des moyens ignobles employés par le parti révolutionnaire pour justifier Garibaldi. On avait dit, et cette hypothèse était la seule admissible en dehors de la trahison ou d'une incapacité grossière : Garibaldi n'a jamais eu l'intention de défendre Autun, et les révolutionnaires universels répondirent : il l'a défendu contre la volonté et malgré la lâcheté des habitants.

Un incident insignifiant servit de fondement à cette invention malhonnête qui joignait l'utilité de disculper le général à l'avantage de flétrir ses censeurs. Il prouve qu'avec les républicains il ne saurait y avoir d'armistice; même dans les circonstances les plus critiques, les plus solennelles, la haine les domine et les absorbe au point d'étouffer chez eux le sentiment des convenances les plus banales, les plus élémentaires : avec eux l'état de guerre doit être perpétuel. Ces conclusions se déduisent des faits qui ont coloré l'accusation de lâcheté élevée contre les conservateurs par la clique révolutionnaire.

Deux ou trois heures avant l'attaque d'Autun, M. Olinet, ancien président du tribunal de commerce, rencontre M. Rossigneux ; il lui apprend que les Prussiens marchent sur Autun, que Garibaldi n'a pas l'air de s'en inquiéter, et il l'invite à venir à la mairie pour se renseigner sur la situation. M. Rossigneux fait observer qu'avec les républicains on ne saurait assez se tenir sur ses gardes, que leur visite pourra être mal interprétée. M. Olinet répond qu'il est naturel, dans une occurrence aussi grave, de chercher à savoir ce qui se passe. M. Rossigneux le suit à contre-cœur.

Arrivés à la mairie, ils trouvent quelques membres de la commission municipale; M. Olinet leur fait part des bruits qui circulent en ville et il leur demande ce que l'on compte faire.

— Je crois qu'on est décidé à résister, répond M. X.

— C'est fort bien, riposte M. Olinet, mais alors pourquoi ne se porte-t-on pas à la rencontre de l'ennemi? Il ne faudrait pourtant pas livrer la bataille au milieu des rues de la ville. On échange quelques paroles dans ce sens, et MM. Olinet et Rossigneux se retirent.

La conférence avait duré moins d'un quart d'heure, et il n'avait nullement été question d'aller parlementer avec l'ennemi ni de lui offrir 50,000 francs. Il ne s'agissait pas davantage d'une députation; c'était une démarche privée, toute naturelle, absolument régulière, émanant de l'initiative de deux citoyens qui, à ce titre, avaient le droit de s'inquiéter et de contrôler. Du moment qu'ils n'avaient reçu aucun mandat, ils ne pouvaient offrir 50,000 francs, ni parler de traiter avec l'ennemi. L'eussent-ils réellement fait, ils n'engageaient qu'eux-mêmes, et le parti conservateur n'a rien à voir en cette affaire. En affirmant le contraire, sans aucune preuve à l'appui, MM. Marais et Bordone font trop manifestement œuvre de haine et de parti. Il n'est pas admissible, du reste, que MM. Olinet et Rossigneux, anciens conseillers municipaux, supplantés par les membres de la commission, aient été assez dépourvus de prudence et d'intelligence pour faire de pareilles propositions à des adversaires politiques, alors surtout qu'ils n'ignoraient pas que les pouvoirs militaires et notamment celui de traiter avec l'ennemi appartenaient exclusivement au général en chef.

« C'était si fou, écrit « un Vieux Républicain » dans le *Progrès de Saône-et-Loire*, des 3 et 4 janvier 1887, qu'il n'était pas possible de prendre la démarche au sérieux. S'imagine-t-on la commission municipale allant sommer le chef de l'armée des Vosges de capituler, c'est-à-dire de s'en aller, et, en cas de refus et de non-arrestation [1], traitant directement avec Keller de la reddition de la ville? Nous croyons même que l'un des députés [2], d'après son attitude silencieuse et ironique, était, sur le cas, de l'avis de la commission, qui répondit à la proposition sur un ton quelque peu railleur..... »

Toutes ces impossibilités évidentes auraient été comprises aussi bien par MM. Olinet et Rossigneux que par le « Vieux Républicain ». S'ils avaient eu l'idée assurément singulière de s'opposer à la défense d'Autun, ils n'en auraient pas été faire la confidence aux membres de la commission municipale; car les conservateurs savaient à quoi s'en tenir sur ces messieurs qui tous, excepté M. Constant, n'ont jamais jugé bon de protester contre les brigandages des garibaldiens, et ont abandonné leurs concitoyens à la merci de ces aventuriers dont ils se sont montrés en maintes circonstances les plats courtisans; esclaves des méchants pour dominer les bons : « Serviliter pro dominatione. »

L'épisode de la députation conservatrice se réduit donc à une demande de renseignements faite, quelques heures avant le combat, à quelques membres de la commission

---

[1]. De la bataille probablement.
[2]. M. Rossigneux.

municipale, par deux anciens conseillers municipaux agissant en leur nom seul. MM. Olinet et Rossigneux pensaient s'adresser à des Français et il s'est trouvé qu'ils ont eu affaire à des sectaires trop heureux d'ajouter à la légende garibaldienne, aux dépens de leurs concitoyens, le trait de lâcheté et de trahison partout et toujours nécessaire, à Autun comme à Dôle, comme à Dijon, pour cacher les fautes de Garibaldi et célébrer ses louanges.

CHAPITRE VI

Affaire Chenet.

I. Le lieutenant-colonel Chenet ; sa venue en France ; il organise la Guérilla française d'Orient. Ses rapports à Marseille avec Esquiros et Delpech. Séance du club de l'Alhambra. — II. La Guérilla d'Orient est envoyée à Épinac ; elle marche sur Dijon. Incapacité de Delpech ; ses démêlés avec le lieutenant-colonel Chenet. Le capitaine adjudant-major de Saulcy ; ses motifs de haine contre son chef. Entrevue du colonel Chenet et de Menotti Garibaldi. Le colonel Chenet demande à quitter l'armée des Vosges. — III. Retraite de la Guérilla d'Orient sur Autun, sur Montcenis, sur Roanne. Arrestation du colonel Chenet. — IV. Le colonel Chenet est conduit à Lyon, puis à Autun ; il est traduit devant la cour martiale garibaldienne. V. En cour martiale ; la condamnation. — VI. Illégalité de la sentence. — VII. Commutation de peine, dégradation. — VIII. Au bagne. Arrêt de cassation et renvoi du colonel Chenet devant le conseil de guerre de Lyon. IX. Le conseil de guerre de Lyon ; acquittement. — X. Conclusion.

I

L'accusation de lâcheté et de trahison élevée gratuitement par les garibaldiens contre leurs censeurs était insuffisante pour justifier Garibaldi et M. Bordone, même aux yeux des républicains ; un habile capitaine peut être trahi ou vaincu, il ne lui est pas permis de se laisser surprendre. Il fallait donc, de toute nécessité, découvrir un soldat auquel on pût imputer la surprise ; le sort tomba sur le lieutenant-colonel Chenet, qu'un concours de circonstances spéciales désignait à la haine et au choix des révolutionnaires. Le chef de la Guérilla d'Orient avait quitté Saint-Martin, avec autorisation, le

1ᵉʳ décembre, entre neuf heures et demie et dix heures du matin ; M. Bordone nia l'ordre verbal qui avait été donné, et cet officier supérieur, accusé d'avoir déserté son poste en face de l'ennemi, fut traduit devant un tribunal triplement incompétent et condamné à mort, en dehors des formalités prescrites, par des juges choisis par ses accusateurs. La version garibaldienne du combat d'Autun était dès lors complète : « Les conservateurs avaient appelé les Prussiens et le lieutenant-colonel Chenet, par sa fuite concertée, leur avait fourni les moyens de surprendre la ville. Heureusement Garibaldi veillait, il était sur ses gardes ; aussi l'ennemi, qui escomptait déjà la victoire, essuya-t-il, selon les paroles incroyables de M. Bordone, « une des plus grandes défaites qu'il ait subies pendant la guerre de 1870-1871 ! »

Par le seul fait de cette condamnation, les accusés devenaient des triomphateurs. « J'ai fait peser d'abord sur M. Bordone la responsabilité de l'attaque d'Autun, a dit M. Marais, c'est vrai ; mais j'ai ajouté et j'ajoute encore aujourd'hui, qu'il y a maintenant un seul homme sur lequel je fais peser cette responsabilité ; cet homme, c'est M. Chenet. »

Dans son livre, M. Marais déduit assez naïvement la cause pour laquelle les garibaldiens attachent une si grande importance à l'arrêt qui a essayé de flétrir le colonel Chenet ; c'est que si ce dernier n'est pas coupable, Garibaldi ou M. Bordone le sont nécessairement.

Après avoir déclaré que, le 1ᵉʳ décembre, l'armée des Vosges, Lyon et le Midi de la France ont couru un danger terrible, il ajoute : « Si l'on accepte l'affirmation de Garibaldi, tout s'explique. Si l'on accepte, au contraire, avec MM. les juges du conseil de guerre de Lyon, la version de M. Chenet, toutes les obscurités que nous venons d'indiquer subsistent. Enfin, d'autres que M. Chenet ont été accusés [1]. S'ils sont coupables, il faut le dire et le prouver, la justice l'exige. »

L'affirmation de Garibaldi n'explique rien du tout. Ainsi qu'on l'a vu, l'occupation du parc de Saint-Martin par les quatre cent cinquante hommes de la Guérilla d'Orient ne pouvait empêcher une surprise ni changer notamment la physionomie du combat; et d'ailleurs, entre dix heures du matin et deux heures de l'après-midi, Garibaldi a eu tout le temps nécessaire pour remplacer cette guérilla. Il ne l'a pas fait; il est seul responsable de la surprise. Cette conclusion n'est point obscure du tout, c'est l'évidence même. Encore une fois, l'affaire du colonel Chenet n'a aucune importance relativement au jugement à porter sur le combat d'Autun.

Le procès intenté à cet officier supérieur a toutefois tellement surexcité l'opinion, les détails en sont si dramatiques, l'illégalité est tellement monstrueuse, la manière dont cette affaire a été conduite dépeint si bien les procédés habituels des révolutionnaires cosmopolites, enfin, tellement invincible est l'entêtement des apologistes garibaldiens s'obstinant à poursuivre de leurs accusations haineuses et intéressées un homme solennellement acquitté par un conseil de guerre, qu'il est indispensable de rechercher les motifs qui ont guidé les juges de la cour martiale d'Autun et du conseil de guerre de Lyon, de voir laquelle de ces deux juridictions a obéi à la raison, à la justice, à la loi, laquelle s'est laissé conduire par l'ignorance ou la passion. Il importe donc de

1. M. Bordone.

mettre sous les yeux du public le dossier de ce procès célèbre, où les documents officiels militaires, administratifs et judiciaires, se joignent aux lettres privées des officiers, des soldats, des simples particuliers, pour constituer un tableau complet de la vie garibaldienne, donner la dernière touche à l'esquisse de cette armée, mettre ses passions en relief, ses intérêts en jeu, et condenser en un seul épisode toute son incapacité, toute sa scélératesse.[1]

L'histoire juge les juges, mais trop souvent elle ne casse leurs arrêts que tardivement pour leurs victimes ; plus heureux que beaucoup d'autres, le colonel Chenet a pu vivre pour confondre ses accusateurs.

Chenet (Edouard-Jacques-Claude), naquit à Strasbourg le 21 mai 1830. Le 22 mai 1848, il s'engageait dans le 9° régiment de cuirassiers, et passait sous-lieutenant le 4 septembre 1855. Le 20 juin 1856, il entrait au 2° régiment de cuirassiers de la garde, était nommé sous-lieutenant porte-aigle le 15 décembre 1858, et démissionnait

---

[1]. Voir le dossier de cette affaire, la déposition du colonel Chenet devant la commission d'enquête parlementaire, celles de MM. Middleton, Debuschère, Castilhon, l'*Affaire Bordone*, enfin *Garibaldi et ses Opérations à l'armée des Vosges*, par Robert Middleton. Ce dernier livre retrace fort exactement la physionomie générale de l'armée des Vosges et de ses chefs ; on voit que l'auteur a vécu dans ce milieu ; ses portraits faits d'après nature sont très ressemblants. Quelques inexactitudes, quelques exagérations de détail, inévitables dans un ouvrage écrit au lendemain des événements, au plus fort de la mêlée, ne lui enlèvent rien de sa valeur pas plus que certaines vivacités fort légitimes ne permettent de mettre en doute la véracité de l'écrivain. Les documents officiels publiés depuis cette époque confirment son récit, tout en montrant qu'il ne connaissait qu'une faible partie de la vérité ; la réalité était autrement grave. C'est que l'on ne voyait alors que l'extérieur ; l'autopsie était nécessaire pour mettre à nu les nombreux ulcères qui rongeaient cette armée gangrenée. Ce livre, dont le lieutenant-colonel Chenet s'est déclaré l'auteur devant la commission d'enquête parlementaire, n'en reste pas moins le témoignage important d'un honnête homme, à même d'être renseigné, et déclarant ce qu'il a vu et entendu à l'armée des Vosges.

par convenances personnelles le 8 avril 1865, au bout de dix ans de grade d'officier et de dix-sept années de service. Du 9 juin 1854 au 1er juin 1856, il avait fait la campagne de Crimée et, du 23 mai au 7 août 1859, celle d'Italie.

Après sa démission, M. Chenet partit pour le Mexique, où il prit du service dans l'armée de l'empereur Maximilien en qualité de lieutenant, le 8 décembre 1865. Il ne tarda pas à y être promu successivement capitaine (25 mars 1866), chef d'escadron (21 janvier 1867), lieutenant-colonel (15 juin 1867). Sa bravoure le fit citer deux fois à l'ordre de l'armée ; il fut aussi récompensé par plusieurs décorations. Ce ne fut qu'en 1867, après la chute de l'empereur Maximilien, qu'il se décida à rentrer dans sa patrie. Tous les officiers supérieurs qui l'ont connu dans cette période de sa vie, tous ses chefs et notamment les généraux Renault et Loysel sont unanimes à vanter ses vertus militaires et son intrépidité. « J'ai été indigné, a déclaré le général Loysel, ancien chef de cabinet de l'empereur Maximilien, de voir une accusation, comme celle qui consistait à dire que M. Chenet avait abandonné son poste devant l'ennemi. »[1]

A son retour du Mexique, M. Chenet ne pouvant plus rentrer dans l'armée avec le rang qu'il y avait occupé, se rendit à Constantinople où ses connaissances lui eurent vite conquis une haute position. Nommé successivement, avec l'agrément du gouvernement français, inspecteur des routes stratégiques de la frontière du Danube, chef de bureau de la statistique au ministère des travaux publics, organisateur du corps des sapeurs-

---

1. *Affaire Bordone*, p. 118.

pompiers de Constantinople, enfin chargé de l'organisation de la défense, il sut, dans ces divers emplois, conquérir une chose fort difficile pour un chrétien, à savoir l'estime et la considération des Turcs. Il était à Routchouck, avec mission du gouvernement ottoman d'établir, le long du Danube, un cordon de surveillance, lorsque les fils de Garibaldi y vinrent lever des bandes pour l'exécution de quelques ténébreux desseins sur la Bulgarie. Les mesures prises par M. Chenet déconcertèrent les aventuriers qui disparurent; il ne devait les revoir qu'à Autun.

Les sympathies de la colonie française de Péra venaient se joindre à celle des Osmanlis; M. Bourrée, ambassadeur de France à Constantinople, l'honorait de son amitié. « J'avais beaucoup connu le colonel Chenet pendant plusieurs années, et jusqu'au 25 juillet dernier, époque à laquelle je quittai l'ambassade de France pour Constantinople, écrivait ce haut fonctionnaire le 24 février 1871 au général commandant la 8ᵉ division militaire, M. Chenet était aux yeux de tous ceux qui le connaissaient et aux miens, l'honneur même, et je ne doutai pas tout d'abord que sa droiture, le sentiment du devoir dont il est animé, sa rigidité militaire, ne lui eussent fait des ennemis implacables au milieu d'hommes pour lesquels sa seule présence devait être un embarras et un blâme vivants... »

M. Chenet jouissait donc à Constantinople d'une magnifique situation sociale, où les dons de la fortune s'alliaient à l'honneur. Il habitait une charmante résidence, d'où les regards embrassaient le plus beau spectacle du monde.

Lorsque l'heure du danger sonna pour son pays, le

colonel Chenet n'hésita pas un instant à lui sacrifier tous ces brillants avantages ; sa décision était d'autant plus méritoire qu'il était marié, n'avait pas de fortune et pouvait craindre de se trouver, à la fin de la guerre, dans la nécessité de se refaire une position.

Débarqué à Marseille les premiers jours d'octobre, il se mit immédiatement à la disposition du gouvernement. Persuadé qu'en attendant l'organisation de la levée en masse, il était indispensable d'opposer de suite à l'ennemi des corps francs composés d'anciens soldats, sous les ordres de chefs expérimentés, ayant brillamment commandé lui-même la « Contre-guérilla Chenet », au Mexique, il sollicitait du gouvernement les pouvoirs nécessaires pour lever et organiser de suite une troupe destinée tout d'abord à harceler l'armée prussienne et plus tard à éclairer les corps réguliers, au fur et à mesure de leur formation. Par arrêté de l'administrateur des Bouches-du-Rhône, Esquiros, en date du 5 octobre 1870, il fut autorisé à créer un corps franc sous le nom de *Guérilla française d'Orient*. Les volontaires affluèrent : le lieutenant-colonel Chenet fit un triage minutieux et forma ses cadres avec le plus grand soin. Au bout de vingt-quatre jours il se trouva à la tête d'un bataillon de cinq cents hommes, ayant un peloton d'éclaireurs composé de vingt-cinq capitaines au long cours et chefs mécaniciens, plus neuf pilotes. Le 8 novembre, le bataillon complètement équipé quittait Marseille pour se rendre à Aix ; quelques jours après, il recevait son ordre de départ pour Lyon et était dirigé sur Épinac, où il arrivait vers le milieu de novembre.

Pendant son séjour à Marseille, le colonel Chenet avait été en relations forcées avec les citoyens Esquiros,

Delpech, Cluseret, ce trio célèbre qui, à l'aide des « civiques, » terrorisait l'antique cité phocéenne.

Lorsque la Guérilla d'Orient fut organisée, Cluseret, qui s'intitulait général en chef des forces du Midi, espérant trouver un compère dans le colonel Chenet, le fit appeler à l'hôtel de la préfecture où il siégeait, pour lui demander de faire le service d'éclaireurs dans son corps d'armée. Renseigné sur les antécédents du personnage, le colonel refusa, déclarant qu'il se mettrait sous les ordres du général à lui désigné par le ministre de la guerre.

Cette réponse et l'attitude digne de ses soldats auxquels il était interdit de brailler *la Marseillaise*, le rendirent aussitôt suspect; aux yeux des « purs, » ce n'était plus qu'un jésuite, un « réac; » car, pour être vraiment digne du nom de citoyen, il ne s'agissait pas de faire la guerre, il fallait crier : « A bas les riches! à bas les prêtres! », hurler le *Ça ira*, etc., et rester chez soi.

Aussi le club révolutionnaire de Marseille, en sa séance du 4 novembre 1870, le condamna-t-il à mort.

Il existe un compte rendu de cette séance ridicule. Sous sa forme incorrecte, il fait parfaitement revivre cette époque déjà lointaine, ses mœurs républicaines, ses passions, en même temps qu'il exhale une forte odeur garibaldienne. Il est impossible de mieux dépeindre la tournure d'esprit des compagnons du « héros des deux mondes », des chevaliers de la chemise rouge et de l'orgie à outrance, des insulteurs des Autunois et des accusateurs de M. Chenet. A ce titre, il devient un document qui mérite d'être rapporté en entier.

Transportons-nous donc dans la salle du café-concert dit l'*Alhambra,* où, le 4 novembre 1870, le club révolutionnaire tenait séance.

« Longtemps à l'avance, une longue file de citoyens et de citoyennes attendait l'ouverture du sanctuaire : l'heure tant désirée sonne enfin, les portes s'ouvrent et le premier objet qui s'offre à la vue est une affiche immense, au bas de laquelle s'étale un vaste bassin : « Citoyens, n'oubliez pas de déposer votre offrande, » porte l'écriteau. Après avoir payé un léger tribut, on pénètre dans la salle aménagée en forme de théâtre : de minces colonnes surmontées d'arcades mauresques règnent tout autour du parterre et supportent la vaste tribune du premier étage. Sur la scène est installé le bureau.

Le fauteuil du président est occupé par un homme en blouse au teint olivâtre, aux favoris taillés en brosse, aux mains noires, ayant la tête couverte d'une casquette crasseuse ; il tient entre ses dents un court et noir « brûle-gueule ».

A gauche se pavane un immense portefaix aux robustes épaules, au teint apoplectique.

A droite un clerc d'huissier renferme sa mince et osseuse personne dans un paletot noir, râpé et luisant.

« La séance, elle est ouverte ! » crie l'honorable président, avec un fort *assent* provençal. « Les orateurs qu'ils veulent se faire inscrire, ils sont priés de se faire connaître. — Les blagueurs sont priés de ne pas approsser. — Citoyen secrétaire, faites lecture de l'ordre du jour. »

Le petit bonhomme de droite se dresse comme un ressort, approche de son nez une longue feuille de papier et lit d'une voix stridente :

« Attendu que la réunion tenue cejourd'hui en la salle de l'Alhambra a pour effet d'éclairer les citoyens et

citoyennes sur les dangers menaçant la République, les
suscités des deux sexes, les mineurs exceptés, qui voudraient prendre la parole, sont priés, au préalable, de
dénoncer à nos poursuites les *réacs*, agents prussiens et
bonapartistes. En foi de quoi, la séance est ouverte, en
vertu des pouvoirs que le président tient des citoyens et
citoyennes et *vice* et *versa*. »

Cinq orateurs gravissent immédiatement les degrés de
la tribune, ils veulent tous être inscrits les premiers; un
dialogue animé s'engage entre eux. L'auditoire donne
des signes d'impatience. Le portefaix se lève alors et
vocifère d'une voix de taureau :

« Coquin de Diou, vous ne pouvez pas jacasser tous
en même temps. Il faut-z-être raisonnables. — Secrétaire, eh! mon bon, inscris Rosalin le premier, qu'il a
quelque chose d'important à nous communiquer. »

Rosalin triomphant s'empare de la tribune.

Rosalin est un grand garçon mince et déhanché; il
rejette en arrière sa longue crinière frisée, se gratte la
tête, crache, éternue, se plaint au président qu'on le fait
rire, reprend son sérieux et commence enfin son discours.

« Citoyens et citoyennes, je ne suis pas-été-z-à l'école
pour vous faire des discours comme ce tas d'avocats,
qu'ils ne sont que des gueux et des blagueurs. Moi, je
suis un enfant de Marseille et je connais les souffrances
du pauvre peuple comme moi. (Interruption : bravo!
bravo!) — Je crois qu'il vaut mieusse dire là quelque
chose de tapé, pour que nous s'organisions, car nous
qui se connaissons tous, nous devons sauver la République, mourir pour elle et sacrifier tout. — Vive *Galibardi!* — Oui, *Galibardi*, il nous aidera à sauver le pays
et à f..... à la porte les prêtres qui restent dedans Mar-

seille. — Oui, il faut-z-être les soldats de *Galibardi* quand même le ciel de la Provence il tomberait de dessus le pouort. » (Vive interruption : Bravo ! Bravo ! Bravo ! Vive la République ! Vive Galibardi !)

« La ville de Marseille, elle est attuellement anfestée par un grand Cosaque de jésuite réactionnaire payé par Badinguet et Bismarck. Il a z-avec lui un tas de gueux qui sont encore plus réacs que lui. Nous avons, comme vous le savez, entassé des armes pour armer les bras des vrais républicains, pour f..... de dehors de Marseille ces tas de gueux de prêtres qui sont des agents de Bismarck, de Guillaume, d'Augusta, de Badinguet et du pape. Le grand réactionnaire maigre avec sa barbe rousse, il ne me fait pas peur. L'autre jour je l'ai rencontré, je lui aurais bien fait son affaire ; mais jé me connais, jé suis père de famille, jé me suis astenu. (Plusieurs voix : Nommez le traître.)

» Un peu de patience. — Cet homme, à la tête de ses chiens, il passait la Cannebière ; justement j'étais avec Justin qui devient d'Indes pour s'engager dans la civique. Volà-t-y pas que nous crions : Vive la République ! Eh bien ! ni lui, ni sa canaille, ils n'ont pas répondu..... »

— Les citoyens se levant en masse : « A mort le colonel Chenet ! A la lanterne ses hommes ! qu'ils nous ont empêché d'escoffier la prêtraille et les riches ! »

Tumulte indescriptible ! Armé de sa sonnette, le président parvient non sans peine à calmer la sainte colère des auditeurs. Peu à peu le silence se rétablit ; alors d'un ton doctoral, il dit :

« Rosalin, mon bon, tu as raison. J'opine dans ta manière de voir. Je suis d'avis de condamner à mort, tout d'une brochée, ce tas de gueux, qu'ils sont bien capables de mettre des ambusses aux projets de la patrie en danger républicaine. »

« Vive la République ! Vive la République ! hurlèrent en chœur les citoyens. A bas les traîtres ! à mort les cafards ! »

« Secrétaire, continue le président, écris la « potion ». Et il dicte :

« Étant considéré que ledit lieutenant-colonel Chenet et sa clique sont des agents « réfractaires » de Bismarck et du pape, ils sont condamnés à mort en bloc par le peuple souverain de l'Alhambra.

» Fait dedans Marseille, etc. »

Puis s'adressant au peuple :

« Que ceux et celles qu'ils veulent, ils lèvent la main. (Tous lèvent la dextre.)

» Que ceux qui ne veulent pas, ils lèvent la main. (Une main se lève.)

» A la porte le réac ! — A la porte ! — qu'on le conduise au poste ! — A la guillotine ! A mort le chien bonapartiste ! Qu'on le conduise chez Delpech ! »

Celui qui ne voulait pas voter la mort était un Grec qui ne parlait pas le français, qui se trouvait là par hasard et qui leva machinalement la main.

Le président se lève, découvre sa tête mal peignée et prononce l'arrêt :

« Le colonel et sa clique, ils sont condamnés à mort sans révocation et à être fusillés de dessus le pouort pour qu'on ne dise pas qu'ils ont été suicidés. »

Cinq semaines plus tard, les juges de la cour martiale d'Autun homologuaient cette grotesque condamnation.

II

La Guérilla d'Orient avait été affectée à l'armée des Vosges sans que le colonel eût été consulté ; arrivant d'Aix il reçut, en gare de Lyon, l'ordre du général Bressolles de se diriger sur Autun ; une dépêche de Delpech, qui lui fut remise à Chagny, lui enjoignait de rejoindre à Épinac la deuxième brigade.

Tout d'abord, à l'exemple du commandant Bourras et de beaucoup d'anciens officiers mis à la tête de corps francs et placés plus tard sous les ordres de Cremer, il eut l'idée de décliner le commandement de Garibaldi ; la proximité de l'ennemi, le respect de la discipline, lui firent mettre de côté toute autre considération. Il ignorait encore qu'il serait obligé de subir l'inepte commandement d'un teneur de livres, du patron de ceux qui l'avaient condamné à mort, du démagogue Delpech. Tout porte à croire que ce dernier avait demandé que la Guérilla d'Orient fît partie de sa brigade, soit que, connaissant les idées du colonel Chenet, il s'attendît à un refus qui eût permis d'exécuter la condamnation de l'Alhambra ou tout au moins de l'éliminer, soit que, se rendant compte de sa propre insuffisance, il désirât avoir auprès de lui, à titre de conseil, un ancien officier dont les brillants états de service lui étaient connus.

S'il ne fallait compter avec la fourberie de certains esprits, la réception qu'il lui fit à Épinac tendrait à confirmer cette deuxième hypothèse : il lui offrit le commandement de la deuxième brigade, se réservant pour lui les fonctions d'intendant. Le colonel refusa cette combinaison singulière : « Il s'était acquis au Mexique une certaine réputation militaire dans la guerre de guérilla, en payant toujours de sa personne, et il ne voulait pas la compromettre en se mettant à la tête de troupes indisciplinées. »

Le même jour, il fut présenté à Garibaldi qui passait à Épinac; l'entrevue eut lieu dans un wagon-salon en présence de la cour empanachée et dorée du démagogue égalitaire. Le colonel lui demanda « sa liberté d'action pour faire la guerre de guérillas dont il avait une longue expérience et qui, à son avis, était seule possible, pour le moment. » Le général la lui octroya gracieusement.

En rentrant à Épinac, vers deux heures et demie, il apprit de ses officiers que les hommes n'avaient pu trouver à acheter ni pain ni viande; les sentinelles garibaldiennes stationnaient devant les boulangers et les bouchers, et interdisaient l'accès des magasins à tout soldat qui ne portait pas la casaque rouge. Justement indigné de ces procédés, le colonel alla se plaindre à Delpech; le chef de brigade lui répondit qu'il fallait attendre parce qu'à l'armée des Vosges les garibaldiens passaient avant les autres.

« Mais il me semble que mes hommes valent bien ces drôles à camisole rouge », repartit le colonel. Delpech l'engagea à ne pas se compromettre en voulant lutter contre eux; il ne put davantage satisfaire à une demande de cartouches et de souliers; le colonel Chenet en manifesta sa surprise : les difficultés commençaient.

Le 22 novembre, la guérilla partait pour Dijon avec la deuxième brigade, sans avoir pu obtenir les cartouches et les souliers dont elle avait besoin ; les chaussures fournies à Marseille avaient des semelles de carton et ne pouvaient résister à une marche fatigante.

Le premier jour, on coucha à Ivry, le second à Pont-d'Ouche ; chemin faisant le colonel réquisitionnait quinze mille cartouches à un convoi de munitions destinées à la brigade, ce qui faisait une moyenne de trente-cinq cartouches par homme. Le 23, à la nuit tombante, on atteignait Pont-de-Pany, d'où l'on se jetait sur Malain ; la guérilla y arrivait vers dix heures du soir sans vivres et sans ordres. Delpech avait quitté la colonne à Pont-de-Pany sans rien dire, sans s'inquiéter autrement des hommes qui marchaient depuis sept heures du matin. La charité des habitants, qui vinrent offrir des provisions aux soldats exténués, suppléa, pour cette fois, à l'incurie de Delpech.

Presque en même temps, Garibaldi arrivait à Malain ; une circonstance fortuite amenait le colonel Chenet en sa présence. Ce dernier en voulut profiter pour se plaindre du déplorable commandement de Delpech ; aussi, lorsque Garibaldi l'apercevant lui eut dit : « Ah ! bonjour, colonel, comment ça va-t-il ? » il répondit pour provoquer une explication : « Très mal, mon général... très mal. » Garibaldi resta interdit et ne proféra pas une parole. Le colonel « voyant ce général infirme, soutenu par ses officiers d'ordonnance, pouvant à peine se tenir debout et ne paraissant pas avoir conscience de ce qui se passait autour de lui, jugea à propos de communiquer ses réflexions à d'autres, fit le salut militaire et se retira. » Il ne s'était pas moins gravement compromis en se posant en mécontent, en critique de ce qui se passait à l'armée des Vosges.

Le lendemain 25, le chef de la deuxième brigade fit son apparition à neuf heures du matin, frais et dispos. « Comment se fait-il, Monsieur, lui dit le colonel, que vous ayez abandonné la colonne sans laisser aucun ordre, connaissant parfaitement la longue marche qu'avaient faite les hommes qui étaient restés en route depuis sept heures du matin jusqu'à neuf heures du soir? Si vous continuez de ce train-là, nos hommes seront bientôt sur les dents, car il ne faut pas les épuiser tout d'abord par des marches pénibles et inutiles; il faut leur laisser le temps de faire et de manger la soupe, et ne les habituer qu'insensiblement aux marches forcées. »

Delpech ne répondit rien à ces observations : il se contenta de donner l'ordre à la Guérilla d'Orient de se porter sur Remilly-en-Montagne. Le colonel devenait de plus en plus gênant.

Dans la nuit du 25 au 26, la guérilla fut envoyée à Ancey; le 26, à onze heures du matin, elle fut dirigée sur Pasques qu'elle dépassa pour appuyer le gros de l'armée qui refoulait l'ennemi sur Dijon.

En traversant Pasques, le colonel Chenet avait prié le maire de réunir tout le pain qu'il pourrait se procurer, pour ses guérilléros qui étaient à jeun depuis la veille. A son retour, il apprit que Delpech s'était emparé du pain réquisitionné et l'avait distribué au reste de la brigade. Les soldats de la guérilla ne purent soustraire à cette razzia que douze kilogrammes de pain pour les quatre-vingts hommes de la grand'garde; les autres reçurent la solde et durent aviser aux moyens de se procurer des vivres chez l'habitant. Non content de ne pas approvisionner les guérilléros, Delpech leur ôtait encore ce que la prévoyance de leur chef leur avait ménagé.

La colonne était en marche depuis cinq jours et le colonel Chenet ne se faisait plus aucune illusion sur l'armée des Vosges et sur ses chefs; l'incurie et l'ineptie du commandement engendraient l'indiscipline des hommes, d'où l'impossibilité complète d'arriver à un bon résultat. Aussi, comme il n'avait pas quitté Constantinople pour jouer au soldat, comme il était venu en France pour faire la guerre sérieusement, il se décida à demander au gouvernement à être mis sous les ordres d'un général français. Il crut devoir prévenir son chef de brigade de sa résolution. Dans une lettre du 27 novembre, il se plaignit donc à Delpech du manque de commandement et de la mauvaise administration de la brigade. Il lui faisait observer que la subsistance ne pouvait être assurée au moyen de la solde, parce qu'on traversait des localités épuisées et dévastées par les garibaldiens. Les hommes, pour se soutenir, abusaient du vin et l'ivrognerie amenait l'indiscipline. Il terminait en l'informant « que le contact des autres corps de la brigade, mal commandés, mal disciplinés, offrait un pernicieux exemple à une troupe comme la sienne, à l'organisation de laquelle il avait donné tous ses soins, et que, par conséquent, il allait faire des démarches pour sortir d'une armée où il voyait des choses si étranges. » Cette lettre, véritable déclaration de guerre à l'état-major garibaldien, suffirait à expliquer le drame d'Autun, si d'autres faits plus caractéristiques encore n'avaient amené une tension dans les relations telle que la mise en accusation du chef de la Guérilla d'Orient en semble la conséquence évidente.

L'affaire de Pasques du 27 novembre, où l'incapacité de Delpech éclata à tous les yeux et faillit causer la perte de la brigade, confirma le colonel Chenet dans sa résolution de solliciter son changement; elle fit naître divers incidents qui achevèrent d'accumuler sur sa tête l'orage terrible dont il faillit être la victime.

Le 26 au soir, le colonel avait placé une grand'garde de quatre-vingts hommes en avant de Pasques, avec mission de surveiller la bifurcation de la route conduisant à Prénois et Dampierre près Dijon. Vers minuit, Delpech la fit retirer, à cause de la pluie battante qui tombait; il omit de la replacer le lendemain matin, et vers onze heures les Prussiens arrivèrent à quinze cents mètres, sans avoir été signalés. La surprise était complète. Le colonel dit aussitôt à Delpech : « Comment! nous sommes surpris? Il fallait laisser la grand'garde que j'avais placée, ce qui nous arrive en ce moment n'aurait pas eu lieu. C'est la première fois que l'ennemi me surprend et cela par votre faute. »

Le combat commença quelques minutes après. On sait le rôle brillant qu'y joua le colonel, l'obligation où il fut de prendre le commandement des mains incapables de Delpech, le stratagème dont il usa avec bonheur pour sauver la brigade dont la retraite allait être coupée. Avec moins de mille hommes qui voyaient le feu pour la première fois, sans artillerie, sans cavalerie, il lutta pendant trois heures contre plus de dix mille Prussiens commandés par le général Keller et pourvus de trente-deux pièces de canon et d'un régiment de cavalerie. Cette belle résistance avait retardé de vingt-quatre heures la poursuite de l'ennemi et assuré par là même la retraite de l'armée des Vosges.

La deuxième brigade battit en retraite sur Ancey. Là, le colonel eut avec Delpech une dernière explication qui consacra la rupture de ces deux hommes.

« Le colonel. — Vous avez vu, Delpech, je me suis vu forcé, pour sauver la situation, de vous retirer le commandement. Si vous n'aviez pas cédé, je vous aurais fait arrêter. De pareils conflits dans le commandement et sur le champ de bataille amènent généralement des désastres. Vous êtes mon chef, je dois vous obéir, mais cependant vous êtes incapable de me commander. Vous feriez un bon soldat, car j'ai remarqué votre sang-froid. Mais je ne puis vous estimer, si, par ambition, vous persistez à accepter une responsabilité trop pesante pour vous et qui a failli compromettre le salut de l'armée des Vosges tout entière. Je dois donc, en honnête homme, vous prévenir que je ferai les plus pressantes démarches pour me soustraire, moi et les miens, à un pareil commandement.

» Delpech. — Mais ne vous ai-je pas déjà offert le commandement? Pourquoi l'avez-vous refusé? Soyez sûr, du reste, que, sur le champ de bataille, je vous le céderai toujours.

» Le colonel. — Ce n'est pas admissible, car vous feriez des bévues qu'il me serait impossible de parer. J'ai sauvé la situation aujourd'hui, je ne réponds pas de la sauver une autre fois. D'ailleurs, vous ne voulez pas céder votre commandement, vous voulez le troquer contre la position d'intendant : de ce côté, vos aptitudes sont encore moins heureuses, car je vous ai vu à l'œuvre. La brigade manquant de vivres et de tout ce qui lui est nécessaire me prouve que vous n'êtes pas meilleur intendant que général. Ce serait manquer à mon devoir que de prêter la main à vos projets de fortune.

» DELPECH. — Colonel, vous vous oubliez.

» LE COLONEL. — Je préfère offenser votre susceptibilité que la vérité. D'ailleurs, ayant chèrement payé mon grade de colonel, j'ai le droit de parler ainsi à un conscrit qui a manqué à son devoir, bien que la faveur l'ait fait du jour au lendemain mon égal. Du reste, M. Delpech, permettez-moi de vous apprendre qu'étant nommé colonel d'une armée régulière depuis quatre ans, j'ai encore le droit, par ancienneté, de vous rappeler à l'ordre quand je le jugerai à propos. »[1]

Fort de son bon droit et de la lamentable nullité de Delpech, le colonel Chenet rompait avec toute prudence et courait au-devant de son sort. Son excuse résulte de son expérience de la guerre, du déplorable spectacle qu'il avait sous les yeux et d'une droiture qui ne lui permettait pas de prévoir l'iniquité. Il est clair d'ailleurs que les règles ordinaires de subordination et de hiérarchie supposent la capacité du commandement; dans ce cas particulier, elles disparaissaient forcément devant la nécessité de pourvoir à la nourriture et à la sûreté des hommes, non moins que devant l'impossibilité de prendre au sérieux la fiction du généralat de Delpech. Malheu-

---

[1]. Cette conversation et toutes celles qui sont rapportées dans le cours de ce chapitre sont extraites du livre publié par le colonel Chenet sous la signature de Robert Middleton et sous ce titre : *Garibaldi et ses Opérations à l'armée des Vosges*. Voici les paroles par lesquelles cet officier supérieur répondait devant la commission d'enquête parlementaire à la demande qui lui était faite, si ce livre non encore publié était signé de lui : « Non, il est de M. Middleton, mais j'en accepte la responsabilité. Je ne pouvais pas, vous le comprenez, faire moi-même le récit de ce qui m'était arrivé. Mais, devant la France entière, j'en accepte la responsabilité. » (*Enq. parl.*, t. IV, p. 114.)

reusement pour le chef de la Guérilla d'Orient, on se prenait absolument au sérieux à l'armée des Vosges; il devait en faire une cruelle expérience.

Selon qu'elle veut élever un homme ou l'abaisser, la fortune est ingénieuse à multiplier autour de lui les occasions de succès ou de ruine. La guérilla comptait au nombre de ses officiers un certain de Saulcy qui avait inutilement couru après la richesse dans les cinq parties du monde; au moment de son engagement, il présenta des états de service tels qu'il obtint le grade de capitaine adjudant-major. Ces états, comme on l'apprit plus tard, étaient faux, ainsi que le nom dont il s'était affublé.

Après la condamnation à mort du colonel Chenet, M. Bourrée, ancien ambassadeur en Turquie, écrivit au chargé d'affaires de France à Constantinople, pour lui demander des renseignements sur l'unique témoin entendu par la cour martiale. Il en reçut la dépêche suivante :

« Ministère des affaires étrangères. — Dépêche télégraphique. — Constantinople, le 23 décembre 1870. — Le sieur Jacquot dit de Saulcy, arrivé à Constantinople porteur d'un passe-port altéré, est une épave des travailleurs du canal de Suez. Il s'est fait passer de lui-même officier d'artillerie; il n'aurait été que ferblantier-lampiste; il est considéré ici comme un aventurier trop ignorant pour être dangereux. — Signé : DUCROS-AUBERT, chargé d'affaires de France à Constantinople. »

Une lettre de M. de Saulcy, ancien sénateur, adressée au marquis d'Ivry, qui lui avait communiqué cette dépêche pour obtenir des éclaircissements, fait entrevoir comment ledit Jacquot avait été mis en possession des papiers de M. de Saulcy : « Merci mille fois pour votre bonne et affectueuse lettre et pour les détails qu'elle contient. J'ignore absolument quel peut être le plat gredin qui a eu l'audace de prendre mon nom. Jamais je n'ai eu le moindre Jacquot à mon service. Cependant, je crois entrevoir à la suite de quelles circonstances Jacquot a pu troquer son nom burlesque contre le mien. J'avais un frère qui aimait éperdument les voyages et les aventures. Ce malheureux frère, qui est mort il y a deux ans, était d'un caractère très faible ; les gredins de tous pays s'attachaient à lui et le grugeaient : Jacquot pouvait bien être du nombre de ces derniers. Avant Suez, il avait, dites-vous, séjourné à Naples ; mon frère y était vers la même époque et aura laissé tomber son passe-port entre les mains de Jacquot. Voilà, mon cher ami, comment je puis expliquer ce mystère. Agréez, etc. — Signé : DE SAULCY. »

La protestation suivante de la colonie française de Constantinople en faveur du lieutenant-colonel Chenet complète le dossier du sieur Jacquot dit de Saulcy : « Constantinople, le 5 janvier 1871. — Les soussignés, membres de la colonie française à Constantinople, douloureusement surpris de la condamnation du citoyen Chenet, commandant la Guérilla d'Orient, et dont l'honorabilité connue a dû être victime d'une calomnie odieuse, déclarent et certifient que son accusateur, le sieur Jacquot, se disant de Saulcy et se qualifiant faussement d'ancien élève des écoles militaires, d'ex-officier d'artillerie et d'ingénieur, s'est acquis pendant son séjour en cette ville la réputation d'un imposteur, de qui tout témoignage ne saurait être trop sévèrement contrôlé. (Suivent les signatures.) — Vu à la chancellerie de l'ambassade de France près la Porte ottomane, pour légalisation des signatures ci-dessus apposées. — Constantinople, le 4 janvier 1871. — Le chancelier substitué, Signé : Aug. Battu. — Vu..... Le consul de France chargé de la direction de la chancellerie de l'ambassade. — Signé : Schefer. »

Tel était le passé de ce Jacquot dont la déclaration devait être préférée par les juges de la cour martiale garibaldienne à celle du colonel Chenet, en matière capitale !

A défaut de ces documents, sa conduite pendant le combat de Pasques suffirait à le juger. Il avait été chargé de défendre jusqu'au dernier moment, avec deux compagnies mises sous ses ordres, la barricade improvisée élevée à l'entrée du village. Lorsque le colonel, pour donner le change à l'ennemi, fit sonner à gauche tandis qu'il se portait sur la droite, l'adjudant-major de Saulcy emmena ces deux compagnies, les laissa en arrière et vint demander de quel côté la retraite devait s'opérer. Le colonel apercevant cet officier dont le visage pâle exprimait tous les symptômes de la terreur, lui répondit, le mépris sur les lèvres : « Monsieur, en cas de retraite, droit en arrière dans le bois », et il lui indiqua du geste la direction. De Saulcy ne se le fit pas répéter deux fois ; il alla rejoindre ses hommes et partit laissant au capitaine Cluze et à une quarantaine d'hommes de la Marseillaise la charge de défendre cette position importante.

A son arrivée à Ancey, le colonel apprit que de Saulcy était à Sombernon avec les deux compagnies qu'il avait emmenées du champ de bataille. Il lui donna l'ordre de venir le rejoindre à Remilly-en-Montagne où Delpech l'envoyait. A deux heures du matin, arriva de Sombernon cette dépêche signée de Saulcy : « Le général Garibaldi nous envoie à Arnay-le-Duc; rejoignez-nous de suite; nous nous mettons immédiatement en marche pour cette destination. »

Le colonel transmit cette dépêche au général de brigade et le prévint de son départ[1]. Conformément à cet avis, il quitta Remilly à cinq heures du matin, confia le commandement des deux compagnies qui lui restaient à un capitaine, prit les devants et arriva à Arnay où il trouva à table les officiers qui accompagnaient de Saulcy. Il leur reprocha très vivement de l'avoir abandonné au plus fort du combat, alors qu'ils devaient défendre jusqu'au bout l'entrée du village. Ils lui répondirent qu'ils en avaient reçu l'ordre de l'adjudant-major de Saulcy.

Le colonel se tournant vers ce dernier : « Monsieur, lui dit-il, j'ai vu la frayeur peinte sur votre visage quand vous vîntes me trouver. Votre face livide trahissait votre lâcheté, mais je ne vous aurais jamais cru si infâme. En enlevant, sans ordre, les troupes postées à l'entrée du village, vous compromettiez le salut de tous ses défenseurs. Vous êtes venu me trouver, il est vrai, mais vous aviez déjà fait exécuter la retraite sans me prévenir. Vous m'avez demandé par où la retraite?... et votre attitude me faisait pitié. Je vous répondis : En cas de retraite, droit en arrière dans le bois; mais cela ne voulait pas dire, battez en retraite. La peur vous a fait mal comprendre...

— « Colonel, vous m'insultez, répondit de Saulcy. Je ne suis pas un lâche, voici mon sabre! »

Le colonel Chenet venait de forger l'instrument qui devait le briser.

---

1. Déposition du capitaine Cluze, devant le conseil de guerre de Lyon.

Son entrevue avec Menotti Garibaldi, le 29 novembre, à Arnay, ne dut pas modifier les sentiments que ce dernier avait pu conserver à son égard depuis l'affaire de Routchouck. Les chefs de corps avaient été convoqués par affiche publique au quartier général, à l'effet de recevoir des ordres pour la réorganisation de l'armée qui était, disait-on, « en pleine débandade. » Le colonel se rendit à la réunion suivi du capitaine comte Draskowich; il y rencontra une quarantaine d'officiers supérieurs, la plupart en chemises rouges rehaussées d'aiguillettes dorées, et un grand jeune homme dont le visage atone exprimait l'ennui. C'était Menotti Garibaldi qui, voyant le colonel se diriger vers lui, porta son binocle à l'œil et l'examina avec une insolente curiosité. Mis à l'aise par cette réception, le colonel jugea inutile de garder des ménagements. Après avoir manifesté sa surprise d'une convocation faite en de semblables termes, il demanda si l'on n'avait pas envoyé un exemplaire de cette curieuse affiche à MM. les Prussiens. Il termina en ces termes : « Ah! colonel, si vous n'avez pas d'autres ordres à me donner, permettez-moi de me retirer, car, sachez-le bien, pas un homme n'est débandé chez moi : je n'ai que des morts, des blessés et des hommes vivants sous les armes.

» Menotti. — Vous devez être comme les autres, per Baccho !

» Le colonel Chénet. — Non ! je suis un soldat et je commande à des hommes qui m'obéissent parce qu'ils ont confiance en moi. Ces galons que vous voyez sur mes bras, je les ai gagnés sur les champs de bataille. Ce ne sont pas des galons de pacotille comme j'ai la douleur d'en voir beaucoup autour de moi. »

Sur ce, le colonel salua militairement et partit, laissant tout le monde dans l'ébahissement.

Delpech pouvait dès lors entreprendre la lutte contre son subordonné : Garibaldi, son fils Menotti, tout l'état-major garibaldien, enfin de Saulcy, étaient les ennemis implacables du colonel Chenet.

Heureusement sa bravoure, ses qualités militaires, son passé, lui avaient concilié l'estime de ses soldats et acquis des amis dévoués qui l'aidèrent à sortir de l'impasse où sa trop grande franchise, sa valeur elle-même, la perversité de certains hommes et sa mauvaise étoile, l'avaient acculé.

III

Cependant les deux compagnies que le colonel avait quittées sur la route d'Arnay n'étaient pas encore arrivées ; l'adjudant-major de Saulcy, envoyé le soir à leur recherche, n'avait recueilli aucun renseignement sur leur compte. On apprit le lendemain seulement qu'elles avaient été retenues au château de Commarin, pour la garde de Garibaldi. Le colonel s'y rendit immédiatement ; il trouva ses hommes renfermés dans la cour grillée du château, manquant de vivres depuis la veille, malgré les réclamations adressées par les officiers qui étaient restés eux-mêmes près de quarante-huit heures sans rien manger.

Sur ces entrefaites, l'état-major quitta précipitamment Commarin par suite d'une fausse alerte qui lui fut donnée ;

le colonel à qui on avait oublié de donner des ordres ramena les deux compagnies à Arnay vers dix heures du soir. Les capitaines l'informèrent alors que les cartouches avaient été presque complètement épuisées à Pasques; l'état-major auquel on en demanda répondit que les munitions étaient parties pour Autun, où la guérilla reçut l'ordre de se rendre avec le reste de l'armée pour se ravitailler. Elle se mit donc en marche pendant la nuit et arriva à destination à neuf heures du matin.

La retraite de la Guérilla d'Orient, de Remilly à Autun, opérée d'après les ordres de Garibaldi et du quartier général, servit de base à une première accusation de désertion portée par Delpech contre le colonel Chenet.

« Déjà à cette époque[1], écrit M. Bordone, Delpech avait à se plaindre sérieusement de sa manière de servir, et pendant qu'avec les débris de sa brigade il était à Pont-d'Ouche, il faisait rechercher M. Chenet qui ne se trouvait pas à Veuvey, poste qui lui avait été assigné par le commandant de sa brigade au moment du départ d'Ancey, et avait filé directement sur Autun, sans prévenir Delpech. L'ordre donné à ce corps était précis, il était ainsi conçu : « Le capitaine Corso a ordre de se rendre à Arnay-le-Duc pour diriger sur Thorey, Pont-d'Ouche et Veuvey toutes les troupes de la deuxième brigade qui se trouvent à Arnay-le-Duc ou aux environs. Le colonel Chenet, avec son bataillon, occupera Veuvey où il se rendra dans la journée du 30 novembre, en ayant soin de se faire précéder par une estafette qui raisonnera avec le commandement de sa brigade à Thorey, au château de M. de Varnès. — Bligny, le

---

1. 24 novembre.

29 novembre 1870. — Le commandant de la deuxième brigade, Signé : DELPECH. » Cet ordre a été communiqué au colonel Chenet le 29, à huit heures du soir, par son aide de camp. — Signé : CORSO. » [1]

Les détails qui ont été donnés réfutent péremptoirement ces allégations inexactes ; ce n'est pas à Ancey, le 27, mais à Arnay, le 29 au soir, que l'ordre d'aller à Veuvey a été transmis à la Guérilla d'Orient. Or, à cette dernière date, il n'avait plus de raison d'être et ne devait même plus être exécuté, puisque Garibaldi, apprenant la marche des Prussiens sur Sombernon, s'était décidé à abandonner la ligne d'Arnay à Bligny et à se replier sur Autun. En conséquence de ce mouvement de retraite, la deuxième brigade quittait, le 29, la vallée d'Ouche, passait à Épinac la journée du 30, arrivait à Auxy le 1er décembre, à la première heure, avec mission d'occuper le plateau d'Antully et de protéger le flanc droit de l'armée. Le colonel Chenet ne pouvait donc aller à Veuvey où les Prussiens se trouvaient le 30, dans la matinée, et voilà pourquoi le quartier général l'envoya à Autun, qui était à la fois le centre d'opérations et de ravitaillement et le chemin le plus court pour rejoindre sa brigade.

Cette accusation de désertion que M. Delpech a prétendu avoir appuyée d'un ordre d'arrestation décerné le 30 contre le colonel Chenet, n'était manifestement pas soutenable. La crainte de voir son incapacité dévoilée et son désir de prévenir les démarches dont il avait été menacé, l'aveuglaient au point de lui faire perdre toute mesure. L'esprit le plus hostile au chef de la Guérilla

---

1. Bordone. *Garibaldi et l'Armée des Vosges*, 2e partie, Autun.

d'Orient ne peut nier qu'il n'était en règle jusqu'à Autun. La suite du récit prouvera que, malgré son désir légitime de se soustraire à un commandement dérisoire, il n'a cessé d'observer jusqu'à Roanne, dans les limites à lui tracées par les circonstances, les règles de la subordination.

A son arrivée à Autun, le colonel apprit du capitaine chargé du logement que ses hommes seraient casernés au couvent de Saint-Martin ; les officiers reçurent des billets de logement en ville. Aucun ordre de défense ne fut communiqué. La revue des souliers et des cartouches fut passée par les capitaines de compagnie ; leur rapport constata le mauvais état des chaussures et le nombre insuffisant des cartouches dont chaque homme ne possédait pas plus de six à huit[1]. En conséquence, on adressa à l'état-major une demande de quatre cents paires de souliers et de guêtres et de dix mille cartouches.

Ces précautions prises, le colonel écrivit à Gambetta une lettre dans laquelle il se faisait l'écho de ses hommes qui refusaient de servir plus longtemps dans une armée où l'incurie et l'imbécillité le disputaient à la faveur et au népotisme.

« Autun, 30 novembre 1870. — Monsieur le ministre de la guerre. Je viens solliciter auprès de vous une grande faveur, persuadé d'avance que vous voudrez bien répondre favorablement à ma demande. J'ai organisé à Marseille un bataillon, sous le titre de Guérilla française d'Orient, avec les conditions suivantes : mes

---

1. Voir les dépositions Pieri, Draskowitch, Cluze, devant le conseil de guerre de Lyon et leur rapport.

hommes sont liés au service militaire pendant toute la durée de la guerre. Ils se soumettent aux règlements militaires et se placent sous mon commandement immédiat. Ma troupe organisée, équipée et habillée, a été placée, sans que j'eusse été consulté, dans la deuxième brigade de l'armée des Vosges (commandant Delpech), commandée par Garibaldi. Comme ancien officier français, j'ai droit de demander à être placé dans un corps d'armée français, et, comme ancien officier supérieur, à avoir pour chef de brigade un militaire. En outre, ma Guérilla ayant une discipline sévère et tout à fait militaire pourrait se perdre au contact de corps francs peu disciplinés avec lesquels ma troupe se trouve journellement en contact. Je viens donc vous prier, Monsieur le ministre, de vouloir bien donner des ordres afin que la Guérilla française d'Orient que j'ai l'honneur de commander et qui a déjà fait ses preuves le 27, à l'attaque de Pasques par l'ennemi, fasse partie de l'armée de la Loire, où je serais chargé d'un service tout spécial et que j'ai fait au Mexique pendant trois ans, c'est-à-dire de guérilla indépendante et opérant en enfants perdus, sous les ordres du commandant de l'armée de la Loire, persuadé qu'à la tête de ma troupe je rendrai de grands services à la patrie. — Signé : Chenet. »

Ce document dont l'état-major eut connaissance le froissa et l'inquiéta d'autant plus que tous les chefs militaires français se plaignaient amèrement du commandement et faisaient des démarches pour quitter l'armée des Vosges. Entre le colonel et la camarilla garibaldienne c'était désormais la lutte pour la vie.

Le lieutenant Bousquet-Deschamps, qui avait été chargé de faire approuver les bons de cartouches et de souliers, fut mal reçu à l'état-major; on lui refusa tout.

Le lendemain, 1ᵉʳ décembre, le colonel, voyant que les démarches de cet officier avaient été inutiles, se rendit lui-même au quartier général. Il lui fut répondu que les munitions étaient emballées et les guêtres aussi; on consentit seulement à lui remettre trois cent soixante paires de souliers Godillot qu'il était impossible d'utiliser sans guêtres. Enfin, le chef de la Guérilla demande des ordres : « Des ordres ! mais il n'y en a pas. — Comment ? on peut être surpris, l'ennemi peut venir ! — Restez tranquille, laissez-nous en paix, il n'y a rien à craindre. »

Le colonel n'était pas de cet avis; il savait par son expérience personnelle comment Garibaldi s'éclairait et il était d'autant plus inquiet que l'état-major semblait plus rassuré. Aussi, ne pouvant obtenir des cartouches, n'ayant pas de poste de combat assigné, sachant son chef de brigade à Auxy, il ordonna au capitaine Gandoulf de se rendre au quartier général pour demander l'autorisation de se porter en arrière d'Autun, à l'effet d'occuper le plateau d'Antully et de couvrir Couches-les-Mines. Il donnait pour raison que ses hommes embusqués utiliseraient mieux le peu de munitions qui leur restaient et soutiendraient plus efficacement, s'il était nécessaire, la retraite de l'armée des Vosges.

Il y avai encore un autre motif à cette demande, c'est que les guérilléros, profondément dégoûtés de Delpech et des garibaldiens, parlaient de se débander; le colonel espérait qu'une prise d'armes ramènerait le calme dans les esprits.

Le capitaine Gandoulf communiqua à l'état-major la mission dont il était chargé. Le colonel Bordone, après s'être fait indiquer sur une carte la position dont il s'agissait, accorda l'autorisation sollicitée. Cette décision était rationnelle ; puisque Delpech avec le reste de sa brigade occupait Auxy, il était naturel que la Guérilla d'Orient fût dirigée sur le même point.

Le colonel Chenet pouvait, du reste, quitter Saint-Martin sans en référer à l'état-major. M. Delpech a déclaré, en effet, devant la cour d'assises de la Seine, avoir envoyé, le 1er décembre, à sept heures du matin, le lieutenant d'état-major Bellevaut auprès de lui pour lui enjoindre de rallier à Antully la deuxième brigade. Cet ordre couvre complètement cet officier supérieur, relativement à son départ d'Autun. Aussi, M. Delpech ne lui a-t-il jamais reproché d'avoir quitté Saint-Martin ; il l'a seulement incriminé de s'être soustrait à son commandement et d'avoir abandonné l'armée des Vosges d'une façon irrégulière. « Pour moi, a-t-il dit en cour d'assises, le colonel était déserteur depuis Remilly... J'ai la persuasion que ce n'est pas parce que le colonel Chenet connaissait l'approche des Prussiens qu'il s'en est allé, il continuait de s'en aller en partant d'Autun..... J'ai toujours dit, partout où je me suis trouvé, qu'au combat de Pasques il s'est conduit en brave soldat, et cela me fait supposer qu'à Autun il ne fuyait pas devant les Prussiens, mais qu'il continuait sa désertion. » [1]

Il est certain que le chef de la Guérilla d'Orient avait l'intention de sortir de l'armée des Vosges ; mais il entendait le faire avec l'autorisation du ministre de la guerre, ainsi qu'en font foi sa lettre à Gambetta et sa conduite jusqu'au jour de son arrestation à Roanne, où

---

1. *Affaire Bordone*, déposition Delpech.

des circonstances indépendantes de sa volonté et qu'il reste à exposer l'obligèrent à se rendre.

Vers dix heures, le capitaine Gandoulf rapportait la réponse du chef d'état-major. La Guérilla d'Orient, déjà sous les armes, partit immédiatement avec la Marseillaise, qui s'était mise spontanément sous le commandement du colonel Chenet, après la mort de son chef. Tandis que la Guérilla d'Orient prenait position, vers onze heures et demie, dans les environs d'Antully, la Marseillaise était envoyée en grand'garde à Marmagne ; l'arrière-garde surveillait la route de Couches-les-Mines.

A la nuit tombante, le colonel reçut avis de l'attaque infructueuse des Prussiens, et comme il était alors plus près de Montcenis que d'Autun, il se décida à aller coucher dans cette dernière localité où il arriva vers sept heures du soir.

A ce moment, les officiers des deux guérillas vinrent le prévenir qu'ils n'étaient plus maîtres de leurs hommes : « Nous ne voulons plus du commandement de Delpech, murmuraient-ils, ni du contact des chemises rouges qui ravagent par leurs réquisitions tous les pays par où elles passent. Nous restons deux et trois jours sans avoir un morceau de pain ; nous n'avons plus de souliers, et ceux qu'on vient de nous donner n'ont pas de guêtres ; nos vêtements sont traversés par la pluie depuis cinq jours. Nous aimons le colonel Chenet et nous avons confiance en lui, mais s'il ne nous porte pas en arrière pour nous donner ce qui nous manque, nous nous débanderons et nous retournerons à Marseille. »[1]

---

1. *Affaire Bordone*, déposition Deschamps ; déposition Chenet devant le conseil de guerre de Lyon.

La situation était délicate. L'organisation rapide de la Guérilla n'avait pas donné aux hommes le temps de se plier à la discipline et le milieu dans lequel ils s'étaient trouvés avait été défavorable à leur éducation militaire; il était à craindre que la sévérité n'accélérât la débandade contre laquelle l'autorité eût été désarmée dans les circonstances difficiles que l'on traversait. Fort de ses états de service, de son expérience des hommes, tenant à conserver au pays tous ses défenseurs, obligé d'ailleurs de se décider sur-le-champ, le colonel Chenet crut devoir prendre sur lui de fermer les yeux sur la rébellion et d'informer les mécontents qu'après avoir prévenu le chef de brigade on se rendrait à Lyon, le lendemain. Le hourra général qui accueillit cette communication lui montra que le mal était encore plus grand qu'il ne l'avait supposé; il justifiait sa détermination.

Cette initiative que tout chef de corps intelligent eût prise à sa place lui était plus permise qu'à tout autre. Ni lui, ni ses hommes, dont aucun n'était astreint par la loi au service militaire, ne s'étaient engagés pour faire la guerre en ligne, mais pour être affectés « à un service d'éclaireurs, de guérilla indépendante opérant en enfants perdus, sous les ordres du général en chef. » Leur lettre ne comportait aucune autre obligation; le colonel Chenet, à son arrivée à Épinac, en donna connaissance à Garibaldi qui accepta. La situation de la Guérilla d'Orient n'était donc pas celle d'un régiment ordinaire; elle jouissait d'une plus grande liberté de mouvements, et si, d'après le décret du 2 novembre 1870, elle ne pouvait « s'éloigner du territoire dans lequel elle avait reçu l'ordre d'opérer, sans une autorisation en bonne forme du commandant du corps d'armée, » il est évident que les cas imprévus ou de force majeure faisaient nécessairement exception. Le mouvement rétrograde sur Roanne, dont les causes étaient inconnues du public, ne servit pas moins à colorer l'ordre d'arrestation lancé contre le colonel.

Cependant, le trésorier qui était resté à Autun n'était pas encore arrivé. Pour éviter des excès possibles de la part de sa troupe affamée et mal disposée, le colonel demanda au maire de Montcenis, en son nom personnel, une somme de six mille francs à emprunter, afin de faire la solde. Le maire Bontemps venait de lui rendre réponse que le percepteur n'avait plus rien en caisse, lorsque l'arrivée du trésorier, porteur d'une somme de quinze mille francs, vint le tirer d'embarras. Le trésorier qui avait assisté à l'affaire d'Autun confirma les renseignements précédemment recueillis sur l'insuccès des Prussiens.

A ce moment, tout semblait tranquille, les guérilléros étaient cantonnés chez les habitants et le colonel se félicitait déjà de s'être tiré d'un mauvais pas, lorsque à onze heures du soir le lieutenant Deschamps, commandant la grand'garde, lui apprit que les hommes se mutinaient et voulaient abandonner leur poste, sous le prétexte qu'on ne leur avait promis de les porter en arrière que pour les tranquilliser et que cette promesse ne serait pas tenue.

Le colonel donna par écrit au lieutenant cette réponse : « Le colonel n'a jamais donné lieu de faire douter de ses promesses : il informe la grand'garde que si l'ordre ne se rétablit pas immédiatement dans ses rangs, il va s'y rendre en personne et faire fusiller les plus mutins. »

Cette mesure qui apaisa la révolte liait de plus en

plus le colonel et l'obligeait de s'occuper, sans autre délai, des moyens de porter sa troupe en arrière.

Il écrivit donc aussitôt à Delpech une lettre pour l'informer de la gravité de la situation et de la résolution pénible qu'il avait été obligé de prendre afin de prévenir la dissolution des deux guérillas. Il le priait de lui envoyer de suite l'autorisation de se rendre à Lyon, lui promettant qu'avant huit jours sa troupe serait de nouveau en ligne, soumise et parfaitement équipée. Un messager spécial fut chargé de porter cette lettre à destination. [1]

Une autre lettre adressée au général commandant la place de Lyon, le prévenait de la prochaine arrivée des deux corps.

Le lendemain, à trois heures, la Guérilla d'Orient prenait à Montchanin un train demandé dans la nuit au chef de gare, sans avoir reçu de réponse ni de Lyon, ni d'Autun. Au moment du départ, on chercha vainement l'adjudant-major de Saulcy; il s'était rendu à Autun depuis le matin, à l'insu de son chef, auprès de l'état-major, avec lequel il avait longuement conféré : on ne connut qu'en cour martiale le résultat de cette entrevue mystérieuse. M. de Saulcy rejoignit la Guérilla d'Orient à Moulins, avec la Guérilla Marseillaise, par un second train parti de Montchanin à cinq heures.

En gare de Moulins, le colonel fut avisé par une dépêche du commandant de place de Lyon qu'il ne pouvait se rendre dans cette dernière ville. De concert avec le chef de gare, il choisit alors Roanne pour la Guérilla d'Orient et Saint-Étienne pour la Marseillaise.

---

1. *Affaire Bordone*, déposition Delpech.

Il télégraphia cette décision à Delpech, ajoutant qu'il attendait toujours ses ordres.

La situation nouvelle faite au colonel par la nécessité où il s'était trouvé de quitter le théâtre des opérations de l'armée des Vosges non moins que par la réunion spontanée de la Guérilla Marseillaise à la Guérilla d'Orient et l'impossibilité d'obtenir une solution de l'état-major garibaldien, l'engagea à s'adresser de nouveau au ministre de la guerre. A cet effet, il convoqua les officiers des deux guérillas, leur rappela leur résolution de se soustraire à l'autorité garibaldienne et les engagea à envoyer une députation auprès du gouvernement pour exposer leurs griefs, solliciter le ravitaillement de la troupe, la fusion des deux guérillas en un seul corps et son affectation au service d'éclaireurs dans une armée commandée par un chef militaire français. La députation composée de deux capitaines et de deux lieutenants partit immédiatement pour Tours où elle adressa au ministre de la guerre, à l'appui de sa demande, conformément à ses instructions, la lettre suivante qui résume la situation militaire à l'armée des Vosges.

« Tours, le 5 décembre 1870. — Monsieur le ministre de la guerre. — Dans toutes les circonstances les plus difficiles, nous avons constamment remarqué la négligence sinon la mauvaise et l'inqualifiable direction de l'armée des Vosges; les cas se présentent à tous bouts de champ et les faits se suivent trop fréquemment pour les énumérer tous. Il nous suffira d'en citer quelques-uns avec preuve à l'appui pour donner une simple idée des récriminations fondées que presque tous les chefs de corps sous les ordres du général Garibaldi adressent au ministre de la guerre. Nous ne reviendrons pas sur des faits capitaux tels que manque complet de vivres, pain, viande, etc., etc., indispensables pour les premiers besoins du soldat, et qui, cependant, sont des cas journaliers avérés à la connaissance du ministère. Ces vivres, chaque corps se les procurait comme il le pouvait et par ses seuls moyens, d'où naissaient des infractions très préjudiciables à la discipline de l'armée, qui occasionnaient inévitablement le relâchement des chefs vis-à-vis du soldat privé de nourriture et devant la chercher lui-même; l'indiscipline et, dirais-je encore, le manque de respect dû dans un corps par le soldat à son supérieur, commençaient à s'y glisser et à prendre des proportions regrettables; la négligence et par suite l'encouragement tacite que les officiers garibaldiens accordaient à leurs troupes dans tous ces désordres devenaient pour tous les autres corps français qui étaient en contact avec eux un exemple des plus funestes qui commençait à prendre de fortes racines, et sans la prévoyance des chefs qui ont de suite retiré leurs corps de ce milieu gangrené, la France aurait eu à regretter des désordres terribles. Les ordres du quartier général n'en venaient que pour être aussitôt contremandés et faire subir aux troupes des marches et contre-marches forcées sans aucune raison d'être; au moment des combats, aucune règle, aucun ensemble, aucune mesure n'étaient ni commandés, ni pris, tout était abandonné au commencement de l'action au chef de corps, et, au milieu des opérations, les mesures prises étaient contremandées par les chefs supérieurs. Il est un fait plus avéré que pas un ordre, pas un rapport du jour, pas la moindre petite note écrite, soit par le général de division commandant le corps d'armée, soit par le général de brigade, n'a été remise à aucun chef de corps depuis le début de notre entrée en campagne. Ces faits cités en général ont tous leurs preuves à l'appui et nous sommes tous prêts à venir les déposer au premier appel que l'on nous adresserait. Les affaires de Remilly-en-Montagne, Commarin, Sombernon, Pasques, Ancey, Arnay-le-Duc, Autun, etc., etc., sont tout autant de faits à l'appui de ce que nous avançons.

« A côté de cela, nos hommes sont sans souliers, sans capotes, ayant presque tous leurs bagages et leurs campements perdus ou pris par ces marches et contre-marches et ces surprises précipitées de l'ennemi, souvent sans vivres, sans pain, et aujourd'hui sans munitions aucunes. C'est en considération de l'ensemble de tous ces faits que nous venons prier Monsieur le ministre de la guerre de faire droit à la demande que nous avons eu l'honneur de lui remettre hier dimanche, 4 décembre. Et, dans cet espoir, nous avons l'honneur d'être, Monsieur le ministre, vos dévoués serviteurs. — Signé : KELLER, MICK, capitaines; BOUSQUET-DESCHAMPS, lieutenant; DE PLEUC, sous-lieutenant. »

Tandis que la députation se rendait auprès de la délégation de Tours pour porter ces justes réclamations, la Guérilla d'Orient se dirigeait sur Roanne qu'elle atteignait le 3 décembre vers neuf heures du matin.

Prévenu de cette démarche par de Saulcy, l'état-major garibaldien se hâta de lancer un mandat d'amener contre le colonel : « Les autorités civiles et militaires arrêteront partout où il se trouvera le lieutenant-colonel Chenet, commandant la Guérilla française d'Orient, qui a fui lâchement en entraînant à sa suite les troupes qu'il commandait. Signé : BORDONE. »

En conséquence de cet ordre, le capitaine de gendarmerie de Roanne, escorté de deux gendarmes, arrêtait publiquement le chef de la Guérilla d'Orient, le 4 décembre, à dix heures du matin.

Cette dépêche fut communiquée au colonel dans un café où il venait d'entrer ; son indignation égala sa surprise. Où, en effet, avait-il fui lâchement ? Était-ce à Pasques où il avait efficacement protégé la retraite ? Était-ce à Remilly d'où il était parti sur l'ordre de Garibaldi ? Était-ce à Arnay qu'il avait quitté avec un laissez-passer du quartier général ? Était-ce à Autun d'où il était sorti quatre heures avant l'attaque, conformément à l'ordre de son chef de brigade et à l'autorisation du chef d'état-major ? Était-ce enfin à Montcenis ? Il ne devait connaître qu'en cour martiale, et encore d'une manière incidente, le chef d'accusation élevé contre lui. Cette procédure avait pour but de paralyser sa défense et de sauvegarder plus efficacement la réputation militaire de l'état-major garibaldien.

IV

La nouvelle de cette arrestation fut bientôt connue de tous ; officiers et soldats se rendirent immédiatement auprès de leur chef. L'indignation était générale ; les hommes étaient exaspérés ; le colonel dut intervenir pour les empêcher de le délivrer des mains des gendarmes[1]. Il avait appris par le capitaine de gendarmerie

---

1. *Affaire Bordone,* p. 84.

qu'en cas de révolte de la Guérilla d'Orient, un ordre de Bordone enjoignait de faire prendre les armes aux mobilisés de Roanne, et il tenait d'autant plus à rester dans la stricte légalité qu'il croyait encore à une méprise que ses explications suffiraient à éclaircir. Un avenir prochain devait lui faire regretter cette modération intempestive. C'est folie de respecter la loi lorsque les agents chargés de l'appliquer ne la respectent pas eux-mêmes et la détournent de son but pour la satisfaction de leurs intérêts ou de leurs vengeances.

De leur côté, les officiers voulurent protester et séance tenante le capitaine adjudant-major de Saulcy, auquel revenait le commandement, dicta la pièce suivante :

« Roanne, 4 décembre 1870. — Le capitaine de Saulcy, commandant la Guérilla d'Orient, au général commandant la huitième division militaire à Lyon. — Le capitaine de Saulcy ayant reçu le commandement de la Guérilla d'Orient des mains du lieutenant-colonel Chenet, arrêté scandaleusement ce matin pour être conduit à Lyon, proteste énergiquement, au nom du corps d'officiers et de la troupe contre cette arrestation. Nous avons tous vu notre colonel au feu à Pasques. C'est lui qui, prenant le commandement des mains inexpérimentées du commandant de la deuxième brigade de l'armée des Vosges, a su faire opérer à une poignée d'hommes surpris dans le village de Pasques, une retraite en ordre devant un corps d'armée ennemie d'environ douze mille hommes, deux batteries d'artillerie, deux mitrailleuses et un escadron de cavalerie. Le corps d'officiers n'avait pas besoin de cette nouvelle preuve de la bravoure de son chef dont il connaît les états de service. Il proteste également contre le départ du corps pour

Autun, le détachement étant sur le territoire de la 8ᵉ division militaire : il se met dès aujourd'hui sous le commandement du général commandant cette division et attend ses ordres. — Signé : le capitaine adjudant-major commandant, DE SAULCY. »

Cette action de Saulcy rappelle le baiser de Judas.

De son côté le colonel télégraphiait :

« Colonel Chenet, commandant la Guérilla d'Orient, à état-major de l'armée des Vosges. — Je pars pour Autun à l'instant, après une arrestation publique et scandaleuse. On a oublié qui j'étais, et ce que j'ai fait. Un homme comme moi se fait tuer mais ne fuit pas. Je suis chef de guérilla opérant pour mon compte, l'a-t-on oublié ? Je demande avant tout que ma troupe se repose à Roanne et qu'elle soit convenablement équipée avant de se porter en avant. Veuillez donc donner des ordres. Quant à moi qui, dit-on, ai fui, je ne crains pas la balle aveugle et encore moins un conseil de guerre. — Signé : CHENET. »

Le colonel se rendit ensuite à la gare accompagné de tout le corps d'officiers et de tous les hommes qui le quittèrent aux cris de : Vive le colonel !

Conformément à sa demande, il fut dirigé sur Lyon où étant tombé malade des suites des fièvres contractées au Mexique, il obtint du général Bressolles, commandant la 8ᵉ division militaire, un sursis de départ de quatre jours. Lorsque l'état-major garibaldien eut connaissance de ce délai, il craignit que le colonel ne l'employât à faire des démarches pour se soustraire à sa juridiction et il insista vivement auprès du général Bressolles pour que le chef de la Guérilla d'Orient fût dirigé immédiatement sur Autun. Cet officier général ne voulut pas revenir sur l'autorisation accordée ; il se borna à refuser toute prolongation de séjour.

Le colonel, alors à l'hôpital, dut écrire à Garibaldi pour solliciter un répit ; croyant que le général était trompé par son chef d'état-major et par Delpech, il lui exposait les motifs de son départ pour Roanne et présentait sa défense.

« Lyon, le 7 décembre 1870. — Le lieutenant-colonel commandant la Guérilla d'Orient au général en chef Garibaldi, commandant l'armée des Vosges, à Autun. — Général. Arrêté à Roanne sous l'inculpation terrible d'avoir fui devant l'ennemi, j'ai été conduit à Lyon où je suis malade. Vous devez comprendre, général, qu'un vieux soldat comme moi, ayant acquis une réputation de bravoure et des états de service comme ceux que j'ai, a hâte d'aller vous donner les explications qui justifieront sa conduite. Ma conscience est pure, mon acte a été la conséquence d'une nécessité, et entre deux maux j'ai choisi le moindre. Les hommes exténués de fatigue, sans repos, sans vêtements, sans cartouches, voulaient se débander ; je les ai persuadés leur promettant du repos et ce qui leur manquait, et dans quelques jours, je vous aurais amené au feu sept à huit cents hommes qui se débandaient. Ils avaient confiance en moi ; une heure perdue enlevait à la France huit cents défenseurs et amenait de grands malheurs et le scandale d'une débandade. Avez-vous eu connaissance de mon affaire de Pasques du 27 ; savez-vous qui a rallié les hommes qui allaient fuir, et qui sous ma main ont tenu le village pendant près de trois heures ? Avez-vous eu connaissance de la retraite que j'ai fait exécuter en ordre et tout le monde parti ? Vous a-t-on dit que seul, avec quarante hommes, j'ai tenu les derniers enclos et que je n'ai quitté que lorsque l'ennemi m'avait tourné à droite, à gauche, et qu'il occupait avec son artillerie toute la grande route de l'endroit? Celui qui a fait cela, mon général, ne fuit pas; mais quand sa troupe refuse de marcher parce qu'elle ne peut plus marcher, celui-là a du courage quand il prend sur lui une mesure qui assure à la patrie une troupe qui aurait été perdue. J'ai informé M. le commandant de la deuxième brigade de la résolution que j'avais prise, et elle a été interprétée d'une façon bien pénible pour un officier qui a toujours su prouver ce qu'il valait. On vient de me prévenir qu'il fallait me rendre à Autun; je suis trop malade pour me mettre en route : dès que je serai un peu mieux, je partirai. J'ai hâte de laver une tache que mon arrestation et l'accusation formulée contre moi *(sic)*, vient de ternir mes beaux et brillants services. On ne quitte pas sa position, on ne fait pas huit cents lieues pour défendre sa patrie, en expulser l'étranger et pour fuir. Du reste, Chenet, le dernier défenseur de Mexico, celui qui commandait la contre-guérilla Chenet et qui a tenu seul Mexico avec six cents hommes contre quarante-cinq mille ennemis, a-t-il besoin de dire qu'il n'a pas peur et qu'il ne fuit pas; aurais-je attendu si longtemps pour le faire? Mon général, dès que je pourrai supporter le trajet, je viendrai à vous. Salut et fraternité. — Le lieutenant-colonel commandant la Guérilla d'Orient, Signé : Chenet. »

M. Bordone et son défenseur en cour d'assises, Mᵉ Forest, se sont servis de cette lettre ainsi que de la dépêche de Roanne pour essayer d'établir que l'autorisation de quitter Saint-Martin n'avait jamais existé.

« N'est-il pas étrange, dit M. Bordone, que cet homme qui pour se sauver inventa une prétendue autorisation du chef d'état-major auquel il s'adresse dans la précédente dépêche, ne se soit pas contenté de rappeler purement et simplement cette autorisation, au lieu des rodomontades et de la prétention d'opérer pour son compte, etc. ? »[1]

« Eh bien ! messieurs, a dit M° Forest, je vous le demande, pourquoi toutes ces mauvaises raisons s'il en a une bonne ?..... il a donné dans cette lettre toutes les raisons qui ont pu le déterminer, et qui l'ont déterminé à quitter le couvent de Saint-Martin, le poste qui lui avait été confié, mais il n'y a pas un mot de la prétendue autorisation. »[2]

Où MM. Bordone et Forest prennent-ils que la lettre et la dépêche du colonel Chenet sont une réponse à l'accusation d'avoir quitté Saint-Martin ? Pour qu'il répondît à une pareille accusation, il aurait d'abord fallu qu'elle lui fût notifiée; or, il n'en a eu connaissance qu'en cour martiale. D'après l'ordre d'arrestation qui lui avait été communiqué, il avait lieu de croire que l'on incriminait son départ de Montcenis pour Roanne, et il se justifiait de cette seule imputation ; il ne pouvait évidemment inventer qu'il était recherché pour avoir abandonné Saint-Martin, d'où il était parti avec l'ordre de son chef de brigade et l'autorisation du chef d'état-major. Pour que M. Bordone puisse tirer parti des lettre et dépêche du colonel Chenet, il faudrait qu'il eût spécifié dans le mandat d'amener tous les motifs de sa

---

1. Bordone. *Garibaldi et l'Armée des Vosges*, 2° partie, Autun
2. *Affaire Bordone*, plaidoirie Forest.

délivrance, notamment l'abandon de Saint-Martin. Le colonel Chenet aurait été ainsi mis en mesure de s'expliquer sur ce point, il aurait pu se défendre. Or, c'est précisément ce que redoutaient ses accusateurs : ils avaient besoin de sa condamnation et ils agissaient en conséquence en laissant à dessein dans l'ombre le principal chef de leur accusation.

La lettre et la dépêche adressées à Garibaldi et au chef d'état-major devinrent ainsi entre leurs mains une arme nouvelle contre leur victime. En guise de réponse, M. Bordone se rendit à Lyon pour activer le départ du colonel et empêcher qu'il ne fût traduit devant un conseil de guerre français où la liberté de la défense et le respect des formalités auraient permis la découverte de la vérité.

L'insistance apportée à son départ par l'état-major garibaldien jeta dans l'esprit du colonel certaines appréhensions trop justifiées dont il fit part au général Bressolles :

« Le lieutenant-colonel commandant la Guérilla d'Orient au général commandant la 8ᵉ division militaire à Lyon. — Mon général. Arrêté par ordre du général Garibaldi, à Roanne, sous l'accusation d'avoir fui devant l'ennemi, j'ai été conduit à Lyon où, malade, je suis entré à l'hôpital. Voilà la seconde fois, en quarante-huit heures, que je suis informé que je dois être conduit à Autun. Devant le pays, et en ma qualité de Français, je proteste contre toute violence qui me sera faite pour me conduire à Autun. Je réclame un conseil de guerre français devant lequel je relèverai l'accusation infamante lancée contre moi par le général Garibaldi. J'ai l'honneur de vous prier, mon général, de demander des ordres, afin que la Guérilla d'Orient, mise par le décret d'organisation, en date de Marseille, 5 octobre, sous mon commandement immédiat, soit appelée à Lyon pour de là être dirigée sur l'armée de la Loire, basant ma demande sur l'impossibilité à un corps français de vivre et de conserver de la discipline là où il n'y a pas d'administration qui puisse lui assurer la subsistance, où l'arbitraire règne en plein, où les hommes étrangers seuls sont bienvenus, où après des marches forcées on est obligé d'aller aux provisions à quatre où cinq kilomètres, sinon plus loin, du gîte d'étape, où l'homme trop fatigué pour aller se ravitailler si loin emploie son argent à boire, ce qui amène des scènes de discorde, d'insubordination, de débandade, où les hommes, en un mot, n'ont pas d'habillements, pas de capotes pour s'abriter contre un froid rigoureux. Les allusions malveillantes que je lis tous les jours dans les articles de journaux inspirés par le quartier général garibaldien, contre les corps et les officiers français de l'armée des Vosges, sont une preuve du peu de sympathie dont nous jouissons à Autun. Nous sommes Français et nous désirons être commandés et administrés par des Français. La Guérilla d'Orient est composée en partie d'hommes d'élite ayant quitté de belles positions, d'un peloton d'éclaireurs tous capitaines au long cours : un corps semblable ne peut être maltraité car il se fondrait. J'ose espérer, mon général, que vous voudrez bien donner suite à ma demande. J'ai l'honneur d'être, etc. — Signé : CHENET. — Lyon, le 8 décembre 1870. »

Cette requête ne fut pas accueillie ; les démarches incessantes de M. Bordone triomphèrent de tout, et le lendemain le colonel Chenet, grelottant la fièvre, était emmené à Autun, sans avoir été visité par le médecin dont il avait réclamé l'avis.

Avant de quitter Lyon, il écrivit à Gambetta : « Lyon, le 9 décembre 1870. — Monsieur le ministre, J'ai l'honneur de vous adresser ci-joint copie d'un rapport expliquant toute ma conduite qui a précédé le moment où le général Garibaldi me fit arrêter. J'ai écrit aujourd'hui au général commandant la huitième division militaire, pour protester contre la composition d'un conseil de guerre italien qui me jette l'insulte grave d'avoir fui devant l'ennemi : j'attends de votre justice d'être traduit devant un conseil de guerre français, et je crois être persuadé que vous daignerez répondre à ma demande. Je pourrai, devant ce conseil de guerre, donner des explications qui feraient prendre des mesures au gouvernement, afin que des officiers jouissant d'une réputation sans tache, ne soient plus exposés à voir leur valeur méconnue et leur honneur terni. Salut et fraternité. — Signé : Chenet. — P.-S. Je pars à l'instant pour Autun entre deux gendarmes. »

Si, jusque-là, le colonel avait conservé quelques illusions, elles n'auraient pas dû persister après la réception qui lui fut faite à Autun. Garibaldi refusa de le voir ; le sous-chef d'état-major Lobbia qui commandait en l'absence de M. Bordone et le major de place furent grossiers, et, sans autre explication, on le conduisit à la gendarmerie où il fut mis au secret le plus absolu. Deux ou trois créatures de l'état-major eurent seules accès auprès de lui ; on refusa même à sa femme la permission de le voir. Durant cet emprisonnement préventif qui dura jusqu'au 13 décembre, on ne daigna pas lui faire subir l'interrogatoire d'usage ! A quoi bon? Sa condamnation n'était-elle pas décidée à l'avance?

Pendant ce temps, la Guérilla d'Orient, qui avait précédé son colonel à Autun, s'occupait de sa délivrance. Partie de Roanne pour Lyon contre les ordres formels de M. Bordone qui la rappelait à Autun, elle avait refusé de s'y laisser désarmer : « Nous venons reprendre notre colonel, disaient les hommes, et si nous déposions nos armes, on nous coffrerait bel et bien, car ces gueux de garibaldiens ont, par le temps qui court, des camarades partout : nous voulons notre colonel et nous l'aurons, quoi qu'en dise et fasse le vieux Garibaldi. »

Le général Bressolles délégua auprès d'eux le commandant de place pour tâcher de les apaiser. Le discours que ce dernier essaya de leur faire fut absolument inutile; mille exclamations diverses l'entrecoupèrent : « Nous voulons notre colonel, répétaient-ils, nous venons le chercher et nous ne partirons pas sans lui. — Ces coquins de Delpech et de Bordone l'ont fait arrêter. Ils passent leur temps à se bourrer là-bas, pendant que nous autres nous crevons de faim et nous faisons la besogne. — Et le chef d'état-major Seringue ; — et papa Garibaldi ; — il n'a plus affaire à des moines, le vieux. — Il paraît que les Prussiens sont plus durs à cuire. — A la porte les gueux ! — Vive la France ! — Rendez-nous notre colonel ! »

Sur l'instante prière du général Bressolles, le colonel Chenet reçut une députation les guérilléros. Il obtint d'eux qu'ils partiraient de bonne volonté, en leur disant que son affaire était un quiproquo et n'aurait pas d'autre suite. Le lendemain ils arrivaient à Autun et écrivaient cette lettre au chef de brigade : « Autun;

7 décembre 1870. — Général, Vous nous avez appris qu'un conseil de guerre doit se réunir ce soir pour juger notre commandant, le lieutenant-colonel Chenet. Tous, tant que nous sommes, nous connaissons notre chef : nous l'estimons, nous l'aimons et il a la confiance du corps qu'il a formé. Il a prouvé dans le cours de sa carrière qu'il est un soldat. L'accusation qui pèse sur lui est celle d'avoir fui devant l'ennemi : il nous semble impossible que cette accusation soit fondée. Il a quitté le couvent de Saint-Martin, cela est certain, mais nous sommes convaincus que le motif qu'on lui prête n'est pas le vrai. Ce qui nous donne cette conviction, c'est sa conduite courageuse à l'attaque de Pasques, ce sont ses états de service, c'est l'empressement avec lequel il a quitté une magnifique position à l'étranger pour venir défendre sa patrie et le zèle qu'il a mis à former son bataillon. Enfin, mon général, nous considérerions comme une faveur si notre colonel nous était rendu, afin qu'il puisse, à notre tête, laver la tache qui ternit l'honneur de notre corps. Si le colonel Chenet a eu quelques torts envers vous, daignez en perdre le souvenir et conserver à la patrie un de ses braves défenseurs. Veuillez agréer, etc. — (Suivent les signatures de tous les officiers du corps.)

L'adjudant-major de Saulcy signait cette pièce et, tandis qu'il la présentait officiellement à Delpech, il s'entendait avec lui pour faire condamner celui en faveur duquel il semblait intercéder. En échange de ses engagements et pour l'encourager à les tenir, il recevait contre toute règle et toute pudeur le brevet de chef de bataillon commandant la Guérilla d'Orient, au titre définitif, brevet daté du jour même de l'arrestation du colonel!

Selon son habitude de dénier ce qui le gêne et de tourner autour de la vérité, M. Bordone affirme avec indignation que cette nomination n'a eu lieu qu'après la condamnation de M. Chenet et à la suite d'un vote de tous les officiers de la Guérilla. « On vous a dit avec beaucoup d'assurance, disait-il en 1872 aux jurés de la Seine, qu'il avait été nommé, par moi, chef de bataillon, immédiatement après l'arrestation de M. Chenet, longtemps avant qu'il fût dégradé. Voici un document officiel qui prouve que M. de Saulcy, à la suite d'un vote de tous les officiers de la Guérilla d'Orient, a été élu, par treize voix sur quinze, commandant de ce bataillon, plusieurs jours après la dégradation de M. Chenet. » [1]

Dans sa lettre en date du 9 mars 1872, adressée au *Courrier d'Orient*, M. de Saulcy donne un démenti formel à M. Bordone. « ..... A mon arrivée à Autun, le 6 décembre, je reçus une lettre du général commandant la deuxième brigade, qui m'annonçait ma nomination au grade de chef de bataillon, avec mission de réorganiser le corps de la Guérilla d'Orient, grade que je déclarai ne pouvoir accepter, tant que la position de mon chef ne serait pas déterminée... La cour martiale condamna le lieutenant-colonel Chenet à mort... Dès lors, désigné, à la presque unanimité des voix, par les officiers de mon bataillon, j'acceptai, cette fois, le grade qui me fut conféré par Garibaldi. »

On voit par là ce que valent les affirmations de M. Bordone. Il est certain que M. de Saulcy témoigna devant la cour martiale, ayant en poche un brevet de chef de bataillon, auquel il ne manquait que son adhé-

---

1. *Affaire Bordone.*

sion et la condamnation de son colonel pour lui faire sortir son effet. Son témoignage était payé à l'avance !

En même temps qu'il s'assurait un témoin, l'état-major garibaldien composait un tribunal à sa guise, sans aucun souci de la loi. Non seulement les membres de la cour martiale étaient choisis arbitrairement par celui qui avait un intérêt personnel considérable à établir que la surprise d'Autun était imputable au colonel Chenet et non pas à lui, mais encore, se transformant en accusateur public, M. Bordone leur adressait cette lettre de convocation qu'eût pu signer Fouquier-Tinville : « Autun, 13 décembre 1870. — Général Bossak, président, du conseil de guerre. — Le lieutenant-colonel Chenet, de la Guérilla d'Orient, que vous êtes appelé à juger, est en ce moment à la prison d'Autun : il n'y a pas de raisons pour retarder la solution de cette affaire, je vous prie donc de convoquer aujourd'hui même le conseil de guerre qui doit statuer. Le colonel Chenet, après avoir été placé par Garibaldi lui-même en position dans les faubourgs d'Autun, a abandonné son poste en entraînant son monde : il a fui d'abord jusqu'au Creusot, semant derrière lui l'alarme et le mensonge, malgré les protestations du maire du Creusot qui, le soir même de la bataille d'Autun, lui donnait le conseil de retourner à Autun. Le lieutenant-colonel Chenet a fui jusqu'à Saint-Étienne et Roanne, toujours entraînant son monde en arrière ; c'est là qu'il a été arrêté et qu'il a écrit la dépêche fanfaronne que je vous fais remettre. Entré à Lyon sous bonne escorte, et reconnaissant enfin le péril de sa situation, il a ajouté la couardise à la lâcheté, et il a feint d'être malade. Visité par les soins du commandant de place et sur les ordres du général Bressolles, commandant la huitième division militaire, il a été reconnu non malade et expédié à Autun pour qu'il soit fait bonne et prompte justice. Veuillez ne pas oublier, général, que, par la série de fautes commises par le lieutenant-colonel Chenet, nous avons failli être surpris à Autun, et que c'est justement par le point abandonné par le colonel Chenet que l'ennemi s'est introduit dans la ville. Je ne mets pas en avant le fait de trahison ni d'entente préalable avec l'ennemi ; les faits accumulés sur la tête de l'accusé sont plus que suffisants pour éclairer votre religion et vous permettre de prononcer un jugement en toute liberté de conscience. — Le chef d'état-major, signé : BORDONE. »

Le désir de peser sur la conscience des juges et d'obtenir non pas un jugement, mais une condamnation, ressort clairement de la lecture de ce document où les faits sont odieusement défigurés. Le besoin que M. Bordone avait de se disculper des accusations graves portées contre lui par toute l'armée était tellement urgent qu'il n'hésitait pas à mettre tout en œuvre pour arriver à son but.

Le même jour, 13 décembre, à trois heures et demie du soir, un planton du quartier général remettait au colonel cette singulière citation : « Quartier général. — Autun, 13 décembre 1870. — Au lieutenant-colonel Chenet, de la Guérilla d'Orient. — Je vous informe, lieutenant-colonel, que le conseil de guerre, composé pour statuer sur les divers chefs d'accusation portés contre vous, se réunira ce soir, à huit heures, au siège actuel de la cour martiale, sis à Autun, salle du tribunal de commerce. Salut et fraternité. — Le général commandant la première brigade, signé : BOSSACK-HAUKÉ.

Le capitaine d'état-major, signé : Vithazy. — P.-S. Veuillez prévenir les témoins à décharge que vous pourriez avoir à Autun. — Signé : Bossack-Hauké. — Signé : Vithazy. »

Après comme avant cette notification, le colonel Chenet ignorait toujours les causes de sa mise en jugement. Où et quand avait-il fui lâchement ? on s'abstenait de le lui dire, tant on craignait sa défense ! La raison, la justice, la loi, exigent cependant que tout citoyen appelé devant un tribunal, et à plus forte raison tout accusé, soit prévenu de la demande ou de l'accusation intentée contre lui ; on doit lui donner les moyens de préparer sa justification, de réunir ses preuves, de convoquer ses témoins en connaissance de cause. L'interrogatoire, qui est le fondement de toute procédure criminelle, a précisément pour résultat de faire connaître à l'accusé les faits dont il est incriminé en même temps que son but est la découverte de la vérité. Si, se mettant au-dessus de la loi, l'état-major garibaldien se permettait de substituer à l'interrogatoire les dénonciations intéressées des accusateurs Bordone et Delpech, il était encore bien plus tenu de mentionner tous les chefs d'accusation dans l'acte de renvoi devant la cour martiale. Moins, en effet, l'accusé avait de temps pour réunir les divers éléments de sa justification, plus il avait besoin d'être renseigné, afin de ne pas s'égarer à côté de la question. Que dirait-on d'un magistrat qui, sans instruction préalable, traduirait en cour d'assises un prévenu et lui apprendrait seulement à la barre les causes de sa mise en jugement ? La condamnation obtenue dans de pareilles conjonctures serait aussi criminelle que cette manière de procéder.

Le colonel ne fit pas ces réflexions. Certain de s'être conduit en brave militaire, ayant la conscience tranquille, il pensa que tout s'éclaircirait en cour martiale, avec le témoignage de ses officiers. Il leur adressa donc la convocation suivante : « Messieurs les officiers de la Guérilla d'Orient, — J'ai été informé à trois heures et demie qu'une cour martiale devait me juger à huit heures du soir. Au nom de l'honneur je vous somme de vous y trouver, afin de répondre affirmativement ou négativement à toutes les questions qui vous seront posées pour l'édification de la justice. — Autun, 13 décembre, 6 heures du soir. — Le colonel Chenet. »

La perversité de ses ennemis devait l'empêcher d'utiliser l'unique moyen de défense que la haine n'avait pu lui enlever.

V

A huit heures du soir, la cour martiale entre en séance dans la salle du tribunal de commerce, trop petite pour contenir la foule qui s'y presse et déborde dans les couloirs, attendant anxieuse l'ouverture des débats. Les Guérillas de Marseille et d'Orient, des officiers de tous grades et de tous costumes, quelques civils, se coudoient dans la partie affectée au public. Sur l'estrade, le général polonais Bossak-Hauké, entouré de six assesseurs et d'un greffier, préside la cour ; les chemises rouges rehaussées d'or des colonels Delpech, Canzio, Lobbia, tranchent sur les tenues plus sévères du lieutenant-colonel Bruneau, des commandants Williame et Ollivier et resplendissent sous le feu des lumières. Debout entre deux gendarmes commandés par un brigadier, le lieutenant-colonel Chenet se tient en avant de la sellette ; il est en grande tenue et porte un costume analogue à celui des chasseurs à pieds ; sa poitrine est couverte de décorations ; il promène un regard calme sur cet auditoire étrange et pittoresque : sa haute taille, sa barbe blonde abondante, sa figure énergique qui se détache bien, accentuent son attitude martiale. Appuyés sur la garde de leurs sabres, les juges affectent l'impassibilité ; l'assistance attentive considère curieusement les acteurs du drame qui va se jouer dans un instant. La pénombre d'où émergent tous ces visages est pour ainsi dire illuminée par les regards.

Le président ordonne au greffier de lire l'acte d'accusation.

Le lieutenant Colon se lève et donne lecture : 1° d'une lettre haineuse et mensongère du citoyen Bontemps, maire de Montcenis, adressée au colonel Bordone le 5 décembre, et dans laquelle le chef de la Guérilla d'Orient est accusé d'avoir cherché à se faire verser par voie de réquisition et sans motifs plausibles, une somme de six mille francs ;

2° De la dépêche adressée de Roanne, le 4 décembre, au chef d'état-major par l'accusé au moment de son arrestation, et où l'on incrimine cette phrase : « Je suis chef de guérilla opérant pour mon compte » ;

3° De l'attestation suivante du général en chef :
« Autun, 13 décembre 1870. — Le chef d'état-major ayant donné l'ordre au lieutenant-colonel Chenet d'occuper avec sa troupe la position de Saint-Martin en avant d'Autun, j'ai moi-même sanctionné cet ordre en infor-

mant un capitaine de ladite troupe de continuer l'occupation, de continuer à faire des meurtrières dans les murs et de défendre cette position. J'ai même, chemin faisant, rencontré la Guérilla Marseillaise qui allait renforcer cette position, et j'ai approuvé l'ordre qui avait été donné d'aller occuper Saint-Martin concurremment avec la Guérilla d'Orient, commandée par le lieutenant-colonel Chenet. Les faits se sont passés dans la matinée du 1er décembre, jour de la bataille sous Autun. — Signé : G. Garibaldi. — Le colonef chef d'état-major général, signé : Bordone. »

Après la lecture de ces pièces qui ne ressemblent en rien à un acte d'accusation, le président avertit l'accusé que par application du décret du 2 octobre 1870 sur les cours martiales, il ne pourra avoir de défenseur, et sur la déclaration du greffier qu'il n'y a point de témoins a charge à faire entendre, il donne la parole au colonel.

L'accusé proteste immédiatement contre la juridiction devant laquelle il est traduit. Aux termes du décret du 2 octobre 1870, les cours martiales ne peuvent connaître que des crimes et des délits commis dans les vingt-quatre heures ; or treize jours se sont écoulés depuis la perpétration des faits incriminés : il demande donc à être renvoyé devant un conseil de guerre. Il réclame aussi contre la composition de la cour où, contrairement aux articles 10 et 22 du code de justice militaire, siègent des étrangers et des officiers d'un grade inférieur au sien.

Ces exceptions préjudicielles sont repoussées et l'accusé doit se défendre au fond :

« Les pièces dont on a fait lecture, dit-il, n'expliquent et ne justifient ni son arrestation ni la dépêche infâme qui l'a ordonnée. La lettre ridicule du citoyen Bontemps et sa propre dépêche, toutes deux postérieures à son arrestation, n'ont évidemment pu en être la cause. Quant au couvent de Saint-Martin, si Garibaldi a donné à un capitaine l'ordre de l'occuper, cet officier ne lui en a jamais parlé, et d'ailleurs un ordre postérieur du chef d'état-major a assigné un autre poste à la Guérilla d'Orient. » Il explique ensuite les causes qui l'ont obligé à se rendre à Roanne, rappelle ses états de service, le combat de Pasques, sa conduite, sa situation à l'armée des Vosges comme chef de guérilla, et il termine en disant qu'il est prêt à fournir tous les renseignements complémentaires dont la cour pourrait avoir besoin.

Le président consulte ses assesseurs ; il leur demande s'ils ont quelque question à poser à l'accusé.

Le colonel Canzio observe que M. Chenet glisse très légèrement sur l'abandon de Saint-Martin. Sans attendre la réponse, le colonel Lobbia ajoute que lui-même a transmis à l'inculpé l'ordre d'occuper l'enclos de Saint-Martin. Le colonel Chenet proteste ; une discussion tellement passionnée s'engage entre lui et certains membres de la cour qu'il leur demande s'il a affaire à des juges ou à des accusateurs. Delpech est obligé de rappeler que l'ordre de défendre Saint-Martin a été donné par Garibaldi au capitaine de Saulcy.

A ce moment, de Saulcy se présente à la barre, comme un fou, l'attitude déterminée, l'œil hagard, sans avoir été ni assigné, ni appelé ; à sa main droite brille une bague mystérieuse ornée de signes maçonniques, don du général Garibaldi. Il dépose ainsi sans prêter serment[1] :

---

1. *Enq. parlem.*, t. II, déposition Debuschère.

« Lorsque le général Garibaldi vint à notre campement, le colonel Chenet était absent, il était parti, nous dit-il, pour chercher des souliers à l'état-major. Il revint entre neuf heures et demie et dix heures du matin, et mon premier soin, à son retour, fut de l'informer de l'ordre que j'avais reçu pour lui en son absence ; je dois ajouter qu'avant son départ pour Autun, le matin, ordres étaient donnés et avaient été exécutés avant son retour pour que les mulets soient sellés et chargés. » [1]

Si le tonnerre eût éclaté au milieu du prétoire, le colonel eût été moins stupéfait. L'auditoire partage l'ahurissement de l'accusé ; les Italiens sont gracieux, la cour semble triomphante.

« Comment ce témoin si important, le seul qui pût affirmer les ordres de l'état-major, n'avait-il pas été assigné par l'accusation ? Comment se trouvait-il en curieux au milieu de l'auditoire ? Était-ce une mise en scène et un coup d'éclat préparé ? » Toutes les circonstances de la cause tendent à établir la réalité de cette hypothèse du colonel rapporteur au conseil de guerre de Lyon et à la transformer en certitude.

Lorsque l'accusé fut revenu de sa première surprise, de Saulcy avait disparu sans qu'on ait daigné lui faire expliquer sa déposition.

« Cet homme ment ; oui, — il ment, il ment. — Cet homme est fou, dit alors le colonel d'une voix caverneuse. Mon général, veuillez demander au témoin où et quand il m'a transmis cet ordre ? — A l'hôtel, répond en balbutiant de Saulcy rappelé ? — Y avait-il beaucoup de monde ? — Oui beaucoup de monde. — Dans ce cas,

---

[1]. Acte d'accusation devant le conseil de guerre de Lyon.

M. de Saulcy peut appuyer son dire par le témoignage des personnes présentes. — Je ne me rappelle plus quelles étaient ces personnes. — Accusé, prouvez que vous n'avez pas reçu cet ordre risposte solennellement le président ! »

Un fait négatif ne peut pas se prouver ; personne n'a jamais été mis en mesure de prouver qu'il n'est pas un voleur ; c'est à l'accusation d'établir les faits de vol. Le colonel répond donc très justement que c'est à de Saulcy à démontrer l'accomplissement de sa mission, ajoutant que cet officier avait pris l'initiative d'une protestation contre son arrestation et qu'il ne l'aurait certainement pas fait s'il lui eût transmis un pareil ordre.

Tandis que le colonel se retourne pour prendre dans son dossier la protestation dictée et signée par de Saulcy, la cour se lève, le président annonce la suspension de la séance, la mise en délibération et part sans vouloir confronter de Saulcy avec l'accusé, entendre les observations de ce dernier ni aucun témoin à décharge.

« Monsieur le président, s'écrie alors le colonel en levant la main vers le Christ, devant Dieu, devant l'armée, devant la France, je proteste : ce lâche a menti, vous devez entendre ma défense. »

A la stupéfaction de l'assistance, la cour était déjà entrée en délibération !

Immédiatement les assistants entourent l'accusé. « Soldats et officiers veulent lui serrer la main, lui exprimer leur estime et leur sympathie. L'officier de la Guérilla d'Orient auquel le capitaine Gandoulf alors absent a remis son attestation, profite de ce moment pour la faire passer au colonel. Une demi-heure s'écoule. L'huissier crie : Silence, la cour ! Le président a l'air grave et affligé, Delpech est satisfait, les Italiens sourient, les deux commandants français semblent indifférents. La cour prend place, tous ses membres se tiennent debout. Un silence de mort règne dans la salle. Toutes les têtes sont penchées en avant ; les derniers rangs se dressent sur la pointe des pieds. L'immobilité est absolue ; on entendrait battre les cœurs. Le colonel fait passer au président l'attestation qu'il vient de recevoir et ainsi conçue :

« Le 1er décembre, le colonel Chenet me donna l'ordre de me rendre à l'état-major du général Garibaldi, pour demander l'autorisation de se rendre, avec les troupes sous son commandement en arrière d'Autun, ordre qui me fut donné par le colonel Bordone, après m'avoir fait montrer sur une carte photographique la route que nous demandions à suivre et qui se rendait d'Autun à Couches-les-Mines, Montcenis, le Creusot. Me trouvant dans le cabinet de M. Bordone, son fils et un autre officier que je ne connais pas, je lui demandai cet ordre, et une fois qu'il eut connu le point de la route que je lui indiquais, il me répondit ces mots : Certainement oui, mais pourquoi donc vous a-t-on envoyé demander cet ordre, vous blessé, je vais envoyer un guide. Lui ayant fait observer que j'avais reçu l'ordre et que je tenais à emporter la réponse, il n'insista point. Je fumai une cigarette avec son fils et cet officier que je ne connais pas, et je sortis au moment où le colonel rentrait, ayant été appelé un instant auparavant pour je ne sais quel motif. Je suis retourné auprès du colonel Chenet et nous avons quitté Saint-Martin pour nous rendre au point indiqué. »

La cour prend connaissance de cette pièce sans y

attacher aucune importance. Elle n'admet pas que l'audition des témoins Bordone et Gandoulf soit indispensable pour statuer sur la culpabilité de l'accusé ; tant elle a hâte d'accomplir son œuvre ! Le chef d'état-major peut avoir autorisé le chef de la Guérilla d'Orient à se retirer en arrière d'Autun ; cela lui est indifférent !

« Accusé, levez-vous ! dit le président d'une voix tremblante. L'accusé se lève, croise les bras et toise le président. Ce dernier tient un papier sur lequel est écrite la sentence : le mouvement convulsif des mains trahit une émotion profonde ; une larme qui voile un instant ses yeux l'oblige de mieux assujettir son lorgnon. Approchant de plus près le papier fatal, il prononce ces mots qui glacent d'indignation tous ceux qui ont au cœur le sentiment de la justice : Au nom de la patrie envahie, la Cour, après avoir entendu l'accusé dans ses explications et moyens de défense, et M. le président dans le résumé succinct qu'il a fait de l'affaire ; considérant qu'il est suffisamment établi par les documents versés au procès que, dans la journée du 1er décembre 1870, le nommé Chenet, lieutenant-colonel commandant la Guérilla d'Orient, a abandonné, en entraînant à sa suite les troupes qu'il commandait, le poste dont la garde lui avait été confiée par le général en chef ; que cet abandon a eu lieu en présence de l'ennemi ; à la majorité, condamne l'accusé à la peine de mort et à la dégradation militaire, conformément aux articles 5 et 12 du décret du 2 octobre 1870, 213 et 188 du code de justice militaire ; ordonne que le présent arrêt sera exécuté conformément au décret du 2 octobre 1870 précité.

» Lâ...ches ! as...sas...sins ! riposte le colonel, scandant chaque syllabe. — A bas Delpech ! hurle une voix.

— L'étonnement, la consternation, peints sur tous les visages, font écho à ce cri dont on cherche vainement l'auteur.

» — Monsieur le président, dit le greffier Colon, le condamné trouble l'ordre.

» — Non, je ne trouble pas l'ordre, reprend le colonel ; c'est votre sanglante pasquinade qui fait naître cette indignation. Allons, mes braves, partons ? »

Les gendarmes mettent le sabre au clair et font escorte au condamné qui, la tête haute, la conscience tranquille, se retire en saluant de la main ses amis consternés.

Quelques extraits du rapport adressé par les juges de la cour martiale à l'état-major garibaldien achèveront de mettre en lumière leurs dispositions :

« Sur l'observation qui lui fut faite par M. le président que le général Garibaldi avait pouvoirs suffisants pour composer ainsi qu'elle se trouvait l'être la cour appelée à statuer sur l'accusation portée contre lui, il déclare accepter cette composition, qu'il récusa lorsqu'il apprit sa condamnation, et pour un homme qui se disait surpris et n'ayant pas eu le temps de préparer sa défense, développa un volumineux mémoire écrit, combattant avec plus ou moins de justesse et d'à-propos les diverses charges pesant sur lui, et en donna lecture à la cour. Le mode de défense de Chenet a été la négative pure et simple de tous les faits incriminés. La signature du général Garibaldi, apposée au bas de sa déclaration olographe, attestant qu'il avait reçu l'ordre de garder, avec partie de la Guérilla Marseillaise, la position de Saint-Martin, n'a pu lui faire modifier son système. Ni les observations du juge-colonel Canzio, qui lui fit faire des remarques fort judicieuses à cet égard, ni celles d'autres membres de la cour, ne peuvent l'amener à reconnaître l'étrangeté de son mode de défense. Lui et toujours lui, lui Chenet, lui le père de ses soldats, lui, un héros du Mexique, lui le fondateur de la contre-guérilla Chenet au Mexique, lui ne pouvait mentir, à plus forte raison ne pouvait-il fuir. Heureusement pour la religion de la cour, malheureusement pour lui, se trouvait parmi l'auditoire un officier de la Guérilla d'Orient, celui-là même qui ayant reçu pour Chenet, du général Garibaldi, l'ordre de garder la position, devait le transmettre à l'inculpé. Cet officier est M. de Saulcy, capitaine adjudant-major de la Guérilla française d'Orient. M. Delpech, juge-colonel, avait prononcé son nom au cours des débats, M. de Saulcy s'avance devant la cour et déclare sous la foi du serment à peu près en ces termes : (suit la déposition citée plus haut.) — Pour notes, le lieutenant-juge ayant fait fonctions de greffier, signé : Émile Colon. — Le chef d'état-major général, signé : Bordone. »

La passion suinte à travers ces lignes étonnantes à un degré inouï ; il n'y a pas d'exemple dans les annales de la justice d'un semblable compte rendu. Lorsqu'un tribunal rend un service, il s'abstient d'ordinaire d'en manifester sa satisfaction, surtout d'en laisser une preuve écrite. Ces juges qui condamnent avec bonheur un accusé sont abominablement odieux. Leur arrêt rendu illégalement, sans compétence, en violation de toutes les formes, de toutes les règles et de la simple raison, est une monstruosité judiciaire qui, selon les expressions de M. Bourrée, « ne peut se comparer qu'au crime de Lyon, l'assassinat du commandant Arnaud ».

VI

L'incompétence de la cour martiale, l'illégalité de sa composition, l'inobservation des formalités essentielles, sont établies en ces termes par l'un des auteurs du décret du 2 octobre 1870, par M. Crémieux, ministre de la justice :

« La pensée des auteurs du décret du 2 octobre 1870, écrivait-il de Bordeaux le 23 janvier 1871 au procureur général près la cour de cassation, lorsqu'ils instituèrent les cours martiales, a été en tout semblable à celle du législateur de 1863 lorsqu'il a établi une procédure particulière pour les flagrants délits. Ils n'ont enlevé à la juridiction ordinaire et normale des conseils de guerre que les crimes militaires flagrants....... Les textes ne laissent aucun doute sur l'esprit de la loi. L'article 3 suppose une plainte transmise au supérieur à l'arrivée au gîte du soir, un ordre de convocation immédiate, une réunion réalisée aussitôt, enfin une exécution le lendemain matin avant le départ des troupes. En dehors de ces conditions, la procédure ordinaire devient seule applicable, et le crime ou délit que le supérieur n'a pas su ou pu déférer à la cour martiale reste justiciable des conseils de guerre. Mais, dans ce cas, il faut assurer à la défense les moyens nécessaires et le temps de convoquer ses témoins et de recueillir les preuves déjà dispersées de la justification..... Il faut, pour faire revivre la scène incriminée, un accusateur, un défenseur, un débat oral complet et une série de formalités protectrices de la vérité judiciaire..... »

Radicalement incompétente dans l'espèce, puisque treize jours s'étaient écoulés depuis le fait incriminé, la cour martiale était en outre illégale et irrégulière dans sa composition.

« L'article 5 du décret du 2 octobre 1870, poursuit M. Crémieux, veut que la composition des cours martiales pour les officiers soit la même que celle des conseils de guerre, et la loi du 9 juin 1871 dit, dans son article 22 : Nul ne peut faire partie d'un conseil de guerre à un titre quelconque, s'il n'est Français ou naturalisé Français, et s'il n'est âgé de vingt-cinq ans accomplis. Or la cour martiale instituée à Autun comptait sept membres dont quatre au moins y compris le président, sont de nationalité étrangère, hongroise, italienne ou anglaise..... Elle a été constituée le 7 décembre, par un ordre du général Garibaldi adressé au général Bossack. Or, le colonel Menotti Garibaldi est désigné comme l'un des juges, et cependant, dans la cour martiale qui a statué on le voit remplacé, sans autres formalités par le colonel Canzio. Plusieurs autres moyens d'annulation ressortent de l'examen du texte, des notes d'audience et du jugement de la cour joint aux pièces. Ainsi, il y a bien constatation du crime commis et de la peine prononcée, mais l'observation des formes prescrites par le décret du 2 octobre ne paraît pas suffisamment établie.....

» Une cour martiale, ajoute le procureur général près la cour de cassation, n'est en réalité qu'un conseil de guerre, rendant une justice plus expéditive et plus exemplaire. Les étrangers ne pouvant faire partie, à un titre quelconque, des conseils de guerre, ne doivent donc pas être admis à siéger dans les cours martiales. Ils ne sauraient juger et condamner, au nom de la patrie envahie, car ce n'est pas leur patrie qu'ils défendent, tout en nous assistant généreusement de leur courage et de leur dévouement..... S'il y avait impossibilité absolue de trouver des officiers français dans un corps d'armée pour composer une cour martiale, — impossibilité qui n'est pas constatée dans l'espèce, — les crimes commis seraient déférés à la juridiction normale des conseils de guerre. L'illégalité démontrée par les considérations qui précèdent s'aggrave encore de l'illégalité de la substitution d'un juge nouveau au juge primitivement désigné. »

Par son arrêt du 4 février 1871, la cour de cassation sanctionnait de sa haute autorité ces considérations juridiques.

« Sur le premier moyen pris de l'illégalité de la composition du tribunal d'où émane le jugement attaqué : Attendu qu'il est de principe que nul ne peut exercer des fonctions publiques en France, s'il n'est citoyen français (constitution du 1er vendémiaire an IV, titre II, art. 2), et s'il ne réunit les conditions d'âge et d'idonéité exigées par la loi ; que cette règle de droit constitutionnel, expressément reproduite dans l'article 22 du code de justice militaire, aux termes duquel nul ne peut faire partie d'un conseil de guerre, à un titre quelconque, s'il n'est Français ou naturalisé tel, et âgé de vingt-cinq ans accomplis, est également applicable aux cours martiales, qui ne sont que des conseils de guerre statuant sous une forme spéciale, et dont les jugements rendus au nom de la patrie en danger, impliquent la nationalité des juges dont ils émanent ; attendu que la cour martiale qui a statué sur l'accusation portée contre Chenet était composée de quatre juges étrangers sur sept, qu'à ce titre, elle était sans existence légale, et que le jugement auquel elle a concouru doit être considéré comme radicalement nul ; attendu qu'indépendamment de ce vice radical, une autre irrégularité l'affecte dans sa constitution ; qu'en effet, parmi les membres appelés à la composer, figure en premier ordre le colonel Menotti Garibaldi ; que cependant celui-ci a été remplacé par le colonel Canzio, sans qu'il apparaisse ni d'un empêchement légitime du premier, ni d'une délégation régulière confiée au second ; que, sous ce nouveau rapport, la sentence à laquelle ce dernier a pris part serait entachée de nullité. Sur le moyen tiré de l'incompétence : attendu qu'aux termes du décret du 2 octobre 1870, les cours martiales n'ont été instituées que pour statuer sur les crimes et délits flagrants commis par les militaires en campagne ; que c'est ce qui résulte notamment des formes sommaires de leur procédure exclusive de toute information écrite ou de délais, des restrictions apportées à l'exercice du droit de défense, du devoir imposé aux juges de statuer sur le fait, dans la journée même où il s'est accompli, et du bref délai fixé pour l'exécution de la sentence qui doit avoir lieu le lendemain matin ; attendu que tel n'était pas le caractère du fait imputé à Chenet ; que treize jours s'étant écoulés entre le jour de la perpétration de ce fait et celui de la mise en jugement, la cour martiale était par là même incompétente pour en connaître et l'enlever à la juridiction normale des conseils de guerre ; par ces motifs, et sans qu'il soit nécessaire de statuer sur les autres faits de nullité tirés de l'omission des formes prescrites par le décret susvisé du 2 octobre 1870, la cour casse et annule, tant dans l'intérêt de la loi que dans celui de Chenet, la décision rendue le 13 décembre dernier par la cour martiale réunie à Autun, et, pour être statué conformément au code de justice militaire, renvoie la cause et ledit Chenet, dans l'état où ils se trouvent, devant le général commandant la 8ᵉ division militaire, dont le siège est à Lyon, etc. »

Il n'est pas nécessaire d'avoir la science juridique des membres de la cour suprême pour comprendre le décret du 2 octobre 1870 ; ses termes sont clairs et précis : les cours martiales ne peuvent juger que les crimes ou délits commis dans les vingt-quatre heures. L'état-major et M. Bordone se sont donc mis sciemment en dehors de la loi ; ils ne l'ont connue que pour lui emprunter des dispositions restrictives de la défense. Ils savaient qu'un conseil de guerre avait seul le droit de juger le colonel, que dès lors une instruction préliminaire était obligatoire, qu'il y avait lieu d'entendre les témoins, de les confronter avec l'accusé antérieurement à l'audience, que cet accusé avait droit d'avoir un défenseur avec lequel il aurait préparé sa justification. Ils savaient surtout que ce conseil de guerre ne serait pas composé de leurs créatures, qu'aucun étranger n'en pourrait faire partie, qu'il siégerait probablement à Lyon, qu'aucune surprise n'y serait possible, qu'un débat oral complet éclairerait leurs machinations ténébreuses, confondrait de Saulcy, dévoilerait le jeu de M. Bordone, mettrait à nu l'incapacité de Delpech et de l'état-major. Ils savaient enfin que la cour de cassation serait appelée à vérifier si toutes les formalités protectrices de la vérité judiciaire avaient été observées, qu'elle dirait le dernier mot dans cette affaire, et c'est précisément pour cela qu'ils substituaient leur bon plaisir à la loi, un conciliabule décoré du nom de cour martiale au conseil de guerre, parce que cette prétendue cour martiale pouvait seule, en étouffant la défense, donner la condamnation dont ils avaient besoin. Ils reconnaissaient par là même l'innocence de leur victime.

A voir la manière dont les débats ont été conduits on sent combien était grande la hâte de faire disparaître ce chef importun, combien plus grande encore la haine qu'on lui portait.

D'après son attestation, Garibaldi déclare avoir ordonné à l'adjudant-major de Saulcy de défendre Saint-Martin ; il devait donc demander compte à cet officier de l'inexécution de cet ordre et le mettre en accusation. La responsabilité du colonel Chenet ne pouvait naître que sur la preuve faite par de Saulcy qu'il avait été empêché de remplir sa mission par son chef hiérarchique. Ce n'était pas au commandant de la Guérilla d'Orient à établir que l'ordre de défendre Saint-Martin ne lui avait pas été donné, c'était à de Saulcy à démontrer qu'il l'avait transmis. L'adjudant-major de la Guérilla d'Orient étant le premier accusé ne pouvait être entendu comme témoin, puisqu'il avait le plus grand intérêt à se disculper lui-même aux dépens d'un autre.

En admettant que le témoignage de M. Jacquot se faisant appeler faussement de Saulcy fût recevable, son affirmation se heurtait à la négation de son colonel et le doute qui en résultait devait être interprété en faveur de l'accusé.

Les circonstances du fait infirmaient d'ailleurs complètement cette déposition; toute hésitation était impossible. Lorsque la Guérilla d'Orient quitta Saint-Martin, de Saulcy, qui était présent, ne fit aucune observation; il ne réitéra pas à son chef l'ordre de Garibaldi; il ne chercha pas à dégager sa responsabilité en affirmant publiquement l'accomplissement de sa mission. Il était pourtant d'autant plus tenu de le faire que, quelques jours après la condamnation, revenant sur sa déposition, il déclarait aux officiers de la guérilla, le sommant au nom de l'honneur de dire la vérité, qu'il ignorait si le colonel avait entendu et compris sa communication!

« Je soussigné de Saulcy, capitaine commandant la Guérilla d'Orient, déclare et affirme que le 1er décembre au matin, lorsque je suis allé communiquer au lieutenant-colonel Chenet les ordres du général Garibaldi, le colonel se trouvait dans un état de surexcitation tel que, bien que j'aie communiqué ledit ordre littéralement, il m'est impossible d'affirmer que le colonel ait entièrement entendu et compris les ordres que je lui transmettais. Devant la cour martiale, en faisant ma déposition, je n'ai pu émettre cette idée. Je vous l'écris aujourd'hui pour que vous en fassiez l'usage que vous jugerez convenable. — Signé : DE SAULCY. — Autun, 17 décembre 1870. »

De Saulcy a compris lui-même l'obligation qui s'imposait à lui de protester contre le départ de Saint-Martin, mais il n'en a pas eu le courage.

« A la bifurcation de la route de Couches et du Creusot, le capitaine adjudant-major m'appela, a déposé le lieutenant Ollive devant la cour d'assises de la Seine, et me dit : « Ollive, comprenez-vous le mouvement que nous faisons-là? » — Vous m'adressez une drôle de question, répondis-je, je ne connais pas les ordres qui ont été donnés, je ne fais qu'obéir ; je ne sais pas de quoi il s'agit ; on me dit de partir, je ne sais pas où nous allons. — Il me dit : « Nous nous exposons à de grands désagréments ; nous avons l'ordre de rester au couvent et nous le quittons. » — J'ai répondu : Puisque vous le savez, pourquoi n'allez-vous pas le lui dire ? — « Je le sais, me dit-il, mais il serait dans le cas de me brûler la cervelle tant il est surexcité ! » — J'ai ajouté : « Que voulez-vous que je dise ? »[1]

L'attitude de de Saulcy ne peut s'expliquer que par l'inexécution de sa mission ou par le désir de compromettre un chef dont il avait à se plaindre.

D'autres présomptions militaient en faveur de l'accusé. De Saulcy, comme l'a écrit M. Bourée au général commandant la huitième division militaire, était « un malfaiteur entré dans la guérilla sous un faux nom et sous une fausse qualité... La cour martiale n'avait pas le droit de refuser sa créance au soldat honorable et éprouvé pour ne tenir compte que de la déposition du sieur Jacquot dit de Saulcy, traité de lâche quinze jours auparavant par le colonel lui-même, à qui ce méprisable personnage avait enlevé deux de ses compagnies pendant le combat de Pasques. »

Si l'on ajoute à ces considérations très graves que le 4 décembre, à Roanne comme on l'a vu, de Saulcy protestait énergiquement et spontanément contre l'arrestation, la déclarant illégale, injustifiée, scandaleuse, demandant à être soustrait à une autorité capable de

---

1. *Affaire Bordone.*

pareils abus, il ne reste absolument rien de sa déposition. S'il avait transmis l'ordre de Garibaldi, il ne pouvait ni ne devait signer une pièce qui établissait manifestement le contraire.

L'attestation de Garibaldi et le témoignage de de Saulcy, insuffisants par eux-mêmes pour motiver une condamnation, disparaissaient tous deux devant la déclaration écrite du capitaine Gandoulf. Tout le procès était là. Si, postérieurement à l'ordre du général en chef, le chef d'état-major avait donné à l'accusé l'autorisation de quitter Saint-Martin pour se replier en arrière d'Autun, toute culpabilité cessait. Il y avait donc nécessité absolue d'examiner scrupuleusement cette déclaration, d'appeler à la barre le capitaine Gandoulf et le chef d'état-major, de les confronter entre eux et avec l'inculpé, si l'on voulait essayer de découvrir la vérité ; il n'était pas permis de juger d'après les seuls documents versés au procès. Il est inadmissible que les membres de la cour martiale aient été assez dépourvus d'intelligence et de jugement pour ne pas comprendre une obligation aussi évidente. Cependant, ils ne daignèrent pas faire attention à l'affirmation capitale du capitaine Gandoulf !

Ils ont donc condamné à mort le colonel Chenet non pas au nom de la patrie envahie, ni par application de la loi, mais au nom de leurs passions, de leurs haines, parce que tel était leur bon plaisir et celui de l'état-major.

« Cette sentence monstrueusement illégale, selon les paroles du colonel-commissaire du gouvernement près le conseil de guerre de Lyon, que n'eussent pas prononcée des Apaches ou des Peaux-Rouges dans leur sauvage férocité, et que des hommes civilisés avaient prononcée », n'est pas un jugement, c'est une tentative d'assassinat, c'est un crime, comme l'a très justement écrit M. Bourée à M. Laurier, et le plus lâche, le plus criminel de tous les crimes, parce que, à l'abri de la majesté des lois auxquelles son hypocrisie insulte, il s'attaque impunément à l'honneur en même temps qu'à la vie de la victime !

Tout s'enchaînait à l'armée des Vosges : on rendait la justice comme on faisait la guerre.

VII

La condamnation à mort était à peine prononcée que les ordres pour son exécution furent immédiatement donnés; « peut-être étaient-ils préparés d'avance? a dit le colonel commissaire du gouvernement près le conseil de guerre de Lyon. A voir la précision des mesures prises, les détails minutieux qui y sont observés, la désignation du lieu funèbre qui devait être le théâtre de l'action, le cimetière, où la fosse qui devait couvrir la victime était peut-être déjà béante, » on sent combien cette exécution était attendue, désirée. Le cercueil était fait; on avait hâte d'y renfermer, sous le sceau de la mort, le secret de tant d'infamies !

Heureusement pour la victime et pour l'honneur de la justice française, le dévouement des soldats de la guérilla était à la hauteur de la haine garibaldienne. Après avoir entendu prononcer l'infâme condamnation de leur chef, après avoir assisté « à une violation aussi criminelle de toutes les lois du pays », ils se retirèrent silencieux mais résolus à s'opposer à la consommation du crime. Il fut décidé que le bataillon tout entier se rendrait sans armes auprès de Garibaldi, le lendemain matin, à la première heure, pour lui demander grâce. Avant de se séparer, ces braves gens jurèrent de sauver leur chef par la force, si leur requête était rejetée.

A sept heures du matin, par une obscurité profonde, tous les guérilléros quittèrent sans bruit la caserne des Oblats et se dirigèrent vers le quartier général ; ils avaient chargé leurs armes qu'ils laissaient en lieu sûr ; aucun officier n'était avec eux. En route ils rencontrent de Saulcy qui leur défend d'aller plus loin.

« Mon capitaine, répond l'adjudant Dauvergne, je ne puis retenir les hommes, ils ont fait serment de sauver le colonel ; ni vous, ni moi, nous ne serions capables de les en empêcher, et comme je partage le sentiment de la troupe, je la suis. »

De Saulcy n'insista pas. A sept heures et demie, Garibaldi, sortant en voiture, est tout à coup entouré dans la pénombre d'une matinée de décembre par une troupe remplissant la rue et criant : « Grâce pour notre colonel ! »

Surpris par cette démarche que sa promenade matinale avait peut-être pour but d'empêcher, voyant leur attitude déterminée, prévenu de leurs dispositions, ayant pris antérieurement déjà une détermination, le général répondit : « Oui, mes amis, je lui fais grâce. » Puis s'adressant au cocher : « Partez, lui dit-il, et il s'éloigna aussitôt au grand trot de son attelage, tandis que les soldats poussaient le cri de : « Vive la France ! » Dans leur enthousiasme, ils ne s'imaginaient guère de quelle façon cette grâce qu'ils venaient d'arracher par leur énergie devait être interprétée et réalisée.

Cependant le colonel écroué à la prison attendait le moment de son exécution. En face de la mort, il se conduisit en homme habitué à la voir de près; non seulement il n'éprouva aucune faiblesse, mais encore il puisa dans son innocence l'énergie de la braver. Il voulait mourir en soldat, en chrétien, et faire voir « aux bandits garibaldiens de quoi est capable un honnête homme. » Son calme, son intrépidité, la noblesse de ses sentiments, émurent profondément le prêtre qui l'assistait en cette circonstance solennelle.

A huit heures moins le quart, le geôlier vint annoncer au condamné que l'exécution aurait lieu à onze heures: l'état-major, ne tenant pas compte de la promesse faite par Garibaldi, prolongeait à plaisir l'agonie de la victime. Le colonel n'apprit qu'à onze heures la nouvelle situation qui lui était faite : l'exécution de la peine de mort était suspendue, mais il devait être dégradé à deux heures, sur la place du Champ-de-Mars, en présence de la garnison. Cette décision le jeta dans une violente indignation; il se calma bientôt toutefois et sut élever son courage à la hauteur des circonstances : « Il ne voulait pas donner à ces bandits l'agréable spectacle d'une faiblesse; ils seraient trop heureux de voir l'abattement d'un ancien officier de l'armée française. »

Déçus dans leurs odieux calculs par l'intervention de la Guérilla d'Orient, les garibaldiens avaient imaginé une peine morale aussi terrible que la mort pour cet homme de cœur. Ingénieuse à torturer leur victime, leur haine se mettait une seconde fois au-dessus des lois.

« La peine de mort avec dégradation aura seule le caractère infamant, lit-on dans l'exposé des motifs du code de justice militaire ; encore a-t-on voulu que la dégradation ne fût pas matériellement exécutée et qu'elle fût simplement inscrite dans le jugement comme un premier châtiment moral. L'appareil de la dégradation militaire transporté sur le lieu du supplice, et précédant l'exécution de la peine de mort, ne serait, en effet, qu'une aggravation cruelle et inutile. »

« Attendu, a dit la cour de cassation, que la dégradation militaire n'est l'accessoire obligé de la peine de mort prononcée contre les militaires qu'autant que ceux-ci l'ont encourue pour crimes prévus par les lois pénales ordinaires ; que, lorsqu'il s'agit de délits spéciaux à l'armée, la dégradation ne suit la peine capitale qu'autant qu'elle y a été nommément attachée ; que dans les cas même où elle est appliquée concurremment avec celle-ci, elle n'est jamais matériellement exécutée ; ainsi qu'il résulte soit implicitement des termes de l'article 190 du code militaire, soit expressément de l'exposé des motifs de la loi ; que l'article 213 visé dans le jugement et spécial à la cause, n'attache pas la peine de la dégradation à l'abandon du poste en présence de l'ennemi ; que l'exécution de cette peine prononcée en violation, tant de l'article 213 précité que de l'article 4 du code pénal ordinaire, n'est qu'un fait destitué de toute valeur légale. »

Ce fait destitué de toute valeur légale n'était que le prélude d'une autre illégalité encore plus épouvantable. Les garibaldiens devaient faire déborder la coupe de l'infamie pour le malheureux colonel, la lui faire boire goutte à goutte jusqu'à la lie.

Le 14 décembre, à deux heures de l'après-midi, la place du Champ-de-Mars offrait un aspect extraordinaire. Huit mille hommes de tous costumes, de toutes armes, rangés en bataille, formaient un rectangle au milieu duquel la Guérilla d'Orient était encadrée, divisée en deux fractions se faisant face à environ vingt mètres de distance. Dans la crainte d'une révolte, on l'avait indignement trompée en lui assurant qu'elle était convoquée pour assister à la mise en liberté de son chef; on avait eu soin d'ailleurs de lui faire décharger ses armes.

Curieuse d'assister à la dégradation d'un colonel et pressentant quelque infamie, la population se presse derrière les troupes; la terrasse, la place, les fenêtres sont garnies de spectateurs bravant la froidure pour contempler la mise en scène ; beaucoup apprécient sévèrement l'arrêt de la cour martiale. Soudain, les conversations cessent, un roulement de tambour annonce l'arrivée du condamné; il est en voiture, entouré d'un piquet de gendarmes; une compagnie de francs-tireurs l'escorte. Le lugubre cortège atteint le milieu de la place où se tiennent les exécuteurs des hautes œuvres garibaldiennes, sous le commandement du lieutenant-colonel Bossy promu à ce grade pour remplir l'office de bourreau. Le greffier lit à haute voix la sentence de la cour martiale et ajoute :

« Le général en chef de l'armée des Vosges, considérant que, pour un homme d'honneur, la dégradation est pire que la mort, suspend l'exécution de la peine de mort et ordonne qu'en conformité de ce qui est dit dans la deuxième partie de la sentence prononcée par le conseil de guerre dans sa séance du 13 courant, le lieutenant-colonel Chenet soit dégradé aujourd'hui 14, à une heure du soir, sur la place d'armes d'Autun, en présence des troupes de la garnison et en suite des formalités prescrites par l'article 155 du règlement de service de guerre. Après la dégradation, le nommé Chenet sera transféré à la prison d'Autun, où il restera à la disposition de l'autorité militaire jusqu'au prononcé du jugement du gouvernement de la Défense nationale de Bordeaux. Le commandant de place d'Autun est chargé de faire exécuter la présente décision. Signé : GARIBALDI. »

Après cette lecture, le lieutenant-colonel Bossy lit à son tour le formulaire de la dégradation qui finit par ces mots : « Vous êtes indigne de servir dans l'armée française et nous vous dégradons. » Le colonel Chenet était effectivement indigne de servir dans l'armée garibaldienne.

Un sergent accompagné de quatre soldats s'approche alors du condamné, lui arrache les insignes de son grade et les jette à terre. Le colonel Chenet ramasse ses galons, puis plaçant la main droite sur sa poitrine, il dit d'une voix ferme et calme : « Il y a encore là du cœur et de l'honneur pour en faire mettre d'autres. »

On apporte ensuite une vieille épée achetée chez un brocanteur pour la cérémonie ; le sergent ayant vainement essayé de la briser, la jette toute tordue aux pieds du condamné : « On voit bien que ce n'est pas la mienne, sergent, dit-il encore ; l'épée du colonel Chenet se brise, elle ne ploie pas. »

Le défilé commence. Entouré de quatre soldats commandés par le sergent justicier, le colonel se met en marche d'un pas assuré ; il fait le tour de la place, la tête haute, l'air digne, regardant chaque homme dans les yeux comme un chef inspectant sa troupe. Cette attitude non moins que son innocence lui concilient les cœurs. Les officiers français le saluent du sabre, les soldats soulèvent leurs képis; aux fenêtres, des dames agitent leurs mouchoirs, les hommes lèvent leurs chapeaux : il est comme entouré d'une atmosphère de sympathique pitié.

En passant devant sa guérilla, il la salue d'un geste noble. C'en est trop, l'émotion des guérilléros est à son comble, beaucoup versent des larmes, tous présentent spontanément les armes à leur chef; l'un d'eux s'écrie : « Vive notre colonel ! » C'est le clairon de Pave qui, à Pasques, s'est tenu constamment à ses côtés : la gendarmerie arrête immédiatement cet homme de cœur.

La triste cérémonie est terminée : la marche de la honte s'était presque transformée en marche triomphale. Elle avait fourni au colonel l'occasion de montrer que, « fort et calme devant l'ennemi, il était également brave pour supporter des humiliations imméritées »; elle avait été pour beaucoup un moyen de protester contre le scandale d'une condamnation dont on soupçonnait les mobiles criminels. La stupeur peinte sur les visages, la sympathie témoignée au condamné, étaient le commencement de la réhabilitation.

« Où sont nos beaux projets, écrivait le même jour un capitaine au long cours, sergent des éclaireurs de la Guérilla d'Orient? Où est la guérilla? Tout est à la débandade, et nous sommes frappés de stupeur de la condamnation inique de notre malheureux colonel. Le 13 au soir, on l'a fait comparaître devant un tribunal entièrement composé de ses accusateurs; et là on lui a lu son acte d'accusation, acte infâme, qui le condamnait d'avance. A onze heures du soir, on prononçait contre lui la peine de mort et la dégradation militaire. Mais grâce de la vie lui a été faite par Garibaldi, lassé de nos obsessions et voulant soutenir un peu par cet acte de clémence sa popularité plus qu'ébranlée ici. Mais on nous a fait assister à la dégradation, et nous avons entendu traiter de lâche et d'indigne de servir celui qui nous avait menés, la tête haute, sous la mitraille prussienne. Quel atroce supplice cela a été ! Tout est fini, et le pauvre colonel qui avait quitté une belle position n'a eu pour récompense de son patriotisme que la condamnation infligée par la foi punique d'Italiens jaloux. Son mérite, sa valeur, sa loyauté, faisaient contraste ; il leur résistait et ils l'ont assassiné comme des lâches. Nous autres, nous ne savons que devenir ; nous ne demandons qu'à quitter l'armée des Vosges, pétaudière où il n'y a que des officiers et pas de soldats, que des fanfarons et pas d'hommes de cœur, où nos poitrines servent de paraballes à celles d'aventuriers, mais nous sommes tenus par la loi et nous ne savons où aller. Je tente des démarches pour rejoindre Bourras ou Bombonnel ; j'ignore si je pourrai y parvenir. En tous cas, nous sommes tous bien ennuyés ; nous perdons notre temps en caserne et ce n'est pas ce qui nous convient. Si vous connaissiez quelque chef de bande, ou une place où je puisse me rendre utile à la défense du pays, écrivez-moi vite, je vous prie. Signé : James BONABEAU, capitaine au long cours, sergent des éclaireurs, Guérilla d'Orient. — Autun, 15 décembre. — J'ai une triste nouvelle à vous apprendre au sujet de notre colonel, écrivait au *Journal du Midi* un autre guérilléro....... Il a été condamné à mort ! A cette nouvelle toute la guérilla s'empressa d'aller au quartier général pour implorer sa grâce ; on nous répondit qu'il était gracié déjà. Sur cette réponse, nous rentrâmes à la caserne. On vint nous dire de nous mettre sous les armes à une heure pour recevoir notre colonel. Nous nous dirigeâmes sur la principale place d'Autun où, en arrivant, nous fûmes aussitôt cernés par la troupe garibaldienne. Nous vîmes bientôt arriver notre malheureux colonel, conduit par un détachement. Toute la population d'Autun était réunie sur cette place, et on lisait la consternation sur toutes les figures. Un justicier commença par dire au colonel Chenet qu'il n'était plus digne de porter les insignes de ce grade, et immédiatement on lui arracha ses pauvres galons ; lui, du temps, enlevait ceux de son képi. Il ramassa ceux de ses parements qu'on avait jetés à terre et il les mit tous dans sa poche. Notre émotion était grande et le peuple autour de nous versait des larmes d'indignation, parce qu'il connaissait, lui aussi, la bravoure de notre colonel. On brisa ensuite son épée. Le colonel Chenet a subi sa dégradation, entendu la lecture de sa sentence et défilé devant toutes les troupes dans une attitude calme qui nous a encore plus émus. En passant devant nous, il nous a salués d'un geste noble. C'en était trop, nous ne pouvions plus y tenir. (Suivent, dit le *Journal du Midi*, quelques réflexions énergiques que nous ne croyons pas devoir reproduire ; elles expriment l'indignation et le découragement de tous les hommes de la Guérilla d'Orient.) — Notre pauvre colonel, notre pauvre père de campagne, nous l'avons perdu, écrit encore au même journal un soldat de la Guérilla d'Orient ; les garibaldiens ont privé la France de ses services, lui si brave, lui si loyal soldat. Il a été condamné par la cour martiale à la peine de mort. Quand nous avons appris cette incroyable nouvelle, nous sommes partis tous ensemble vers Garibaldi; nous n'avions ni sabres, ni fusils; nous étions tous sans armes. Il fallait voir néanmoins comme les soldats à la chemise rouge nous surveillaient et nous serraient de près. Ces hommes-là, et moins encore leur chef, ne nous pardonneront pas de les avoir sauvés à la retraite de Pasques. Voilà la grande faute du colonel Chenet. Pauvre colonel, ce n'est pas sur toi que retombera l'infamie de la condamnation. »

Après cet odieux simulacre de dégradation, le condamné fut ramené en prison; brisé par les émotions, il tomba par trois fois en syncope : un geôlier, créature de M. Bordone, eut l'inhumanité de chasser brutalement Mme Chenet du chevet de son mari! Trois jours s'écoulèrent ainsi pour ce malheureux dans l'attente de la mort, dont l'acte de Garibaldi avait seulement suspendu l'exécution.

Enfin, le 17, à deux heures du matin, il est réveillé par le geôlier, enchaîné à un assassin malgré ses protestations, jeté dans un fourgon, et conduit par la gendarmerie au chemin de fer, sans qu'on veuille lui dire à quel genre de supplice il est destiné. A Lyon, à Marseille, où l'on s'arrête, il essaie vainement d'obtenir quelques renseignements; l'ordre donné aux gendarmes de l'escorte le leur interdit formellement. Ce n'est qu'à la dernière station avant Toulon que le maréchal des logis, tout ému, lui répond enfin : « Hélas ! je vous conduis au bagne ! »

On peut aisément juger du désespoir du malheureux; aussi bien sa détresse était trop grande. Il connaissait enfin la grâce que lui avait faite Garibaldi ! Sans attendre la décision du gouvernement qui seul pouvait statuer, par un excès de pouvoir, par une illégalité exorbitante, craignant que la victime ne lui échappât, le général s'était empressé de commuer la peine de mort en celle des travaux forcés à perpétuité.

« Nous, général Garibaldi, commandant en chef de l'armée des Vosges, en vertu des pleins pouvoirs qui nous sont conférés par le gouvernement de la Défense nationale, arrêtons et décrétons ce qui suit : Article 1. La peine de mort prononcée le 13 décembre dernier, par arrêt de la cour martiale de l'armée des Vosges composée en conformité des articles 5 du décret de la République française du 2 octobre 1870 et 10 de la loi du 9 juin 1857 sur la justice militaire, contre le nommé Chenet (Édouard-Jacques-Claude), né à Strasbourg, le 31 mai 1830, de défunt Claude Chenet et Marie-Antoinette Laucher, ci-devant lieutenant-colonel de la Guérilla française d'Orient, est commuée, conformément aux dispositions de l'article 185 de la susdite loi du 9 juin 1857 et 463 du code pénal, en la peine des travaux forcés à perpétuité. — Article 2. Notre colonel, chef d'état-major général, est chargé de la notification à qui de droit du présent décret. — Autun, le 15 décembre 1870. Signé : GARIBALDI. — Pour extrait conforme : le lieutenant-juge ayant fait fonctions de greffier. Signé : Émile COLON. »

Cette mort-là était encore plus terrible que l'autre et la vengeance garibaldienne y trouvait bien mieux son compte. Un tortionnaire de profession ne raffinerait pas la douleur avec plus d'art que cet ami de l'humanité !

« Tout était donc prêt, a dit le colonel-commissaire du gouvernement près le conseil de guerre de Lyon, la vendette d'un homme allait être satisfaite ; mais après une nuit de réflexion, peut-être le chef avait-il reculé devant l'effusion du sang, ou plutôt devant les bruits de menaces de la part du bataillon d'Orient. C'est alors que surgit une pensée infernale dans la tête de ce chef ; il se dit que la mort de Chenet ne satisferait qu'à demi sa vengeance et qu'il y avait un moyen de faire disparaître le condamné sans verser son sang, qu'il pouvait même remplacer ce supplice par un autre plus infamant; il se dit qu'il fallait flétrir le colonel Chenet, l'avilir, le déshonorer, le couvrir de boue en le dégradant en présence de toutes les troupes, de la population entière, en lui rendant, pour l'avenir, impossible sa présence devant une troupe ; puis, pour garder sa popularité, et par une magnanimité cruelle et froidement calculée, commuer la peine de mort en celle des travaux forcés à perpétuité que Chenet devait subir au bagne de Toulon. Tout cela fut exécuté selon le programme arrêté. Chenet, qui devait mourir à onze heures, vit son supplice retardé. Le temps s'écoulait, il attendait toujours. Quelles devaient être ses angoisses, ses souffrances morales ? Enfin, dans le courant de la journée, le colonel voit s'ouvrir les portes de la prison. Mais au lieu de marcher à la mort, il va marcher à la honte. Ce ne fut qu'à son arrivée sur la place publique qu'il entrevit le sort qui lui était réservé. C'est là que le colonel Chenet subit la dégradation militaire ; il se vit arracher un à un ses insignes, ses décorations qu'il avait si bien méritées; tous ces signes de l'honneur furent foulés aux pieds. Puis, lorsque tout fut fini, il traversa de nouveau cette foule frappée de stupeur, fut enchaîné, jeté dans un fourgon et envoyé au bagne pour y traîner une existence flétrie au milieu des bandits et des assassins. Il fut envoyé au bagne, cet infortuné, dans cette sentine du crime, lui l'homme honoré jusqu'à ce jour, lui que son patriotisme avait fait accourir d'un pays lointain pour venir défendre sa patrie. Il avait tout abandonné, position, famille, honneurs : il n'avait pas hésité un instant. Et tant d'abnégation, tant de souffrances, devaient aboutir à l'infamie, au bagne, au désespoir de ne pouvoir plus rien pour le salut de son pays. C'est ainsi que, l'âme et le corps brisés, il fit ce long trajet ayant perdu tout sentiment de son existence matérielle et arriva à Toulon. »

Ce n'était pas le colonel Chenet qui méritait d'être envoyé au bagne ; c'étaient ceux qui, au mépris de toutes les lois, s'étaient permis de le condamner à la mort, à la dégradation, aux travaux forcés à perpétuité, et d'infliger à un homme qui les gênait des tortures aussi cruelles. La commutation de peine prononcée par le général Garibaldi n'était, en effet, qu'une troisième illégalité, un troisième attentat ajouté aux deux autres.

« En fait, dans l'espèce, écrivait le 23 janvier 1871 M. Crémieux, ministre de la justice, au procureur général près la cour de cassation, il est intervenu après le jugement trois actes de nature bien différente. Le premier est une décision du 14 décembre, par laquelle le général Garibaldi déclare que le condamné restera à la disposition de l'autorité militaire jusqu'au prononcé du gouvernement de la Défense nationale de Bordeaux. Ce sursis était légitime, rentrait dans les pouvoirs du général et suspendait légalement l'exécution. Mais le même jour et par le même acte, ordre était donné d'exécuter partiellement la condamnation par la dégradation militaire du lieutenant-colonel, et il fut, en effet, procédé à cette cérémonie le 14 décembre, ainsi qu'il résulte d'un procès-verbal joint aux pièces. Enfin, le 15 décembre, le général, par un acte séparé, a cru pouvoir commuer la peine de mort en celle des travaux forcés à perpétuité. Ce dernier acte est sans valeur légale en ce qu'il a été accompli en dehors de ma participation et contrairement au décret du 7 décembre 1870, qui détermine les conditions de l'exercice du droit de grâce, tant que le gouvernement de la Défense nationale est chargé de l'administration de la République. Le décret du 7 septembre 1870, ajoute le procureur général près la cour de cassation, confiant au ministre de la justice seul l'exercice du droit de grâce, il est certain que la commutation de peine prononcée le 15 décembre par le général Garibaldi est un acte sans valeur légale... Il en est de même de la dégradation militaire... Ce n'est qu'un fait douloureux sans doute mais sans portée légale... Attendu, dit la cour de cassation, que le droit de grâce, attribut de la souveraineté, ne peut être exercé que par celui des pouvoirs auquel il a été constitutionnellement délégué ; que l'exercice en appartient aujourd'hui au ministre de la justice auquel il a été transitoirement attribué par le décret du 7 septembre 1870, d'où il suit que l'autorité militaire était sans droit pour prononcer une commutation de peine qui puisse être légalement opposée à Chenet..... »

Les expressions manquent pour flétrir, comme elle le mérite, l'audace incroyable de ces hommes. On a beau s'appeler Garibaldi ou Bordone, poser pour la philanthropie, la démocratie, la liberté, la république, se faire de plantureux revenus avec des maximes creuses, on n'a pas plus le droit que le premier bandit venu de disposer, en dehors des prescriptions légales, de la vie, de l'honneur, de la liberté, de la fortune des citoyens. Tout homme est directement intéressé à protester contre de tels attentats. La préméditation avec laquelle ils ont été commis ajoute encore à la culpabilité de leurs auteurs. Garibaldi savait parfaitement qu'il n'avait ni le droit de grâce, ni le droit de commutation de peine.

« Un jour, a déposé M. Marais devant la cour d'assises de la Seine, au moment où le général Garibaldi allait sortir de l'antichambre de la préfecture, j'aperçus un officier qui s'adressait à lui et lui demandait la grâce du colonel. Le général répondit d'abord : la grâce, je ne puis pas la donner. — Mais, général, est-ce que vous ne pourriez pas surseoir à l'exécution ? — Peut-être ! et alors le général jeta sur moi un regard qui me parut une interrogation. Je crus pouvoir dire : « Il me semble que vous pouvez suspendre l'exécution de la peine. »[1]

Pour sauver les apparences vis-à-vis du représentant du gouvernement, Garibaldi, intimidé par l'attitude de la Guérilla d'Orient, annonce donc le 14 qu'il suspend l'exécution de la peine et va en référer au ministre. Puis, le lendemain, sans même avoir prévenu le gouvernement dont il redoute le contrôle, il déclare faussement, par un acte public, que dans l'intervalle il en a reçu de pleins pouvoirs et se permet, à l'aide de ce mensonge, de condamner un citoyen français aux travaux forcés à perpétuité, de l'expédier au bagne sans autre forme de procès !

Il espérait qu'à la faveur des douleurs de l'invasion, du désarroi général, cet acte monstrueux passerait ina-

---

1. *Affaire Bordone.* Déposition Marais.

perçu, et que le gouvernement, absorbé par les soucis terribles de la guerre, craignant d'ailleurs de le froisser, ne prêterait pas l'oreille aux réclamations de la victime, si jamais elles parvenaient jusqu'à lui.

Elle devait ainsi expier par cet affreux supplice le crime d'avoir osé douter du génie de Garibaldi. Il n'y a pas de pires despotes que les prôneurs de liberté.

VIII

Une circonstance imprévue vint faire échouer ce plan si diaboliquement combiné. Le directeur du bagne ne reconnaissant pas à Garibaldi le droit d'envoyer aux galères un citoyen français, refusa de recevoir le condamné. L'autorité militaire ne voulut pas non plus se charger du colonel qui fut conduit à la prison civile.

Il y était à peine installé qu'il y recevait la visite du procureur de la république accompagné du chef d'escadron Mouroux, chef d'état-major de la division. La nouvelle de sa condamnation avait jeté la consternation à la division ; le chef d'escadron Mouroux était allé en toute hâte chercher le chef du parquet et il venait offrir ses services et ses encouragements à un ancien ami.

Deux dépêches furent immédiatement envoyées à Gambetta par l'autorité civile et militaire; le lendemain arrivait à Toulon la dépêche suivante : « Je demande à Garibaldi le dossier de l'affaire Chenet. Suspendre l'exécution du jugement; le retenir dans la maison d'arrêt où il se trouve. »

Par cette décision Gambetta ne faisait que se conformer aux énergiques réclamations de l'opinion publique. Les lettres des soldats et des officiers de la Guérilla d'Orient, les actives démarches des nombreux amis du condamné avaient fait connaître au loin la honteuse conduite de l'état-major garibaldien; de nombreux témoignages d'estime étaient envoyés à « cet homme aussi généralement honoré ».

Au premier avis de ce qui s'était passé, le président du tribunal français de Constantinople, saisi d'une douloureuse indignation, écrivait au ministre pour le renseigner. Les autorités turques, les Français et les Italiens établis à Constantinople signaient des adresses en sa faveur. Le cercle des capitaines au long cours, comptant plus de quatre cents membres, donnait une attestation d'honneur et de courage à la victime des garibaldiens. Tous les soldats et les officiers de sa Guérilla intervenaient auprès du ministre de la guerre auquel ils faisaient parvenir ce touchant document qui honore à la fois ses auteurs et celui qui s'en était rendu digne.

« Autun, 17 décembre 1870. — Monsieur le ministre, Nous venons faire appel à votre droit de grâce en faveur du lieutenant-colonel Chenet, commandant de la Guérilla française d'Orient, condamné à mort par la cour martiale d'Autun, le 13 décembre 1870, peine commuée en celle des travaux forcés à perpétuité. Ses brillants états de service qui remontent à vingt-quatre ans, prouvent inévitablement que c'est un homme brave et d'une capacité réelle. Nous qui l'avons vu au feu et à l'arrière-garde dans la retraite, moins que personne nous pouvons croire qu'il ait volontairement abandonné son poste. Dans des moments de confusion, Monsieur le ministre, la grande difficulté n'est pas de remplir son devoir et de mourir, mais de reconnaître où est ce devoir. Eh bien ! à la veille de retourner à l'ennemi, nous venons tous vous dire dans notre conscience : Non, pour nous, le colonel Chenet n'est point coupable ; la condamnation de la cour martiale n'a rien pu lui enlever de toute notre estime. Nous nous inclinons, comme militaires, devant l'enchaînement fatal des circonstances qui a amené sa condamnation, mais avec le sentiment de l'accomplissement d'un devoir sacré, nous nous écrions tous : Grâce pour le colonel Chenet ; Monsieur le ministre, rendez-lui son honneur. Nous avons l'honneur d'être, etc. Suivent 415 signatures de capitaines au long cours, mécaniciens de marine, maîtres au cabotage, pilotes, timoniers, comptables de commerce, marins, anciens soldats et volontaires, sous les ordres du colonel Chenet ; les signatures de quelques soldats blessés, malades ou de service qui ne se trouvaient pas alors présents au corps font seules défaut.

M. Sahler, capitaine d'artillerie à l'armée des Vosges, écrivait de son côté :

« Autun, 18 décembre 1870. — Mon cher Chenet, J'arrive ce matin à Autun, et la première chose que j'apprends c'est votre condamnation pour un acte de lâcheté, vous que je sais brave jusqu'à la folie, vaillant comme une lame d'épée, vous que je n'ai pas vu trembler lors de la terrible attaque de Belem, à Mexico, alors qu'à la tête de soixante-douze Français vous avez arrêté et bravé un assaut conduit par Porfirio Diaz en personne, à la tête d'une colonne de cinq mille hommes. Vraiment ce serait à mourir de rire ou à hausser les épaules si les résultats n'étaient pas aussi tristes. Tout de suite, je me suis informé et j'ai appris ce que, du reste, je savais d'avance, que vous étiez victime d'une fatalité inouïe. Je vous écris surtout pour vous donner du cœur, car, pour un homme comme vous, je sais qu'une condamnation semblable à celle que vous subissez est pire que la mort. Je veux avant tout que vous ne vous laissiez pas entraîner à un acte de désespoir, alors que rien n'est désespéré. Dans tous les cas, soyez persuadé qu'il n'y a pas en France une prison pour vous, inculpé et condamné pour lâcheté. Ainsi donc, mon cher Chenet, du courage et de la patience surtout; nous vous sortirons de là, coûte que coûte, assez tôt, je l'espère, pour que vous puissiez apprendre à ceux qui vous ont condamné comment les lâches comme vous se conduisent en face de l'ennemi. S'ils vous suivent où vous les mènerez, nous verrons bien ceux qui trembleront les premiers. Mais avant tout, du courage et de la patience. Adieu et bon espoir. — Signé : Sahler. »

La presse se faisait l'écho de tous ces hommes de cœur.

« Tous ces témoignages, a dit M. Bourée, s'ajoutaient les uns aux autres ; ils jaillissaient spontanément de l'indignation publique et faisaient cortège à celui que j'avais connu comme ambassadeur de France à Constantinople..... Car le colonel Chenet a des états de service dont j'ai eu à constater moi-même l'existence. Au Mexique, il a été un vaillant soldat, et à la catastrophe, il a sauvé à ses frais près de trois cents Français qu'il a amenés à la Vera-Cruz. »

En même temps, quatre hommes connus par leurs

vertus et leurs talents, MM. Thiers, Duvergier, ancien ministre de la justice, le général Renault, commandant la division de Bordeaux, Bourée, ancien ambassadeur, prenaient fait et cause pour le calomnié; dans l'intérêt de la justice, « ils se liguaient pour rompre les trames criminelles ourdies par quatre aventuriers, Garibaldi, Delpech, Bordone et de Saulcy. »

L'intervention de M. Bourée fut particulièrement énergique. A la première nouvelle du drame d'Autun il se rendit au ministère de la guerre, déclarant que ce qui s'était passé était une honte pour le pays, pour l'armée française offensée dans un de ses plus loyaux officiers, une raison de révolte pour quiconque portait un cœur d'honnête homme.

« Si le colonel Chenet est envoyé au bagne; s'il y entre, dit-il, je pars pour Toulon, et au bagne même, en grand uniforme et avec mes ordres, je recevrai dans mes bras cet honnête homme qu'une ténébreuse intrigue aura fait entrer dans ce lieu d'infamie. Ce sera le commencement de sa réhabilitation. »

L'émotion de l'ambassadeur fut communicative; Gambetta se laissa toucher et des ordres immédiatement envoyés à Toulon prescrivirent que le colonel fût traité en prévenu et non en condamné. Quelques jours après une seconde dépêche l'appelait à Bordeaux où il arrivait le 28 décembre.

Le lendemain, le ministre de la justice Crémieux lui envoyait un greffier pour lui demander sur quels points il pensait établir son pourvoi. Le colonel lui signala les causes multiples d'annulation dont il a été parlé.

L'affaire était en bonne voie lorsque l'intervention de Garibaldi vint tout arrêter. Dès qu'il apprit le projet de revision de l'arrêt du 13 décembre, il envoya son chef d'état-major à Bordeaux, par train spécial, pour menacer le gouvernement de licencier son armée et de quitter la France s'il était donné suite à cette revision ! Cette démarche par laquelle il se trahissait lui-même en montrant l'intérêt personnel considérable qu'il attachait à la culpabilité du colonel Chenet impressionna les ministres Crémieux et Gambetta. Effrayés par les menaces de Garibaldi, ils se décidèrent à ajourner la revision du procès ; toutefois, convaincus de l'innocence du condamné, ils firent proposer au colonel de lui accorder sa grâce et un grade de colonel dans l'armée de Chanzy, avec une vive recommandation. Cette offre fut repoussée par l'intéressé : « Non, dit-il, non, on ne gracie pas un innocent, on lui donne des juges. »

Il ne fallut rien moins que l'intervention personnelle de M. Thiers auprès du ministre de la justice pour contrebalancer l'influence de Garibaldi et décider M. Crémieux à porter l'affaire en cassation. Le 2 février, la cour de cassation cassait l'arrêt de la cour martiale et renvoyait le prévenu devant le conseil de guerre de Lyon. Le général Renault, MM. Bourée et Duvergier demandèrent alors la mise en liberté du prévenu sous leur propre caution. Cette démarche n'aboutit pas ; ce ne fut que le 22 février, après le départ de Garibaldi et lorsque la signature des préliminaires de paix était imminente, que l'on signifia au colonel Chenet l'arrêt de cassation ; les intrigues garibaldiennes avaient obtenu ce supplément de supplice !

Enfin, le 27, le colonel était dirigé sur Lyon ; l'instruction de son procès commençait immédiatement. Il avait fallu reconstituer le dossier dont on avait fait disparaître à Autun deux documents très importants, à savoir, l'attestation du capitaine Gandoulf et celles des capitaines de la Guérilla d'Orient certifiant que, au 1er décembre, « les hommes ne possédaient plus que six à huit cartouches, dont quelques-unes étaient mouillées ». Les signataires de ces pièces délivrèrent des duplicata. Muni d'un sauf-conduit du général Crouzat, le capitaine Piéri se rendit aussi à Langres, à travers les lignes prussiennes, pour prendre copie du registre contenant les lettres du corps et les états de service des officiers de la guérilla. Le colonel Lobbia le fit arrêter, s'empara de tous les papiers dont il était porteur, parce qu'ils pouvaient servir à la justification de l'inculpé. Dans la crainte d'être démasqués, les garibaldiens ne respectaient pas même le caractère d'envoyé, sacré chez les peuplades les plus sauvages !

Malgré ces entraves apportées par les intéressés à l'éclaircissement de cette affaire, l'instruction établit l'inanité de l'accusation ; en l'absence de toute charge, on voulut rendre une ordonnance de non-lieu. Le colonel Chenet s'y opposa de toutes ses forces ; il fut assez heureux pour faire partager sa manière de voir au commissaire d'instruction qui terminait ainsi son rapport au conseil de guerre saisi de l'affaire par le général Crouzat, commandant la division de Lyon :

« En résumé, cette grave affaire qui a eu un si grand retentissement en France par ses péripéties et la publicité que lui a donnée la presse, n'est pas de celles qui peuvent recevoir leur sanction par une ordonnance de non-lieu. C'est publiquement, au grand jour, et après que accusateurs et accusés auront été mis en face, qu'elle devra se dénouer. »

Le commissaire du gouvernement près le conseil de guerre rappelle ainsi les événements qui se sont écoulés depuis l'arrivée du condamné au bagne de Toulon jusqu'à sa comparution devant ses juges :

« Le directeur du bagne n'avait pas même été informé de son arrivée ; il refusa de recevoir le condamné et rendit immédiatement compte au gouvernement. Que se passa-t-il à Bordeaux lorsque parvint cette dépêche ? Il est facile de s'en rendre compte ; on peut d'ici entrevoir l'indignation qui éclata contre une violation aussi criminelle de toutes les lois du pays. Le ministre ne permit pas qu'il fût imposé à la justice une pareille souillure ; il eût été à jamais déshonoré. Chenet était resté prisonnier en attendant une réponse qui ne se fit pas longtemps attendre. Ordre fut donné de le conduire à Bordeaux, mais ce transfert ne se fit pas en condamné ! Non, cet homme avait déjà assez souffert de par ses bourreaux, il ne fallait pas lui faire subir un nouveau supplice. Ce fut donc sous la surveillance occulte et placide d'un capitaine de gendarmerie vêtu en civil qu'il fit ce nouveau voyage. Déjà la nouvelle de sa condamnation l'avait précédé, des personnages d'une haute notoriété s'en étaient émus et indignés ; un sentiment unique se manifesta contre cette indignité sans exemple. Le ministre de la justice lui-même ne put refuser son examen à un pourvoi si légitime. Il ne fallut pas à un juriste si éminent un examen bien long pour être convaincu que, dans cette procédure, toutes les formes avaient été violées et qu'il était urgent de porter ce jugement devant la cour de cassation. Le rapport du procureur général, dont il vous a été donné lecture, a passé en revue, un à un, tous les cas de nullité qui lui ont été soumis. Ce rapport si lumineux, qui met à nu tous les vices de cette procédure sans nom qui n'a voulu tenir compte ni des lois ni de la jurisprudence, n'a pas même donné lieu à une discussion. Ce jugement que n'eussent pas rendu des Apaches ou des Peaux-Rouges dans leur sauvage férocité, et que des hommes civilisés avaient prononcé, la cour de cassation l'anéantit, l'annula ; elle avait aussi le droit de ne pas en laisser de traces. Mais la vraie justice toujours impartiale n'avait pas pu connaître du fond de l'affaire ; elle ignorait si Chenet était coupable du fait qui lui était imputé ; elle ne pouvait ni ne voulait le savoir. Son devoir consistait à sauvegarder tant les intérêts de l'accusé que ceux de la loi. Et pour que la justice, qui doit être égale pour tous, suivît son cours librement, elle renvoya le colonel Chenet devant l'autorité compétente. C'est par suite de cette décision que le colonel comparaît aujourd'hui devant vous. »

IX

Le 30 mars 1871, à midi, le conseil de guerre de Lyon, devant lequel la cour de cassation avait renvoyé le colonel Chenet, se réunissait au lieu ordinaire de ses séances.

Il était présidé par un vétéran de l'armée française, le général Février, dont le visage portait encore la trace d'une récente blessure reçue au service du pays. MM. Roland de Ravel, colonel d'artillerie, Behargue, colonel du 66ᵉ de ligne, Delaporte et Rouher, colonels de cavalerie, de Bruckner et Giblat, lieutenants-colonels, assistaient le président. M. Guillamin, lieutenant-colonel du 16ᵉ d'infanterie, occupait le siège du ministère public.

Le président ouvre la séance, il ordonne d'introduire l'accusé. Le colonel entre aussitôt; il porte de nouveau ses insignes que la parodie garibaldienne lui avait arrachés; il est libre, débarrassé de la surveillance des gendarmes, assisté de Mᵉ Dulac, avocat au barreau de Lyon.

Le greffier donne lecture du rapport dressé par M. le commissaire rapporteur, de l'attestation de Garibaldi, de l'arrêt de la cour martiale d'Autun, du décret pris par le général Garibaldi commuant la peine de mort en celle des travaux forcés à perpétuité, enfin de l'arrêt de la cour de cassation. Le président procède ensuite à l'interrogatoire de l'accusé. Ses questions portent principalement sur les trois points suivants en lesquels se résume le procès : le poste du couvent Saint-Martin devait-il être considéré comme un simple casernement ou comme un point stratégique à défendre? Le colonel Chenet a-t-il oui ou non, ainsi que l'affirme le général Bordone, reçu l'ordre le 30 novembre, par l'intermédiaire de Delpech, son chef de brigade, d'occuper et de défendre le couvent de Saint-Martin; cet ordre lui a-t-il été transmis de nouveau dans la matinée du 1ᵉʳ décembre par M. de Saulcy? Le chef d'état-major Bordone a-t-il postérieurement accordé au colonel Chenet, par l'intermédiaire du capitaine Gandoulf, l'autorisation de quitter Saint-Martin pour occuper une position en arrière d'Autun?

Les réponses de l'accusé sont suffisamment connues par les explications données dans le cours de ce récit.

Les témoins Bordone, Delpech, de Maï, ex-commandant de la place d'Autun, Jolivalt, ex-chef d'état-major de Delpech, de Saulcy, Gandoulf, Piéri, Draskowitsch, Cluze, etc., sont alors appelés. Jolivalt et de Saulcy font défaut; toutes les recherches pour retrouver le faussaire Jacquot ont été inutiles.

L'ancien major de place de Maï qui a logé, le 30 novembre, la Guérilla d'Orient à Saint-Martin, dit qu'il lui a assigné ce poste comme casernement : « Il était officier de casernement et pas autre chose, l'état-major seul était chargé de la défense de la ville. »

M. Delpech confirme cette déposition. Le président lui demande alors la teneur des ordres donnés par lui au lieutenant-colonel Chenet, le 30 novembre, jour de l'arrivée de ce dernier à Autun. Le témoin déclare avoir envoyé l'ordre au chef de la Guérilla d'Orient de venir le rejoindre à Épinac le 30 novembre, et le 1er décembre à Auxy, où il se trouvait lui-même; il ajoute que, dans son opinion, le départ d'Autun effectué le 1er décembre par cet officier supérieur est la suite de la mise en exécution du projet par lui formé de se séparer de l'armée des Vosges pour conquérir sa liberté d'action. Le capitaine Gandoulf reproduit ses précédentes déclarations; il affirme avoir reçu de M. Bordone, pour la Guérilla d'Orient, l'autorisation de se porter en arrière d'Autun.

M. Bordone dépose ensuite. « Je sais, dit-il, que l'ordre de défendre Saint-Martin a été donné dès la veille ; c'est moi-même qui l'avais donné....... J'affirme positivement que l'ordre d'occuper Saint-Martin a été donné et qu'il a été transmis au lieutenant-colonel Chenet par le lieutenant-colonel Delpech, commandant la brigade. La preuve que cet ordre a été donné, c'est l'approbation

27

même du général Garibaldi relatée dans une lettre datée d'Autun, 1ᵉʳ décembre 1870. »

M. Bordone continue sa déposition conformément à la version garibaldienne. Lorsqu'il a terminé, le commissaire du gouvernement lui pose cette question :

— Comment se fait-il que M. Bordone déclare que l'ordre d'occuper Saint-Martin a été transmis au colonel Chenet par le commandant de la deuxième brigade, et que ce même commandant nie avoir transmis cet ordre, attendu qu'il était à 20 kilomètres d'Autun et qu'il ignorait où se trouvait la Guérilla d'Orient?

M. Bordone. — Il faut attribuer cette contradiction à ma mémoire qui me fait parfois défaut (!!!)

Le commissaire. — M. le président, il reste un fait à éclaircir : M. Gandoulf affirme avoir transmis au colonel, de la part de M. Bordone, l'ordre de se porter en arrière d'Autun. M. Bordone nie avoir donné cet ordre. Quoique M. le colonel Chenet soit hors de cause dans cet incident, il est de la plus haute importance d'éclaircir ce fait.

Le président. — M. Bordone, avez-vous, oui ou non, donné cet ordre à M. Gandoulf?

M. Bordone. — Je ne crois pas le lui avoir donné ; je puis presque affirmer ce que j'avance. J'ai donné beaucoup d'ordres dans la journée, il est vrai, mais celui-ci est d'une trop grande importance pour l'oublier.

Le commissaire. — M. Bordone connaît-il M. Gandoulf?

M. Bordone. — De vue.

Le commissaire. — M. Gandoulf est-il venu quelquefois dans le cabinet de M. Bordone?

M. Bordone. — Jamais.

Le commissaire. — M. le président, je demande le témoin Gandoulf.

M. Gandoulf se présente.

Le commissaire. — Monsieur, vous venez d'affirmer que vous êtes allé demander l'ordre que vous avez apporté au colonel, dans le cabinet même de M. Bordone. Pouvez-vous faire la description de ce cabinet?

M. Gandoulf. — Parfaitement!

Le témoin fait alors la description qui lui est demandée et il ajoute : « Du reste, il y a ici M. Cluze et M. de Maï qui pourront dire si la description est exacte. M. le président, je renouvelle le serment que j'ai fait, et, sur l'honneur, je n'ai dit que la vérité. »

Le président. — M. Bordone, la description de votre cabinet, que M. Gandoulf vient de faire, est-elle exacte?

M. Bordone, baissant la tête et presque à voix basse : « Oui..... Je n'y comprends plus rien. » — Puis reprenant courage et relevant vivement la tête : Eh bien! maintenant, je nie avoir donné l'ordre.

Le président. — M. le colonel Chenet peut-il jeter quelque lumière dans cette ténébreuse discussion?

Le colonel se lève, se place très près de M. Bordone, le fixe, jette sur lui un regard de mépris et dit en ricanant : « Mon général, devant l'affirmation d'un honnête homme comme M. Gandoulf et la négation d'un Bordone, il n'y a pas à hésiter. Il faut bien que ce drôle justifie la part qu'il a prise dans mon assassinat. »

Le colonel allait continuer de sa voix vibrante, mais le président d'un geste affectueux l'invita au silence.

MM. Piéri, Draskowitsch, capitaines à la Guérilla d'Orient, Cluze, capitaine d'état-major, témoins à décharge, sont ensuite entendus. Ce dernier déclare, qu'étant attaché au cabinet du quartier général, il a reçu de M. Bordone en voyage une dépêche ainsi conçue : « Hâtez affaire Chenet ; elle traîne trop. »

Tous ces témoins affirment qu'il n'y avait plus de cartouches, le 1er décembre, à la Guérilla d'Orient et que les hommes se seraient débandés si le colonel ne leur eût promis de se porter en arrière pour les ravitailler. A ce moment, la défense, d'accord avec le ministère public, renonce à l'audition des autres témoins à décharge. Le commissaire du gouvernement prend alors la parole. Son éloquent discours qui n'a d'un réquisitoire que le nom flétrit avec autorité et indignation l'odieuse et criminelle violation des lois commise à l'égard de l'accusé. Plein de son sujet, il entre de suite au cœur de l'affaire dont il silhouette en quelques phrases d'exorde la physionomie :

« Messieurs du conseil, dit-il, la cause qui vous est soumise est sans précédent dans les annales de la justice militaire ; c'est une monstrueuse illégalité commise par des juges profondément ignorants des lois qui nous régissent, et qui n'ont pas reculé devant la réprobation universelle que devait faire naître une pareille sentence. Ç'a été un spectacle profondément triste de voir en France, au milieu de notre pauvre France si meurtrie, si éprouvée, de voir, dis-je, un citoyen français accouru avec le plus pur patriotisme défendre sa patrie menacée, traîné devant un tribunal composé en partie d'étrangers connaissant à peine la langue française et faisant arbitrairement l'application de lois qu'ils ne connaissaient pas, condamner à la peine de mort cet homme dont jusqu'alors la vie avait été à l'abri de tout soupçon. Tout, dans cette sentence inique dénote l'envie, le besoin de se débarrasser d'un témoin gênant ; il fallait donc le faire disparaître et saisir un semblant d'occasion aussitôt qu'il se présenterait..... »

Les preuves qu'il fournit à l'appui de cette affirmation sont irréfutables ; elles sont empruntées aux faits et aux dépositions que l'on connaît. Il termine ainsi :

« Si après un examen impartial et réfléchi vous avez la conviction que le colonel Chenet, oubliant, pendant la journée du 1er décembre, son passé honorable, ses précédents militaires, a abandonné lâchement le poste qui lui était confié ; si vous êtes intimement convaincus que cette fuite a compromis le salut de l'armée des Vosges et le succès de la journée ; alors, messieurs, faites l'application rigoureuse de l'article 213 du code de justice militaire. Frappez le colonel Chenet sans remords comme sans faiblesse. Mais si, par contre, vous avez l'intime conviction que le colonel Chenet n'a pas manqué à ses devoirs de soldat, que votre verdict éloigne de lui jusqu'à l'ombre du soupçon ; rendez-lui sa position, rendez-le à sa famille, et surtout rendez-lui l'honneur. Vous êtes, Messieurs, un tribunal compétent ; votre équité ne saurait être suspectée : nous nous inclinerons avec respect devant votre décision, et l'opinion publique sanctionnera votre arrêt. »

Me Dulac, défenseur de l'accusé, ajoute quelques observations : « La fatalité a voulu que le colonel Chenet soit incorporé à l'armée des Vosges, ayant pour supérieur le colonel Delpech, au lieu d'avoir un officier supérieur vieilli dans le métier. M. Delpech a été tour à tour teneur de livres, préfet, colonel : les révolutions font naître des aptitudes à certaines fonctions, pourvu qu'elles soient bien rétribuées.

» A l'état-major même de cette singulière armée, Bordone seul gouvernait; Garibaldi et ses fils n'étaient rien. Les officiers français surtout étaient victimes de ce despotisme militaire. Des officiers étaient séquestrés des mois entiers, puis cassés, sans connaître la cause de toutes ces rigueurs.

» Quant à de Saulcy c'est un faussaire qui aurait bien pu, en sortant de cette audience, s'il avait osé y venir, être retenu comme accusé. »

Mᵉ Dulac revient sur les faits, de la cause, il examine une à une les présomptions relevées par l'accusation et il demande l'acquittement de son client. « Il faut non seulement que Chenet sorte de cette enceinte le front haut, mais il faut encore que les accusateurs de cet honnête et brave soldat soient confondus et livrés au mépris public. »

Il est sept heures du soir ; le conseil se retire pour délibérer. Il reparaît quelques instants après, et, devant la garde sous les armes, le général Février debout, entouré de sept colonels, en présence d'un auditoire pressé et attentif, prononce le jugement.

« Au nom du peuple français. Aujourd'hui 30 mars 1871, le premier conseil de guerre permanent de la huitième division militaire séant à Lyon; ouï le commissaire du gouvernement dans ses réquisitions et ses conclusions, l'accusé dans sa défense; a déclaré le lieutenant-colonel Chenet Édouard-Jacques-Claude, commandant la Guérilla française d'Orient, non coupable d'avoir abandonné son poste en présence de l'ennemi, à l'unanimité. En conséquence ledit conseil, faisant application de l'article 186 du code de justice militaire, acquitte le lieutenant-colonel susqualifié de l'accusation dirigée contre lui, et le président ordonne qu'il sera mis en liberté, etc. »

Les applaudissements frénétiques de l'assistance accueillent cette sentence de réhabilitation; la foule qui stationne au dehors pousse un hourra général, elle acclame le colonel à la sortie ; le général Frappoli perce la foule et se jette dans les bras de l'acquitté. Bordone, Delpech, disparaissent; ils s'éloignent poursuivis par ces clameurs vengeresses de leur iniquité.

Un tribunal compétent, désintéressé, impartial, avait prononcé : justice était faite.

X

En sortant de l'audience, M. Bordone, dont l'audace dépasse peut-être celle de Danton lui-même, alla se plaindre auprès du président du tribunal de Lyon de ce qu'un conseil de guerre composé de gens salariés avait acquitté un homme déclaré coupable par la cour martiale garibaldienne !

Quelque temps après, rendant compte de l'affaire Chenet, il appréciait de la façon suivante le jugement de Lyon :

« Il fut condamné à mort; mais Garibaldi se laissa toucher et, outrepassant les droits qui lui étaient conférés, lui fit grâce de la vie et commua sa peine en celle des travaux forcés à perpétuité. Le gouvernement ratifia exceptionnellement cette commutation de peine pour laquelle Garibaldi sollicita un ordre de grâce qu'on lui accorda : — « Bordeaux, le 16 décembre 1870. — Général, j'ai reçu la lettre que vous m'avez fait l'honneur de m'écrire le 9 décembre courant, et par laquelle vous demandez pour la cour martiale attachée à l'armée des Vosges la faculté de prononcer, dans certaines circonstances, des châtiments moins sévères que la peine de mort édictée aux articles 6 et 8 du décret du 2 octobre. Je ne saurais souscrire au désir que vous m'exprimez... Appréciant néanmoins la portée et le mérite de vos observations, je vous autorise exceptionnellement à faire surseoir à l'exécution des jugements rendus par la cour martiale et à m'adresser des propositions de commutation de peine en faveur des condamnés. Recevez, etc. — Pour le ministre de la guerre, signé : DE LOVERDO. » — M. Chenet put préparer à son aise, au moyen de ses amis nos ennemis, la revision de son procès qui cependant n'était pas légalement (!!!) possible, car les jugements des cours martiales ne sont pas sujets à revision... Il ne nous appartient pas de revenir sur l'affaire qui s'est terminée devant le conseil de guerre de Lyon, où ce monsieur se présenta la poitrine couverte de quincaillerie, suivant l'expression du général Garibaldi lui-même; les choses écrites par cet homme-là (dépêche de Roanne et lettre à Garibaldi) détruisent complètement l'assertion émise par lui d'avoir été autorisé à se retirer du poste de Saint-Martin. Il n'est pas étonnant d'ailleurs qu'on se soit servi de lui pour médire encore une fois de l'armée des Vosges et de ses chefs, qui tiennent à honneur de constater qu'il a été repoussé comme indigne. On pouvait, dans ce procès, faire appeler en témoignage des officiers de l'armée des Vosges qui auraient pu donner des explications catégoriques. On se contenta, pour pouvoir donner l'absolution à cet homme honoré par des certificats émanant des hommes du gouvernement déchu (suivant l'heureuse expression du commissaire de la République), de présenter comme témoins à décharge quatre personnes également chassées de l'armée des Vosges et groupées autour de M. Frapolli, dans la salle du conseil de guerre. L'ordre du jour [1] signé Garibaldi, mis en regard de la décision du conseil de guerre de Lyon, restera, jusqu'à ce que de nouveaux faits viennent éclairer l'opinion publique sur la valeur de chacun, un jugement dont personne, et M. Chenet moins que tout autre, ne peut appeler. » [2]

Les grossières erreurs accumulées dans ces quelques lignes, comme dans tout le livre de M. Bordone, lui enlèvent toute espèce de crédibilité ; les pièces mêmes qu'il cite démentent ces allégations.

La réponse du ministre de la guerre refusant formellement à Garibaldi les pouvoirs par lui demandés, contredit l'affirmation du chef d'état-major.

D'un autre côté, cette lettre est datée de Bordeaux, 16 décembre ; or le décret de Garibaldi portant commutation de peine est du 15 décembre ! Il est donc manifestement faux que le gouvernement ait ratifié la commutation, ou accordé un ordre de grâce sur la sollicitation de Garibaldi.

---

1. C'est-à-dire l'attestation en date du 13 décembre.
2. Bordone. *Garibaldi et l'Armée des Vosges*, 2ᵉ partie, Autun.

Le rapprochement de ces deux dates de celles du 6 décembre, jour du retour à Autun de la Guérilla d'Orient, du 8 décembre, où le colonel fut amené à Autun, du 9 décembre, où Garibaldi demanda l'autorisation pour la cour martiale de prononcer en certain cas des châtiments moins sévères que la peine de mort, du 13 décembre, où la condamnation fut rendue, permet de reconstituer la série des événements, d'assister aux délibérations de l'état-major.

Condamné d'avance par l'ordre de Garibaldi, que M. Bordone appelle avec autant de naïveté que de cynisme un jugement, le colonel Chenet ne devait être traduit en cour martiale que pour la forme, pour entendre l'homologation, la lecture de l'ordre-jugement du général. La mort était au bout, et, à la date du 5 décembre, le geôlier de la prison d'Autun était informé de la prochaine arrivée du colonel Chenet, « condamné à mort. »

Mais en présence des dispositions résolument hostiles manifestées à Roanne, à Lyon, à Autun depuis leur retour de Roanne, par les soldats de la Guérilla, déclarant hautement prendre fait et cause pour leur chef ; en face des protestations caractéristiques des officiers de ce corps, en date des 4 et 7 décembre, par lesquelles ils réclamaient énergiquement leur colonel, dont ils vantaient la bravoure et les talents militaires ; étant donnée surtout la députation envoyée par eux au gouvernement de Tours pour lui faire connaître la triste administration de l'armée des Vosges et lui demander à en sortir, il devenait imprudent, impossible de fusiller le condamné, sans encourir les responsabilités les plus graves.

On résolut donc de l'envoyer au bagne à perpétuité. En conséquence, le 9 décembre, quatre jours avant l'arrêt, Garibaldi sollicitait du gouvernement[1] des pleins pouvoirs de commuer une peine non encore prononcée ! Il avait soin, bien entendu, de ne pas parler du colonel Chenet; il demandait une autorisation générale, applicable à tous les cas. On attendait la réponse pour mettre en jugement le condamné gardé au secret, depuis le 8 décembre, à la gendarmerie.

Sur ces entrefaites, au cours de l'un de ses nombreux voyages en train spécial, M. Bordone fut informé que l'opinion publique commençait à s'émouvoir; il apprit que des démarches allaient être faites auprès de Gambetta afin de provoquer l'intervention du gouvernement, et, dans la crainte de voir le colonel lui échapper, il télégraphiait aussitôt de hâter son jugement, pour placer le ministre en face d'un fait accompli.

Conformément à cet avis, le colonel Chenet était traduit le 13 en cour martiale, dégradé le 14, condamné le 15 aux travaux forcés, expédié le 17, à deux heures du matin, au bagne de Toulon. La réponse de Gambetta, datée de Bordeaux, le 16 décembre, refusant les pleins pouvoirs sollicités, n'était pas attendue; peut-être avait-on été avisé, par un franc-maçon attaché au ministère de la guerre, des dispositions du ministre à cet égard. La précipitation avec laquelle on se hâtait autorise cette hypothèse en la justifiant : Garibaldi avait condamné l'infortuné colonel sans vouloir l'entendre; il fallait par tous les moyens que cette condamnation sortît son effet. Le Pharaon, sur son trône, n'était pas plus arbitrairement potentat. *Sic volo, sic jubeo, sit pro ratione voluntas,* disait l'antique tyrannie païenne.

---

1. C'est M. Bordone qui le dit et en fournit la preuve indiscutable.

Les autres critiques de M. Bordone relatives à la sentence de réhabilitation sont aussi impertinentes. Les trois questions qui résumaient le procès soumis au conseil de guerre n'ont aucun rapport avec son argumentation. On a déjà vu ce qu'il fallait penser des lettre et dépêche adressées à l'état-major par l'accusé après son arrestation. Le fait d'avoir la poitrine couverte de quincaillerie, d'avoir été repoussé comme indigne de l'armée des Vosges, la présence du général Frapolli dans la salle du conseil de guerre, n'établissent nullement que l'abandon de Saint-Martin ait eu lieu sans autorisation.

L'expulsion de l'armée des Vosges des capitaines Gandoulf, Cluze, Piéri, Draskowitsch, coupables d'avoir pris la défense d'un soldat calomnié, ne porte pas atteinte à leur honorabilité ; elle dévoile seulement la haine profonde dont il était l'objet puisqu'elle rejaillissait même sur les témoins à décharge.

Il est faux que le conseil de guerre n'ait pas fait appeler tous les témoins capables d'éclairer sa religion. En 1872, lors du procès en diffamation intenté par le colonel Chenet à M. Bordone, ce dernier a été mis en mesure de produire toutes ses preuves devant la cour d'assises de la Seine, où il essaya de revenir sur la décision du conseil de guerre de Lyon. Parmi les douze témoins cités à sa requête, un seul, M. Ordinaire, qui du reste n'a pas été reconnu par M. Gandoulf comme étant l'officier assistant à son entrevue avec le chef d'état-major, a témoigné sur le fait de l'autorisation accordée au chef de la Guérilla d'Orient de quitter Saint-Martin. Sa déposition n'a jeté aucun jour sur ce point capital. Les onze autres témoins ne fournirent pas davantage les « explications catégoriques » dont parle M. Bordone.

D'ailleurs, à part M. Gandoulf, les principaux témoins à décharge furent les amis du chef d'état-major. Le major de place de Maï et M. Delpech étaient de dignes officiers garibaldiens; ils ont déclaré que Saint-Martin avait été assigné à la Guérilla d'Orient comme casernement. La déposition de M. Delpech a établi que M. Bordone n'avait pas donné, dès le 30 novembre, à la Guérilla d'Orient, ainsi qu'il l'avait faussement affirmé à Garibaldi et au conseil de guerre, l'ordre de défendre Saint-Martin. Garibaldi lui-même, par son attestation, met le colonel Chenet hors de cause, puisqu'il déclare avoir ordonné à l'adjudant-major de Saulcy, et non à l'accusé, de défendre cette position. L'absence non justifiée de M. Jacquot dit de Saulcy dans une circonstance aussi solennelle, alors que toute la presse s'occupait de cette affaire, est, de sa part, un aveu de culpabilité.

Si la déposition si formelle, si explicite de M. Gandoulf devait être écartée, il faudrait renoncer à la preuve testimoniale. M. Gandoulf, de Moulins, domicilié au château de Sceaux, est un homme d'une honorabilité incontestable. Engagé aux francs-tireurs de la Nièvre versés plus tard dans la Guérilla Marseillaise, il se mit volontairement avec ce corps sous les ordres du colonel Chenet, après le combat de Pasques, et fut chargé, étant le seul officier monté, d'aller à l'état-major demander l'autorisation de se porter en arrière d'Autun. M. Bordone élève contre ce témoin le reproche d'avoir cohabité avec le colonel Chenet; cette cohabitation, si cohabitation il y a eu, ne prouve pas que M. Gandoulf, absolument désintéressé dans l'affaire Chenet où il n'avait que des ennuis à recueillir, ait souillé sa conscience d'un parjure, ait forfait à l'honneur.

Des présomptions graves, précises, concordantes, viennent confirmer sa déposition. Le manque de souliers, de cartouches, joint au mécontentement des soldats, à la probabilité d'une attaque, faisait un devoir au chef de corps, qui n'avait pu obtenir de se ravitailler, de demander un poste moins exposé. Il est inadmissible qu'un vieux soldat, dont la bravoure a été constatée par M. Delpech lui-même, ait pris sur lui d'abandonner Saint-Martin sans autorisation, alors surtout qu'il était en mauvais termes avec son chef de brigade et l'état-major. Quels motifs suffisamment déterminants auraient été capables de lui faire commettre un acte aussi blâmable, aussi dangereux, aussi déraisonnable? On n'en trouve pas; il n'en existe pas.

M. Delpech lui-même, convaincu par le combat de Pasques de la valeur, de l'intrépidité du colonel Chenet, n'explique son départ de Saint-Martin que par une résolution antérieurement formée de quitter l'armée des Vosges.

« M. Delpech a parfaitement raison, répondait le colonel Chenet au président du conseil de guerre de Lyon, quand il parle de mes intentions, parce que j'ai écrit plusieurs lettres dans ce sens à lui et au ministre de la guerre. Dans ces lettres, je prouvais qu'il était impossible à un vrai militaire de servir sous les ordres de chefs inexpérimentés; mais quant à la mise en exécution de ce projet, elle n'a jamais existé, car je connais trop mon devoir pour me soustraire à un commandement avant d'en avoir été régulièrement séparé. »

Ces raisons sont décisives; elles appuient la déposition

du capitaine Gandoulf, là transforment en une certitude absolue. Les dénégations de M. Bordone n'ont aucune valeur. Il a trompé Garibaldi en lui affirmant avoir lui-même assigné, le 30 novembre, à la Guérilla d'Orient le poste de Saint-Martin à défendre ; la mise en accusation et la condamnation du colonel en ont été la conséquence ; il est clair qu'il lui était impossible d'avouer devant le conseil de guerre de Lyon l'autorisation accordée au capitaine Gandoulf. Sa responsabilité était trop engagée ; sa lettre adressée le 13 décembre aux membres de la cour martiale lui rendait toute rétractation impossible. Il était lié à ses premières déclarations sous peine de tomber lui-même sous le coup de la réprobation universelle, peut-être même de la loi.

Aussi bien, les manques de mémoire de M. Bordone ne se comptent plus. Indépendamment de tous ceux qui ont été signalés précédemment, il s'en est produit deux très caractéristiques en 1872 devant la cour d'assises de la Seine. Il avait déclaré que Garibaldi avait seul traduit en cour martiale le colonel Chenet ; que lui-même était étranger à cette affaire, étant alors absent d'Autun ; que l'arrestation de M. Chenet avait été la conséquence d'un ordre général applicable à tous les fuyards ; on lui mit sous les yeux sa lettre en date du 13 décembre 1870 aux membres de la cour martiale, et l'ordre spécial signé de sa main concernant le colonel Chenet : il se réclama encore de sa mauvaise mémoire !

M. Bordone a nié que M. Gandoulf soit jamais allé dans son cabinet ; on lui a prouvé le contraire ; il nie avoir donné l'autorisation : ce sont autant de paroles sans importance.

La décision des juges de Lyon est donc mille fois

justifiée; ils ont obéi à la raison, à la justice, en écartant les dires d'un homme dénué de mémoire, contredit par deux personnes honorables, fortement intéressé à la culpabilité de l'accusé, auteur principal des monstruosités commises à son égard.

Le rôle de Garibaldi en cette affaire a été secondaire; les fausses déclarations de son chef d'état-major ont pu lui faire croire à la culpabilité du colonel. « Le chef d'état-major Bordone, dit M. Chenet, qui m'avait donné l'ordre d'occuper un autre poste, n'a pas osé avouer à Garibaldi qu'il avait oublié de me faire remplacer à Saint-Martin; et pour cacher sa faute, conserver son prestige auprès de son chef, il n'a pas reculé devant un crime en accusant de lâcheté et de fuite devant l'ennemi un homme qui exécutait un ordre. » Il fit plus, puisqu'il affirma faussement à Garibaldi avoir donné lui-même, dès la veille, l'ordre d'occuper Saint-Martin. Ce mensonge sauva M. Bordone, que les républicains et l'opinion publique accusaient d'être l'auteur de la surprise. Si le chef d'état-major avait eu affaire à un officier garibaldien, à un franc-maçon, il était perdu. Les démêlés du colonel Chenet avec Delpech, Menotti Garibaldi, de Saulcy, son passé, le soin qu'on prit de le représenter au général comme un soutien du trône et de l'autel, son blâme publiquement exprimé sur ce qui se passait à l'armée des Vosges, sa résolution de la quitter, ameutèrent contre lui l'état-major et le général; sa perte fut décidée : M. Bordone avait réussi à faire épouser sa querelle à tous les garibaldiens. A partir de ce moment il eut des complices, et Garibaldi fit preuve contre l'infortuné colonel d'une animosité coupable, ne contrôlant pas les dires du franc-maçon de Saulcy, refusant d'entendre l'accusé, passant par-dessus toutes les lois, intervenant même pour empêcher la revision du procès.

Par une de ces rencontres que produit entre les méchants la conformité des mœurs, la même perversité les poussait les uns et les autres. L'intérêt qu'auteurs et complices avaient à cette condamnation assigne à chacun sa part de responsabilité. Le plus menacé, M. Bordone, voulait détourner de lui les imputations les plus graves, conserver son influence sur Garibaldi, sauvegarder sa situation; Delpech, dont l'incapacité s'était signalée à Pasques, abandonné de ses soldats, ayant à peine deux cents hommes sous ses ordres, tenait à recouvrer sa lucrative position de chef de brigade; de Saulcy trouvait dans la vengeance l'occasion de devenir colonel; l'état-major luttait pour la continuation de sa douce et joyeuse existence; Garibaldi défendait sa réputation militaire; tous avaient intérêt à prouver qu'ils étaient de grands hommes de guerre. La condamnation du 13 décembre a simplement montré qu'ils avaient été de grands coupables.

L'intervention de MM. Thiers, Crémieux, Gambetta et d'autres républicains, dans la revision de l'arrêt, écarte complètement la politique du débat. Il faut que la condamnation ait été bien inique, bien criante, pour qu'au milieu des soucis de la défense, en présence des menaces de Garibaldi, le gouvernement du Quatre-Septembre, peu scrupuleux cependant sur la légalité, se soit décidé à faire casser l'arrêt de la cour martiale.

Quoi qu'on en ait pu dire, l'affaire Chenet demeurera donc au front de l'état-major garibaldien comme un stigmate indélébile. On aurait pu lui pardonner son irrémédiable incapacité; on lui reprochera toujours la condamnation illégale, intéressée, criminelle, de ce brave et loyal soldat.

La vue de cet homme de bien aux prises avec l'iniquité, arraché des mains de ses impitoyables ennemis par le courageux et persévérant dévouement de ses soldats témoins de sa belle conduite, suscitant tout autour de lui un concours de sympathies efficaces les plus honorables, ce spectacle, qui est son plus bel éloge, soulage la conscience attristée par tant de perversité.

Avec ses triomphes éphémères, le mal se dresse souvent à lui-même un pilori de honte aussi durable que leur souvenir.

CHAPITRE VII

Garibaldi en décembre.

I. Le général Pradier et Garibaldi. — II. Suite de l'affaire Frapolli et de Baillehache ; affaire Panni. — III. Arrestation de M. Pinard. Situation de l'armée des Vosges au mois de décembre ; accentuation de l'orgie et de la désorganisation. — IV. Inaction de Garibaldi pendant la première quinzaine de décembre ; ses résultats. — V. Opérations militaires pendant la seconde quinzaine de décembre ; bataille de Nuits. Rôle de Garibaldi ; escadronnage garibaldien.

I

L'affaire Chenet fut la principale occupation de l'état-major pendant la première quinzaine de décembre. En même temps qu'on s'efforçait par cette condamnation de donner le change au pays sur les responsabilités encourues le 1er décembre, on faisait semblant de s'occuper des choses de la guerre et de fortifier la ville d'Autun. Un ordre de défense, dont il a été question, était communiqué aux troupes, après le départ des Allemands ; une activité apparente succédant à l'inertie du matin du combat n'aboutissait qu'au désordre, parce que l'inexpérience outrecuidante de l'état-major annihilait tous les efforts.

Un ivrogne, nommé Sartorio, major du génie garibaldien, magnifique type de brigand calabrais, aussi ignare que splendidement habillé, fut mis à la tête des travaux décidés par le général. L'événement n'avait pas modifié les plans de l'état-major qui, choisissant toujours la ville elle-même pour champ de bataille, se bornait à faire créneler les murs des jardins donnant vers la plaine, depuis l'esplanade du petit Séminaire jusqu'au-delà du parc de Saint-Jean ; le couvent de Saint-Martin continuait à être de ce côté le point extrême de la défense. Saint-Jean, Saint-Martin, le petit Séminaire, étaient percés à jour, bouleversés de fond en comble par une quantité de tranchées aussi mal faites qu'inutiles. « Ils ont été indignement traités, écrivait le 9 mars 1871 Mgr de Marguerye alors évêque d'Autun, par un génie qui était plutôt celui de la malveillance et de la dévastation calculée, que celui de la guerre ; pour quiconque visitera ces diverses propriétés diocésaines, il demeure évident que ces insulteurs de la religion ont eu pour but principal de les mutiler et de les ruiner de leur mieux, et ils y ont suffisamment bien réussi pour que d'énormes dépenses deviennent nécessaires si l'on veut relever toutes ces ruines et remettre toutes choses dans leur état primitif. »

Le système de barricades élevées à la bifurcation des routes aboutissant à la place et jusque dans l'intérieur de la ville n'était pas mieux combiné ; à peine furent-elles terminées qu'il fallut les démolir parce qu'elles rendaient impossible la circulation des voitures. Sur les observations qui lui furent faites, le fantaisiste major Sartorio construisit des barricades croisées avec meurtrières dont la partie la plus large formant entonnoir faisait face à l'ennemi, afin sans doute de mieux recevoir ses projectiles. Ces barricades avaient une épaisseur de vingt-huit centimètres de terre contre laquelle étaient placés des tonneaux remplis de pierre, de telle sorte qu'un boulet ou un obus arrivant sur ces obstacles aurait tué tous les défenseurs embusqués derrière eux ! « C'était quelque chose d'épouvantable, d'insensé, » a dit un homme du métier.

M. Vossier, alors ingénieur des ponts et chaussées à Autun, visitant un jour avec le général Pradier, commandant la subdivision de Saône-et-Loire, les travaux de défense faits autour de la ville, rencontra un de ses conducteurs dirigeant la confection d'une de ces barricades extraordinaires ; il lui fit observer combien la construction en était défectueuse. Cet incident insignifiant eut les conséquences les plus graves ; il fut l'origine d'une de ces affaires de dénonciation, de diffamation, de calomnie, que l'état-major garibaldien excellait à organiser contre les personnes dont il redoutait l'influence ou le témoignage ; deux mois plus tard, elle se terminait à Mâcon, par une tentative d'assassinat commise par les *Enfants perdus de Paris* sur la personne du général Pradier.

M. Pradier, capitaine de vaisseau, major de la flotte à Lorient en octobre 1870, avait offert ses services au gouvernement de Tours pour concourir avec des marins à la défense du territoire. Le 20 novembre, il recevait l'ordre de se rendre à Mâcon pour prendre le commandement des subdivisions de Saône-et-Loire et de l'Ain. Quelques jours après, il était envoyé à Autun par le général Bressolles, commandant la huitième division militaire, avec cet ordre impératif : « Rendez Autun redoutable, profitez des études qui ont été faites sur les hauteurs environnantes ; inspirez-vous, pour la défense de Chagny, Chalon, Tournus, des études de crêtes faites par le génie. » Conformément à ces prescriptions, le général Pradier formait immédiatement une commission de défense à laquelle il appelait M. Gilles, commandant du génie, M. Vossier, ingénieur des ponts et chaussées à Autun, et il commençait de suite sa tournée d'inspection.

« J'arrivai à Autun en pleine orgie garibaldienne, a déposé cet officier général devant la commission d'enquête parlementaire. C'était ce soir-là que Ricciotti Garibaldi fêtait son ruban de la Légion d'honneur, à l'hôtel de la Poste, où j'étais descendu. Cet hôtel était rempli d'officiers garibaldiens et de femmes garibaldiennes, les unes en uniformes, les autres habillées en femmes, mêlées avec des filles du plus bas étage de la ville d'Autun. J'entendais là des chansons obscènes que je n'avais entendues en Italie que dans la bouche du plus bas peuple. J'eus beaucoup de peine à me caser ce soir-là. Enfin je venais d'y parvenir, lorsque je reçus une députation de trois capitaines au long cours, venant me solliciter en faveur de leur commandant, le colonel Chenet, de la Guérilla d'Orient, condamné à mort par la cour martiale. Je leur dis que mon pouvoir ne s'étendait pas jusque-là. J'avais été nommé au commandement des départements de l'Ain et de Saône-et-Loire, avec injonction de ne m'occuper en rien de l'armée des Vosges. J'avais à cet égard des prescriptions sévères de M. de Freycinet. Je répondis donc à ces trois capitaines, dont deux étaient mes compatriotes, que je ne pouvais pas m'immiscer dans cette affaire ; mais je ne pouvais pas croire qu'on donnât suite à une pareille condamnation.....
La conduite des garibaldiens à Autun a été infâme pendant tout le temps de leur occupation, ainsi que cela m'a été confirmé par les personnes les plus honorables.....
On n'a pas même respecté Mgr de Marguerye. Une bande

de francs-tireurs marseillais s'était abattue à onze heures du soir sur l'évêché; on avait tiré Monseigneur par les pieds, on avait fouillé partout, sous prétexte de trouver des Prussiens et des armes cachées. Monseigneur venait de recevoir de Rome ses effets sacerdotaux. On avait vu entrer cette caisse d'effets dans l'évêché; il n'en fallut pas davantage pour faire planer sur l'évêque des soupçons de trahison..... » [1]

Le lendemain de son arrivée, le général Pradier alla voir le sous-préfet; ce fonctionnaire lui dit que Garibaldi était malade et ne pouvait le recevoir. Remettant donc sa visite au lendemain, le général partit avec MM. Gilles et Vossier pour faire la reconnaissance dont il était chargé. Au retour, eut lieu entre M. Vossier et son conducteur la conversation dont il a été parlé plus haut.

Lorsque le simili-major Sartorio apprit que l'ingénieur des ponts et chaussées s'était permis de critiquer les travaux dont il avait la direction, il se rendit chez ce fonctionnaire, le prit au collet et l'insulta de la manière la plus grossière : « Vous avez dit que je faisais des bêtises, vous êtes une canaille, » et il s'efforçait de le terrasser.

« Ceci se passait dans la cour de M. Vossier, raconte le général Pradier, je sortis de la salle à manger et me précipitant vers Sartorio, je lui dis : « Vous êtes major, eh bien, moi, je suis général. Me reconnaissez-vous? Retirez-vous; je rendrai compte au général Garibaldi. » Nous nous rendîmes chez le général; quand nous y arrivâmes, le major nous avait précédés et avait fait son

---

1. *Enquête parlementaire sur les actes du gouvernement de la Défense nationale*, t. IV. — Déposition du général Pradier.

rapport à sa façon, de sorte que je fus reçu de la manière la plus brutale par le général Garibaldi. Je baissai la tête, je connaissais l'homme de longue date; je l'avais vu à Montevideo ; je savais que c'était un aventurier ; je laissai passer la bourrasque.—«D'abord, vous auriez dû me venir voir la veille, me dit le général Garibaldi.—Je suis arrivé fort tard, j'ai vu le sous-préfet et je l'ai prié de vous dire que si je ne vous avais pas vu, c'était à cause de votre indisposition, et que je vous verrais le lendemain, comme je le fais en ce moment. » Il passa là-dessus. Il me parla ensuite de nos officiers. « C'est un tas de brutes, me dit-il. — Mon général, laissons, je vous prie, ces mots-là à la caserne. » — Je lui racontai alors ce qui s'était passé entre M. Vossier, son conducteur et Sartorio ; il écouta assez tranquillement. Puis, je lui montrai de l'œil son major Sartorio, et sachant qu'il parlait anglais, je lui dis en cette langue : « Regardez bien, général, c'est une honte ; depuis hier il est ivre ! » Garibaldi se retourna, et sur un signe de son chef, le major sortit..... Le général Garibaldi me demanda alors ce que j'avais fait pour la défense d'Autun. Je lui demandai s'il n'avait pas une carte d'état-major; j'eus la douleur de m'apercevoir qu'il ne savait pas même ce que c'était qu'une carte d'état-major. Il n'a jamais pu comprendre ni les altitudes ni rien sur une carte. Il n'y avait qu'un moyen de me faire comprendre de lui ; j'aperçus une boîte d'épingles qui appartenait à ces dames, car il y en avait là en costumes de capitaines qui nous avaient introduits. Je pris ces boîtes et je lui montrai les altitudes ; je lui signalai notamment les deux points que la nature a pour ainsi dire créés d'une manière admirable pour la défense d'Autun. Il suivit toutes mes indications ; je lui parlai de

Chagny, de Chalon, de Tournus ; pendant tout ce temps ce fut un enthousiasme italien continuel, vous savez ce que c'est : « C'est parfait, général ! » ne faisant que me louer. Nous sommes partis, M. Vossier et moi, enchantés de l'approbation du général Garibaldi. » [1]

A peine ces messieurs étaient-ils sortis du quartier général, qu'une dénonciation en bonne forme était adressée au gouvernement contre le général Pradier ! Cette duplicité tout italienne était la doublure de la bonhomie apparente du héros des deux mondes. Il ne fallait pas que le ministre ajoutât foi à ce que le général Pradier pourrait dire sur l'armée des Vosges, sur ce qui s'y passait, et on s'empressait de prévenir l'effet de son rapport en défigurant ses paroles et ses actes. Une série de dépêches, où les faits étaient dénaturés à plaisir, fut adressée à ce sujet à M. de Freycinet ; on allait jusqu'à traiter de « honteuse », de « scandaleuse », la visite du général, à lui imputer la maladie de Garibaldi et la désorganisation de l'armée des Vosges !

« Pradier venu ici, télégraphiait M. Bordone, a parcouru le pays, blâmant, gourmandant nos officiers, posant affiche où il est beaucoup question de Dieu et de foi catholique, se disant chef suprême, chargé du gouvernement de tous ces pays. Il est entré chez Garibaldi qui s'est contenu, mais à qui contre-coup a causé une espèce de congestion cérébrale. Il est comme paralysé..... Je serai probablement forcé, sous peine de dissolution de notre armée, de prendre le commandement général... »

Si la visite d'un marin français donnait des congestions à Garibaldi, il n'était guère capable de tenir tête aux

1. *Enquête parlementaire*, t. IV. Déposition du général Pradier.

Prussiens. Aussi bien, la contrariété qu'il éprouvait provenait moins de la personnalité que de la démarche du général. Il n'admettait pas que le gouvernement se permît de contrôler ses opérations, et il prévenait Gambetta d'une façon indirecte mais claire que s'il n'était pas omnipotent il se retirerait. Il voulait organiser en toute liberté l'armée de la révolution universelle.

« Quant à M. le général Pradier, a écrit M. Bordone..., bien lui en prit de repartir immédiatement d'Autun, après la scène honteuse dont il est parlé dans les deux dernières dépêches précitées, et pendant laquelle Garibaldi, ne sachant vraiment ce qu'il devait penser de la manière de faire des membres du gouvernement, en était arrivé à décider son retour à Caprera... » [1]

M. Marais complète le récit des prétendues abominations commises à Autun par le général Pradier, d'après la version garibaldienne.

« Quelques jours plus tard et à une heure assez avancée de la soirée, M. César Pradier tombait à Autun en vrai marin, eût-il dit, sans prévenir personne et comme une bombe. Aussitôt il fit réquisitionner une voiture pour le lendemain. Il voulait visiter la ville et les abords de la ville. En moins de six heures M. César Pradier avait tout vu, tout étudié, obstacles naturels et travaux de défense exécutés par l'armée des Vosges, et son plan, ou plutôt son siège était fait. Il vint alors trouver Garibaldi. De très haute taille et de très épaisse encolure, type achevé du matelot physiquement solide, notre homme répétait à tout instant : « Je veux rendre Autun

---

1. Bordone. *Garibaldi et l'Armée des Vosges.*

formidable. » Et sa voix, elle aussi, était formidable. Les éclats de ce tonnerre retentissaient bien au-delà de la chambre de Garibaldi, et nombre de gens qui n'avaient rien à voir dans les questions militaires furent mis ainsi dans la confidence des secrets de M. Pradier. Quant à Garibaldi, calme et impassible, comme toujours, il subit pendant au moins une heure et demie toute une bordée de divagations, de paroles aussi creuses que solennelles, de plans impossibles et de critiques incroyables atteignant tout ce qui s'était fait sans l'avis et avant la venue de M. César Pradier. Les choses en vinrent à ce point que M. le colonel Canzio n'y tint plus, et que longtemps avant la fin de l'entretien, il sortit impatienté, indigné même, et donnant libre cours à son indignation. Pour Garibaldi, il se contint jusqu'au bout; mais quels efforts ne dut-il faire ! Toujours content de lui-même et mécontent des autres, après cette belle campagne, M. César Pradier reprit la route de Mâcon. Deux jours après une longue proclamation apprenait au département de Saône-et-Loire que M. Pradier était « marin et breton, » et qu'il disait avec Larochejaquelein : « Si je recule, tuez-moi ; si je marche, suivez-moi ; si je meurs, vengez-moi ! » Il ne recula pas et ne marcha guère..... Aussitôt après l'apparition de M. Pradier, Garibaldi fut saisi d'une violente attaque de rhumatismes qui le cloua au lit pendant de longs jours. Pour tous ses amis, pour tous ceux qui l'approchaient intimement et le connaissaient de vieille date, nul doute que la visite du personnage, que cet incroyable entretien, que la vue de la France en détresse cherchant des hommes pour sa défense et réduite, en fin de compte, à mettre son épée entre les mains des Pradier, que toutes les tristesses d'une situation sans précédent dans l'histoire n'aient été pour beaucoup dans la maladie du vieux républicain..... »[1]

On croit rêver en lisant de pareilles élucubrations sérieusement écrites par un représentant du gouvernement. On dirait que Garibaldi a la maladie italienne, la *jettatura*; tous ceux qui l'approchent, s'ils ne font pas partie de sa bande, sont immédiatement voués au malheur, à la diffamation. Partout, en France, les marins, par leur héroïque conduite en 1870-71, ont conquis l'admiration universelle; il faut venir à l'armée des Vosges pour entendre l'insulte prodiguée à un éminent représentant de ce corps d'élite dont le pays a si justement le droit d'être fier.

L'amitié de Garibaldi transformait immédiatement le pharmacien Bordone en un connétable de France dont les plans étaient infaillibles, fussent-ils appliqués par un Sartorio, et un mouvement de sourcils de ce même homme faisait germer la calomnie tout autour d'un colonel de la marine française dont les preuves n'étaient plus à faire. On ne s'explique pas l'aberration du gouvernement de la Défense nationale, tolérant, approuvant même de tels agissements, en présence de l'ennemi.

Sans attendre les explications du général Pradier, sans même les lui demander, M. de Freycinet accueillait ces dénonciations antipatriotiques; le ministre n'ignorait pas, cependant, qu'en blâmant son subordonné, il abdiquait lui-même son pouvoir entre les mains de Garibaldi et se privait désormais de son droit de contrôle sur les opérations et la direction de l'armée des Vosges.

---

1. Marais. *Garibaldi et l'Armée des Vosges.*

A son retour à Mâcon, le général Pradier trouva ce télégramme qui l'y avait précédé :

« Général, on se plaint de difficultés que vous feriez naître et qui seraient de nature à gêner les opérations du général Garibaldi et propres à le décourager. Tenez-vous pour averti, dans vos rapports avec le général Garibaldi, que nous ferons tout notre possible pour lui être agréable et pour favoriser la mission dont il a bien voulu se charger. Pour le ministre de la guerre : Le délégué, Signé : DE FREYCINET. »

Ce blâme surprit d'autant plus le général Pradier qu'il avait conscience de s'être renfermé plus strictement dans sa mission et que Garibaldi avait semblé entrer dans ses vues.

« Je fis appeler le commandant Gilles, qui avait assisté à notre entrevue avec le général Garibaldi, a dit le général Pradier. J'écrivis en même temps à M. Vossier : « Je ne sais qui a pu me dénoncer et dire que je gênais les opérations du général Garibaldi. » J'avais fait connaître au général l'ordre impératif qui me chargeait de surveiller Autun; je commandais le département; je n'avais en rien à m'immiscer dans le commandement de l'armée des Vosges, et c'est bien ainsi que je faisais, puisque j'avais refusé d'intervenir dans l'affaire du colonel Chenet. Je me demandai donc qui avait pu me dénoncer. J'écrivis de suite au général Garibaldi; je lui envoyai le télégramme en lui disant : « Voilà le télégramme que je viens de recevoir; après l'accueil que vous m'avez fait, j'ai lieu de m'étonner d'une semblable dénonciation; je viens donc vous demander loyalement si oui ou non c'est vous qui m'avez dénoncé. » Je lui fis remettre la lettre par un officier de gendarmerie qui alla à Autun et la lui remit en mains propres. Elle est restée sans réponse. Donc c'est lui qui m'avait dénoncé ou fait dénoncer..... Tout ce qui s'était passé, je viens de le dire ; pas un mot de plus, pas un mot de moins. Par conséquent, je ne m'étais mêlé en rien des affaires du général Garibaldi..... » [1]

Le seul fait d'être venu à Autun, d'avoir vu ce qui s'y passait, d'avoir assisté à la réprimande adressée par M. Vossier à son conducteur travaillant sous les ordres de l'ivrogne Sartorio, d'avoir émis une opinion relativement aux travaux de défense, était un crime irrémissible que le général Pradier devait cruellement expier. Dans l'impossibilité où l'on était d'agir à son égard comme avec le colonel Chenet, on chargea le préfet de Saône-et-Loire, Frédéric Morin, de la vengeance garibaldienne. L'homme était bien choisi pour ces basses œuvres ; il s'en acquitta à merveille.

« Dès ce moment, a déposé le général Pradier, naquit entre le préfet et moi un antagonisme extraordinaire ; c'étaient tous les jours des coups d'épingle. Je ne pouvais rien obtenir malgré les pouvoirs déférés à un général commandant un département en état de siège. Je ne pus avoir ni armes, ni munitions ; et il y avait à la préfecture dix mille fusils dans les caves..... Je passerai sous silence les calomnies, les dénonciations employées par le citoyen Morin pour m'empêcher de remplir mes devoirs de commandant militaire en état de guerre. Il m'accusait publiquement d'être légitimiste et me traitait de sacristain. Je l'avoue hautement, messieurs les députés, je suis chrétien et légitimiste, mais je jure sur

---

1. *Enquête parlementaire*, t. IV. Déposition du général Pradier.

l'honneur que pendant tout le temps que j'ai exercé mon commandement comme général, dans les deux subdivisions de Saône-et-Loire et de l'Ain, je n'ai manifesté en quoi que ce soit ma foi politique. J'ai fait appel, selon mon cœur, à tous les citoyens sans acception de parti, mais je me suis contenté de leur dire que la devise de tous devait être : « Dieu, Patrie, Liberté. » Quant à mes prétendus démêlés avec Garibaldi ou son état-major, je déclare que ce sont d'indignes mensonges, à moins qu'on ne s'en réfère aux ordres sévères que j'avais donnés à la gendarmerie pour empêcher, par tous les moyens, la profanation des églises de Saône-et-Loire, comme l'armée des Vosges l'avait fait à Autun avant mon arrivée. »[1]

Il n'en fallait pas davantage pour susciter les haines des révolutionnaires cosmopolites qui avaient alors l'exorbitante prétention d'imposer à tous leur étroite et stupide manière de voir. Préoccupés uniquement du soin d'organiser et de perpétuer leur domination personnelle, ces sectaires s'inquiétaient peu de la patrie en danger. Le général Pradier était pour eux un obstacle qui, à un moment donné, pouvait les gêner; tous leurs efforts tendirent à l'annihiler sinon à le supprimer.

Les dénonciations auprès du gouvernement, les vexations quotidiennes du préfet Frédéric Morin, se joignaient aux insultes de la canaille et des feuilles maçonniques. La fermeté et la ténacité toute bretonne du général Pradier rendirent ces moyens inutiles; on se décida pour les voies de fait, pour une exécution populaire.

Pendant un voyage à Bordeaux où le général avait

---

1. *Enquête parlementaire*, t. IV. Déposition du général Pradier.

été appelé par le gouvernement pour fournir des explications sur sa conduite, il fut choisi par les comités électoraux conservateurs de Mâcon comme candidat à l'Assemblée nationale contre Garibaldi : l'occasion était bonne pour s'en défaire; on n'eut garde de la laisser passer.

Malgré les ordres formels du gouvernement notifiés par M. Glais-Bizoin, le préfet Morin interdit la circulation des bulletins portant le nom du général Pradier, et comme cela ne suffisait pas, il ordonna son arrestation. Le 8 février, le jour même des élections, le général fut appréhendé au collet, à la gare où il s'était rendu pour affaires personnelles, par une troupe d'*Enfants perdus de Paris*, faisant partie de l'armée des Vosges. On se jeta sur lui, on le foula aux pieds, on chercha à l'étrangler; les coups de pieds, les coups de poings, les coups de crosses de fusil pleuvaient drus comme grêle sur le malheureux général, tandis qu'on l'entraînait du côté des quais aux cris de : « A la Saône! à la Saône! la canaille! nous en tenons enfin un de ces généraux! » En vain, MM. Thoyot et Le Dru, capitaines à titre auxiliaire, se portèrent-ils bravement à son secours; bousculés, meurtris, les habits déchirés, ils furent arrêtés et entraînés avec celui qu'ils voulaient sauver.

Cette scène de cannibales soudoyée par le préfet Morin dura trois quarts d'heure. Enfin, couvert de blessures, poussé en tous sens, escorté par les séides de la préfecture qui ameutent la plus vile populace, le général arrive sur le quai vis-à-vis l'hôtel de la subdivision.

Le moment était solennel; encore quelques pas et l'on allait atteindre la berge. Les vociférations : à la Saône! à la Saône! redoublaient; un nouveau crime allait être consommé par les partisans de la liberté. Le général avait fait le sacrifice de sa vie ; il savait ce qui l'attendait : il allait être jeté à l'eau.

A la hauteur de l'hôtel de ville il aperçoit, à cinquante pas de lui, deux ou trois mille personnes qui stationnent là dans l'attente des événements. Sa décision est immédiatement prise ; au moment où il s'approche de la foule, « il donne deux coups de coude aux deux misérables, un soldat et un caporal, qui le gardaient, leur prend la jambe en même temps, et en vrai Breton s'élance dans le flot des électeurs, qui s'ouvre fort heureusement pour lui. Sans écouter les cris et les vociférations, il se faufile au milieu d'eux et gagne la subdivision où étaient ses ordonnances armées de leur fusil. A peine était-il dans son appartement que des fonctionnaires de la garde nationale vinrent l'y séquestrer..... »

Il ne fut remis en liberté que le soir, après le dépouillement du scrutin.

Cet incroyable attentat faillit se terminer d'une façon tragique pour les habitants. Sans la modération du général Pradier, le sang aurait coulé et un certain nombre de citoyens auraient payé de leur vie la criminelle conduite du préfet Morin.

« Par une circonstance assez extraordinaire, a déposé le général Pradier, une batterie de matelots se trouvait de passage à Mâcon où elle était comme égarée dans cette armée des Vosges. Son capitaine, M. Witz, était venu se mettre à mes ordres le matin même ; il se plaignait beaucoup d'être sous Garibaldi. Je lui avais conseillé d'obéir avant tout au gouvernement, tout en le trouvant malheureux de servir avec de pareilles bandes. Lorsque je fus arrêté et conduit à la subdivision, deux matelots qui avaient navigué sous mes ordres et qui faisaient partie de la batterie me reconnurent au milieu de la foule. Ils se précipitèrent immédiatement à la caserne où était leur batterie : « On arrête notre amiral ! » — Ils m'avaient donné ce titre. — Ils se rendirent alors tous au pas de course à leurs pièces qui étaient rangées en face de la subdivision, sur les Quinconces, et chargèrent leurs pièces à mitraille. J'étais comme un lion en cage : je vis à travers ma fenêtre toute cette troupe prête à faire feu et M. Witz attendant un ordre de moi. Je ne peux vous dire ce qui s'est passé en moi ; j'ai d'abord eu un moment de vertige, un sentiment de vengeance ; mais il y avait là quatre mille personnes et combien d'innocents auraient été frappés..... Je fis signe à ces canonniers de se retirer..... Que voulez-vous ? Je ne pouvais, pour faire tuer quelques-uns de ces misérables, massacrer des femmes, des enfants, des curieux..... »[1]

La présence inopinée et l'attitude de ces marins ne contribuèrent pas peu à calmer les ardeurs de la canaille toujours prudente en face du danger, à lui faire abandonner la poursuite de sa victime.

Pour satisfaire les rancunes de Garibaldi, pour se débarrasser d'un soldat qui lui portait ombrage, M. Morin ne craignait pas d'exposer la ville de Mâcon aux représailles les plus légitimes.

Ce préfet de triste mémoire, digne lieutenant du révolutionnaire italien, réalisait le type parfait du jacobin sectaire, exclusif, intolérant, persécuteur, capable de tout pour écraser un adversaire politique, plus féroce contre ses concitoyens que contre l'étranger.

---

1. *Enquête parlementaire*, t. IV.

« Il est un fait saillant qui m'a frappé dans mes rapports avec lui, a écrit le général Pellissier, c'est la répugnance qu'avait M. Morin à accepter les services des personnes qui ne partageaient pas son opinion. Même après la capitulation de Metz, jamais on ne put lui faire comprendre que, dans la situation où se trouvait le pays, aucune demande de service ne devait être rejetée, à quelque parti qu'appartînt le demandeur, si ce dernier offrait, du reste, des garanties de capacité. » [1]

La même manie régnait à l'état aigu à l'état-major garibaldien ; on s'y acharnait contre les officiers qui n'étaient pas avant tout les soldats de la révolution. Les affaires Chenet et Pradier, plus tard celle du général Pellissier à Dijon, ne sont que des cas particuliers d'un système général ; un grand nombre d'officiers ont été arrêtés, incarcérés, sans autres motifs que leurs opinions vraies ou supposées [2]. Il n'était pas prudent d'approcher MM. Garibaldi et Bordone et de se dévouer sous leurs ordres au service du pays.

« L'état-major de l'armée des Vosges n'y regardait pas de très près, a écrit le général Pellissier ; se créer une armée malgré le gouvernement et peut-être même contre lui : tel était son but, et pour y arriver, nul moyen, quelque déloyal qu'il fût, ne lui répugnait. Nous le verrons bientôt, à Dijon, employer les délations, les calomnies, et s'efforcer de désorganiser tout commandement qui ne lui appartenait pas. Quelles étaient les intentions du général Bordone en agissant de cette manière ? Assu-

---

1. Général Pellissier. *Les Mobilisés de Saône-et-Loire en 1870.*
2. Lefort, capitaine de place à l'armée des Vosges. *Rapport sur l'usurpation militaire, les abus de pouvoir commis par l'ex-général Bordone, chef d'état-major de l'armée des Vosges.* (Enquête parlementaire, t. IV, p. 151.)

rément, je n'ai pas été mis dans la confidence, mais j'ai tout lieu de supposer que la défense du pays contre les Prussiens n'était pas son unique objectif, et que ce qu'il voulait organiser, c'était l'armée de la future Commune, avec laquelle il se proposait de peser sur les événements ultérieurs. La conduite des garibaldiens, lors du licenciement, démontre que cette supposition n'est pas gratuite. » [1]

On appréciera toute la gravité des paroles de cet officier général qui, par ses fonctions de commandant supérieur des légions de mobilisés réunies à Dijon, a été en rapports journaliers, pendant tout le mois de janvier 1871, avec l'état-major garibaldien.

Si ses opinions républicaines, si l'amitié du préfet Morin n'ont pu lui épargner les délations, les calomnies, les déboires, la disgrâce, il n'y a pas lieu de s'étonner des infortunes du colonel Chenet, du général Pradier et de tant d'autres officiers.

A l'armée des Vosges, il importait peu d'être un soldat de valeur, voire même un républicain convaincu; une seule chose était nécessaire, indispensable : s'agenouiller, se prosterner, s'anéantir devant l'idole, lui sacrifier tout, jusqu'à sa dignité personnelle, et, le cas échéant, jusqu'à sa patrie.

---

1. Général Pellissier. *Les Mobilisés de Saône-et-Loire en 1870.*

II

Les affaires Chenet et Pradier n'étaient qu'une faible partie des difficultés de toute sorte que Garibaldi et son état-major amoncelaient autour d'eux pour se dérober aux Prussiens. Les affaires Frapolli, de Baillehache, Panni, Pinard, etc., les tiraillements incessants avec le gouvernement et les autorités, la guerre aux catholiques et aux conservateurs, les rivalités d'influence entre l'élément italien et l'élément français au sein de l'état-major, l'hostilité des garibaldiens contre les mobiles et certains corps francs, les vexations exercées contre un grand nombre d'officiers, la désorganisation qui en était la conséquence, l'active propagande faite dans l'armée, dans le pays, dans le Midi surtout, en faveur des idées révolutionnaires, toutes ces occupations, tous ces soucis étrangers à la guerre eussent suffi à absorber l'activité des hommes les plus intelligents, les plus expérimentés. Garibaldi et M. Bordone, ployant sous le faix de leur incapacité, des embarras qu'ils se créaient à l'envi à eux-mêmes, n'avaient pas le temps de s'occuper de la défense du pays.

L'origine du différend entre Garibaldi et MM. Frapolli et de Baillehache remonte, comme on l'a vu, aux premiers jours de la fondation de l'armée des Vosges ; commencé à Dôle il dura jusqu'à la fin de la guerre, renaissant toujours de ses cendres, grâce à l'entêtement et au mauvais esprit du chef de l'armée des Vosges et de son digne lieutenant. « Je dois vous dire, a déposé M. de Serres, que la maladie du colonel Bordone, car on ne peut appeler cela autrement, était le dissentiment qu'il avait avec un autre officier supérieur, Frapolli. Il y avait tous les jours une dépêche demandant l'appui du ministère contre les actes de M. Frapolli. Cette page est la plus triste que l'on puisse voir dans l'histoire de cette partie de la défense ; nous recevions tous les jours de ces dépêches où dominaient des questions et des intérêts de personne. Je priai Bordone de laisser le ministère régler toutes les affaires ; mais pour le chef de l'état-major le règlement en était trop lent et les insistances se renouvelaient ; sur deux dépêches, une avait trait aux services militaires, l'autre demandait des mesures contre un certain M. de Baillehache, qui avait été un instant placé comme intendant à l'armée des Vosges[1]. » Et cependant, à cette époque, ni M. de Baillehache, ni le colonel Frapolli ne faisaient partie de l'état-major garibaldien, et M. Bordone, débarrassé de ses deux adversaires, restait seul maître du terrain. Pourquoi dès lors ces nouvelles difficultés ? C'est que le ministre de la guerre ne consentait pas à sacrifier à Garibaldi et à son chef d'état-major ces deux hommes qui leur portaient ombrage.

Lorsque Gambetta eut renoncé à enlever M. Bordone à Garibaldi et à lui imposer le colonel Frapolli comme chef d'état-major, il se décida à confier à ce dernier des fonctions qui, tout en le dédommageant de vexations

---

[1]. *Enquête parlementaire sur les actes du gouvernement de la Défense nationale*, t. IV, p. 71.

imméritées pouvaient servir à paralyser les mauvais desseins de M. Bordone et de Garibaldi. L'ancien ministre de la guerre de Victor-Emmanuel fut donc nommé général avec mission de former et de commander en chef une armée qui devait s'appeler « Armée de l'Étoile, » et dont le quartier général fut installé à Valence. De son côté, M. de Baillehache fut chargé d'organiser en régiments les corps francs épars dans les environs de Lyon ; il s'établit à Livron et à Loriol.

D'après ces dispositions, il semble que le gouvernement, alarmé des tendances garibaldiennes, ne voulant pas voir s'augmenter l'importance des forces révolutionnaires à l'armée des Vosges, ait créé ces deux centres pour arrêter au passage les recrues faites au-dessous de Lyon ; c'était comme un barrage entre Garibaldi et la Ligue du Midi qui, à cette époque, devenait menaçante et préparait déjà la future Commune de Marseille. Les rivalités existant entre l'état-major de l'armée des Vosges et le chef de l'armée de l'Étoile étaient une garantie qu'il n'y aurait jamais entre eux d'entente dangereuse.

Lorsque Garibaldi apprit cette combinaison, il entra dans une violente indignation ; comme s'il avait été dictateur, maître de la France, il ordonna de faire arrêter MM. de Baillehache et Frapolli. M. Bordone n'osa pas exécuter cet ordre exorbitant ; il se contenta de télégraphier aux préfets de Vaucluse, de Valence, de Chambéry, de diriger sur Autun les troupes qui se trouvaient dans leurs départements respectifs, et pour prévenir les observations du gouvernement il commença par se plaindre. Au lieu de le rappeler au sentiment de sa position dépendante, M. de Freycinet, toujours obséquieux envers Garibaldi, se contenta de lui répondre :

« ..... Pour Frapolli et Baillehache, ils sont aujourd'hui absolument en dehors de votre armée et ne peuvent plus vous gêner en rien. Il n'y a donc plus lieu de vous en occuper..... »

On ne l'entendait pas ainsi à l'état-major de l'armée des Vosges. Garibaldi, qui voulait accaparer tous les corps francs et se constituer une armée personnelle, ne permettait pas au gouvernement d'accepter les services de ceux qu'il avait repoussés et de limiter ainsi son pouvoir.

« Vous sentez aujourd'hui, télégraphiait M. Bordone à M. de Freycinet, le 21 décembre, les conséquences de tous les tiraillements causés par calomnies des gens que Garibaldi m'a ordonné, non sans raison, de faire arrêter. Ils sont en dehors de nous, dites-vous, mais ils agissent toujours contre nous et ont toujours fait de même, embauchent nos hommes, rallient à eux les mécontents chassés auxquels ils donnent un grade supérieur, et mettent le général dans une véritable rage ; je lui cache que je n'exécute pas ses ordres à leur égard, mais que M. de Serres vienne vite! Expédiez-nous ce qui nous est indispensable, il faut que nous sortions de cet état; si le nommé Pantaleo est encore à Bordeaux, renvoyez-le avec recommandation à la frontière. »[1]

En vain, M. de Freycinet, pour obéir aux désirs de Gambetta, dont il partageait depuis longtemps, disait-il, l'opinion sur le compte de M. Bordone, essaya-t-il de parler à ce dernier un langage sensé, en y ajoutant même quelques flatteries. M. Bordone fut inflexible ; il

---

1. Fra Pantaleo, moine apostat, surnommé le Chapelain de Garibaldi, avait soutenu M. Frapolli et était l'âme de la coalition formée contre le chef d'état-major.

ne répondit que par des bravades impertinentes : « Je n'ai fait, télégraphait-il le 25 décembre à M. de Freycinet, qu'exécuter en les modérant les ordres précis et formels du général dont les termes se résument en ceci : « Ou eux ou moi, qu'on choisisse ». Je m'étonne qu'on puisse croire à une animosité personnelle, lorsqu'au contraire j'ai toujours été modérateur. J'attends votre réponse avant de transmettre votre télégramme à Garibaldi. »

La réponse était fort claire ; le marché était mis nettement à la main du délégué à la guerre, et pour mieux accentuer la situation M. Bordone faisait confirmer, le même jour, sa dépêche par M. Gauckler : « J'ai connaissance des dépêches envoyées à Bordeaux... Ce n'est pas nous qui nous mêlons des affaires des autres... Ce sont eux qui arrêtent nos hommes et disposent des crédits ouverts à Garibaldi. Qu'ils quittent le terrain et tout y gagnera ; et enfin le grand mot : « Le général connaît ces hommes et demande satisfaction ou il partira chez lui. »

« L'ultimatum était formel. M. de Freycinet, ne sachant plus que répondre, se contenta de transmettre à Gambetta les deux dépêches comminatoires, en lui disant que son intention était de ne pas « y répondre à moins d'instructions nouvelles. » [1]

On ne sait au juste comment Gambetta accueillit ces menaces si compromettantes pour sa dignité et pour son autorité. Garibaldi ne pouvant arriver, malgré ses efforts, à faire renvoyer MM. de Baillchache et Frapolli, agit auprès des préfets et parvint avec ses intrigues à annihiler le pouvoir de ses concurrents.

---

1. Perrot. *Rapport sur les actes du gouvernement de la Défense nationale*, t. II, p. 128.

« Ainsi, écrit M. Perrot, membre de l'Assemblée nationale, le colonel Bordone, ancien pharmacien d'Avignon, avait imposé, dans la forme la plus impérieuse, sa volonté au ministre qui disposait d'un pouvoir absolu et qui en faisait l'usage que l'on sait à l'égard des généraux français. Triste pronostic du concours qu'on attendait de l'armée des Vosges ! »[1]

L'affaire Panni complète la série de tentatives de domination universelle du démagogue de Caprera. Un comité avait été fondé à Marseille pour recueillir les souscriptions destinées à l'organisation des corps francs ; M. Gambetta s'était inscrit pour 100,000 francs au nom du gouvernement. Lorsque la création de l'armée de l'Étoile eut été décidée, les fonds, d'après l'avis du ministre, furent répartis entre tous les corps en formation, quelle que fût leur destination. Garibaldi n'admettant pas cette manière de faire, signifia aux membres du comité qu'il leur retirait leur mandat. M. Gent, préfet des Bouches-du-Rhône, refusa d'obtempérer à ces injonctions.

« Autun de Marseille. — Préfet à chef d'état-major. — La dépêche signée Freycinet, Bordeaux, 4836, que vous me communiquez ne me suffit pas ; j'ajoute qu'au moment même où j'allais consulter Gambetta, j'ai reçu hier soir une dépêche de lui, dans laquelle il me dit que c'est à Panni qu'il a remis le crédit de cent mille francs, et que Panni doit rester à la tête du comité sans dérogation aucune. Voyez combien ma dépêche était justifiée ; je ne puis que regretter des dissentiments graves, en ne

---

[1]. Perrot. *Rapport sur les actes du gouvernement de la Défense nationale*, t. II, p. 129.

vous dissimulant pas que c'est à l'état-major général et à vous qu'on les attribue. »

Une autre dépêche du même fonctionnaire disait également :

« Je ne dois pas vous dissimuler que l'opinion générale, ici comme ailleurs, fait remonter jusqu'à vous la scission qui s'est produite entre Garibaldi et ses anciens amis ; s'il en était ainsi, et c'est votre conscience que j'invoque à mon tour, je considérerais comme un devoir de tenter de vous arrêter dans une voie qui ne peut être que funeste à l'homme que nous aimons et à la cause que nous défendons. Il me peine de vous voir imputer la responsabilité de ces débats affligeants. — Signé : A. Gent. »

Le préfet des Bouches-du-Rhône se trompait en attribuant à M. Bordone les agissements de Garibaldi qui entendait être omnipotent et ne pas être contrarié dans ses volontés.

« Une dernière fois, je vous dis qu'à l'encontre de l'opinion que vous m'exprimez, télégraphiait le chef d'état-major à M. Gent, je ne me suis servi de l'amitié et de l'estime qu'il a pour moi..... que pour atténuer et modérer des déterminations prêtes à éclater..... »

Malgré ces avertissements catégoriques, Garibaldi ne voulut rien entendre ; par l'intermédiaire de M. Bordone, il menaçait M. Gent de dissoudre le comité par la force, si cela était nécessaire.

« Panni a reçu pour Garibaldi de Gambetta 100,000 francs pour nous recruter et envoyer des hommes, après en avoir déjà reçu de nous ; au lieu de cela il recrute pour Frapolli, que le général n'a pas voulu recevoir, et sur lequel dépêche du gouvernement s'explique suffisamment. Comité nommé par Garibaldi seul est dissous par lui seul empêché d'écrire en ce moment et ne pouvant même signer; il le fera cependant dès qu'il le pourra. En attendant, je fais partir pour Marseille un de nos officiers pour faire exécuter les ordres; et l'opinion publique, par la voie des journaux de la localité, fera justice des intrigues quelles qu'elles soient. Inspirez-vous de votre conscience, pour ce que vous devez faire ; quant au comité, malgré et contre tout, je vous répète qu'il est dissous de droit et que demain il le sera de fait. Répondez-moi s'il est nécessaire d'employer pour cela mesures extrêmes; dussé-je envoyer notre prévôt à Marseille, la volonté de Garibaldi sera respectée. — BORDONE. »

S'ils s'avisaient de se soustraire à son bon plaisir, les républicains n'étaient pas mieux traités par Garibaldi que les curés et jésuites. L'intervention du gouvernement lui-même fut absolument inutile : « Ou eux ou moi, qu'on choisisse », avait dit Garibaldi, et le 28 décembre, malgré les républicains, malgré M. Gent, malgré le gouvernement, le comité Panni était dissous par M. Bordone.

Les républicains commençaient à s'apercevoir que Garibaldi était plus despote que les despotes contre lesquels il avait fulminé pour gagner sa vie et si, par principe, on rejetait toutes les fautes sur le compte du chef d'état-major, réduisant Garibaldi à l'état de comparse dans sa propre armée, on s'abstenait des louanges des premiers jours : l'enthousiasme s'était envolé avec les illusions. L'impopularité du général était devenue tellement grande, que le colonel Gauckler, sous-chef d'état-major, craignant qu'on ne l'exploitât contre la République, en était arrivé à désirer son départ.

III

C'est à cette époque, dans les premiers jours de janvier 1871, qu'eut lieu la scandaleuse arrestation de M. Pinard, ancien ministre de Napoléon III. Sous le prétexte futile et d'ailleurs mensonger qu'il aurait reçu et distribué le journal impérialiste *le Drapeau*, M. Bordone le fit arrêter au cimetière où il accompagnait un enterrement. Un lieutenant d'état-major nommé Amadou, assisté de trois ou quatre compagnies garibaldiennes, lui signifia le mandat d'amener, tandis que M. Bordone surveillait, dans la loge du concierge, l'exécution de ses ordres. « Le chef de l'expédition du cimetière Montmartre, dit M. Bordone, fut arrêté au moment où (bizarre coïncidence) il entrait avec un convoi funèbre dans le cimetière d'Autun. »

Pour colorer cet acte illégal, pour atténuer l'émotion générale qu'il avait causée à Autun où l'ancien ministre était aimé et estimé, on eut soin de répandre le bruit qu'il s'entendait avec les Prussiens; l'absurdité de cette accusation ne fit que rendre l'arrestation plus odieuse.

La perquisition opérée au domicile de M. Pinard ne produisit aucun résultat; on ne découvrit rien de compromettant. On saisit toutefois deux manuscrits auxquels il tenait beaucoup; l'un contenait, au jour le jour, l'énumération de ses actes de ministre et leur appréciation, l'autre était une relation des faits et gestes des garibaldiens depuis leur arrivée à Autun ; tous deux furent envoyés à M. Bordone qui s'abstint de les rendre.

L'attitude de M. Pinard pendant son séjour à Autun ne fournissait aucun prétexte à cette mesure révolutionnaire. Quelque temps après le Quatre-Septembre, il s'était retiré dans sa ville natale, où il s'était enrôlé comme simple soldat dans la garde nationale. Il en suivait avec ponctualité tous les exercices, montant même la garde à son tour, bien que sa décoration d'officier ou de commandeur de la Légion d'honneur l'exemptât de ce service. Souvent, les passants s'arrêtaient pour regarder l'ex-ministre, le fusil au bras ou sur l'épaule, allant et venant devant le poste de l'ancien théâtre ; sa figure intelligente, affable, où la simplicité le disputait à une grande distinction, rehaussait sa petite taille et décelait l'homme habitué au commandement. Parfois, tandis qu'il présentait les armes à un cortège garibaldien chamarré, empanaché, un sourire imperceptible errait sur ses lèvres ; plus d'un spectateur haussait les épaules en voyant ce contraste, et l'ancien ministre reprenait sa promenade avec une satisfaction visible de ne porter aucun de ces galons prostitués aux Bordone, aux Delpech et aux autres républicains universels. Jamais il ne parlait politique ; il avait même pris soin de faire connaître à un haut fonctionnaire républicain de passage à Autun les motifs de son séjour en cette ville et son intention de ne créer aucun embarras au gouvernement du Quatre-Septembre. Quant au journal *le Drapeau*, il en ignorait même le titre. Il n'en fut pas moins dénoncé par l'état-major, comme auteur de menées bonapartistes, arrêté, incarcéré à Autun, conduit à Lyon où il resta dix jours au secret, relaxé faute de preuves, et finalement obligé de se réfugier en Suisse.

Le véritable motif de cette arrestation arbitraire semble avoir été une vengeance particulière déguisée sous des prétextes politiques. On sait que sur le réquisitoire de M. Pinard, substitut du procureur général, M. Bordone avait été condamné, le 24 juillet 1860, à deux mois de prison et cinquante francs d'amende, pour escroquerie, par la cour d'appel de Paris; M. Marais nous apprend, d'un autre côté, qu'un nommé Marc Gelin, beau-frère de M. Frédéric Morin alors préfet de Saône-et-Loire, avait été également condamné par la même cour à cinq semaines de prison et à une amende, toujours sur le réquisitoire de M. Pinard. Ces deux haines combinées avec les passions politiques des hommes du Quatre-Septembre dont le sous-préfet Marais était absolument possédé, ont été évidemment les causes principales de cette arrestation. [1]

M. Bordone a vainement essayé de dégager sa responsabilité, en imputant cet acte à son sous-chef d'état-major Gauckler et au gouvernement.

« Chef d'état-major à préfet Rhône. — C'est colonel Gauckler, à qui vous vous êtes adressé jusqu'à présent, qui a découvert, signalé au ministre et reçu l'ordre de faire arrêter Pinard. Il arrivera ce soir ou demain matin d'Autun, lui communiquerai votre dépêche. Je n'ai fait que lui signaler au moment de mon départ pour Lyon la distribution à Autun du journal *le Drapeau* ; je n'ai donc eu ni preuves ni indices, et n'ai surtout pas affirmé que

---

[1]. M. Marais aurait été le dénonciateur et M. Bordone l'exécuteur. (*Enq. parlementaire*, t. IV, p. 99.

Pinard avait distribué *le Drapeau*. A chacun la responsabilité de ses actes. Signé : BORDONE. »

Il est évident que le gouvernement n'eût pas songé à M. Pinard, s'il n'avait pas été dénoncé, et que M. Gauckler ne se serait pas mêlé de cette affaire sans les ordres de son chef, M. Bordone. L'opinion publique ne s'y trompa pas.

« Je dois ajouter, a déposé M. le juge Castilhon, qu'en rapprochant certains indices, certaines circonstances, on a cru à Autun, c'était l'écho d'un bruit général, que l'ordre d'arrestation devait venir de Bordone et voici pourquoi. Bordone était allé à Bordeaux. Pendant qu'il s'y trouvait, le colonel Gauckler reçut une dépêche chiffrée que j'ai vue, et il me dit : « Je ne sais ce que me veut Bordone, il m'envoie une dépêche chiffrée et en a emporté la clef, je ne puis la traduire. » Trois jours après, M. Bordone revint et on procéda à l'arrestation de M. Pinard. M. le substitut du procureur de la République vint à l'état-major demander pour quel motif on avait arrêté M. Pinard ; on lui répondit en lui montrant une dépêche : « L'ordre est arrivé du gouvernement, nous ne faisons qu'obéir à cet ordre. » La dépêche qu'on lui montrait était cette dépêche chiffrée ; il ne pouvait savoir ce qu'elle contenait et il se retira. »[1]

M. Bordone était donc bien l'auteur principal de l'arrestation ; elle lui valut les faveurs du ministère dont les défiances à son égard furent désormais moins accentuées.

« Le gouvernement de la Défense nationale, qu'on a appelé à juste titre de la Défaillance nationale, ne laissa

---

1. *Enquête parlementaire*, t. IV.

pas sans récompense une si vaillante action. Bordone, qui n'était colonel que par Garibaldi, vit sa position régularisée et embellie par le ministre français : la dignité de général fut conférée quelques jours après à un homme perdu de réputation, flétri par plusieurs jugements. La couronne de chêne, symbole de la vaillance et de l'honneur, vint ceindre un front dégradé..... »

Tout porte à croire que l'arrestation de M. Pinard devait être suivie de plusieurs autres, et qu'à la faveur de cette diversion qui flattait les rancunes politiques de la coterie détenant alors le pouvoir, l'état-major garibaldien aurait été débarrassé du souci de faire semblant de lutter contre l'étranger.

« Cela devait être, je crois, le commencement d'une mesure plus générale, dit encore M. Castilhon, car le jour même de cette arrestation ou le lendemain, le commissaire de police alla trouver le président du tribunal qui était un ami d'enfance de M. Pinard et le prévint de partir s'il ne voulait pas être arrêté, car il avait entendu parler autour de lui d'une nouvelle arrestation. C'est le président qui m'a répété ce propos. La chose ne fut pas exécutée. Je n'en persiste pas moins à croire qu'il y avait tendance à procéder à des arrestations plus générales. » [1]

L'ordre de marcher sur Dijon vint heureusement paralyser les mauvaises intentions des garibaldiens à l'égard des Autunois. Ainsi qu'on le verra, le gouvernement n'avait pas obtenu sans difficultés que Garibaldi voulût bien quitter sa bonne ville d'Autun. Il ne fallait rien moins que la faiblesse insigne et l'origine révolution-

---

1. *Enquête parlementaire*, t. IV.

naire des hommes du Quatre-Septembre pour supporter les insolences de cet étranger, son attitude indisciplinée, despotique, et les querelles d'Allemand qu'il suscitait à chaque instant à tout le monde.

Les dépêches de MM. Gambetta, de Freycinet, Challemel-Lacour, Spuller, etc., montrent à quel point les républicains étaient fatigués des prétentions du chef d'état-major qui, en réalité, n'était que le porte-parole de Garibaldi.

Des divisions profondes existaient également dans l'armée où la personnalité de M. Bordone n'était pas appréciée d'une façon plus favorable. Dans le courant de décembre, les fils de Garibaldi, son gendre, beaucoup d'officiers italiens, voulant se débarrasser du chef d'état-major, mirent le général en demeure de choisir entre eux et lui en envoyant leur démission. « C'est bien, répondit Garibaldi à M. Bordone, acceptez ces démissions ; que ces messieurs rendent leur entrée en campagne et qu'ils partent ; nous continuerons la guerre sans eux. » Ils retirèrent leurs démissions, mais la scission n'en fut que plus profonde. [1]

A part quelques exceptions, les officiers français étaient encore bien plus découragés ; chacun désirait quitter cette nouvelle cour du roi Pétaud.

Les haines entre les garibaldiens et les soldats français, les divisions de l'état-major, le manque de direction, de surveillance, de commandement, produit par l'état de santé de Garibaldi, par les continuelles absences du chef d'état-major occupé à une foule d'affaires extrami-

---

1. *Progrès de Saône-et-Loire.* Articles publiés en décembre 1886 et en janvier 1887 par un « Vieux Républicain. »

litaires, une multitude de difficultés sans cesse renaissantes, toutes ces causes jointes aux idées révolutionnaires, à la composition des bandes garibaldiennes, transformaient l'armée des Vosges en une véritable Babel.

Le colonel Gauckler, sous-chef d'état-major chargé du service pendant les voyages de M. Bordone, n'ayant pas une autorité suffisante pour agir, ne sachant plus où donner de la tête, en référait au gouvernement, réclamant à cors et à cris « l'envoi immédiat » d'un délégué pour tâcher de remettre un peu d'ordre dans tout ce chaos et prévenir la « dissolution » de l'armée.

« Confirme dépêches antérieures. Général perdu initiative, télégraphiait-il le 4 janvier à Gambetta, cherche prétexte pour inaction, intelligence obscurcie. Bordone tenu éloigné sous prétexte de mission..... Faudra finir par donner à Cremer ou autre capable commandement de armée des Vosges. Cela est triste. »

Et le 6 janvier il ajoutait : « Ex-ministre Pinard, parti pour Lyon sous escorte, arrivera ce soir. Garibaldi a eu une attaque de rhumatismes goutteux qui a mis sa vie en danger ; il ne peut plus marcher, ses facultés semblent affaissées, initiative disparue..... Le mieux serait que Garibaldi renonçât à une partie que son état le rend incapable de jouer, ou qu'un commissaire muni de pouvoirs suffisants vienne nettoyer armée et veiller à ordre. »

Telle fut, d'après un témoin irrécusable, la situation de l'armée des Vosges depuis le 1ᵉʳ décembre jusqu'au 7 janvier où elle arriva à Dijon.

Tandis que ces faits se passaient à Autun, un certain nombre d'officiers garibaldiens, munis des pleins pouvoirs du général, recommandés aux préfets, pourvus de permis de circulation sur les lignes de chemin de fer, parcouraient la France, fondant des comités garibaldiens destinés à propager les idées révolutionnaires et à recueillir de l'argent. Les chefs de ces comités recevaient un diplôme d'officier et étaient autorisés à porter l'uniforme garibaldien légèrement modifié : képi à flamme rouge avec guirlande de lauriers en bandeau, chemise rouge galonnée, ceinture bleue, pantalon gris à double bande rouge. Marseille, Nîmes, Toulouse, Montpellier, Lyon, Bordeaux, etc., etc., avaient des comités centraux qui, par des sous-comités installés dans les sous-préfectures, rayonnaient jusque dans les villages.

Ces relations que les chefs garibaldiens se créaient avec la tolérance du gouvernement, ces intelligences qu'ils se ménageaient, leur valaient une puissance redoutable devant laquelle la trop coupable faiblesse des hommes du Quatre-Septembre s'inclina toujours.

Ces comités, qui faussaient dangereusement l'opinion publique, étaient autant de perceptions qui levaient des impôts et détournaient de la défense nationale les ressources du pays. Les commissions municipales républicaines étaient autorisées, invitées même par les préfets à voter des subsides qui, joints à des souscriptions permanentes et à des loteries partout organisées, étaient versés entre les mains des agents de Garibaldi. Les sommes ainsi recueillies pendant les mois d'octobre, de novembre, de décembre, de janvier, de février ont dû être considérables, si l'on en juge par la contribution de cent mille francs votée en une seule fois par la ville de Marseille, par les sacrifices importants que se sont imposés beaucoup d'autres villes. [1]

---

1. De Ségur. *Rapport sur les marchés à l'armée de Garibaldi.*

« Que sont devenues ces sommes mystérieuses qui devaient être affectées à l'armement, à l'équipement, à l'entretien d'une armée aux besoins de laquelle l'État subvenait ? » On n'en a jamais rendu compte.

« M. Bordone avait organisé à Marseille, écrit M. Léo Taxil, un comité de loterie pour l'armée des Vosges. Les billets étaient à 60 centimes. On en plaça cent mille, ce qui produisit 60,000 francs. Il y eut des lots pour 6,000 francs, et la caisse de l'armée ne reçut jamais que 10,000 francs. La différence, soit 44,000 francs, resta on n'a jamais su à qui. Selon toute probabilité, c'est Bordone qui empocha cette somme. »[1]

« J'ai le relevé de toutes ces sommes que je pourrai remettre à la commission d'enquête parlementaire, a déposé M. Middleton... Qu'a-t-on fait de tout cet argent ? Je n'ai pas les renseignements nécessaires pour répondre à cette question ; mais un fait parfaitement établi c'est que X...., qui était à la tête de l'armée des Vosges, était, avant la guerre, dans un état de gêne notoire qui touchait à la misère, et que depuis il étale..... un luxe écrasant. Il a des chevaux magnifiques et ne sort jamais sans être suivi d'un domestique ; lui qui avant la guerre n'aurait pas trouvé un fournisseur qui voulût lui faire crédit de 20 francs, il vit de ses rentes et a souscrit pour 4,000 francs à l'emprunt municipal de Marseille....... Y..... est à peu près dans le même cas que X..... Avant la guerre, il occupait un petit emploi qui lui rapportait à peine de quoi vivre ; depuis la guerre, il ne fait plus rien..... Lorsque l'armée fut licenciée, Bordone envoya à tous les préfets et sous-préfets une dépêche ainsi

---

1. Léo Taxil. *Confessions d'un ex-libre penseur*. — De Ségur. Rapport.

conçue : « Renvoyez à Avignon le montant des souscriptions faites jusqu'à ce jour, les reliquats de compte, etc..... » Je répète que le gouvernement payait tous les frais de guerre. Ces messieurs diront peut-être que cet argent a servi à payer l'organisation des corps de volontaires. Cependant, dans les villes où s'organisaient ces corps on faisait des quêtes au moyen desquelles on achetait les habillements nécessaires. Ce n'est que quand ils étaient parfaitement équipés qu'on les mettait à la disposition du gouvernement. Ces messieurs qui étaient à l'armée des Vosges n'avaient nullement à s'occuper de ces détails..... Je ne saurais trop insister sur le fait des souscriptions permanentes dont le produit a passé entre les mains de gens qui n'en ont jamais rendu compte..... Delpech avait eu l'idée d'une collecte populaire à dix centimes qui a dû produire un assez joli chiffre, car tout le monde donnait. Que sont devenues toutes ces sommes, qui ont dû à la fin en faire une très grosse ? »[1]

On peut avancer, sans crainte de se tromper, qu'une bonne partie de ces fonds servit à alimenter l'orgie garibaldienne. Ce n'est pas avec leur solde, ni avec leur entrée en campagne, eussent-elles été illégitimement doublées et même triplées, que certains officiers d'état-major sans fortune auraient pu subvenir aux dépenses considérables qu'ils faisaient, mener la vie à grandes guides, éclabousser tout le monde par leur luxe insolent, transformer Autun en une succursale de Gomorrhe et de Monaco.

C'est que, de toutes les affaires dont il a été question

---

1. De Ségur, Rapport. — *Enquête parlem.*, t. IV, déposition Middleton.

jusqu'ici, la noce échevelée dominait toutes les autres. La période comprise entre le 1ᵉʳ décembre et le 7 janvier a été la phase la plus brillante, l'apogée du carnaval garibaldien ; c'est surtout durant ces cinq semaines que les héros universels, débarrassés de leurs guenilles, tout resplendissants d'or, livrés au *far niente* le plus complet, savourèrent le bonheur de jouir de l'existence, épuisèrent la débauche, tout en chantant les louanges du dieu qui leur faisait ces loisirs. La jeune génération qui, avec l'insouciance, la curiosité, l'entrain de ses vingt ans, assistait à cette folle kermesse, n'oubliera jamais le tableau qu'elle eut alors sous les yeux ; à défaut de la science de la guerre, elle ne refusera pas aux compagnons du héros des deux mondes la science du plaisir et de la mise en scène. On l'a dit avec raison : il est étonnant que les Anglais ne se soient pas alors rendus en foule dans une ville où l'on s'amusait tant. Les lords les plus blasés y auraient guéri leur spleen traditionnel, car rien ne manquait à ce continuel festin de Balthazar, pas même le fameux *Mane-Thécel-Pharès* représenté par le sombre Prussien dont le casque noir pointait à l'horizon, se profilant, sous le ciel glacé, au-dessus de l'amoncellement des neiges.

IV

Tandis que, selon les paroles du fameux Cluseret, les garibaldiens « donnaient aux populations scandalisées le spectacle de la débauche poussée jusqu'à l'orgie, alors que la France agonisait » ; tandis qu'en même temps Garibaldi et M. Bordone, « absorbés, dominés par des questions et des intérêts personnels », écrivaient, comme l'a déposé M. de Serres, délégué à la guerre, « la page la plus triste que l'on puisse voir dans l'histoire de cette partie de la défense », les Prussiens utilisaient cette inaction, employaient à se ravitailler, à se concentrer, à se refaire des fatigues qu'ils avaient souffertes, le répit qui leur était si inespérément laissé.

La position des armées ennemies opérant au-dessous de Paris, leur mission respective, avaient été fixées de la façon suivante par le grand état-major prussien, après la reddition de Strasbourg et de Metz. La deuxième armée commandée par le prince Frédéric-Charles devait faire face aux troupes françaises de la Loire qui, sous les ordres du général d'Aurelle de Paladines, avaient pris position d'abord entre Blois et Gien, puis à Orléans et au nord de cette ville après la victoire de Coulmiers. Elle devait maintenir momentanément son aile gauche un peu en arrière pour se ménager la possibilité d'intervenir efficacement plus tard sur la rive méridionale de la Loire. Elle devait aussi surveiller de Chaumont la place de

Langres, donner la main au XIV⁰ corps et lui venir en aide en cas de besoin.

Le XIV⁰ corps, général de Werder, établi à Dijon avec les 1ʳᵉ et 4⁰ divisions de réserve, était chargé « du soin de couvrir l'Alsace et ses propres communications, de flanquer la gauche du mouvement de la deuxième armée, d'investir d'abord, puis d'assiéger les places de Schlestadt, Neuf-Brisach et Belfort, enfin de maintenir et d'immobiliser devant son front des contingents français en rapport avec son effectif. Pour assurer ce dernier point, les troupes allemandes qui se trouvaient déjà dans le bassin de la Saône devaient prendre position auprès de Vesoul, de manière à faire face aux forces françaises qui pourraient être massées autour de Besançon, en même temps qu'elles s'établiraient fortement à Dijon pour se couvrir du côté de Langres. Il était également recommandé de surveiller attentivement Belfort jusqu'à l'arrivée de la 1ʳᵉ division de réserve devant cette place, de façon à pouvoir s'opposer en temps voulu aux incursions vraisemblablement projetées de ce point vers les Vosges et la haute Alsace. Enfin, il était prescrit au général de Werder de courir sus, sans hésiter, aux corps ennemis qui ne seraient pas en forces, avec faculté de prolonger son mouvement offensif vers le sud au-delà même de Besançon, en tant qu'il ne s'écarterait pas, en agissant ainsi, des points essentiels de sa mission. »

Ces instructions envoyées de Versailles par dépêche du 23 octobre 1870, ne venaient que le 29 à la connaissance du général de Werder. Un autre télégramme du grand quartier général, reçu le 8 décembre, lui attribuait comme mission complémentaire le soin d'observer Langres.

De nouvelles instructions arrivées le 13 décembre lui prescrivaient de concourir, dans la mesure du possible, à hâter le siège de Belfort, de prendre les mesures nécessaires pour assurer, conjointement avec le VIIe corps, les communications sur les derrières de la deuxième et de la troisième armée, et lui recommandaient aussi et d'une façon toute spéciale de mettre un terme aux coups de main dirigés de Langres contre les troupes d'étapes. Ces instructions faisaient ressortir, en outre, l'importance d'une occupation permanente de la région comprise entre Dôle et Arc-Senans, comme permettant aisément la destruction des lignes ferrées qui reliaient Besançon et Belfort avec le midi de la France.

Le VIIe corps, commandé par le général de Zastrow, avait quitté Metz le 27 novembre, pour aller prendre rang entre les troupes postées autour de Dijon et la deuxième armée, prêt à intervenir sur la Loire ou sur la Saône moyenne, selon que les circonstances l'exigeraient. Dans les premiers jours de décembre, il remplaçait à Chaumont l'aile gauche de la deuxième armée opérant contre Orléans, occupait Châtillon-sur-Seine et étendait sa gauche jusqu'à Arc-en-Barrois. Le 10 décembre, à la réception d'un ordre qui prescrivait d'assurer particulièrement l'important embranchement ferré de Châtillon à Joigny par Nuits-sur-Armançon, le VIIe corps portait le gros de ses forces sur Châtillon et ses troupes avancées sur Ravières.

Il résulte de ces documents que, dans la pensée du grand état-major prussien, Dijon et Nuits-sur-Armançon étaient, au sud, l'extrême limite des opérations confiés au XIVe et VIIe corps, et qu'une marche sur Nevers et sur Lyon n'entraient pas dans ses plans, en décembre 1870.

Les forces françaises opposées aux deux corps ennemis occupant une partie de la Bourgogne s'élevaient à environ 35,000 hommes, divisés en trois fractions sous les ordres des généraux Garibaldi, Cremer et Pellissier. Garibaldi avec 16,000 hommes devait garder la vallée d'Ouche et surveiller les mouvements du VIIe corps.

Les généraux Cremer et Pellissier, à la tête d'environ 20,000 hommes, occupaient la vallée de la Saône moyenne, de Beaune à Seurre par Navilly, Verdun, Nuits.

Avec ces forces le gouvernement désirait combiner une action pour enlever Dijon des mains de l'ennemi; il espérait par là exciter un grand enthousiasme dans le midi et obtenir de suite une nouvelle armée de cent mille hommes composée principalement de gardes nationaux mobilisés. L'expédition faite contre Dijon à la fin de novembre par Garibaldi n'ayant pas réussi par suite du manque de préparation et d'entente, devait être renouvelée dans de meilleures conditions, et le général Cremer offrait à cet effet son concours au général Garibaldi, après le combat de Châteauneuf; mais ce dernier se refusait de tenter à nouveau le sort des armes. Prétextant le délabrement de son armée et de prétendues raisons stratégiques, il s'enfermait dans Autun qu'il déclarait la clef du centre de la France.

« Moins que jamais, écrit M. Marais, il pouvait s'aventurer en rase campagne dans l'état de délabrement où son armée se trouvait réduite, sans artillerie suffisante, sans cavalerie surtout. Tout d'ailleurs l'engageait à attendre à Autun l'attaque de l'ennemi. La position était forte et les soldats la connaissaient, puisqu'ils l'avaient déjà défendue. En outre, et depuis qu'ils avaient repris Orléans, les Prussiens devaient tenir à s'emparer d'une ville qui commandait la seule ligne de chemin de fer par laquelle Bourges communiquât à peu près directement avec Besançon, c'est-à-dire le centre avec l'est de la France. Ils devaient tenir d'autant plus à Autun, qu'ils en avaient été repoussés une première fois ; qu'ils n'avaient pas jusqu'alors subi d'affront de ce genre sans en tirer prompte vengeance ; que l'héroïque défense de Belfort contrariait, compromettait même leurs plans ; que tout leur faisait pressentir un mouvement des Français s'appuyant sur cette ville et passant du centre dans l'est pour couper les communications avec l'Allemagne et tâcher d'obliger les troupes allemandes à lever le siège de Paris ou à se laisser assiéger en quelque sorte elles-mêmes au milieu d'un pays hostile ; qu'à lui seul le nom donné par Garibaldi à son armée était une preuve que cette manœuvre était approuvée, soutenue, voulue par le général italien. Donc, ce dernier se tenait sur ses gardes et se fortifiait. »

Ces mauvaises raisons qui auraient pu être aussi bien invoquées par tous les chefs des armées improvisées à cette époque masquent mal une résolution parfaitement arrêtée de ne rien faire. L'importance attribuée à Autun par Garibaldi ne correspondait en effet à aucune réalité ainsi que l'établissent les décisions du grand état-major prussien relatées plus haut. La teneur des instructions données par le général de Moltke aux VII° et XIV° corps laissait complètement en dehors des opérations prévues en décembre la région occupée par l'armée des Vosges et les troupes du bassin moyen de la Saône, dont ils ne devaient s'inquiéter que pour les contenir.

D'autre part, la II° armée ennemie, aux prises sur la Loire avec le général Chanzy, ne pouvait évidemment avancer vers le sud avant d'avoir réduit à l'impuissance les forces qu'elle avait devant elle, sous peine de voir menacer par l'ouest le blocus de Paris. D'autre part, la dépêche du général comte de Moltke en date du 3 novembre, rédigée à une époque où il ignorait l'existence de forces françaises importantes sur la Loire et dans l'est et définissant la mission de la II⁰ armée, recommandait l'occupation de Bourges, de Nevers et de Chalon-sur-Saône par trois corps d'armée se dirigeant séparément et directement du nord vers chacune de ces positions, de telle sorte que l'évacuation d'Autun s'ensuivait nécessairement. En toute hypothèse, le rôle prêté à Autun par le général Garibaldi ne peut donc être envisagé que comme l'un des prétextes de ne pas combattre dont parle le colonel Gauckler.

Cependant le gouvernement n'osant donner des ordres à Garibaldi, désirant de plus en plus tirer l'armée des Vosges de son inaction, la voir passer à l'offensive, concourir avec les troupes du bassin de la Saône à un mouvement contre Dijon, chargeait le général Bressolles, commandant la 8⁰ division militaire, de tenir à Chalon un conseil de guerre, où Garibaldi serait convoqué avec les généraux Cremer et Pellissier et où l'on arrêterait les dispositions pour une attaque contre Dijon.

Le 12 décembre, les quatre généraux et le colonel Bordone, réunis à la sous-préfecture de Chalon, délibéraient sur ce qu'il y avait à faire. « Il fut décidé, écrit le général Pellissier, que l'on marcherait simultanément et que l'on attaquerait Dijon de divers côtés à la fois. Garibaldi devait y arriver par la vallée de l'Ouche, Cremer par la route de Beaune à Dijon. Au moment de cette attaque, je devais faire avec mes mobilisés une démonstration par les routes de Verdun et de Saint-Jean-de-Losne... Le signal devait être donné de Lyon par le général Bressolles. » [1]

Selon M. Bordone, les choses se seraient passées différemment, en ce sens que le moment de l'action devait être fixé par les généraux eux-mêmes, après une entente ultérieure, et non par le général Bressolles seul; il nous apprend en outre que Garibaldi n'était point partisan de cette expédition.

« On exposa dans ce conseil de guerre l'utilité qu'il y aurait de réoccuper Dijon au plus vite, et chacun fit un tableau exact des troupes dont il disposait et de leur armement; mais Garibaldi exposa clairement que, dans l'état où était son armée, il lui était impossible de coopérer à une action de longue haleine, attendu que nous manquions de souliers et de capotes, et que les renforts et l'artillerie qu'on nous avait promis n'étaient pas arrivés. Il fut convenu que sitôt qu'on serait en état, on s'avertirait réciproquement; mais Garibaldi fit pressentir aux autres généraux présents au conseil que Dijon serait évacué par les Prussiens sans qu'on eût à sacrifier du monde pour cela, car nos troupes en état de tenir la campagne, malgré la rigueur de la saison, resserraient de plus en plus le cercle autour de cette ville, d'où on ne pouvait presque plus sortir sans rencontrer nos embuscades. » [2]

Il semble que la version du général Pellissier soit bien l'expression exacte de ce qui se passa au conseil de guerre de Chalon, puisque dès le 14 le général Bres-

---

1. Général Pellissier. *Les Mobilisés de Saône-et-Loire en 1870-1871.*
2. Bordone. *Garibaldi et l'Armée des Vosges,* 2ᵉ partie, Autun.

solles télégraphiait à Cremer et à Garibaldi de se concerter ensemble pour faire le plus tôt possible le coup de main projeté.

« 14 décembre. — Général Cremer à général Garibaldi, Autun. — J'ai reçu ordre de faire coup de main sur Dijon le plus tôt possible, je suis prêt. Je dois me concerter avec vous ; pouvez-vous attaquer immédiatement? Je vous appuierai comme vous voudrez : général Bressolles a dû vous écrire à ce sujet, j'attends réponse courrier pour courrier. Je suis massé, j'attaquerai à l'heure et au lieu précis dont nous serons convenus. Je crois utile de faire la chose immédiatement, faites-moi savoir sûrement si vous voulez faire l'attaque telle qu'elle a été convenue au conseil de guerre. J'irai tant que j'aurai un homme. Avec le concours de Garibaldi, nous sommes sûrs de réussir ; réponse immédiate. Signé : CREMER. »

Ces propositions n'aboutirent pas et le projet d'attaque contre Dijon dut être abandonné. Tel fut alors le rôle de Garibaldi. Comme le dit fort bien M. Perrot dans son rapport à l'Assemblée nationale, « il y avait toujours, pour lui ou pour son état-major, quelque fin de non-recevoir quand le moment était venu d'agir. »

L'inaction opiniâtrement voulue de Garibaldi pendant la première quinzaine de décembre avait entraîné celle des troupes de la vallée de la Saône trop faibles pour agir seules, et permis aux généraux de Zastrow et de Werder de donner à leurs soldats surmenés le repos dont ils avaient besoin, tout en se préparant pour les événements ultérieurs.

« Toutefois pour le VIIe corps, — établi à Châtillon et à Ravières, — non plus que pour le XIVe, lit-on dans la *Guerre franco-allemande*, il ne se produisait de rencontre sérieuse avec les Français jusqu'au milieu de décembre. Ceux-ci se bornaient à faire circuler de petites patrouilles devant les troupes en position au sud de Dijon, de sorte que le XIVe corps trouvait le temps de remettre à peu près en état ses effets d'habillement et d'équipement qui avaient beaucoup souffert au cours des dernières semaines, et de donner à ses éléments constitutifs un groupement en rapport avec les exigences de la situation. »

L'orgie garibaldienne paralysant la défense non seulement à Autun mais dans toute la vallée de la Saône était, comme on le voit, un précieux auxiliaire de l'ennemi.

V

Cependant le général de Werder, n'entendant plus parler de Garibaldi ni de Cremer, supposait que ces généraux étaient allés rejoindre l'armée de la Loire pour appuyer le mouvement que Bourbaki, à la tête des 15e, 18e et 20e corps, dessinait de Nevers contre Montargis par la vallée du Loing.

« Au sud de Dijon, l'ennemi demeurait dans une complète inaction ; les patrouilles envoyées de ce côté mandaient toutes qu'il n'y avait plus personne dans les localités occupées jusqu'alors. Ne sachant comment interpréter cette surprenante attitude, le général de Werder

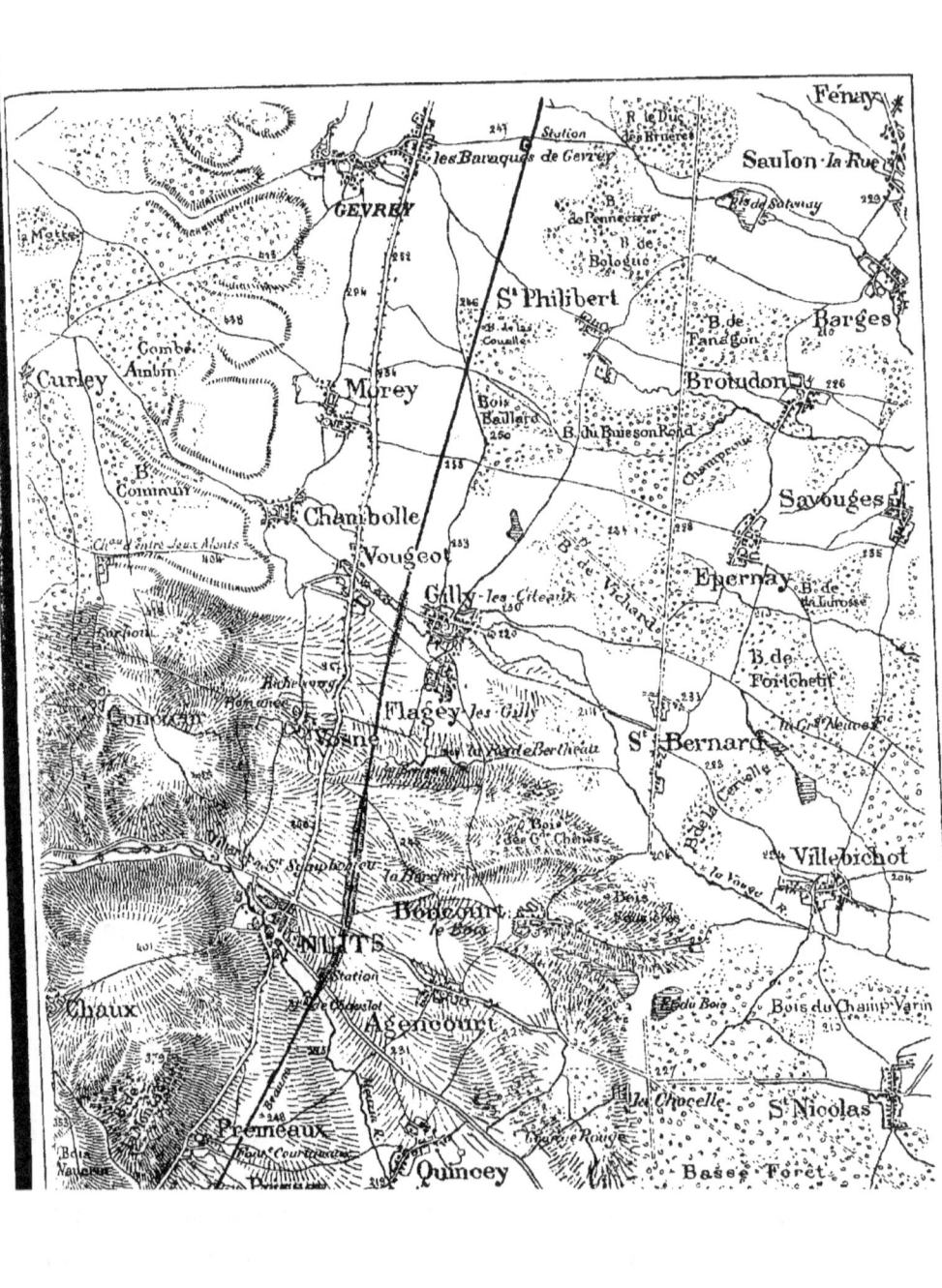

en venait à se demander si l'adversaire n'avait pas quitté la vallée de la Saône pour gagner vers l'ouest, en se servant du chemin de fer. Il faisait part de cette supposition au grand quartier général, qui lui répondait, dans la nuit du 15 au 16, en étendant sa mission au soin de couvrir également le réseau ferré situé en arrière, par l'occupation de Nuits-sur-Armançon et de Semur, tandis que les fractions du VIIe corps qui s'y trouvaient jusqu'alors, appuyant vers la Loire, rompraient incontinent sur Auxerre pour y prendre contact avec la IIe armée. Le XIVe corps devait continuer d'ailleurs, ainsi qu'il avait été prescrit, à tenir le gros de ses forces sous Dijon, prêt à prendre l'offensive. »

Par suite de ces divers mouvements, les forces prussiennes disponibles à Dijon et dans ses environs atteignaient à peine une vingtaine de mille hommes, contre lesquels les trente-cinq mille hommes de Garibaldi, de Cremer et de Pellissier auraient pu se mesurer, si le général italien y eût apporté quelque bonne volonté. Cremer, espérant toujours que le chef de l'armée des Vosges finirait par se décider à intervenir, rapprochait ses avant-postes de Dijon, opérant sa concentration pour être prêt à attaquer au premier jour.

Le général de Werder ayant eu connaissance par ses éclaireurs des rassemblements de troupes qui s'effectuaient sur le versant sud-est de la côte d'Or, prescrivit au général de Glümer, commandant la division badoise, de se porter au sud pour les disperser.

En conséquence, le 18 décembre au matin, la 1re et la 2e brigade d'infanterie badoise chargées de l'opération partaient à la fois sur plusieurs colonnes, à gauche, par Saulon-la-Rue sur la route de Longvic, à droite, par

Vougeot, Concœur, Curley, avec sept escadrons et six batteries ; le général de Werder se joignait, avec une partie de son état-major, à la colonne principale composée de deux régiments et demi d'infanterie, de six escadrons de dragons, de cinq batteries, de trois quarts compagnie pionniers, qui prenait par Saulon-la-Rue et Épernay ; la 3º brigade d'infanterie demeurait seule sous Dijon, avec le 3º régiment de dragons, les 1re et 2º batteries légères et la batterie à cheval.

Après avoir refoulé les avant-postes français établis à Saulon-la-Rue et sur la Vouge, la colonne de gauche arrive vers midi devant Boncourt. La fraction de la colonne de droite en marche sur la grande route par Vougeot rencontre, à Gevrey, quelques bataillons postés en éclaireurs qui se replient après une légère escarmouche, et débouche devant Vosne avec la seconde fraction venue par Concœur, tandis qu'une troisième fraction, arrivée par Curley, attaque Villars-Fontaine et le coteau de Chaux avec deux bataillons du 4º régiment d'infanterie et la 4º batterie légère.

La ligne française alors concentrée s'étend circulairement de Villars-Fontaine au ruisseau du Meuzin par Vosne, la Berchère, Boncourt et Agencourt, couvrant la portion de la voie ferrée en avant de Nuits, cette ville, et, en arrière, les hauteurs de Chaux d'où notre artillerie forte de quinze pièces domine, à l'exception de quatre pièces laissées en bas, toute la vallée et le champ de bataille.

A partir de midi, le combat commence à notre gauche par les hauteurs, et s'étend progressivement du nord à l'est et au sud-est de la ville. La gauche française est commandée par le colonel Poullet, la droite par le colonel

Gratiani ; le général Cremer, qui est au centre, a établi son quartier général sur la place de Nuits.

Les 1ʳᵉ et 2ᵉ légions de mobilisés du Rhône, le 32ᵉ de marche, un bataillon de mobiles de la Gironde, les chasseurs du Rhône, quelques compagnies de francs-tireurs, enfin le 57ᵉ de marche arrivé par le chemin de fer au cours de l'action, soit dix mille hommes environ, engagent le combat contre les deux brigades badoises.

Après avoir réduit à l'impuissance et complètement démonté la 4ᵉ batterie prussienne, notre artillerie, très bien postée sur la colline, dirige principalement son feu sur les masses d'infanterie de la colonne de droite, qu'elle empêche d'avancer, pendant que nos tirailleurs s'opposent avec le plus grand courage aux efforts de la gauche allemande. Après deux heures d'une résistance opiniâtre, les défenseurs de Boncourt, craignant d'être débordés par l'ennemi, qui prolonge sa droite dans la direction de Vosne, se replient sur la Berchère puis sur la tranchée du chemin de fer devant laquelle s'engage une lutte désespérée. Les trente pièces de canon de la principale colonne ennemie entrent alors successivement en action, des deux côtés de la route de Boncourt à Nuits, contre les lignes épaisses de nos tirailleurs. Les deux bataillons du régiment des grenadiers du corps qui ont débouché par la Berchère, le troisième bataillon du même régiment et les deux bataillons de mousquetaires du 2ᵉ régiment de grenadiers prussiens engagés sur la route de Boncourt à Nuits, cherchent vainement à se rendre maîtres de la voie ferrée dont ils sont séparés par un espace découvert et dépourvu d'abris. De deux heures à quatre heures on s'y fusille à bout portant dans une mêlée furieuse ; la position occupée par nos soldats derrière les talus du chemin de fer, à quinze ou vingt mètres de l'ennemi, les fait tirer haut et rend leurs coups mortels [1]. Les corps s'entassent les uns sur les autres; sept cents hommes des deux régiments de grenadiers allemands [2] tombent et servent de rempart à la seconde ligne qui cherche à se dissimuler derrière eux.

« C'en était fait des colonnes prussiennes si les nôtres avaient été soutenus, » d'autant que grâce à nos excellentes positions nos pertes étaient jusqu'alors relativement peu considérables. Mais, à la nuit tombante, la deuxième légion du Rhône, à peine engagée depuis une heure, lâche pied sans qu'il soit possible de la retenir ; le colonel Celler est grièvement blessé en s'efforçant de la ramener au combat. Pénétrant dans notre ligne par ce créneau, l'assaillant prend les nôtres à revers, enlève leur position, les poursuit jusqu'à Nuits où ils se reforment et tiennent encore pendant plus d'une heure, se battant dans les rues et dans les maisons. Enfin, vers six heures, sous le coup d'une panique produite par l'obscurité, ils abandonnent la ville, laissant six cents prisonniers aux mains de l'ennemi.

L'artillerie française contre laquelle toutes les tentatives ont échoué continue à tirer, jusqu'à une heure avancée de la soirée, sur les masses badoises entassées dans Nuits, protégeant avec le 57ᵉ de marche la retraite de l'armée sur Beaune et sur Chagny, et dès onze heures le général de Werder se prépare à rentrer à Dijon.

« Jusqu'à quatre heures, nous avions l'avantage, écrit

---

1. Sur soixante-dix cadavres allemands qu'a vu enterrer le frère Pantaléonis, tous sans exception avaient été frappés à la tête.
2. Rapport du grand état-major prussien.

un témoin, surtout par le grand nombre des ennemis tués ; mais nous ne devions pas tarder à perdre le champ de bataille. Les Prussiens, malgré leurs pertes immenses, marchaient toujours en avant. Vers cinq heures et demie, six heures, les nôtres se replient sur Nuits, espérant s'abriter dans les maisons comme derrière des remparts ; malheureusement les Prussiens y arrivent en même temps et la bataille se continue dans les rues. Bientôt les Prussiens restent les maîtres ; les nôtres battent en retraite après avoir perdu beaucoup d'hommes dans les rues de Nuits, et en y laissant au moins trois cents prisonniers. Sur ces entrefaites, arrive un bataillon du 57e ; ce bataillon veut recommencer la lutte, mais les Prussiens embusqués dans les maisons font pleuvoir sur nos soldats une grêle de balles, tandis que de nombreux obus éclatent sur leurs têtes comme la foudre. Il faut dire néanmoins que c'est cette attaque du 57e qui a protégé la retraite. Enfin, lui-même s'est retiré à son tour ; il était six heures et demie du soir. Épouvanté de sa victoire, l'ennemi n'a pas osé nous poursuivre. Ses blessures étaient si profondes qu'il lui fallait au moins la nuit pour les panser. On n'estime pas à moins de trois mille le nombre des morts prussiens, parmi lesquels un prince de Bade, trois autres princes et quarante officiers. »

« L'infanterie cheminant par bonds successifs, lit-on dans le rapport du grand état-major prussien, se rapproche peu à peu de la position ennemie (ligne du chemin de fer), malgré des pertes très sérieuses. L'adversaire la défend avec un acharnement extrême, continuant son feu jusqu'à bout portant, et c'est vers quatre heures seulement, après une mêlée furieuse, qu'il se replie en désordre sur Nuits. Le bataillon de fusiliers du 2ᵉ régiment, poussant derrière l'adversaire en retraite, se jette sur le quartier sud de la ville ; mais il ne parvient pas à vaincre la résistance des défenseurs. La 1ʳᵉ batterie lourde se porte alors vivement au-delà du chemin de fer et, sans se préoccuper de ses pertes assez sensibles, elle canonne pendant un certain temps, d'une distance de huit cents pas environ, les masses ennemies entassées dans Nuits, pendant que la 3ᵉ batterie légère prend position sur le chemin de fer. Vers cinq heures enfin, ébranlés par l'action du canon, les défenseurs cèdent le terrain, après une faible résistance, devant l'attaque des bataillons badois ; mais pendant longtemps encore les batteries françaises continuent à tirer du coteau de Chaux....... Les bataillons qui avaient pénétré dans Nuits y passaient la nuit au bivouac sur la place du Marché, sous la protection d'un fort réseau d'avant-postes établi dans la direction de Chaux et de Premeaux ; le reste des troupes s'installait auprès de la Berchère et d'Agencourt... Cette journée meurtrière avait coûté à la division badoise un peu plus de neuf cents hommes — cinquante-cinq officiers, huit cent quatre-vingt-cinq hommes, quatre-vingt-deux chevaux ; — les pertes des Français s'élevaient approximativement à mille sept cents hommes dont six cent cinquante prisonniers non blessés..... Sans parler de plusieurs officiers supérieurs, les lieutenants-généraux de Glümer et prince Guillaume de Baden étaient blessés dans l'action engagée devant le chemin de fer. Ils étaient remplacés dans leur commandement, le premier par le général de Werder, le second par le colonel de Renz ; mais aussitôt après, ce dernier tombait à son tour frappé de trois balles. Le commandant du 1ᵉʳ bataillon du régiment des grenadiers du corps, major baron de Gemmingen, avait été aussi mortellement blessé... L'ennemi avait engagé dix mille hommes environ de la division Cremer, dont une partie toutefois venant de Beaune par chemin de fer n'avait débarqué qu'au cours même du combat. Le 19 au matin, après s'être assuré que les Français avaient disparu des environs de Nuits, le général de Werder ramenait les troupes badoises sous Dijon. »[1]

De notre côté les colonels Gratiani et Celler, chargeant à la tête de leurs régiments, trouvèrent une mort glorieuse; la 1re légion du Rhône se distingua particulièrement. « C'est là, a déposé le général Cremer, que le bataillon de la Gironde, sous le commandement de M. de Carayon-Latour, s'est si noblement conduit; il a perdu cent quarante hommes. » Le manque de munitions, surtout pour l'artillerie qui avait tiré deux mille coups et n'avait plus que dix-huit coups par pièce, décida le général Cremer à battre en retraite[2]. Les renforts envoyés de Lyon par le général Bressoles et d'Autun par Garibaldi arrivèrent trop tard. Ce combat qui terrifia l'ennemi et dont il ne parlait qu'avec épouvante, disant n'avoir pas encore éprouvé un feu aussi nourri, eût été pour nos armes une victoire si Garibaldi avait secouru plus tôt le général Cremer; dix mille hommes de l'armée des Vosges arrivant vers trois heures à Nuits auraient décidé en notre faveur du succès de la journée, ou tout au moins permis à nos troupes de conserver leurs positions; et le lendemain, les six mille hommes envoyés de Lyon et les huit mille[3] mobilisés du général

---

1. *Guerre franco-allemande de 1870-71*, 2e partie.
2. *Enq. parl.*, t. III, déposition du général Cremer.
3. Général Pellissier. *Les Mobilisés de Saône-et-Loire en 1870-71*, p. 34.

Pellissier entrant en ligne, eussent mis en déroute la division badoise déjà fortement ébranlée. Cremer, qui depuis l'affaire de Châteauneuf pressait Garibaldi de reprendre l'offensive, qui le 14 encore lui demandait de se tenir prêt[1], qui dans la nuit du 17 au 18 le prévenait de l'attaque de l'ennemi[2], a donc eu raison de reprocher au chef de l'armée des Vosges sa coupable inaction ; l'opinion publique se montra aussi justement sévère pour le général italien.

M. Bordone n'en prétend pas moins que l'envoi des deux brigades Menotti et Ricciotti, arrivées sur les lieux alors que tout était fini, a été la cause déterminante de la retraite des Prussiens sur Dijon, de telle sorte que Garibaldi et non le général Cremer serait le véritable héros du combat de Nuits.

« En effet, dit le fantaisiste chef d'état-major, l'ennemi menacé sur son flanc droit et sur ses derrières (par Ricciotti qui tombait sur son flanc entre Beaune et Nuits), et voyant que devant un retour offensif des troupes de Cremer sur cette ville il pouvait être enfermé et coupé de sa ligne de retraite sur Dijon, se replia précipitamment sur cette ville, après avoir perdu beaucoup de monde. Et voilà comment, par des mouvements habiles et spontanés, Garibaldi et son armée transformaient pour ainsi dire la bataille de Nuits en victoire, et épargnaient même au général Cremer et aux renforts venus de Lyon la peine de reprendre l'offensive en remontant de Chagny à Beaune et à Nuits. »[3]

Les Allemands n'ayant pas dépassé Nuits n'ont pu

---

1. Bordone. *Garibaldi et l'Armée des Vosges*, 2ᵉ partie, p. 235.
2. Idem, *ibidem*. 2ᵉ partie, p. 238, dépêche de Menotti Garibaldi au sous-préfet de Beaune.
3. Idem, *ibidem*, 2ᵉ partie, p. 239.

être menacés sur leur flanc et sur leur derrière par Ricciotti qui arrivait le 19 au matin seulement entre Beaune et Nuits déjà évacué, et par suite le général de Werder, en se repliant sur Dijon, n'a pas obéi aux considérations que lui prête M. Bordone. Les pertes qu'avaient subies le général ennemi, son isolement depuis le départ du VIIe corps, l'éparpillement de ses forces échelonnées de Belfort à Nuits, lui faisaient une impérieuse nécessité de regagner Dijon au plus vite, et le blâme exprimé par le général Cremer contre la conduite de Garibaldi se renfermant obstinément dans une ville qui n'était pas menacée, n'est que trop justifié.

Ce combat, où des troupes improvisées, inférieures en nombre à l'ennemi, lui avaient néanmoins infligé des pertes égales aux siennes, passionna l'opinion et remplit d'espoir le général Cremer. Loin de se décourager, n'en persistant que davantage dans son idée d'attaquer Dijon au plus tôt, il réclamait de nouveau le concours de Garibaldi.

« Autun de Chagny, 18 décembre. — Général Cremer à général Garibaldi. — Je reçois vos officiers d'ordonnance ; si vous m'appuyez sérieusement, avec les renforts qui me viennent de Lyon, demain je reprends l'offensive. J'ai été attaqué par toutes les troupes de Dijon, nous nous sommes retirés faute de munitions, mais nous n'avons pas été entamés ; — l'ennemi est très fatigué et a perdu beaucoup de monde, — nous ne sommes pas découragés ; réponse immédiate. Signé : CREMER. »

L'occasion était évidemment très favorable pour tenter quelque chose dans ce moment où les troupes de Werder, abandonnées à elles-mêmes, très impressionnées par la résistance opiniâtre, par les pertes qu'elles venaient d'éprouver, donnaient le spectacle d'une désorganisation visible. Garibaldi n'en jugea pas ainsi ; il trouva que l'évacuation de Nuits par l'ennemi suffisait à sa gloire, et ses deux fils retournèrent avec leurs brigades dans leurs joyeux cantonnements.

Le reste du mois de décembre se passa de même sans qu'il fût possible de tirer l'Italien de sa léthargie militaire, ni de l'arracher aux préoccupations étrangères aux choses de la guerre.

En vain M. de Freycinet lui télégraphiait-il à la fin de décembre : « J'envoie près de vous M. de Serres pour examiner les questions pendantes[1] et me proposer des solutions ; mais en attendant il serait très utile que vous ne restiez pas enfermé dans Autun. Vous pourriez nous rendre de grands services, en ce moment, en faisant des démonstrations dans diverses directions, de manière à inquiéter l'ennemi et le retenir dans le territoire environnant. Je crois que vous feriez bien de transporter votre quartier général à Bligny ; vous examinerez ensuite avec M. de Serres si vous ne devez pas avancer davantage vers le nord, et j'aurais toujours compris, quant à moi, que votre mission était d'occuper Dijon. »

Garibaldi n'en restait pas moins obstinément à Autun, occupé, dit M. Bordone, « à escadronner au nord et à l'ouest du côté de Montbard. » L'escadronnage garibaldien consistait essentiellement à parcourir la campagne, à la ravager, à piller, à maltraiter les habitants, sauf à décamper aussitôt qu'il n'y avait plus rien à prendre ou que l'on signalait l'approche de l'ennemi.

« Depuis le siège d'Autun jusqu'au moment du départ

---

[1]. Affaires Frapolli, Baillehache, Panni, Pradier, etc., etc.

des garibaldiens pour Dijon, a déposé M. le juge Castilhon, il y a également de nombreux faits de réquisitions dans les campagnes. Ces hommes allaient par bandes armées de douze, quinze, trente personnes, et ils pillaient le plus qu'ils pouvaient. »

« Je vous ai dit que le corps d'armée de Garibaldi se permettait des faits inouïs, ajoute le général Pellissier. Je pourrais vous citer une quantité de faits, des maisons forcées, surtout des maisons de tolérance dont on enfonçait les portes. L'assassinat en pleine rue ne faisait pas reculer les francs-tireurs et les volontaires de Garibaldi... Dans les villes, ces francs-tireurs s'observaient un peu ; mais dans les fermes ils entraient en maîtres et disaient au fermier : « Tu vas nous donner telle chose où nous allons brûler ta baraque ! » Ils faisaient des réquisitions. Ainsi, une nuit, lorsque je commandais à Chagny, il vint une compagnie qui enfonça un cabaret et menaça le commandant de place qui voulait s'opposer à leurs déprédations..... En avant de Dijon la compagnie des Ours Nantais fit de telles déprédations que je fus obligé de la faire revenir à Dijon, de la licencier, de la désarmer et de traduire en cour martiale le capitaine et plusieurs autres. »[1]

« Tous les jours, écrit encore le même général, je recevais des plaintes de la part des maires de ces communes rurales, contre les exactions que se permettaient les compagnies de francs-tireurs. Assurément, me disait un jour l'un d'eux, les Prussiens, s'ils étaient chez nous, ne nous feraient pas autant de mal. »[2]

---

1. *Enquête parlementaire sur les actes du gouvernement de la Défense nationale*, t. III. Déposition du général Pellissier.
2. Général Pellissier. *Les Mobilisés de Saône-et-Loire en 1870-71.*

C'est cette manière de faire la guerre que M. Bordone désigne par le mot « escadronner ».

Quant aux opérations militaires de l'armée des Vosges, pendant la seconde moitié de décembre, la section historique du grand état-major prussien les résume et les apprécie en une phrase : « Les patrouilles qui élairaient dans le sud ne rencontraient des forces sérieuses sur aucun point ; une colonne plus considérable envoyée par la division badoise sur Châtillon ne trouvait également que des bandes de francs-tireurs qui disparaissaient au plus vite. »

Telle était la coopération de Garibaldi à la défense nationale.

« Et cette coopération était des plus actives, s'écrie M. Bordone, et nous pourrions bien la proclamer exorbitante, si on la compare aux forces dont nous disposions. Qu'on nous dise qui a empêché l'armée de la Loire d'être tournée du côté de Nevers, si ce n'était notre 4ᵉ brigade et une partie de la 2ᵉ par leurs avancées dans la direction de Semur et de Montbard ? Comment, en effet, un ennemi qui grâce à l'habileté stratégique de Garibaldi avait été battu dans toutes les rencontres et n'avait aucune notion du chiffre exact de nos troupes, pouvait-il s'aventurer en ayant sur son flanc gauche une armée, qui, dans la période qui s'est écoulée entre le 15 et le 27 décembre, se montrait à la fois dans Saulieu, Semur, Château-Chinon, Pouilly-en-Auxois, Chanceaux, Lormes, Courson, Coulonge-sur-Yonne, Vermanton, Cussy, Rouvray et Précy, délogeait les Prussiens des positions de Nuits-sous-Ravières, Noyers et Montbard, et avait sur tous ces points des engagements avec l'ennemi que, suivant l'intention du gouvernement, on retenait et on occupait sur tous ces points, d'où il essayait vainement une marche sur Clamecy, pour tourner l'armée de la Loire. »[1]

Les extraits de la *Guerre franco-allemande* qui ont été cités, ceux qui le seront ultérieurement, les dépêches de MM. Gauckler, de Freycinet, etc., réfutent complètement ces inventions puériles. L'histoire, la guerre, la justice, étaient traitées avec le même sans-gêne par Garibaldi et son introuvable chef d'état-major.

---

1. Bordone. *Garibaldi et l'Armée des Vosges*, 2ᵉ partie.

CHAPITRE VIII

Garibaldi à Dijon.

I. Expédition de Bourbaki dans l'Est; mission confiée à Garibaldi. — II. L'armée des Vosges se rend à Dijon; sa conduite et celle de l'état-major. — III. Le général de Manteuffel marche au secours du général de Werder; il traverse la partie méridionale du plateau de Langres sans être inquiété. — IV. Conséquences de l'inaction de Garibaldi.

I

Les événements se succédaient de plus en plus tristes sans modifier les résolutions de Garibaldi, de plus en plus décidé à ne rien entreprendre, à ne pas sortir de l'Eldorado autunois. Le gouvernement ne pouvant compter sur son concours pour reprendre Dijon et marcher au secours de Belfort, dut s'adresser à Bourbaki pour remplir cette mission. Ce général commandant la 1re armée de la Loire coupée de la 2e depuis la reprise d'Orléans par les Prussiens, avait reçu l'ordre de se rendre à Nevers pour s'élever jusqu'à Montargis, afin de venir en aide par cette diversion aux défenseurs de Paris. M. de Serres fut chargé de lui proposer la nouvelle combinaison.

Il s'agissait de forcer les Allemands à évacuer Dijon, Gray et Vesoul, de débloquer Belfort, puis, si ce résultat était obtenu, de se porter sur Langres pour couper les communications de l'ennemi. Il était convenu que, pendant la marche sur Belfort, l'armée de l'Est serait garantie sur son flanc gauche, de Gray à Langres et à Dijon, par Garibaldi, sur ses derrières, par une autre armée, et que Besançon serait approvisionné de façon à permettre à l'armée de l'Est de s'y appuyer, si elle se trouvait dans la nécessité de rétrograder. Par une anomalie singulière et une coupable imprudence, l'armée des Vosges et son chef conservaient leur indépendance et restaient en dehors de l'action du généralissime. « Cette armée, télégraphiait le 21 décembre M. de Freycinet à Gambetta, conservera son indépendance, mais le général Garibaldi sera prié de vouloir bien accueillir les propositions du général Bourbaki en vue d'une coopération de son armée à l'action du général français. » Alors même qu'il se fût agi d'un souverain mettant son armée au service de la France, le ministre de la guerre eût dû repousser une pareille combinaison qui mettait le sort d'une armée française à la discrétion d'un étranger. Mais il fallait compter avec les exigences de Garibaldi.

C'est que « ce personnage n'était pas facile à manier, et, grâce au rôle qu'on lui avait laissé prendre, on ne pouvait pas disposer de lui comme de tout autre général. Il fallut, pour utiliser au profit de la France une armée qu'elle payait à peu près sans compter, que M. de Freycinet s'ingéniât à trouver le moyen d'obtenir le concours du chef de cette armée dont la susceptibilité aurait pu se formaliser de recevoir des ordres. En conséquence, M. de Freycinet se concerta avec M. de Serres, qui fût chargé de s'assurer du bon vouloir du général italien, en flattant son amour-propre; et l'on crut avoir tout arrangé en le priant d'accorder sa coopération — c'était le terme qu'on avait imaginé — à l'expédition projetée. Flatté par ces égards, le général Garibaldi voulut bien promettre sa coopération, mais il demeura libre en principe et absolument en dehors de l'action du général en chef. Sans nous arrêter à ce qu'il y avait de singulier dans ces ménagements, surtout quand on les compare aux procédés dont on usait à l'égard des généraux français, nous ne pouvons nous empêcher de faire remarquer combien était étrange la pensée de donner à un étranger, laissé libre de ses mouvements, une mission de laquelle pouvait dépendre le sort de la campagne. Ce qui confond encore plus, c'est de voir cette imprudence commise de parti pris, quand une armée levée, équipée, entretenue aux frais de la France, était confiée entièrement à un général plus connu par ses opinions politiques que par sa valeur militaire. Il était alors de notoriété publique que dans les pays occupés ou parcourus par les bandes garibaldiennes, ces bandes vivaient à nos dépens et déclaraient, d'accord avec leurs chefs, qu'elles étaient venues en France, moins pour combattre les Prussiens que pour assurer le triomphe de la république universelle..... C'était là une faute considérable, et comme elle a eu de tristes conséquences, M. Gambetta a essayé d'atténuer sa responsabilité, en avançant que le général Garibaldi n'avait pas répondu à la confiance que l'on avait mise en lui. » [1]

Bien que le général Bourbaki ne partageât pas les illusions du gouvernement relativement au révolutionnaire italien, bien qu'il se rendît compte des dangers de

---

1. Perrot. *Rapport sur les actes du gouvernement de la Défense nationale*, t. II, p. 14 et 15, 123, 124.

cette coopération indépendante, comme il se souciait fort peu, du reste, d'entrer en relations avec l'armée des Vosges dont l'indiscipline et le mauvais esprit étaient connus de tous, il accepta les propositions de M. de Serres et commença immédiatement son mouvement sur Chalon-sur-Saône. Dès que son armée y fut concentrée, Dijon fut abandonné par le général de Werder dont le quartier général fut reporté en arrière, à Vesoul; l'évacuation de Gray et de Vesoul fut la conséquence de la continuation de la même manœuvre. Au fur et à mesure que l'armée de l'Est s'élevait vers le nord, le général de Werder se massait en avant de Belfort pour couvrir le siège de cette place, évacuant tout le territoire précédemment occupé.

« A cette époque, lit-on dans la *Guerre franco-allemande,* des bruits de provenances diverses signalaient des mouvements de masses nombreuses destinées à débloquer Belfort..... D'autre part, d'après une communication du quartier général, il y avait lieu de supposer que l'armée du général Bourbaki s'était mise en marche de Nevers sur Chalon-sur-Saône, et le VIIe corps avait été invité à rompre sur Châtillon pour faire tête aux Français, concurremment avec les troupes postées dans la vallée de la Saône. En présence de cette situation, le général de Werder prenait le parti de concentrer toutes ses forces disponibles autour de Vesoul..... Sur ces entrefaites, le grand quartier général ayant autorisé l'évacuation de Dijon en raison des circonstances, la 4e division de réserve était venue s'établir dans la région au sud-est de Vesoul, et la division badoise au sud-ouest, tout en conservant une brigade à Gray..... Mais rien n'était venu corroborer de quelque façon que ce fût les renseignements relatifs à un mouvement du général Bourbaki vers l'est; tout au contraire... Cette situation d'une part, et d'un autre côté, l'offensive des Français sur le Loir autorisaient donc toujours à prêter à l'adversaire, comme le plan d'opérations le plus logique et par suite le plus probable, celui d'un mouvement simultané des deux armées de la Loire pour dégager la capitale serrée de fort près. Partant de cette hypothèse, on avait décidé la marche de la IIe armée sur le Mans, l'envoi du IIe corps investissant Paris dans la direction de Montargis et, par un télégramme chiffré en date du 2 janvier, on avait prescrit au général de Zastrow, dont le mouvement avait été arrêté déjà à Nuits-sur-Armançon et à Montbard le 30 décembre, de rétrograder sur Auxerre, afin de couvrir au sud le blocus de Paris, concurremment avec le IIe corps d'armée..... Cette communication était précédée le 1er janvier (pour le XIVe corps), de l'ordre de se reporter en avant dans la direction de l'ouest et du sud-ouest, de réoccuper Dijon si cela était possible, et de rétablir des troupes d'observation autour de Langres, attendu que l'ennemi ne paraissait pas avoir l'intention de percer entre Besançon et Belfort..... Mais la nouvelle était enfin parvenue à Versailles d'événements..... qui ne laissaient plus aucun doute sur la présence autour de Vesoul de l'armée de Bourbaki [1]..... Si pendant longtemps le grand quartier général était resté dans l'incertitude au sujet de cette importante constatation, il ne perdait plus dès lors un instant pour arrêter les mesures les plus détaillées en

---

1. Des renseignements très sûrs, dit le colonel de Wartensleben, avaient fait connaître à Versailles le plan du général Bourbaki.

vue de parer à l'imminence du danger..... Toutes les troupes présentes sur le théâtre sud-est des opérations[1] devaient former une nouvelle armée dite armée du Sud, dont le commandement était confié au général de Manteuffel. »

En conséquence, le mouvement sur Dijon était arrêté et le VII⁰ corps, après avoir fait une démonstration destinée à couvrir la retraite sur Vesoul du XIV⁰ corps, se mettait en marche pour rejoindre le général de Werder.

« En se portant sur la Saône, vers la fin du mois de décembre, le général de Zastrow avait pris tout d'abord sa direction sur Dijon quand, le 30, il recevait un télégramme lui ordonnant de faire halte autour de Nuits-sur-Armançon et de Montbard, de laisser au général de Werder son indépendance d'action et de s'occuper à désarmer la population. Afin de venir tout au moins indirectement en aide au XIV⁰ corps en appelant l'attention de l'ennemi sur son propre mouvement, le général de Zastrow avait concentré, le 1ᵉʳ janvier, le gros de la 13ᵉ division d'infanterie au sud de la ligne Pouillenay-Semur ; il avait porté l'avant-garde sur Pouillenay et Flavigny, et il avait fait occuper par les troupes des ailes Semur ainsi que Darcey. Puis, le 2 janvier, des colonnes mixtes avaient été poussées dans les directions de Saint-Seine, Sombernon et Saulieu. La colonne dirigée sur Saint-Seine délogeait une bande de francs-tireurs du défilé de Courceau et gagnait Chanceaux, d'où, à l'appa-

---

1. A savoir les VII⁰ et XIV⁰ corps d'armée ainsi que la 4ᵉ division de réserve retenue en partie devant Belfort, et le II⁰ corps d'armée venu de Montargis à Nuits-sur-Armançon et Noyers, soit un total de 118 bataillons, 54 escadrons, 53 batteries et 316 pièces. (*Guerre franco-allemande de 1870-71*, 2ᵉ partie, p. 303, supplément CLVII.)

rition sur ce point de forces garibaldiennes supérieures, elle battait ensuite en retraite sur Frolois. Le télégramme ordonnant la marche sur Auxerre était parvenu au général de Zastrow le 2 janvier ; il était en partie tronqué, mais il permettait encore de se rendre compte de la direction assignée au mouvement. Le lendemain 3, la 13ᵉ division d'infanterie s'était massée entre Flavigny, Semur et Montbard, pour se porter ensuite sur Auxerre, par Noyers et Chablis, conformément aux éclaircissements reçus entre temps. Le colonel de Dannenberg restait en arrière avec six bataillons, trois escadrons et deux batteries afin de protéger la ligne ferrée Chaumont-Nuits-Tonnerre. En atteignant les environs d'Auxerre, le 6 janvier, le VIIᵉ corps avait appris la présence de corps francs à Avallon et celle de forces ennemies assez sérieuses à Clamecy ; il s'était alors couvert vers le sud tandis que son avant-garde occupait Vallan et Villefargeau sans parvenir cependant à apercevoir l'adversaire dans cette direction. C'est de ces divers points que les troupes entamaient leur mouvement vers la Haute-Saône pour aller concourir à la formation de l'armée du Sud. » [1]

L'escadronnage garibaldien a donc été complètement étranger aux décisions du grand état-major prussien ainsi qu'aux opérations des VIIᵉ et XIVᵉ corps, sauf toutefois la pointe poussée sur Sombernon et Saulieu par le général de Zastrow en vue de dérober et au besoin de protéger la marche sur Vesoul du général de Werder, au cas où Garibaldi et Cremer auraient eu l'intention de l'entraver.

---

1. *Guerre franco-allemande*, 2ᵉ partie.

Lorsque le XIV⁰ corps eut achevé, sans être inquiété, ses opérations, le général de Zastrow, conformément aux ordres reçus, rétrograda à son tour pour gagner la Haute-Saône. Garibaldi s'attribua immédiatement l'honneur de ce mouvement; il proclama, à l'égal d'autant de victoires, l'occupation de Nuits-sous-Ravières, de Noyers, de Montbard et des autres localités abandonnées sans coup férir par l'ennemi, déclarant en outre avoir empêché le général de Zastrow de tourner l'armée de la Loire par Clamecy, comme si jamais les Allemands eussent songé à cette opération. « A qui doit-on l'éloignement des Prussiens qui étaient en avant de nous et qui pouvaient inquiéter la marche de l'armée de l'Est sur Besançon et sur Belfort? » s'écrie comiquement M. Bordone.

L'évacuation de Dijon, motivée par la marche de Bourbaki sur Belfort, fournit au charlatanisme garibaldien une autre occasion de se déployer à son aise. Non seulement M. Bordone prétendit que « la précision, le talent stratégique et la capacité militaire supérieure de Garibaldi » avaient provoqué cette mesure, mais encore il se vanta de l'avoir prévue quinze jours à l'avance, comme devant être la conséquence du « cercle d'embuscades » garibaldiennes organisées autour cette ville !

« Le 27 au matin, écrit-il, le pont de Buffon sur l'Armançon sautait et séparait pour ainsi dire les troupes de Zastrow de celles de Werder; aussi les troupes prussiennes de Dijon abandonnaient cette ville, où à la première heure du jour entraient le commandant Ordinaire avec les francs-tireurs du Doubs et le commandant Eudeline avec les francs-tireurs de Colmar, et nous annoncions, à 5 heures 10 du matin, cette nouvelle au ministre, qui pouvait se convaincre que tout s'était passé comme nous l'avions prédit, c'est-à-dire que nous entrerions à Dijon sans perdre un homme. » Si Garibaldi était de bonne foi en émettant des prétentions aussi grotesques, il en résulterait qu'il ne comprenait absolument rien au rôle des forces ennemies qu'il était appelé à combattre, pas plus qu'à la situation générale.

Quoi qu'il en soit, il ne se hâtait pas de conduire à Dijon son armée victorieuse dont le gros continuait à occuper Autun où le quartier général restait toujours établi, bien qu'il ait été formellement convenu avec le ministre de la guerre qu'il devait être transporté à Dijon, dès que cette ville serait évacuée.

« Si l'on se reporte à la déposition de M. de Serres, lequel avait été chargé par le ministre de négocier à Autun avec le général Garibaldi ce qu'on appelait sa coopération, on voit qu'on avait arrêté d'un commun accord, dès le 23 décembre, qu'aussitôt Dijon délivré, Garibaldi y transporterait son quartier général et se chargerait d'interdire l'accès de cette contrée aux forces allemandes marchant au secours du général de Werder. De cette façon, l'ennemi serait obligé pour entrer en action de faire un grand détour en passant au nord de Langres. On pouvait espérer que l'armée des Vosges allait se mettre immédiatement en mouvement. Cela était d'autant plus nécessaire que le général de Werder à peine parti, le général de Zastrow avait fait une démonstration offensive qui semblait indiquer l'intention de reprendre Dijon. Cependant l'armée des Vosges ne bougea pas. M. Bordone ne trouvait pas suffisantes encore les satisfactions qu'on lui avait données ; il continuait à se plaindre du ministre, et pour montrer son mécontentement, il ne craignit pas, dans un moment si critique, de s'absenter, d'aller de sa personne à Avignon, laissant l'armée garibaldienne dans une confusion, dans un désordre complet. Le général Garibaldi étant alors malade, l'armée demeurait sans chefs. C'est ainsi du moins que M. de Freycinet a présenté l'état de choses dans sa déposition. Un tel fait, inqualifiable en lui-même, était, selon les lois militaires, punissable, et, s'il se fût agi de tout autre officier que du colonel Bordone, le ministre n'aurait certainement pas hésité à agir, à lui demander compte de l'abandon de son poste devant l'ennemi. Mais le coupable était l'*alter ego* du général Garibaldi; il fallait user de ménagements envers lui et M. de Freycinet se contenta de lui adresser des télégrammes où la bienveillance domine sous une apparente sévérité. » [1] En même temps, M. de Freycinet essayait d'obtenir directement de Garibaldi l'accomplissement des promesses faites à M. de Serres, c'est-à-dire le départ de son armée pour Dijon.

A défaut du condottière, les généraux Cremer et Pellissier faisaient, le 29 décembre, leur entrée dans la vieille capitale de la Bourgogne, au milieu de l'enthousiasme des habitants qui, « en revoyant l'uniforme français, oubliaient ce qu'avait eu de douloureux le contact insolent de l'étranger. » Jaloux de l'ovation faite à ces généraux, Garibaldi publia, sous la signature du capitaine Ordinaire, depuis député du Rhône, un article qui finissait ainsi : « Le général Garibaldi a récemment refoulé l'armée prussienne dans Dijon. Ce haut fait

---

[1]. Perrot. *Rapport sur les actes du gouvernement de la Défense nationale*, t. II, p. 129 et 130.

d'armes a préparé des lauriers que les Français, selon leur habitude, se sont empressés de cueillir. Ce fait de s'approprier la gloire d'autrui sera, nous le pensons, apprécié à sa juste valeur. » C'est ainsi que l'on aimait et estimait les Français à l'état-major garibaldien !

Néanmoins, Garibaldi ne pouvait toujours pas se résoudre à quitter Autun. Les tentatives audacieuses faites les 1 et 2 janvier par les têtes de colonnes du VIIe corps dans les directions de Saulieu, Sombernon, Saint-Seine, afin de venir indirectement en aide au XIVe corps, avaient fait croire à une nouvelle attaque imminente contre Dijon. On rappelait donc en toute hâte le général Cremer de Fontaine-Française, où il était déjà parvenu, au secours de la ville devant laquelle il arrivait dans la nuit du 1 au 2 janvier. Au risque de laisser reprendre Dijon et de compromettre gravement le résultat des opérations entreprises dans l'est, le chef de l'armée des Vosges, qui ne voulait pas s'exposer à un retour offensif de l'ennemi, cherchait des prétextes pour rester à Autun. M. de Freycinet dut le rappeler à l'ordre. « Guerre à Garibaldi, 3 janvier, 10 heures 55 soir. — Je suis fort surpris qu'étant à une aussi faible distance de Dijon, votre armée ne s'y soit pas déjà rendue, et qu'elle réclame aujourd'hui d'y être transportée par chemin de fer. Ayant déjà ordonné à la compagnie d'y transporter le 15e corps et ce transport commençant demain matin mercredi, à six heures, il est maintenant trop tard pour que je puisse donner contre-ordre. Vous n'avez, selon moi, qu'une chose à faire, c'est de vous mettre en route immédiatement par voie de terre et avec cette agilité dont vous avez donné des preuves, de marcher sur Dijon en tombant sur le flanc de l'ennemi s'il tente d'y revenir. — Signé : DE FREY-CINET. »

Garibaldi reçut à Dijon où il s'était rendu, le 3 janvier, avec quelques officiers de son état-major, cette dépêche à laquelle il répondit immédiatement : « Garibaldi à ministre guerre, Bordeaux. — Impossible de faire marcher soldats sans capotes ; je retourne à Autun. Signé : G. GARIBALDI. » Il retourna donc à Autun, « mécontent au-delà de toute expression, écrit M. Bordone, des procédés dont on usait envers lui et envers son armée. »[1] « Ce mécontentement était permanent, » a très justement dit M. Perrot.

Toutefois cette situation ne pouvait s'éterniser, parce qu'à défaut du gouvernement l'opinion publique très surexcitée avait besoin de ménagements. De plus, le général de Zastrow ayant fait revenir Cremer sous Dijon et dégagé ainsi le général de Werder, rebroussait chemin et rétrogradait sur Auxerre, conformément aux ordres reçus le 2 janvier, de telle sorte que tout danger était désormais écarté de ce côté. Enfin, la compagnie du chemin de fer offrait de transporter les troupes garibaldiennes. Grâce à ces conjonctures favorables Garibaldi consentit enfin à se rendre à Dijon. Dans la soirée du 4 janvier, l'ordre de marche était donné à toutes ses troupes qui quittaient Autun le lendemain matin et arrivaient, du 7 au 11 janvier, par dix-huit trains spéciaux, dans la capitale de la Bourgogne.

« Il ne pensa point néanmoins, à informer le ministre de son départ. Nous trouvons en effet, le 6 janvier, M. de Freycinet pressant l'armée des Vosges de se mettre en

---

[1]. Bordone. *Garibaldi et l'Armée des Vosges*, 2ᵉ partie, Autun.

mouvement. Il télégraphie à M. Bordone pour l'engager à partir et il mande à M. de Serres d'aller à Autun, d'y régler les difficultés que le chef d'état-major continue à susciter et d'arrêter, s'il est possible, un plan d'opérations. « Le colonel Bordone, dit-il, me passe une
» dépêche doublement étonnante; d'une part, il pré-
» tend que son armée n'a jamais dû défendre Dijon, que
» vos instructions ne le portaient pas ; et de l'autre, il
» réclame la présence d'un délégué pour régler les diffi-
» cultés pendantes. En tout état, veuillez aller à Autun,
» et faire en sorte que cette armée coopère réellement
» avec nous, ce qu'elle n'a encore pas fait; arrêtez donc
» avec Bordone un plan de coopération très précis, que
» vous ferez connaître à Bourbaki et à moi. Quant à
» toutes autres difficultés, tâchez de les aplanir à l'amia-
» ble, et indiquez-moi, s'il y a lieu, les mesures à
» prendre. Il serait bon, pour prévenir tout malentendu
» ultérieur, que le plan arrêté avec Bordone fût résumé
» par écrit, et que chacun de vous deux en eût un exem-
» plaire. » Vous le voyez, Messieurs, ce qui caractérise la conduite du général Garibaldi, ou plutôt de son état-major, c'est un esprit constant d'antagonisme, et un mauvais vouloir persistant qui augmente chaque fois qu'il est question d'agir. Il avait fallu au ministre quinze jours de négociations pour obtenir que l'armée des Vosges voulût bien se transporter à Dijon. Un tel retard, que rien ne motivait, était déjà grandement regrettable ; il faisait perdre un temps précieux pour les dispositions qu'il était nécessaire de prendre ; mais ce n'était là que le prélude de faits plus graves qui allaient signaler le rôle de cette armée. »[1]

---

1. Perrot. Rapport, t. II, p. 132 et 133.

Aussi bien le gouvernement faisait tout ce qu'il fallait pour aboutir à un désastre. Au lieu de manifester, dès le principe, son mécontentement contre la conduite de Garibaldi, de prendre les mesures nécessaires pour éviter à l'avenir le renouvellement de pareils agissements, M. de Freycinet adressait des compliments hyperboliques à M. Bordone parce qu'il était enfin revenu d'Avignon et avait repris ses fonctions, l'assurant de sa confiance, s'abaissant jusqu'à solliciter avec instance la coopération de ce personnage en révolte contre le gouvernement ! [1]

Garibaldi et son favori, sachant dès lors que la faiblesse du ministre égalait son incapacité, pouvaient désormais agir à leur guise. Tant il est vrai que les hommes d'État ne s'improvisent pas plus que les capitaines.

II

Le commandement de Dijon et du département de la Côte-d'Or avait été donné au général Pellissier ainsi que celui de tous les mobilisés qu'on devait y réunir, sauf de ceux de l'Isère. L'armée des Vosges était chargée de la défense de Dijon, plus spécialement des opérations extérieures destinées à protéger le flanc gauche de

---

1. Perrot. Rapport, t. II, p. 643, dépêche n° 7859.

l'armée de Bourbaki. Cremer faisait désormais partie de l'armée de l'Est.

Dès leur arrivée à Dijon, les garibaldiens essayèrent d'y renouveler leurs exploits d'Autun, d'y établir leur république universelle, c'est-à-dire d'y continuer leurs brigandages. Au bout de peu de jours, la population était obligée de reconnaitre que, malgré leur insolence et leur barbarie, les Prussiens commettaient encore moins d'excès que ces malandrins. Et cependant les garibaldiens n'avaient envahi ni les églises, ni les maisons religieuses, ni les établissements d'éducation. Ce n'est pas l'envie qui leur en manquait, mais les Prussiens ne l'avaient pas fait et, d'autre part, le maire de Dijon, comprenant les devoirs de sa charge, n'hésita pas, à la différence de la municipalité autunoise, à prendre la défense de ses administrés, à réclamer contre les actes de vandalisme commis par les hordes garibaldiennes. Le général Pellissier lui prêta main-forte, de telle sorte que la république universelle ne put se développer complètement à Dijon.

Ce général, en vertu de ses pouvoirs de commandant de place, fit rendre à l'évêque sa voiture et ses chevaux dont une bande de francs-tireurs s'était emparée, et ordonna de relâcher de malheureux sacristains arrêtés par M. Bordone parce qu'ils avaient sonné la messe et donné par là même, prétendait le chef d'état-major, des signaux à l'ennemi. Son attention se porta également sur les sévices graves dont les garibaldiens se rendaient coupables vis-à-vis des mobilisés et des habitants.

La lettre suivante, adressée à Garibaldi par le général Pellissier, n'est qu'un pâle reflet des abominations commises par l'armée des Vosges, de sa haine contre les

troupes françaises avec lesquelles elle était en contact :
— « Dijon, 22 janvier 1871. — Mon général, investi du commandement de la subdivision militaire de la Côte-d'Or, chargé par conséquent de maintenir l'ordre dans la ville et la bonne discipline dans les troupes, il est de mon devoir de vous signaler des faits d'une gravité exceptionnelle et que vous eussiez réprimés vous-même s'ils étaient venus à votre connaissance. Depuis plusieurs jours déjà, des rapports me sont adressés par les commandants de mes légions ou par des citoyens notables de la ville. Tous me signalent avec une insistance croissante des faits déplorables et qui dégénéreraient bientôt, s'ils ne sont pas poursuivis avec la dernière rigueur, en actes de véritable brigandage. Déjà, j'ai donné aux chefs de corps sous mon commandement les ordres les plus sévères. Des rondes, des patrouilles doivent circuler toute la nuit dans les rues de la ville et prévenir de nouveaux désordres. Mais mes efforts seront inutiles, mon général, si vous ne me prêtez votre concours et si vous ne prenez à l'égard des soldats de votre armée cantonnés à Dijon des mesures promptes et énergiques. Depuis longtemps déjà, des hommes sous votre commandement sont devenus le scandale de la ville et en deviendront bientôt la terreur si vous n'y mettez ordre sans délai. Des demi-mesures ne sauraient suffire et l'indulgence serait une faute. Il ne s'agit pas seulement de faits isolés mais d'actes multiples répétés chaque jour. Le soir, les rues de la ville cessent d'être sûres pour les habitants; des passants sont insultés, maltraités même, par des hommes portant l'uniforme de votre armée ; des maisons où vos soldats ont été accueillis avec empressement ne sont pas même respectées par eux et devien-

nent le théâtre de désordres honteux, quelquefois même de graves violences. Des tentatives de vol sont commises, non seulement au préjudice des particuliers, mais des colonels commandant les légions mobilisées ont failli en être victimes ; des soldats de mes légions ont été attaqués et frappés ; bien plus, des balles, par imprudence je veux bien le croire, ont été tirées par des postes sous vos ordres sur des officiers mobilisés. Vous comprendrez aisément, mon général, les conséquences que peuvent avoir de si lamentables excès. On me signale de toute part une irritation croissante dans l'esprit de la population dijonnaise et qui menace de gagner les gardes nationaux mobilisés. Je ne puis répondre, si l'ordre le plus sévère n'est pas immédiatement rétabli, qu'il ne se produira pas des collisions déplorables entre des troupes poursuivant pourtant le même but, et qui ne devraient songer, dans les circonstances où nous sommes, qu'à combattre l'ennemi commun. Je pourrais citer des faits nombreux ; les preuves sont entre mes mains. Je me contente, mon général, de vous demander expressément de faire traduire devant une cour martiale le nommé Louis Vieillard, franc-tireur sous vos ordres, qui a été, cette nuit, arrêté pour des faits relatés dans le procès-verbal du commissaire de police, que je joins à ma lettre. Agréez, etc. Signé : PELLISSIER. »

En remplissant ainsi son devoir, le général Pellissier s'attira la haine irréconciliable de l'état-major garibaldien, qui, à force de dénonciations et de calomnies, parvint à lui faire retirer son commandement.

La population de Dijon était toutefois bien mieux traitée que celle d'Autun par les sicaires de l'homme néfaste qui, à la face des Prussiens, excitait ses soldats à la guerre civile par de détestables proclamations rappelant les plus mauvais jours de notre histoire. Les protestations du maire de Dijon, du général Pellissier, des habitants, des mobilisés exaspérés, l'impossibilité de représenter cette ville comme « un repaire de calotins », toutes ces causes contribuèrent à atténuer l'orgie qui ne fut jamais poussée aussi loin qu'à Autun.

En janvier, comme en décembre, la guerre aux citoyens se compliquait de conflits avec les autorités civiles et militaires, pendant qu'on laissait Manteuffel opérer tranquillement sa marche aventurée de l'ouest à l'est, au secours de Werder refoulé derrière la Lisaine par le général Bourbaki.

« L'état-major garibaldien était à peine installé à Dijon, lit-on dans le rapport de M. Perrot, que, fidèle à ses habitudes, il entrait en conflit avec les autorités locales, et notamment avec le général Pellissier, qui avait le commandement supérieur des mobilisés, et avec le commandant du génie Chenot, qui était chargé de fortifier les abords de la ville. On peut voir dans le livre de M. Bordone de quelle façon il s'évertuait chaque jour à déprécier ces deux officiers auprès du ministre, ne parlant d'eux que dans les termes les plus méprisants, se plaignant à tout propos de leur incapacité, les déclarant plus nuisibles qu'utiles, en un mot, n'ayant qu'une pensée, celle d'obtenir qu'ils lui fussent sacrifiés comme l'avaient été MM. Frapolli et de Baillehache, il voulait s'en débarrasser pour arriver ainsi à dominer sans partage. De tels procédés venant d'un tel homme auraient dû ouvrir les yeux du ministre. Cependant M. Gambetta, qui connaissait le personnage, — car il en avait fait lui-même un portrait frappant et il savait trop bien ce qu'on pouvait attendre de son opiniâtreté, — au lieu de rompre une bonne fois avec un système de condescendances qui pouvait devenir si compromettant pour le succès des opérations commencées, continua à s'incliner devant les exigences du chef d'état-major de l'armée des Vosges.

» On essaya d'éviter ces querelles de personnes, — qui avaient existé partout où Garibaldi et son entourage s'étaient trouvés, — en distinguant, par une décision spéciale, son commandement qui devait comprendre l'action extérieure, du commandement du général Pellissier qui était restreint aux mobilisés, sauf quelques légions attribuées à l'armée des Vosges. Ce n'était pas là le compte de M. Bordone. Il voulait tout absorber. Connaissant trop bien le ministre auquel il s'adressait, il continuait à se plaindre avec aigreur de tout le monde et de toutes choses. Qu'imagina-t-on pour mettre un terme à cette situation ? Ce fut, il faut bien le dire, quelque incroyable que puisse paraître cette mesure, ce fut de nommer général celui qui était, au vu et au su de tout le monde, l'auteur des embarras qu'on éprouvait, le colonel Bordone. Le 13 janvier, M. de Freycinet adressait au général Garibaldi le télégramme suivant :
« Le gouvernement de la République vient de nommer
» Bordone général. En conférant ce grade à l'homme
» que vous honorez de votre confiance, nous avons voulu
» vous prouver, une fois de plus, notre sympathie et
» notre respect. »

» On espérait, à l'aide de cette faveur si peu justifiée, obtenir le concours de M. Bordone ; on tâchait de s'en faire un titre pour s'assurer de sa bonne volonté. Nous allons voir que ni l'un ni l'autre de ces deux buts ne fut atteint. Mais nous ne pouvons nous dispenser de faire remarquer, comme un des symptômes de l'esprit qui régnait alors, que M. de Freycinet, le même M. de Freycinet qui faisait signer à M. Gambetta cet étrange brevet, s'était posé, dans une autre circonstance, comme le défenseur de l'honneur de l'armée, et avait osé reprocher à M. Gambetta, comme une concession au fétichisme militaire, la confiance qu'il montrait au général Bourbaki.

» Malgré les graves préoccupations qui assiégeaient alors tous les esprits, cette nomination de Bordone révolta l'opinion. A Bordeaux, la presse réclama énergiquement contre ce qu'elle appelait un attentat à l'honneur national. Eh quoi ! disait-on, peut-on récompenser cet homme, qui depuis trois mois ne cesse d'insulter nos lois, nos mœurs, nos sentiments religieux ? Etait-ce pour avoir expulsé les jésuites de Dôle et envahi l'évêché d'Autun que Bordone était promu au grade de général ?

» Par une étrange ironie des événements, le jour même où s'accomplissait cet acte si justement critiqué, le général de Manteuffel se mettait en mouvement pour franchir les passages que Bordone, avec l'armée garibaldienne, aurait dû défendre, et qu'il ne chercha même pas à disputer à l'ennemi. Voilà comment le nouveau général inaugurait ses galons. » [1]

---

1. Perrot. *Rapport sur les actes du gouvernement de la Défense nationale*, t. II, p. 136, 137, 138.

III

Ainsi qu'on a pu le voir précédemment, le grand état-major prussien était resté pendant longtemps dans l'erreur au sujet de la position et de l'objectif du général Bourbaki. Ce fut le 5 janvier seulement, à la suite des combats d'avant-postes devant Vesoul, que la véritable situation lui fut révélée : au lieu de se diriger sur Montargis au secours de Paris, la 1re armée de la Loire, considérablement renforcée et atteignant un effectif de plus de cent mille hommes, était déjà à la hauteur de Vesoul, s'efforçant de se jeter sur les communications des armées allemandes. Les déclarations des prisonniers français conformes « à un rapport détaillé fourni par un espion et dont l'exactitude fut reconnue plus tard[1] », avaient fait connaître à l'ennemi « les plans exacts du général Bourbaki. »

En conséquence, le général de Moltke, craignant que le général de Werder ne fût pas en état de soutenir seul le choc de Bourbaki, se décidait d'envoyer à son aide les IIe et VIIe corps d'armée. Appelé en toute hâte du nord, le général de Manteuffel fut investi du commandement en chef de toutes ces troupes; pour assurer l'unité d'action on lui donna la direction supérieure des opérations, en lui subordonnant même le général de Werder.

Arrivé à Versailles dans la nuit du 10 janvier, le commandant en chef de l'armée du Sud y recevait ses ins-

---

1. *Guerre franco-allemande de 1870-71*, 2e partie, suppl. CLVIII, p. 514.

tructions et se dirigeait sur Châtillon-sur-Seine qu'il atteignait le 12 janvier au soir. Les troupes mises à sa disposition pour aller au secours du XIVᵉ corps, et dont l'effectif s'élevait à cinquante mille hommes environ [1], se trouvaient alors dispersées sur une ligne de trente-cinq kilomètres d'étendue, de Nuits-sur-Armançon à Châtillon-sur-Seine et Mussy, par Noyers et Montigny. Comme il ne pouvait, pour le moment, porter un secours immédiat au général de Werder battu le 9 janvier à Villersexel, il voulait tenter de se jeter sur nos lignes de communication, pendant que le XIVᵉ corps se maintiendrait en avant de Belfort. Vu l'urgence, il choisissait la route la plus courte pour se porter vers la vallée supérieure de la Saône et se décidait à passer entre Langres et Dijon, malgré les difficultés que cette marche devait lui offrir.

A cet effet, il divisait son armée en trois colonnes. Celle de gauche, forte d'à peu près treize mille hommes, [2] sous les ordres du général de Zastrow, commandant du VIIᵉ corps, devait remonter le plateau par Montigny, Arc-en-Barrois, jusqu'à Chameroi, et redescendre sur la Saône par Longeau. La colonne du centre, d'un effectif de douze mille hommes environ [3], avec laquelle marchait le général de Manteuffel, avait pour itinéraire Recey, Auberive, Prauthoy. La troisième colonne, formant la droite de l'armée du Sud et comprenant tout le IIᵉ corps sauf la brigade de Kettler demeurée en arrière pour la

---

1. Le supplément CLVII donne l'ordre de bataille de l'armée du Sud. *Guerre franco-allemande de 1870-71*, 2ᵉ partie, p. 503.
2. 14ᵉ division du VIIᵉ corps ; commandant : général-major baron Schuler de Senden.
3. 13ᵉ division du VIIᵉ corps ; commandant : lieutenant-général de Bothmer.

garde des magasins et la surveillance des troupes de Dijon, était composée de deux divisions[1] comprenant vingt bataillons, six escadrons, soixante-douze pièces, trois compagnies de pionniers, un bataillon du train et une colonne de munitions. Elle était sous les ordres du chef de corps, général de Fransecky, et s'élevait à un chiffre de vingt mille hommes environ. Le trajet qu'elle avait à effectuer était le plus long, le plus difficile et le plus dangereux. De Nuits-sous-Ravières, il lui fallait gagner Lucenay, Chanceaux, Courtivron, Selongey, défilant ainsi à quelques lieues de Dijon, à proximité des quarante mille hommes[2] qui s'y trouvaient et qui pouvaient si facilement entraver sa marche. L'ordre de l'armée du Sud, datée de Châtillon-sur-Seine, le 13 janvier, était ainsi conçu :

« Le II⁰ et le VII⁰ corps d'armée commenceront demain leur marche à travers les monts de la Côte-d'Or; ils déboucheront le plus tôt possible avec le gros de leurs forces sur la ligne Selongey-Longeau. Pour cette marche, le II⁰ corps d'armée suivra la route Montbard, Chanceaux, Is-sur-Tille; les routes situées au nord seront affectées au VII⁰ corps. A moins de modifications nécessitées par les événements, les marches seront exécutées conformément au tableau ci-joint; les points indiqués déterminent à peu près la ligne à occuper par les gros. Les avant-gardes, surtout celles du VII⁰ corps, devront

---

1. 3ᵉ division ; commandant : général-major de Hartmann. — 4ᵉ division ; commandant : lieutenant-général Hann de Weyhern.

2. A la date du 17 janvier, l'armée des Vosges comprenait à peu près vingt mille hommes et le nombre des mobilisés réunis à Dijon était de vingt-deux mille sept cent trente-deux. — Voir Bordone. *Garibaldi et l'Armée des Vosges*, 2ᵉ partie, et rapport Perrot, t. II, dépêche n° 547, p. 689 et 690; dépêche n° 77, p. 686.

être poussées très loin en avant, afin d'atteindre et de couvrir le plus rapidement possible le débouché des montagnes. Cette mesure a aussi pour but d'ouvrir un défilé au II° corps, en cas d'attaques ennemies venant de Dijon. A cet effet, les troupes, arrivées à la sortie des montagnes, s'y établiront militairement. Le quartier général marchera avec la colonne de droite du VII° corps d'armée. Le VII° corps fera couvrir la marche de ses troupes et de ses convois dans la direction de la place de Langres. Afin de couvrir l'armée, ses communications, ses magasins et la voie ferrée Châtillon-Nuits, dans la direction du sud, un détachement, placé sous les ordres du général-major de Kettler, restera en arrière. Ce détachement se composera de la 8° brigade d'infanterie, de deux batteries et de deux escadrons du II° corps d'armée [1]. Il s'établira d'abord dans les environs de Montbard et agira, en général, conformément à l'instruction ci-jointe.... — Signé : baron DE MANTEUFFEL. »

TABLEAU DE MARCHE

CORPS DE TROUPES	LES TROUPES ARRIVERONT LE :			
	14 janvier	15 janvier	16 janvier	17 janvier
VII° corps d'armée (avec le gros)				
14° division	Arc-en-Barrois	Chameroi	Longeau	—
13° division	Recey	Auberive	Prauthoy	—
II° corps d'armée (avec les têtes)	Lucenay	Chanceaux	Courtivron	Selongey
Quartier général	Leuglay [2]	Germaine	Prauthoy	—

1. Six bataillons, deux escadrons, douze pièces.
2. En réalité, le quartier général fut établi le 14 janvier à Voulaine.

Ces instructions montrent ce qui aurait pu et dû être tenté pour arrêter ou tout au moins pour retarder la marche de l'ennemi. Pour peu qu'on s'y fût préparé à l'avance, rien n'eût été plus facile que de le harceler et de lui infliger des pertes sensibles dans ces dangereux défilés où la direction des routes et des vallées permettaient de le prendre en flanc. Les difficultés de l'entreprise confiée au général de Manteuffel étaient en effet considérables. Il lui fallait traverser, par des chemins couverts de verglas ou de plusieurs pieds de neige, un massif montagneux et boisé, coupé par des gorges profondes, diviser son armée en plusieurs colonnes isolées les unes des autres, ne pouvant s'entr'aider par suite du manque de routes latérales et de l'impraticabilité de celles qui existaient; les approvisionnements, les convois nécessaires à l'alimentation d'une pareille armée, le mauvais état de l'habillement, de la chaussure des hommes, de la ferrure des chevaux, étaient autant d'obstacles qui venaient s'ajouter aux difficultés du terrain, aux rigueurs de la saison et faire à Garibaldi la partie la plus belle qu'un général puisse rêver. Ces vingt mille hommes du IIe corps, traversant un pays ennemi couvert de forêts dans des conditions aussi défavorables, obligés de laisser « leurs bagages en arrière, même ceux de certains états-majors [1] », offraient une proie bien tentante aux quarante mille hommes réunis à Dijon; mais il eût fallu un peu de patriotisme, de dévouement, d'expérience de la guerre, pour profiter de cette occasion inespérée, et à l'armée des Vosges la patrie était aussi inconnue que l'art militaire. La répu-

---

1. *Guerre franco-allemande de 1870-71*, 2° partie, p. 1222.

blique universelle absorbait tout, résumait tout, suffisait à tout.

Il faut lire dans les publications officielles allemandes le triste récit de cette campagne qui, grâce aux révolutionnaires, devait avoir pour nous une issue si fatale.

« La ligne étendue qu'occupaient les troupes allemandes au moment de leur départ, écrit la section historique du grand état-major prussien, n'était pas un obstacle à leur marche en avant. Il y avait lieu de prendre en considération s'il n'était pas opportun de se porter contre Dijon, où plusieurs bonnes routes conduisaient à travers le pays montagneux. La prise de la vieille capitale de la Bourgogne aurait produit d'autant plus d'effet, que la presse républicaine avait, peu de temps auparavant, exagéré l'importance de la réoccupation de ce point par les troupes françaises. Mais le danger pressant était Belfort..... Il s'agissait donc avant tout de ne pas perdre de temps et l'entreprise sur Dijon eût été un détour.

» Le général de Manteuffel résolut en conséquence, malgré tous les obstacles à surmonter, de marcher droit aux forces principales de l'ennemi. Si, pendant ce temps, celles-ci réussissaient à refouler le général de Werder sur la haute Alsace, le commandant en chef se jetterait aussi vite que possible sur leurs troupes d'arrière-garde. Si, au contraire, le XIVe corps parvenait à repousser l'adversaire, et que celui-ci battit en retraite, l'intention du général de Manteuffel était de se porter à sa rencontre et sur ses communications, en exécutant une conversion à droite.

» Les difficultés que le IIe et le VIIe corps avaient à surmonter dans leur marche en avant n'étaient pas peu importantes. Pour se porter sur Vesoul, il fallait traverser la partie sud de l'aride plateau de Langres, sur des routes couvertes de neige et peut-être tout à fait impraticables. De nombreux ruisseaux, qui prennent leur source sur le plateau, coulent soit vers la Seine, soit vers la Saône. Ils croisaient la direction à suivre; leurs vallées profondes devaient être franchies sur des routes escarpées, ce qui, par le verglas, était doublement pénible. Les meilleures routes qui traversent le plateau se trouvent dans les vallées et courent en général du nord-ouest au sud-est. Il n'était donc pas possible de les utiliser. Dans ce pays accidenté et couvert de grandes forêts, il n'était pas facile de maintenir la liaison entre les différentes colonnes. Chacune d'elles devait veiller à sa sécurité dans toutes les directions. En outre, ce pays offre peu d'abris. Ce n'est que sur le versant est que l'on rencontre un plus grand bien-être et que l'on trouve la grande culture.

» La route à suivre passait entre Dijon et Langres; on savait ces deux villes fortement occupées. On s'attendait, en conséquence, à une résistance sérieuse, dans cette région difficile. Bien que quelque repos eût été agréable aux troupes après les marches continues qu'elles avaient effectuées, il fallait repartir le plus tôt possible... malgré que la chaussure des hommes et la ferrure des chevaux fussent dans le plus mauvais état.....

» La marche en avant commença le 14 janvier par un brouillard épais, un grand froid et sur des chemins glissants comme des miroirs. Les fatigues furent bientôt très considérables; les colonnes de marche s'allongeaient sensiblement et des retards notables se produisaient.

Les troupes n'atteignirent leurs cantonnements [1] que très tard dans la journée après un léger engagement à Marac avec un détachement d'infanterie française qui perdait son drapeau et était rejeté sur la place de Langres.

» Le quartier général fut établi à Voulaine..... Dans la matinée du 15 janvier le froid descendit à 14 degrés; les difficultés de marche devenaient encore plus grandes que la veille. Les troupes atteignaient cependant les points qui leur avaient été indiqués [2]........ Le temps changea dans la nuit du 16. Une violente tempête remplaça la gelée. Le verglas des routes était couvert d'eau provenant du dégel et de la pluie. Ce fut à grand'peine que le gros de l'armée atteignit la ligne Moloy-Prauthoy-Longeau.....

» Le IIe corps d'armée n'avait encore eu aucune rencontre sérieuse avec l'ennemi, mais il découvrit sur son flanc droit, dans la vallée de l'Oze, des détachements français et trouva en avant de son front des traces laissées par la brigade de Ricciotti Garibaldi, qui s'était replié sur Dijon. Le détachement couvrant le flanc droit du VIIe corps d'armée apprenait à Selongey que deux mille garibaldiens étaient encore arrivés dans cette localité le 14 et qu'ils en étaient repartis le 15 pour Dijon. Les patrouilles reconnaissaient qu'Is-sur-Tille était inoccupé et trouvaient par contre à Épagny de faibles partis d'infanterie française. Dans cette même journée le général de Kettler se portait sur Avallon, où les habitants avaient tiré sur ses patrouilles, la canonnait et lui imposait, à titre d'amende, de fortes réquisitions.....

---

1. Lucenay-le-Duc, Recey-sur-Ource et Arc-en-Barrois.
2. Chanceaux, Auberive, Chamcroi, Germaine.

» Le 17, le général de Fransecky portait la brigade mixte qui marchait en tête du II⁰ corps vers la droite et lui faisait prendre au sud d'Is-sur-Tille une position d'observation contre Dijon. Sous la protection de cette brigade, la troisième division se déployait en terrain découvert et occupait des cantonnements serrés à Is-sur-Tille et aux environs. Derrière ces troupes, l'artillerie de corps et la quatrième division s'avancèrent jusqu'aux débouchés de la région montagneuse.

» Un détachement sous les ordres du colonel de Ferentheil s'était porté sur le flanc droit, partie dans la vallée de l'Oze, partie en côtoyant celle-ci à l'est, et avait réussi, non sans quelques pertes (trois officiers, vingt-deux hommes), à déloger les partisans ennemis de Verrey-sous-Salmaise et des hauteurs situées à l'est de Bligny-le-Sec. Ces troupes traversant des chemins difficiles passaient par Saint-Seine et rejoignaient, dans la nuit, leur division à Vernot..... Partout ailleurs le terrain fut trouvé libre jusqu'à la Saône.

» Conformément aux ordres du commandant en chef, le II⁰ corps d'armée se concentrait entièrement, le 18 janvier, à Is-sur-Tille, Thil-Châtel et Selongey..... En ce qui concerne le VII⁰ corps d'armée, la treizième division s'avançait jusqu'à Champlitte et Neuville-lès-Champlitte ; le général de Bothmer portait son avant-garde jusqu'à Pierrecourt, d'où on reconnut le pont de la Saône à Savoyeux. Le général de Senden s'avançait jusqu'à Frettes avec la quatorzième division, l'avant-garde à Poinson-lès-Fayl ; l'artillerie de corps gagnait Leffond.

» Bien que pour marcher dans la direction de l'est, le II⁰ corps fût en arrière d'une étape, les difficultés principales étaient déjà surmontées et l'on avait même la perspective de passer la Saône sans empêchements. Malgré toute la rigueur de la saison et le mauvais état des routes, la traversée des montagnes avait eu lieu dans un temps relativement court, sans incident et en ne subissant que des pertes de peu d'importance. L'ennemi n'avait fait ni de Dijon ni de Langres aucune tentative sérieuse pour arrêter la marche. Les lignes de communication seules pouvaient être un sujet d'inquiétudes. » [1]

« Ainsi, conclut M. Perrot, le général de Manteuffel était sorti des défilés avec deux de ses corps d'armée [2], le 7ᵉ et le 17ᵉ ; l'opération téméraire par laquelle il avait voulu aller au plus vite au secours du général de Werder se trouvait accomplie d'une façon inespérée, car elle n'avait coûté ni effort, ni sacrifice. Le général Garibaldi n'avait pas donné signe de vie dans les passages à traverser. Dès lors, le général de Manteuffel était le maître de joindre, quand il le voudrait, ses troupes à celles du général de Werder ; car il ne trouvait pas la Saône mieux gardée que les montagnes du Châtillonnais.....

» Hélas ! rien de ce qu'on pouvait faire n'a même été essayé, et les trois colonnes ennemies ont pu arriver sur les versants de la Saône, à heure fixe, sans coup férir. Pas un obstacle, pas un coup de fusil n'a retardé leur marche ! Et cela se passait à quelques lieues de Dijon où nous avions trente mille hommes !..... » [3] (Plus de quarante mille hommes.)

---

1. *Guerre franco-allemande de 1870-71*, 2ᵉ partie, p. 1113 à 1127.
2. Ainsi qu'on l'a vu, si l'armée de Manteuffel marchait en trois colonnes principales, elle ne comprenait encore que deux corps d'armée le IIᵉ et le VIIᵉ ; à la date où nous sommes, les colonnes de gauche (14ᵉ division) et du centre (13ᵉ division), avaient seules franchi le plateau sud de Langres.
3. Perrot. Rapport, t. II, p. 144.

Que devenait pendant ce temps l'armée garibaldienne? Dès le commencement de janvier, Garibaldi, harcelé par le ministre, avait envoyé son fils Ricciotti du côté de Montbard pour observer le général de Zastrow.

« Ricciotti s'acquitta de sa mission avec une certaine audace, et il eut avec l'ennemi plusieurs engagements qui, sans avoir d'importance, ont été racontés à son honneur. Un moment même, du 6 au 9 janvier, il s'était assez aventuré pour se trouver un peu compromis, et pour que son père, qui suivait attentivement ses mouvements à distance, fût inquiet sur son compte. Il était sorti heureusement de ce mauvais pas, et le 12 janvier, à six heures du matin, après avoir eu la veille à Baigneux-les-Juifs un dernier engagement avec une reconnaissance prussienne qui préparait la marche du général de Manteuffel, il était arrivé à Aignay-le-Duc[1] ». Là, dans la nuit du 12 au 13, il apprenait que cinquante à soixante mille Allemands étaient massés à Châtillon et dans les environs, se préparant à marcher vers l'est, et il en informait son père. Sachant désormais à quoi s'en tenir sur les intentions de l'ennemi, il s'empressait d'abandonner la contrée où il opérait depuis dix jours et se dirigeait par Échalot, Salives, Barjon, Avot vers Grancey où l'attendait le chef d'escadron d'état-major Castellaggi, chargé de lui porter des ordres.[2]

---

1. Perrot. Rapport, t. II, p. 171.
2. L'envoyé de Garibaldi, craignant de tomber entre les mains des Prussiens, pria M. de Grancey chez lequel il était logé de vouloir bien lui conserver une somme de 100,000 francs dont il était porteur. Un tel fait suffit pour indiquer ce que l'armée garibaldienne a pu coûter à la France et pour faire comprendre comment a pu être dépensé le crédit que la générosité de Gambetta avait ouvert pour les dépenses de ces aventuriers. — *Enquête parlementaire*, t. IV, dépositions Darcy et de Grancey; Perrot. Rapport, t. II, p. 172.

» On aurait pu supposer qu'en allant à Grancey, Ricciotti voulait disputer les défilés à l'ennemi ; il n'en était rien. Il chemina, tout en battant en retraite, parallèlement aux deux routes suivies dans la partie la plus accidentée du pays par deux colonnes prussiennes ; ayant devant lui au nord la colonne du centre où se trouvait le général de Manteuffel, derrière lui la colonne de droite, général de Fransecky, qui suivait la vallée de l'Ignon, et qui devait à un moment donné le couper avant son entrée à Dijon. Arrivé le 14 au soir à Avot, où vint le rejoindre, le lendemain matin, le colonel Lobbia à la tête d'une autre colonne mobile, il jugea opportun, après avoir pris connaissance des instructions de son père avec lequel il resta toujours en correspondance, de ne pas rester plus longtemps dans la contrée qu'il avait été chargé de défendre. Pendant que le colonel Lobbia, raisonnant de la même façon, gagnait la plaine et se rendait à Fontaine-Française, Ricciotti, tournant court, devança de vitesse la colonne prussienne de l'Ignon, et arriva avant elle à Is-sur-Tille. De là, il put retourner sans coup férir à Dijon où, au dire des témoins, il fit une entrée triomphale comme s'il revenait d'une expédition victorieuse [1]. Ainsi donc les manœuvres que venaient d'accomplir les deux lieutenants du général Garibaldi avaient consisté à éviter l'ennemi avec une grande dextérité. Ils lui abandonnaient, on pourrait dire ils lui livraient tous les passages vers la vallée de la Saône. Le 16 janvier, les Prussiens, qui suivaient les colonnes garibaldiennes sans pouvoir les atteindre, se portèrent

---

1. *Enquête parlementaire*, t. IV. Voir les dépositions de MM. Darcy et de Grancey.

sur Grancey où ils croyaient les rencontrer. N'y trouvant personne, ils ne dissimulèrent pas leur satisfaction d'avoir pu traverser un tel pays sans qu'il fût disputé. »[1]

Cette retraite précipitée des garibaldiens n'était motivée par aucune nécessité stratégique autre que celle de se dérober au choc des Prussiens dont ils connaissaient l'ordre de marche et l'objectif. Dès le 13, ainsi qu'on l'a vu, Ricciotti recevait à ce sujet les avis les plus précis; pendant les journées suivantes il constatait par lui-même l'exactitude de ces renseignements; il assistait à l'exécution du plan de Manteuffel, dont les détails lui étaient à chaque instant révélés par les mille moyens d'information dont dispose un chef de corps. « Les préparatifs des Prussiens n'étaient d'ailleurs un secret pour personne; on les connaissait par les récits des voyageurs, par les correspondances particulières. Tout Dijon savait qu'il se faisait d'énormes mouvements de troupes sur la ligne de Nuits-sous-Ravières à Châtillon, qu'on y réunissait une armée..... On concluait non moins généralement que cette armée ne pouvait avoir d'autre but que de menacer les flancs de Bourbaki. Ces appréhensions, imposées par le bon sens, étaient confirmées par ce qu'on savait de quelques mots échappés au général qui avait passé par Dijon, quelques jours auparavant. On savait qu'il redoutait un mouvement agressif des Prussiens entre Langres et Dijon et que Garibaldi avait pour mission de couvrir son flanc gauche. L'émotion grandissait de jour en jour. »[2]

1. Perrot. Rapport, t. II, p. 173 et 174; voir aussi déposition de M. de Grancey, *Enq. parl.*, t. IV.
2. *Enq. parl.*, t. IV, p. 105.

« A partir de ce moment [1], écrit de son côté le général Pellissier, les nouvelles furent de plus en plus significatives, et ne nous laissèrent aucun doute sur le passage d'une armée entre nous et Bourbaki. Je signalai ce mouvement au général commandant la division et au ministre ; le préfet de la Côte-d'Or, dans plusieurs dépêches successives et de plus en plus instantes, le signalait de son côté. On préféra s'en rapporter au général Bordone et à ses faux renseignements. » [2]

Mieux que personne, Garibaldi qui était initié au plan de la campagne, qui avait reçu et accepté la mission de défendre la haute Bourgogne, savait à quoi s'en tenir sur la nécessité de la disputer aux Allemands ; mieux que tout autre encore il était au courant de leur marche. Dès le 10 janvier, quatre jours avant le commencement des opérations de l'armée du Sud, il avait été prévenu des intentions de l'ennemi. Grâce à un système de correspondances établi dans le département de la Côte-d'Or, au moyen de ses cantonniers, l'ingénieur en chef M. de Laborie était informé de tous les mouvements des Prussiens. Le 10 janvier, ayant reçu de l'ingénieur ordinaire, resté à Châtillon-sur-Seine, une note importante lui signalant les dispositions prises par l'armée prussienne, il la portait lui-même à Garibaldi qu'il trouvait dans sa chambre souffrant d'une attaque de goutte.

« Je lui donnai, a déposé M. de Laborie, communication de la note que je venais de recevoir, ajoutant qu'un de mes vieux amis d'Afrique, le général Bourbaki, avait traversé Dijon, quelques jours auparavant, et qu'il se

---

1. 12 janvier.
2. Général Pellissier. *Les Mobilisés de Saône-et-Loire en 1870-71*, p. 97.

préoccupait beaucoup d'assurer ses derrières. Il était parti plein d'anxiété à ce sujet. Je sentais moi-même combien il était important d'empêcher, dans l'intérêt de l'armée de Bourbaki, les Prussiens de traverser la Côte-d'Or. Je dis donc au général Garibaldi : Vous voyez la note que je reçois. Entre Langres et Dijon, vous avez des défilés faciles à défendre, et puisque les Prussiens sont obligés d'y passer, il faut défendre ces positions. — Oh! soyez tranquille, me répondit-il, mes précautions sont prises, ne vous occupez pas de cela..... »

Le 14 janvier, à six heures du matin, de nouveaux renseignements de même origine furent apportés à M. de Laborie qui s'empressa de les communiquer au général. « A vrai dire, il me fallut un peu forcer sa porte, cependant j'entrai. Je trouvai Garibaldi et je lui remis cette dépêche en lui disant : Tenez, c'est assez important; cela ne se rattache pas tout à fait aux premiers renseignements, mais, d'après les explications complémentaires qui m'ont été données verbalement par le porteur, il est certain que l'armée allemande fait ou va faire un effort pour aller au secours de Werder qui est acculé sur la frontière. Garibaldi me répondit : — Oh! je n'ai aucune inquiétude; tout va bien. Ricciotti lui-même occupe les défilés entre Grancey et Dijon, à Is-sur-Tille. Voulez-vous me donner copie de cette dépêche? Je vais la transmettre immédiatement à Bourbaki. — Vous ferez très bien, lui dis-je. Puis je redescendis. En bas, je trouvai le préfet, M. Luce-Villiard, à qui je racontai ce que j'étais venu faire. Il me dit : Je m'assurerai si le général Bourbaki a été prévenu.

» Ceci se passait le 14. Le 15, le lendemain, je vis rentrer à Dijon le fils de Garibaldi, Ricciotti. Il était à la tête d'une troupe qui avait un aspect plus que bizarre. Tout cela rentrait triomphalement, musique en tête, sabres tirés, enseignes déployées. Cette arrivée me parut fort étrange ; ceci se passait vers quatre heures du soir. Dans la nuit, je reçus bien une douzaine de dépêches qui toutes me disaient : Les garibaldiens ont abandonné Is-sur-Tille à l'approche des Prussiens. Ceux-ci viennent jusqu'aux portes de Dijon ; on a enlevé tel homme à sept kilomètres..... Ces nouvelles s'accentuant de plus en plus, le 16 au matin, je revins de nouveau voir Garibaldi. Je lui dis : — Mais il se passe quelque chose d'étrange. Votre fils qui gardait les défilés en est sorti ; il est rentré ici en triomphateur ; il paraît qu'il s'est sauvé. Alors Garibaldi : — Mon Dieu! on m'a trompé. Ecoutez ! qu'est-ce que vous voulez que je fasse ? Appelons Bordone. — Je n'ai pas besoin de voir Bordone, répondis-je.

» Je me rappelle qu'il y avait dans un coin de la chambre à coucher un monsieur qui était habillé en général. Je demandai à Garibaldi : — Qu'est-ce que c'est que ce monsieur ? — C'est le général Delpech ? — Ce nom ne m'apprit rien, car alors je ne le connaissais pas, et je n'en sais pas aujourd'hui plus long. La conversation s'accentuait un peu avec Garibaldi ; elle était devenue pénible. M. Delpech n'y prit nullement part et s'absorba de plus en plus dans la lecture d'une feuille qui était probablement fort intéressante.

» Devant mon refus de voir Bordone, Garibaldi me dit : — Mon Dieu, Monsieur, il faut avoir égard à la douleur d'un père. Mon fils Ricciotti !...! Je crains qu'il ne soit sur son lit de mort !...! Il a pris une fluxion de poitrine. Puis il y a avec lui une douzaine de jeunes gens bien éduqués *(sic)*, qui n'étaient pas habitués à cette vie de fatigues. Voyez cependant tout ce qu'ils ont fait. Et le voilà qui prend une carte et se met à me détailler toute la campagne de Ricciotti depuis Autun jusqu'à Is-sur-Tille... En plein hiver!... ajouta-t-il. »

C'était essayer de s'en tirer par une scène de comédie. M. de Laborie ne put s'empêcher de faire remarquer à son interlocuteur qu'il ne s'agissait ni de fluxion de poitrine, ni de jeunes gens plus ou moins bien « éduqués »; que les intérêts les plus sérieux étaient en jeu; que si, en défendant les défilés, on obligeait les Prussiens à faire au nord de Langres un détour, leur marche serait retardée de huit jours et que le sort de la campagne pouvait en dépendre.

« — Tout cela est bien malheureux, répliqua-t-il, mais je crois que l'intérêt de la France est supérieur à celui de cet état-major, alors qu'il s'agit de la conservation d'un poste d'une importance majeure pour le coup de partie qui se joue en ce moment. Si les Prussiens peuvent traverser les défilés de la Côte-d'Or et gagner huit jours pour aller sur la Saône, vous comprenez de quel poids peut peser ce mouvement sur les destinées de la campagne du général Bourbaki. Vous voyez, il faut aviser. — Oh! je vais prendre mes mesures. Vous pouvez être certain que Dijon ne sera pas attaqué. — Eh! je ne songe pas à Dijon, je songe à l'armée de l'Est. — Je vais prendre des mesures; je vais envoyer des troupes sur les points où vous me signalez la présence des Prussiens; en ce moment même il y a déjà du monde, etc.

» Je rompis l'entretien en lui disant que tout cela ne me paraissait pas concluant, que je croyais de mon devoir de porter ce qui se passait à la connaissance de l'administration française. Je redescendis et j'allai trouver le préfet M. Luce-Villiard dans son cabinet. Je lui racontai l'entretien que je venais d'avoir avec Garibaldi, et je lui dis : — Il faudrait écrire à Bourbaki et faire prévenir à Bordeaux le ministre de la guerre. Alors M. Luce-Villiard tira de son tiroir un papier et me dit : — Prenez connaissance de cela. C'est la minute de la lettre que je viens d'expédier à Gambetta ; je ne l'ai pas conçue dans les mêmes termes que vous, mais elle dit les mêmes choses que celles que vous venez de dire.

» Là dessus je me retirai et je n'aurais plus songé à Ricciotti et à tout ce qui s'était passé, si, deux ou trois jours après, le 17, je crois, il n'y avait eu une alerte à Dijon. Les troupes se mirent à manœuvrer ; elles faisaient un tour vers une barrière, rentraient en ville, puis ressortaient ; c'était une espèce de circuit. J'allai voir cela en curieux, et, au moment où les garibaldiens défilaient en criant : Vive la République ! vive Garibaldi ! je vis arriver une voiture dans laquelle se trouvait ce dernier et M. Delpech. Par un malheureux hasard, j'aperçus Ricciotti qui était suivi des douze ou quinze cents hommes avec lesquels je l'avais vu rentrer le 15 à Dijon. J'avoue que je n'ai pu maîtriser un mouvement qui, du reste, n'a rien à voir dans le récit des faits qui peuvent intéresser la commission. »[1]

« La fluxion de poitrine, ajoute M. Darcy, était entrée sans doute dans la période de décroissance. »[2]

Comme un écolier pris en faute, Garibaldi donnait de mauvaises raisons et faisait de belles promesses pour

---

1. *Enquête parlementaire*, t. IV, p. 62, 63, 64.
2. Id. ibid. t. IV, p. 107.

l'avenir. Son inaction était d'autant moins justifiable que, à part les mobiles de l'Aveyron et la 1re légion des mobilisés de Saône-et-Loire, ses autres troupes, soit quinze mille hommes environ, étaient aussi bien armées et équipées que possible, pourvues de tout le matériel nécessaire, bien plus à même de faire campagne que l'armée de Bourbaki. Certes, l'indiscipline et le désarroi étaient grands à l'armée des Vosges ; c'était là une conséquence du détestable esprit, de l'incapacité du commandement ; mais cette désorganisation même condamnait le général qui, après avoir promis son concours au gouvernement, n'avait rien fait pour le rendre efficace, donnant ainsi la preuve d'une nullité militaire absolue ou d'une résolution coupable de ne pas tenir ses engagements.

Depuis le 23 décembre, où M. de Serres avait négocié à Autun la coopération de Garibaldi, rien n'avait été tenté pour préparer cette expédition si importante ; on a vu les retards apportés au départ de l'armée des Vosges, l'absence de M. Bordone, les occupations de l'état-major et des troupes, dès les premiers jours de leur arrivée à Dijon. Si, conformément à la raison et au devoir, Garibaldi eût quitté Autun vers le 28 décembre, ainsi que le pensait le ministre ; si son armée eût été répartie de suite dans les défilés qu'elle avait mission de défendre, au lieu de rester à Dijon livrée à l'oisiveté et au désordre ; si du 1er au 15 janvier elle s'y était fortifiée, utilisant pour la résistance les ressources naturelles du pays ; si Garibaldi avait usé de son ascendant sur ses troupes pour les encourager, leur imposant une discipline sévère ; si M. Bordone et l'état-major avaient recherché l'union au lieu des conflits, laissé de côté les dénonciations contre le général Pellissier, contre le commandant Chenot, contre le directeur des chemins de fer, contre les meilleurs citoyens, contre tout le monde; s'ils avaient porté leur activité contre les Prussiens et non contre les Français, il est certain que le général de Manteuffel aurait été obligé de modifier ses plans.

« Quelque médiocres qu'on veuille réputer les troupes de Garibaldi, lit-on dans une publication officieuse allemande, il lui aurait été facile de retarder assez la marche de l'armée prussienne pour compromettre gravement le succès de ses opérations. »

« Qu'on songe, en effet, a déposé M. Darcy, aux facilités de toutes sortes que la nature des lieux offrait à Garibaldi. Qu'on se représente une armée de soixante mille ou soixante-dix mille hommes, avec son artillerie et ses bagages, répartie sur trois ou quatre chemins vicinaux! Les colonnes s'allongeaient indéfiniment; les surprises d'un ennemi caché dans les bois auraient pu être cruelles. M. Bordet m'a dit que, le 16 janvier, il avait vu passer devant sa maison soixante-cinq pièces d'artillerie montée, quatre cents caissons et huit cents voitures de munitions, le tout gardé par cinq cents soldats d'infanterie environ. Le passage commencé à sept heures durait encore après midi. Le corps d'armée auquel appartenait ce convoi avait dix-huit heures d'avance, et il ne restait plus en arrière à Châtillon que quelques détachements sans importance. Quelle facile proie! Je le répète! il aurait suffi de quelques milliers d'hommes pour créer des embarras sérieux à l'armée prussienne, et le général Garibaldi est directement responsable du désastre final de l'armée de l'Est..... On ne lui demandait pas de battre Manteuffel, mais seulement de se faire battre par lui pendant trois jours. En l'arrêtant pendant trois jours seulement dans les défilés du Châtillonnais, Garibaldi aurait sauvé l'armée de l'Est. »[1]

Ces faits alors connus de tout le monde entretenaient une grande irritation contre Garibaldi, qui, continuant sa croisade en faveur de la république universelle, évitait, malgré les renseignements affluant de toutes parts, de se porter en avant. Cependant, au fur et à mesure que la marche des Allemands se dessinait, l'inquiétude devenait de plus en plus grande et, le 17 janvier, une panique se produisit à Dijon, où l'on venait d'apprendre l'apparition d'éclaireurs prussiens à quelques kilomètres de la ville. Pour le coup, les amis eux-mêmes du général durent se rendre à l'évidence et la presse républicaine en fut réduite à expliquer sa conduite; la façon dont elle essaya cette justification difficile équivaut à une condamnation sans appel : « Une colonne prussienne, dont l'importance ne paraît pas être de plus de quinze mille hommes, qui venaient de l'extrême gauche de l'armée de la Loire, disait *le Progrès de la Côte-d'Or*, a traversé depuis deux jours le département, en passant par Montbard, Darcey, Baigneux, Saint-Seine, Lamargelle, Is-sur-Tille et Fontaine-Française. Des éclaireurs de cette armée se sont écartés sur divers points..... Ces troupes se dirigent vers l'est et ne menacent nullement Dijon. Il nous semble qu'il était excessivement facile à nos braves et dévoués garibaldiens d'arrêter cette mince colonne, spécialement entre Chanceaux et Is-sur-Tille. S'ils ne l'ont pas fait, cela tient sans doute à des raisons de stratégie que nous n'avons pas à apprécier; la popu-

---

1. *Enquête parlementaire*, t. IV, p. 106.

lation de Dijon peut être rassurée ; s'ils sont restés inactifs, c'est que probablement il en devait être ainsi. »[1]

Le *Progrès de Saône-et-Loire* reproduisait cette information et l'accompagnait des réflexions suivantes : « Mais si ces quinze mille hommes ont pu passer ainsi sans coup férir, sans avoir été inquiétés, en vertu de quelque raison impérieuse que nous avouons ne pouvoir saisir, quelle faute et quelle responsabilité pour nos auxiliaires ! »

Il fallait que la colère provoquée par l'inaction criminelle des garibaldiens fût bien grande pour qu'on fît de pareils aveux. « La naïveté de ces justifications prouve que les amis confiants du général n'étaient pas dans le secret de ses pensées. Ils voyaient le fait, le parti pris de l'abstention, mais ils ne pouvaient pas supposer des motifs coupables à cette abstention, tels que ceux que l'enquête a mis à jour. »[2]

Mieux informé, le préfet Luce-Villiard en était réduit à gémir et à adresser dépêches sur dépêches dans toutes les directions, afin de provoquer des ordres qui arrachassent Garibaldi à sa léthargique torpeur. Après avoir prévenu le gouvernement et Bourbaki de ce qui se passait, il confiait ses appréhensions au général commandant Besançon :

« Je recevais très souvent des dépêches du préfet de la Côte-d'Or, a déposé le général Rolland, qui me priait de provoquer l'ordre de faire marcher les troupes de Garibaldi. Ils étaient là vingt à trente mille hommes dans la ville, se promenant, et des détachements de quatre à cinq mille

---

[1]. *Progrès de la Côte-d'Or* du 17 janvier 1871.
[2]. Rapport Perrot, t. II, p. 179.

hommes passaient aux environs sans être le moins du monde inquiétés. Ces dépêches étaient pressantes ; mais je n'avais aucune espèce d'action sur Garibaldi et je ne pouvais que transmettre les avis du préfet au ministre de la guerre. Je reçus de lui cette réponse : Ne vous inquiétez pas des renseignements que vous donne le préfet de la Côte-d'Or ; il apprécie mal la situation. Cela avait l'air de signifier : Il ne sait pas ce qu'il dit et n'y entend rien. » [1]

Pendant ce temps, les garibaldiens accusaient « ce qu'ils appelaient les réactionnaires de colporter des fausses nouvelles », et, dans le vain espoir de fermer les bouches par la terreur, faisaient arrêter pendant la nuit le directeur du *Bien public* de Dijon, qui avait dit tout haut une faible partie de ce que chacun disait tout bas. Mais ces accusations et ces menaces, par leur absurdité même, augmentaient les appréhensions et l'impopularité du général italien, qui, en fin de compte, dut se résoudre à un simulacre de mouvement. Laissant la garde de la ville au général Pellissier et à ses mobilisés, il se dirigeait le 18 janvier en grande pompe, par la route de Langres, sur Norges et Messigny.

Avant de partir pour cette campagne qui devait le couvrir de ridicule aux yeux de l'ennemi, Garibaldi adressait à son armée cet ordre du jour plus ridicule encore, où se révèlent ses préoccupations exclusivement politiques en face de l'envahisseur, où il lui fait la guerre avec des paroles creuses :

« Tous les jours, nos braves francs-tireurs présentent

---

1. *Enq. parlement.*, t. III, p. 457. — M. Bordone avait démenti auprès du ministre les informations très exactes du préfet Luce-Villiard !

à la République de nouveaux trophées en attendant que nous partagions tous, selon votre impatience et la mienne, leurs glorieuses fatigues. Jeunes miliciens de la sainte cause de la République, vous apprendrez à ses ennemis la différence qui existe entre l'esclave d'un despote et le champion de la liberté. Les redoutables soldats du roi de Prusse, jadis si fiers contre un tyran, commencent à plier devant les nobles défenseurs du droit et de la justice, et c'est à vous, génération prédestinée, que la fortune confia le soin, non seulement de déblayer le sol de votre belle patrie de l'envahisseur, mais d'établir sur des fondements solides les principes saints de la liberté et de la fraternité des nations, que vingt siècles d'efforts des générations passées n'ont pu obtenir par la tenace et diabolique association du tyran et du prêtre. Les désastres sanglants que vient d'éprouver la France sont une dure et efficace leçon pour le sybaritisme que les rois voulaient imposer à votre noble pays. Mensonge et corruption, voilà le symbole de ces malfaiteurs ; vérité et justice sont empreintes sur les oriflammes de nos jeunes légions, et le sang, les larmes, la désolation de deux grands peuples trompés, ont engendré cette ère nouvelle où la famille humaine oubliera ces pages ensanglantées de l'histoire qu'écrivirent, avec le fer et l'encensoir, l'Empire et le noir reptile qui lui sert de piédestal. Presque à la fin de ma carrière, je suis bien fier de marcher à vos côtés pour servir la plus belle des causes, et confiant dans votre bravoure pour l'accomplissement de notre mission humanitaire. — G. GARIBALDI. »

Arrivé à Messigny, il monta sur une éminence d'où il apercevait « les redoutables soldats du roi de Prusse », et content de cette constatation, voulant probablement donner un gage à « la fraternité des nations », il s'en revint à Dijon sans avoir tiré un coup de fusil.

« Les officiers qui avaient faim et qui ne trouvaient rien à Messigny, écrit un témoin oculaire M. Garnier, commandant auxiliaire des volontaires du génie, réclamaient à haute voix le retour. D'ailleurs, les paysans dont la curiosité était saturée n'admiraient pas leurs uniformes éclatants. Les ordres de retour à Dijon furent donnés et chacun s'y prépara. Mais il fallait que la dérision fut complète; ce fut en jouant, sur des cuivres faux, l'air patriotique de la *Marseillaise*, qui menait nos pères à la victoire, que nos défenseurs tournèrent volontairement le dos à l'ennemi. » [1]

Cette démonstration se termina le lendemain par une rentrée triomphale à Dijon; elle amusa énormément les Prussiens.

« Toute la journée, nous dit encore le commandant Garnier, ils avaient suivi, non sans une évidente inquiétude, les mouvements de l'armée des Vosges, du haut des collines où ils étaient postés. Aucun détail ne leur avait échappé; mais le soir, quand ils constatèrent d'une façon certaine la retraite de Garibaldi, quand ils entendirent surtout les sons joyeux de l'orchestre italien qui menaient la marche rétrograde, ils ne purent s'empêcher de rire comme des fous sur la place même du village, et s'éloignèrent en haussant les épaules; ils allaient sans doute prévenir les généraux prussiens et les assurer qu'ils pouvaient en toute sécurité continuer leur mou-

---

[1]. Jules Garnier. *Les Volontaires du génie dans l'Est*. On consultera avec fruit cet ouvrage, pour les opérations militaires de l'armée des Vosges.

vement, qui devait aboutir à la ruine de nos dernières espérances. »

Cette triste expédition, qui semblait n'avoir été faite que pour montrer à l'ennemi qu'il n'avait rien à craindre de l'armée des Vosges, « prouve jusqu'à la plus complète évidence que le général Garibaldi n'a jamais voulu sérieusement s'engager, n'a jamais voulu défendre les passages de la Côte-d'Or, et a ainsi livré l'armée du général Bourbaki aux Prussiens. Il n'a pas ignoré la marche de l'ennemi; il la connaissait. Il n'a pas rempli les obligations qu'il s'était engagé à remplir; il les a éludées. Ces faits sont certains. »[1]

Si du moins il avait prévenu le ministre de la guerre et le général Bourbaki de sa résolution de ne pas s'opposer à la marche de Manteuffel, on aurait pu prendre des dispositions pour conjurer le désastre final; mais, par une véritable trahison, dans la crainte d'être obligé de faire quelque chose, il s'abstint soigneusement d'informer le ministre de ce qui se passait sous ses yeux.

Ce n'est en effet que le 17 janvier, par une dépêche de Gray et une autre dépêche du préfet de Dijon, alors que le passage de l'armée du Sud était presque terminé, que l'attention du ministre fut éveillée. Ces deux télégrammes lui annonçaient la présence d'éclaireurs prussiens à quelques kilomètres de Gray, et la rupture de la ligne ferrée de Gray à Dijon.

Celui du préfet de Dijon insistait sur la gravité de la situation; il contenait cette appréciation du rôle de Garibaldi : « Ici vingt mille garibaldiens qui, depuis quatre jours, auraient pu, sinon arrêter, du moins con-

---

1. Perrot. Rapport, t. IV, p. 182.

trarier ce mouvement, entre Chanceaux et Is-sur-Tille. » [1]

Immédiatement M. de Freycinet demandait des renreignements à Garibaldi : « Des trains de matériel de guerre partis ce matin de Dijon à Gray ont dû rétrograder de Gray à Dijon, par suite de l'apparition d'éclaireurs prussiens. Ce fait nous étonne et nous inquiète. En outre, il dérange toutes combinaisons pour les approvisionnements. Comment se peut-il faire que l'ennemi ose se montrer dans le voisinage de votre brave armée? Est-ce que la vigilance du général Bordone sommeillerait? Nous ne pouvons le croire. Nous vous prions de nous rassurer bien vite et de nous dire si nous devons faire garder Gray par des forces distinctes des vôtres. » [2]

M. de Freycinet avait d'autant plus lieu d'être surpris que M. Bordone, continuant à démentir les renseignements exacts des autorités locales, lui disait la veille encore : « Sommes au milieu de fonctionnaires et population alarmistes. On prend nos reconnaissances pour des Prussiens et à chaque instant on revient à la charge pour nous détourner de mission confiée..... Pourrions combiner quelque chose avec Cremer et Bourbaki, mais défendrons toujours Dijon à outrance, en cas d'attaques que nous ne redoutons pas pour le moment. » [3]

Dans ses réponses volontairement obscures, l'état-major garibaldien se gardait bien de faire connaître au ministre la position de l'armée ennemie, dont le gros se trouvait alors à la hauteur de Dijon.

« Général Bordone a passé nuit blanche, disait le

---

1. Perrot. Rapport, t. II, p. 686, dépêche n° 77.
2. Id. Ibid., t. II, p. 687, dépêche n° 740.
3. Id. Ibid., t. II, p. 685, dépêche n° 7972.

colonel Gauckler, et journée à cheval ; fatigué, me charge de vous informer que coup de main de Chanceaux a été exécuté par lieutenant Landsmann. Lhoste est arrivé quand tout était bien fini ; coup de main des Moulans près Sombernon a été exécuté par sous-lieutenant Ballon ; Lhoste a eu tort de s'attribuer le mérite de ces affaires et a reçu avertissement sérieux à ce sujet. Avons à portée une armée arrivée de Versailles, envoie-nous canons promis à général Pellissier pour Dijon. Si tu désires que nous défendions Gray, nous le ferons, mais en ce moment Dijon est menacé encore. » [1]

Garibaldi n'en disait guère plus ; après avoir affirmé que trois mille sept cents hommes seulement sur les vingt-quatre mille auxquels il commandait étaient en avant de Dijon, il refusait de défendre Gray.

« Une colonne de mille deux cents hommes commandés par le colonel Lobbia était hier à Fontaine-Française pour exécuter une mission confiée par vous au commandant Kauffmann. Deux mille cinq cents hommes de nos francs-tireurs sont échelonnés depuis Vitteaux, Verrey, Saint-Seine et Val-Suzon. Divers engagements ont eu lieu hier sur la route d'Is-sur-Tille, fortement occupée par les ennemis ; si je dois défendre Dijon il m'est impossible d'occuper Gray. » [2]

M. Bordone allait plus loin ; il niait purement et simplement la gravité de la situation, feignait d'ignorer la marche de Manteuffel, et continuait avec son audace habituelle à dénoncer les autorités, à les accuser de pusil-

---

[1]. Colonel Gauckler à de Freycinet, délégué guerre, Bordeaux. Dijon, le 17 janvier 1871, 9 heures 40 soir. Rapport Perrot, t. II, p. 688, dépêche n° 744.

[2]. Général Garibaldi au ministre de la guerre à Bordeaux. Dijon, le 17 janvier 1871, 8 heures 40 soir. Rapport Perrot, t. II, p. 687, dépêche n° 738.

lanimité et d'incapacité : « Gray, disait-il, n'a jamais été menacé, ce n'est pas pour l'heure objectif ennemi ; et sa possession ne compromettrait en rien approvisionnements armée de Bourbaki. C'est parce que je veille trop que n'en dis pas davantage ce soir, et les dépêches qui ont provoqué celle qu'avez envoyée au général, et à laquelle il a répondu autrement que je l'aurais fait moi-même, ne m'ont pas troublé un seul instant; ai répondu à ce sujet à Bombonel, Préfet, Pellissier, etc.; mais surtout à administration chemin de fer qui nous cause les plus grands ennuis. L'ordre d'arrêter convois et d'évacuer gares était stupide, mais entre autorité, division, subdivision, préfet et tant d'autres, on ne sait à qui s'en prendre. — Soyez tranquille, à demain matin. »[1]

Remettant les choses à leur vrai point de vue, M. de Freycinet constatait que l'armée des Vosges n'avait pas rempli le rôle dont elle s'était chargée : « Le général Garibaldi me télégraphie que s'il doit défendre Dijon, il lui est impossible d'occuper Gray. Je respecte trop le général pour vouloir discuter avec lui ; mais je vous ferai observer à vous-même que, sans occuper Gray, il est possible d'en faire respecter les abords, et naguères vous assuriez que vous sauriez couvrir le pays de Dijon à Langres. Si aujourd'hui vous croyez ne pouvoir défendre que Dijon et s'il faut donner à Gray une garnison spéciale, mieux vaut le dire franchement, j'aviserai ; mais il sera bien avéré que vos dépêches étaient allées trop loin dans leurs promesses. »[2]

---

[1]. Dijon, le 17 janvier 1871, 9 heures 45 soir. Chef d'état-major de l'armée des Vosges à de Freycinet, guerre, Bordeaux. Dépêche n° 746. Rapport Perrot, p. 689,

[2]. Rapport Perrot, t. II, p. 691, dépêche n° 7212, 17 janvier, 11 h. 40 soir.

En même temps il disait à son ami Gauckler : « Ta dépêche me prouve que le corps prussien qui passe près de vous se rend à Gray sans que vous vous en soyez douté. Comment cela se peut-il faire? Hier encore le général Bordone me disait que le préfet était un alarmiste et que je pouvais être tranquille. Il résulte de là que vos reconnaissances se sont complètement mises dedans et vous y ont mis avec elles; une autre fois, je serai moins confiant[1]. » Enfin, il disait à M. Bordone : « Votre dépêche de 9 heures 45 m'étonne, néanmoins, je vous crois contre toute vraisemblance, parce que jusqu'ici vous avez montré une habileté supérieure. J'attends donc tranquillement les renseignements promis pour demain. »[2]

Le lendemain M. Bordone envoyait à M. de Freycinet les renseignements promis. Une première dépêche, de 8 heures 5 du matin, était ainsi conçue : » On dit de Bordeaux qu'on n'admet pas qu'il y ait ici autre corps que celui de Zastrow. Hier cependant parmi morts ennemis sont des dragons du 15° régiment qui font partie du VI° corps. » A 10 heures 40 du matin, M. de Freycinet répondait en revenant à la question capitale du passage de Manteuffel : « Vous m'aviez annoncé des renseignements qui ne sont pas venus. En revanche, par une dépêche de ce matin 8 heures 50, vous me dites avec un calme parfait que « Bordeaux n'admet pas qu'il y ait là-bas d'autres corps que celui de Zastrow et que cependant, parmi les morts, il y a des dragons du VI° corps. » Vous avez oublié sans doute que c'est

---

[1]. Rapport Perrot, t. II, p. 691. Dépêche n° 7215, 17 janvier, 11 h. 50 soir.
[2]. Guerre à général Bordone. Dijon, 17 janvier 1871, 12 heures 10 (minuit 10). Dépêche n° 7231. Rapport Perrot, t. II, p. 691.

vous-même qui, hier, le souteniez en traitant d'alarmiste le préfet de Dijon, qui, malheureusement, y a vu plus clair que vous. Vous avez laissé passer deux corps d'armée près de vous sans les inquiéter et, on doit le supposer à votre décharge, sans les voir. Si vous ne devez pas faire un plus actif usage des troupes que vous avez, dites-le, et nous disposerons de vos mobilisés. Il est bien malheureux pour nous que l'illustre Garibaldi soit souffrant [1]; car sûrement ces mécomptes ne nous arriveraient pas. En résumé, je vous demande si vous pouvez et voulez vous jeter au travers de l'ennemi qui circule entre Dijon et Gray, de manière à troubler sa marche et à protéger les positions de Gray et de Dijon. » [2]

Mis au pied du mur, le chef d'état-major faisait toujours semblant de ne pas comprendre; il répondait à côté de la question et promettait de combattre : « Votre dépêche n° 7290 de 10 heures 55 du matin, télégraphiait-il au ministre le 18 janvier à 1 heure 55 du soir, prouve que vous n'aviez pas reçu encore dépêche plus longue expédiée avant. S'il a été souffrant à Autun sans jamais perdre activité et lucidité d'esprit, et si pendant ce temps moi et ceux qui l'entourent avons redoublé d'ardeur pour le service de la République, il est aujourd'hui plus valide et plus impatient que jamais de rendre de grands services. C'est dans dépêches plus anciennes qu'ai parlé du corps seul de Zastrow et alors il était seul devant nous et masquait, comme l'ai dit, mouvement de quarante à quarante-cinq mille hommes plus haut dans direction de l'ouest à l'est; à ces nouvelles troupes dont

---

1. M. de Freycinet se trompe; Garibaldi était alors en route pour Messigny.
2. Rapport Perrot, dép. n° 7290, p. 695.

petits détachements d'éclaireurs ont remplacé ceux de Zastrow, nous avons tué chaque jour et sur points très étendus, des hommes de cavalerie principalement, mais ne pouvais connaître arrivée par chemin de fer, ni signaler la présence avant l'arrivée ; mouvement s'opère toujours dans le même sens vers Vesoul et Lure et ennemi ne songe, je crois, ni à Dijon, ni à Gray. Une force de quatre mille avec artillerie marche sur deux lignes dans direction d'Is-sur-Tille, me prépare à l'arrêter. Douze canons viennent d'arriver à gare pour Pellissier, les mettons de suite en position et faisons marcher avec nous notre artillerie de campagne qu'ils vont remplacer. Après arrivée du général télégraphierai de nouveau. Songez à chemin de fer et à M. Audibert ; ils sont cause de la panique d'hier. »

La dépêche suivante à laquelle fait allusion le chef d'état-major, postérieure à celle à laquelle avait répondu M. de Freycinet, cachait toujours sous les dénonciations les plus absurdes la marche de Manteuffel à travers la haute Bourgogne et l'inaction complète de Garibaldi. « C'est parce que je sais qu'on défend mieux une ville en faisant respecter ses approches, osait écrire M. Bordone, que n'ai eu hier, malgré dépêches Bombonel, aucune crainte pour Gray. Ne sais, d'ailleurs, qui lui a donné commandement de Gray avec cent hommes ; ici trop de gens commandent. Avons troupes à Fontaine-Française et Champlitte[1], et c'est fausse alerte qui a

---

1. Conformément à la tactique garibaldienne, ces troupes se retiraient le même jour, à l'approche des Prussiens, dont l'avant-garde atteignait les ponts de Gray le soir même et détruisait le chemin de fer et le télégraphe. Cette colonne ennemie comprenait la brigade d'infanterie du général de Koblinski, trois escadrons de dragons, une compagnie de pionniers, et deux batteries. — *Guerre franco-allemande*, 2ᵉ partie, p. 1123.

causé à administration voies ferrées suspension trains et évacuation matériel. Vous signale administrateur supérieur du chemin de fer de Paris à Lyon comme mal intentionné sinon dangereux. Donnez-moi autorité pour mettre en état chemin de fer de Chalon à Dôle, qui servira puissamment comme voie dégagement; avais déjà demandé cela à Dôle. Un peu de ballast manque. Il a déjà servi pour transports troupes et matériel; si voulez, donnez ordres directs. Quant à chemin Auxonne-Gray non menacé, il a moins d'importance dans la situation, car objectif ennemi est toujours direction est; il s'accentue de plus en plus et tend à envelopper Bourbaki et rejeter frontière. Les démonstrations faites sur Montbard, Baigneux, Gray, Dijon, n'ont pour but que masquer marche lente et embarrassée de colonne de quarante à quarante-cinq mille hommes en marche vers Vesoul et Lure. Ennemi nous a d'ailleurs rencontré partout où il s'est présenté et succès partiels, quoique petits, ne sont pas sans importance.

» Occupation permanente de Gray ne me paraît donc ni utile ni possible, avec forces dont disposons. Envoyez canons promis à Pellissier, et alors, agirons sur gros des ennemis. Affaire Talmay a amené capitulation de Dijon; ne veux pas faire prendre troupes mobilisées de Pellissier qui ne savent encore ni se garder, ni combattre. Hier, j'ai espéré surprendre nombreux équipages ponts, mais panique des gens de Dijon, obsessions de fonctionnaires sur lesquels ne me crois pas autorité suffisante, et dont quelques-uns préparaient déjà leur retraite, m'ont obligé à surveiller plus attentivement environs et Dijon même. Ai en moi confiance nécessaire pour agir sans rien compromettre, mais me défie assez de moi pour ne pas rejeter autres avis, quand je les vois groupés et presque systématiquement contraires aux miens. Ai dans événements à venir plus de confiance que jamais et ne redoute pas jugement final ; raisonnant *a posteriori*, personne n'a encore le droit de dire que je me suis trompé et si, à Besançon, Gambetta nous avait écoutés, ces pays n'auraient pas été occupés, et serions dans Vosges et duché de Bade depuis longtemps. Ne veux pas plus me séparer de Garibaldi que lui de moi. On lui a, pour motifs que ne veux discuter, refusé autorité officielle sur chefs français, qui ont toujours subi son autorité moralement, quand ont été en contact avec lui. Il est temps encore, c'est peut-être plus utile jamais. Seul, avez su nous juger et nous apprécier, en sommes fiers et ferons honneur à notre parrain. C'est demain matin que fais mouvement ; espère que vous serez satisfait. » [1]

Cette assurance impressionna M. de Freycinet et lui rendit la confiance dans le génie de M. Bordone et de Garibaldi : « Votre dépêche détaillée de 8 heures 40 du matin, disait-il, me fait plaisir. Je persiste néanmoins à penser que vous auriez pu troubler davantage l'ennemi et nous aviser plus tôt de cette marche que très certainement vous n'avez pas crue ni si rapprochée de vous ni si considérable. J'ai pleine confiance en votre talent que je reconnais même exceptionnel. Mais le talent ne suffit pas ; il faut vouloir. Je crois donc que si vous le voulez, et j'espère que vous le voudrez, vous pourrez faire plus de mal à l'ennemi. Quant aux avis d'autrui qui vous déroutent, je m'étonne que vous y ajoutiez foi. Un bon

---

[1]. Rapport Perrot, t. II, p. 693 et 694 ; dépêche n° 752, 18 janvier 1871, 8 heures 40 du matin.

général comme vous croit à ses propres renseignements et non à ceux des autres. » [1]

Quel que fût le talent certainement exceptionnel de M. Bordone pour tromper le gouvernement, le leurrer de promesses et dénaturer la vérité, il ne put lutter plus longtemps contre la brutalité des faits, et, dès le lendemain, à la suite d'une dénonciation nouvelle, d'un nouveau refus d'agir, le délégué à la guerre, entrevoyant enfin la véritable situation, perçant à jour le plan garibaldien, laissait les compliments de côté et adressait à M. Bordone ce télégramme qu'il communiquait à Bourbaki pour tâcher de dégager sa responsabilité :

« Je ne comprends pas les incessantes questions que vous me posez pour savoir qui commande ; non plus que les difficultés qui surgissent toujours au moment où, dites-vous, vous allez faire quelque chose. La situation est bien simple, vous commandez l'ancienne armée des Vosges et les mobilisés de l'Isère. Vous avez pleins pouvoirs pour défendre tout le pays et vous jouissez exactement des mêmes prérogatives que tous les commandants en chef. Vous êtes le seul qui invoquiez sans cesse des difficultés et des conflits pour justifier sans doute votre inaction. Je ne vous cache pas que le gouvernement est fort peu satisfait de ce qui vient de se passer. Vous n'avez donné à l'armée de l'Est aucun appui, et votre présence à Dijon a été absolument sans résultat pour la marche de l'ennemi de l'ouest à l'est. En résumé, moins d'explications et plus d'actes, voilà ce qu'on vous demande. — Signé : DE FREYCINET. » [2]

---

1. Dépêche n° 7748, Bordeaux, 18 janvier 1871, 8 heures 40 du soir. Rapport Perrot, t. II, p. 698.
2. Rapport Perrot, t. II, p. 704, dép. n° 7913.

De plus en plus entêté dans son parti pris de ne rien faire, obligé toutefois d'amuser le gouvernement jusqu'à ce que le général de Manteuffel soit suffisamment éloigné, Garibaldi promettait de marcher, mais trouvait encore, quelques heures après, un prétexte pour n'en rien faire[1]. « Ne pourrions laisser Dijon, disait-il, entre mains d'autorités civiles et militaires incapables et malintentionnées. Commandant Chenot, du génie, appelé à Auxonne, puis rappelé ici par général Crouzat ; ne comprends rien aux ordres et contre-ordres. Recevrez lettre explicative. »[2]

Cette fois, l'illusion n'était plus possible, et après avoir pris connaissance de la lettre de M. Bordone, M. de Freycinet lui adressait cet ultimatum dans lequel éclatait enfin son mécontentement trop justifié : « Vos dépêches, disait M. de Freycinet, ne répondent nullement aux miennes. Je ne vous demande aucunement de quitter Dijon et de laisser les pièces de position sans canonniers. Je vous ai seulement demandé, tout en conservant votre quartier général à Dijon, avec les éléments suffisants, de diriger de fortes expéditions en travers de l'ennemi pour inquiéter et peut-être rompre ses longues mais minces colonnes. C'est ce que vous n'avez jamais voulu comprendre pour vous dispenser sans doute de le faire. En ce moment même vous pourriez faire d'utiles diversions sur votre gauche et vous ne bougez pas, vous bornant à m'annoncer avec persistance la présence du prince Charles, lequel est notoirement au Mans. Cela prouve que vos éclaireurs n'éclairent pas et vous en font

---

[1]. Rapport Perrot, t. II, p. 709, dép. n° 7188.
[2]. Bordone. *Garibaldi*, etc., p. 710, n° 7214.

accroire. Si cela doit continuer, je déclinerai, quant à moi, devant le gouvernement, toute responsabilité de votre coopération, et le gouvernement avisera. J'avoue que j'attendais autre chose de vous dans cette campagne ; je regrette d'avoir aussi chaudement pris votre parti dans l'espoir où j'étais que cela vous déciderait à une action patriotique qui eût fait tout oublier. — Signé : DE FREYCINET. »[1]

Ces documents resteront comme la représentation exacte de la conduite du condottière italien pendant la campagne de France. Écrites à une époque où Manteuffel se préparait à se jeter sur les lignes de communication de Bourbaki, les dépêches de M. de Freycinet étaient comme une objurgation suprême, qui ne fut malheureusement pas plus entendue que les autres, de protéger le flanc gauche de l'armée de l'Est, en retardant tout au moins de quelques jours la marche de l'ennemi.

M. Bordone émet dans son livre des assertions toutes différentes ; il traite le public comme M. de Freycinet. Si on l'en croit, Garibaldi aurait accompli « et au delà sa mission ; sa conduite et ses succès à Dijon plaidant victorieusement contre le militarisme », auraient été l'objet de l'admiration et de la terreur des Prussiens. « Partout à l'approche de nos francs-tireurs les Prussiens hésitent et reculent ; ils comprennent que nos troupes ne lâchent pas pied, et qu'on n'en a pas facilement raison ; aussi leurs éclaireurs n'ont qu'une question sur les lèvres : Y a-t-il des francs-tireurs garibaldiens dans le voisinage ? »[2]

---

1. Dépêche n° 7962, 21 janvier 1871, 2 h. 15 soir. Rapport Perrot, t. II, p. 714.
2. Bordone. *Garibaldi et l'Armée des Vosges*, 3ᵉ partie, p. 312.

C'est, comme on le voit, tout un labyrinthe de *bordonades*, où il cherche à égarer ses lecteurs et où ils se perdraient nécessairement s'ils n'avaient en mains, comme fil conducteur, les documents officiels français et allemands. Ce système inventé de toutes pièces, sans souci de la vérité, de la vraisemblance, des contradictions, des impossibilités les plus grossières, se réfute par lui-même. D'après le chef d'état-major, l'armée des Vosges n'était pas chargée de la défense de Dijon et de la partie méridionale du plateau de Langres; la ligne de Dijon à Autun et le val Suzon étaient seuls confiés à sa garde [1]; et cependant, du 10 au 20 janvier, il lui fait occuper, indépendamment de cette ville, une série « d'avancées » imaginaires, de Château-Chinon à Langres par Semur, Montbard, Aignay-le-Duc, Prauthoy, Flavigny, pour « couvrir complètement jusqu'à Langres, dit-il, par un rideau bien mince et cependant efficace, tout le terrain sur lequel devait opérer l'armée de Bourbaki, d'après le programme arrêté à Bordeaux, et suivant les intentions du ministre de qui nous recevions directement des ordres [2] ». Si l'on compare les indications de la carte publiée par M. Bordone avec le tableau de marche de l'armée du Sud du 14 au 17 janvier [3], on voit que, si elle eût véritablement occupé ces positions, l'armée des Vosges aurait été complètement mêlée à l'armée prussienne. C'est que, conformément à sa manière habituelle, M. Bordone dénature absolument les faits; il pré-

---

[1]. Bordone. *Garibaldi et l'Armée des Vosges*, 2ᵉ partie, p. 265.
[2]. Bordone. *Garibaldi et l'Armée des Vosges*, 3ᵉ partie, p. 313; voir aussi sur la carte générale dressée par M. Bordone les lignes rouges indiquant les prétendues positions de l'armée garibaldienne du 10 au 21 janvier.
[3]. Cité plus haut p. 517.

tend en effet que les troupes garibaldiennes n'ont cessé d'occuper la ligne Langres-Dijon, de telle sorte que le général de Manteuffel aurait été obligé de passer au-dessus de Langres et de descendre du nord au sud, pour couper les communications de Bourbaki, sans pouvoir jamais opérer sa réunion avec les troupes de Zastrow restées forcément aux environs d'Auxerre, d'Avallon, de Châtillon, sur la gauche française !

« Nous retenions sur place, ose-t-il écrire, une grande quantité de troupes ennemies, tout en conservant inébranlablement la ville de Dijon, autour de laquelle la marche de l'ennemi nous força de faire replier les troupes qui étaient trop en l'air, et qui, par une tactique habile et défendant le terrain pied à pied, purent empêcher les forces de Zastrow de se réunir à celles de Manteuffel, qui, après avoir fait un grand cercle au-dessus de Langres et avoir déjà refoulé l'armée de Bourbaki, descendaient directement du nord au sud pour couper les communications à Dôle et à Dijon........ Tout cela prouve bien que l'ennemi était devant nos lignes, mais cela prouve aussi qu'il ne passait pas au travers du rideau par lequel nous couvrions Dijon et la gauche de l'armée de Bourbaki.

» Pour bien se représenter notre situation relativement à l'ennemi que nous avions à surveiller et à maintenir, qu'on veuille bien se figurer un V à la pointe duquel se trouve Dijon et dont la bissectrice se trouve directement à Langres ; sur la gauche d'une des branches se trouvent les troupes de Zastrow au nombre de trente mille environ que nos francs-tireurs immobilisent par l'occupation de la ligne Montbard, Semur et Saulieu, tandis que nos pointes poussées sur la droite contiennent celles qui sont dans la direction de Mirebeau et d'Is-sur-Tille sous le commandement du général de Trossel ; c'est à ce moment que la dépêche de Bombonel, communiquée par nous au gouvernement, nous valut de lui une observation relative à l'occupation de cette ville menacée par les Prussiens..... On nous avait demandé de retenir l'ennemi dans un périmètre considérable en avant de nous et nous y avions complètement réussi, car nous occupions devant Dijon une force d'au moins soixante-cinq mille hommes, qui ne pouvait ni se porter sur les derrières de l'armée de la Loire et inquiéter la retraite du général Chanzy, ni aller dans l'est, et encore moins descendre sur Autun, le Creusot et Lyon..... »

« On nous avait demandé de retarder la marche des Prussiens vers l'est, et, en même temps qu'en avant de Montbard, Semur et Saulieu nous les obligions à rétrograder et à évacuer, à plusieurs reprises, Auxerre, Avallon et même Châtillon, une colonne lancée dans la direction de Langres manœuvrait entre Fontaine-Française, Grancey et le plateau de Langres, de manière à forcer toutes les troupes ennemies qui allaient dans l'est de passer pour ainsi dire sous les canons de cette place forte et au-dessus pour redescendre ensuite vers Belfort. Et cependant ce programme, pour lequel on nous avait promis à Bordeaux des renforts qui devaient élever notre armée jusqu'au chiffre de quarante mille hommes environ, nous l'avions exécuté sans avoir reçu encore ni un nouvel homme, ni un nouveau fusil, ni un nouveau canon. » [1]

Cette citation remplie d'erreurs, que chacun peut

---

1. Bordone, *Garibaldi et l'Armée des Vosges*, 3ᵉ partie, p. 313, 319, 321.

constater, d'affirmations qui se mentent l'une à l'autre, permet de juger M. Bordone, comme historien et comme chef d'état-major ; elle enlève toute espèce de doute sur le rôle assigné à l'armée des Vosges par le gouvernement : Garibaldi devait protéger la gauche de l'armée de Bourbaki, en s'opposant au passage des Prussiens, de l'ouest à l'est, entre Langres et Dijon.

Les dépositions de MM. de Serres et de Freycinet achèvent d'établir cette vérité : « Dans les communications que j'ai eues avec Garibaldi, alors malade, et avec le général, alors colonel Bordone, dans son cabinet, — à Autun, le 23 décembre 1870, — dit M. de Serres, il était absolument entendu que l'armée du général Bourbaki, dépassant la ligne de l'Ognon, monterait dans la direction de Vesoul à l'extrême-droite pour obliquer ensuite vers Belfort. Garibaldi devait tout faire pour conserver la ligne entre Dijon et Langres et pour couvrir la gauche de l'armée tant que Bourbaki n'aurait pas dépassé Vesoul. Il n'est jamais entré dans mon esprit, ni dans l'esprit d'aucun autre qu'il en fût autrement[1]. » M. de Serres constate ensuite que Garibaldi, « dont les qualités spéciales comme général sont encore peu connues », n'a rien fait pour s'opposer à Manteuffel. « Mais, lui demande l'un des membres de la commission, comment expliquer pourquoi, devant ce mouvement ou ce défilé par petites colonnes qui se produisait à deux ou trois marches de Dijon, Garibaldi et ses troupes sont restées complètement immobiles ? Il y a là un fait qui étonne. » La réponse de M. de Serres est caractéristique : « L'attitude de Garibaldi n'est peut-être pas logiquement explicable ;

---

[1]. *Enq. parl.*, t. III, p. 63 et 64.

il faut une analyse physiologique et une appréciation morale des caractères pour l'expliquer. Le général Garibaldi avait pour principe de ne jamais s'engager qu'à coup sûr. C'est sage et prudent, mais on n'obtient pas toujours ainsi le maximum de ce qui est réalisable. » M. de Serres déclare en outre que si le gouvernement n'a pas ordonné péremptoirement d'attaquer Manteuffel, c'est qu'il était tardivement informé des événements et « que dans les rapports du ministère de la guerre avec Garibaldi, on a toujours pris une attitude non impérative, lui présentant les communications comme des idées offertes à son appréciation, en général, lui indiquant ce qui pourrait se faire, sans lui donner d'ordres absolus d'exécution. »

Malgré son désir de ménager le révolutionnaire italien, M. de Freycinet est bien obligé d'avouer, lui aussi, que Garibaldi n'a pas tenu ses promesses, n'a pas même essayé de remplir son devoir : « Il y eut une période, dit-il, pendant laquelle, il faut bien le dire, le corps de Garibaldi n'a pas atteint le but qui lui était assigné; il avait ordre de garder Dijon, ce qu'il a fait; mais il avait aussi ordre d'empêcher, dans la mesure du possible, les passages de troupes qui s'effectueraient au-dessus de Dijon. Garibaldi était malade, Bordone absent, de sorte qu'il n'y avait pas de cohésion dans ces troupes qui ne remplirent point leur rôle [1]. Les détachements prussiens traversèrent le pays au-dessus de Dijon; Garibaldi averti par nous ne crut qu'à une menace vers Dijon; il se contenta de se fortifier dans cette

---

1. La maladie de Garibaldi et l'absence de M. Bordone ont eu lieu à Autun, à la fin de décembre, et non pas à Dijon.

ville[1]. Il y eut en effet une attaque à laquelle il résista. Mais il y avait une autre mission qu'il ne remplit pas et qui consistait à empêcher les détachements prussiens de passer au-dessus de Dijon[2]. Cette faute de Garibaldi fut préjudiciable à l'armée de Bourbaki, ce général était très inquiet de voir sa gauche si mal gardée par Garibaldi. »[3]

Ces appréciations de MM. de Serres et de Freycinet, jointes à leurs dépêches, à celles de Garibaldi et de son état-major; aux aveux de M. Bordone; aux dépositions de MM. de Laborie, Darcy, de Grancey, du général Rolland; aux constatations des journaux républicains; aux publications du grand état-major prussien; à la retraite précipitée de Ricciotti d'Aignay-le-Duc à Dijon par Grancey et Is-sur-Tille ; à la fuite du colonel Lobbia, abandonnant les défilés à l'approche des Allemands; à la comédie jouée à Messigny, le 18 janvier, par le général Garibaldi lui-même, lorsque, s'arrêtant à portée des éclaireurs prussiens, il ramena son armée à Dijon au chant de « *la Marseillaise* » : tous ces faits démontrent péremptoirement que Garibaldi a reçu et a accepté, dès le 23 décembre, la mission de protéger le flanc gauche de l'armée de l'Est, par l'occupation de la ligne Langres-Dijon, étant parfaitement décidé à ne pas la remplir.

Informé jour par jour, heure par heure, des mouvements de l'ennemi, il n'a utilisé cette connaissance des événements que pour mieux se dérober à toute rencontre et se renfermer plus étroitement dans les murs de

---

1. Ainsi qu'on l'a vu, Garibaldi a été prévenu, depuis le 10 janvier, par ses propres informations et les autorités locales ; le ministre n'a connu que tardivement les faits : ce n'est donc pas lui qui a renseigné le général.
2. Ces détachements étaient deux corps d'armée comptant environ cinquante mille hommes.
3. *Enquête parlementaire*, t. III, p. 21 et 22.

Dijon, laissant ignorer au gouvernement les opérations qui se passaient sous ses yeux, lui cachant son expédition sur Messigny, allant jusqu'à démentir les informations exactes adressées au ministre par les autorités locales traitées par lui « d'alarmistes », ainsi que la population. [1]

« Ces dissimulations, dans des circonstances aussi graves, ne peuvent s'expliquer qu'en admettant, avec M. de Serres, que le fond de la pensée du général Garibaldi était de ne pas se mesurer avec le général de Manteuffel. Dès lors, il était intéressé à dissimuler la vraie cause de son inaction. Une telle défaillance et ce silence, dans de telles conditions, sont des actes éminemment coupables. » [2]

IV

Malheureusement pour la France, cette conduite devait avoir les résultats les plus déplorables ; en montrant à Manteuffel qu'il n'avait rien à redouter des troupes de Dijon, elle lui donnait toute latitude de tout oser : il n'y manqua pas. Le 19 au soir, le gros de l'armée du Sud qui avait alors traversé le plateau de Langres, occupait la ligne Gray-Dampierre-Savoyeux-Lavoncourt. Le général de Manteuffel qui avait reçu, la veille, l'avis de

---

1. Général Pellissier. *Les Mobilisés de Saône-et-Loire en 1870-71*, p. 10.
2. Rapport Perrot, t. II, p. 160.

la retraite de Bourbaki à la suite des combats de la Lisaine des 15, 16 et 17, voyant l'inaction de Garibaldi, n'hésitait pas à se jeter avec le II⁰ et le VII⁰ corps sur la ligne de retraite de l'armée de l'Est, brisant lui-même complètement ses communications. « Par une imprudence presque sans exemple dans l'histoire de la stratégie », au lieu de continuer sa marche vers l'est, il descendait dès le 20 janvier sur Dôle, venait se placer sur nos derrières, laissant à Dijon une armée de plus de quarante mille hommes qui pouvait l'isoler complètement.

La section historique du grand état-major prussien trace ainsi le tableau des conditions dans lesquelles était alors et allait désormais se trouver le généralissime de l'armée du Sud :

« La victoire du général de Werder changeait considérablement la situation militaire. Le danger de voir interrompre les communications des armées allemandes avec la mère patrie était pour le moment écarté. La distance était encore beaucoup trop grande pour pouvoir agir immédiatement de la Saône sur l'ennemi battu, mais la jonction des trois corps pouvait être opérée dans la direction de Rioz et de Montbozon. Au point de vue de la sécurité ce parti paraissait être le plus sage, mais il excluait tout résultat réellement décisif. Il est vrai qu'on pourrait probablement, dans une série de combats d'arrière-garde, infliger à l'adversaire des pertes considérables. Mais il ne serait qu'affaibli et non anéanti, car on le rejetterait sur sa ligne naturelle de retraite. Vu l'activité avec laquelle les Français poussaient leurs armements, on devait s'attendre à voir cette armée, renforcée, prendre de nouveau la campagne.

» Les événements suivraient une marche toute différente, si le général de Manteuffel, fidèle à son plan primitif, se jetait avec le IIe et le VIIe corps sur les lignes de communication de l'armée de l'Est. Celle-ci ne pouvait alors effectuer sa retraite qu'à travers l'étroite bande de terrain, qui s'étend entre la Saône et la frontière Suisse, région dont la viabilité est sensiblement diminuée par les différentes chaînes parallèles des montagnes du Jura. Le général Bourbaki était obligé de suivre avec le gros de ses forces les routes qui courent le long du Doubs; Besançon lui offrait un premier point d'appui, mais cette direction l'amenait alors à rencontrer le général de Manteuffel. Si les Allemands réussissaient à barrer la vallée de la Saône en aval de Besançon et à repousser une dernière attaque des Français, attaque entreprise peut-être avec l'énergie du désespoir, il ne restait à ceux-ci pour s'échapper que les routes difficiles du mont Jura. En raison de la distance, il était possible de se placer sur la route de l'ennemi, mais des considérations sérieuses s'opposaient à cette opération.

» Bien que les corps français fussent ébranlés, leur effectif n'en était pas moins de beaucoup supérieur à celui des deux corps prussiens. Les communications de ceux-ci avec les autres fractions de l'armée et avec la mère patrie, étant déjà extrêmement incertaines, devaient se fermer complètement lorsque la Saône, le Doubs et l'Ognon seraient franchis. On avait devant soi Besançon, sur le flanc et sur les derrières la forteresse de Langres, Dijon retranché et solidement occupé, plus la petite place d'Auxonne; il fallait être prêt à accepter une bataille sur un front diamétralement opposé à la base d'opérations. De plus, les corps entraient dans une région relativement peu habitée et où ne régnait pas un grand bien-être ; il serait malaisé d'y établir chaque jour les troupes, ce qui était cependant nécessaire vu la rigueur de la saison ; leur alimentation deviendrait difficile sans l'arrivée régulière des convois ; la viabilité des chemins était douteuse et l'on pouvait prévoir avec certitude de grandes privations et de grandes fatigues.

» Cependant le général de Manteuffel se décidait pour l'opération la plus hardie, celle qui promettait le plus de résultats. Le général comte de Moltke exprimait alors son avis sur cette opération devant S. M. l'Empereur et Roi, de la façon suivante : l'opération du général de Manteuffel est extrêmement hardie, mais elle peut amener les plus grands résultats ; s'il subissait un échec, il ne faudrait pas le blâmer, car il faut bien risquer quelque chose pour obtenir de grands succès. » [1]

Pour s'aventurer de la sorte, pour tenter, selon les paroles de M. de Serres, « une entreprise aussi extravagante », il fallait que le général prussien eût « la certitude que Garibaldi ne bougerait pas » ; or, cette assurance lui avait été au moins donnée par l'inaction de Garibaldi du 14 au 19 janvier. « N'ayant pas été attaqué dans ses lignes à Is-sur-Tille, il pouvait raisonnablement supposer qu'il ne le serait plus, alors surtout qu'il avait pour se protéger une rivière comme la Saône, et que, de plus, une brigade observait cet ennemi [2]. » Aussi, nous dit le chef d'état-major de l'armée du Sud, le colonel de Wartensleben, « le général était-il plein d'une confiance qui ne fut pas trompée. » Garibaldi ne s'opposa en rien à son entreprise téméraire.

1. *Guerre franco-allemande de 1870-71,* p. 1125 et 1126.
2. *Enq. parl.*, t. III, p. 68.

« A partir du 19 janvier, lit-on dans la *Guerre franco-allemande*, le général Garibaldi, qui commandait en chef, se bornait à l'occupation de Dijon et de la région voisine de cette ville. Il est vrai que ses troupes étaient en partie insuffisamment armées et équipées. Le 18 janvier seulement, arrivaient à Dijon douze pièces de position. Pendant les jours suivants, l'effectif augmentait considérablement, et le ministère de la guerre français évaluait, à la fin du mois de janvier, les forces de Garibaldi à cinquante-mille hommes et quatre-vingt-dix canons. Bien que ce chiffre soit un peu exagéré, le général n'en avait pas moins à sa disposition des moyens assez considérables, à l'aide desquels il pouvait tenter d'inquiéter la marche du général de Manteuffel et le déploiement des Allemands à la sortie des défilés. Telles étaient bien les intentions du gouvernement de la Défense nationale. Le général Pellissier devait garder Dijon, et Garibaldi employer ses troupes à des opérations en rase campagne ou dans les montagnes voisines. Le colonel Bombonel occupait Gray, avec un faible détachement. Prévenu dès le 15 janvier de l'approche des Allemands, par des avis venant de Langres, il s'était, à plusieurs reprises, adressé à Dijon, demandant des renforts; ses demandes avaient toujours été repoussées sous prétexte que la ville elle-même paraissait menacée. Bien que sa manière de voir fût la vraie, il était obligé d'abandonner la ligne de la Saône, qui restait entièrement à découvert. Pour faire au moins tout ce qui était dans la limite de ses forces, il rassembla, après son départ de Gray, tous les détachements qu'il put atteindre afin de défendre Dôle, où il s'opposait, le 21 janvier, à l'entrée du général de Koblinski.....

» En réalité, le général Garibaldi ne se mit en marche, avec l'armée des Vosges, que le 19 janvier, lorsque les corps prussiens passaient déjà la Saône. Il amena ses troupes, sur trois colonnes, jusqu'à environ sept kilomètres au nord de Dijon. Si ce mouvement avait été seulement continué jusqu'à Is-sur-Tille, il eût en tout cas conduit à des engagements avec des fractions de la 4ᵉ division et aurait fort bien pu occasionner un temps d'arrêt dans la marche des Allemands. Mais tout cela ne fut qu'une démonstration sans aucun effet. Le général se contenta d'observer d'une hauteur, près de Messigny, quelques mouvements de la 4ᵉ division et rentra ensuite avec ses troupes à Dijon, aux sons de la *Marseillaise*. Bien que de cette façon, non seulement les routes des montagnes, mais aussi les passages de la Saône fussent abandonnés aux Allemands, il n'en est pas moins vrai que par suite des travaux de fortifications, activement poussés, la force défensive de Dijon avait été pendant ce temps considérablement augmentée. »[1]

Ces préparatifs eux-mêmes étaient une garantie que Garibaldi ne bougerait pas; le général de Manteuffel y trouvait un nouveau motif de ne pas se détourner de son but qui était de dégager le général de Werder. Il estimait du reste que les règles étaient superflues avec un adversaire aussi peu dangereux. Toutefois, comme Garibaldi pouvait essayer de réparer sa faute, en se jetant sur les derrières de l'armée allemande, le général prussien jugea utile, pour le maintenir à Dijon, de faire une démonstration qui, sans avoir une grande importance en elle-même, pouvait lui donner le change.

1. *Guerre franco-allemande de 1870-71*, 2ᵉ partie.

Aussi en portant, le 20 au matin, son quartier général de Fontaine-Française à Gray, le général de Manteuffel envoyait-il devant Dijon la brigade poméranienne de Kettler, pour « amuser le bonhomme Garibaldi *(sic)* », tout en lui fournissant un prétexte de rester dans cette ville. « Garibaldi aurait dû chercher à attirer sur lui le plus de forces possible, a écrit le colonel de Wartensblen, chef d'état-major de l'armée du Sud, et agir très énergiquement ; mais la suite des faits prouvera combien il comprit peu ce qu'il avait à faire, puisque pendant cette période décisive il se laissa tromper par de faibles forces qui suffirent pour l'arrêter. »

Garibaldi ne fut pas trompé ; il se contenta de tromper la confiance du gouvernement français, et de faire avec les Prussiens la république universelle. Comme il le disait dans son ordre du jour du 18 janvier : « Le sang, les larmes, la désolation de deux grands peuples trompés », condamnaient la guerre et il inaugurait par son inaction « cette ère nouvelle où la famille humaine devait oublier les pages ensanglantées de l'histoire. »

CHAPITRE IX

Attaque de Dijon par la brigade de Kettler. — Réoccupation de Dijon par les Allemands. — Appréciation des opérations militaires.

I. Combats de Talant, Fontaine-lès-Dijon et Messigny le 21 janvier. Journée du 22. Exagérations garibaldiennes ; la légende se complète. — II. Combat de Pouilly, le 23 janvier. — III. Belle conduite des mobilisés de Saône-et-Loire à Dijon. Les garibaldiens les calomnient et s'attribuent le succès de Pouilly. — IV. Appréciation des combats sous Dijon. Version garibaldienne. Le gouvernement propage la légende. Jugement sur la conduite de Garibaldi à Dijon. — V. Le général Hann de Weyhern marche sur Dijon. Retraite de l'armée des Vosges sur Chagny et Autun. Toujours la légende. —VI. Résultats militaires de la campagne de Garibaldi en France.

I

Dès le 18 janvier, le général de Kettler avait reçu à Montbard l'ordre donné à Prauthoy, le 16, par le commandant en chef de faire une démonstration dans la direction d'Autun et de Sombernon, afin d'attirer de ce côté l'attention de Garibaldi et de lui donner le change sur le véritable but des mouvements exécutés sur son front par les troupes allemandes. Le 19, le général prussien avait déjà quitté Montbard et marchait sur Semur, quand lui arrivait un autre ordre d'occuper, le 20, avec le gros de ses forces, la ligne Sombernon-Saint-Seine. Il se portait donc le 19 dans les parages de Dampierre-en-Montagne et le 20 janvier sur Turcey et Saint-Seine. Là, lui parvenait l'ordre de marcher sur

Dijon le 21 et de s'en emparer. Le major de Conta qui était à Is-sur-Tille devait se porter aussi de ce point vers cette ville pour coopérer à l'attaque. « En conséquence, les cinq bataillons et quart, les deux escadrons et les deux batteries, que le général de Kettler avait pour le moment à sa disposition, s'avançaient dans la journée du 21 janvier vers la ville, par l'ouest et par le nord, sur trois colonnes; » celle de gauche, major de Conta, suivant la route Is-sur-Tille-Dijon; — celle du centre, lieutenant-colonel de Weyrach et colonel de Lobenthal, suivant la route Saint-Seine-Dijon; — celle de droite, major de Kroseck, suivant la route Turcey-Dijon. [1]

Après avoir refoulé nos faibles avant-postes et franchi le dangereux défilé de Val-Suzon occupé par des forces

---

1. Ordre de marche de la brigade du général-major de Kettler, pour la journée du 21 janvier.

I. — COLONNE SUIVANT LA ROUTE DE SAINT-SEINE-DIJON.
Détachement du lieutenant-colonel de Weyrach :
1/4 du 2e escadron du régiment de dragons de Poméranie n° 11.
1er bataillon du 8e régiment d'infanterie de Poméranie n° 61.
6e batterie lourde du IIe corps d'armée.
7e et 8e compagnies du 4e d'infanterie de Poméranie n° 21.
Détachement du colonel de Lobenthal :
Bataillon de fusiliers du 4e régiment d'infanterie de Poméranie n° 21 (excepté la 2e compagnie de garde aux bagages).
5e batterie légère du IIe corps d'armée.

II. — COLONNE SUIVANT LA ROUTE DE TURCEY-DIJON
Sous les ordres du major de Kroseck.
3/4 du 2e escadron du régiment de dragons de Poméranie n° 11.
1er bataillon du 4e régiment de Poméranie n° 21.
2e bataillon du 8e régiment d'infanterie de Poméranie n° 61.

III. — COLONNE SUIVANT LA ROUTE IS-SUR-TILLE-DIJON
Sous les ordres du major de Conta.
1er escadron du régiment de dragons de Poméranie n° 11.
Bataillon de fusiliers du 8e régiment d'infanterie de Poméranie n° 61.
(*Guerre franco-allemande de 1870-71*, 2e partie, p. 1138.)

insignifiantes, la colonne du centre avec laquelle marchait le général de Kettler arrive vers une heure et demie devant Daix. Elle s'en empare et dirige de ce point le feu de son artillerie sur la position française Talant-Fontaine défendue par l'artillerie de marine qui riposte avec succès aux Allemands. « Il y avait là un chef de pièce de la batterie de 12, au nord de Talant, écrit M. Bordone, qui presque à chaque coup démontait une pièce ou un caisson à l'ennemi, qui dut plusieurs fois changer ses batteries de place. On applaudissait à chaque bon coup comme si on avait été au théâtre. »

Jusqu'à quatre heures, le combat dont les péripéties se déroulent dans la plaine située entre Daix, Talant et Fontaine, est uniquement soutenu, du côté de l'ennemi, par deux bataillons, deux compagnies, deux batteries et un quart d'escadron de dragons, soit deux mille cinq cents hommes environ, contre plus de quarante mille Français massés autour de Dijon ! Une attaque contre Daix est tellement mal combinée que les nôtres sont repoussés et poursuivis jusque dans leurs retranchements.

A ce moment la colonne de droite du major de Kroseck, forte de deux bataillons et de trois quarts d'escadron, soit de mille sept cents hommes, enlève d'assaut le village de Plombières, défendu par le 3ᵉ bataillon de la 4ᵉ légion des mobilisés de Saône-et-Loire, et opère sa jonction avec la colonne du centre qui lutte seule depuis près de trois heures. La section historique du grand état-major prussien décrit ainsi les opérations de cette colonne et la fin du combat :

« Pendant ce temps, le major de Kroseck avait facilement refoulé quelques bandes de partisans qui s'opposaient à sa marche. Il faisait prisonniers sept officiers et cent soixante-dix-sept hommes qui, allant de Sombernon sur Dijon, par la vallée de l'Ouche, avaient été surpris par le 2⁰ bataillon du régiment n° 61. Entre quatre et cinq heures de l'après-midi, le major de Kroseck prenait d'assaut le village de Plombières, vivement défendu par l'ennemi. Le général de Kettler fait alors diriger le feu de ses deux batteries uniquement sur Talant, pour préparer l'attaque de ce point. Les deux compagnies de fusiliers du régiment n° 21, tenues jusqu'ici en réserve, ainsi que deux compagnies du 61ᵉ s'avancent alors, et à cinq heures et demie toute la ligne s'élance sur les Français. Ceux-ci sont complètement chassés du terrain situé en avant et rejetés sur leurs retranchements ; les troupes, qui les poursuivent, s'emparent des maisons situées au pied du piton de Talant. L'obscurité, arrivée entre temps, empêche de pousser plus loin ; en s'approchant de la position ennemie, on en avait alors reconnu la force excessive. On avait aussi consommé une quantité considérable de munitions, qui ne pouvaient être remplacées de suite. A six heures, le feu cessait des deux côtés. Le général de Kettler décidait de laisser les troupes pendant la nuit sur les positions qu'elles occupaient tout à proximité d'un adversaire bien supérieur en nombre. Seul, le 1ᵉʳ bataillon du régiment n° 21 était détaché à Hauteville pour couvrir le flanc gauche. Il trouva le village encore occupé ; les compagnies furent obligées de s'en emparer avant de se cantonner. » [1]

La colonne de gauche du major de Conta, composée seulement d'un bataillon et d'un escadron, soit de neuf

---

1. *Guerre franco-allemande de 1870-71*, 2ᵉ partie, p. 1139 et 1440.

cents hommes environ, n'avait pu se mettre en communication avec le général Kettler ni lui venir en aide. Arrêtée devant Messigny et Norges-la-Ville par la brigade Ricciotti, elle se repliait après un combat très vif sur Savigny-le-Sec où elle passait la nuit sans être inquiétée. Le commandant auxiliaire du génie Garnier, témoin et acteur dans cette affaire, raconte comment Ricciotti Garibaldi, « au lieu de mettre à profit l'avantage qu'il venait de remporter, fit rebrousser chemin à ses quatre mille ou cinq mille hommes, regagnant précipitamment Dijon, comme s'il obéissait à ses instructions, ou comme s'il craignait de se trouver engagé dans une lutte sérieuse. » Cette retraite injustifiable permettait au major de Conta d'opérer le surlendemain sa jonction avec son chef de corps.

« Les pertes de la brigade de Kettler dans les combats du 21 janvier s'élèvent, d'après le grand état-major prussien, à dix-neuf officiers et trois cent vingt-deux hommes. Rien qu'en prisonniers la journée avait coûté aux Français sept officiers et quatre cent trente hommes. » [1]

Nos pertes en tués et en blessés étaient considérables; elles étaient la conséquence du manque absolu de direction qui, à Dijon comme à Autun, annihilait tous les efforts individuels et sacrifiait en pure perte la vie des soldats.

Les mobilisés de Saône-et-Loire, à eux seuls, perdaient trois cent quatre-vingt-quatre hommes, officiers et soldats. « Journée du 21 janvier glorieuse, mais sanglante pour les mobilisés de Saône-et-Loire, télégra-

---

1. *Guerre franco-allemande de 1870-71*, 2ᵉ partie, p. 1141.

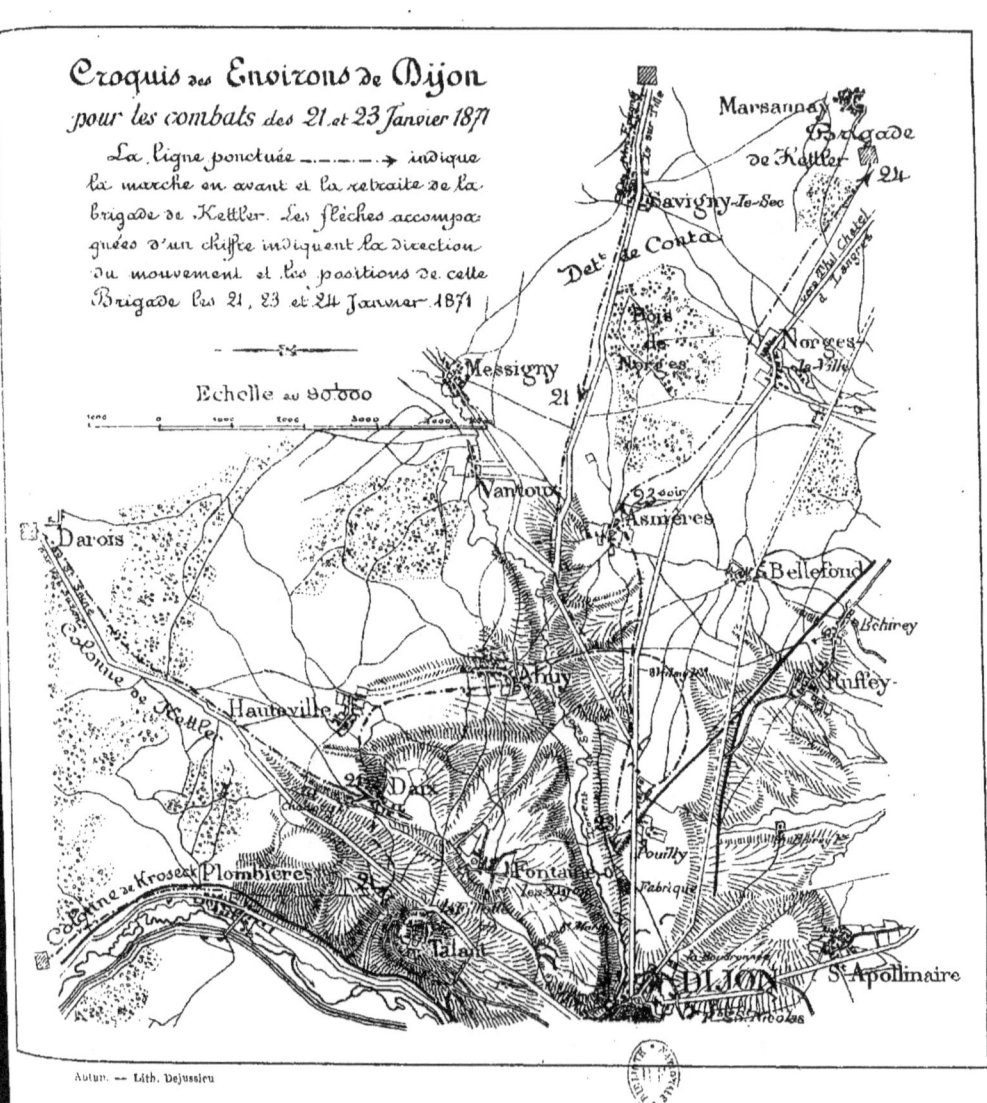

phiait le général Pellissier. 1re légion d'Autun en position, mais n'a pas été attaquée ; 3e légion, 1er bataillon, capitaine Mellinot, blessé grièvement, lieutenant Armangion, tué, trente-neuf hommes morts, blessés ou disparus ; 3e légion, Morin, docteur chirurgien-major, Million, aide-major, deux muletiers, quatre infirmiers avec brassards, tous les huit assassinés par les Prussiens au moment où ils pansaient les blessés, Baudot, sergent-major, tué, Braconnier, chef de bataillon disparu, cent quarante hommes, officiers et soldats disparus ; 4e légion, 1er bataillon, dix hommes environ tués ou blessés ; 3e bataillon, commandant Coulon, ne connait pas encore ses pertes. — Elles étaient de cent quatre-vingt-trois hommes dont cinq officiers. — Le combat a recommencé ce matin et continue. — PELLISSIER. »[1]

C'est dans cette journée qu'eut lieu, au milieu de circonstances mystérieuses, la mort du général polonais Bossack, commandant la 1re brigade de l'armée des Vosges. Le 21 au matin, il prévenait Garibaldi qu'il partait en reconnaissance : « On prétend, disait-il, entendre le canon au-delà de Val-Suzon ; je vais m'en assurer moi-même. » Le 22, le bruit de sa mort se répandait ; on affirmait toutefois à l'état-major qu'il était légèrement blessé dans une ferme du côté de Val-Suzon. Le 24, on retrouvait son cadavre dans un petit bois, entre Val-Suzon et Étaules. « Sa physionomie était calme et souriante ; il avait dû être tué sur le coup. » Il était complètement dépouillé ; son porte-feuille, sa longue-vue, son sac de campagne, son revolver, son sabre d'honneur

---

[1]. Général Pellissier. Les Mobilisés de Saône-et-Loire en 1870-71, p. 108, 109. 145. — Perrot. Rapport, t. II, p. 725, dépêche n° 7302.

donné par l'empereur de Russie, ses bagues et jusqu'à ses lettres, tout avait été pris. « Ce qui paraît surtout surprenant dans cette mort, écrit M. Bordone, c'est que les personnes qui accompagnaient Bossack, et parmi lesquelles se trouvait son officier d'ordonnance n'aient donné aucun renseignement exact. On nous signala d'abord le général comme blessé dans une ferme, mais le nombre des personnes qui accompagnaient Bossack dans cette reconnaissance qu'il annonce dans sa dépêche citée plus haut, était très restreint, et il nous semble qu'à moins d'avoir été dispersées au premier coup de feu, elles auraient dû pouvoir fournir tout d'abord une version exacte sur cette mort qui dut être instantanée. »

Tout porte à croire que cette dernière explication est la vraie et que le général Bossack a été abandonné, comme le prince Impérial, par son escorte surprise sur la route de Val-Suzon, à deux cents mètres environ d'un bois situé sur la droite et où les Prussiens étaient embusqués.

On explique très bien ainsi pourquoi les témoins de sa mort n'ont pu ou n'ont voulu donner aucun renseignement précis. Les bruits de suicide et d'assassinat qui ont couru, paraissent controuvés. On a également prétendu que, profondément affligé des malheurs de la France, du spectacle qu'il avait sous les yeux à l'armée des Vosges, il avait voulu en finir avec la vie et s'était précipité seul sur les Prussiens en donnant à son escorte l'ordre de battre en retraite. Quel qu'en soit le motif, la rumeur publique a entouré cette fin tragique de circonstances romanesques.

L'attaque plus audacieuse qu'habile, par laquelle le général ennemi avait abordé le côté le plus fort de

Dijon, lui procurait toutefois un avantage relatif puisque à la faveur de la nuit ses patrouilles se rencontraient avec les nôtres à un kilomètre de l'octroi, et qu'il s'emparait du village d'Hauteville d'où la 3ᵉ légion des mobilisés de Saône-et-Loire, laissée sans ordre, sans secours, malgré les avis réitérés du général Pellissier, était obligée de se replier.

Il suffit de lire le compte rendu de cette affaire par M. Bordone pour se convaincre de l'incapacité profonde de Garibaldi ; aux mouvements précis et mathématiques de l'ennemi auxquels il ne comprend absolument rien, il ne sait opposer qu'une résistance passive, une offensive puérile ou dangereuse, ou une retraite intempestive. « Le général était là, à Talant, écrit M. Bordone, à cheval, à dix pas en arrière et sur le côté d'une des batteries, observant avec attention tous les mouvements de l'ennemi et dirigeant la bataille ; à côté de lui se tenait Basso, l'œil à la longue-vue et allant de temps en temps pointer lui-même une pièce. On avait des hauteurs de Talant un spectacle unique ; toutes les péripéties du combat se déroulaient à nos pieds dans la plaine, sans qu'aucun mouvement de l'ennemi ou de nos troupes ne pût nous échapper, et le feu des batteries ajoutait encore à l'enivrement qu'on ressent toujours sur un champ de bataille[1]. » Cet enivrement était tel qu'il leur enlevait tout sentiment de ce qui se passait devant eux et leur faisait prendre des compagnies pour des bataillons, de telle sorte que les deux mille cinq cents Prussiens qui étaient sous leurs yeux devenaient toute une armée.

« En même temps, dit en effet M. Bordone, ses nom-

---

1. Bordone. *Garibaldi et l'Armée des Vosges*, 3ᵉ partie.

breux bataillons se répandaient dans la plaine qui existe entre Hauteville, Daix, Talant et Fontaine sur une étendue de sept kilomètres environ, et une diversion s'opérait du côté de Plombières sur notre extrême gauche..... Nous n'estimons pas à moins de dix-sept à dix-huit mille les troupes prussiennes engagées ce jour-là devant Talant, sans compter celles qui avaient tenté une diversion sur notre extrême gauche.» Cette fausse appréciation qui dénote la plus grande inexpérience des choses de la guerre eut pour résultat de sauver la brigade de Kettler d'un désastre auquel elle ne pouvait échapper si elle avait eu affaire à tout autre général. Ces trois faibles colonnes de neuf cents, de mille sept cents et de deux mille cinq cents hommes, marchant isolément, auraient pu être facilement anéanties. Au lieu de cela, elles nous infligèrent des pertes sérieuses, nous enlevèrent quatre cent cinquante-sept prisonniers, couchèrent sur le champ de bataille et ne se retirèrent qu'à leur convenance par suite de l'épuisement de leurs munitions, pour prendre un repos dont elles avaient le plus grand besoin. On se garda bien de les inquiéter.

« A la nuit close, nous dit M. Bordone, Garibaldi et le chef d'état-major regagnèrent ensemble le quartier général où les attendaient les félicitations du maire de la ville, du préfet et d'une certaine quantité de notables.» On avait eu soin, à titre de réclame, de faire précéder la rentrée du général d'une mise en scène où le grotesque se joignait à l'odieux. Un bataillon garibaldien qui n'avait pas donné, ainsi qu'en témoignaient ses chemises rouges vierges de toute souillure, avait ramassé en passant sur le champ de bataille un certain nombre de casques et de fusils et s'en était paré comme d'autant de trophées ; en même temps, des morts prussiens dépouillés de leurs vêtements avaient été entassés pêle-mêle dans des tombereaux. Précédées de ces lugubres dépouilles, les chemises rouges firent leur rentrée à Dijon en triomphateurs, par la porte Guillaume, enseignes au vent, aux sons d'une musique enragée. Ces grands corps de Poméraniens jetés en travers des voitures formaient un horrible monceau d'où émergeaient les pieds, les mains, les têtes grimaçantes dans un épouvantable désordre. Les cahots des véhicules imprimaient à cette masse de cadavres mutilés, sanglants, souillés de boue, une trépidation qui leur donnait l'apparence de la vie et semblaient renouveler les convulsions de l'agonie. Au faîte de la dernière voiture un Poméranien gigantesque, vêtu d'une chemise et d'un pantalon coupé aux genoux, gisait sur le dos dans une posture effrayante. Ses poings crispés ramenés à la hauteur de son visage blafard, sa bouche dessinant dans un affreux rictus un dernier grincement de dents, ses yeux féroces largement ouverts, ses cheveux et son abondante barbe rousse maculés de sang et de boue gelée, ses jambes et ses pieds nus faisant saillie en arrière de la charette, tout son corps raidi, agité dans toutes ses fibres comme par les frémissements des douleurs suprêmes, formaient un tableau d'un abominable réalisme. Les sons joyeux de la fanfare garibaldienne qui s'avançait à quelques pas en arrière, l'attitude théâtrale de l'escorte, contrastaient atrocement avec cette scène funèbre et provoquaient des frissons d'horreur. Ce sinistre cortège traversa la ville entre deux haies de spectateurs la plupart peinés de cette exhibition dégoûtante.

Tandis que ces faits se passent à Dijon d'où partent

dans tous les sens des dépêches annonçant la grande victoire remportée sur toute une armée prussienne, le général de Kettler prend ses dispositions pour donner à ses soldats un repos devenu nécessaire. « Les efforts faits par les troupes allemandes, qui les jours précédents avaient exécuté de longues marches, sur des routes difficiles et par le mauvais temps, avaient été considérables. Il n'avait pas été possible de faire manger les hommes, soit avant, soit pendant les combats [1]. » Après avoir fait coucher ses troupes sur le champ de bataille, tant pour constater les résultats acquis que pour dissimuler sa faiblesse, le général prussien avait hâte d'occuper des positions moins dangereuses. Toutefois, avant de se retirer, il tenta auprès de Garibaldi une démarche qui, à défaut d'une issue favorable, devait maintenir le chef de l'armée des Vosges dans la persuasion qu'il avait devant lui une partie considérable de l'armée du Sud. Il chargea donc un notaire de Messigny de se rendre à Dijon et de dire à Garibaldi « qu'ayant reçu des renforts considérables, il se proposait, dès le lendemain matin à huit heures, de bombarder la ville et qu'il le conjurait de se retirer et de céder la place pour éviter une terrible effusion de sang. » Le parlementaire, muni d'un sauf-conduit prussien, fut amené à la préfecture devant M. Bordone qui occupait la chambre de l'impératrice Eugénie. « Pêle-mêle étaient couchés sur le tapis les officiers de l'état-major général qui n'étaient pas sur les routes en train de patrouiller, raconte l'historiographe garibaldien, et le général Bordone prenait un peu de repos sur le large lit de Mme Bonaparte, en compagnie de son fils et

---

[1]. *Guerre franco-allemande de 1870-71*, 2ᵉ partie, p. 1141.

de deux autres officiers [1]. » M. Bordone reçut la députation composée du préfet, du maire, du général Pellissier et du notaire, et l'introduisit en présence de Garibaldi qui repoussa les propositions du général prussien et fit reconduire le parlementaire aux avant-postes.

Après avoir ainsi épuisé tous les moyens en son pouvoir pour faire croire à une force qu'il n'avait pas et éviter d'être poursuivi le lendemain, « le général de Kettler se décidait à prendre, le 22 janvier, des cantonnements de repos dans les localités voisines. L'ennemi, apercevant les mouvements faits dans ce but, ouvrait un feu d'artillerie sans effet, et tentait aussi de s'avancer hors de sa forte position; mais il était bientôt repoussé. La journée se passait d'ailleurs sans qu'on fût inquiété. La brigade se reposa et put, par suite de l'arrivée d'une colonne de munitions, remplacer celles qui avaient été brûlées. » [2]

Cette manœuvre dangereuse, facilement opérée par les quatre mille Prussiens échelonnés de Talant à Daix et Hauteville, fut annoncée à la ville de Dijon, au gouvernement, à la France, comme une grande victoire. La population, voyant l'ennemi se retirer, fut tellement surprise qu'elle crut tout ce qu'on voulut et acclama Garibaldi comme son sauveur. « Cette journée, quoique moins fatigante et moins brillante pour nos armes que celle de la veille, écrit M. Bordone, avait cependant produit sur l'ennemi un effet beaucoup plus grand; on voyait qu'il était démoralisé et que ce n'était plus avec le même acharnement que ses troupes tenaient, et cependant nous n'avions eu devant nous, aux journées du 21 et du 22,

---

1. Bordone. *Garibaldi et l'Armée des Vosges*, 3ᵉ partie.
2. *Guerre franco-allemande de 1870-71*, 2ᵉ partie, p. 1141.

que des Prussiens et des Poméraniens, les troupes les mieux aguerries et les plus solides de l'armée allemande. »[1]

Garibaldi télégraphiait à Bordeaux : « Aujourd'hui, combat moins sérieux que celui d'hier, mais plus décisif, obligeant l'ennemi à pleine retraite et qui est ce soir poursuivi par nos francs-tireurs. » De son côté M. Bordone ajoutait : « En rentrant, j'apprends que Garibaldi vous a déjà fait connaître le résultat de la journée; elle s'est terminée plus vite qu'hier ; à quatre heures, l'ennemi était partout en fuite désordonnée et protégée comme d'habitude par un feu d'artillerie en retraite, mais de plus en plus faible. Si nous avions eu cavalerie suffisante, hier comme aujourd'hui, je leur aurais fait un grand nombre de prisonniers; ne nous marchandez pas la cavalerie..... »

Abusé, comme les habitants, comme la France, par ces renseignements erronés, le gouvernement embouchait immédiatement la trompette épique : « Guerre à général Garibaldi. — Illustre général, je suis heureux de vous féliciter pour le magifique succès que vous venez de remporter encore aujourd'hui. Je n'oublie pas votre chef d'état-major qui, j'en suis sûr, vous a bien secondé. La République française vous est reconnaissante de ce que vous avez fait pour elle. C'est une belle page de plus à ajouter à votre histoire militaire déjà si glorieuse. — DE FREYCINET. » On n'avait garde d'oublier M. Bordone dont on redoutait l'influence sur Garibaldi. On le félicitait donc personnellement. « Guerre à général Bordone. — J'attends immédiatement vos propositions de

---

1. Bordone. *Garibaldi et l'Armée des Vosges*, 3ᵉ partie.

récompense ; elles seront bien méritées, vous m'aviez promis de me faire honneur, vous avez tenu parole largement. Le gouvernement de la République est heureux de vous remercier par ma voix, et de féliciter l'armée des Vosges de sa brillante conduite dans la journée d'hier. — DE FREYCINET. »

En même temps, le gouvernement adressait la circulaire suivante aux préfets et généraux : « Le combat a continué hier sous Dijon. Le combat a été moins rude que la veille mais décisif. Les fortes positions de Daix, Plombières-lès-Dijon et Hauteville ont été reprises à l'ennemi qui, vers quatre heures, s'est mis en déroute dans tous les sens. Garibaldi a été accueilli par acclamations enthousiastes d'une foule immense portée à sa rencontre. »

La dépêche suivante est le dernier trait du tableau; elle donne le niveau invraisemblable auquel les fanfaronnades garibaldiennes avaient monté la tête du monde officiel. M. Steenackers, directeur général des postes et des télégraphes, s'adressant au colonel Loir, chef de la brigade télégraphique de l'armée des Vosges, lui disait : « Compliment à vous et à tout votre monde; embrassez pour moi Garibaldi et Bordone, on est fier d'eux. »[1]

Ce sont surtout les généraux prussiens qui pouvaient être fiers d'eux et rire de bon cœur en lisant ces sottes dépêches. Grâce à Garibaldi, non seulement la France allait être définitivement écrasée, mais elle était d'ores et déjà officiellement ridicule.

---

1. Perrot. Rapport, t. II, p. 716, 730, 740, dépêches n°⁹ 451, 7758, 1250 et *passim*.

II

Pendant que les garibaldiens et leurs admirateurs se livrent ainsi gratuitement à l'enthousiasme, le général de de Kettler, dont on célèbre la défaite définitive et la « fuite désordonnée », repose tranquillement ses troupes à quelques kilomètres de Dijon. Voyant qu'il n'est pas autrement inquiété, il change le 23 ses cantonnements et se porte, par un mouvement à gauche, de la montagne dans la plaine, « où les villages plus riches offraient plus de ressources pour l'alimentation. Garibaldi ne bougea pas et la marche en flanc fut exécutée le long de son front, tout à fait à proximité de celui-ci..... La brigade renforcée des troupes du major de Conta atteignait ensuite sans empêchement, à onze heures du matin, la ferme de Valmy[1], au nord de laquelle elle prenait position et d'où elle envoyait des partis de cavalerie sur Ruffey[2]. » Le général prussien, fort étonné de ne rencontrer nulle part de la résistance, constatant l'évacuation des villages de Bellefond, de Ruffey, fortement occupés la veille, pensait que Garibaldi s'était porté au secours de Bourbaki par Auxonne et Dôle. Les renseignements recueillis auprès des paysans et des prisonniers semblaient confirmer cette manière de voir, « non moins,

---

1. A quatre kilomètres de l'octroi.
2. *Guerre franco-allemande*, 2ᵉ partie, p. 1141 et 1142.

dit la section historique du grand état-major prussien, que l'inactivité surprenante d'un adversaire aussi fort... En raison de l'importance qu'il y avait à retenir devant lui l'armée qui lui était opposée, le général de Kettler résolut de tenter une nouvelle attaque, afin de se renseigner sur la situation.

» A une heure et demie de l'après-midi, le bataillon de fusiliers du régiment n° 21 recevait l'ordre de balayer les bandes de partisans postées sur la hauteur située au nord de Pouilly. Après un combat de courte durée, celles-ci sont rejetées sur le village que l'ennemi occupait avec des troupes nombreuses et qui fut alors vigoureusement canonné par deux batteries établies sur la hauteur. Sur l'avis que les Français venant de Saint-Apollinaire et de Varois déployaient des forces considérables vers Ruffey, six compagnies et un escadron s'avancent vers la ferme d'Épirey. Mais l'adversaire n'entreprenait ici rien de sérieux et se retirait quelques temps après sur Saint-Apollinaire. On put alors faire revenir un bataillon sur Pouilly, les fusiliers s'étant sur ces entrefaites déployés contre cette localité. Les hommes du 21ᵉ s'élancent sur la lisière du village entouré de murs ; ils sont obligés de prendre chaque maison d'assaut. Le château surtout était défendu avec acharnement. » [1]

Le village, le parc, le château de Pouilly étaient occupés par la 3ᵉ légion des mobilisés de Saône-et-Loire (Charolles), par le 2ᵉ bataillon de la 2ᵉ légion (Chalon) et par quelques francs-tireurs. Envoyés tardivement sur la route de Langres, les mobilisés trouvèrent les hauteurs déjà prises par les Prussiens ; ils dégagèrent toutefois la

---

1. *Guerre franco-allemande de 1870-71*, 2ᵉ partie, p. 1142.

place de la batterie française; mais accablés par le feu des batteries et des tirailleurs ennemis qui couronnaient les hauteurs, ils se replièrent sur le village et sur le parc qu'ils défendirent vigoureusement. Ces positions furent enlevées par l'ennemi dont les efforts échouèrent devant le château qui resta en possession du sous-lieutenant Vachia et de l'adjudant Blandas des mobilisés de Charolles. Chassés du rez-de-chaussée où l'ennemi mit le feu, ils se réfugièrent dans les étages supérieurs et tinrent jusqu'au départ des Prussiens, à qui ils firent éprouver des pertes sensibles. L'adjudant Blandas de la 3e légion se comporta vaillamment; il tua de sa main sept Prussiens qui avaient brûlé deux Français et arrêta l'incendie : la croix de la Légion d'honneur fut la juste récompense de sa belle conduite. [1]

Exaspérés par cette résistance opiniâtre, les Prussiens se livrent sur les prisonniers à des actes de sauvagerie incroyable : un officier blessé qui s'était réfugié dans la chambre d'un domestique est arraché de son refuge, garrotté, arrosé de pétrole et brûlé vif, sur un tas de fagots amoncelés dans la cour du château, au milieu « des cris et des hurlements de joie » de ces cannibales. Son corps méconnaissable, complètement carbonisé, fut retrouvé le soir, après la retraite des Poméraniens, sur le lieu du supplice; on le rapporta à Dijon, et la photographie du cadavre horriblement boursouflé, sur lequel les traces des liens étaient encore visibles, fut partout exposée, à la honte de ces barbares soldats. Mais leur abominable crime ne devait pas rester longtemps impuni;

---

1. Général Pellissier. *Les Mobilisés de Saône-et-Loire en 1870-71*, p. 103, 104, 105 et 134.

« peu d'instants après, nos troupes revenaient enlever le château et immolaient aux mânes du martyr tout ce qui se trouvait à portée de leur baïonnette. »[1]

Déjà, dans la nuit du 21 au 22, ils avaient commis « une de ces atrocités qui suffisent pour jeter une tache indélébile sur les armées qui s'en rendent coupables. » L'ambulance de la légion de Charolles était installée aux avant-postes dans une maison où il n'y avait qu'une femme, un enfant, des blessés et des mourants soignés par un médecin, deux aides-majors et des infirmiers portant tous le brassard de Genève. Un détachement prussien, qui s'était heurté à nos grand'gardes et avait été repoussé, pénétra, en se retirant, dans cette maison et fusilla indistinctement tous ceux qui s'y trouvaient, achevant les blessés à coups de baïonnettes et de crosses de fusil. Le docteur Morin et son aide-major Milliot furent assassinés pendant qu'ils pensaient une femme dont le sein avait été traversé par une balle ; quatre infirmiers, deux muletiers eurent le même sort. Un infirmier blessé et l'aide-major Cardier échappèrent seuls au massacre ; ils racontèrent les détails de cet horrible assassinat.

« Vers dix heures du soir, dit l'un des survivants, les Prussiens attaquaient Hauteville ; le chirurgien-major Morin et son aide Milliot étaient alors occupés à extraire un projectile de la poitrine d'une pauvre fille ; le chef infirmier Dhéré pansait un soldat blessé. L'aide-major Cardier sortait dans la rue au milieu des balles pour recueillir d'autres blessés. C'est alors qu'une horde de Prussiens se précipita dans l'ambulance ; ces barbares

---

1. *Bien public* de Dijon, 24 janvier 1871.

tuèrent à coups de crosse un infirmier, le blessé qu'on pansait, et l'aide-major Milliot; l'infortuné major Morin se jeta alors au-devant des assassins, leur expliqua en langue allemande qu'ils devaient respecter l'ambulance. On répondit au docteur Morin par des coups de crosse et de baïonnette, et comme il protestait malgré l'œuvre des assommeurs, un coup de feu en pleine poitrine l'acheva. Pendant ce temps, Dhéré et un infirmier étaient assommés à coup de crosse; l'un et l'autre tombèrent et furent laissés pour morts. Mais Dhéré n'est pas mort, et malgré un coup de revolver qu'il reçut au front, il sut surmonter la douleur et rester immobile, étendu dans une mare de sang; il a survécu pour donner tous les détails de cet horrible assassinat; il a survécu pour dire que non contents de tuer ceux que devait protéger la convention de Genève, les sbires du roi Guillaume ont dépouillé Morin, Milliot et les infirmiers de leurs montres, de leur argent, de tout ce qui avait une valeur; ils ont tout volé, même la boîte à amputation. Il a survécu le brave Dhéré, pour attester que, pendant toute la nuit, les soldats prussiens ont insulté les cadavres de ces hommes de paix, et que chaque pillard, acharné sur sa victime, s'assurait prudemment à coups de crosse et de pied que Morin, Milliot et les autres étaient bien morts..... »

Après la prise du clos, les fusiliers et des fractions du 1er bataillon du régiment n° 21, soutenus par le feu des batteries qui les avaient suivis, débouchent de Pouilly et s'avancent jusqu'à cinq cents pas de la ligne française allant de la Fillotte à la fabrique située entre Pouilly et Saint-Martin, à l'ouest de la route de Langres. Nos batteries établies à l'est de cette route ouvrent contre l'assaillant un feu concentrique qui l'oblige à s'arrêter. Le général de Kettler fait alors venir encore deux bataillons du régiment n° 61 de la ferme de Valmy. Le 1ᵉʳ bataillon se déploie entre la vallée du Suzon et la route ; le 2ᵉ suit la vallée même, laisse un peloton de la 6ᵉ compagnie près du Suzon pour couvrir sa droite contre nos tirailleurs déployés à l'est de Fontaine, refoule devant lui la brigade Ricciotti, la rejette jusque contre les faubourgs et arrive à 1,500 mètres de la ville. « Encore un effort de plus et il faisait main-basse sur les masses d'hommes en uniforme qui pullulaient dans les rues », et sur les nombreux canons restés sans emploi sur la place d'armes. A ce moment, une panique se produit parmi les garibaldiens et se propage jusqu'à Dijon. C'est alors que les mobilisés de Tournus[1], envoyés en toute hâte sur les lieux par le général Pellissier, entrent en ligne, arrêtent les Prussiens et rétablissent le combat.

Arrivé sur la route de Langres, le commandant Carré, qui commande ce bataillon, se porte à la hauteur des bataillons de la 3ᵉ légion et fait ouvrir le feu sur l'ennemi pris aussi en écharpe par les troupes occupant la fabrique et les tranchées-abris allant de ce point jusqu'à la Fillotte. « Après deux heures d'un combat furieux, il fait sonner la charge, et suivi de son bataillon, de deux cents hommes à peu près de la 3ᵉ légion, de quelques autres de la 2ᵉ, il enlève le parc à la baïonnette et en déloge les Prussiens, qui se mettent en retraite sur toute la ligne[2]. » Une charge de cavalerie opérée sur la droite prussienne par un escadron de hussards favorise le mouvement des nôtres en avant. « Le 2ᵉ bataillon

---

1. 2ᵉ bataillon, 4ᵉ légion.
2. Rapport du colonel Fornel commandant les mobilisés de Saône-et-Loire.

de la 4ᵉ légion armé depuis deux jours de fusils Remington, écrit le général Pellissier, avait fait en arrivant sur la ligne des tirailleurs une fusillade si vive et si nourrie que les poursuivants avaient été arrêtés. On avait profité de ce temps d'arrêt pour rallier celles des troupes qui pliaient; se joignant au bataillon de la 4ᵉ légion, elles avaient fait à leur tour reculer l'assaillant jusque bien au-delà du parc. Le parc était resté entre ses mains, mais en divers endroits les murs étaient éboulés; on entra par ces brèches et on chassa les Prussiens par des charges à la baïonnette. Si les rapports de mes observateurs postés avec des lunettes dans un des clochers de la ville ne m'avaient pas prévenu à temps, peut-être le bataillon de la 4ᵉ légion serait-il arrivé trop tard pour rétablir les affaires. » [1]

Un habile commandement eût pris ses mesures pour couper de sa ligne de retraite cette mince colonne entrant en coin dans nos lignes et s'étendant sur une longueur de six à sept kilomètres, de Bellefond-Ruffey à la fabrique par Pouilly et Epirey. Une attaque générale en tête et sur les flancs eût produit les plus grands résultats. A un moment donné, le 2ᵉ bataillon du régiment numéro 61, pris entre trois feux, dut se frayer un passage pour battre en retraite. Alors qu'un grand nombre de soldats demeuraient inutiles dans les rues de Dijon, nul ordre ne fut donné pour achever ce que le hasard avait si bien commencé; ainsi qu'on le verra plus loin, on empêcha même le général Pellissier de se porter en avant avec les réserves.

La section historique du grand état-major prussien fait connaître la situation critique dans laquelle se trou-

---

[1]. Général Pellissier. *Les Mobilisés de Saône-et-Loire en 1870-71*, p. 84.

vaient alors les 1er et 2e bataillons du 61e poméranien :
« Entre Pouilly et Saint-Martin s'élève, à l'ouest de la route, une fabrique massive, précédée d'une cour entourée de murs. On reconnaissait que celle-ci, ainsi que la Fillotte au pied de la hauteur de Talant et les tranchées-abris établies pour servir de communications étaient fortement occupées par l'ennemi. Malgré cela,... le lieutenant en premier Luchs, à la tête de la 7e compagnie, s'avance en subissant des pertes sensibles, mais sans arrêt, le long de la voie ferrée nouvellement établie qui se terminait dans une excavation située à peine à deux cents pas au nord-ouest de la fabrique. La 5e compagnie et deux pelotons de la 6e suivent ce mouvement. Cependant le feu de flanc partant du bâtiment empêche de pousser plus loin, et plusieurs tentatives faites dans le but d'y pénétrer échouent. Un feu violent était dirigé de trois côtés sur le 61e. Le commandant du 2e bataillon, capitaine Kumme, et celui de la 6e compagnie, lieutenant Straube, sont bientôt hors de combat, par suite de blessures. Le lieutenant en premier Luchs, prend le commandement du bataillon. Il est également blessé et perd un cheval. La 7e compagnie est réduite à soixante-dix fusils ; seule, la 5e, venant de la réserve, est à peu près intacte ; la nuit commence à tomber, le brouillard et la fumée cachent les vues, le nombre des ennemis augmente encore, ainsi que l'indique son feu. Malgré cela, le lieutenant Luchs se décide à tenter une nouvelle attaque. Tandis qu'il fait lui-même front contre Saint-Martin, avec la 6e et la 7e compagnie, afin d'empêcher l'ennemi d'entrer en action de ce côté, il donne l'ordre au lieutenant en premier Weise, de se lancer encore une fois contre la fabrique, avec la 5e compagnie. Cet officier

communique à ses hommes la mission qu'ils ont à remplir et marche ensuite en avant d'eux sous une grêle de balles. A côté de lui se tient le porte-drapeau du bataillon, le sergent Pionke, qui, ayant à peine fait quelques pas, tombe mortellement frappé. Le lieutenant Weise, blessé aussi, est ramené vers l'arrière. Le bord de l'excavation situé dans la direction de l'attaque étant très escarpé et très glissant, quarante hommes seulement ont suivi le mouvement. Le lieutenant en deuxième Schulze, relevant le drapeau, les conduit plus loin, mais il s'affaisse aussi, traversé par deux balles. Plusieurs hommes, qui l'un après l'autre ramassent le drapeau, trouvent là une mort glorieuse ; il en est de même de l'adjudant-major du bataillon, le lieutenant de Puttkamer, accouru au danger et qui est tué tout à proximité de la fabrique. On n'avait pu remarquer, de l'excavation, qu'il n'existait aucune entrée sur la face ouest des bâtiments. Les hommes qui malgré ce feu meurtrier arrivent jusque près de cette construction, ne peuvent rien faire et tombent presque tous sous les projectiles ennemis. Le sergent-major de la compagnie ramène les survivants dans l'excavation. Ce n'est qu'ici que l'on s'aperçoit que le drapeau a disparu ; malgré l'obscurité et le feu toujours violent, des volontaires partent à sa recherche. Un seul d'entre eux, le fusilier Schumacher, revient blessé, les autres paient de leur vie cette vaine tentative. Tous les hommes qui combattaient à côté du lieutenant de Puttkamer, ayant été tués, on ne savait pas avec certitude si le drapeau n'avait pas été conduit à une autre troupe par son dernier porteur. » [1]

---

[1]. *Guerre franco-allemande*, 2ᵉ partie, p. 1143, 1144, 1145.

A huit heures du soir le général de Kettler battait en retraite sur la ligne Vantoux-Asnières derrière laquelle il prenait ses cantonnements. La résistance qu'il avait éprouvée lui donnait la conviction que Garibaldi était encore à Dijon avec toutes ses troupes.

III

Le rôle des mobilisés pendant ces trois journées fut brillant et décisif; ils supportèrent avec bravoure les principaux efforts de l'ennemi. Le 21, à Plombières, le 3ᵉ bataillon de la 4ᵉ légion de Saône-et-Loire (Mâcon), défendant vivement ce village contre les troupes du major de Kroseck, perdait cent quatre-vingts hommes ; le même jour, à Talant et à Fontaine, la 2ᵉ légion (Chalon), après avoir longtemps couvert les batteries de ces deux positions de ses tirailleurs et de ses réserves, poursuivait l'ennemi jusqu'à trois cents mètres du village de Daix ; le 1ᵉʳ bataillon de la 4ᵉ légion (Mâcon), occupant la vallée entre Talant et Fontaine, appuyait ce mouvement avec les troupes garibaldiennes. La troisième légion (Charolles), s'opposait efficacement à la jonction de la colonne du centre avec celle du major de Conta. Envoyée en reconnaissance sur la route d'Is-sur-Tille, elle rencontrait « la brigade Ricciotti qui se repliait sur Dijon », et s'établissait avec deux bataillons sur le flanc gauche de l'ennemi à Hauteville, tandis qu'à l'est le 3ᵉ bataillon occupait Ahuy. « Les postes y étaient à peine installés, qu'une reconnaissance de cavalerie prussienne venait pour y entrer. Elle fut repoussée par les avant-postes. Une heure après, une reconnaissance d'infanterie eut le même sort. » A la nuit tombante, le colonel Fornel, commandant la 3ᵉ légion, demandait des renforts; il faisait observer que cette position, placée à cheval sur la route de Paris à Langres, ligne de retraite naturelle de l'ennemi, était de la plus haute importance, qu'avec de l'artillerie on pourrait de là faire beaucoup de mal à l'assaillant. — « Bah! bah! exclama le général Bordone, nous verrons cela demain! » — Le général Pellissier, qui s'était rendu à l'état-major pour appuyer la demande de son subordonné, ne put même obtenir l'autorisation d'envoyer au colonel Fornel ce qui restait de mobilisés dans Dijon.

Cependant, le commandant des forces prussiennes, comprenant l'importance de cette position, la faisait attaquer infructueusement à neuf heures et à onze heures du soir. Enfin, à onze heures trois quarts, trois colonnes prussiennes, débouchant de Daix, donnaient l'assaut en poussant des hourrahs. Les deux bataillons de la 3ᵉ légion soutinrent vaillamment le choc et se battirent jusqu'à deux heures du matin sans être secourus. A ce moment, le colonel ignorant les forces de l'ennemi et la situation générale, craignant d'être cerné, donna l'ordre de la retraite. La légion rentra à Dijon à cinq heures du matin, après avoir éprouvé des pertes sérieuses, soit cent quarante-neuf officiers et soldats [1]. Le lendemain 22, le

---

1. Voir général Pellissier. *Les Mobilisés de Saône-et-Loire en 1870-71*, p. 107, 108.

1ᵉʳ bataillon de la 4ᵉ légion délogeait de Daix l'arrière-garde ennemie et lui faisait quelques prisonniers. On a raconté plus haut le rôle important des mobilisés de Saône-et-Loire dans la journée du 23. A l'extrême gauche la 1ʳᵉ légion (Autun) postée à Bel-Air « arrêtait par son attitude les coureurs ennemis. » Sur la droite les mobilisés de l'Isère et du Jura inquiétaient, de Saint-Apollinaire et de la ferme de la Boudronnée, la gauche prussienne. « Dans ces trois journées consécutives de combat, lit-on dans le rapport du colonel Fornel, les légions de Saône-et-Loire, qui toutes voyaient le feu pour la première fois, se sont bravement conduites. Chacun a fait son devoir, surtout pour des hommes à peine armés et aussi mal équipés que possible. Beaucoup d'hommes se sont battus presque sans souliers. J'ai l'honneur de vous donner ci-après le chiffre des pertes éprouvées par les légions[1], et les noms de ceux pour lesquels je vous demande des récompenses qu'ils ont dignement méritées. »

Les propositions du colonel Fornel ne furent jamais envoyées au gouvernement, et ce fut le général Pellissier qui, longtemps après le licenciement de l'armée, obtint du ministre de la guerre général de Cissey neuf promotions dans la Légion d'honneur et six médailles militaires en faveur des mobilisés de Saône-et-Loire[2]. En vain M. de Freycinet télégraphiait-il à M. Bordone : « Puisque les mobilisés sont maintenant sous les ordres de Garibaldi, je vous prie de les comprendre dans les propositions de récompenses que je vous ai demandées

---

1. Cinq cent trente-cinq officiers et soldats.
2. Voir général Pellissier. *Les Mobilisés de Saône-et-Loire en 1870-71*, p. 103 à 107.

pour votre armée. Quelques distinctions placées à propos parmi eux vous les concilieront complètement et achèveront de leur faire aimer l'autorité de Garibaldi qu'ils admirent déjà... [1] » M. Bordone n'en faisait rien ; sa haine et son mépris pour les malheureux Français qui avaient la honte d'être sous ses ordres étaient trop grands pour lui permettre de céder même un instant à des considérations de justice ou de vulgaire habileté. D'ailleurs, il ne voulait pas démentir les rapports mensongers qu'il avait adressés au ministre, à leur sujet, à différentes reprises, alors qu'ils étaient encore sous le commandement du général Pellissier.

L'état-major avait, en effet, envoyé le 21 à M. de Freycinet cette dépêche ignoble : « 5 heures. — Le combat continue ; l'ennemi a fait de fortes pertes ; d'après prisonniers que j'ai interrogés des forces nombreuses nous tournent par la droite, où les mobiles se sont sauvés sans combattre[2]. » En conséquence le délégué à la guerre télégraphiait au général Pellissier : « On m'assure que, dans la journée d'hier, le rôle des mobilisés a été nul. Qu'est-ce que cela veut dire ? Pense-t-on donc qu'on les a envoyés à Dijon pour se promener ? Je compte, général, que dans la journée d'aujourd'hui cette tache, si elle existe, sera glorieusement lavée. Au surplus, traduisez en cour martiale les chefs qui ne voudraient pas marcher. Derrière des positions, tous mobilisés doivent se battre et tous fusils doivent tirer. »

En recevant cette dépêche incroyable le général Pellissier se rendit aussitôt chez Garibaldi, qui prétendit

---

1. Rapport Perrot, t. II, p. 765, dépêche n° 7421.
2. Id. Ibid., t. II, p. 715, dépêche n° 7247.

ignorer complètement d'où elle émanait et envoya, séance tenante, au ministre un télégramme la démentant formellement. Le général Pellissier répondait de son côté au délégué à la guerre : « Celui qui accuse les mobilisés d'avoir joué un rôle nul dans la journée du 21 est un infâme calomniateur. J'en appelle au général Garibaldi, au préfet de la Côte-d'Or, à tous ceux qui les ont vus à l'œuvre. Les mobilisés ont conservé leurs positions toute la journée, toute la nuit; la bataille a recommencé aujourd'hui et ils les conservent encore. La 3ᵉ légion des mobilisés de Saône-et-Loire, colonel Fornel, s'est établie avec audace sur le flanc gauche de l'ennemi, s'y est maintenue jusqu'à minuit et n'a pu être délogée que par des forces très supérieures, après une perte d'un officier supérieur, deux docteurs, deux muletiers, quatre infirmiers, cent quarante officiers et soldats. Deux autres légions de Saône-et-Loire ont aussi fait des pertes sensibles dont nous ne connaissons pas encore toute l'étendue. Toutes les autres légions, tant celles du Jura que celles de l'Ain, ont conservé leurs positions. Toutes n'ont pas été attaquées, mais celles qui l'ont été se sont bravement défendues [1]. » Deux heures après, M. de Freycinet télégraphiait : « On m'apprend à l'instant que vos mobilisés ont été calomniés hier et qu'ils se sont, au contraire, vaillamment battus; j'en suis extrêmement heureux et je m'empresse de vous en féliciter. » [2]

Malgré les faits, M. Bordone, de triste mémoire, revenait à la charge; il persistait à maintenir l'accusation

---

1. Rapport Perrot, t. II, p. 726.
2. Id. Ibid., t. II, p. 729, dépêche nº 1221.

portée contre les mobilisés : « J'ai la dépêche Pellissier relative à ses mobilisés, télégraphiait-il le 22 à Bordeaux ; je vous enverrai la liste de nos morts et de nos blessés et vous verrez par elles quelles sont les troupes qui ont été au feu. Cependant encore quatre ou cinq engagements comme ceux d'hier et d'aujourd'hui et ils apprendront de nos troupes comment on se tient au feu. Pellissier et ses mobilisés ne nous sont d'aucun secours en ligne, les laissons derrière les murs. » — « Ces troupes étaient tenues en réserve dans la ville, écrit-il encore, car nous ne pouvions compter sur elles à cause de leur peu de solidité : par deux fois déjà quelques-unes d'entre elles avaient lâché pied et étaient rentrées à Dijon, abandonnant leurs positions au milieu de la nuit et sans combat. Aussi ne cherchions-nous à les engager que derrière des murs ou à l'abri des parapets en terre ou en sacs à terre[1]. » Le lendemain même, au clos de Pouilly et en avant de la porte Saint-Nicolas, les mobilisés, tant en supportant courageusement l'attaque de l'ennemi qu'en rétablissant le combat, donnaient un éclatant démenti à M. Bordone.

De son côté Garibaldi, tout en déclarant au général Pellissier qu'il était très content de ses mobilisés, ne faisait aucune mention, dans sa proclamation du 24 janvier, du concours décisif prêté par eux à l'armée des Vosges dans les journées précédentes. Ces Français qui ne portaient pas la chemise rouge ne comptaient, aux yeux du condottière italien, que pour être molestés et insultés par son état-major. En présence d'un pareil déni de justice, le général Pellissier fit placarder à côté

---

1. Bordone. *Garibaldi et l'Armée des Vosges*, 3e partie.

de celle de Garibaldi une proclamation où il portait à la connaissance du public la dépêche suivante du gouvernement de Bordeaux : « On m'annonce que les mobilisés que vous commandez se sont brillamment conduits. Je vous félicite et je vous prie de féliciter vos troupes de la part du gouvernement. Proposez des récompenses pour ceux que vous en jugerez dignes. » On le voit par tous les documents que nous venons de faire connaître, écrit le général Pellissier, l'état-major de l'armée des Vosges n'épargnait rien pour faire comprendre aux troupes sous mes ordres que, tant qu'elles resteraient sous mon commandement, elles ne pouvaient attendre ni bien-être matériel ni réputation. »[1]

La conduite de Garibaldi envers le général Pellissier, qui le matin même du 21 janvier s'était mis à sa disposition, n'eut pour but, pendant ces trois journées de combat, que de justifier l'accusation d'incapacité portée contre cet officier général par M. Bordone, afin de s'en débarrasser et d'accaparer le commandement de ses troupes. A cet effet, on le laissa à Dijon, sous prétexte de diriger les réserves, mais on se garda bien de lui envoyer aucun avis, se bornant à entraver son action ; et on l'accusa ensuite d'avoir joué un rôle nul avec ses soldats.

Il importe de repousser avec indignation les calomnies portées contre ces braves gens par les bandits garibaldiens. Si nos compatriotes avaient été armés, équipés comme eux, commandés par des militaires et non par des Bordone et des Garibaldi, le général de Kettler aurait éprouvé un véritable désastre sous les murs de Dijon.

Dans son récit de la campagne de l'Est, le général

---

1. Général Pellissier. *Les Mobilisés de Saône-et-Loire en 1870-71*, p. 87, 88.

Cremer reconnaît la valeur des légions de Saône-et-Loire qui, au mois de décembre, furent quelque temps sous ses ordres; il rend hommage au mérite de ces soldats « mal armés, il est vrai, mais très disciplinés et commandés par d'anciens officiers de l'armée, tous hommes énergiques, braves, sachant la guerre. Ces mobilisés pouvaient être employés comme réserve ou être chargés d'une diversion dans laquelle on ne les aurait pas engagés à fond. Ils ont prouvé plus tard à Dijon qu'on devait compter sur eux. Du reste, pour ceux qui ont l'habitude du métier des armes, il est facile de juger une troupe sur l'aspect qu'elle présente, et les mobilisés de Saône-et-Loire possédaient cette allure militaire qui ne trompe jamais. » — « Je crois, ajoute M. de Laborie, que les troupes qui ont été le plus sérieusement engagées sont les mobilisés de Saône-et-Loire qui étaient sous les ordres du général Pellissier. Je connaissais des officiers et des soldats faisant partie de ces mobilisés, entre autres le fils d'un de mes fermiers. Je les ai suivis d'assez près : ces braves gens se sont très bien battus et ont éprouvé des pertes sérieuses. Si tout le monde avait fait son devoir comme eux, qui pourtant n'étaient pas soldats et savaient à peine tirer un coup de fusil, certainement l'issue de la campagne eût été très différente. Ce sont les mobilisés qui ont fait le plus. »[1]

« Le département sait aujourd'hui, écrit avec raison, honnêteté et justice le général Pellissier, ce que ses enfants ont souffert pendant les quatre mois qu'ils ont participé à la défense du pays en 1870 et 1871. Mal vêtus, mal chaussés, obligés souvent de camper en plein

---

1. *Enq. parl.*, t. IV, p. 65.

air et de passer les nuits dans la neige ; exposés dans cet état à toutes les rigueurs d'un hiver exceptionnel, ils ont été plus admirables encore par leur patience et leur résignation que par leur intrépidité devant l'ennemi. Ils mouraient de misère, car, lorsqu'il n'y est pas habitué, le corps ne peut impunément supporter de pareilles fatigues et de pareilles privations, et nous les retrouvions dans les hôpitaux, les pieds gelés ou dans le râle d'une phthisie galopante. Mais ils mouraient sans murmurer, sachant qu'ils mouraient pour le pays. Certes, nous avons eu sous notre commandement les mobilisés d'un grand nombre de départements, et quelques-uns d'entre eux, les mobilisés du Jura et de l'Ain par exemple, nous ont laissé d'excellents souvenirs. Nous avons admiré leur patriotisme et cet esprit de discipline si rapidement acquis chez des hommes qui, la veille encore, ne connaissaient rien du métier militaire. Mais nuls d'entre eux ne se sont trouvés dans des circonstances aussi pénibles que les mobilisés de Saône-et-Loire ; nuls d'entre eux n'ont fait la campagne dans un état de dénuement aussi complet[1] ; enfin, par suite des circonstances, nuls d'entre eux n'ont été aussi fréquemment et aussi vivement engagés avec l'ennemi. Honneur donc aux enfants de Saône-et-Loire ! Ils ont bien mérité du pays, et si nous avons entrepris ce travail... c'est pour que tant d'abnégation, tant de dévouements obscurs ne restassent point ignorés, et pour que nos descendants, dans le département de Saône-et-Loire, trouvassent dans leurs devanciers un exemple à suivre, si jamais le pays, dans l'avenir, se trouvait obligé de réclamer d'eux les mêmes sacrifices. »

---

1. Grâce au préfet Morin.

Honneur aussi au général Pellissier dont la conduite honnête et patriotique à Dijon a mérité la haine des aventuriers garibaldiens, et honte sur ceux qui n'hésitaient pas à accaparer à leur profit et à celui de la légende du « bonhomme Garibaldi » le dévouement, les souffrances, la vie de ceux qu'ils calomniaient! C'est à ces procédés de Garibaldi, à son inexpérience de la guerre sérieuse, à son ignorance de la direction d'une armée, non moins qu'à sa résolution parfaitement arrêtée de ne rien faire, que la brigade de Kettler dut son salut.

IV

La tactique du chef de l'armée des Vosges, si l'on peut appeler de ce nom ce qui en est la négation, est la même à Dijon qu'à Autun. « Ayant à combattre d'autres troupes que les soldats napolitains, comptant d'ailleurs médiocrement sur des hommes qu'il a négligé d'instruire, il craint de se compromettre en tentant le sort des armes. Il se ménage donc, ne recherche pas les affaires avec les Prussiens, s'en tient autant que possible à des rencontres de patrouilles, refuse malgré les ordres du gouvernement d'engager une action sérieuse, afin de conserver intactes son armée et sa légende politique et militaire[1]. » Aussi évite-t-il avec le plus grand soin tout

---

1. *Enq. parlement.*, t. IV. Déposition Darcy.

ce qui pourrait attirer sur lui l'attention de l'ennemi, provoquer ses attaques. Ce n'est pas lui qui, par des manœuvres convenables, cherchera à l'amener au point le plus favorable pour le battre ; il ne cherche qu'à l'éviter. Ses troupes ne font pas la guerre, elles « escadronnent », c'est-à-dire étendent au loin leurs pillages et se replient avec rapidité devant le danger. « Soyez tranquille, disait un officier supérieur garibaldien à une personne qui appréhendait un combat dans les rues, tant que nous resterons ici les Prussiens ne sont point à craindre, car Garibaldi a pour principe de côtoyer les flancs de l'ennemi, sans jamais s'engager à fond. Si votre ville est sérieusement menacée, nous partirons. » — « Pourquoi nous quittez-vous quand les Prussiens arrivent? disait le maire d'Étalante aux soldats de Ricciotti. — Décidément, écrit un autre maire rendant compte du départ précipité des garibaldiens à l'approche des Allemands, on doit croire qu'ils ont pour unique mission de convoyer les Prussiens[1]. » Le 21, au moment de l'attaque, la brigade Ricciotti, au lieu de poursuivre les neuf cents hommes du major de Conta, se replie devant eux à la hâte et rentre à Dijon, laissant aux mobilisés de Charolles le soin de se tirer d'affaire. Par le même motif, Garibaldi se garde bien de défendre les abords des places qu'il occupe. Il croit, — du moins il le prétend, — que Dijon est le principal objectif de l'ennemi et il se borne à envoyer en avant, afin de ne pas être surpris aussi grossièrement qu'à Autun, quelques détachements isolés, hors de portée de secours, obligés par là même de se retirer au plus vite pour ne pas tomber entre les mains

---

[1]. *Enq. parlement.*, t. IV, p. 106.

de l'ennemi; la défense n'est pas même organisée dans la gorge de Val-Suzon par où les Prussiens doivent passer[1]! Le 21, dans la soirée, même après l'arrivée des Allemands, il refuse de renforcer le colonel Fornel à Ahuy, à Hauteville, et laisse ainsi à la faible colonne du major de Conta qui avait été repoussée dans la journée jusque sur Savigny-le-Sec, la faculté d'opérer sa jonction avec le général de Kettler et de le seconder le 23.

Au fur et à mesure que l'ennemi s'avance, Garibaldi se replie jusqu'à ce qu'il soit acculé; dans la nuit du 22 au 23, il fait évacuer les hauteurs de Pouillly, Bellefond, Ruffey, etc., où les Français étaient en force les jours précédents. « M. Bordone affirme que Dijon était le principal objectif de l'armée prussienne, a dit M. Darcy; s'il l'a cru, il n'en est pas moins inexcusable de n'avoir pas défendu les défilés par où l'armée a passé. C'est dans ces défilés qu'il fallait défendre Dijon, au lieu de se laisser attaquer au gîte et de n'accepter le combat que quand on ne pouvait plus faire autrement[2]. » Avant l'attaque, Garibaldi se dérobe donc le plus qu'il peut.

Pendant la bataille, c'est le chaos : nul ordre, nulle combinaison, on marche au hasard, on fonce droit devant soi, on tire des coups de fusil, on va à la baïonnette, l'on ne fait rien ou l'on s'en va, selon qu'il plaît à chacun; le commandement perd la tête; c'est un pêle-mêle incroyable, surtout parmi les corps francs. « Il y avait des gens qui se battaient bien, mais il en est d'autres qui disparaissaient, on ne savait pas où ils passaient.

---

1. *Enq. parlement.*, t. IV, p. 103.
2. *Enquête parlementaire*, t. IV, p. 106.

Sous prétexte qu'on est franc-tireur et qu'on ne doit pas figurer en ligne quand la bataille s'engage, on s'en va. »[1]

Sur tel point les troupes affluent et s'embarrassent, offrant une cible compacte aux coups de l'ennemi ; telle autre position importante n'est pas occupée. Durant les combats sous Dijon, « les portes et les abords de la ville du côté du sud sont dégarnis de postes et d'avant-postes et les plus simples précautions militaires sont négligées, tandis que les rues et les cafés sont remplis de soldats désarmés et flanant[2]. » Dans ces conditions, le général ne peut avoir qu'une idée extrêmement confuse des troupes engagées ou de celles qui ne le sont pas : « Dans les deux journées précédentes, les 1re et 3e brigades avaient presque soutenu seules l'attaque sous Talant et Fontaine ; le 23, ce furent celles de Ricciotti et de Canzio qui prirent la plus grande part au combat. » Tels sont à peu près les seuls renseignements précis fournis par M. Bordone sur le rôle de notre infanterie. Les mobilisés de Saône-et-Loire qui, pendant ces trois journées de combat, ont perdu cinq cent trente-cinq hommes, officiers et soldats, et qui, le 23 janvier, ont sauvé Dijon et l'armée des Vosges, ne sont pas même nommés ![3]

Il a les notions les plus fausses sur les forces de l'ennemi : le 21, il croit avoir devant lui les trente mille hommes du général de Zastrow qui, à cette date, étaient au-dessous de Vesoul, vers Rioz et Montbozon ; le 22, il pense avoir affaire à dix mille hommes commandés par les généraux de Kettler et du Trossel ; le 23, il estime à trente-deux mille hommes au moins les troupes

---

1. *Enquête parlementaire*, t. III. Déposition du général Pellissier.
2. Id. ibid., t. IV, p. 104.
3. Id. ibid., t. IV, p. 106.

qui lui sont opposées. « C'est tout le corps d'armée du général Fransecky[1], comprenant les quatre brigades des généraux Hartman, Koblinski, Hann von Weyhern et Stupnagel. » Il n'apprécie pas plus exactement les mouvements de l'adversaire : le 21, il prend pour une diversion l'arrivée par Plombières de la colonne de droite du major de Kroseck, presque aussi forte que celle du centre venue par Daix ; le 22, il considère comme une attaque le mouvement en arrière opéré par le général de Kettler, pour prendre des cantonnements de repos ; enfin, le 23, l'occupation par l'ennemi de la ligne Bellefond-Ruffey-Epirey destinée à couvrir son flanc gauche, est assimilée à un mouvement tournant sur notre extrême droite, et quatre batteries avec des troupes sont envoyées sur ce point. Ces erreurs d'appréciation dans l'attaque en entraînent d'aussi graves dans la défense. Si l'on n'avait le rapport du grand état-major prussien, on ignorerait le plan des combats, ce qui s'y est réellement passé.

« Enfin, vers la tombée de la nuit et dans un élan magnifique, toutes les forces à la fois, mais surtout celles de Ricciotti et de Canzio, poussèrent en avant et se remparèrent pour la dernière fois du château de Pouilly, et poursuivant l'ennemi à travers les vignes et les bois, lui firent essuyer des pertes effroyables. On ne saurait

---

[1]. A cette date le général de Fransecky occupait Dôle avec le gros du II° corps; l'une de ses brigades prenait position à Pesmes pour maintenir les communications avec Gray ; il poussait son avant-garde jusqu'à Mont-sous-Vaudrey, afin de reconnaître les trois routes de Salins, d'Arbois, de Poligny, et de détruire le chemin de fer et le télégraphe entre Besançon et Lons-le-Saulnier. Le chef du II° corps avait avec lui les trois brigades des généraux de Koblinski (5° brigade), de Wedel (6° brigade), du Trossel (7° brigade); la 8° brigade du général-major de Kettler était seule devant Dijon. (*Guerre franco-allemande de 1870-71*, 2° partie, p. 1149 et supp. CLVII, p. 504.)

dépeindre le spectacle vraiment magique qu'on voyait de Montmuzard, en avançant successivement vers les hauteurs de Pouilly à mesure que l'ennemi s'éloignait ; on apercevait sur une étendue d'environ sept kilomètres, car la nuit arrivait, le feu de mousqueterie des Prussiens qui formaient une ligne non interrompue ; le canon seul de l'ennemi continuait à tirer à toute volée dans la direction de Dijon. »[1]

Il n'est pas vrai que Ricciotti et Canzio aient repris le clos de Pouilly. La lettre suivante publiée dans le *Bien public* de Dijon du 27 janvier 1871, fait justice de cette erreur ; elle montre que dès cette époque les garibaldiens cherchaient à accaparer à leur profit le courage des mobilisés et à développer à Dijon la légende si ridiculement commencée à Autun : « Dijon, 26 janvier 1871. — Je viens au nom de la justice et de la vérité, solliciter de votre bienveillance une petite place dans votre estimable journal, pour faire disparaître le doute qui semble régner sur le combat de Pouilly. Il est absolument faux que ce soient les garibaldiens qui aient enlevé à la baïonnette le clos de Pouilly. Ces derniers, il est vrai, ont déployé un grand courage et ont essayé plusieurs fois de se rendre maîtres de cette importante position, mais, écrasés par des forces supérieures, ils durent se replier. C'est alors que l'ennemi, déployé en tirailleurs, s'avança jusqu'à la porte de Dijon, et tenta même d'entrer en ville. A ce moment le 2° bataillon de la 4° légion de Saône-et-Loire (Tournus), se plaça en bataille et força l'ennemi à reculer jusque dans le parc du château. Notre valeureux commandant cria : En avant !

---

[1]. Bordone. *Garibaldi et l'Armée des Vosges*, 3ᵉ partie, p. 327 et suiv.

La charge sonna et le château fut repris aux cris de Vive la République ! Vive le commandant ! Le lendemain matin, Garibaldi passant devant le front de notre bataillon, nous adressa les paroles suivantes : Citoyens, je suis heureux de vous avoir pour frères d'armes. Vous vous êtes battus comme de vieux soldats. Courage ! Vive la république universelle ! — Voilà, Monsieur le rédacteur, les faits tels qu'ils se sont passés....... — Emile Gelot, clairon au 2ᵉ bataillon, 4ᵉ légion de Saône-et-Loire. »

Tous les engagements sont racontés sur ce ton par M. Bordone. Postés sur les hauteurs, le général et son chef d'état-major contemplent en *dilettanti* les péripéties du combat ; ils se croient au théâtre et applaudissent « aux bons coups ». La bataille ne leur semble pas une partie difficile, astreinte à des règles, où le joueur a besoin de tout son sang-froid pour calculer ses mouvements, prévoir ceux de l'adversaire, s'y opposer en temps utile ; pour eux, c'est surtout une source d'impressions, « un spectacle unique..., vraiment magique..., un enivrement », un panorama dont ils admirent l'émouvant ensemble. A les voir ainsi occupés, on les prendrait pour des spectateurs et non pour des acteurs.

Parfois, néanmoins, ils se souviennent de leur rôle, surtout lorsqu'il s'agit de donner des contre-ordres, d'accentuer le désordre, de s'opposer à une initiative utile nécessitée par leur inertie. Le 21 au soir, ils empêchent le général Pellissier d'envoyer à Hauteville des renforts qui auraient mis le général de Kettler dans la situation la plus périlleuse. Lors de la panique du 23, le général Pellissier, avisé par ses observateurs que l'ennemi approche des faubourgs, réunit ses réserves, se met à leur tête et les dirige sur le point menacé. Arrivé à la porte Saint-Nicolas, il rencontre M. Bordone qui, « n'ayant pas ordonné cette concentration, ne vit là que des éléments d'encombrement et le prit de très haut : Que font là ces troupes et qui leur a donné l'ordre de se tenir sous cette place ? — C'est moi, répondit le général Pellissier ; je vais me porter sur la route de Langres avec mes troupes. — Qu'on fasse rentrer immédiatement ces troupes dans leur quartier, répondit superbement le chef d'état-major[1]. » Or à ce moment l'ennemi en retraite « rassemblait, nous dit le grand état-major prussien, ses troupes au sud de Pouilly. Pour y arriver, le 2ᵉ bataillon du numéro 61 fut déjà obligé de se frayer un passage. La brigade restait jusqu'à huit heures du soir sur le point de rassemblement, et laissant deux compagnies en arrière pour couvrir le relèvement des blessés, prenait ensuite ses cantonnements derrière la ligne Vantoux-Asnières[2]. » L'intervention du général Pellissier était donc justifiée ; c'était en effet le moment de poursuivre l'ennemi ébranlé, de l'empêcher de se reformer ; mais pas plus à Dijon qu'à Autun, la poursuite d'un adversaire en retraite ne faisait partie de la tactique garibaldienne. Après la bataille, si l'ennemi se retirait, on était tellement heureux d'en être délivré, qu'on le laissait s'en aller paisiblement, et l'on rentrait au gîte aux sons de la *Marseillaise* et de l'hymne à Garibaldi. On entonnait alors le chant de victoire et l'on racontait *urbi et orbi* les hauts faits des autres, en se les attribuant.

---

1. Bordone. *Garibaldi et l'Armée des Vosges*, 3ᵉ partie, p. 345.
2. *Guerre franco-allemande de 1870-71*, 2ᵉ partie, p. 1145.

Ainsi s'explique comment quatre mille cinq cents Prussiens complètement isolés, éloignés de plus de quarante kilomètres de l'arrière-garde de Manteuffel et de tout corps allemand, ont non seulement tenu en échec, trois jours durant, près de quarante-cinq mille Français, mais encore se sont maintenus sans être attaqués, pendant les huit jours suivants, à deux kilomètres de nos gardes avancées, bien qu'ils fussent alors réduits à trois mille huit cents hommes !

L'écrasante supériorité numérique des nôtres qui luttaient dix contre un, dans une position fortifiée à l'avance, non moins que la bravoure et la bonne volonté des « mendiants de Saône-et-Loire », écartent complètement l'argument que l'on a cherché à tirer, à la décharge de Garibaldi, du mauvais armement d'un certain nombre d'entre eux, de leur inexpérience de la guerre. Cremer, à Nuits, a combattu avantageusement, à nombre inférieur, contre Werder, avec des soldats aussi novices que ceux de Garibaldi. C'est donc bien le commandement inepte de l'armée des Vosges qui est cause de tout ; les vétérans les plus aguerris n'auraient rien pu faire avec Garibaldi et M. Bordone, car, comme le disait tout récemment à Lille le général Billot : « Les meilleures troupes du monde sont exposées à voir les exploits les plus éclatants aboutir à un échec final, si les efforts des masses mises en mouvement ne sont coordonnés, combinés et dirigés par de profonds calculs, selon les règles de l'art. » —« La science de la guerre, la plus difficile de toutes, parce qu'elle est tributaire de toutes les sciences et touche à tous les arts, » était aussi étrangère à l'état-major garibaldien que « les leçons des grands maîtres qui ont su commander et vaincre et dont le génie domine encore la guerre moderne. » Garibaldi venait pour la troisième fois de laisser échapper l'occasion de remporter un triomphe relativement facile. Pour la troisième fois, la Fortune qui d'ordinaire n'aide que les audacieux avait inutilement offert ses faveurs à cet homme si prudent.

Les pertes des Allemands dans la dernière journée avaient été, d'après le grand état-major prussien, de seize officiers et de trois cent soixante-deux hommes. On a évalué à cinq cents hommes environ nos pertes du 23 janvier. Après la retraite de l'ennemi, quelques mobilisés de Saône-et-Loire selon les uns, quelques garibaldiens selon les autres, découvrirent le drapeau du 61ᵉ régiment poméranien, la hampe brisée, déchiré par les balles, inondé de sang, sous un monceau de cadavres prussiens. Il fut promené à travers les rues de Dijon par un officier garibaldien escorté d'un peloton de hussards, puis envoyé en grande pompe au gouvernement de Bordeaux.

Le 21 et le 23, en sacrifiant sept cent dix-neuf hommes, le général de Kettler avait assuré la réussite de l'entreprise du général de Manteuffel. « Avec quatre mille hommes d'infanterie, deux cent soixante chevaux et douze pièces, le général de Kettler n'avait pu arracher Dijon fortifié des mains d'un adversaire bien supérieur en nombre. Mais ses attaques énergiques du 21 et du 23, ainsi que l'audace avec laquelle ce faible détachement se maintint ensuite tout à proximité du front du général Garibaldi, forcèrent celui-ci à admettre qu'il avait devant lui une partie considérable de l'armée du Sud et qu'il devait se borner à défendre prudemment sa position. Elles eurent pour résultat de clouer à Dijon un corps français tout entier et d'assurer au général de Manteuffel la liberté de ses mouvements, sans avoir à craindre d'être inquiété de ce côté. » [1]

Ce résultat déplorable fut alors célébré comme une grande victoire par la presse républicaine et par le monde officiel. Les renseignements fantaisistes envoyés au gouvernement par l'état-major garibaldien avaient tourné toutes les têtes. On avait tant besoin de croire à la victoire ! « Dijon a été attaqué de nouveau aujourd'hui par 21ᵉ, 49ᵉ, 2ᵉ et 61ᵉ régiments, vingt-quatre pièces d'artillerie et cavalerie de la division Hann de Weyhern, télégraphiait le colonel Gauckler ; attaque sur Fontaine repoussée ; attaque très sérieuse sur Pouilly et Saint-Apollinaire ; Ricciotti, cerné un moment à Pouilly, s'est dégagé et a pris drapeau du 61ᵉ. Pertes prussiennes énormes, prisonniers du 61ᵉ annoncent perte de la moitié de leur effectif, avec beaucoup d'officiers. Mobilisés qui avaient plié d'abord, ont fini par charger à la baïonnette. Brouillard ce matin, combat a duré de midi à six heures trente. Avons perdu de braves officiers ; il y a eu des traits de bravoure. — GAUCKLER. » [2]

« Troisième journée, prévisions réalisées, disait avec emphase M. Bordone ; ennemi, après avoir simulé attaque sur notre gauche, a massé le gros de ses forces sur la route de Langres, s'est emparé un instant de ferme de Pouilly d'où l'avons délogé en battant brèche dans mur et sous fusillade effrayante ; attaque également sur la droite. Drapeau du 61ᵉ régiment est entre nos mains pris par brigade Ricciotti, ennemi pertes énormes... » [3]

---

1. *Guerre franco-allemande de 1870-71*, 2ᵉ partie, p. 146.
2. Perrot. Rapport, t. II, p. 739, dépêche n° 7430.
3. Id. ibid., t. II. p. 736, dépêche n° 7412.

M. Spuller se faisant l'écho des hâbleries garibaldiennes renchérissait encore sur M. Bordone : « La déroute des Prussiens est complète. Leur attaque a eu lieu à une heure par la route de Langres. La brigade de Ricciotti s'est couverte de gloire. Elle a détruit le 61ᵉ régiment d'infanterie prussienne et lui a pris son drapeau. A son retour, j'ai embrassé Garibaldi avec effusion... L'héroïsme, dans cette armée, est à l'ordre du jour. Il n'y a de traînards et de fuyards d'aucune sorte... »[1]

Enfin, M. Bordone avisait en ces termes le gouvernement de l'envoi du drapeau : « Serez satisfait; votre mandataire va porter au gouvernement à Bordeaux le premier drapeau pris sur l'armée prussienne. Il est magnifique; la moisson de trophées a été abondante, on vous en envoie de suite une caisse complète; merci de votre bon souvenir et de vos témoignages d'amitié pour nous. »[2]

A la réception de ces dépêches, M. de Freycinet croyant, d'après les dires de M. Bordone, que l'armée entière de Manteuffel venait d'être battue, demandait à Bourbaki d'aller au secours de Garibaldi[3] pour prévenir « la chute de Dijon, disait-il, et punir l'ennemi de la témérité avec laquelle il opérait entre l'armée de l'Est et l'armée des Vosges », comme si le véritable péril de la situation se fût tout à coup transporté à Dijon ! En même temps, il mandait à Gambetta alors à Saint-Malo : « Garibaldi a encore remporté un très grand succès hier. C'est décidément notre premier général. Cela fait un pénible con-

---

1. Rapport Perrot, t. II, p. 737, dép. n° 4711.
2. Id. ibid., t. II, p. 745, dép. n° 7043.
3. Id. ibid., t. II, p. 735, dép. n° 75 ; p. 741, 742, dép. n° 7269.

trastre avec l'armée de Bourbaki qui depuis huit jours piétine sur place entre Héricourt et Besançon. Aussi, si vous m'en croyez, quand Bourbaki aura quitté ces parages avec les 15e, 18e et 20e corps, il faudra réunir les corps Cremer et Bressolles en une seule armée sous le commandement de Garibaldi. Je crois que cette combinaison sera acceptée aujourd'hui avec empressement par l'opinion qui se montre très impressionnée des succès de Garibaldi. Je vous demanderai donc, si vous n'êtes pas encore de retour à cette époque, de m'autoriser à prendre cette mesure à laquelle j'attache une grande importance et qui me paraît la seule qui puisse sauvegarder notre situation militaire dans l'Est. L'organisation de chacun des corps resterait d'ailleurs ce qu'elle est, simplement la direction de Garibaldi remplacerait la direction de Bourbaki. » Enfin s'enivrant de ses propres idées il terminait ainsi : « Je me fais fort avec cette organisation de reprendre les Vosges[1]. » Tout entier à son admiration, passant d'un extrême à l'autre, s'abandonnant aux écarts de son imagination, le délégué à la guerre, complètement abusé, oubliait le danger de plus en plus menaçant dans l'Est et bâtissait des châteaux de carte que le premier souffle devait renverser. « De quelle patriotique douleur n'est-on pas saisi, s'écrie M. Perrot, chaque fois que l'on rencontre de pareilles illusions dans l'esprit de ceux qui dirigeaient alors nos armées avec un si grand pouvoir et une si grande légèreté ! »

Toutefois, l'enthousiasme de M. de Freycinet n'était rien auprès du lyrisme du ministre de la justice : « Ami, télégraphiait M. Crémieux à Garibaldi, laissez-moi vous

---

[1]. Rapport Perrot, t. II, p. 743, dép. n° 7278.

envoyer personnellement mes félicitations sur votre belle victoire ; oui, vive la République ! si bien défendue par le grand soldat qui porte si haut en ce moment le drapeau français, ajoutant une nouvelle gloire à tant de gloire, et vos soldats garibaldiens immobiles devant l'ennemi comme une muraille ; et se précipitant contre lui comme un flot, et tous les nôtres à qui vous communiquez votre feu ; merci, cher Garibaldi ; vous savez combien je vous suis affectionné ; continuez à vaincre. » Cette dépêche dérisoire donne le ton des renseignements qui avaient été fournis au gouvernement par Garibaldi. Il ne prétendait rien moins qu'avoir fait tête à une armée de soixante-douze mille hommes ayant Dijon pour objectif et lui avoir tué sept mille hommes ! « Les évaluations les plus modérées, écrit M. Marais, portaient le nombre des blessés ou tués du côté de l'ennemi, et pendant les trois jours, à sept mille hommes. »

« Notre effectif[1] à la date du 20 janvier, veille du jour où nous fûmes attaqués dans Dijon, dit de son côté M. Bordone, s'élevait donc à vingt-quatre mille hommes au plus[2], et nous avions à notre gauche les trente mille hommes du général de Zastrow ; en avant de nous les troupes des généraux Kettler et du Trossel (dix mille hommes environ) ; enfin sur notre droite les brigades des généraux Hartman, Koblinski, Hann von Weyhern et Stupnagel, divisées en trois colonnes et faisant toutes partie du corps d'armée du général Fransecki, et représentant un effectif d'au moins trente-deux mille hommes.

1. Armée des Vosges.
2. Auxquels il y a lieu de joindre vingt mille quatre cent trente-deux mobilisés sous les ordres du général Pellissier. — Général Pellissier. *Les Mobilisés de Saône-et-Loire en 1870-71*, p. 99.

Toutes les troupes dont nous venons de parler, formant un total d'au moins soixante-dix mille hommes, combinaient leurs efforts et devaient attaquer Dijon. Ce n'est que par une manœuvre habile que nous étions parvenus à les tenir isolées les unes des autres, et que l'attaque qui aurait pu avoir lieu par trois points à la fois et en un seul jour, a été au contraire divisée en trois journées pendant lesquelles nous avons eu successivement raison de chacune d'elles... Repoussé de Dijon, l'ennemi descendait sur ce point (Dôle-Mouchard) afin d'intercepter les communications entre le Midi et l'armée de Bourbaki ; mais son projet primitif était d'opérer sur Dijon et avec de très grandes forces. » [1]

Garibaldi et son chef d'état-major croyaient-ils vraiment à cette fantasmagorie qu'ils agitaient sous les yeux du public ? Il est permis d'en douter. Le 28 janvier, M. Bordone télégraphiait à M. de Freycinet : « ... Les démonstrations faites sur Montbard, Baigneux, Gray, Dijon, n'ont d'autre but que de masquer la marche lente et embarrassée de quarante à quarante-cinq mille hommes en marche sur Vesoul et Lure. » En mars 1871, Garibaldi adressait à la *Riforma* une lettre où il essayait de répondre aux griefs articulés contre lui par le *Times*, au sujet de ses opérations sous Dijon et de son refus d'aller dans l'Est secourir Bourbaki. On y lit : « Le passage de l'armée de Manteuffel au nord m'était connu ainsi qu'à nos quatre brigades... » En outre, le 16 janvier, il affirmait à M. de Laborie que les Prussiens ne prendraient pas Dijon : « Je vous réponds de la possession de Dijon [2] ; ils ne

---

1. Bordone. *Garibaldi et l'Armée des Vosges*, 3ᵉ partie, p. 327.
2. *Enquête parlementaire*, t. IV, p. 64.

viendront pas ici. » Le général italien et son chef d'état-major savaient donc que Dijon n'était pas l'objet de Manteuffel ; et alors que deviennent les assertions de M. Bordone ? « Avec sa bonne foi ordinaire », pour emprunter les expressions du général Pellissier à son égard, il aurait donc, encore une fois, « complètement dénaturé les faits » pour les besoins de la légende. Il ne s'en indigne pas avec moins d'énergie contre ceux qui rétablissent la vérité : « MM. les généraux Werder et Manteuffel, les journaux français à la solde des prêtres, le *Times* et *l'International,* auront beau dire ou faire, écrit-il plaisamment, et prétendre que nous avons été trompés par de fausses démonstrations, amusés par des forces très inférieures, rien n'effacera les dates ni les faits, et les champs de bataille d'Autun [1] et de Dijon [2] empoisonnés, engraissés par les cadavres des régiments à moitié détruits de l'armée prussienne, témoignent déjà et témoigneront peut-être trop haut, à l'approche des chaleurs, contre ces clameurs ridicules. » [3]

Il n'y a de ridicule que la déclamation charlatanesque de M. Bordone qui essaie d'écarter avec ses contes les témoignages précis et détaillés des hommes les plus compétents. « Tout cela n'a pas empêché certaines gens, s'écrie à son tour le légendaire M. Marais, de soutenir que ces trois attaques successives, opiniâtres, n'étaient qu'une feinte et le fait d'un petit corps de six mille hommes faisant une simple démonstration pour masquer une opération plus importante. Six mille hommes tenant une ligne de bataille de plus de quarante kilomètres. O

---

1. Vingt-trois hommes mis hors de combat.
2. Sept cent dix-neuf hommes mis hors de combat.
3. Bordone. *Garibaldi et l'Armée des Vosges,* 3ᵉ partie, p. 327.

naïveté de la mauvaise foi!... Garibaldi avait eu affaire à quarante mille hommes au moins [1]. » Pour établir cette conclusion, M. Marais se sert d'un raisonnement singulier : « Le 19 janvier, dit-il, le gros des forces de Manteuffel était à Dampierre et à Fontaine-Française. Or à ce moment, pour couper Bourbaki, le premier point à occuper et à garder était Dijon [2]. C'est donc sur cette ville que se dirigèrent la plupart des forces ennemies. » D'où il suit évidemment que Dijon a été attaqué par un minimum de quarante mille hommes et que Garibaldi, en sa qualité de franc-maçon, de révolutionnaire, dépasse Alexandre, César et Napoléon, tous les hommes de guerre passés, présents et futurs. C'est ainsi que s'est fabriquée la légende du « bonhomme Garibaldi. »

On le voit : alors que se jouait dans l'Est la partie suprême, l'état-major garibaldien passait son temps à se vanter, à publier partout en les amplifiant, en les défigurant, les minces avantages qu'il avait été obligé de remporter sur l'ennemi. Cette réclame éhontée pouvait faire les affaires de ses auteurs : assurément elle ne faisait pas celles de la France. « Le général Bourbaki a déclaré devant la commission que le général Garibaldi, par l'inaction dans laquelle il était resté à Dijon, au moment critique de la campagne, avait été une des causes de la perte de l'armée de l'Est. Il a exposé qu'au moment où il devait croire ses derrières défendus par le général de l'armée des Vosges, il avait vu tout à coup, au milieu d'une retraite pénible, une armée ennemie de plus de soixante mille hommes, celle du général de Manteuffel,

---

1. Marais. *Garibaldi et l'Armée des Vosges.*
2. Manteuffel, ainsi qu'on l'a vu, n'en a pas jugé de même.

arriver sans coup férir et intercepter ses communications. N'ayant pas trouvé à Besançon les approvisionnements nécessaires pour s'y établir, il avait été fatalement obligé de chercher son salut par la seule voie qui lui restait ouverte. Les dépositions du colonel Leperche et du général Borel, chef d'état-major général, celles des généraux Billot et Clinchant, qui exerçaient des commandements importants à l'armée de l'Est, n'ont fait que confirmer les déclarations du général Bourbaki, et même, le général Borel a démontré à la commission que, si le général Garibaldi avait pu arrêter, pendant quelques jours seulement, le général de Manteuffel, ce qu'il n'a pas essayé de faire, l'armée française se serait facilement dégagée et se serait repliée intacte sur la vallée de la Saône. » [1]

Le rapporteur de la commission d'enquête parlementaire sur les actes du gouvernement de la Défense nationale, M. Perrot, député à l'Assemblée, résume ainsi son rapport relatif au « rôle du général Garibaldi dans la campagne de l'Est : Premièrement, comme point de départ de la question qu'elle doit apprécier, la commission pense que le général Garibaldi a reçu et accepté du ministre de la guerre la mission, non seulement de défendre Dijon, si l'ennemi venait à l'attaquer, mais encore et surtout de défendre le passage des montagnes au nord de cette ville, si l'ennemi tentait de les traverser, soit qu'il s'agît d'aller au secours du général de Werder devant Belfort, soit qu'il voulût menacer les derrières du général Bourbaki. Cette mission n'a pas été remplie par le général Garibaldi quand vint le moment

---

[1] Rapport Perrot, t. II, p. 121.

de la remplir, car il n'a pas même essayé de disputer aux Prussiens, ni un jour, ni une heure, les passages dont la garde lui était confiée, et les ennemis ont pu franchir, à leur grand étonnement et à leur grande satisfaction, tranquillement, ces défilés, comme ils l'eussent fait en pays ami, sans qu'aucun obstacle leur fût opposé !

» Contrairement à ce qui a pu être dit par l'état-major italien, prétendre, pour expliquer, sinon pour justifier l'inaction de l'armée des Vosges, que l'on a ignoré les mouvements du général de Manteuffel, n'est pas soutenable. La commission considère comme surabondamment démontré, par les témoignages les plus divers, que le général Garibaldi n'a pas cessé un moment, avant comme pendant l'opération du général de Manteuffel, d'être minutieusement renseigné sur tous les mouvements de l'ennemi.

» La commission tient pour certains deux faits qui lui semblent indiquer, indépendamment des appréciations de M. de Serres, que si le général Garibaldi n'a pas combattu, malgré ses promesses plusieurs fois renouvelées, malgré l'exigence impérieuse des circonstances, cela a été de propos délibéré, et parce qu'il y avait chez lui un parti pris de ne pas combattre tant qu'il ne serait pas sûr du succès. Le premier de ces faits est celui de Ricciotti qui, chargé d'observer l'ennemi, s'empressa de rentrer à Dijon, lorsque le 13 janvier il apprit d'une manière certaine que le général de Manteuffel allait se porter en avant ; évitant avec une habile dextérité de rester dans les défilés que son père lui avait donné à occuper et à défendre. Le second fait est l'expédition du général lui-même qui, le 18 janvier, cédant à la pression de l'opinion publique, partait à grand bruit avec tout son monde, comme s'il voulait se porter résolûment à la rencontre de l'ennemi, mais qui s'arrêtait à dix kilomètres de Dijon, à la vue des premiers éclaireurs prussiens, et se bornait à observer avec sa lunette les positions, rebroussant chemin sans s'exposer à tirer ni à recevoir un coup de fusil.

» Il y a encore une autre circonstance que l'enquête a révélée et que la commission ne saurait passer sous silence, c'est que le général Garibaldi et son état-major, voulant sans doute dissimuler le plus possible leur conduite, tinrent le gouvernement dans la plus complète ignorance des événements, et cela non seulement en les taisant, mais encore, comme le prouve une dépêche de M. de Freycinet, en détournant le ministre d'ajouter foi aux informations transmises par les autres autorités locales; de telle sorte que l'administration de la guerre n'a pas cessé de raisonner et d'agir sur des données fausses, pendant toute la durée de cette crise, ne pouvant pas même essayer de porter remède aux périls d'une situation qu'elle ne connaissait pas.

» Enfin, une dernière question que la commission a dû examiner avec soin, parce qu'elle était de nature à modifier ses conclusions, a été de savoir si l'inaction du général Garibaldi, si funeste qu'elle ait pu être, ne s'explique pas par l'insuffisance des moyens mis à sa disposition. Or, même en admettant que sous ce rapport le ministre ait manqué de prévoyance, la commission ne saurait admettre qu'avec trente mille hommes au moins[1]

---

1. Au 18 janvier, les forces réunies à Dijon s'élevaient au chiffre de quarante-quatre mille quatre cent trente-deux hommes, ainsi qu'il résulte : 1° d'une dépêche du général Pellissier, en date du 18 janvier, 9 h. 50 : « Avons vingt mille quatre cent trente-deux mobilisés, non compris les deux

formant l'ensemble des forces réunies à Dijon, il fût loisible à un général pénétré de l'importance de ses devoirs de laisser, comme il l'a fait, le champ complètement libre à l'ennemi, sans même essayer de combattre, et cela surtout quand il s'agissait de disputer un pays où l'armée prussienne était obligée de se diviser en trois longues colonnes, formées elles-mêmes de groupes fractionnés.

» Dans de telles conditions, les troupes les plus médiocres sont capables d'opposer une résistance suffisante pour retarder au moins la marche d'une troupe, et pour l'obliger à une circonspection qui aurait pu facilement lui faire perdre quelques jours. Or, tous les généraux l'ont affirmé, et l'exposé seul des événements tels qu'ils se sont accomplis le démontre : il eût suffi de quelques jours de retard dans la marche du général de Manteuffel pour que notre armée pût être mise hors de péril. Il est vrai qu'il eût fallu au général italien, pour faire son devoir dans cette circonstance, un esprit de dévouement qu'on ne peut attendre d'un auxiliaire étranger; mais un général français qui y aurait manqué aurait été mis en jugement. Ce qui prouve la sagesse de nos lois qui interdisent au gouvernement de donner un commandement à un général étranger. On a méconnu cette prescription, et de plus on a commis la haute imprudence de confier à ce général un poste qui mettait le sort de l'armée de Bourbaki à sa discrétion.

» Tels sont, Messieurs, les faits sur lesquels la commission a fixé son attention. Vous en tirerez vous-mêmes

---

mille trois cents de l'Isère qui font partie de l'armée de Garibaldi. » 2° D'un passage du livre de M. Bordone, 3° partie, p. 327 : « Notre effectif, à la date du 20 janvier, veille du jour où nous fûmes attaqués dans Dijon, s'élevait donc à vingt-quatre mille hommes au plus.

cette conclusion, c'est que si le général Garibaldi avait été un général français, nous aurions été contraints de vous demander que ce rapport et les pièces qui le justifient fussent renvoyés par l'Assemblée au ministre de la guerre, afin d'examiner si le général Garibaldi ne devait pas être traduit devant un conseil de guerre, pour y répondre de sa conduite comme ayant abandonné à l'ennemi, de propos délibéré et sans combat, des positions qu'il avait reçu mission de défendre, et comme ayant, par là occasionné la perte d'une armée française et amené un désastre militaire qui n'aura de comparable dans l'histoire que les désastres de Sedan et de Metz. »[1]

V

Même après les affaires de Dijon, Garibaldi pouvait encore intervenir efficacement sur les derrières de Manteuffel, retarder sa marche de quelques jours, sauver l'armée de l'Est. Mais, comme l'ajoute avec trop de vérité la section historique du grand état-major prussien : « On ne pouvait pas sérieusement compter sur une coopération de l'armée du général Garibaldi qui, maintenue à Dijon par quelques bataillons prussiens, s'était jusqu'à ce jour tenue dans une complète inaction. » A deux reprises différentes, le gouvernement, qui avait renforcé son armée dont l'effectif atteignait alors cin-

---

[1]. Rapport Perrot, t. II, p. 184 à 187.

quante mille hommes et quatre-vingt-dix pièces de canon, l'invita à se porter sur Dôle et sur Mouchard, tandis qu'on le faisait appuyer par quinze mille mobilisés à Lons-le-Saunier, et qu'une brigade du 26ᵉ corps devait se porter de Châtellerault sur Beaune. Garibaldi ne bougea pas, et toutes les forces dont il disposait restèrent inutiles entre ses mains : la France était privée par son fait de toute une armée.

Sous la froideur du récit officiel allemand qui relate cette triste page de notre histoire, perce l'ironie méprisante à l'égard du condottière italien et de son chef d'état-major : « Le ministère de la guerre français avait continué à apporter tous ses soins à renforcer les troupes du général Garibaldi et il mettait fin aux discussions entre celui-ci et le général Pellissier, commandant à Dijon, en rappelant le dernier le 25 janvier, et en confiant au premier le commandement en chef de toutes les forces stationnées dans la Côte-d'Or. Malgré cela, le général Garibaldi crut devoir se borner uniquement à conserver Dijon. A l'arrivée des nouvelles annonçant que le général de Manteuffel se dirigeait avec des forces considérables sur la ligne de communication de l'armée de l'Est, Garibaldi fut invité à organiser une entreprise énergique sur Dôle et Mouchard. Il se contenta d'envoyer sept cents francs-tireurs sur Dôle où leur présence ne se fit remarquer en aucune façon. Pour coopérer aux entreprises de Garibaldi, le ministère de la guerre avait désigné, le 26 janvier, quinze mille mobilisés que le général Crouzat recevait l'ordre de diriger, avec toute l'artillerie de campagne disponible, de Lyon sur Lons-le-Saunier. Dans le même but, une brigade du 26ᵉ corps, qui était en voie de formation, devait être envoyée par chemin de fer de Châtellerault à Beaune. Le 27 janvier, Garibaldi recevait encore une fois l'ordre de ne laisser à Dijon qu'environ huit mille à dix mille hommes, et de porter immédiatement le gros de son armée en avant de Dôle. Au lieu de cela, il envoyait une partie de la 3ᵉ brigade à Saint-Jean-de-Losne, rassemblait jusqu'au 29 janvier le reste de cette brigade et la 1ʳᵉ à Bourg, en se servant des voies ferrées, et occupait les points principaux du versant de la Côte-d'Or. Le chef d'état-major Bordone dirigeait la défense de Dijon où douze pièces de position arrivaient encore le 29 janvier. L'inaction de Garibaldi avait permis au général de Kettler de rester avec sa brigade au sud de Marsannay. Les patrouilles envoyées dans la direction de Dijon trouvaient chaque fois l'ennemi tranquille [1]. » Garibaldi ne voulait donc pas se battre.

Le général de Manteuffel, recevant les rapports les plus détaillés sur les combats livrés devant Dijon, jugeait avec raison qu'il ne risquait rien sur ses derrières et, préférant l'offensive à la défensive, donnait l'ordre au général Hann de Weyhern, dont les troupes d'arrière-garde étaient échelonnées de Gray à Dôle, tant pour assurer les communications de l'armée du Sud que pour s'opposer aux entreprises possibles de Garibaldi, de renouveler l'attaque sur Dijon. Les troupes du général de Kettler, la brigade badoise Degenfeld, la brigade Knesebeck, le petit détachement du major de Schon, la cavalerie du colonel baron de Willisen, soit environ quinze mille hommes, étaient mises à cet effet sous les ordres de cet officier général. Le général de Manteuffel

---

1. *Guerre franco-allemande de 1870-71*, 2ᵉ partie, p. 1217.

lui avait recommandé de s'avancer sur Dijon par le sud et le sud-est; « il avait d'ailleurs émis l'opinion qu'il n'était pas absolument nécessaire de s'emparer de Dijon; que si cette entreprise exigeait de trop grands sacrifices, il suffirait de s'efforcer d'isoler l'adversaire jusqu'après le dénouement des affaires dans le Jura. »[1]

Le lieutenant-général Hann de Weyhern prit le 27 janvier le commandement des forces destinées à opérer contre Dijon; il établit son quartier général à Dôle. Il avait eu d'abord l'intention de tourner Auxonne par le sud, mais une reconnaissance ayant constaté que le pont de la Saône, à Saint-Jean-de-Losne, était détruit, l'obligea de modifier son plan primitif. Choisissant Mirebeau pour point de concentration de ses troupes postées sur la route Gray-Dôle et en arrière à Pesmes, il résolut de se servir du pont d'Apremont, de se porter au nord, de descendre la Tille dans la région comprise entre Auxonne et Dijon, que Garibaldi n'avait pas occupée, pour attaquer ensuite cette ville ou en interrompre les communications avec le sud, en partant du canal de Bourgogne. Le 29 au soir, il arrivait dans la vallée de la Tille; le 30, il y concentrait ses troupes; le 31 au soir la brigade Kettler s'établissait à Varois, la brigade Knesebeck à Quetigny, en face la ligne française Saint-Apollinaire-Mirande; les détachements de Schon et Kraus coupaient, à Fauvernay et à Genlis, les communications entre Auxonne et Dijon, tandis que les brigades Degenfeld et Willisen occupaient Arc-sur-Tille.

Le légendaire M. Bordone écrit au sujet de cette manœuvre : « Les Prussiens continuaient leurs mouve-

---

[1]. *Guerre franco-allemande de 1870-71*, 2ᵉ partie, p. 1219.

ments contre nous, contre nous seuls, car nous restions seuls debout, et leur amour-propre souffrait de n'avoir pu, quoi qu'ils fissent, avoir raison de cette poignée de républicains. » Or, dans la journée du 31 janvier, Garibaldi ayant appris du général Hann de Weyhern que le département de la Côte-d'Or n'était pas compris dans l'armistice, que par suite il allait être attaqué le lendemain, s'empressait de se replier dans Saône-et-Loire, infligeant à cinquante mille Français munis d'une artillerie considérable, la honte de se sauver nuitamment, sans essayer le sort des armes, devant quinze mille Prussiens !

Cette retraite s'opéra dans les conditions les plus mauvaises. Commencée à l'improviste, dans la soirée du 31, elle s'exécuta durant la nuit et la journée suivante, toute d'une traite, par deux routes, jusqu'à Autun et Chagny. On ne peut se faire une idée du sauve-qui-peut, du pêle-mêle, du désordre qui régnaient dans les rangs de cette malheureuse armée. Au milieu des ténèbres les plus épaisses, les hommes se coudoient, marchent à tâtons en troupeau de moutons; si l'un d'eux vient à butter contre un tas de pierres et à tomber, toute la file en arrière s'aplatit comme un château de cartes; les fusils qui partent, les jurements, les gémissements de ceux qui cherchent à se relever, augmentent la confusion. Les cavaliers, les batteries, les chariots, les fourgons s'ouvrent à grand'peine un sillon dans cette masse humaine qui, refoulée, s'accumule, s'amoncelle sur les accotements de la route, tombe dans les fossés pleins d'eau, au milieu d'un feu croisé d'imprécations retentissantes, échangées dans toutes les langues. Parfois l'éclair d'une détonation illumine au loin les encombrements de la route ; quelques-uns croient à une attaque des Prussiens, une panique s'ensuit ; c'est un affolement d'aveugles marchant au hasard : on se croirait dans la Babel infernale. Les localités traversées sont encombrées de soldats de toutes armes ; on ne peut rien s'y procurer même au poids de l'or et l'on reprend péniblement sa marche, s'abandonnant au flot humain qui se précipite et vous porte en avant. Les remous produits par les traînards, par les plus pressés qui se hâtent, par les cavaliers, par les voitures, mélangent tous les corps dans une inextricable bigarrure ; telle compagnie se compose d'un lieutenant et de sept hommes [1] ! C'est dans cet état que l'armée exténuée arrive péniblement le lendemain à Autun, à Chagny. Si le département de Saône-et-Loire n'avait pas été compris dans l'armistice, les Prussiens auraient eu beau jeu au milieu de cette débandade.

M. Bordone admire beaucoup cette débâcle ; il la comparerait volontiers à la retraite des Dix-Mille. « Enfin, le 31 janvier, restant seule debout dans les pays témoins de ses succès, sur le point d'être entourée de toutes parts par un ennemi dix fois supérieur en nombre [2], elle opérait avec un ordre admirable une retraite qui n'est pas son moindre titre de gloire, et qui conservait à la République une armée de cinquante mille hommes. » Et ailleurs : « En fait, la retraite s'opéra sans que l'ennemi ait pu nous prendre ni trouver dans la ville un seul homme ni un seul objet de matériel militaire..... Jamais retraite ne fut plus opportune ni plus heureusement et

---

1. Général Pellissier. *Les Mobilisés de Saône-et-Loire en 1870-71.*
2. Quinze mille Prussiens contre cinquante mille Français !

plus rapidement exécutée que celle de Dijon, car, dans des conditions impossibles, elle conservait tout un corps d'armée intact, pour le service de la République [1]. » Le général Pellissier a donc eu raison de dire qu'on se réservait, à l'armée de Vosges, pour peser sur les événements politiques et on a eu non moins raison d'accuser des malheurs « d'une partie de nos armées, ceux qui seuls, selon M. Bordone, oui seuls, depuis le commencement, ont fait complètement et heureusement leur devoir, et dont la face menaçante et redoutée a, la dernière en France, été tournée contre les ennemis de la République et de la civilisation européenne. »

« Garibaldi avait reçu de la France quelques corps de troupes, s'écrie à son tour M. Marais. Il n'en a pas laissé prendre un seul. M. Ducrot et les autres généraux impériaux en pourraient-ils dire autant? Garibaldi avait reçu de la France des canons. Il n'en a pas laissé prendre un seul. M. Ducrot et les autres généraux impériaux en ont-ils fait autant? Garibaldi avait promis de garder deux villes, Dijon et Autun. Il les a gardées. M. Ducrot et les autres généraux impériaux en ont-ils fait autant? Garibaldi a tiré un admirable parti des forces qui lui avaient été confiées. Que les généraux impériaux, que les hommes de Forbach, de Reischoffen, de Sedan, de Metz et de Paris n'en ont-ils fait autant [2] ! » Il est certain que si les généraux français, au lieu de risquer le sort des armes et de se battre toujours un contre trois, s'étaient sauvés à l'exemple de Garibaldi lorsqu'ils auraient été trois contre un, ils auraient pu arriver à Marseille

1. Bordone. *Garibaldi et l'Armée des Vosges*, 3ᵉ partie.
2. Marais. *Garibaldi et l'Armée des Vosges*.

sans perdre un homme ni un canon, s'embarquer de là pour l'Algérie où les Prussiens ne les auraient pas suivis. « Dans des circonstances impossibles ils auraient, eux aussi, conservé leurs armées intactes pour le service de la République ! » La légende du bonhomme Garibaldi est toute faite de ces puérilités, de ces niaiseries, de ces absurdités, de ces mensonges.

Le 1er février au matin, le général Hann de Weyhern entrait dans Dijon évacué et se mettait immédiatement à la poursuite des nôtres qu'il ne pouvait rejoindre. « Un autre que Garibaldi, écrit le général Ambert, les eût facilement arrêtés pendant quelques jours en attendant l'armistice de cette région. Dijon eût échappé peut-être à une longue et douloureuse occupation. » En tous cas l'honneur eût été sauf. « Garibaldi s'était souvenu des trois mots de César au sénat romain ; il pouvait prendre pour devise : *Veni, vidi, fugi...* » La conduite étrange de Garibaldi à Dijon autorisa toutes les suppositions. « Le mot de trahison fut prononcé. Le passé de ce condottière ne le mit pas à l'abri d'un odieux soupçon. On connaissait sa haine pour la France et les Français, et l'accusation, quelque injuste qu'elle puisse être, semblait se justifier. Un officier supérieur de la marine écrivait le 2 juillet : Il est bon que la lumière se fasse sur tous ces malandrins et qu'ils soient bien et dûment couverts de l'infamie qu'ils ont si richement méritée. Il y a avec le sieur Castellagi, capitaine garibaldien, ami de Bordone, deux ou trois points sur lesquels il serait bon d'appeler l'attention. Quelles étaient par exemple les raisons qui pouvaient faire voyager ce personnage dans nos environs, au moment où les Prussiens étaient partout, avec une somme de quatre-vingt-dix mille francs sur lui? — Qu'il y ait eu des traîtres et des espions dans l'armée de Garibaldi, nul n'en doit douter. Ces hommes n'étaient pas plus Français que Prussiens, et le mobile de leurs actions ne pouvait être que l'intérêt personnel. Venus de tous pays, ennemis du travail, de l'ordre, de la vie régulière, portant des noms d'emprunt pour se soustraire aux recherches de la justice, ces aventuriers ne pouvaient que nuire à la cause nationale. » [1]

Triste preuve de l'œuvre de démoralisation profonde accomplie en France par les sociétés secrètes, qu'il se soit trouvé des Français pour défendre ces bandits, propager leur ridicule légende et les transformer en héros, dans les pays mêmes témoins indignés de leur abominable conduite !

VI

Dans les dernières années de l'Empire, l'opposition, pour divers motifs et notamment pour ébranler le gouvernement, s'attacha surtout à diminuer les forces de notre armée. « Le militarisme est la plaie de l'époque ; nous voulons une armée qui n'en soit pas une, » disait M. Pelletan à la tribune du Corps législatif. Aux objurgations pressantes du maréchal Niel énumérant les forces formidables de la Prusse, et sollicitant les crédits nécessaires pour organiser la garde mobile, Jules Favre,

1. Général Ambert. *Histoire de la guerre de 1870-71.*

« l'homme fatal », celui qui devait peu de temps après verser des larmes devant M. de Bismarck et demander pardon à Dieu et aux hommes, répondait : « Nos véritables alliés sont les idées, c'est la justice, c'est la sagesse..... La nation la plus puissante est celle qui peut désarmer..... Donc, au lieu d'augmenter nos forces, rapprochons-nous sans cesse du désarmement.» — « Il n'y a qu'une cause qui rende une armée invincible, ajoutait M. Jules Simon, c'est la liberté. » — « Une invasion est-elle possible ? s'écriait M. Pelletan. On s'indignerait si je formulais une prévision semblable et on aurait raison. » Selon ces utopistes, aussi ignorants que passionnés, la levée en masse, comme en 1793, devait facilement avoir raison de la Prusse, si jamais elle foulait le sol de la patrie. « On oublie trop par quelle force supérieure la France serait défendue si jamais elle était en danger, clamait Jules Favre. » Cette force supérieure c'était la révolution devant l'ennemi avec les avocats de l'opposition pour chefs.

Dès qu'ils se furent criminellement emparés du pouvoir, les factieux du Quatre-Septembre s'empressèrent d'appliquer leurs folles théories. Or il se trouva que les hommes qui s'en disaient les partisans furent précisément ceux qui en démontrèrent le mieux l'inanité. A ce point de vue, Garibaldi dépasse tous les autres ; il a tué en 1870-71 sa propre légende et celle des volontaires de 1793, en incarnant dans son armée la révolution, le désordre, qui étaient dans ses idées. « Ce désordre, lit-on dans le rapport de M. de Ségur, retardait la formation de l'armée dite des Vosges et l'empêchait de faire aucune expédition. Des marches savantes étaient exécutées à ce même moment par l'armée du Nord, que créaient de vrais officiers français, le général Faidherbe et le général Farre, au milieu de difficultés plus grandes, dans un pays plus isolé du centre de la France ; quand on voit le général Faidherbe avec moins d'éléments faire de sérieux efforts stratégiques, on ne peut que déplorer davantage le choix des personnes qui s'occupaient dans l'Est des affaires de nos armées... »

On a prétendu, pour disculper Garibaldi, que son armée était dans l'impossibilité de faire campagne. Cette assertion n'était vraie que pour les mobilisés de Saône-et-Loire et certains mobiles notamment ceux de l'Aveyron, c'est-à-dire précisément pour ceux qui se sont battus, car les troupes garibaldiennes, qui ne se battaient qu'à leur corps défendant, et les francs-tireurs étaient mieux armés, mieux équipés que les Allemands, et surtout que l'armée de Bourbaki. Leurs carabines Spencer et Wincester à six coups et à dix-huit coups étaient en avance de dix-sept ans sur l'armement de l'ennemi. L'artillerie servie en grande partie par des marins était suffisante. Ce qui manquait surtout à cette armée, c'étaient les chefs capables, honnêtes, dévoués ; c'était la discipline, l'éducation, l'instruction, l'esprit militaires, la confiance dans les chefs, la surexcitation du patriotisme, l'administration enfin, toutes choses qui dépendent exclusivement du commandement. Si, du mois d'octobre au 15 janvier, Garibaldi, au lieu de faire sa république universelle, c'est-à-dire de persécuter le clergé et les meilleurs citoyens, de tolérer le désordre, d'encourager l'orgie, la saturnale, de susciter des difficultés sans cesse renaissantes avec tous ceux qui l'approchaient, voire même avec le gouvernement, de s'occuper d'étendre son influence politique, de créer la légende, s'était adonné à l'instruction des soldats, à l'organisation de son armée, s'entourant d'hommes du métier et non d'aventuriers ignares ou tarés, proscrivant la faveur, le népotisme chez les autres et n'en donnant pas lui-même l'exemple par la nomination à d'importants commandements de ses fils et de son gendre à peine âgés de trente ans, et étrangers aux choses de la guerre, utilisant enfin son influence sur les hommes du Quatre-Septembre pour en obtenir ce qui lui était nécessaire ; son armée tout entière eût été parfaitement en état de tenir la campagne, lors de la marche de Manteuffel. Aucun des généraux qui ont alors soutenu la lutte en province n'a eu à sa disposition autant de temps, autant de ressources, autant d'indépendance. Tous ont marché ; Garibaldi seul n'a rien voulu faire autre que la guerre aux opinions de la majorité des Français.

Le grand état-major prussien estime à moins de douze cents hommes les pertes en tués, en blessés et en prisonniers, éprouvées par l'armée allemande du fait de Garibaldi, en octobre, novembre, décembre et janvier, soit précisément au même chiffre que celui des pertes à eux infligées par les dix mille hommes de Cremer, à Châteauneuf et à Nuits. Si l'on défalque de ce total si minime la part revenant à l'artillerie française, aux mobiles, aux mobilisés, aux corps francs mis malgré eux sous les ordres de Garibaldi, celle des garibaldiens proprement dits est insignifiante : on est donc malheureusement en droit de dire qu'ils n'ont rien fait autre chose que de détourner inutilement à leur profit des ressources qui eussent permis d'équiper et d'armer convenablement les Français de l'armée des Vosges. La bataille de Nuits, les combats sous Dijon ont montré le parti qu'on pouvait tirer de ces soldats improvisés.

Si de l'armée on passe au chef, c'est encore pis; il a été bien plus nuisible à la défense que ses bandes indisciplinées. Non seulement, en effet, il a immobilisé, annihilé les forces françaises mises sous son commandement, les décourageant par le spectacle d'une inégalité révoltante, d'une incapacité complète, les abandonnant aux grossières insultes de son état-major, ne s'inquiétant ni de leurs besoins, ni de leur instruction militaire, les assujettissant à toutes les corvées, leur tenant un langage révolutionnaire, antipatriotique, entrant en lutte avec les chefs qui lui portaient ombrage, ne tenant aucun compte des ordres ministériels, mais encore et surtout son influence néfaste s'est étendue aux armées voisines et à la situation générale. Le 30 octobre, il laisse écraser le colonel Fauconnet, après avoir promis au gouvernement de le secourir. Le 26 novembre, il attaque étourdiment Dijon avant que les troupes du bassin de la Saône ne soient prêtes à le seconder; cette précipitation fait échouer l'expédition et amène les Prussiens sous Autun. Cremer qui s'était établi le 27 à Gevrey et à Moret pour attaquer Dijon le 28, ainsi qu'il avait été convenu avec Garibaldi, se trouve par suite de la retraite de l'armée des Vosges dans une situation périlleuse, obligé de rétrograder sur Nuits, où il se heurte à une colonne de la 1re brigade badoise forte de mille sept cents hommes environ [1], qu'il bat heureusement le 29 et le 30. « C'en était fait de Cremer et de son armée, si Cremer avait été aussi inepte que notre grand sauveur. » Pendant tout le mois de décembre, Garibaldi paralyse les troupes de Cremer par son inertie calculée,

1. Dix compagnies, quatre pelotons de dragons et six pièces.

empêche une nouvelle expédition contre Dijon, évite à Werder un désastre à Nuits, et par suite n'est point étranger aux causes qui ont déterminé la marche de Bourbaki vers l'Est, dans les conjonctures défavorables où elle a eu lieu. Si, en effet, Garibaldi avait rempli son devoir le 1er décembre à Autun, le 18 décembre à Nuits, s'il s'était avancé ensuite sur Dijon avec les troupes du bassin de la Saône et les renforts envoyés de Lyon, le général de Werder eût été défait ou tout au moins assez fortement ébranlé pour que Bourbaki pût l'achever facilement.

L'inaction de Garibaldi à Dijon pendant le mois de janvier permet à Manteuffel d'opérer facilement sa jonction avec de Werder et de rejeter en Suisse l'armée de l'Est. « Si un autre que lui avait eu le commandement de ces troupes, écrit le général Ambert, Manteuffel n'aurait pu faire sa jonction avec de Werder que beaucoup plus tard et peut-être jamais. Bourbaki n'aurait pas été arrêté par la seule armée de Werder. » La situation dans l'Est complètement changée nous eût assuré des conditions de paix moins onéreuses.

Dans la seconde partie de la guerre, Garibaldi a donc été notre mauvais génie; sa conduite fut alors un facteur important des victoires prussiennes. « Sedan et Metz ont coûté deux armées à la France, a dit M. Perrot; Garibaldi nous a coûté une troisième armée. Voilà ce que c'était que de confier la défense de la patrie à des mains qui n'en étaient pas dignes. » — « Le récit des faits qui précèdent, écrit M. de Ségur en terminant son rapport sur l'armée des Vosges, prouve qu'en dehors des voies régulières et des corps réguliers, il ne peut y avoir ni garantie pour les finances, ni armée sérieuse, ni opérations militaires dignes de ce nom. Encore doit-on s'estimer heureux quand ces corps francs, prétendus défenseurs de la France, n'ont pas tourné leurs armes contre elle..... L'apparition des corps francs coïncide avec les guerres malheureuses et les discordes civiles. Ils ont souvent fait plus de mal à la France qu'à l'ennemi. »

Garibaldi en est un exemple. Il a molesté, insulté les Français, créé les dissensions, consacré le désordre, achevé la défaite, aggravé la ruine. Sa venue en France a valu une armée aux Prussiens. Il était peut-être un chef maçonnique de valeur, un agitateur habile, un exploiteur émérite de la sottise humaine, un héros italien révolutionnaire; à coup sûr il n'a jamais été un capitaine, moins encore un patriote, ni un héros français.

CHAPITRE X

**Derniers exploits garibaldiens. — Garibaldi à Bordeaux.
— Conclusion.**

I. Les garibaldiens pendant l'armistice ; les élections du 8 février.— II. Désarmement et licenciement de l'armée des Vosges.— III. Garibaldi est nommé député ; il se rend à Bordeaux ; sa démission ; son départ. — IV. Garibaldi est venu en France pour y faire la Commune ; responsabilité du gouvernement du Quatre-Septembre ; un prince révolutionnaire ; ce que lui doit la France.

I

Après la retraite de Dijon, l'armée des Vosges fut répartie dans tout le département de Saône-et-Loire. Garibaldi établit son quartier général à Chalon-sur-Saône avec la 1re brigade ; les 2e et 4e brigades occupèrent la ligne Nolay-Santenay-Chagny-Verdun ; les 2e et 3e légions de mobilisés de Saône-et-Loire, l'artillerie, les parcs, les services administratifs, les corps isolés furent cantonnés à Mâcon ; on envoya à Cluny la 1re légion de mobilisés de Saône-et-Loire, la 4e à Louhans, la cavalerie à Tournus ; la 3e brigade revint seule à Autun. Elle se composait alors, par suite de l'augmentation de l'effectif de l'armée, de deux bataillons de mobiles des Alpes-Maritimes, d'un bataillon de mobiles des Basses-Alpes, d'un bataillon de mobiles des Basses-Pyrénées, de la 3e légion des mobilisés de l'Isère, de la légion italienne Tanara, de la légion Ravelli, du bataillon de francs-tireurs réunis Lhoste, des compagnies de Vaucluse et d'Oran, des francs-tireurs francs-comtois, de la batterie de montagne n° 1, d'un peloton du 7ᵉ chasseurs à cheval.

Le 1ᵉʳ février, M. Bordone avisait ainsi le gouvernement de la nouvelle situation de l'armée des Vosges : « Sans notre mouvement de cette nuit, nous serions dans une situation pire que celle de l'armée de l'Est; au lieu de cela nous combattions encore hier soir, à cinq heures, à Varois et à Arc-sur-Tille, et ce matin tout ce qui restait de l'armée est concentré à Verdun, Chagny et Autun, sans avoir laissé à l'ennemi un seul canon de position ou de campagne, ni un char, ni un homme ; le mouvement continue sur Pontarlier pour dégager Clinchant. » De son côté, Garibaldi écrivait dans le même sens à Gambetta qui lui répondait de Bordeaux le 2 février : « Cher et illustre ami, je vous remercie de tout ce que vous faites pour notre République! Votre grand et généreux cœur vous porte toujours là où il y a quelque service à rendre, quelque danger à courir. Ah! quand donc viendront les jours où mon pays pourra dire tout ce qu'il vous garde de reconnaissance!..... Je vous remercie de votre belle lettre. Elle m'est bien précieuse. Je vous embrasse[1]. » Gambetta écrivait ainsi au moment où l'armée des Vosges fuyait devant quinze mille Prussiens, où l'armée de l'Est entrait en Suisse pour échapper à la poursuite de Manteuffel que Garibaldi avait laissé passer ! Quel malheur, quelle humiliation pour la France d'être tombée, au 4 septembre, entre les mains de ce groupe d'hommes outrecuidants qui imposèrent,

---

1. Rapport Perrot, t. II, p. 799, dépêche n° 7622.

par un coup de force, leur incapacité à la nation vaincue, en face des Prussiens ravis d'un concours si précieux.

Le 2 février, le chef d'état-major accentuait, dans son ordre du jour, l'inexactitude, la vantardise, l'hyperbole : « Malgré des efforts surhumains qui nous ont permis de déjouer les trames ourdies par nos ennemis de Prusse et de France, nous avons pu, grâce à votre discipline et votre courage, combattre encore avant-hier, à six heures du soir, et sauver à la République une armée qui n'a accepté aucune suspension d'armes..... Notre brave Garibaldi qui ne connaît ni les fatigues physiques, ni les faiblesses morales, était déjà en marche pour se porter au secours du général Clinchant..... Miliciens de l'armée des Vosges, sans perdre une minute, et après une marche de nuit de cinquante-cinq kilomètres, vous étiez tous prêts à voler au secours de vos frères d'armes bloqués à Pontarlier ; il n'est déjà plus temps. Quatre-vingt mille d'entre eux viennent de passer en Suisse et sont perdus pour la défense de notre chère patrie. Ranimez vos courages, nous resterons debout, et, quel que soit le sort que nous réserve la décision qui sortira d'une assemblée nommée dans de semblables conditions, jurons de ne mettre bas les armes que lorsque le sol de la France sera purgé de cette mêlée de renards et de loups qu'on appelle l'armée de l'empereur Guillaume, et sur laquelle nous marcherons désormais comme sur des bêtes fauves, qu'on larde encore de coups de pieux et de fourche quand elles gisent expirantes et la bave sanguinolante aux lèvres. Pas de quartier ! Vive la République ! — Chagny, 2 février 1871. »

Il eût été préférable, pour l'honneur de « la seule armée vraiment républicaine de France » et pour celui du « brave Garibaldi », que M. Bordone eût éprouvé ces sentiments féroces avant l'armistice, à Autun, à Nuits, à Dijon. C'était alors le moment de courir sus à ces « bêtes fauves, de les larder à coups d'épieux et de fourches », ou même de les tuer simplement à coups de fusil. A la date du 2 février, alors que la paix était certaine, cette phraséologie ridicule cachait mal la haine de M. Bordone à l'égard de la majorité des Français, et son secret désir de s'insurger contre la future assemblée. Les garibaldiens le comprirent bien ; aussi devinrent-ils d'une insolence extrême, mettant toute retenue de côté, se conduisant en véritables sauvages. C'est dans cette dernière période qu'Autun eut le plus à souffrir de leurs excès.

« Le 9 janvier, écrit M. Castilhon, l'ennemi ayant évacué Dijon, l'armée quitta de nouveau Autun, au grand plaisir de la population ; mais cette joie fut de courte durée. L'armistice ramena dans ses murs, trois semaines après, une brigade de cette trop fameuse armée, qui continua plus que jamais ses habitudes de vol et de désordre. Les officiers arrivèrent les premiers afin d'accaparer les meilleurs logements; depuis Dijon jusqu'à Autun, les villages furent pillés, mis en réquisitions, les habitants volés, insultés. Autun eut le malheur de tomber sur la légion Ravelli, composée en partie d'Italiens, de francs-tireurs d'Oran et de Constantine. La conduite de ces troupes, à l'exception des mobilisés d'Autun et de l'Isère, fut épouvantable. On sentait, à la rage des Italiens, que la proie sur laquelle ils avaient compté, c'est-à-dire le pillage, leur échappait, et le désordre fut pire que pendant la précédente occupation.

» La place fut commandée d'abord par le nommé

Boitel des francs-tireurs d'Oran, qui était presque toujours aviné, insultait tout le monde et ne parlait jamais que le revolver à la main ; et ensuite par le lieutenant-colonel Gruchy des francs-tireurs d'Oran. Celui-ci passait son temps au café et au jeu, au bras d'une concubine qui avait le grade et les galons de capitaine. Lorsqu'il perdait, il ne se gênait pas pour mettre au violon les consommateurs qui l'entouraient, si leurs figures lui déplaisaient. M. le commissaire de police eut beau intervenir plusieurs fois, il ne fut pas écouté, et les garibaldiens frappèrent impunément ses agents. Les officiers de l'armée des Vosges ne voyaient dans la population calme et tranquille d'Autun que des réactionnaires, que des espions, que des gens à fusiller. Ils ne s'apercevaient pas que cette population honnête et intelligente voyait de près les actes des officiers supérieurs, leur incurie, leur incapacité, et n'avait que du dédain pour cette armée qui, au lieu de rendre le moindre service à la France, a été le noyau de l'insurrection du 18 mars.

» Deux ou trois faits entre mille démontreront à quel point le désordre et l'indiscipline étaient au comble. Parmi les corps des francs-tireurs qui se firent le plus remarquer à Autun, on peut citer celui des francs-tireurs noirs bretons, ainsi nommé parce que ce corps s'était formé et équipé en Bretagne. Les francs-tireurs n'obéissaient aux ordres de personne ; c'était un ramassis d'étrangers, de Français expulsés de France et venant d'Amérique sous prétexte de défendre le sol de la patrie envahie. Ils trouvèrent commode de ne dépendre que d'eux-mêmes, ils allèrent s'installer chez la marquise de Mac-Mahon, au château princier de Sully, et ils daignèrent[1] accepter pendant dix jours l'hospitalité de la noble châtelaine. Comme celle-ci semblait étonnée d'un tel honneur, elle demanda au chef de la bande qui lui valait le plaisir de leur visite et qui les avait envoyés?

— Personne, répondit le capitaine, nous ne sommes sous les ordres de personne, et nous ne relevons que de nous-mêmes. — Ils firent des réquisitions nombreuses dans tout le pays, et, comme en effet ils ne dépendaient d'aucun corps d'armée, l'intendance a plus tard refusé de payer les dépenses.

» Dans le courant de février, deux gendarmes furent chargés d'arrêter un franc-tireur d'Oran qui avait frappé son capitaine. Au moment où ils le conduisaient à l'état-major de la place, ils furent assaillis, aux pieds des marches de l'hôtel de ville, par plusieurs francs-tireurs qui les huèrent, les bousculèrent. Pendant ce temps le prisonnier prit la fuite. Un gendarme se dégagea, mais l'autre resta au milieu du groupe de soldats qui l'insultèrent et le frappèrent. Tout cela se passait sous les yeux du capitaine de place qui avait ordonné l'arrestation. Il regardait la scène de la fenêtre de la mairie; il avait le poste sous la main; il ne fit rien pour amener la fin de ce scandale. »[2]

Au milieu de tous ces malandrins, la légion Ravelli se distinguait par son cynisme. Depuis le commencement de la campagne, le colonel portait sur son effectif un nombre considérable d'hommes qui n'existaient pas; « il avait volé, de cette façon très usitée à l'armée des Vosges, plusieurs centaines de mille francs. » Cette situation par-

---

[1]. Textuel.
[2]. Le *Télégraphe* de Lyon.

faitement connue des soldats les autorisait à tout faire, à ne reculer devant rien. « Des hommes de son corps avaient déclaré qu'à la moindre punition infligée ils lui feraient un mauvais parti. Aussi des abus plus criants encore qu'au commencement eurent lieu dans cette dernière période ; c'est vraiment inouï. Il n'y avait pas de jour où des plaintes ne fussent faites au parquet [1]. » Les mobiles, eux aussi, avaient à chaque instant maille à partir avec ces gredins ; les officiers n'étaient pas plus respectés que les soldats. Un lieutenant de mobiles, chef de poste, ayant arrêté un garibaldien qui faisait du désordre, fut immédiatement entouré par une quarantaine de ces bandits. Un capitaine garibaldien qui passait prit fait et cause pour le milicien. — Je veux absolument que cet homme soit relâché ; vous êtes un officier de la mobile, cela ne m'étonne pas que vous arrêtiez un de mes hommes. Vous n'êtes qu'une canaille, un réactionnaire. — Il ajouta encore une foule d'épithètes de ce genre ; bref, l'officier de mobiles eut le dessous et dut relâcher son prisonnier. » [2]

Ce fait qui n'était pas isolé permet de juger de la discipline et de l'aménité de rapports qui régnaient à l'armée des Vosges. M. Bordone n'en déclare pas moins que ses soldats étaient des modèles, qu'ils ont « seuls sauvé la dignité de notre pays et fait seuls complètement et heureusement leur devoir ! »

Le prétexte que tous ces gredins donnaient de leur hostilité à l'égard des habitants, des mobiles et des mobilisés, était que tout le monde, excepté eux, était

---

1. *Enquête parlementaire*, t. IV, p. 91.
2. Id. ibid. t. IV, p. 92.

des traîtres ; « ils criaient à la trahison et voulaient continuer la guerre à outrance. » Il était intolérable d'entendre parler de patriotisme par ces hommes qui, la veille encore, criaient à tue-tête « qu'ils n'étaient pas venus se battre pour la France dont ils se moquaient pas mal, mais pour la République universelle [1]. » Leur bravoure posthume, leur agitation de démoniaques en faveur de la guerre, leur insolence à l'égard de tous, dégoûtaient même leurs partisans.

Malgré toutes les angoisses d'une situation terrible, l'on ne pouvait s'empêcher de se livrer à une douce gaieté lorsqu'on assistait à l'une des nombreuses réunions publiques qui précédèrent les élections du 8 février. La monotonie du thème « outrancier » développé par les divers orateurs, n'excluait pas l'intérêt de la mise en scène, la variété des effets comiques. Cet officier fringant, superbement campé sur son grand sabre dont il frappe le parquet de la tribune, s'en servant pour scander ses périodes, suppléer aux défaillances de sa mémoire et de son éloquence, tonne avec vigueur contre la paix ; il fulmine contre la « déliquescence d'une génération ramollie par dix-huit ans de pourriture impériale ». C'est assurément un de ceux « dont la face menaçante et redoutée a, la dernière en France, été tournée contre les ennemis de la République et de la civilisation européenne. » Or la maîtresse de ce Caton est son lieutenant, et, dans le but de parfaire son budget insuffisant même pour ses habitudes de Spartiate, il majore, depuis le commencement de la campagne, l'effectif de sa compagnie et ajoute ainsi quelques douceurs à son brouet

---

[1]. *Enquête parlementaire*, t. IV, p. 100.

noir. Ce n'est pas tout; ce héros, qui ne veut pas entendre parler de la paix, s'est caché dans un placard le 1er décembre! L'assistance qui semble ignorer ces particularités, souligne avec enthousiasme de ses cris : A outrance! à outrance! mille fois répétés, les tirades ronflantes de ce guerrier magnanime. Debout, les fusils en bandoulière, l'attitude résolue, la face congestionnée, ses compagnons d'armes lui font un rempart de leurs poitrines; ils assomment impitoyablement les imprudents qui protestent et ne se sauvent pas assez vite. Ces énergumènes du patriotisme délirant sont au niveau de leur chef : le 1er décembre, « ils couvraient les avenues du Creusot! »

L'attitude de ces « outranciers » s'explique par leur désir de prolonger une guerre qui leur est si profitable. Eux aussi « fument des cigares exquis », eux aussi « sont gais », mais pas « de bonne composition ». Sur ce point ils ne suivent pas les conseils de Gambetta. Avec Garibaldi, ils veulent la guerre à outrance « au prêtre qui n'a pas de patrie..., aux riches et aux puissants... énervés par vingt ans de sybaritisme et habitués à vivre dans le luxe et la débauche! » Ils veulent à outrance, suivant une expression de M. Bordone, « la chasse au galon », la chasse à la solde, la chasse au plaisir, la chasse aux honnêtes gens, et ils repoussent de toutes leurs forces une paix qui les ramènera à l'humilité trop méritée de leur vie passée. « Mon Dieu, j'ose à peine le dire, a déposé M. le lieutenant de vaisseau de Grancey, relativement à la campagne de Ricciotti du côté de Grancey, lors du passage de l'armée de Manteuffel; mais en mon âme et conscience, je suis convaincu que ces messieurs se considéraient comme en villégiature;

ils trouvaient cela fort amusant ; ils menaient une vie joyeuse, buvaient beaucoup et avaient beaucoup de ces officiers dont nous parlions tout-à-l'heure [1]. Ils n'avaient donc aucune raison de vouloir finir un tel état de choses. »[2] Aussi ne reculeront-ils devant rien pour obtenir des élections favorables à leurs désirs.

Gambetta, la délégation de Bordeaux et le parti républicain de province les encouragent dans cette voie. Ces hommes d'État improvisés avaient tout fait pour éviter des élections « périlleuses et destructives de leur nouvelle situation [3] » ; ils devaient tout faire pour se maintenir au pouvoir. « Il nous faut subir les élections comme nous avons subi l'armistice, écrivait Gambetta au préfet de Marseille, faisons donc les élections [4]. » Telle était la manière dont ces prétendus libéraux pratiquaient la liberté. Il y en avait même pour qui « faire les élections » ne semblait pas suffisant et qui osaient conseiller de retenir violemment le pouvoir. « Vous voulez une chambre déterminée à poursuivre la guerre, écrivait le préfet de la Creuse à Gambetta. Je doute que le suffrage universel vous la donne. Gardez la dictature, adjoignez-vous quatre hommes bien connus en France et marchez [5]. » — « ..... En avant, reprenait M. Gent, le préfet de Marseille, la dictature seule peut sauver la patrie et la République. Dévouez-vous au sacrifice, je vous suis... [6] » Et M. Duportal osait aller jusqu'à écrire : « Affermissez fortement votre dictature. La France est affolée d'obéissance et d'asservissement. »[7]

---

1. Des femmes.
2. *Enq. parlement.*, t. IV, p. 133.
3. Dép. off., t. II, p, 243, 245.
4. Rapport de M. de Sugny, p. 187.
5. T. I, p. 239. — 6. T. I, p. 158. — 7. T. I, p. 295.

Gambetta recula devant ce vol du gouvernement de la nation. Mais « désireux de rester au pouvoir et de continuer la guerre à la tête du parti révolutionnaire et dans l'intérêt de ce parti[1], » il s'apprêta à livrer « la terrible bataille à l'intérieur », en pesant de tout le poids que lui donnaient ses fonctions sur les élections auxquelles il fallait procéder. Son décret illégal du 31 janvier 1871 déclarait inéligibles tout le personnel gouvernemental de l'Empire, tous ses partisans influents. En établissant le scrutin au chef-lieu de canton, il espérait enlever en fait, par la difficulté de s'y rendre, le droit de vote à la majorité des campagnes si dévouées alors aux institutions impériales. « Je pense que plus on rendra le vote difficile, plus on sera sûr de réussir, » disait un haut fonctionnaire dévoilant brutalement la pensée de ses chefs. D'ailleurs, la pression des agents du gouvernement, les calomnies, l'intimidation, l'appât du mal, tous les moyens familiers au parti révolutionnaire pour fausser le suffrage, devaient être employés plus efficacement à la ville, au bourg, que dans les villages. « Assemblée sera mauvaise, si nommée sans pression révolutionnaire, » télégraphiait à Bordeaux le préfet de la Vienne.— « Mon préfet répugne à agir avec vigueur dans les élections. Il a des scrupules de conscience, disait de son côté M. Roche, secrétaire général de l'Ardèche. Envoyez-lui donc d'urgence des instructions rigoureuses. Si préfet n'est pas à poigne, les républicains seront certainement enfoncés. »[2]

Les hommes du Quatre-Septembre n'avaient pas

---

1. Rapport de M. Boreau-Lajanadie, p. 23.
2. Dép. off., t. II, p. 65.

attendu ces excitations pour essayer de sauver leur situation menacée. Les instructions adressées par Gambetta aux préfets leur enjoignaient de pratiquer impudemment cette candidature officielle qu'il flétrissait avec tant d'indignation, sous l'Empire. Sa dernière circulaire se résumait en ces termes : « Envoyez-moi, par tous les moyens, une assemblée républicaine. » Les garibaldiens ne se le firent pas répéter ; les procédés dont ils usèrent dans certaines localités de Saône-et-Loire et de la Côte-d'Or pour appuyer la candidature de Garibaldi rappelèrent les mauvais jours de la Terreur. Tous les miliciens de l'armée des Vosges, quels que fussent leur âge, leur nationalité, furent admis à voter pour la liste de Saône-et-Loire, bien que l'article 18 du décret de la délégation de Bordeaux ne permît aux militaires de voter que pour les candidats de leurs départements respectifs. La lettre suivante indique fort exactement comment les choses se passaient dans le territoire occupé par les garibaldiens. « Nolay, 2 juillet 1871.— Mon cher colonel, je ne puis vous parler que de ce qui s'est passé à mon chef-lieu de canton, Nolay. Mais là tout votait le 8 février dernier : francs-tireurs français, garibaldiens, italiens, grecs, égyptiens ; j'ai même vu deux nègres s'acquittant de ce devoir civique. Quant à l'âge de certains, parmi ces électeurs improvisés, il m'a paru flotter entre dix-sept et vingt : c'était un peu bien jeune. — Marquis d'Ivry. »

En même temps qu'on admettait les étrangers au scrutin, on empêchait les citoyens de voter ou bien on ne leur permettait de le faire qu'à bulletins ouverts. Ce fut surtout à Épinac et au Creusot où les scènes les plus graves eurent lieu. « Le 7 février au soir, à la veille des élections, sans aucun avis préalable, a déposé M. Mathieu, ingénieur en chef des usines Schneider, le Creusot vit apparaître un bataillon de garibaldiens, musique en tête. Il comptait de huit cents à mille hommes, que les habitants ont dû loger sur-le-champ. Le lendemain matin, au moment de l'ouverture du scrutin, les rues étaient encombrées, barrées par ces soldats. Les distributeurs de bulletins ont été attaqués, maltraités, chassés par eux à tel point qu'au bout de peu de temps les abords de la salle étaient exclusivement occupés par les hommes qui distribuaient les bulletins de Garibaldi. Il va sans dire que les soldats ont voté eux-mêmes, quoique plus de la moitié fussent étrangers. Grâce à ces violences, la liste modérée n'a pu réunir que 950 voix, tandis que celle qui portait le nom de Garibaldi en avait 4,000. Dès que le dépouillement du scrutin fut terminé, la troupe disparut, de sorte qu'il est hors de doute qu'elle n'avait été envoyée que dans le seul but d'agir sur les élections, cela par ordre du général et de son aide-de-camp Bordone[1]. » M. Mathieu oublie l'une des particularités les plus importantes de cet attentat à la liberté électorale, c'est qu'il fallait voter le bulletin ouvert. « Le jour des élections à l'Assemblée nationale, a déposé M. Castilhon, il y avait la Légion italienne au Creusot et des francs-tireurs à Épinac ; dans ces deux chefs-lieux de canton, surtout au Creusot, on confia les abords de la salle à des garibaldiens. Je ne parlerai pas des bulletins pris ou échangés, mais je citerai ce fait significatif, c'est qu'il fallait venir avec le bulletin ouvert, et les porteurs de bulletins conservateurs étaient ren-

---

[1]. *Enq. parl.*, t. IV, p. 60.

voyés à coups de poing ; on ne laissa pénétrer que très peu de personnes qui ne voulaient pas montrer leurs bulletins. A Épinac, les mêmes faits nous ont été signalés par beaucoup de personnes, entre autres par le neveu du maréchal de Mac-Mahon [1]. » Dans ce dernier pays, il y eut, à un moment, une collision tellement sérieuse dans la salle du scrutin, qu'un électeur dut mettre le revolver au poing pour protéger sa retraite et celle de son frère ; beaucoup d'électeurs préférèrent s'abstenir plutôt que de s'exposer aux sévices et aux injures des énergumènes révolutionnaires.

Ces scènes regrettables, qui caractérisent le parti et témoignent de sa défiance, de son profond mépris à l'égard du suffrage universel, se produisirent avec plus ou moins d'intensité dans plusieurs régions. On n'a pas oublié l'arrestation, à Mâcon, du général Pradier, par les Enfants perdus de Paris, la lacération de ses affiches, la suppression de ses bulletins par le préfet Morin. « A Autun, ils essayèrent un peu du même système d'intimidation, mais l'énergie des gens d'ordre et de la garde nationale les empêcha de réussir dans leurs manœuvres. Le sieur X....., brasseur de cette ville et colonel des mobilisés, chercha à faire une propagande enragée pour la liste rouge, dans le but de s'attirer les bonnes grâces de Bordone et d'obtenir la décoration. — Il l'a eue, en effet, mais jusqu'ici il n'a osé la porter. — Il réunit, le matin du vote, le bataillon d'Autun composé de douze cents hommes, et, pendant qu'il était sous les armes, lui fit distribuer des bulletins Garibaldi, à l'exclusion de l'autre liste, et, immédiatement, sans prévenir ses soldats,

---

[1]. *Enq. parl.*, t. IV, p. 92.

les fit avancer en rangs auprès de l'urne. Heureusement que nos mobilisés, appartenant pour la plupart au parti de l'ordre (et surtout écœurés de Garibaldi et des garibaldiens), étaient déjà munis de bulletins conservateurs[1], et malgré cette manœuvre électorale, huit cents voix furent données à la liste conservatrice, tandis que la liste Garibaldi et Gambetta obtenait à peine quatre cents voix. Le colonel, furieux de ce résultat sur lequel il n'avait pas compté, envoya, dès le lendemain, le bataillon trop bien pensant camper à douze où quinze kilomètres d'Autun, malgré le froid et la pluie, tandis que le bataillon du Creusot, qui était également sous ses ordres, mais qui avait mieux voté suivant ses vues, restait à Autun. »[2]

II

Malgré ces faits graves d'intimidation et de violation de la liberté du vote, malgré l'adjonction illégale au collège électoral de Saône-et-Loire des miliciens garibaldiens, malgré les menaces, malgré toutes les entraves apportées par le gouvernement à la libre manifestation de la volonté nationale, malgré les « outranciers, » Garibaldi n'obtint dans Saône-et-Loire, que quarante-sept

---

[1]. Il faut ajouter que deux mobilisés voyant cet escamotage, sortirent crânement des rangs, et, sous les yeux du colonel et du commandant qui n'osèrent s'y opposer, distribuèrent des bulletins de la liste Thiers dont ils étaient munis.
[2]. Castilhon. *Le Télégraphe* de Lyon.

mille voix, tandis que la liste conservatrice réunissait soixante-douze mille suffrages en la personne de M. Thiers. La plupart des départements donnèrent également la majorité aux candidats de l'ordre. Tant on était las des « fous furieux », qu'ils s'appelassent Gambetta ou Garibaldi !

Cette imposante manifestation du suffrage universel déconcerta un instant les fauteurs de troubles et de discordes civiles; elle ne les découragea point. Selon leur constante habitude de ne reconnaître la souveraineté du peuple que si elle leur donne le pouvoir, ils commencèrent immédiatement dans la presse, dans le pays, une campagne contre l'Assemblée issue du scrutin du 8 février 1871. Ils n'avaient pas assez de mépris pour « cette majorité rurale, fruit informe d'un suffrage universel abaissé, qui trahissait le peuple et était une honte pour la France. » — « Majorité rurale, écoutez la voix des villes. » — « Le 8 février, vous avez gagné la partie, messeigneurs; à nous maintenant la seconde manche. « France, tu jugeras, » s'écriaient à l'unisson tous les journaux du parti. » La seconde manche de ces misérables devait être la Commune de Paris.

Ils s'y préparaient donc activement et allaient demander à l'insurrection le pouvoir que le peuple avait arraché de leurs mains indignes. L'armée garibaldienne était un noyau autour duquel devait se grouper le reste des forces révolutionnaires. Avec la connivence de l'état-major, on l'embauchait ostensiblement pour le mouvement qui se préparait. Dans le même but, Garibaldi armait la partie turbulente de la population du Creusot. Le maire du Creusot, qui était considéré généralement comme un des chefs de l'Internationale, avait depuis quelque temps sollicité vivement Garibaldi de lui procurer des armes. Pendant la période des opérations militaires ces armes n'arrivaient pas ; mais lorsque, vers la fin de janvier, l'armistice fut conclu, Garibaldi envoya au Creusot 2,700 fusils et 7,000 kilos de cartouches, et cela de son autorité privée. La distribution des armes et des munitions fut annoncée par une affiche du maire. « Je fis alors une tentative, a déposé M. Mathieu. J'envoyai une dizaine d'hommes, ayant appartenu à l'ancienne compagnie des pompiers et que je connaissais pour des ouvriers de bonne tenue, demander des fusils : on les leur refusa. On ne se contenta pas de refuser des armes aux honnêtes gens ; on fit des perquisitions chez eux pour leur enlever celles qu'ils pouvaient avoir pour se défendre. De sorte que grâce à Garibaldi et par les soins des autorités, toute la lie de la population fut armée, tandis que les hommes d'ordre étaient mis hors d'état de se défendre. » [1]

Sur ces entrefaites, l'Assemblée nationale, ayant ratifié les préliminaires de paix, portait son attention sur les troupes garibaldiennes dont l'attitude de plus en plus factieuse lui inspirait des inquiétudes justifiées. « Mâcon de Bordeaux, 25 février. — Guerre à général Penhoat. Rappelez à vous un détachement de garibaldiens et un corps de francs-tireurs quelconques qui sont actuellement au Creusot. Envoyez à leur place un régiment de gendarmes et tenez prête une troupe française sûre pour appuyer les gendarmes, si des agitations coupables se produisaient au Creusot. Signé : LE FLO. » — « Mâcon de Nevers. — Général à vice-amiral Penhoat, Mâcon.

---

1. *Enq. parl.*, t. IV, p. 60.

Sept cent quatre-vingts francs-tireurs m'ont été signalés par maire de Luzy comme pillant, volant et incendiant. J'ai envoyé soixante gendarmes pour faire la police..... on instruit contre les officiers qui ont excité au vol, au pillage et à l'incendie. Signé : DU TEMPLE. »

Le désarmement et le licenciement de ces bandes indisciplinées fut confié au vice-amiral Penhoat avec l'aide des généraux de Jouffroy et de Busserolles, appelés à remplacer Garibaldi et ses fils démissionnaires. Pour mener à bien cette opération délicate, éviter de donner des prétextes à l'insurrection que l'on redoutait, l'amiral usa de diplomatie. Flattant adroitement la vanité du chef d'état-major, celle des fils de Garibaldi qu'il conserva dans leurs fonctions, il brûla l'encens devant le fétiche paternel, alloua deux mois de solde supplémentaire aux officiers et soldats et parvint, à force de ménagements, au milieu de difficultés de toutes sortes, en s'appuyant sur les Français de l'armée des Vosges, et notamment sur les mobilisés de Saône-et-Loire, à faire rentrer dans les magasins de l'État la plupart des armes qui n'avaient pas été vendues. Il fut moins heureux pour les munitions qui restèrent en grand nombre en la possession des garibaldiens. Il réussit encore moins pour le rapatriement et le renvoi dans leurs foyers des hommes qui se rendirent en masse à Paris, où ils allaient enfin pouvoir faire ce « patatrac » pour lequel ils étaient venus. Un des derniers actes d'autorité de M. Bordone fut de mettre en liberté tous ceux qui avaient été condamnés par les cours martiales. « Il y avait à la prison d'Autun une cinquantaine de malfaiteurs qui avaient été condamnés par des cours martiales. Est-ce sur un ordre de l'amiral Penhoat ou sur l'invitation de Bordone? toujours est-il qu'on relâcha ces individus qui probablement se dirigèrent sur Paris. »[1]

Ils s'y rendaient en nombreuse compagnie. « Lorsque l'armée a été licenciée, j'ai constaté que toutes les troupes de l'armée garibaldienne s'en allaient avec leurs gibernes bourrées de munitions; on disait qu'on s'en allait à Paris et que tout n'était pas terminé. Tout le monde savait qu'on recrutait les soldats de l'armée de Garibaldi pour la Commune[2]. » M. Darcy a assisté à l'embarquement. « Après la conclusion de la paix, les garibaldiens sont allés en masse à Paris; je les ai vus à Chagny remplir des trains entiers pour cette destination[3]. » M. Choppin, préfet de police, qui les vit arriver dans la capitale, au mois de mars 1871, a témoigné du rôle important qu'ils ont joué, lors de l'insurrection communarde. « Très peu de jours avant le 18 mars, il arriva des contingents pour l'insurrection; ils ont changé complètement la physionomie de Paris. C'étaient des hommes de l'armée de l'Est appartenant à des corps irréguliers qui avaient été dissous à Lyon, des garibaldiens. Nous vîmes arriver à Paris ces hommes à chemises rouges avec des plumes de paon derrière la tête. C'était une mascarade, si vous voulez, mais c'était l'armée insurrectionnelle qui achevait de se former. Et j'en ai eu la preuve plus tard, ici même. J'ai assisté à l'interrogatoire des premiers prisonniers faits dans la bande qui suivait Flourens et Duval. J'ai été très frappé de voir que, sur trois prisonniers, il y en avait au moins un qui venait de l'Est, de la Haute-Saône et du Haut-Rhin.

1. *Enq. parlement.*, t. IV, p. 92.
2. Id. Ibid. t. IV, p. 100.
3. Id. Ibid. t. IV, p. 107.

Je ne sais si le chiffre que je vais vous donner est vrai, mais on m'a dit qu'il y avait dix-huit mille hommes de corps irréguliers qui seraient venus grossir l'armée insurrectionnelle de Paris. Je le croirais d'autant plus volontiers que lorsqu'on a essayé d'organiser des émeutes provinciales, j'ai été frappé du peu de forces actives de l'insurrection à Lyon et dans les villes du Rhône. Je crois que si l'insurrection a été si peu de chose dans le reste de la France, c'est que la plupart de ses adhérents avaient été dirigés sur Paris, quatre ou cinq jours avant le 18 mars [1]. » C'est ainsi que, malgré le départ de leur chef, « les soldats de la révolution » continuaient à réaliser sa pensée, s'efforçant de fonder l'abomination de la désolation sur les ruines de Paris incendié, sur les cadavres des otages et des soldats français.

La formation de l'armée des Vosges avait été un prétexte de vols, de dilapidations de toutes sortes, dont on ne connaîtra jamais toute l'étendue; son licenciement fut une autre source de tripotages éhontés. « Il était d'ailleurs désirable à tous les points de vue, comme le dit fort bien M. Bordone, que cette armée finît aussi bien qu'elle avait commencé, et qu'elle servît d'exemple, même pour ce genre d'opération qu'on peut appeler d'administration et de conduite politique [2]. » Les chefs s'approprièrent donc avec un sans-gêne vraiment garibaldien le matériel de l'armée, l'aliénèrent malgré l'opposition du maire de Marseille et de l'amiral Crosnier, préfet de cette ville, et en affectèrent le produit, prétendirent-ils, « à diverses opérations philanthropiques. »

---

1. *Enquête sur l'insurrection du 18 mars*. Déposition Choppin.
2. Bordone. *Garibaldi et l'Armée des Vosges*, 3ᵉ partie.

Le 15 mars 1871, M. Delpech vendait à Mâcon les chevaux et mulets appartenant « à son régiment Égalité, » pour une somme de cinq mille francs, soit quatre-vingt-cinq francs le cheval ; or ces chevaux avaient été achetés, l'un parmi l'autre, plus de cinq cents francs ! Sur ces cinq mille francs, le même Delpech retenait mille francs « distribués, affirme-t-il, en secours à diverses personnes [1]. » Le 10 février, la ville de Marseille avait acheté, au prix de soixante-six mille trente francs, cent quinze chevaux destinés à « l'artillerie Égalité » ; quatre-vingt-quinze furent vendus le 14 mars, neuf autres le 13 avril, pour une somme de trente-quatre mille trois cent quatre-vingt-sept francs, après un séjour d'un et de deux mois à l'écurie ; neuf d'entre eux disparurent sans qu'on ait pu savoir ce qu'ils étaient devenus. Le produit de cette vente fut versé entre les mains des garibaldiens. « Ainsi la ville, dit M. de Ségur, avait dépensé après l'armistice soixante-six mille trente francs, sans autre résultat que de procurer trente-quatre mille trois cent quatre-vingt-sept francs au comité Astruc. » Dix-sept autres chevaux achetés pour le compte de Garibaldi et payés par la ville de Marseille onze mille cent cinquante francs, le 31 janvier, n'ont jamais donné de leurs nouvelles. Le harnachement de l'artillerie Égalité, livré le 9 février, fut payé par la ville de Marseille vingt-quatre mille cent cinquante-cinq francs aux fournisseurs Sabattier. Un mois après, sans avoir jamais servi, il fut revendu trois mille francs à un nommé Galfieri ! « Ici encore, poursuit M. de Ségur, la ville dépensa vingt-quatre mille cent cinquante-cinq francs avec le seul

---

1. De Ségur. *Rapport sur les marchés de l'armée des Vosges.*

résultat utile de mettre trois mille francs dans la caisse du comité Delpech. » On revendit dans les mêmes conditions des selles, des vêtements, des chaussures, etc., et en fin de compte, après les commissions et pots-de-vin prélevés, il restait cinquante-trois mille trois cents francs que les garibaldiens s'adjugèrent au détriment de la ville de Marseille. Vingt-quatre mille trois cents francs furent employés, dit-on, à payer les dettes arriérées ; vingt-un mille francs furent affectés, dit-on encore, à des secours, à des gratifications, etc. ; il resta huit mille francs qui furent envoyés à Garibaldi !

Les membres du comité garibaldien Astruc, nommé le 16 janvier en remplacement du comité Parini, dans les circonstances qui ont été relatées, s'étaient alloué à eux-mêmes, sur les fonds destinés à l'armée, treize mille quatre cent vingt-quatre francs, dont cinq mille sept cent quatorze pour le président, « en vertu de la délibération *(sic)* (lisez délégation) des pouvoirs qui ont été donnés au président Astruc par le général Garibaldi, à titre d'indamnité *(sic)*. » Les officiers subalternes, les soldats imitaient l'exemple de leurs chefs. « Pendant les quinze derniers jours que les garibaldiens restèrent à Autun, l'on vit les désordres les plus épouvantables. Ils vendirent publiquement leurs chevaux, leur équipement et leur armement. Les officiers emballaient des armes pour tous les pays[1]. » L'indignation s'émousse devant le renouvellement perpétuel du même cynisme, et l'on est obligé de se reporter à cette époque déjà lointaine pour se rappeler de quel mépris étaient alors poursuivis ces misérables qui s'amusaient, s'enrichissaient ainsi de nos

---

1. Castilhon. *Le Télégraphe de Lyon*; *Enq. parlem.*, t. IV. p. 92, 100.

souffrances. Le colonel de la 1ʳᵉ légion des mobilisés du Jura, profondément écœuré du dénûment dans lequel on laissait ses hommes pendant ce temps, a écrit cette phrase qui dit tout : « On a été incomparablement plus généreux pour ces vauriens de Garibaldi. »[1]

Avant de quitter Autun pour aller à Paris accomplir leurs horribles forfaits, ces « vauriens » éprouvèrent le besoin de se signaler une dernière fois. « Le 1ᵉʳ mars est un jour de grande foire dans le pays ; les domestiques des deux sexes viennent sur le marché offrir leurs services. Les soldats de la légion Ravelli vinrent sur le marché, et là, en public, devant tout le monde, se permirent les outrages les plus odieux sur les femmes qui y étaient, et repoussèrent à coups de poing les pères et les maris outragés qui venaient au secours de leurs enfants ou de leurs femmes. Je citerai ce fait particulier que Menotti Garibaldi, qui avait donné sa démission la veille de ce jour, vint en costume bourgeois sur le marché pour rétablir le bon ordre et qu'on fut obligé de requérir un certain nombre d'hommes, pour forcer ces gens à évacuer le marché et à rentrer dans les casernes où on les consigna. La population était indignée[2]. » — « Je me souviens qu'un jour, pendant l'armistice, — c'était le jour du louage des domestiques, — il s'est passé un fait bien déplorable. Les francs-tireurs de tous pays se sont mêlés parmi les domestiques du sexe féminin ; ils ont entouré les filles et en plein jour les ont outragées. On est allé prévenir Menotti, qui a donné ordre de faire cesser ce scandale[3]. » Tel fut l'adieu des garibaldiens à

---

1. Rapport de M. Mounet.
2. *Enquête parlementaire*, t. IV, p. 91.
3. Id. Ibid. t. IV, p. 100.

la ville d'Autun : du clergé au peuple, toutes les catégories sociales avaient été successivement en butte à leurs vexations. « Enfin, la paix ayant été conclue, peu à peu toute cette garnison, composée d'éléments hétérogènes, quitta Autun au grand soulagement des habitants. C'est du 15 au 20 mars que s'effectua ce départ. Mais dans quel état les troupes laissèrent-elles les établissements religieux et les maisons d'éducation ? La plume renonce à le décrire. C'était affreux, incroyable ; tout ce qu'on pourrait dire serait au-dessous de la vérité. Qu'il me suffise d'énoncer qu'après une enquête contradictoire, le dégât a été estimé à plus de deux cent mille francs. Je ne saurais trop le répéter, l'armée des Vosges n'a rendu aucun service à la patrie ; elle a au contraire contribué à la ruiner et à allumer la guerre civile..... A Autun, la présence de cette armée pendant près de quatre mois a été une cause de démoralisation épouvantable dans le peuple ; la débauche y a fait des progrès effrayants, et une grande partie de la jeunesse féminine a été pervertie à ce contact souillé. Lorsque, quelque temps après la guerre, les honnêtes gens d'Autun lisaient dans les journaux les récits fantastiques que l'on se permettait de faire sur cette armée, les louanges que l'on décernait à l'invincible Garibaldi et à ses bandes révolutionnaires, ils haussaient les épaules de pitié. Cette armée était composée des mêmes éléments que celle de la Commune de Paris ; elle avait le même instinct de pillage, les mêmes idées, les mêmes mœurs, le même esprit ; c'est dire quelle confiance elle pouvait inspirer. » [1]

---

1. Castilhon. *Le Télégraphe* de Lyon.

« Le sentiment général resté dans la population d'Autun sur l'armée de Garibaldi est tout-à-fait déplorable, conclut le commissaire de police. La population honnête a été excessivement maltraitée. Les garibaldiens se sont comportés d'une manière indigne. Ils insultaient les hommes, ils insultaient les femmes. La population en avait par-dessus la tête, d'autant plus que les officiers se renouvelaient à chaque instant....... Ils se conduisaient comme en pays ennemi, comme les Prussiens ; peut-être plus mal. »[1]

Dans le milieu de mars, l'antique cité éduenne, enfin débarrassée de ses prétendus sauveurs, pansait ses blessures, revenait peu à peu au calme de sa vie habituelle. Les habitants reprenant leurs relations interrompues depuis de longs mois par le tohu-bohu garibaldien, se racontaient les uns aux autres les nombreuses aventures dont ils avaient été les témoins ou les victimes. Nul n'eût osé alors, ainsi qu'on l'a fait depuis, prendre la défense de ceux qui n'étaient venus dans le pays que pour le piller, lui donner, dans les circonstances les plus tristes, le spectacle de l'orgie à outrance. Le 1er décembre 1871, par un triste temps de neige qui rappelait les rigueurs de l'année terrible, les souffrances de nos malheureux soldats errant à l'aventure sans vivres, sans vêtements, sous un ciel encore plus glacial, une nombreuse assistance qui comprenait toutes les classes de la société se pressait au cimetière d'Autun, autour du monument élevé par souscription publique, sur l'initiative du curé de la Cathédrale, aux soldats qui avaient succombé, l'année précédente, pour la défense

---

1. *Enquête parlementaire*, t. IV, p. 101.

de la ville. Le sous-préfet M. de L'Hermite, le maire M. Guignard, rendaient successivement hommage à leur mémoire; l'évêque Mgr de Marguerye présidait cette émouvante inauguration.

Ce monument dominé par la croix, symbole de la foi de ceux qui étaient morts en chrétiens pour la patrie, fut remplacé, le 1er décembre 1886, par un mausolée païen élevé à la gloire de Garibaldi et de ses compagnons; à cet effet, un conférencier venu de Paris avait essayé la veille de travestir le combat d'Autun. M. Bordone eut le front d'assister à l'inauguration, de se faire un piédestal de cette tombe glorieuse pour calomnier de nouveau ses victimes. Jusque dans leur sépulcre, les mobiles étaient exploités au profit de la légende, persécutés dans leurs croyances par l'intolérance sectaire! Les circonstances politiques qui ont rendu possible cet attentat à la liberté de conscience ne dureront pas toujours; la vérité survivra aux passions mesquines qui ont vainement essayé de l'obscurcir. Quoi qu'on en ait pu dire, à part d'honorables exceptions particulières, les garibaldiens pris en bloc n'ont fait que le mal. Dès leur arrivée à Autun, ils envahissaient nuitamment les églises, dans le but avéré d'insulter aux croyances des catholiques; à leur départ, ils s'attaquaient comme des brutes aux femmes et aux filles; quelques jours après, déclarant la guerre au genre humain, ils participaient en grand nombre à l'incendie, aux massacres de Paris et aux autres crimes de la Commune. L'épopée garibaldienne déroule progressivement ses divers épisodes entre ces trois faits, dont chacun se déduit rigoureusement du précédent par un aboutissement nécessaire. Elle est une preuve analytique en action de cette vérité politique trop méconnue de nos jours, à savoir qu'en dehors des principes sociaux consacrés par l'expérience des siècles, il n'y a place, dans tous les temps et chez tous les peuples, que pour la barbarie et le retour à l'état sauvage.

III

Le parti révolutionnaire avait illégalement offert à Garibaldi la candidature à l'Assemblée nationale dans plusieurs départements. Paris et Alger, avec leur population interlope si avide de bouleversements, partant toujours acquise au plus mauvais, acclamaient tout naturellement dans Garibaldi le général de la révolution sociale, le chef désigné de la Commune. Il semblait que les mêmes raisons pour lesquelles il était choisi, dans ces capitales, par l'écume de la société, dussent le faire repousser à Dijon, et il en eût été probablement ainsi sans les circonstances habilement exploitées par la presse maçonnique. La satisfaction des habitants d'avoir été momentanément préservés de l'occupation prussienne, non moins que les exagérations effrontées de l'état-major et la présence des Allemands dans la Côte-d'Or au moment du vote, permirent aux révolutionnaires de transformer Garibaldi en un candidat de protestation contre le vainqueur, de lui créer par là même une certaine popularité, une légende utile à entretenir. Comme s'ils se fussent adressés au peuple d'une autre ville, les émissaires des loges, les partisans véreux de la liquidation sociale se mirent à chanter les louanges du sectaire cosmopolite, à exalter son activité, son patriotisme, sa science militaire, toutes les vertus qu'il aurait dû posséder, tandis qu'ils avaient pour témoins de l'opprobre garibaldienne et leurs auditeurs et les pays à travers lesquels cette horde sans foi ni loi venait de promener son assoupissement militaire, ses exactions et ses débauches. Toutefois le vulgaire ignorant le fond des choses, habitué à répéter sans distinction de faux ni de vrai tout ce qu'il lit, tout ce qui le flatte, tout ce qu'on semble lui dire avec conviction, se laissait duper par les mensonges des exploiteurs et faisait un législateur français de l'ennemi acharné de la France!

Le 10 février, Garibaldi, nommé député, remettait à Corcelles le commandement de l'armée des Vosges à son fils Menotti, et se rendait à Bordeaux où la nouvelle Assemblée était convoquée pour le 13 février. Arrivé le 12 à onze heures du matin, il était reçu par M. Bordone et quelques officiers garibaldiens. On comptait que les membres du gouvernement « qui avaient comblé Garibaldi de protestations d'estime et de dévouement viendraient à sa rencontre et saisiraient cette occasion de les manifester autrement que par des lettres et des dépêches[1]. » Il n'en fut rien. Gambetta, qui n'avait jamais eu d'illusion à l'égard de l'Italien dont il n'aimait pas les allures ambitieuses et indisciplinées, s'abstint d'aller le voir, et cessant de le craindre, cessa de le flatter. Dévoilant la pensée du gouvernement, M. E. Arago lui fit même dire par M. Bordone, avec les ménagements

---

1. Bordone. *Garibaldi et l'Armée des Vosges*, 3ᵉ partie.

usités en pareil cas, que « le plus grand service qu'il pourrait nous rendre, dans l'état des choses présentes, ce serait de donner sa démission. »[1]

Cette attitude des hommes du Quatre-Septembre renversait les plans « du représentant de la République armée, résolue, indomptée », de celui qui, selon M. Marais, « avait hardiment arboré le drapeau de la Révolution », et était surtout venu à Bordeaux pour pressentir le gouvernement, lui offrir ses services contre l'Assemblée. C'était, en effet, en grande partie dans le but de se réserver pour ces circonstances prévues qu'il avait, selon ses recommandations à son fils Menotti, « manœuvré et évité les combats autant que possible[2]. » Les conjonctures l'annihilaient. Ses chemises rouges étaient trop éloignées pour qu'il pût avec leur aide « balayer et jeter à la Garonne » la représentation nationale. Un mouvement tenté en Bourgogne eût été facilement réprimé par les trente mille Français de l'armée des Vosges, car les mobiles et les mobilisés frémissaient de colère en voyant l'arrogance de ces aventuriers qui, avec leur aspect carnavalesque et leurs mœurs aussi efféminées que barbares, raillaient les autres comme des gens au-dessous d'eux, insultant à une misère dont ils étaient les auteurs. Quant à essayer une insurrection contre l'Assemblée avec les éléments de désordre que Bordeaux pouvait fournir, il y fallait d'autant moins songer que des précautions militaires sérieuses avaient été prises contre cette éventualité. D'ailleurs, l'état de santé du vieux révolutionnaire ne lui permettait pas de jouer cette

---

1. Bordone. *Garibaldi et l'Armée des Vosges*, 3ᵉ partie, p. 389, note 1.
2. Idem. Ibid. 3ᵉ partie, p. 550, docum. n° 38.

partie difficile, dans laquelle il devait avoir contre lui l'immense majorité du pays et même les républicains influents auprès desquels il s'était compromis complètement par sa conduite. Abandonné par les membres du gouvernement, privé de ses bandes, réduit à son impotence et à l'introuvable Bordone, Garibaldi, prévenu d'ailleurs par le ministre Arago que son élection allait être cassée parce qu'il n'était pas Français, dut se résoudre à quitter la France où il ne pouvait plus rien faire. Mais auparavant il voulut poser encore pour la galerie, profiter de l'occasion pour insulter encore une fois à notre pays dans ses représentants.

Le 13 février, à deux heures, accompagné de M. Bordone et de M. Basso, il montait le perron du grand théâtre où l'Assemblée devait tenir sa première séance. Tandis qu'un certain nombre d'énergumènes postés pour la circonstance poussaient les cris de : « Vive Garibaldi ! » les tribunes se remplissaient d'affidés chargés de créer le désordre. Garibaldi fait son entrée, le chapeau sur la tête, dans l'enceinte de l'Assemblée où il prend place au parterre. M. Bordone remet au président une lettre contenant la démission de son général. Soit qu'il veuille manifester son mépris pour les députés « ruraux », soit qu'il se croie l'égal de Louis XIV, ce prince de la canaille, affichant une impolitesse au-dessus des plus vulgaires convenances, reste opiniâtrement couvert malgré les protestations qui s'élèvent de toutes parts. Enfin, le président, M. Benoît d'Azy, lit la démission du chef de l'armée des Vosges. Après cette lecture, Garibaldi se lève et contrairement aux usages veut prononcer un discours que l'Assemblée refuse d'entendre. D'une partie des tribunes s'élèvent alors des cris réclamant contre cette décision. Un spectateur prend la parole et dans une improvisation violente accuse les députés de trahir le peuple, d'être une honte pour la France; les épithètes de « traîtres, » de « lâches, » « d'infâmes, » de « vendus, » sont jetées en défi aux représentants. Le tumulte devient indescriptible; c'est un feu croisé d'objurgations haineuses entre ceux qui veulent que Garibaldi parle et ceux qui s'y opposent. Toujours debout, appuyé sur son bâton, Garibaldi semble attendre que la fraction turbulente de l'assistance ait réussi à imposer à l'Assemblée l'obligation de l'écouter. A ce moment, le président donne l'ordre à la garde nationale de faire évacuer les tribunes; bientôt il ne reste dans la salle que les législateurs; Garibaldi se retire alors avec ses amis. A sa sortie, il est acclamé par les démagogues, tandis que M. Bordone parle de « balayer » l'Assemblée et « de la jeter à la Garonne ».

Il n'est pas douteux que s'il eût été au pouvoir de Garibaldi de le faire, il n'eût pas laissé passer cette occasion de prolonger sa coûteuse et déshonorante « coopération », sinon d'établir sa dictature; quelques mois de république universelle auraient achevé d'enrichir tous les garibaldiens. Du moins s'était-il efforcé jusqu'au bout d'exciter au désordre et d'accomplir son œuvre néfaste. Habile artisan de haines, perpétuel auteur de discordes et de séditions, mêlant l'excitation au crime à une phraséologie philanthropique, détestable dans la paix et dans la guerre contre l'étranger, brave toutefois et sachant parler le langage des pervers, par suite moins à mépriser dans les luttes intestines, il venait de nouveau de soulever sur son passage la plus vile populace dont les flétrissantes acclamations avaient pour lui autant d'utilité que d'attrait. La population bordelaise parut vivement affectée de cette scène qui était comme une déclaration de guerre à l'Assemblée, comme une annonce de la prochaine insurrection communarde.

Le même jour, à sept heures du soir, Garibaldi partait pour Marseille où il s'embarquait le 15 sur le *Gyptis* faisant voile pour Caprera. « Au moment de monter en voiture, nous dit M. Bordone, le général trouva sur son passage tout Marseille rassemblé et lui faisant escorte jusqu'au quai d'embarquement. La foule était si nombreuse qu'on ne put avancer qu'au pas ; les fenêtres sur tout le parcours étaient garnies de gens battant des mains suivant l'habitude des populations du Midi quand elles veulent acclamer quelqu'un. Les cris mille fois répétés de « vive Garibaldi ! vive la République ! vive la république universelle ! » ne cessèrent pas un instant..... A dix heures, le *Gyptis* se mettait en marche, et du haut de la dunette, Garibaldi saluant une dernière fois toute cette foule attendrie et enthousiaste, lui disait non pas adieu mais au revoir..... Le général Bordone, après avoir le dernier embrassé son héros, son modèle, et l'avoir vu le dernier à la sortie du port mettre le cap sur Caprera, revint à Marseille..... » [1]

Ainsi escorté par les acclamations des futurs communards de Marseille, le vieil aventurier quittait la France avec l'espérance d'y revenir bientôt en maître après la victoire de ceux qu'il laissait derrière lui pour continuer son œuvre et exécuter sa pensée.

Il emportait avec l'animadversion des honnêtes gens,

---

1. Bordone. *Garibaldi et l'Armée des Vosges*, 3e partie, p. 397, 398, 399.

l'amour des sectaires auxquels il laissait le thème d'une nouvelle légende, toute de prouesse, de vertu et de désintéressement. La lettre suivante parue dans *la Riforma* montre en effet que MM. Bordone et Marais ont puisé en haut lieu leurs inspirations et que Garibaldi n'a jamais cessé d'être l'âme de l'armée des Vosges.

« Mon cher Fabrizzi, Ce n'est pas la première fois que le *Times* me frappe à tort ; et ce n'est pas la première fois qu'à l'abri de ma conscience je méprise de semblables publications de la part d'un journal universellement répandu, mais qui écrit toujours pour celui qui le paie. Ceux qui m'attaquent dans le *Times*, sont les mêmes que ceux qui se lamentent de voir qu'il n'est pas arrivé à l'armée des Vosges ce qui est arrivé à l'armée de Bourbaki. A vous cependant je dois donner les explications suivantes : l'armée des Vosges, qui n'a pu s'appeler ainsi que dans les derniers jours de son existence et lorsque tout était fini pour ainsi dire, sauf deux mille Italiens environ, quelques centaines d'Espagnols, Grecs et Polonais, un millier de francs-tireurs de Ricciotti, deux bataillons de mobiles et peu d'artillerie, c'est-à-dire avec un total de sept à huit mille hommes, n'avait pas de troupes sur lesquelles on pût compter, parce qu'elles étaient jeunes *(novizi)*, mal armées et plus mal disposées à combattre. Avec cette poignée d'hommes, l'armée des Vosges a fait respecter Dôle, Autun, la plus grande partie de la Bourgogne, et grâce à elle, en arrière de son rideau léger mais victorieux, ont pu s'effectuer les deux mouvements de flanc, de Chagny à Orléans, où le général Crouzat allait renforcer l'armée de la Loire avec quarante mille hommes, et celui du général Bourbaki qui, détaché de la grande armée de la

Loire battue à Orléans, se mettait en marche vers Belfort ; mouvements rendus possibles par la contenance de la pauvre armée que je commandais. Ces mouvements bien conçus mais mal exécutés, eurent la suite que tout le monde connait ; et l'armée des Vosges occupant honorablement les positions du centre était dans l'impossibilité absolue de coopérer aux actions militaires des armées susnommées. L'armée des Vosges laissée très longtemps dans un état d'abandon, quelques-uns avec des bataillons entiers sans armes, armés de véritable ferraille, avec peu d'artillerie et de cavalerie, ne fut en aucune circonstance secourue par les autres armées ; elle a au contraire soutenu la retraite du général Cremer battu à Nuits, en plaçant sa 4e brigade entre l'ennemi et l'armée qui s'échelonnait entre Chagny et Beaune. Le passage de l'armée de Manteuffel au nord, pour aider celle de Werder, m'était connu ainsi qu'à nos quatre brigades ; la 2e commandée par le colonel Lobbia et la 4e commandée par Ricciotti manœuvraient conjointement avec tous nos autres corps de francs-tireurs, et étaient détachées pour contrarier la jonction des armées ennemies. Lobbia, Ricciotti et les francs-tireurs firent des prodiges et furent plus d'une fois sur le point d'être enveloppés et écrasés par de très fortes colonnes ennemies. Avec le reste de l'armée nous occupions Dijon, et ceux qui ont assisté aux combats sérieux des 21, 22 et 23 janvier, savent si nous avions des forces suffisantes pour en distraire une partie et l'envoyer au secours de Bourbaki sous Belfort. Il est vrai qu'après avoir battu les Prussiens à Dijon, nous avons pu étendre notre droite vers Dôle, par suite de l'occupation du Mont-Rolland, position très forte qui domine la ville et dont s'empara le lieutenant-colonel Baghino à la tête de sept cents hommes; mais cette extension de notre aile droite, mon cher Fabrizzi, était un acte téméraire en faveur de l'armée de l'Est, en considérant les forces imposantes de l'ennemi qui étaient toujours sur notre front. Parfaitement au courant de l'accroissement des forces de l'ennemi dans l'Est depuis la capitulation de Paris, je me suis vu forcé par la triste situation de l'armée de Bourbaki, et après la menace d'être enveloppé à Dijon, d'abandonner cette ville et de reprendre l'ancienne ligne d'Autun-Chagny, etc., pour couvrir Lyon, le Creusot, etc. Ma retraite eut lieu le 1er février, et le même jour je reçus un télégramme du général Clinchant, successeur de Bourbaki, qui m'avisait qu'il était enveloppé par l'ennemi. Sans attendre un instant, je fis préparer un convoi spécial, et avec tout ce que je pus emmener de mes meilleures troupes, j'arrivai à Lons-le-Saunier, après avoir ordonné au reste de mon armée de me suivre; la 1re brigade commandée par Canzio était déjà arrivée à Bourg et à Montrevel, quand la nouvelle de l'internement de l'armée de l'Est en Suisse devint un fait certain. Par tout ce qui précède, vous verrez que le déplaisir des Jésuites et de leurs compagnons est bien fondé. J'ajoute seulement que le général Bourbaki, avec ses cent vingt mille hommes, a eu assez de bon sens pour ne pas demander de secours à mon armée. Toujours votre G. GARIBALDI. » [1]

Après avoir ainsi accommodé les faits à sa guise, Garibaldi couronna sa légende en prétendant jusque dans les salons officiels italiens que, pendant la campagne de

---

[1]. Bordone. *Garibaldi et l'Armée des Vosges*, 3e partie, p. 419 et suiv.

France, ni lui ni les siens n'avaient été payés par le gouvernement français. La copie certifiée de ses états de solde placée sous ses yeux par un de nos diplomates accrédités à Rome établit la fausseté de cette allégation. Et la légende invincible raconte depuis cette époque que le chef d'état-major Bordone a signé pour son général et s'est approprié son traitement. Garibaldi est de plus en plus Garibaldi, mais M. Bordone n'est plus son prophète.[1]

---

[1]. Dans ses *Confessions* (p. 288 et suiv.), Léo Taxil relatant cet incident se fait l'écho de la grave accusation portée contre M. Bordone. Pour admettre une semblable monstruosité, il faudrait d'autres preuves que la signature de M. Bordone sur les états de solde de Garibaldi. Chacun sait que le chef d'état-major était le factotum de son général, que ce dernier, par suite des rhumatismes goutteux dont il était atteint, se trouvait souvent dans l'impossibilité de signer et de s'occuper de ses affaires particulières, abandonnées aux soins de M. Bordone. Cette signature ne prouve donc que l'impotence du chef de l'armée des Vosges. Quant à la déclaration de Garibaldi, elle ne suffit pas pour établir à la charge de M. Bordone un crime aussi odieux. La lettre de Garibaldi à *la Riforma*, inexacte d'un bout à l'autre, infirme légitimement son témoignage. N'y déclare-t-il pas qu'il a été forcé de laisser passer Manteuffel parce qu'il ne disposait que de sept à huit mille hommes, alors qu'il est officiellement certain qu'il y avait à cette époque plus de quarante-cinq mille hommes à Dijon? Du reste, ceux qui ont vu de près l'état-major garibaldien savent à quoi s'en tenir sur son désintéressement et sur sa valeur militaire; l'un égalait l'autre. Les Français devraient définitivement abandonner aux Italiens et aux sectaires la propagation de la légende enfantine du héros des Deux-Mondes.

IV

Dans ses mémoires autobiographiques récemment publiés à Florence, Garibaldi prétend que la grande faute de la France, après le 4 Septembre, fut de ne pas avoir institué une dictature militaire. Il est sous-entendu que le « grand soldat de la démocratie » aurait été revêtu de cette charge, à l'exclusion des généraux français, tous « incapables ou traîtres ».

Tandis que cet aveu posthume révèle le but poursuivi par le révolutionnaire italien en quittant Caprera, la lettre suivante dévoile ses sentiments à son départ de France. « Caprera, 22 juin 1873. — Carissimo, La chute de la Commune de Paris a été un malheur pour l'univers entier *(sventura mondiale)*. Elle nous a laissé le funeste héritage des armées permanentes qui servent d'appui à toutes les tyrannies. La défaite à jamais lamentable de la Commune de Paris est due à une engeance malsaine qui se mêle aux hommes honnêtes travaillant au bien-être du peuple et qui en paralyse les sacrifices. Cette engeance peut être le produit de l'ignorance ou de la vénalité ; mais, en tout cas, c'est une engeance fâcheuse. Flourens, Delescluze, Dombrouski, à la tête du peuple armé de Paris, auraient écrasé sous le talon de leurs bottes la réaction naissante de Versailles, mais ils déplaisaient aux doctrinaires bavards des clubs, des comités et des commissions... G. Garibaldi. »

L'amour de Garibaldi pour la Commune organisée par M. de Bismarck à l'aide de l'Internationale et des sociétés secrètes, avait pour causes son admiration, son dévouement pour la Prusse, protectrice et inspiratrice de la franc-maçonnerie. Deux lettres caractéristiques adressées, l'une à M. Schon, de Stockholm, l'autre à M. Maruesi, de Vienne, quelque temps après la guerre, ne laissent aucun doute à ce sujet. « Lorsque, en 1870, je me rangeais sous les drapeaux républicains de la France, écrivait-il en 1873 à M. Maruesi, j'obéissais à mes sentiments démocratiques ; mais avec la douleur dans l'âme, devant combattre le noble peuple allemand. Nous admirons le progrès sublime de l'Allemagne dans la voie de la vérité et dans sa glorieuse lutte contre l'idée du jésuitisme, et nous devons réellement déclarer protectrice de l'émancipation de l'humanité cette nation qui frappe au cœur le monstre des ténèbres. » — « Caprera, 6 septembre. — Français, Scandinaves, Allemands, tous sont mes frères, osait-il dire encore à M. Schon. Si j'ai désiré le triomphe des armées prussiennes, mon unique motif a été le désir ardent de voir la chute du plus exécrable tyran des temps modernes. — GARIBALDI. »

Il y avait un autre motif à son désir ardent du triomphe des armées prussiennes et de la Commune, c'était sa vieille haine pour la France catholique, contre les armées de laquelle il avait combattu depuis 1849, à Rome contre les généraux Oudinot et Vaillant, à Mentana contre le 29ᵉ de ligne, etc. En même temps donc qu'il manifestait devant toute l'Europe son enthousiasme pour « le noble peuple allemand », devançant ses concitoyens dans la voie de l'ingratitude déshonorante, il déversait l'outrage sur notre pays qu'il voyait avec peine se relever de ses désastres et se reconstituer peu à peu. En face de la Prusse victorieuse et formidablement armée, il n'admettait pas que nous prissions des mesures afin de résister à une nouvelle agression, de sauver notre nationalité menacée ; pour lui, ce n'était pas la Prusse dont l'ambition troublait le repos de l'Europe, c'était la France; l'Allemagne était « vraiment la protectrice de l'émancipation de l'humanité », et nous en étions « le fléau ». — « Mon cher Gœgg, écrivait-il de Caprera, le 3 septembre 1872, ce qui est le comble du scandale, c'est que le pays qui fournit les traîneurs de sabre *(il fomite des traineurs de sabre)*, soit précisément la République française, et ce qu'il y a de plus scandaleux, c'est que ce minuscule petit tyran, — ce protée, — qui, aujourd'hui même, à Trouville, menace l'Océan à coups de canon, ce caméléon encore tout souillé de sang, soit, comme l'homme de Sedan, dévoré du désir de faire la guerre, au point de jeter la perturbation dans le monde entier et d'obliger les nations à s'armer jusqu'aux dents. C'est là une chose renversante ! et tout cela prouve que notre prétendu siècle de progrès ne sait encore que se payer de mots creux. Thiers, comme Bonaparte, mène la France par le mot de gloire. Il la ruine par des armements exorbitants. Il oblige le monde à se tenir sur la défensive ; il arrache les peuples au travail ; il est, en un mot, le véritable fléau de l'humanité. Il a fait de la France le foyer du jésuitisme..... Ce monde sera-t-il donc éternellement condamné à être foulé aux pieds par de lâches et vils fripons? La plante humaine *(la pianta uomo)* serait-elle donc toujours affamée de ce fumier, qui pourtant la fait dépérir ?..... Votre G. Garibaldi. »

Le gouvernement du Quatre-Septembre ne lui était pas plus sympathique que celui de M. Thiers et de Napoléon. « Il n'est pas une période, écrivait-il vers la même époque à M. Bordone, dans toute l'histoire militaire de la France, qui soit marquée par tant d'abjection et par tant d'imbécillité que celle qui commença en 1870 et qui s'est continuée malheureusement jusqu'aujourd'hui, sans qu'on puisse prévoir où elle aura fin. » L'expédition de Tunisie fournit à Garibaldi une dernière occasion de déverser l'outrage sur notre armée et sur notre pays. Cette rage antifrançaise survivant à la chute de Napoléon III et à notre défaite s'adressait donc à la nation et non au gouvernement; elle était l'expression anticipée de la pensée secrète des loges, réalisée depuis par l'alliance italo-allemande. Dès 1870, il s'agissait pour le sectaire italien de ruiner la France et de coopérer à son démembrement.

Ces documents donnent l'explication des faits et gestes de Garibaldi durant la guerre.

Lorsqu'il occupait nuitamment, comme un malfaiteur, les églises et les maisons religieuses, lorsqu'il faisait piller l'évêché d'Autun, injurier et arrêter les prêtres, molester les habitants, il participait à « la glorieuse lutte de l'Allemagne contre l'idée du jésuitisme, » et il émancipait l'humanité « en frappant au cœur le monstre des ténèbres. » S'il laissait insulter l'armée régulière mise sous ses ordres, s'il la laissait manquer de tout, s'il n'écoutait pas les ministres républicains, s'il ne craignait pas d'entrer en lutte avec eux, c'est qu'il détestait les armées permanentes, ce rempart de la société contre les révolutionnaires, et « l'engeance malsaine des doctrinaires républicains », Gambetta et Cie, qui s'opposaient à l'établissement de sa dictature. Si, dans son armée, le seul chemin de l'avancement était la perversité, s'il s'entourait de gens tarés, c'est que ceux-là seuls étaient capables des crimes de la Commune. Si le peuple des localités qu'il occupait était misérablement froissé par ses séides, si tout était permis à ses bandes, c'était un avant-goût du « patatrac » universel qu'il nous destinait. Par les mêmes motifs, il donnait les bonnes armes, les meilleurs équipements à ses soldats, organisés et réservés en vue d'assurer la victoire de l'association de brigands qui devait s'appeler la Commune de Paris; car ce chef et son armée formée à son image n'attendaient que l'occasion de se jeter, en fait d'excès, dans tous les débordements des mœurs sauvages. Tant dans son profond mépris des lois divines et humaines, au milieu de miliciens et d'amis également dépravés, tous ses actes étaient cordonnés au renversement de la société, à la ruine de la France !

On comprend dès lors pourquoi il se dérobait continuellement devant les Prussiens, pourquoi il ne disputait pas à Manteuffel les défilés de la Côte-d'Or, et, en se rendant à Bordeaux, recommandait à son fils Menotti, de « manœuvrer pour éviter les combats autant que possible », au cas où les hostilités reprendraient. Il s'associait par cette abstention à la grande œuvre « d'émancipation de l'humanité » qu'étaient alors en train de réaliser par le fer et par le feu les soldats de l'empereur d'Allemagne, et il attendait pour entrer en scène, pour achever de détruire le « foyer du jésuitisme », l'heure des besognes inavouables, la défaite de notre malheureux pays.

C'est donc à tort qu'on a essayé de rejeter la responsabilité du « parti pris de ne pas agir », des déplorables excès qui ont partout signalé le passage de Garibaldi, sur le chef et le sous-chef d'état-major général, sur d'autres officiers subalternes et même sur les soldats, que l'on a prétendu que les vrais garibaldiens étaient étrangers à toutes ces turpitudes. MM. Bordone et Lobbia, les incapables, les tarés, les pillards de tous grades qui pullulaient à l'armée des Vosges, n'étaient que les dignes lieutenants de celui qui proclamait la Commune de Paris le meilleur des gouvernements ; les vrais garibaldiens étaient de vrais communards. Toutefois sa campagne révolutionnaire ne produisit pas tous les mauvais résultats que l'on pouvait redouter. La brusque apparition du spectre rouge au milieu d'une société non encore blasée ni gangrenée par les ignominies républicaines, le spectacle de l'incapacité prétentieuse, de l'intolérance sectaire, du despotisme garibaldien, du pillage éhonté, de tous ces appétits sauvages qui sont l'apanage des révolutionnaires, toutes ces causes provoquèrent une salutaire réaction contre le « patatrac » imminent, cet aboutissement de toutes les républiques en France. Elles contribuèrent en grande partie au mouvement antirépublicain qui se manifesta si énergiquement aux élections de février 1871. Si l'Assemblée nationale eût alors rempli sa mission, le salut sortait de l'excès même du mal.

De tout ce qui précède il résulte clairement que Garibaldi n'a jamais cessé d'être l'ennemi acharné de notre pays, qu'il y est venu pour organiser l'armée du désordre, enrôler les coquins, les conduire au pillage, au sac de la France, et compléter l'œuvre de l'Allemagne ; soit qu'une convention expresse le liât à M. de Bismarck, soit plutôt qu'il se contentât d'agir pour le compte de l'Internationale et de la franc-maçonnerie cosmopolite, qui depuis Frédéric le Grand reçoit son mot d'ordre de Berlin. Ce révolutionnaire, dont l'orgueil insensé côtoyait la folie ; qui n'a jamais trouvé une parole de louange pour un homme, fût-il de son parti, pour un peuple, fût-il le sien ; qui, dans ses Mémoires, parle avec mépris de Cavour, de Mazzini, de la nation italienne, des mazziniens, de ses propres volontaires, osant dire de ses concitoyens : « On a peine à concevoir à quel degré de crétinisme et de lâcheté le gouvernement des prêtres a réduit les descendants de Marius et de Scipion » ; ce républicain démocratique et antireligieux, cet ennemi des tyrans, au lendemain de nos défaites, a incliné sa superbe devant le piétiste Guillaume, cet autocrate du moyen âge qui se vantait de ne relever que de Dieu et de son épée ; il a acclamé ses victoires, il a proposé à l'admiration des peuples « le progrès sublime de l'Allemagne dans la voie de la vérité », c'est-à-dire le système politique de la féodalité militaire prussienne ! Ce faisant, il a manifesté une entente établie déjà par les faits, il a arraché de son visage le masque de la démocratie, de la philanthropie, de la république universelle ; et le sectaire sans patrie, l'agent ou tout au moins l'auxiliaire de Bismarck, le condottière, est apparu devant l'Europe médiocrement surprise.

Aussi bien, l'homme de Cavour, celui qui a offert ses services à Pie IX, celui qui est mort pensionné princièrement par le gouvernement de Victor-Emmanuel, devait d'autant plus facilement s'entendre avec le chancelier allemand qu'il y trouvait son intérêt, que le programme prussien consistait tout entier dans l'abaissement de la

France catholique au profit de la Prusse protestante et de l'Italie sectaire.

Dernièrement encore, la loge de Vincennes, rappelant ces souvenirs et les confirmant, ne déclarait-elle pas que l'annexion de l'Alsace et de la Lorraine à l'empire allemand servait au mieux les intérêts de la franc-maçonnerie? Tout de même, la démarche récente des loges italiennes et françaises, à l'occasion de la mort de l'empereur Guillaume et de l'avènement de son fils, cette démarche conforme à « l'admiration de Garibaldi pour le noble peuple allemand », constate les liens étroits de clientèle qui unissent la secte, depuis plus d'un siècle, aux princes de la maison de Hohenzollern ; en même temps elle explique l'alliance actuelle de l'Italie et de l'Allemagne, et la bienveillance du prince de Bismarck pour le gouvernement maçonnique fondé au 4 septembre à son instigation [1] et soigneusement maintenu depuis lors comme une assurance de l'abaissement de la France. La politique anticatholique de Bismarck, des loges, des sectaires français et de Garibaldi, a abouti à l'unité italienne, à la suprématie allemande; privant la France de son antique clientèle catholique, elle a déplacé à notre détriment l'axe de la diplomatie, nous a isolés en Europe, et a créé la triple et peut-être la quadruple alliance qui nous menace aujourd'hui. Tant il est vrai qu'un peuple ne renonce pas impunément à toutes ses traditions.

Que Garibaldi ait profité de son séjour en France pour

---

1. Le roi Guillaume annonçait en 1870, dans sa proclamation, qu'il faisait la guerre à Napoléon III et non pas à la nation française. La manière dont il nous traita après le renversement de l'Empire montre bien qu'il n'avait pour but, en parlant ainsi, que de désorganiser nos forces, en provoquant par cette déclaration une révolution à Paris.

satisfaire ses haines, ses intérêts, cette conduite était naturelle de la part de cet étranger qui trouvait dans l'écrasement de notre pays une garantie pour l'unité italienne, pour l'hégémonie allemande, gage de la prépondérance maçonnique et de sa propre domination ; mais les hommes du Quatre-Septembre ont commis en quelque sorte un crime de lèse-patrie en admettant au service de la France « ces flibustiers dont le contact était blessant pour les soldats, la garde mobile et les volontaires. » Pour accueillir chez nous de semblables « républicains il fallait, a dit le général Ambert, que M. Gambetta ne connût pas l'histoire de Sparte, où les pères, afin de donner aux enfants l'horreur de l'ivresse, mettaient sous leurs yeux des esclaves abrutis. »

Le dictateur aurait au moins dû faire sentir au chef italien cette omnipotence dont il abusait à l'égard des Français ; il brisait nos généraux, il céda devant le sectaire dont il redoutait l'influence. « Garibaldi, a déposé M. de Freycinet, à cause de sa personnalité, échappait à la hiérarchie... C'était un corps très difficile à manier. » Le gouvernement se bornait très humblement « à le le prier de vouloir bien prendre part aux opérations actives ; M. de Serres était chargé de tâcher d'obtenir de lui qu'il voulût bien faire quelque chose. On laissait entrevoir qu'on s'apercevait, en réalité, qu'il ne faisait rien, mais c'était avec des ménagements infinis. Ménagez Garibaldi, disait-on, nous avons absolument besoin de lui. C'est au milieu de tout cela qu'on a nommé Bordone général pour donner, comme le dit M. de Freycinet, une certaine satisfaction d'amour-propre à Garibaldi si sensible à tout ce qui touchait à son chef d'état-major. On espérait que celui-ci allait enfin participer à l'action et qu'il entraînerait son chef dont il avait toute la confiance. On fut trompé..... » [1]

La délégation de Tours savait pourtant à quoi s'en tenir sur Garibaldi au double point de vue militaire et politique. L'abdication du pouvoir entre les mains d'un étranger dont le passé et la conduite singulière devant l'ennemi autorisaient toutes les défiances, l'attitude soumise de Gambetta et de M. de Freycinet à son égard, font remonter jusqu'à eux la responsabilité des excès garibaldiens et du désastre de l'armée de l'Est.

Humiliante condition d'une grande et malheureuse nation contrainte d'endurer, en moins d'un an, les Crémieux, les Gambetta, les Jules Favre, les Glais-Bizoin, les Freycinet, les Prussiens, et tour à tour abandonnée aux Garibaldi, aux Bordone, aux Lobbia, aux Delpech, aux Ordinaire, à la lie cosmopolite, jusqu'à ce qu'elle passât entre les mains des communards en qui elle trouva d'autres hommes plutôt que d'autres mœurs.

Cet aventurier, qui se réclamait de la République et se mettait indifféremment au service de toutes les monarchies qui voulaient bien l'occuper, demeurera l'une des figures les plus singulières de notre époque. Au milieu de notre société fortement centralisée, où tout est subordonné à l'État, où nul pouvoir ne peut subsister s'il n'émane du souverain, il a merveilleusement réussi à se tailler une principauté indépendante dans la sottise, la lâcheté, la perversité humaines ; en plein dix-neuvième siècle il a su renouveler l'existence vagabonde des anciens reîtres qui se vendaient au plus offrant et dernier enchérisseur, et qui, dégagés de tous

---

[1]. *Enq. parlement.*, t. III. Déposition de Freycinet.

scrupules, de tous liens de patrie, vivaient en dehors des lois et des gouvernements, à leurs dépens et à ceux des sujets. Avec quelques phrases déclamatoires, toujours les mêmes, ouvrant des horizons aux esprits faibles ou dépravés ; avec un costume théâtral, une figure fine et sympathique, un cortège dont les ornements exagérés faisaient ressortir sa simplicité prétentieuse ; impresario de talent connaissant le pouvoir sur les foules d'une brillante mise en scène ; démagogue expert à surexciter les mauvais instincts sous prétexte de supprimer les abus ; réformateur tonnant contre les exploiteurs et en étant lui-même l'archétype ; tour à tour violent comme un sectaire ou fin comme un Italien ; d'une franchise apparente, d'une duplicité consommée ; luttant contre les princes au nom du peuple dans le seul but de les obliger à se servir de lui ou à payer sa neutralité : ce démagogue égalitaire, ennemi des jouisseurs et des privilégiés, est finalement parvenu, grâce à Cavour et aux circonstances créatrices de l'unité italienne, *per fas et nefas,* à accaparer à son profit la grande exploitation de l'homme par les sociétés secrètes, à vivre en grand seigneur familier de la cour italienne, et à mourir avec cent mille francs d'une pension royale, tout en conservant le renom d'un républicain austère et désintéressé. Cet homme était habile, ou plutôt il réunissait en sa personne l'habileté astucieuse, la puissance occulte et funeste des loges, dont il a été l'incarnation et l'aboutissement. Ce prince de la révolution restera « le héros, le modèle » difficile à imiter de tous ceux qui rêvent d'établir leur fortune personnelle, aux dépens des imbéciles, sur les ruines de la société.

Au palais ducal de Venise, dans la salle du grand conseil, au-dessus des murs couverts des magnifiques peintures représentant les fastes de la République vénitienne et célébrant sa grandeur, circule une frise décorée des portraits de soixante-seize doges ; du fond de leurs cadres, leurs figures sévères contemplent la resplendissante apothéose de la reine de l'Adriatique, à la gloire de laquelle chacun d'eux a travaillé. Dans un coin, l'œil s'arrête sur un cadre entourant une toile noire qui figure un voile de même couleur et fait un trou sombre comme une tombe dans cette glorieuse galerie chronologique. C'est la place que devait occuper le portrait du doge Marino Faliero ; on y lit cette inscription tracée en lettres rouges proéminentes comme avec le sang coagulé du supplicié :

Hic est locus Marini Falethri decapitati pro criminibus.

Après avoir ordonné la destruction de toutes les effigies du doge prévaricateur, la sérénissime république de Saint-Marc, transformant pour lui la salle du triomphe en lieu d'expiation suprême, clouait à ce gibet élevé, en exemple perpétuel pour ses successeurs, le nom de ce vieillard égoïste et orgueilleux dont les folies criminelles avaient failli la conduire à sa perte.

La France ne doit à Garibaldi que le voile noir de Marino Faliero.

Le manuscrit de ce livre était terminé, lorsqu'un heureux hasard fit tomber entre les mains de l'auteur un cahier de notes prises au jour le jour par un Autunois, pendant l'occupation garibaldienne. Écrit sans souci de la publicité, ce journal forme toutefois un ensemble complet et donne dans un cadre restreint un tableau vivant d'Autun dont il reproduit fort exactement la physionomie générale durant l'hiver de 1870-71. La rectitude des jugements portés sur les gens et sur les choses, à une époque où beaucoup de faits étaient encore peu connus, montre que le rédacteur du *Carnet d'un garde national* était en situation d'être bien renseigné. Excepté trois ou quatre épisodes, l'auteur n'a rien emprunté à ce récit; il a préféré publier intégralement ce document intéressant pour l'histoire d'Autun et de l'armée des Vosges.

G. T.

APPENDICE

CARNET D'UN GARDE NATIONAL

NOTES PRISES AU JOUR LE JOUR
PENDANT LA CAMPAGNE DE GARIBALDI
DANS LE PAYS DES ÉDUENS
NOVEMBRE 1870. — MARS 1871.

Depuis les terribles désastres de Reischoffen et de Spiekeren qui avaient répandu le deuil sur toute la France, nos impitoyables ennemis avaient marché à grands pas sur le sol sanglant de la Patrie livrée presque sans défense à leurs sauvages cohortes. Après trois jours de bataille ou plutôt de carnage, les débris de l'armée de Mac-Mahon, entassés pêle-mêle dans Sedan, enveloppés de toutes parts et écrasés par une pluie de fer, avaient déposé les armes le 31 août. L'investissement complet de Metz et la criminelle inaction de Bazaine mettaient l'élite de nos troupes dans l'impossibilité d'agir. Paris était assiégé et privé de toute communication avec le reste de la France. Strasbourg, après un bombardement sans merci et la ruine de ses édifices, avait dû ouvrir ses portes aux vainqueurs, le 1er octobre. Enfin Metz, terrassé par la famine et non par les armes avait capitulé le 28 octobre, et le lendemain le pied des Allemands foulait ses rues vierges jusqu'alors de toute souillure étrangère.

En même temps ils avançaient dans la Bourgogne : le 25 octobre les mobilisés de la Côte-d'Or, sous les ordres du général Lavalle, docteur en médecine, étaient battus à Talmay et à Jancigny. D'Azincourt, préfet du département, après mille bravades et proclamations, tremblant à l'annonce, cette fois positive, de l'approche de l'ennemi, faisait évacuer le chef-lieu par toutes les troupes qu'on rappelait précipitamment le lendemain matin, mais trop tard, hélas! Les Prussiens, après un vif engagement en avant de Saint-Apollinaire, repoussent la poignée d'hommes résolus qui essayaient de défendre Dijon et arrivent près des portes de la ville qu'ils bombardent pendant toute la soirée. Aux premiers coups de canon l'intrépide préfet réquisitionne une voiture et *se replie* de sa personne sur Beaune où il est assez mal reçu, et à la suite de la capitulation signée le soir par la municipalité, les Prussiens font leur entrée dans Dijon le lendemain matin 31 octobre, coupant ainsi toutes les communications avec l'Est.

Désastres sur désastres! et pendant ce temps, tout en criant : *Aux armes!* les farouches républicains qui s'étaient emparés de la France le 4 septembre, mettaient à l'abri leurs précieuses personnes et faisaient à leur profit la curée des places; et loin de penser au salut de la patrie, ne songeaient qu'à consolider leur chère République. Il s'agissait bien de la France vraiment! Est-ce que le nom seul de ces adeptes de la liberté et de ces fiers enfants des nouvelles couches sociales ne devait pas suffire pour épouvanter le vieux Guillaume et ses hordes d'esclaves? Garibaldi, le héros du siècle, le géant des batailles, n'était-il pas là pour soutenir ses frères, et la triomphante dépêche affichée en octobre dans toutes les communes de la France ne devait-elle pas rendre la confiance et donner l'assurance de la victoire?

Garibaldi arrive au secours de la France avec dix mille volontaires.

Hélas! cette annonce pompeuse avait fait soupirer tous les

honnêtes gens, et il fallait que notre pauvre pays fût bien bas pour accepter un pareil auxiliaire. Mais quand j'avais lu cette dépêche qui ne m'avait nullement enthousiasmé, ainsi que tant d'autres, j'étais loin de penser que quelques semaines plus tard j'aurais l'immense satisfaction de contempler le héros d'Aspromonte et de voir se dérouler dans notre ville et dans ses environs tous ses hauts faits durant cette funeste campagne.

Le 31 octobre au matin, étaient arrivés à Autun quatre mobilisés dijonnais qui avaient raconté toutes les péripéties de leur courte campagne entre Dijon et Gray. L'un d'eux, fort inquiet sur le sort de son frère qu'il avait laissé malade à Dijon, voulait essayer d'y rentrer le soir même; aussi je pris avec lui le train à 4 heures pendant que les trois autres gagnaient Étang. Nous espérions pouvoir aller au moins jusqu'à Beaune, mais impossible : la gare de Chagny était dans le plus grand désarroi; les trains venant de Nuits et de Beaune amenaient des masses de fuyards; ceux venant de Chalon contenaient quelques troupes que l'on envoyait en hâte se former en avant de Beaune pour arrêter les Prussiens, et malgré la recommandation obligeante du commissaire de police qui était avec nous, force nous fut de reprendre le train d'Autun à 7 heures du soir.

Mardi 8 novembre. — J'avais passé la journée à Sully, chez un ami, avec un des mobilisés dijonnais qui voulait le lendemain matin tenter de rentrer chez lui en allant par le chemin de fer d'Epinac prendre à Pont-d'Ouche la voiture publique qui avait continué son service. Je revins à Autun, à six heures, et après avoir dîné, étant sorti un instant, la première personne que je rencontrai m'apprit à ma grande surprise qu'on attendait le général Garibaldi à neuf heures et demie du soir. Je traitai d'abord cette nouvelle de fable : que pouvait-il venir faire dans notre tranquille cité? Evidemment son dessein n'était pas d'y chercher les Prussiens. Cependant je remarquai dans les rues et sur la place des groupes plus nombreux que d'ordinaire; les conversations étaient fort animées et beaucoup de gens se dirigeaient du côté de la gare.

Un instant après le citoyen Marais, notre sous-préfet, escorté de la commission municipale, du comité de défense et de tous les purs se porte à sa rencontre. Ces honorables fonctionnaires croquent le marmot jusqu'à minuit, heure à laquelle on signale le train. Le général descend de wagon, la tête découverte, et tend la main à notre maire Pernette qui se pâme de joie à la vue de l'illustrissime et tombe entre les bras de son fidèle Achate M., pendant que des cris enthousiastes retentissent dans la foule, assez clairsemée, paraît-il. — « *Couvrez-vous, ô héros!* » s'écrie un professeur du collège. Après les saluts échangés, le général se rend en grande pompe à la sous-préfecture où il s'installe avec son état-major. Derrière lui arrivent deux trains militaires remplis de ses volontaires et de francs-tireurs.

Mercredi 9 novembre. — Un millier de garibaldiens arrivés pendant la nuit ont été immédiatement casernés dans les églises. Dès le matin les officiers se répandent dans la ville, et les habitants en reçoivent de six à huit suivant la capacité de leurs demeures et leurs opinions plus ou moins suspectes. Les trains de troupes se succèdent sans interruption et versent dans nos murs des flots de militaires.

A huit heures l'illustre apôtre de la liberté, ayant réquisitionné l'équipage de M. de L., monte en calèche assisté de M. et de D. qui se tiennent chapeau bas à chaque portière; et il va se promener à Curgy sous prétexte d'inspecter le pays. A deux heures, à son retour, il reçoit à la sous-préfecture les officiers de la garde nationale qui viennent le féliciter, musique en tête. Aussitôt après, quelques folles, poussées par la curiosité, se font présenter au général. L'une d'elles le harangue en termes flatteurs, et en récompense Garibaldi baise respectueusement sa main ridée. Aussi sort-elle enchantée, levant les bras au ciel et répétant : « Il a vraiment la figure d'un saint! »

J'étais à ce moment dans le cabinet du sous-préfet, demandant une audience au général pour lui parler de Dijon, car j'avais eu la veille à Sully, par un ancien soldat qui arrivait du chef-lieu de la Côte-d'Or, des renseignements complets sur la position des Prussiens, sur leur nombre approximatif, l'endroit où était parquée l'artillerie, la disposition et l'emplacement de leurs postes avancés, etc.; et, dans ma naïveté, je me figurais que ces détails devaient l'intéresser. Mais à peine ces dames furent-elles sorties que le général remonta en voiture pour se diriger du côté de Mesvres; on me renvoya donc à quatre heures. J'obtins alors la faveur de l'entretenir lorsqu'il rentra : je ne l'avais pas vu depuis la campagne d'Italie, en 1859, et je le trouvai bien changé et bien vieilli. Il s'appuyait sur une canne et marchait avec peine, et le grand manteau gris dont il était enveloppé ne paraissait pas le défendre suffisamment contre les rigueurs d'une température si différente de celle de son pays natal.

Autour d'une grande table étaient installés plusieurs officiers en riches uniformes de fantaisie, semblant fort affairés; et à chaque instant partaient des estafettes pour la mairie, les casernes, etc. Le général me reçut très gracieusement, mais je dois avouer qu'il parut prêter peu d'attention aux renseignements que je lui donnais, et quand pour mieux me faire comprendre je demandai une carte de la Côte-d'Or ou un plan de Dijon, il me répondit qu'il n'y en avait pas là et que les cartes étaient dans les malles. Il me remercia beaucoup néanmoins et me serra les mains à plusieurs reprises en disant : « Merci, très cher monsieur, » merci; ce que vous m'apprenez là est très intéressant. » Je pris alors congé de lui, convaincu qu'il ne m'avait guère écouté et que mes renseignements ne serviraient pas à grand'chose.

Les francs-tireurs gris, verts, bleus, rouges, bruns, continuent à arriver en nombre : on occupe le grand séminaire, le collège et les oblats sur les réquisitions données par D. et B., chargés de pourvoir au logement des troupes.

Je me demande toujours ce que Garibaldi vient faire à Autun? Quelle est cette manœuvre stratégique qui en douze et dix-huit heures l'a amené de Dôle et Saint-Jean-de-Losne jusqu'ici avec tout son corps d'armée? Je suppose qu'il trouvait les Prussiens un peu trop près de lui et qu'il craignait d'être cerné par eux : c'est ce qui a dû décider son mouvement, et comme d'Azincourt « il s'est replié. » Mais pourquoi aller aussi loin, ne pas s'être arrêté à Beaune ou à Chalon où il aurait été à distance suffisante et en même temps plus à portée de surveiller l'ennemi? En voici le motif, à ce que vient de m'affirmer une personne qui se dit bien informée : Il est venu sur l'ordre de Gambetta qui aurait reçu une lettre réclamant pour Autun l'honneur de loger Garibaldi et ses troupes, et disant qu'il y avait dans la ville quinze couvents et maisons d'éducation dans lesquels on pouvait loger un corps d'armée sans aucune charge pour les habitants. La lettre finissait ainsi : « Du reste, la présence de l'illustre général » sera d'un effet moral excellent pour nos populations un peu » tièdes. »

Jeudi 10 novembre. — Toujours des troupes, encore des troupes, et notre paisible cité est transformée en place de guerre. L'évêché tout entier est occupé par les francs-tireurs de l'Égalité (volontaires marseillais). Réquisition des chevaux et voitures de maître pour promener ces messieurs. La maison de La Blanche dont les propriétaires sont absents est ouverte de force, et Menotti s'y installe avec son état-major.

A minuit arrivent encore d'autres bataillons de volontaires qu'on dirige sur le petit séminaire qui est aussitôt envahi. Les professeurs sont obligés de réveiller leurs élèves, de les faire lever en hâte, et les militaires s'emparent de leurs lits par droit de conquête. Le lendemain matin les malheureux séminaristes erraient dans les rues avec leurs malles sans pouvoir trouver de voitures pour retourner chez leurs parents. Pendant la journée on avait déjà occupé Saint-Jean et le collège en renvoyant aussi les élèves.

Vendredi 11 novembre. — A une heure, six cents francs-tireurs sont casernés à Saint-Martin, et dans l'après-midi, les garibaldiens et autres vont occuper militairement les hameaux et villages voisins : Drousson, Curgy, Dracy, Saint-Léger, Épinac, Saint-Forgeot, etc. Nous avons au moins douze mille hommes.

Les scènes commencent de tous côtés : M. B. a le pistolet sur la gorge pour avoir refusé de donner un camion dont le cheval est déjà éreinté par les nombreux voyages faits à la gare; M. L. est insulté par un lieutenant italien parce qu'il a salué un prêtre, et l'officier prétendait que c'était pour se moquer de lui. Les rapines dans les magasins commencent aussi, et deux soldats sont arrêtés pour avoir pris un caleçon, un gilet et un cache-nez.

A six heures nous voyons passer le curé de Curgy entre quatre hommes et un caporal qui le conduisent à la prison. Le malheureux, paraît-il, indigné des excès et des violences des soldats logés dans son village, aurait dit hautement que les Prussiens se conduiraient mieux. Toute vérité n'est pas bonne à dire.

Samedi 12 novembre. — La cour martiale est déjà en fonctions : elle est présidée par *le colonel Bordone*, pharmacien d'Avignon, et composée de capitaines et commandants dont les officiers des mobiles des Alpes-Maritimes assurent avoir connu une partie, cochers de fiacre ou facchini à Nice et à Gênes. La première condamnation à mort est celle de Gualdone qui avait volé un revolver à Dôle, et il doit être exécuté demain derrière le cimetière.

La maison de L. B. commence à se sentir de ses nouveaux hôtes : le salon est méconnaissable et sert de bureaux, fumoir, salle d'armes, salle d'audiences, etc. Menotti, pour ne pas se déranger, prend chaque matin un bain dans la chambre de Madame, un de ses officiers en fait autant dans celle de Monsieur. Hier soir on a mis le feu à deux parquets. Quant à nous, nous avons le bonheur de posséder des officiers de mobiles.

Les boutiques qui ont le plus de succès sont celles des pâtissiers, dont les femmes ou filles de boutique sont en général gracieuses et avenantes, ce que messieurs à chemises rouges apprécient beaucoup : aussi toute la journée et une partie de la nuit ils montent à l'assaut des petits fours et de celles qui les vendent. Impossible à une personne de la ville de se faire servir; on n'a d'yeux et de sourires que pour les galons. C'est ce qu'ils faisaient déjà à Dôle, et ce sont leurs seuls exploits jusqu'à présent.

Tous les après-midi, manœuvrent sur la place ou sur la promenade les deux légions italiennes sous les ordres de Ricciotti : leurs drapeaux rouges portent en lettres blanches, le mot « Patatrac », qu'on dit être le refrain d'une chanson révolutionnaire et qui leur sert sans doute de devise pour ce qu'ils feront de la France.

Un aubergiste des quartiers bas, à peine remis d'une grosse fièvre, vient de retomber malade à la suite d'une scène qui s'est passée chez lui. Des soldats ayant demandé à boire dans leur chambre, et la domestique étant absente, il a cru pouvoir envoyer sa fille âgée de quinze ans; mais les soudards se sont jetés sur elle, et je ne sais jusqu'où ils auraient été sans l'intervention de deux voisins qui l'ont délivrée.

Les troupes vont, viennent, sortent et rentrent; c'est un mouvement perpétuel dans notre ville qu'on ne reconnaît plus. Qui se serait douté qu'elle deviendrait place de guerre et presque frontière ? Hélas! depuis les débuts de cette triste campagne si follement entreprise, tout va à la dérive : l'ennemi est au cœur du pays, brûlant, pillant et saccageant; et sans compter ce qui nous attend si nous voyons les Prussiens, nous sommes déjà pressurés par ceux qui ont mission de nous défendre !

Dimanche 13 novembre. — Les maisons de Thy, Chazel, de Vitry, d'Aligny, de Rothalier, sont encore ouvertes par l'*autorité* (laquelle ?) et reçoivent des états-majors de francs-tireurs. Il est arrivé ce matin une batterie d'artillerie de la Charente-Inférieure qu'on a parquée au petit séminaire.

Scène comique cet après-midi dans la rue aux Cordiers : un garçon meunier montait la rue sur sa voiture suivi d'un gros dogue qui s'appelle... *Garibaldi!* — « Ici, ici, Garibaldi! » criait-il au toutou qui parfois séduit par un os à ronger restait trop en

arrière. Ce nom irrespectueux et insolite pour un animal de la race canine frappe désagréablement les oreilles d'un lieutenant de *macaronis* qui passait; il intime au garçon l'ordre de descendre de sa voiture en l'accablant d'injures et en lui disant qu'il va le faire f... en prison. L'autre, furieux, retrousse ses manches et saute en face du *macaroni*. — Attends, toi, je vais t'apprendre le français! dit-il en le menaçant du poing et en faisant le moulinet avec le manche de son fouet. L'officier tire son grand sabre, la foule s'amasse, on les sépare; et un capitaine de la garde nationale s'efforce de calmer le garibaldien en lui disant qu'il n'y avait pas mauvaise intention de la part du farinier et que le chien s'appelait ainsi depuis sa naissance. L'officier croit qu'on a peur de lui et s'éloigne en disant que le capitaine aura de ses nouvelles. Deux heures après, celui-ci rencontre l'Italien et l'aborde en lui demandant à quelle heure viendront ses témoins :
— « Allons donc ! c'était pour rire, répond notre homme; vous
» êtes un bon garçon, et donnons-nous une poignée de mains. »

Tous les officiers de la mobile sont désolés d'être sous les ordres de Garibaldi; et ceux que nous avons à la maison m'ont dit ce soir que quand ils ont reçu à Besançon l'ordre de partir pour aller faire partie du corps d'armée garibaldien, ils ont tous protesté, demandant à être commandés par un général français, sans quoi ils donneraient leur démission en masse. A quoi il leur fut répondu que s'ils ne marchaient pas, ils passeraient en conseil de guerre.

Lundi 14 novembre. — Ce soir l'économe du grand séminaire passait dans la rue aux Cordiers quand des volontaires marseillais l'ont entouré, insulté et saisi à la gorge. Le substitut D. qui se trouvait là a voulu prendre sa défense, mais à un coup de sifflet il a été assailli, bousculé à son tour, et son tromblon d'un coup de poing a roulé dans le ruisseau. Il a ramassé ledit tromblon et a joué des jambes, ce qui était le plus prudent.

Mardi 15 novembre. — La nuit dernière, à une heure, il s'est passé un fait inouï à l'évêché, fait pour l'intelligence duquel il faut remonter au mois d'août. A cette époque, A., l'un des plus fous et des plus enragés républicains, rentrant chez lui la tête un peu échauffée par les fumées de l'alcool, vit décharger quelques caisses à la porte de l'évêché et se figura que c'étaient des fusils qu'on y entreposait par les ordres du sous-préfet. Le lendemain il publia sa découverte au café, et aussitôt le bruit se répandit parmi les imbéciles que les caves de l'évêché servaient de dépôt d'armes. On ne pensait plus à cette ridicule affaire quand l'arrivée des garibaldiens parut une occasion propice pour éclaircir la chose. Le rez-de-chaussée de l'évêché avait été transformé en caserne; et pendant la nuit un détachement de vingt-cinq à trente hommes conduits par un officier entre à l'improviste dans les appartements de Mgr l'Évêque qui se réveille en sursaut et voit son lit entouré de soldats. Ceux-ci, sous le prétexte de chercher des Prussiens et des armes cachées, font perquisitions partout, fouillent la bibliothèque, les placards, les meubles, les tiroirs, et font main basse sur une croix pastorale et deux montres accrochées à la cheminée de sa chambre, ils passent ensuite dans son cabinet, forcent son bureau et remplissent leurs poches de médailles d'or et d'argent rapportées de Rome; puis s'en vont en lui souhaitant un bonsoir ironique.

La cour martiale continue à siéger et condamne à tort et à travers; mais ce sont presque toujours des Français et rarement des Italiens.

Le Socrate autunois, l'homme inflexible dans ses principes qui, depuis vingt ans, lutte et tonne contre les abus de tous les régimes passés et présents, a donné sa démission de maire; il s'est formalisé de ce que l'état-major de la place n'avait pas assez d'égards pour lui et de ce qu'il empiétait sur son autorité. Belle autorité qui ne se manifeste pas! Depuis le jour où l'ancien conseil municipal a été brutalement et illégalement cassé par le préfet Morin, messieurs de la commission n'ont rien fait de bon, pas même balayer les escaliers et les couloirs et corridors de l'hôtel de ville transformés en dortoirs et en lieux d'aisance. Il aurait fallu tenir tête aux Italiens, défendre les intérêts d'une ville qu'ils représentent malgré elle, empêcher les vexations et l'abus de la force. Le maire a trouvé la tâche au-dessus de ses forces, et il n'a su que se retirer au jour des difficultés. Encore un héros percé à jour! Mais cet acte de faiblesse le démonétisera-t-il aux yeux des siens? le danger passé, il leur fera un beau discours et tout sera oublié.

L'agglomération des troupes ne cesse pas, et toujours arrivent des irréguliers d'une fantaisie ridicule dans leurs costumes copiés sur les figurants d'opéra comique. Quand donc verrons-nous de vrais uniformes français ?

La légion de l'Égalité et celle des Vengeurs ou Voraces se signalent par leurs exploits, et le pillage des établissements religieux a commencé sur toute la ligne. Au petit séminaire, après avoir pillé les caves, les celliers aux provisions et avoir arraché les légumes du jardin ils se sont amusés à briser les serres et à fouler aux pieds les plantes et les arbustes. Ils ont aussi mis les couverts dans leurs poche, mais ils ont été déçus : l'argenterie était du ruoltz! Aux oblats ils ont enlevé tout le vin. Et la municipalité n'ose rien dire, et le commissaire de police reste impassible dans son bureau. Quel désordre!... Mais nous sommes en république, et tout est permis!

Mercredi 16 novembre. — Toujours les mêmes scènes de violence, et tout est mis en réquisition : chevaux, voitures, harnais, domestiques, pour aller à la gare chercher des bagages ou pour conduire dans les environs les officiers qui desirent aller se promener. Les tailleurs, selliers, cordonniers, etc., ont reçu défense de travailler pour d'autres personnes que les militaires; l'un d'eux a une commande de cent paires de bottes à 80 fr. l'une pour les guides d'état-major, avec droit de réquisition sur tous les ouvriers bottiers de la ville. Les magasins écoulent avec grand bénéfice leurs caleçons et gilets, leurs flanelles rouges ou bleues, et tous leurs gros draps, de quelque nuance qu'ils soient. Ceux-là, du moins, ne se plaignent pas de l'occupation. Garibaldi et ses troupes dépensent environ 60,000 francs par jour.

Jeudi 17 novembre. — Suppression de tous les trains sur la ligne de Chagny à Nevers à la suite de la bataille d'Orléans qui occasionne de grands mouvements de troupes : soixante mille hommes montent de Lyon et du Midi pour aller renforcer l'armée de la Loire. On ne reçoit plus ni lettres ni journaux.

Vendredi 18 novembre. — Garibaldi annonce à son état-major et à la municipalité son intention d'établir le centre de ses opérations à Autun et commence à faire poser deux lignes télégraphiques sur Arnay et sur Saulieu. Mais, je le répète, entre Dôle, Auxonne et Saint-Jean-de-Losne n'était-il pas plus à même de pouvoir inquiéter les Prussiens et surveiller leurs mouvements?

Samedi 19 novembre. — A neuf heures du matin, le bataillon des Basses-Alpes se met en route pour Arnay; dans l'après-midi plusieurs compagnies de francs-tireurs prennent la même direction, et le bruit se répand que Garibaldi va marcher sur Dijon avec toutes ses troupes. Puisse-t-il réussir et y prendre garnison après en avoir chassé les Prussiens!

Dimanche 20 novembre. — Ce matin les rues étaient d'un calme surprenant et la ville presque évacuée : pendant toute la nuit les départs se sont succédé sans interruption. A huit heures remue-ménage général à l'état-major, et Garibaldi effectue en grande pompe sa sortie de la ville. A dix heures tous les *macaronis* sont rangés en bataille sur la Terrasse et sur le Champ, et défilent ensuite par la route d'Arnay escortés de voitures de toute sorte : équipages, chariots, camions, fourgons, ambulances, télégraphes, poteaux, etc. Les pâtissières pleurent le départ de leurs fidèles clients, et l'une d'elles, derrière les glaces de sa boutique, envoie des baisers d'adieu aux officiers en chemise rouge.

Lundi 21 novembre. — La cour martiale, demeurée ici, continue ses séances : ce matin on a exécuté deux espions, Peragoux et Lainé, derrière le cimetière. Ils sont accusés d'espionnage d'abord, puis d'avoir dévalisé des cadavres devant Metz : on a trouvé sur eux 1700 francs en or dont ils n'ont pu justifier la possession. L'exécution a eu lieu en présence des mobilisés d'Autun et d'un grand nombre de femmes et d'enfants accourus à ce triste spectacle. L'un était du Creusot et l'autre de Chalon. Le fait d'avoir dévalisé des cadavres n'a pas été prouvé, celui d'espionnage pas autrement que par les 1700 francs. Aussi ne peut-on s'empêcher de penser que l'exécution a été un peu sommaire. Un juge surnommé l'enfant terrible de la magistrature et qui se mêle de tout, a été demander leur grâce et n'a obtenu que des rebuffades.

Divers corps francs circulent encore dans les rues. A quatre heures de l'après-midi grande réunion de populaire devant l'hôtel de ville : on a amené, dans trois voitures escortées par quelques cavaliers, neuf officiers prussiens faits prisonniers le 17, à Châtillon-sur-Seine, par les troupes de Ricciotti. Ces officiers dont la contenance était fière et assurée, après un interrogatoire à la place, ont été conduits à la sous-préfecture où ils se sont fait servir un excellent dîner auquel ils ont invité les chefs garibaldiens, et on a couru toute la ville pour leur trouver des cigares extra. On annonce cent cinquante prisonniers pour demain. C'est le résultat d'un hardi coup de main exécuté la nuit par Ricciotti sur la garnison prussienne forte de huit cents hommes qui ont été surpris dans leur lit, massacrés en partie, et la moitié seulement s'est échappée. Mais Ricciotti n'a pu se maintenir à Châtillon qu'il a dû évacuer deux jours après, devant une forte colonne ennemie.

Au milieu de la journée est arrivée une nouvelle bande de volontaires, la légion d'Oran, forte de trois compagnies et de six cantinières excentriques.

Ce récit d'espions et d'officiers prussiens me rappelle une aventure comique arrivée à la fin d'octobre, le 30, un jour que j'étais au poste. Deux collégiens rentrant au bercail dans l'après-midi, racontent au principal qu'ils ont été accostés sur la route de Saulieu, près de Saint-Forgeot, par trois hommes revêtus de blouses et ayant un fort accent allemand. Ces individus, à tournure militaire, moustaches et favoris en brosse, leur demandent s'il y a des troupes à Autun, si l'on n'attend pas Garibaldi, à quelle distance se trouve le Creusot, si l'on peut y aller par la montagne, etc.; puis après mille questions de ce genre, ils les quittent au pont d'Arroux pour entrer à l'auberge de Bouchoux. Nos collégiens, tout interloqués de leur rencontre et la tête farcie d'espions, courent au principal et lui rapportent ce qui vient de leur arriver, ajoutant qu'ils ont aperçu un uniforme sous l'une des blouses à laquelle les deux autres paraissaient témoigner beaucoup de déférence.

M. Schmitt se précipite alors avec eux à l'hôtel de ville et fait sa déposition au maire qui, jugeant la chose très grave, arrive au poste où se trouvait en ce moment le capitaine de la compagnie, et il est décidé qu'un piquet d'hommes ira sur-le-champ faire perquisition dans l'auberge. Nous sortons donc au nombre de cinq gardes nationaux : D., sergent, G., caporal, P., L. et moi; plus deux agents de police et les deux collégiens pour reconnaître les individus suspects. Nous nous armons des vieilles clarinettes du poste et nous partons au pas gymnastique, escortés par les gamins que nous ramassions sur tout notre parcours. Arrivés à l'auberge de Bouchoux, les deux agents entrent les premiers pendant que nous restons, les uns à la porte de la salle et les autres en faction sur la route devant la porte cochère de la cour.

Il n'y avait plus personne, et l'aubergiste questionné répondit qu'en effet, vers trois heures et demie, trois hommes en blouse, à l'accent étranger, s'étaient fait servir à boire et à manger, lui avaient adressé les mêmes questions, et avaient quitté l'auberge depuis une heure, après s'être informés de l'heure à laquelle partait le train pour le Creusot. Il était près de six heures et le départ avait lieu à six heures et demie. — « Nous les tenons ! s'écrie le commissaire de police qui était venu nous rejoindre; allons à la gare, Messieurs, nous avons le temps. » Nous gagnons la gare en courant; et après avoir expliqué au chef de gare le motif de notre visite et lui avoir recommandé une surveillance active sur les voyageurs, nous nous mettons en attendant à fouiller les cafés et auberges avoisinant la gare, les uns entrant à l'intérieur, les autres gardant toutes les issues. L. et G., gris tous les deux, se livraient devant les portes à un exercice à la baïonnette tellement furibond que si par malheur un consommateur fût sorti en ce moment, il eût été infailliblement embroché. Résultat toujours négatif ! Nous revenons à la gare, et passant sur la voie nous nous dissimulons derrière un angle du bâtiment pendant que notre sergent et les agents de police dévisagent les voyageurs prenant leur billet.

Tout à coup nous entendons grand tapage : c'étaient L. et G. qui avaient saisi au collet deux chaudronniers auvergnats, et s'écriaient triomphalement : « Nous les tenons ! ils parlent allemand ! » Nous nous précipitons tous, et nous voyons les deux malheureux, ahuris et presque étranglés, protestant de leur qualité de Français et prenant à témoin un troisième individu qui se trouvait dans la salle. — « C'en est un aussi ! » crie L. en fondant sur le quidam qu'il amène malgré sa résistance. — « Mais non, vous vous trompez ! disait-il en se débattant ; vous me connaissez bien ; je suis... Couillard ! » A ce nom mirobolant, tout le monde éclate de rire. C'était bien l'étameur de Marchaux ; et voilà la prise magnifique que nous venions de faire. Enfin tout s'explique, et on les fait relâcher malgré L. qui, avec l'obstination particulière aux gens ivres, soutenait que c'étaient des Allemands. Nous avions repris notre poste d'observation quand nous entendons dans la rue de la Grille des pas précipités, un cliquetis de ferraille et des cris : « Tenez-les bien ! nous voici ! » C'était le poste tout entier, le maire et le capitaine en tête, qui arrivait à notre secours croyant que nous avions fait une capture importante ; car les deux collégiens, à l'arrestation des chaudronniers, s'étaient précipités en ville et avaient couru au poste annoncer que les espions étaient arrêtés et résistaient à notre valeur. Aussitôt le poste avait pris les armes et avait volé nous prêter main-forte.

Après cette belle équipée nous sommes rentrés en riant ; mais je me suis demandé depuis ce qui serait arrivé si nous avions réellement trouvé en face de nous des Prussiens déguisés, munis sans doute de bonnes armes, et comment nous les aurions arrêtés avec nos fusils à pierre qui ne partaient pas.

Mercredi 23 novembre. — Hier sont arrivés les francs-tireurs de l'Étoile et une légion espagnole. A dix heures du soir on a amené les cent cinquante Prussiens pris à Châtillon, et ils ont été dirigés sur Nevers. Ce matin quelques francs-tireurs rentrent conduisant encore huit Prussiens avec casques à pointe. Ces derniers ont été pris avant-hier à Chambœuf où ils avaient été faire une réquisition de vivres. C'est étonnant comme tous ces gaillards-là ont l'air fier et assuré ; ils semblent se regarder comme chez eux !

Jeudi 24 novembre. — Départ d'une grande partie des francs-tireurs lyonnais, basques, espagnols, etc. A midi, révolte des Espagnols qui exigent des chassepots ou refusent de marcher. Leur capitaine qui faisait cause commune avec eux est arrêté par ordre du commandant de place; mais ses hommes escaladent l'hôtel de ville, forcent les portes et le délivrent. A deux heures on les conduit au chemin de fer d'où ils reviennent sans avoir voulu monter en wagon. Enfin on les reconduit à la gare, et à quatre heures seulement ils se décident à partir sur l'ordre formel du commandant de place qui les avait fait entourer d'un bataillon de mobiles et les menaçait de les faire fusiller s'ils n'obéissaient pas.

Ce sont les *Volontaires lyonnais*[1] qui hier soir ont pillé Saint-Jean et défoncé dans la cour une pièce et une feuillette de vin appartenant au curé, invitant tous les voisins à apporter des cruches et des pots pour en prendre leur part. Ils ont également volé un ciboire et quatre ornements d'église, pris la vaisselle du curé qu'ils ont vendue dans les maisons du voisinage, brisant les assiettes à terre si l'on refusait de les acheter. A minuit un bataillon des mobiles de l'Aveyron, caserné au petit Séminaire, est parti au pas de course pour cerner Saint-Jean, et ce matin on a arrêté quelques-uns des plus enragés.

Vendredi 25 novembre. — On annonce que Garibaldi se bat depuis deux jours du côté de Sombernon et refoule les Prussiens sur Dijon. La côte, dit-on, est évacuée; Nuits a été pris et repris trois fois de dimanche à mardi; la maison Dupont a été incendiée par les Prussiens et le propriétaire emmené à Vosnes à coups de crosse dans les reins, parce que des francs-tireurs s'étaient embusqués dans son jardin. Le Clos-Vougeot avait une petite garnison de quinze à vingt Prussiens; six cents étaient logés chez l'habitant dans le village. Cîteaux a été dévalisé, le bétail et toutes les provisions emmenés à Dijon; aussi l'abbé Rey a-t-il dû licencier ses pensionnaires.

Samedi 26 novembre. — Ordre de départ des mobilisés de l'arrondissement pour une heure; à quatre heures le premier bataillon s'embarque après trois heures d'attente sur le Champ

---

1. Dans leurs dépositions, M. le commissaire de police Debuschère et M. le juge Castillon imputent ces faits de pillage à la compagnie espagnole du capitaine Canaveolo.

par une pluie battante. Le deuxième bataillon devait partir à six heures, quand à cinq heures et demie arrive un contre-ordre. Le premier bataillon arrêté à Étang est obligé de revenir à pied, et rentre à minuit, crotté et affamé. Tout cela parce que le commandant voulait étrenner son grand cheval de bataille, quand la compagnie offrait de ramener les malheureux par le train qui est revenu à vide. Quel gâchis ! et tout paraît se passer de même. L'officier payeur des Basses-Alpes arrive pour chercher la paie et nous annonce que son bataillon doit se battre à Plombières.

Dimanche 27 novembre. — Dépêche de Garibaldi datée de la veille, annonçant qu'en deux jours il a repoussé les Prussiens de Sombernon, Pont-d'Ouche et Pont-de-Pany jusqu'aux portes de Dijon où il compte entrer le soir même. Tout le monde est dans la joie, et les francs-tireurs restés ici se grisent en l'honneur de leur général.

Lundi 28 novembre. — L'attaque de Garibaldi contre Dijon, samedi soir, n'a pas réussi : il a voulu entrer la nuit à la baïonnette ; mais accueilli en avant du cimetière par une batterie de mitrailleuses, il a dû reculer jusqu'à Pasques.

Mardi 29 novembre. — Les fuyards commencent à rentrer de tous côtés dans un état pitoyable, affamés, crottés, et les vêtements en lambeaux. D'après les récits les plus concordants, voici ce qui s'est passé : Dimanche soir, à la tombée de la nuit, Garibaldi arrivé près des portes de Dijon a voulu surprendre la ville et a fait retirer les cartouches des fusils afin d'éviter qu'un seul coup fût tiré ; il prétendait entrer sans être aperçu ni entendu. Les mobiles des Basses-Alpes et des Basses-Pyrénées s'avancent donc par section de huit, flanqués de chaque côté par une double ligne de francs-tireurs : en avant, marchaient sur la route deux compagnies de garibaldiens. Mais après avoir dépassé le bas de Talant et sur le point d'arriver au cimetière, à deux cents mètres en avant d'eux une traînée de feu illumine la route et ils sont accueillis par une batterie de mitrailleuses tonnant toutes à la fois. Les garibaldiens lâchent pied aussitôt et se replient dans les fossés du chemin en criant : « *In avanti i mobili !* » Les mobiles avancent encore et se couchent à plat ventre pour laisser passer une seconde décharge suivie bientôt d'une troisième; et pas un fusil chargé pour répondre ! Voyant l'impossibilité de continuer leur mouvement les troupes battent en retraite, et par ordre de l'état-major (Bordone et Delpech !), vont passer la nuit à Pasques et à Lantenay, dans un fond dominé de tous côtés par des hauteurs que l'on ne fait pas même garder par des sentinelles.

Aussi les Prussiens qui les suivaient de près dans leur retraite disposent leur artillerie; et le dimanche au petit jour la bataille recommence avec furie. Les canons foudroyaient les garibaldiens de toutes parts pendant que les colonnes ennemies descendaient la montagne au pas de charge pour fusiller les malheureux qui, surpris et sans chef capable, ont été complètement défaits et ont pris la fuite du côté de Sombernon, après des pertes sensibles, surtout pour la légion de l'Égalité dont le colonel Delpech avait, disait-on, disparu au premier coup de canon.

On annonce cependant que Garibaldi avec la plus grande partie de ses troupes se reforme à Bligny et Arnay, et veut marcher de nouveau sur Dijon; mais ce soir les trois bataillons de l'Aveyron arrivant d'Arnay disent que cette ville est évacuée par les nôtres et que les Prussiens ont dû y entrer. Un officier et le chirurgien des Basses-Alpes arrivent à sept heures du soir et nous apprennent que le bataillon tout entier les suit et a failli être fait prisonnier à Bligny qu'ils ont quitté un quart d'heure avant l'arrivée des Prussiens, sans avoir eu le temps de charger leurs vivres. A minuit, cinq charrettes déchargent les bagages et les blessés des Basses-Alpes devant la maison : on case les bagages dans le magasin et on porte les blessés à l'hôpital. Les malheureux étaient à moitié gelés de froid ! Pendant toute la nuit on a entendu rentrer des troupes débandées et en désordre.

Mercredi 30 novembre. — A dix heures, je vois arriver le directeur d'Épinac en grand uniforme et avec la casquette d'ingénieur en chef à quatre galons. Il ramenait Garibaldi et tout son état-major dans un wagon à charbon depuis Bligny. A Épinac ils n'ont pas trouvé de train, de sorte que le pauvre goutteux a fait tout le trajet en wagon découvert, assis sur une chaise, drapé dans son grand manteau gris et faisant contre fortune bon cœur en disant fièrement « qu'il n'était pas l'Empereur pour voyager dans un wagon-salon ». A deux heures nous allons ensemble à l'état-major réinstallé à la sous-préfecture, car M. B., assez inquiet du sort de ses machines et de ses wagons qui risquaient d'être pris par les Prussiens en restant à Épinac, voulait les faire emmener à Moulins. Pendant que nous attendions dans le cabinet du sous-préfet nous avons assisté à une scène curieuse qui m'a expliqué la retraite de la légion d'Orient le lendemain matin.

Un capitaine de cette légion (ne pas la confondre avec celle d'Oran) entre auprès du sous-préfet qui remplit dans notre ville les fonctions d'intendant militaire, et lui demande pour ses hommes cinquante paires de chaussures, des vivres et des munitions. — « Je n'ai rien, répond Marais. — Permettez, M. l'intendant, vous devez avoir un magasin d'équipement; or, j'ai cinquante hommes qui marchent sur leurs bas ; nous n'avons plus une cartouche, pas de vivres, et depuis huit jours pas de pain. Il nous faut tout cela. — Je n'ai rien ici, vous dis-je; adressez-vous où vous voudrez, répond Marais. » Là-dessus, pour compliquer la situation, arrive un grand escogriffe de lieutenant italien, la toque ornée d'une queue de faisan gigantesque, venant réclamer des draps pour M. le colonel Bordone : — « *Egli è mollo affaticato, e vuole coricarsi subito* (il est très fatigué et veut se coucher de suite.) — Les ordres sont donnés, dit Marais; le colonel aura tout à l'heure ce qu'il lui faut. »

L'italien sort et la discussion continue entre le capitaine d'Orient et Marais qui jurait ses grands dieux qu'il ne pouvait rien donner, n'ayant rien. Cinq minutes après, l'Italien revint demandant de nouveau et avec insistance des draps pour Bordone. — « Des draps, il en aura, dit Marais ; mais laissez-moi le temps ; je suis fatigué aussi, excédé par tout le monde; et je vous répète que j'ai donné des ordres. — *Ma, egli le vuole subito, e.....* — S: n. d. D. ! s'écrie alors le capitaine furieux, et mettant le sabre à la main, que M. Bordone couche sur son matelas ! nous n'avons que de la paille, nous, et nous ne nous plaignons pas ! Je demande des souliers et on me les refuse ! Qu'il aille se promener avec ses draps ! » L'Italien tout interloqué disparait sans demander son reste. — « Il n'y a pas moyen d'y tenir ! s'écrie alors Marais; je voudrais être au diable! Est-ce que je puis répondre à tous ces gens-là? Je vous dis, M. le capitaine, que je n'ai pas de souliers; arrangez-vous. — Oui, les voilà! ces beaux Italiens! reprit le capitaine en criant; il leur faut des draps et des édredons, et nous, on nous plante sur la paille! Nous avons quitté la Grèce et l'Asie Mineure pour venir nous battre pour la France; nous nous sommes équipés à nos frais; nous avons payé notre passage jusqu'à Marseille; tout cela pour être sous les ordres d'un Garibaldi, et depuis ce moment nous manquons de tout! »

« Avant-hier soir, Messieurs, continua-t-il en se tournant vers nous, nous étions à Thorey-sur-Ouche, battant en retraite depuis Sombernon sans avoir mangé. Menotti, avec tout son état-major et ses put..., était au château, magnifiquement traité et faisant bombance. J'ai été, moi, dans la salle à manger et j'ai demandé au colonel Menotti quelques miches de pain pour notre légion qui campait en plein air sous la pluie. Eh bien! on m'a mis à la porte, et nous sommes venus jusqu'ici sans manger autre chose que de la vache à moitié crue! Mais cela va finir! Monsieur l'intendant, je vous le dis de la part de mon colonel : si ce soir nous n'avons pas la paie, des vivres et des cartouches, nous partirons tous demain matin, et nous ne resterons pas une minute de plus sous les ordres d'un étranger qui se f... de nous et nous plante à Saint-Martin, aux avant-postes, sans que nous ayons un seul coup de fusil à tirer. Et un joli casernement! l'Égalité de Marseille qui s'y trouvait avant nous a tout saccagé. — Ne me parlez pas des Marseillais! s'écrie Marais de plus en plus furieux (avec un mouvement de franchise qu'il a dû regretter), ce sont des bandits! des scélérats! et je n'ai qu'un regret, c'est que les Prussiens en aient laissé revenir un seul! Ils en ont fait de belles ici et ils en feront encore bien d'autres! — Tout cela n'est pas notre affaire, interrompit le capitaine en se levant pour sortir; vous savez ce que demande le colonel Chenet, et je vous répète que si nous n'avons pas au moins du pain et des cartouches, demain matin nous quittons Autun et nous ne remettrons plus les pieds dans les bandes italiennes. »

— « Est-ce que cela se passe souvent ainsi? me dit M. B. pendant que Marais reconduisait le capitaine. — Cher monsieur, ces scènes se renouvellent chaque jour. — Eh bien, merci! j'aime mieux qu'il soit sous-préfet que moi. »

Enfin Marais nous fait monter à l'état-major où nous sommes reçus par un vieux commandant italien, qui après avoir transmis à Garibaldi la demande de M. B. revint lui dire que le général n'a pas besoin des wagons de la compagnie et qu'il peut les emmener où il voudra.

La ville continue à se remplir de soldats arrivant tous à la débandade. Il y a bien ce soir douze à quinze mille hommes dont une bonne partie couche sur la place et sur la Terrasse, faute de gîte.

Jeudi 1er décembre. — Attaque de la ville. — J'étais au poste ce jour-là avec moitié de ma compagnie. Le matin, on annonce que les Prussiens ont quitté Arnay et marchent sur Autun, mais personne ne veut croire à cette nouvelle. Cependant une grande agitation règne dans la ville, et l'état-major ordonne à toutes les troupes de se réunir à *quatre heures!* A midi, on dit l'ennemi à Igornay; à une heure à Surmoulin. M. G., que je rencontre, me dit en passant : — « Eh bien! le croirez-vous maintenant? voilà le cantonnier de Surmoulin qui arrive à toutes jambes pour annoncer qu'il les a vus montant la côte; la route en est toute noire. Il y a de la cavalerie, de l'artillerie et de l'infanterie ! » (Le malheureux cantonnier, pour apprendre à se mêler de ses affaires, a été conduit au violon sur l'ordre de Bordone, et, oublié pendant la bagarre, n'a été remis en liberté que le lendemain matin.)

A une heure et demie M. D. et moi nous voyons le colonel improvisé des mobilisés se rendre à Mazagran avec une douzaine de ses soldats. On se rassemblait sur la place, chacun interrogeait son voisin; quelques officiers de mobiles allaient et venaient, l'air assez soucieux. Les garibaldiens flânaient avec leurs plumets, tandis que leurs hommes jouaient au palet sous les platanes; l'état-major sortait de table et se répandait dans les cafés. A deux heures le colonel des mobilisés repasse. — « Ah! nous allons savoir ce qu'il en est », me dit M. D.; et nous nous approchons du colonel en lui demandant si réellement les Prussiens arrivent. — « Allons donc! répond-il en souriant, commérages de paysans et de vieilles femmes! quelques éclaireurs se sont avancés jusqu'à Surmoulin : mais des francs-tireurs d'avant-poste leur ont fait tourner bride aussitôt. — Et on n'en a pas pris? — Non, nous n'avons pas de cavalerie. » A ces mots il nous quitte et monte d'un pas précipité sur la Terrasse. Nous n'étions pas rentrés au poste qu'un coup de canon retentit et qu'un obus vint éclater près de la sous-préfecture. — « Eh, bien! ils sont jolis, les renseignements du colonel! s'écrie M. D., et Garibaldi est bien informé! »

Il était deux heures vingt minutes!

Deux colonnes prussiennes, fortes de deux à trois mille hommes chacune, arrivaient l'une par la route d'Arnay, l'autre par le vieux chemin romain qui passe à Saint-Léger-du-Bois et à Dracy. Elles étaient précédées d'un escadron de cavalerie et avaient seize à dix-huit canons qui viennent effrontément se mettre en batterie devant Saint-Martin, à huit cents mètres au plus de la ville. Au même instant la cavalerie prussienne s'élance au galop et arrive jusqu'à la Croix-Verte. Ce premier coup de canon est suivi immédiatement de trois autres qui portent le désordre dans toute la ville. Mais l'artillerie de la Charente-Inférieure, parquée au petit séminaire, braque ses pièces et répond avec énergie au feu de l'ennemi.

Il s'est passé alors une scène que je n'oublierai jamais : sauve qui peut général! tout le bas de la ville est dans un désarroi indescriptible : des voitures chargées de vin, de grains et de meubles, les femmes, les enfants, les paysans, tout ce monde arrive sur la place en criant et en courant, avec un brouhaha semblable au bruit des feuilles sèches et des cailloux roulés par un ouragan. Les garibaldiens et les Marseillais, toutes les chemises rouges, jetant là armes et sacs, se précipitent vers les quartiers hauts, pillant les maisons de Saint-Blaise, prenant vêtements et coiffures pour se déguiser, et s'enfuient comme des lièvres dans la montagne. Cinq à six mille environ poussent jusqu'à Montcenis, pendant que deux mille gagnent Étang et Luzy.

M. André Philibert, ce pur républicain maire de notre ville depuis la démission de Pernette, ayant flairé l'approche des Prussiens, avait loué une voiture, s'était enfui à une heure (dès onze heures disent d'autres) dans la direction du Creusot avec femme et enfants. Noble conduite pour le chef de nos édiles! Le colonel des mobilisés, qui nous avait quittés si vite sur la Terrasse après nous avoir assuré que l'ennemi était encore loin, s'était hâté de rentrer chez lui : il avait fait monter sa femme et sa *chèvre* en voiture et s'était dirigé sur Runchy pour se mettre en sûreté, pendant que le commandant se donnait la mission d'aller à cheval à Auxy pour arrêter les fuyards.

De son côté le maire de X qui avait eu soin, en octobre, de prendre la place de l'ancien maire afin d'échapper à la mobilisation, était collé contre la devanture d'un café de la place et répondait à un de ses amis lui disant d'aller à sa mairie : — « Ah bien oui! le plus souvent! pour attraper un pruneau. »

Cependant quelques compagnies s'organisent peu à peu et descendent vers Saint-Martin, déjà occupé par l'ennemi; des francs-tireurs s'échelonnent le long du chemin de fer et répondent à son feu. Le mouvement de l'infanterie prussienne s'annonçait surtout par Saint-Pierre : elle voulait tourner la ville par le bas du petit séminaire et le cimetière pendant que l'artillerie nous canonnait en face. Mais du côté de Filhouse se trouvaient les mobiles de l'Aveyron qui contiennent d'abord les Prussiens et les refoulent ensuite jusqu'à Saint-Pierre et aux Rivières avec l'aide du 1er bataillon des mobilisés d'Autun, descendant Couhard au pas de course.

Pendant tout ce temps, de deux heures vingt à cinq heures, le canon retentissait sans interruption des deux côtés : l'artillerie mobile faisait des prodiges et répondait avec un entrain magnifique au feu de l'ennemi qui lui faisait éprouver des pertes sensibles. Les obus pleuvaient sur la ville, notamment sur le petit séminaire dont les Prussiens cherchaient à éteindre le feu, sur la sous-préfecture, la gare, Saint-Jean, le gaz et la poudrière. Nos factionnaires mis à ce poste avaient fort à faire pour se garer des projectiles, et chacun en rapportait deux ou trois éclats en rentrant au corps de garde.

Dès le premier coup de canon les ambulances de Garibaldi, les voitures du télégraphe et les bagages s'attelaient en toute hâte ; et les premières, au lieu de se diriger sur le théâtre de l'action, battaient prudemment en retraite du côté du Creusot. Pendant que sur la porte du corps de garde nous écoutions ce fracas d'artillerie, on amène une calèche attelée de deux grands chevaux : le commandant de place, son portefeuille sous le bras, descend précipitamment les degrés de l'hôtel de ville et monte en voiture en s'écriant : « Il n'y a plus de place! Cocher, route d'Étang, et au galop! » Et ce grotesque personnage était venu un quart d'heure auparavant faire tapage au poste, nous gourmandant de n'être pas tous sous les armes !

À trois heures un quart grand bruit de chevaux devant l'hôtel de la Poste; c'était Garibaldi dans sa calèche qui, escorté de son fils Menotti, de son état major et de tous ses guides, montait par la rue aux Cordiers pour aller reconnaître les positions ennemies depuis Couhard, où était placée la mobile des Basses-Alpes, avec quatre obusiers de montagne. Je crois, qu'assez inquiet du résultat de l'affaire, il se portait là afin de pouvoir, le cas échéant, descendre l'autre versant de la montagne et gagner le Creusot si les Prussiens entraient en ville.

En voyant le nombre d'obus qui pleuvaient sur la poudrière, et pour éviter une catastrophe pour les maisons voisines, l'officier du poste m'envoie avec M. S. à l'hôtel de ville insister afin qu'elle soit vidée de suite; nous trouvons là deux membres de la commission municipale se promenant sous le vestibule, l'air assez désorienté, et qui nous répondent que cela ne les regarde pas; qu'il faut s'adresser à l'autorité militaire. — « Mais il n'y en a plus, dit S.; le commandant vient de f... le camp. — Alors nous allons aviser. » Une heure après nous y retournons et insistons encore sur l'urgence du déménagement, tous nos factionnaires rapportant les éclats des obus qui tombaient autour d'eux. Ces messieurs prétendent qu'ils vont donner de suite des ordres pour cela, mais n'en font pas davantage. Enfin, à cinq heures, après une nouvelle démarche, on commence à enlever quelques barils de poudre et de cartouches qui sont transportés dans les quartiers hauts. Quant aux munitions des garibaldiens, déposées sous le hangar du syndicat des schistes, un de nos caporaux, R., aidé de quelques mobilisés, les avait déménagées dès le commencement de l'action, sans attendre qu'on en ait donné l'ordre. Heureusement que les Prussiens ignoraient ce dépôt, sans quoi ils auraient tout fait sauter. Des barils de cartouches avaient été placés au bas de l'escalier du théâtre et jusque dans la guérite du factionnaire, et chacun venait y puiser à sa guise et en emplir ses poches.

La canonnade continuait toujours avec une violence extrême ; entre trois et quatre heures surtout les coups se succédaient à raison de quinze à vingt par minute et se répercutaient dans toute la montagne avec un fracas assourdissant. A chaque instant nous voyions descendre à l'hôpital un brancard transportant un blessé ou un mourant; et les ambulances garibaldiennes, sous la conduite de leur chef le chirurgien Riboli, galopaient sur la route du Creusot. Mais d'autres remplissaient noblement leur devoir : M. le docteur Rérolle, accourant au petit séminaire dès le début de l'action, ne quitta pas la place et resta là jusqu'au soir, exposé au feu de l'ennemi, prodiguant ses secours aux blessés et leur faisant le premier pansement. Nous le retrouverons dans les ambulances du collège et des oblats, soignant les varioleux avec une sollicitude et un dévouement qui ont été récompensés par la croix d'honneur justement méritée.

Enfin, à cinq heures un quart, on annonce que les Prussiens se replient et abandonnent leurs positions après avoir perdu quatre à cinq cents hommes. Nos soldats reviennent en désordre et criant victoire. On commence à respirer ; les portes des magasins s'ouvrent, les peureux sortent de leurs caves et la place se remplit de monde. A cette heure-là Garibaldi, escorté de ses dignitaires, redescend de Couhard et rentre à la sous-préfecture.

A six heures, ordre est donné par un des membres de la commission municipale à tous les gardes nationaux de se réunir sans armes dans une heure pour aller ramasser les morts et les blessés. Mais à six heures et demie le feu des Prussiens reprend avec force jusqu'à neuf heures sur toute la ville, et nos artilleurs y repondent au hasard. Ils ont encore sept hommes tués par des obus. A sept heures on relève le poste, et je rentre à la maison où je trouve tout mon monde assez inquiet de cette reprise qui n'annonçait pas du tout la retraite des Prussiens. Nous nous organisons pour la nuit de façon à ne pas recevoir d'éclats d'obus, et je me jette tout habillé sur un matelas pour être prêt à tout, pensant que nous pourrions bien être réveillés par une seconde attaque. En effet, à onze heures du soir, de nouveaux coups de canon se font entendre; et le silence de la nuit leur donnant beaucoup plus d'intensité, j'ai cru qu'ils cherchaient à mettre le feu à la ville au moyen de bombes à pétrole lancées par des pièces de gros calibre. Au bout d'une demi-heure tout bruit cesse et je finis par m'endormir.

Vendredi 2 décembre. — A six heures du matin, je vais devant l'hôtel de ville où rendez-vous avait été donné aux compagnies de la garde nationale pour aller ramasser les blessés. Le temps avait subitement changé depuis la veille au soir et la nuit avait été si froide que les pauvres soldats forcés de rester couchés à la belle étoile avaient dû passer de vie à trépas; aussi je pensais que nous les trouverions tous gelés. Heureusement que les ambulances volontaires avaient montré plus d'empressement et avaient parcouru le champ de bataille à la tombée de la nuit. Quoi qu'il en soit, trois ou quatre personnes seulement avaient répondu à la convocation et n'allèrent pas plus loin.

A sept heures, rencontrant M. G., il me propose de pousser avec lui jusqu'à Saint-Symphorien. Tout le monde se répandait déjà dans les faubourgs et du côté de la promenade pour juger de la bataille de la veille. La ville basse était pleine d'animation et formait le plus parfait contraste avec sa physionomie d'hier. Pendant toute l'action, du comité de défense pas un signe; les plus renommés par leurs velléités guerrières avaient disparu : un colonel s'était replié sur Runchy, un commandant galopait du côté d'Auxy, D. lui-même au premier coup de canon s'était enfoui dans sa cave, et les autres avaient sans doute fait de même, témoin le capitaine des Éclaireurs beaunois, en villégiature à Autun chez un de ses parents depuis la prise de Dijon.

De tous côtés, à Saint-Jean, au Gaz, à Mazagran, place des Marbres, rue de l'Arbalète, des maisons ont été atteintes et quelques toits enfoncés : notamment la maison de Vitry, deux obus dans les fenêtres et cinq ou six dans le jardin; le café de la Promenade en a reçu sept pour sa part, dont l'un a éclaté dans la cuisine; les maisons Abord, Rodary, la Poste, Croizier, Delagrange, etc. ; au faubourg d'Arroux, les maisons Vaudelin, Pinard, Carne, l'usine à gaz; à Mazagran, les maisons Renaud, Chevalier; à Marchaux, Anizon, la Recette, Monniot, Dayet, et cent autres que j'oublie dans les différents quartiers.

Arrivé avec M. G. à la porte Saint-André, nous voyons des barricades informes faites pendant la nuit et gardées par les francs-tireurs de la Mort, ainsi qu'à Saint-Jean; nous faisons le tour de la ville du côté de l'attaque, depuis le petit séminaire dont la terrasse est criblée d'obus ainsi que le pré en avant; les arbres sont hachés, et les malheureux artilleurs, sans abri et sans terrassement se trouvaient exposés là comme des acteurs sur une estrade. Nous continuons jusqu'au pont du chemin de fer et à la gare qui a reçu aussi quelques éclaboussures, mais sans importance.

Il paraît que les Prussiens se sont avancés jusqu'au pont l'Évêque et embusqués derrière le Redan : une forte colonne sortant de Saint-Pierre et traversant la route de Beaune a même essayé de tourner le petit séminaire; mais les mobiles de l'Aveyron, appuyés par les mobilisés d'Autun et par l'artillerie qui envoyait à l'ennemi des boîtes à mitraille, se sont développés en colonnes et ont marché contre eux en les refoulant avec élan. Un bataillon de mobiles des Alpes-Maritimes et des francs-tireurs de bonne volonté contenaient de leur côté, à la hauteur des Dremeaux, les Prussiens de Saint-Martin et de Saint-Symphorien. [1]

On évalue à cent cinquante hommes environ nos pertes en tués et blessés; les Prussiens ont dû en perdre trois à quatre cents. [2]

Pendant la nuit, dit-on, on a reçu de Nevers un renfort de trois à quatre mille hommes : si cela est vrai, on en a grand besoin,

---

[1]. Comme après tout il faut toujours que la gloire d'un succès reste aux garibaldiens, Marais a bien osé dire dans son opuscule publié après la guerre que ce qui a déterminé le mouvement de retraite des Prussiens c'est la vue de ces trois à quatre mille chemises rouges escaladant précipitamment les hauteurs de Brisecou et la vieille route de Blanzy. *Ils ont cru, dit-il, à un mouvement tournant, et craignant d'être enveloppés ils ont battu en retraite.* On ne pouvait plus galamment colorer la fuite honteuse de ces mercenaires et lui trouver une excuse !

[2]. On parlait même à cette époque d'un millier de Prussiens mis hors de combat. En réalité, on n'a trouvé sur le terrain qu'un mort et trois ou quatre blessés. Ceux qui ont assisté au combat ne s'étonnent nullement que le grand état-major prussien ait accusé une perte insignifiante de vingt-trois hommes dont trois artilleurs. Il est tout naturel que des soldats bien armés, bien commandés, bien exercés, occupant d'excellentes positions, retranchés derrière des murs ou des haies, presque invisibles, subissent des pertes inférieures à celles d'une troupe de brave gens ne sachant pas encore se servir de leurs armes, dominés de toutes parts, entassés et abandonnés à leur inexpérience.

car les troupes revenues d'Arnay sont harassées de fatigue et en piteux état. D'un autre côté, le général Cremer informe Garibaldi par une dépêche qu'il se porte sur Bligny avec six mille hommes et de l'artillerie.

Les derniers Prussiens qui, à huit heures du matin, occupaient encore le bois de Saint-Denis avec deux pièces de canon, se retirent et battent en retraite à grands pas, poursuivis, *dit-on encore*, par un régiment de chasseurs arrivé à neuf heures de Nevers. A deux heures on télégraphie qu'ils ont dépassé Arnay, emmenant une cinquantaine de bœufs pris dans les prés le long de la route. D'autres prétendent et affirment même qu'une troisième colonne venue par Pont-d'Ouche et Épinac a pris à la Drée la route de Saint-Émiland et d'Auxy et va tourner les hauteurs pour bombarder la ville. Ceux-ci disent que les Prussiens sont encore à Monthelon et à Laizy et que le chemin de fer d'Étang est coupé; ceux-là, qu'ils sont toujours à Saint-Forgeot et à Igornay, etc. Tous ces bruits contradictoires prouvent que nous sommes bien mal éclairés et que nous ne savons rien, puisque, fait unique peut-être dans cette guerre, l'ennemi a pu arriver en plein jour par Cordesse et Saint-Léger-du-Bois, avec seize pièces de canon, les mettre en batterie à sept cents mètres des portes et ouvrir le feu sans que personne s'en soit douté.

La reprise de la canonnade hier soir à six heures et demie avait pour but de contenir les francs-tireurs et de permettre aux Prussiens d'enlever leurs morts et leurs blessés; car ce matin on n'a trouvé qu'un seul cadavre près du pont de Saint-Pierre. Il a été enterré sous un tas de fumier à côté de la maison de Gauthier chez lequel, autre fait singulier, quatre Prussiens ont passé la nuit à boire, à cent cinquante pas au plus du premier poste garibaldien qui n'a pas soupçonné leur présence. Saint-Pierre était également gardé par eux, et la garde nationale *sans armes* aurait bien fait là si elle avait écouté l'ordre du général B.

Les Allemands ont tranquillement passé une partie de la nuit à Saint-Symphorien, chez M. Ch. A., où les officiers se sont fait servir à dîner; chez M. P., à l'abbaye de Saint-Martin, à Saint-Pantaléon, à deux cents pas encore du poste de la porte Saint-André, et personne ne les a vus ni entendus ! Quelques fortes reconnaissances entre neuf et dix heures du soir sur les routes d'Arnay et de Beaune les auraient bien dérangés; mais les garibaldiens étaient trop prudents pour se hasarder ainsi la nuit. Quoi qu'il en soit, à onze heures et demie et minuit tous les Prussiens, par ordre du général qui avait reçu une estafette de Pont-d'Ouche, ont déménagé sans tambour ni trompette. [1]

Le gaz est éteint et la ville plongée dans la plus profonde obscurité; les habitants renfermés chez eux se demandent s'ils dormiront tranquilles cette nuit? Garibaldi et ses cohortes veillent sur vous : dormez en paix!

Samedi 3 décembre. — Dès cinq heures du matin on entend le canon gronder de l'autre côté d'Épinac, entre Bligny et Arnay, et l'on dit que Cremer avec six mille hommes a arrêté les Prussiens dans leur retraite. A dix heures le bruit se répand qu'il a fait trois mille prisonniers qui arriveront à Autun vers deux

---

[1]. Notons en passant la curieuse et fort exacte appréciation d'un lieutenant de uhlans prussiens sur le combat d'Autun ; elle est ainsi racontée par M. Jules Onnée dans les *Faits et Gestes de la Légion bretonne* :

Le commandant prussien. — La paix va être faite, mais il en coûtera à la France ; les folies de Gambetta seront payées. Si la France avait demandé la paix après Sedan ou Metz, les conditions auraient été dix fois moins rigoureuses, et.....

Un Français. — Tout espoir n'est pas perdu encore ; nous avons des hommes.

Un lieutenant de uhlans. — Oui, beaucoup des hommes sous les *harmes*, mais *nix* de soldats ; et puis, un avocat, ministre de la guerre, beaucoup de mots, grand bêta : l'artillerie, il parle mieux ; et puis, pauvres Français, beaucoup parler, mais pas de cerveau... Gambetta vaut beaucoup mieux pour nous que M. de Moltke. Pouis (puis) Caripalti, ha Caripalti, sauveur de la France, pauvre sauveur ! (Il se lève.) — Comme ça ! (Il frappe du pied la terre, comme on fait pour effrayer les enfants.) Et Caripalti... Allez ! (Il fait un grand geste, comme signe d'adieu à quelqu'un qu'on salue de loin.) A Autun, nous dire comme ça en riant : allons prendre Caripalti ; nous, envoyer quelques hommes et quelques canons; beaucoup rire. Ha ! ha ! ha ! Près la ville, tirer quelque coups, nous voir avec des lunettes. Caripalti......, allez..... par l'autre côté. (Même geste.)

Le Français. — Cependant on a tiré sur vous ; vous n'avez pas pris la ville.

Le lieutenant. — Oui, moblots, en haut tirer quelques coups ; nous pas faire attention ; mais rire beaucoup en foyant Caripalti s'amuser si bien. Voir beaucoup de caripaltiens ; après, nous partis en riant. Ah ! Caripalti s'amuser, chanter, piller Français, tuer prêtres, pon ; mais guerre, pah ! République universelle, tout est dit ; mais nous être là..... Caripalti, il est brigand.

heures; et tout le monde se précipite du côté de la porte Saint-André pour les attendre. A trois heures j'y vais aussi; car les clients sont rares au magasin et l'on a du temps de reste, mais de prisonniers point. A quatre heures le canon reprend de plus belle : la neige qui tombait depuis le matin avait redoublé, et par un phénomène d'acoustique dû peut-être au brouillard, les coups résonnent si fortement qu'il semble qu'on se bat à Dracy.
— « C'est une batterie prussienne qui ne veut pas se rendre, s'écrie un de ces gens toujours bien informés, et Cremer la refoule sur Autun pour la prendre entre deux feux! » Ce conte absurde trouve assez de créance pour que les curieux, peu soucieux de recevoir quelque obus égaré, se retirent aussitôt, les uns sous un prétexte, les autres sous un autre; et dix minutes après la place était vide. Quelques-uns moins confiants se grattent l'oreille et disent que les Prussiens pourraient bien nous faire une seconde visite après avoir battu Cremer. Au milieu de tous ces bruits les garibaldiens sont superbes de désinvolture et ne se gardent pas mieux que la veille. Cependant quelques compagnies de francs-tireurs se dirigent sur Arnay et Épinac; mais à dix heures du soir nous n'avons encore aucune nouvelle positive.

Dimanche 4 décembre. — Le froid augmente et il y a huit pouces de neige dans toute la campagne. A midi et demi je rencontre M. B. et son beau-frère, et nous allons ensemble à Saint-Martin : nous suivons d'abord la route d'Arnay jusqu'à la deuxième maison de cantonnier du chemin de fer. C'est là que les Prussiens avaient établi leur ambulance; et leurs pièces étaient en batterie sur la vieille route, à quatre cents mètres plus loin; c'étaient celles qui répondaient au feu du petit séminaire; deux autres au bas de la maison de M. Parise canonnaient la ville au hasard.

La femme du cantonnier nous a conté sa surprise et son effroi quand jeudi à deux heures elle a vu arriver les troupes prussiennes, précédées de trois cavaliers qui, après avoir dirigé leurs lunettes sur la ville, se sont fait ouvrir la barrière. La malheureuse s'est aussitôt sauvée du côté de la gare emmenant ses trois enfants, l'un dans ses bras, les deux autres accrochés à son tablier, et n'est rentrée chez elle que le lendemain. A Saint-Martin les maisons devant lesquelles étaient rangés les canons prussiens sont criblées d'obus, et la route en est toute labourée.

Vers trois heures nous regagnons la ville par Mazagran, et nous tombons au milieu d'un remue-ménage complet : tous les habitants du faubourg s'enfuyaient avec femmes et enfants; des voitures chargées de meubles passaient au grand trot; des éclaireurs à cheval galopaient à droite et à gauche; enfin une panique affreuse. Qu'y avait-il donc?..... — « Les Prussiens! les Prussiens! criait-on, ils reviennent; M. M. est venu en toute hâte annoncer qu'ils sont à Dracy! » On entend en effet quelques coups sourds paraissant venir du côté de Cordesse et tout ce monde s'enfuit de plus belle. Les vêpres de l'hospice allaient finir, quand un mari tout effaré entre précipitamment dans la chapelle, tire sa femme par le bras et l'emmène en disant : — « Voilà les Prussiens! rentre vite chez nous. » Là-dessus débandade générale parmi le beau sexe, et l'aumônier reste seul avec les sœurs à chanter les psaumes. Les troupes se rendent en hâte à leurs postes de combat et poussent des reconnaissances sur la route; mais aucun casque à pointe ne paraît à l'horizon et l'on finit par s'apercevoir que ce n'est heureusement qu'une fausse alerte.

Les purs prétendent que Garibaldi avait fait répandre ce bruit pour s'assurer que tous ses soldats étaient prêts ; mais je n'en crois rien. Le branle-bas général à la sous-préfecture prouve qu'il n'était pas plus tranquille que les autres et s'apprêtait à déménager une seconde fois. Une preuve encore, c'est que Marais, qui s'était précipité jeudi aux remparts, brandissant une espèce de long pistolet qu'il appelait sa carabine, Marais, aux premiers cris, s'était enfui à Broye avec un officier garibaldien déguisé en paysan, plantant là brusquement un conseiller de préfecture qui était avec lui. Il avait eu néanmoins la précaution de charger un domestique de venir l'avertir de ce qui se passerait, et à six heures du matin il rentrait en catimini à son hôtel, de sorte que peu de personnes ont eu connaissance de cet acte courageux.

Lundi 5 décembre. — On a aujourd'hui des nouvelles de Cremer. La canonnade entendue le 3 décembre annonçait la bataille entre lui et les Prussiens qui regagnaient Dijon. Malgré les avis reçus dans la soirée, il a perdu quelques heures et ne les a attaqués à Châteauneuf que le samedi matin ; mais une partie des ennemis avait déjà passé le défilé quand il les a rejoints et il n'a pu les envelopper. Il les a néanmoins battus et rejetés au-delà d'Arnay en accélérant leur retraite sur Dijon. Cela explique le départ précipité des Allemands au milieu de la nuit, après leur attaque de jeudi. La troisième colonne qui arrivait par la vallée de l'Ouche et devait rejoindre les deux autres le 1er au soir ou le 2 au matin, a appris que Cremer était à Bligny [1], et craignant d'être coupée s'est repliée sur Dijon en envoyant un courrier à celles qui étaient devant Autun pour leur annoncer cette nouvelle. Et bien certainement c'est ce qui a motivé l'ordre de la retraite et nous a sauvés d'une nouvelle attaque et d'un nouveau bombardement le lendemain matin. Les garibaldiens ne doivent donc pas tant se féliciter de leur succès dont Cremer peut revendiquer une bonne part.

Mardi 6 décembre. — Il arrive encore de nouvelles troupes, francs-tireurs de toutes couleurs, et des artilleurs de fantaisie pour servir une batterie de 12 envoyée à Garibaldi par Gambetta. Mais décidément les Prussiens ne reviendront pas ; car *ce jour d'huy, à quatre heures de relevée, notre maire, revenu de sa panique, fait sa rentrée triomphale dans sa bonne ville, et gravit les degrés du capitole, son parapluie à la main.* Je l'ai vu, de mes yeux vu.

Mercredi 7 décembre. — Ce matin, on dit que les Prussiens, en nombre plus considérable que la première fois, avancent de nouveau dans la vallée de l'Ouche ; le 5 ils étaient à Gissey. Le froid va toujours en augmentant; on prétendait que le *général Hiver* serait pour nous ; il est bien plutôt contre nous, et c'est grand'-pitié que de voir nos pauvres mobiles et mobilisés grelotter sous leurs sarraux de laine et leurs couvertures en lambeaux dont ils essaient en vain de s'envelopper ; ils toussent à fendre l'âme, et ce matin on a ramassé deux mobiles gelés en faction à Saint-Pierre.

1. On rappelle que cette colonne, commandée par le prince Guillaume de Bade, avait été installée à Arnay le 1er décembre au matin par le général Keller. Elle était destinée à s'opposer aux entreprises de Cremer par Bligny, et ne devait en aucune hypothèse venir à Autun.

J'ai reçu dans la journée une copie du rapport du chef de la station de Pont-d'Ouche au directeur des houillères d'Épinac, en date du 3 décembre ; le voici, car il est très intéressant :

« Les Prussiens sont arrivés à Pont-d'Ouche mercredi 30 novembre, à midi ; les uhlans sont venus tout droit chez nous, ont marqué leurs logements pour la nuit et ont pris leurs positions sur toutes les routes pour garder le camp qu'ils formaient dans notre hameau. Pendant ces préparatifs, deux voitures venant de Bligny et accompagnées par quatre mobiles arrivaient aussi à Pont-d'Ouche chercher du pain, quand, au détour du chemin, les uhlans les ont aperçues et ont foncé sur elles pour les prendre au moment où elles tournaient bride. Ils auraient peut-être réussi sans des francs-tireurs qui étaient embusqués dans le petit bois de la Copée, lesquels ont tiré trois coups de fusil et ont tué un officier uhlan, blessé un soldat et tué son cheval ; de sorte que voitures et conducteurs ont pu se sauver, ce qui a fait prendre les plus grandes précautions de la part de l'ennemi qui voulait trouver des francs-tireurs dans toutes les maisons et qui nous a fait toutes les misères pour nous forcer à ouvrir les portes du bâtiment Sellenet, situé en face du bureau, sous prétexte que ce logement devait appartenir à la compagnie. Nous n'avons rien pu faire comprendre au uhlan qui nous pourchassait ainsi, nous menaçant à chaque minute de lâcher son revolver qu'il tenait constamment appuyé sur nous : ce brigand ne comprenait pas plus le français que nous l'allemand. Enfin il nous a laissé pour nous faire consigner chez nous où nous avions quatre officiers, un docteur et leurs domestiques, avec charge de les nourrir, chauffer et éclairer jusqu'au moment de leur départ.

» Mais vers la nuit les choses ont changé pour nous : on a sans doute trouvé le chiffre insuffisant, car nous avons vu arriver plusieurs officiers avec une nombreuse compagnie qui ont pris possession de notre logement et de ceux contigus non habités. Nous avons compté les fusils formés en faisceaux dans notre cour et en avons trouvé deux cent trente-huit ; nous avons dû faire à manger pour la plus grande partie de ces troupes.

» Nous ne connaissons pas le chiffre des ennemis qui ont campé à Pont-d'Ouche ; mais il devait être assez important à en juger par les maisons envahies et les feux qui ont été constamment allumés dans notre magasin, dans les logements, dans les cours et sur toutes les routes aboutissant à Pont-d'Ouche. Nous ne pouvons évaluer, même approximativement, le nombre d'hectolitres de charbon brûlés; mais nous pouvons assurer qu'outre le charbon il a été brûlé plus de cent étais, une douzaine de liteaux et plusieurs palis des barrières du magasin que l'on commençait à démolir sans l'intervention d'un officier.

» Sur la fin du jour, deux des officiers logés chez nous, assistés de six soldats, nous ont prié de les accompagner au bureau où ils nous ont conduit en cérémonie avec deux outils ressemblant à des revolvers de la plus belle taille; ces messieurs étaient très polis et faisaient les choses avec les plus grandes manières. Après nous avoir fait ouvrir tous les tiroirs, qu'ils ont fouillés, ils ont pris connaissance de notre livre de caisse et ont paru étonnés de trouver un solde de franc 10,71 seulement, qui a été empoché de suite; puis ils nous ont très mal mené en nous disant que nous avions caché une somme de 730 francs. Nous leur avons assuré que cette somme vous avait été envoyée sur votre ordre, et ils nous ont laissé un instant tranquille.

» Après cette vérification nous avons été reconduits chez nous avec le même cérémonial et sur l'assurance que notre bureau serait laissé intact. Nous en avons demandé les clefs qui nous ont été refusées parce qu'un poste devait y être établi; alors nous avons expressément demandé qu'on ne touchât point aux divers papiers, parce que ces papiers et les carnets ne pouvaient servir qu'à nous; on nous a répondu qu'un officier coucherait au bureau et que cela suffisait.

» Le lendemain, 1ᵉʳ courant, l'ennemi a commencé à évacuer, et nous nous sentions soulagés tous d'un lourd fardeau, quand, vers huit heures et demie, un soldat en partant nous a remis les clefs du bureau en nous disant qu'il y avait « *une bonne souvenir* ». Nous avions hâte d'y entrer pour nous assurer si l'ennemi avait tenu sa parole; mais nous avons été navrés en voyant les dégâts commis par ces barbares. Pour se tenir éveillés sans doute, ils ont forcé toutes les serrures quoique en ayant toutes les clefs; ils ont même pris plaisir à briser le coffre-fort. Enfin, ils ont fait comme leurs camarades avaient fait chez nous et chez beaucoup d'autres, ils ont tout pillé et n'ont pas même laissé un seul pain à cacheter. Tout est encore dans ce même et triste état, et nous vous serions reconnaissants de bien vouloir venir vous en assurer vous-même, ou d'envoyer quelqu'un pour vous rendre compte d'un pareil vandalisme. On a respecté tous nos livres, mais on ne nous a laissé ni carnet, ni aucune note, pas même une plume ni un crayon.

» Parmi les pays qui ont le plus souffert de la présence de l'ennemi, on cite la Bussière, Autheuil, Veuvey, Pont-d'Ouche et Curgey, c'est-à-dire les endroits où il a couché ou séjourné ; quant aux villages qui n'ont subi qu'un passage, ils n'ont eu à fournir que des contributions en vivres.

» Au moment où nous vous écrivons, nous entendons le canon et la fusillade entre Sainte-Sabine et Commarin. L'ennemi bat en retraite sur Sombernon où il est vivement poursuivi ; mais la nuit avance et la neige tombe, ce qui doit être la cause du silence qui vient de se rétablir. On dit que nos pertes sont insignifiantes et que celles de l'ennemi sont assez importantes ; mais on ne peut en connaître le chiffre : il enlève ses morts et ses blessés au fur et à mesure qu'il les voit tomber. Le combat a commencé à sept heures et demie du matin et s'est passé à six kilomètres de chez nous ; on a trouvé des éclats d'obus à une très faible distance de Pont-d'Ouche. L'engagement a cessé entre Commarin et Montoillot vers six heures du soir. — Signé : VOISIN. »

5 décembre. — « Appris ce matin que l'ennemi est à Gissey, revenant sur ses pas en plus grande force. — V. »

Jeudi 8 décembre. — C'est le jour de la fameuse prophétie ; et à cette heure, suivant la bonne religieuse, les Prussiens qui assiègent Paris doivent être tous anéantis. Hélas ! pourvu que ce ne soit pas plutôt nos pauvres soldats ! Le messager de Lucenay, qui sort du magasin, a entendu le canon du côté de Saulieu pendant une partie de la nuit.

Vendredi 9 décembre. — Les exécutions militaires continuent : on a encore fusillé ce matin deux hommes derrière le cimetière. Les mobiles des Basses-Alpes et des Basses-Pyrénées partent pour aller se cantonner à Saint-Émiland, Couches, Saint-Gervais, etc.

Le général Delpech s'empare de force de la maison de Mme G., au faubourg de Saint-Andoche, parce que..... elle lui convient; et ne la trouvant pas suffisamment meublée, il.y fait transporter par ses soldats les meubles du parloir de la maison des Oblats. C'est assez régence pour un républicain !

Dimanche 11 décembre. — J'ai reçu aujourd'hui la visite de M. Maderni, agent de la Société internationale de secours aux blessés établie à Genève. Cet agent m'était adressé par le chef d'une grande maison de soieries de Lyon avec laquelle je suis en relation, et il apportait quatre caisses de linges, flanelles et pansements, que j'ai fait remettre ce soir même à M. Rérolle, chirurgien en chef des ambulances de la ville.

Nouvelle alerte ! on dit que les Prussiens ont dépassé Arnay et sont à douze kilomètres de la ville. Ce bruit a déjà circulé dimanche dernier et se reproduira sans doute encore.

Mardi 13 décembre. — Le général Pradier commandant les départements de l'Ain et de Saône-et-Loire est arrivé hier soir et a visité ce matin avec M. V., ingénieur des ponts et chaussées, les travaux de défense; mais il n'a pu que manifester son étonnement en les voyant si mal exécutés; aussi le major du génie garibaldien, Sartorio, leur a fait une scène des plus déplorables à la suite de laquelle le général Pradier a dû le jeter à la porte de l'hôtel. Puis il a été avec M. V. se plaindre à Garibaldi, qui après les avoir assez mal reçus d'abord s'est radouci et a fait des excuses à M. V. pour les insolences de Sartorio. On dit qu'à la suite de cette scène et de ces explications, Garibaldi a eu une attaque et a été obligé de se mettre au lit. Ses amis au contraire prétendent que le général Pradier a été de la plus grande inconvenance vis-à-vis du héros italien, et qu'après sa visite il a dû repartir le même soir pour éviter de passer en conseil de guerre. Quelle est la vérité ? On la connaîtra sans doute plus tard. [1]

Mercredi 14 décembre. — A une heure, toutes les troupes sont réunies sur le Champ-de-Mars, et devant elles on procède à la

---

1. Voir à la fin en appendice la lettre du général Pradier à *la Patrie*, en date du 18 décembre 1874.

dégradation du colonel Chenet, chef de la Guérilla d'Orient. Le malheureux a vingt-quatre ans de services dans l'armée française, la croix d'honneur et quatre médailles : c'est un engagé volontaire qui a passé par tous les grades. La veille de l'attaque d'Autun, il était cantonné avec sa légion à Saint-Martin; et c'est un de ses capitaines qui a eu à la sous-préfecture, le 30 novembre, la scène avec Marais dont j'ai été témoin et que j'ai rapportée. Comme le lendemain matin il n'a eu ni vivres ni cartouches, il a fait ce qu'il avait annoncé et a quitté son poste avec sa légion à huit heures du matin pour retourner à Lyon et se mettre sous les ordres d'un autre général. Bordone, furieux, l'a fait arrêter à Roanne, ramener à Autun et traduire devant le conseil de guerre présidé par Delpech, celui qui s'était si bien montré à l'affaire de Pasques. Jugé au milieu de la nuit sans qu'on ait consenti à entendre sa défense, le malheureux avait été condamné à mort; puis Garibaldi, dans un pompeux ordre du jour, a commué sa peine en celle des travaux forcés à perpétuité, et ce soir il doit être conduit au bagne de Toulon. [1]

Jeudi 15 décembre. — J'ai eu ce matin une nouvelle visite du directeur d'Épinac : il m'a conté que lui aussi a été traduit en conseil de guerre pour entrave apportée à la défense nationale. Il avait refusé d'expédier de suite à Bligny par train spécial une lettre qui lui était remise à six heures du soir. C'est un tour de ses amis A. et G. Il n'a pas eu de peine à prouver son innocence et est rentré chez lui deux heures après, Menotti l'ayant reconnu de suite : — « N'est-ce pas vous, lui a-t-il demandé, qui nous avez ramenés de Bligny à Autun, le 29 novembre? — Oui, mon colonel. — C'est bien; vous nous avez rendu un grand service, et vous pouvez vous retirer. »

La commission municipale continue à rester invisible : elle ne se montre ni dans les ambulances encombrées de malades et de varioleux, ni dans les églises et casernes où règne le plus grand désordre.

---

1. Le cercueil du colonel avait déjà été commandé, et le menuisier a apporté son mémoire à la sous-préfecture quelques mois après le départ de Garibaldi. Chenet a été solennellement réhabilité en février 1871 par un conseil de guerre siégeant à Lyon.

Vendredi 16 décembre. — L'avoué M. est nommé président de la cour martiale garibaldienne, avec le grade de commandant et les appointements dudit grade, entrée en campagne, et cela a quelque rapport avec le métier de bourreau. Les plus purs de la ville qui, à cause de leur âge et de leur bonne santé, n'ont pu échapper au second conseil de révision tenu lundi dernier font créer pour eux des charges de greffier et sous-greffier à la cour martiale et à l'état-major de la place, afin de mettre à couvert leurs précieuses personnes : ainsi les citoyens X. Y. et Z.

Samedi 17 décembre. — A huit heures du matin, ordre de départ : les tambours résonnent dans tous les quartiers de la ville, et à onze heures une grande partie des troupes est réunie à la gare. A deux heures les pauvres soldats gelés et transis attendaient encore le train devant les emmener; mais à quatre heures, contre-ordre, et chacun va reprendre son casernement, quitte à recommencer demain la même fausse manœuvre.

Dimanche 18 décembre. — J'ai été aujourd'hui, avec M. V., visiter les fortifications qui ont si fort surpris le général Pradier. Il n'est vraiment pas nécessaire de faire partie d'un corps spécial pour exécuter des ouvrages aussi ineptes; et cependant l'armée des Vosges possède un état-major du génie avec bureaux, chefs, sous-chefs, cartes, plans, profils, etc., etc. Depuis le rond-point de Mazagran jusqu'à l'octroi de la route de Nolay les murs sont *crénelés :* or, ces créneaux sont si rapprochés qu'il est impossible de les occuper tous et qu'il faut forcément laisser un créneau vide sur deux. Sur la route de Nolay, deux terrassements se dressent de chaque côté à la hauteur de l'octroi. Ces terrassements sont percés de meurtrières; mais, contrairement à l'usage, l'évasement est tourné en dehors et l'ouverture étroite est destinée au tireur, de sorte que toute balle ennemie qui frappe dans cette espèce de cône tronqué ricoche forcément le long des parois pour aller toucher à la tête ou à l'épaule le défenseur de la meurtrière qui ne mérite ce nom que pour lui.

Le long des Caves, au-dessus de la vieille muraille, règne un épaulement de 0m50 à 0m60 environ de hauteur, et le tireur doit rester couché dans la boue pour ne pas se découvrir. Sur l'esplanade du petit séminaire c'est encore mieux : le terrassement a été fait à gauche des canons et non pas devant, de sorte que les servants sont en plein découvert lorsqu'ils manœuvrent leurs pièces. A Saint-Jean et au pont d'Arroux, on a fait des barricades avec de vieux tonneaux remplis de pierres cassées : imaginez l'effet produit par un obus éclatant au milieu et lançant tous ces cailloux comme projectiles. Et voilà plus de quinze jours que les mobilisés sont occupés à ces travaux !

On fait courir le bruit d'un armistice après la destruction du fort du mont Valérien qui aurait sauté.

Lundi 19 décembre. — Pendant toute la nuit et dès le matin, nouveau départ général pour la gare; quatre à cinq cents wagons doivent embarquer les troupes, l'intendance, le quartier général, les canons, le télégraphe, etc. Quand tout est prêt, les canons hissés sur trucs, les chevaux montés, contre-ordre encore, et tout revient en ville où circulent les bruits les plus contradictoires : Cremer est battu; Cremer a culbuté les Prussiens et ne veut pas de renforts; les Prussiens après la défaite de Cremer ont pris Beaune et marchent sur Chalon et Autun.

Mardi 20 décembre. — On apprend qu'en effet Cremer s'est battu à Nuits dimanche pendant tout l'après-midi et a été forcé de se replier sur Beaune. Le combat s'est prolongé jusqu'à la nuit dans les rues, notamment devant l'hôpital, sur le pont du Meuzin, et dans la rue de Beaune; plusieurs maisons ont été incendiées par les Prussiens qui ont pillé la ville et sont rentrés à Dijon le lendemain matin avec un long convoi de voitures chargées de blessés. La première légion des mobilisés du Rhône sous les ordres du commandant Celler s'est brillamment conduite et a longtemps arrêté l'ennemi devant la tranchée du chemin de fer; mais Celler grièvement blessé est tombé de cheval et ses hommes ont plié, ce qui a permis aux Prussiens d'entrer à Nuits.

Jeudi 22 décembre. — Il est arrivé ce matin une batterie de 12. Garibaldi, dit-on, a reçu l'ordre de défendre à *outrance* le passage d'Autun. C'est sans doute pour cela qu'il n'a envoyé aucune de ses troupes au secours de Cremer et l'a laissé écraser dimanche;

quand il était si facile à ses campements d'Épinac et de Bligny d'arriver par le vallon de la *Serrée* sur le champ de bataille avant que les Prussiens n'aient pu prendre Nuits.

La petite vérole commence à faire de sérieux ravages dans la ville, non seulement sur les troupes, mais encore sur les habitants. Notre sous-préfet lui-même est atteint! Pas de nouvelles du dehors, ni lettres, ni journaux, depuis le 19.

Dimanche 25 décembre. — Ce matin a commencé un grand passage de troupes, des dragons, des lanciers sont à la gare, venant de Nevers et se dirigeant sur Chagny avec une nombreuse artillerie. *Un grand mouvement tournant* a été décidé par le dictateur Gambetta; et, cent mille hommes, dit-on, sont détachés de l'armée de la Loire sous le commandement de Bourbaki et marchent sur l'Est par Chagny, Beaune, Dôle et Besançon.

Les garibaldiens ont fêté Noël cette nuit et se sont offert un dîner dont le dessert seul et les vins ont coûté mille francs. On ne saurait mieux prendre son temps pour célébrer les désastres de la France! Ils se sont trouvés si satisfaits de ce plantureux régal qu'ils ont commandé une seconde agape pour le jour de l'an.

Mercredi 28 décembre. — Par suite du mouvement de Bourbaki on annonce que les Prussiens ont évacué précipitamment Dijon et se replient sur la Haute-Saône et le Jura. La dépêche a été affichée ce soir en ville. Des dragons venant de Nevers traversent nos rues pour se rendre à Chagny. Pauvres gens! pauvres bêtes! dans quel état ils sont! A la gare bivouaque un escadron de chasseurs : les chevaux sont au piquet dans les Cités et le long de la gare des marchandises, broutant quelques bribes de foin avarié et glacés par un vent du nord des plus violents. Quinze degrés de froid! Ce sont des chevaux arabes qui grelottent, se tordent et s'appuient sur leurs jarrets de derrière comme des lièvres forcés. C'est un spectacle navrant, et je suis rentré les larmes aux yeux. Les soldats n'ont pas même de manteaux, se groupent autour de feux de bois vert qui fume et ne chauffe pas, mangent de la viande coriace et du pain moisi ; et Gambetta se prélasse dans son paletot de fourrures et fume des cigares exquis!

Jeudi 29 décembre. — Les mobiles commencent à se diriger sur Arnay et sur Dijon, sans doute pour explorer la route, Garibaldi ne devant nous quitter que quand tout danger aura disparu. Sous les platanes sont attachés de pauvres mulets de la mine d'Épinac, réquisitionnés par Bordone, et qui, passant sans transition du fond des galeries au grand air glacé ne pourront certes pas faire deux étapes.

On a apposé aujourd'hui une superbe affiche annonçant la création d'un conseil de discipline chargé de punir les gardes nationaux qui ne feront pas bien leur service. Comme toujours le capitaine Patouillard (E.) en fait partie. C'est grotesque ! et ce qui l'est plus encore, c'est que cette affiche est signée... André !!! Je suppose que le conseil commencera par lui qui s'est si prudemment garé le jour de l'attaque.

Vendredi 30 décembre. — M. R., de Dijon, est ici : d'après ce qu'il nous a dit, les Prussiens se conduisent décidément moins mal que les garibaldiens. Avant de quitter notre ville les soldats de l'Égalité ont râflé au grand séminaire tout ce qu'ils ont trouvé à leur convenance et l'ont revendu ensuite. Un honnête marchand a acheté de l'un d'eux pour 2 francs un mouvement électrique d'une valeur de 300 francs environ.

Marseille a fait une souscription en l'honneur du héros italien, et son conseil municipal a voté *cent mille francs* que Bordone s'est hâté d'aller chercher en compagnie d'une belle dame pour laquelle il a des attentions toutes particulières, car on est homme et sensible avant d'être général.

Dimanche 1ᵉʳ janvier 1871. — Le dîner annoncé a eu lieu cette nuit, et MM. les officiers garibaldiens ont encore renchéri sur le premier et commandé un dessert si extravagant que le pauvre pâtissier qui devait l'exécuter s'en arrachait les cheveux de désespoir. Ils ont doublé la somme et mis deux mille francs ! Il faut, du reste, s'attendre à tout quand on voit des hommes, faute de gâteaux, tremper des boules de gomme dans du xérès et du madère.

Mardi 3 janvier. — Enfin ils partent tous ! Garibaldi a ouvert la marche dans sa chaise à porteur Louis XV vert et or. Les canons sont au chemin de fer pour être chargés; et pendant toute la soirée et toute la nuit les trains doivent se succéder sans interruption. Pauvres soldats! ils remplissent encore les rues et bivouaquent sur la place et le long de l'avenue de la Gare par seize degrés de froid, en attendant patiemment leur embarquement.

Mercredi 4 janvier. — Encore contre-ordre! ce serait une vraie comédie si ce n'était si triste. Toute la nuit les troupes ont stationné en plein air avec armes et bagages, et à cinq heures du matin on leur a fait regagner leurs cantonnements : les canons sont remontés au petit séminaire, et les officiers rouges et gris assaillent de nouveau les boutiques des pâtissières. Quel gâchis, bon Dieu ! et quel état-major ! Si c'est un chaos semblable qu'on peut appeler la guerre et opérations en campagne ! Les Alpes-Maritimes notamment, cantonnées à Saint-Pierre, devaient être à la gare à trois heures et demie du matin : à trois heures on envoie une ordonnance les prévenir que le départ n'aura lieu qu'à six. Les infortunés, déjà à moitié chemin, et dont la plupart ne s'étaient pas couchés, retournent au village; à six heures ils reviennent à la gare, et là ils apprennent qu'on ne part plus.

On prétend que Bressolles et Pellissier n'ont pas voulu de Garibaldi à Dijon, et qu'en voyant ce général de corps-francs circuler en chaise à porteurs ils l'ont prié de rentrer à Autun. Quoi qu'il en soit, l'intendance a défait ses malles et a rouvert ses bureaux, et le corps télégraphique est réinstallé à la gendarmerie. Tout ce contre-mouvement, disent d'autres personnes, a lieu parce que Menotti est aux prises à Vitteaux avec trois mille Prussiens et qu'on attend le résultat de la bataille. Ne serait-il pas plus simple de se porter à son secours? Mais quand on possède un état-major dirigé par l'apothicaire Bordone, le colonel-député Lobbia des tabacs et le général Delpech de la Cannebière, que peut-il faire de bon ?

A propos de Lobbia, tous les officiers français faisant partie de cet état-major veulent se retirer parce qu'il distribue des grades à tort et à travers à toutes ses créatures, à la condition qu'ils lui abandonneront moitié de l'entrée en campagne du grade. Et dans l'armée garibaldienne les choses vont plus vite qu'ailleurs : au lieu de ne donner à l'officier que la différence du grade supérieur au grade inférieur payé précédemment, on lui donne encore l'entrée en campagne complète et entière à chaque nouveau grade, et l'on court la poste dans cette armée-là! Tel malandrin que vous voyez entrer le matin tout déguenillé à l'état-major, possède, le soir, les galons de lieutenant et le lendemain ceux de capitaine ou de commandant. Bah! puisque c'est nous qui payons!

On a pillé les caves de la maison Chazel dans laquelle est installé un corps de francs-tireurs gris. Ils ont prétendu avoir reçu l'avis que la maison était minée, et ils ont vidé les bouteilles afin de s'assurer qu'elles n'étaient pas remplies de poudre.

M. G., de Lucenay, nous a conté ce matin une bonne histoire de Lobbia. Il est parti avant-hier avec plusieurs officiers et des guides d'état-major pour reconnaître les mouvements de l'ennemi, qu'on disait s'avancer par Saulieu. La petite colonne se met en marche, et après avoir dépassé Lucenay aperçoit au loin un gros de cavaliers qu'elle prend pour des uhlans. Immédiatement, et malgré la distance, nos braves estafiers déchargent leurs revolvers sur l'ennemi et se replient au grand galop, activés dans leur retraite par les uhlans supposés qui, au lieu de fuir, accourent sur eux a *fondo di cavallo*. Arrivé près de Lucenay, Lobbia se hasarde à tourner la tête aux cris poussés par les soi-disant Prussiens, et il reconnaît..... des officiers du corps de Ricciotti, envoyés par lui pour porter des dépêches à son père. Alors on s'embrasse avec effusion, et, amis et ennemis, tout le monde se rend à l'auberge où l'on commande un copieux repas largement arrosé. L'hôtelier n'ayant point de vins assez fins et délicats pour les gosiers de ses convives galonnés, va en acheter chez les propriétaires voisins; et la bande festine gaiement jusqu'à onze heures du soir. Quand l'aubergiste voit les officiers boucler leurs ceinturons et faire amener leurs chevaux pour le départ, il se présente timidement, sa note à la main, devant le colonel Lobbia. — « Arrière, drôle! les défenseurs de ta patrie ne paient pas leur dîner; tu es déjà trop heureux de nous avoir traités. » Et comme il insistait : « Pas un mot de plus ou nous t'emmenons à Autun où tu seras fusillé demain matin. » Puis la bande joyeuse et avinée est rentrée en ville.

On diminue encore la solde des troupes, mais celle des mobiles seulement : les garibaldiens et les francs-tireurs continuent à toucher leurs trois francs par jour, solde bien méritée par leurs services.

Jeudi 5 janvier. — Grande émotion et indignation dans la ville aujourd'hui. Le colonel Bordone a fait arrêter M. Pinard, ancien ministre, sous prétexte qu'il conspirait et faisait distribuer des exemplaires du *Drapeau*, journal impérialiste. Il a été appréhendé à la porte du cimetière pendant l'enterrement de Mme d'Aligny et conduit sous escorte à la prison, sans même qu'il lui fût permis de voir sa mère; il n'a pu entrer chez lui que pour prendre quelques vêtements. Pendant ce temps, deux colonels italiens faisaient une perquisition dans la maison et saisissaient tous ses papiers. Bordone triomphant envoyait à Lyon la dépêche suivante : « L'ex-ministre bonapartiste Pinard vient d'être arrêté à la porte du cimetière, au moment où il distribuait des numéros du *Drapeau*. » Et le chef d'état-major Gauckler écrivait de son côté : « Ordre à la place et au commandant de la prévôté. L'ex-ministre Pinard sera tenu au secret et conduit sous bonne escorte à Lyon où on le consignera aux autorités de la ville qui en donneront reçu. »

Tous les honnêtes gens sont exaspérés, mais il faut courber la tête devant cette armée de sbires qui nous tiennent sous leurs griffes et pour lesquels la vie d'un homme pèse si peu.

Aux ambulances, le docteur Rérolle a mis à la porte la doctoresse Rosetti, maîtresse d'un chirurgien garibaldien, qui courait par toutes les salles après son amoureux. Quand il lui a demandé son diplôme, elle a prétendu qu'elle avait étudié avec son père, médecin à Florence, et avait soigné les malades pendant un mois à l'hôpital de cette ville.

Vendredi 6 janvier. — Après un assez long interrogatoire, M. Pinard est conduit à Lyon avec une escorte d'honneur.

Dimanche 8 janvier. — Les troupes commencent à s'ébranler pour le départ. Les mobilisés d'Autun et du Creusot sont dirigés sur Dijon ; les officiers rouges et gris font leurs malles, et nos belles pâtissières sont au grand désespoir en pensant au départ de leurs fidèles et empressés clients. On pleure et on échange des baisers sur les portes et sous les platanes à la faveur de l'obscurité.

Mardi 10 janvier. — Les canons ont été chargés à la gare, et il paraît que cette fois on les emmène pour tout de bon. Avant de quitter les Oblats, la légion Égalité a sorti tous les matelas et paillasses dans le jardin et en a fait un feu de joie; puis les taies ont été vendues par eux aux voisins, de quinze à vingt centimes pièce. De leur côté, les garibaldiens de l'état-major ont déménagé la sous-préfecture, chargé dans leurs fourgons le linge et la vaisselle, et n'ont pas même laissé une serviette au pauvre Marais. Ils auraient voulu agir de même dans la maison de M. L. B.; mais une vieille domestique s'y est opposée et a crié plus fort qu'eux en les menaçant d'aller chercher la police.

Le total des dépenses de cette brillante armée à Autun s'élève jusqu'à ce jour à plus de *cinq millions,* sans compter les dons de toute nature encaissés par Bordone, les vols, les pillages, etc. Garibaldi a reçu notamment pour les ambulances 8,000 fr. dont elles n'ont pas vu un centime, plus les 100,000 fr. de Marseille.

Samedi 14 janvier. — Toute l'armée des Vosges nous a quittés hier, et nous n'avons plus ici que les mobilisés repris il y a un mois par le conseil de revision. J'ai reçu aujourd'hui une seconde visite de M. Maderni, délégué de la Société de Genève, agence de Lyon. En descendant de wagon il a été arrêté par le commissaire de police qui ne l'a laissé aller qu'après avoir visité les caisses de linges, couvertures, compresses, etc., qu'il apportait avec lui. Ces colis étaient destinés aux ambulances d'Autun, à la suite de nouvelles lettres échangées avec la société de Genève. Il doit repartir demain; et au récit des besoins pressants de nos pauvres ambulances, il a promis un troisième envoi. Car si les ambulances garibaldiennes, ou plutôt les docteurs et doctoresses qui les dirigent, ne se laissent manquer de rien, il faut que le zèle et la charité des habitants se multiplient pour faire face au profond dénûment des nôtres. Mais beaucoup se sont montrés à la hauteur de leur tâche; et ne pouvant les citer tous, j'inscris ici les Oblats dont la conduite mérite tous les éloges, et l'aumônier du collège, l'abbé Bertrand, qui remplit dans les classes transformées en salles de malades le double ministère de prêtre et d'infirmier, sans avoir quitté son poste un seul jour depuis l'attaque des Prussiens.

Lundi 16 janvier. — J'ai lu ce matin dans un journal de Lyon, du 14, un article intéressant sur les garibaldiens à Autun, et je ne puis mieux faire que de le transcrire.

« Saône-et-Loire. — On nous communique une lettre particulière adressée à une personne de notre ville et contenant des détails sur la conduite sans nom des garibaldiens. On nous permet d'en publier quelques passages, et nous copions textuellement.

..... » Les garibaldiens, ou plutôt les mercenaires méridionaux qui occupent les bâtiments des Oblats n'ont rien trouvé de mieux que de mettre le feu aux paillasses et aux matelas avant de quitter cet établissement, et il faut que l'on rachète des couches pour tous les lits. Ils en ont brûlé deux cents environ après avoir eu soin de vendre les enveloppes aux voisins et d'en boire le produit. Les Prussiens agiraient-ils ainsi?.... Malgré le froid qui aurait dû diminuer le nombre des cas nouveaux, la petite vérole continue ses ravages dans les ambulances qui ont encore enregistré hier (8 janvier) vingt-cinq décès dans les mobiles et francs-tireurs. Les salles sont humides et glacées; la plupart des malades sont dénués de tout, et ils meurent dans leurs culottes faute de draps pour les recevoir; et pendant ce temps MM. les officiers de l'état-major, sourds aux cris de la patrie agonisante, fêtent Noël et le nouvel an en commandant de somptueux dîners dont le dessert seul passe *mille francs* pour chaque, et ils mettent tous les jours à sac les pâtissiers et les confiseurs qui encaissent des bénéfices fabuleux. A ce compte les 100,000 francs offerts par la ville de Marseille seront bientôt avalés.....

..... » Enfin, après quarante jours de l'immobilité la plus absolue, l'état-major dessine un mouvement en avant! Espérons qu'il s'accentuera, de façon à ne plus revoir d'étrangers dans nos murs où ils ne se sont signalés que par leurs excès. Si des troupes doivent nous revenir, souhaitons qu'elles soient sous les ordres d'un général français : il ne laissera pas écraser des Français à quelques lieues d'ici et saccager une ville voisine sans lui porter secours, comme cela est arrivé pour l'affaire de Nuits, quoi qu'en aient dit certains journaux qui mettent Garibaldi à toute sauce, tandis qu'il est tranquillement dans nos murs à soigner sa goutte et ses rhumatismes.....

..... » Depuis son arrivée à Autun, il a coûté à la recette et à l'intendance *cinq millions*, sans compter les dons reçus de tous les côtés. Il a environ 15 à 18,000 hommes avec lui, pas plus; mais tous les Italiens qui l'accompagnent sont officiers supérieurs, et ses volontaires touchent trois francs par jour, tandis que nos mobiles, déjà si mal payés, si mal vêtus et si mal nourris, viennent de subir une diminution de solde et de vivres depuis le 1er janvier, par ordre de la place. »

Mardi 17 janvier. — Par décret du 14 de ce mois, Bordone est nommé général par Gambetta, en récompense de ses brillants services, ou peut-être de ses deux condamnations à Avignon.

M. Pinard a été mis en liberté sur la demande formelle du procureur général de Lyon ; mais, peu soucieux de venir se remettre à la merci de ses ennemis, il a gagné Genève où il sera plus tranquille.

Ce matin on m'a communiqué une lettre d'un habitant de Gevrey ; je la transcris sans commentaire, en observant seulement que nous avons été bien heureux de ne pas nous trouver comme les gens de ce village entre l'enclume et le marteau pendant deux longs mois.

« Gevrey, le dimanche 15 janvier 1871. — Je ne t'avais point encore envoyé de nos nouvelles, mon cher ami, et c'est là une faute de ma part, sachant combien vous vous intéressez à nous. J'ai eu à en envoyer et à en réclamer beaucoup de tous côtés depuis une dizaine de jours, puisque nous avons été séparés pendant deux mois du monde entier.

» Rassurez-vous, nous sommes saufs, non pas corps et biens, mais de corps tout au moins : quant aux biens, tout en payant un fort beau tribut, nous sommes restés en fait de réquisitions, au-dessous de ce que je prévoyais. Une quarantaine de mille francs de réquisitions régulières, c'est-à-dire faites à la commune, et moins du quart en réquisitions irrégulières ou pillages commis à main armée dans diverses maisons. Je ne comprends point là dedans trois ou quatre maisons incendiées et 8,000 francs en numéraire extorqués pour rachat d'otages. Les dégâts occasionnés par les boulets sont insignifiants; personne n'a été atteint, et la maison la plus endommagée est celle de Ph., à l'extrémité nord des Baraques, qui en a reçu cinq en pleine façade.

» Tu t'expliqueras les récits les plus contradictoires rapportés dans les journaux sur la conduite des Prussiens par ce qui s'est passé dans notre pays. Le plus souvent, en pays désarmé, là où ils peuvent manger et dormir tranquilles, les populations rurales sont pour eux moins des ennemis que des aubergistes donnés par la guerre à titre gratuit. Une discipline modèle contient les soldats, les réquisitions se réduisent au nécessaire pour une troupe vivant en pays ennemi, à peine à l'indispensable quelquefois. Les officiers sont convenables, polis même, et tu comprendras qu'on ait pu dire comme le maire de Nancy : « L'ennemi se conduit bien. » Dans plusieurs communes même et dans des cantons entiers, ainsi que je l'ai appris par des cultivateurs, ils ont payé comptant et grand prix tout ce qui leur a été livré.

» A côté de cela, un autre corps, dans une commune voisine, réquisitionne tout, nécessaire et superflu, sans rien payer, ou bien prend de vive force, moleste et maltraite les habitants et va jusqu'à en tuer quelques-uns à coups de crosse, sabre ou baïonnette, lorsqu'ils font mine de vouloir s'opposer à l'enlèvement de leur bétail ou de leur mobilier. A ce dernier mode de procédure appliqué trop souvent dans des communes inoffensives où ils résident ou qu'ils traversent seulement, il n'est jamais fait d'exception dans les communes à proximité desquelles on leur tire un coup de fusil, soit qu'on tue, soit qu'on manque leurs éclaireurs. Le prétexte est alors tout trouvé : les plus indignes exactions se commettent; et des villages, comme le nôtre notamment, désarmés et habités par eux depuis longtemps, dans lequel ils savent qu'il n'y a ni un fusil de chasse ni un pantalon rouge, sont rageusement bombardés, puis incendiés à la main par quelques soldats qui veillent à ce que le feu prenne bien, tandis que d'autres pillent les maisons : le tout par ordre et sous les yeux des officiers qui stationnent devant chaque logis incendié avec le reste du détachement afin qu'il n'y soit point porté secours. Pendant ce temps un officier supérieur (en grade sinon en humanité) va réclamer auprès des notables du pays le premier nombre de mille francs qui lui passe par la tête, « pour empêcher, dit-il, qu'on brûle le village tout entier », et les fait emmener en ôtage si la somme ne peut être parfaite à l'instant. Puis les troupes reprennent le chemin de leur quartier, emmenant les voitures chargées de butin, et la glorieuse expédition est terminée. Quelques heures après les patrouilles continuent leur service comme si de rien n'était, tirent au bout de quelques jours des coups de fusil dans les rues, pour provoquer à la riposte; et les mêmes scènes se renouvellent. C'est ainsi que nous avons été bombardés deux fois à huit jours d'intervalle, en novembre et décembre derniers.

» Ajoute à ce traitement bienveillant une séquestration complète pour tous les hommes, non pas seulement dans le village, mais dans l'intérieur même des maisons dont on n'ose franchir la porte ni approcher les fenêtres sous peine de recevoir un coup de sabre ou d'être enlevé pour servir de guide ou de paravent, et de n'être relâché souvent que plusieurs jours après, quelquefois pas du tout. Ajoute encore les invasions de domicile se renouvelant sans cesse de jour et de nuit par des patrouilles sous chef gradé, les perquisitions et main basse faites sur tout ce qui est comestible ou objet à leur convenance, les enlèvements d'habitants arrachés de leurs lits lorsqu'il ne s'en trouvait pas dans les rues à ramasser. Joins à ce total au bilan des Prussiens, et pendant leurs disparitions momentanées, les vexations de certains francs-tireurs dignes émules des bandes dont tu me parles, le sifflement des balles qui passent constamment devant les fenêtres et parfois traversent la maison, le bruit du canon autour de nous, et chaque jour quelque incendie pour éclairer le paysage, leurs satanées colonnes noires sillonnant sans cesse les routes, chemins, sentiers, vignes et bois avec artillerie et cavalerie, quelque cavalier tombant frappé d'une balle moins maladroite que les autres; des journées entières et des nuits passées sans lumière derrière nos persiennes à écouter s'ils s'arrêtent où s'ils ne s'arrêtent pas, et ne leur ouvrir les portes de la grille que s'ils font mine de vouloir les enfoncer; représente-toi tout cela pour ma femme, ton serviteur et ses enfants, et tu auras une idée de notre existence pendant le dernier mois surtout.....

» ..... Toutes ces misères et ces angoisses se sont évanouies avec l'occupation; mais pour être soulagé momentanément, je n'en reste pas moins aussi inquiet : j'ai beau me raisonner, je ne puis avoir la foi; ou plutôt c'est parce que je raisonne qu'elle ne vient pas. Puis quand on a vu de près comme moi les deux armées opposées, comment et sur quoi fonder son espérance? Que nous sommes loin de la promenade que tu me proposais en juillet dernier sur les bords du Rhin pour aller visiter les champs de bataille pendant le mois de septembre! Je t'estimais bien heureux de penser ainsi, et ne demandais déjà que de pouvoir espérer la réalisation de ton projet en 1871. Que de catastrophes depuis ce moment n'ont que trop justifié mes prévisions! Et sommes-nous encore à moitié seulement de la série de nos épreuves?..... »

Jeudi 19 janvier. — D'après les lettres de Dijon du 17, il y a une alerte très vive : on attend les Prussiens qui reviendraient attaquer la ville, et on a fait partir en hâte vingt mille hommes sur Verrey et Montbard, où l'on prétend qu'on s'est battu tout l'après-midi. On a aussi de mauvaises nouvelles de Bourbaki; après avoir battu les Prussiens à Villersexel il n'a pu les entamer hier en avant de Belfort, dans une position où ils s'étaient fortement retranchés et qu'ils avaient armée de grosse artillerie.

Vendredi 20 janvier. — J'ai vu ce matin le directeur d'Épinac, qui m'a appris que la veille au soir de la bataille de Nuits, les officiers garibaldiens logés à la houillère avaient reçu l'ordre de se tenir prêts à partir le lendemain matin à six heures, et que cet ordre était donné par une lettre de Menotti. Mais ils ont prétendu que la lettre était fausse et que c'était une plaisanterie. Bref, ils ont continué à dîner ou plutôt à souper, après quoi ils se sont tranquillement mis au lit. Menotti leur a infligé des arrêts; mais en fait personne n'a bougé et nous avons été battus à Nuits.

Samedi 21 janvier. — L'armée de Bourbaki, repoussée par les Prussiens et décimée par le froid, les neiges et les privations, ne peut plus avancer, et sa tentative pour faire lever le siège de Belfort a complètement échoué.

On reçoit ici des lettres de Dijon dans lesquelles on lit que malgré l'aversion profonde inspirée par eux, les Prussiens étaient moins désagréables à loger que les garibaldiens.

Dimanche 22 janvier. — A neuf heures du matin arrive une dépêche annonçant que l'on s'est battu hier toute la journée à Daix, Fontaines, Talant et Plombières; qu'on a gardé ses positions et que le combat recommence. A quatre heures et demie, autre dépêche : « Le combat continue depuis ce matin à cinq heures; nous tiendrons bon. »

Lundi 23 janvier. — Nouvelle dépêche portant que les Prussiens ont essayé une nouvelle attaque par la route de Langres; qu'après un vif engagement ils ont été repoussés avec de grandes pertes et sont en déroute dans la direction d'Is-sur-Tille.

Mardi 24 janvier. — Le succès de Garibaldi est confirmé aujourd'hui : les Prussiens ont été complètement battus, et Menotti a pris le drapeau d'un des régiments de la garde [1]. Mais, hélas! nous apprenons en même temps qu'une sortie générale des troupes de Paris a été refoulée, et que Bourbaki recule sur Besançon et Lons-le-Saulnier. Le soir il nous est arrivé un convoi de blessés de Dijon, convoi dans lequel se trouvent quelques mobiles des Alpes-Maritimes qui nous ont appris que D., leur officier-payeur, a été tué au bas de Talant par une balle qui a traversé les poumons. Son corps a été retrouvé le lendemain, mais sans sa montre et sans sa bague.

Vendredi 27 janvier. — Nous n'avons plus reçu de dépêches de bataille, quoique les gens toujours bien informés prétendent que les Prussiens sont revenus attaquer Dijon; mais en revanche une proclamation insensée de Garibaldi est affichée sur tous les

---

1. Le drapeau du 61e poméranien a été ramassé sous un monceau de morts.

murs de Dijon, Beaune, Chalon, Autun, etc. Elle avait été précédée de cet ordre du jour en date du 23 janvier :

« Aux Braves de l'armée des Vosges !

» Eh bien ! vous les avez revus les talons des terribles soldats de Guillaume, jeunes fils de la liberté ! Dans deux jours de combats acharnés vous avez écrit une page bien glorieuse pour les annales de la République, et les opprimés de la grande famille humaine salueront en vous encore une fois les nobles champions du droit et de la justice. Vous avez vaincu les troupes les plus aguerries du monde, et cependant vous n'avez pas rempli les règles qui donnent l'avantage dans la bataille.....», puis suivent deux longs paragraphes de conseils et de reproches, et il termine en ces termes pompeux :

« Enfin, soyez diligents et affectueux entre vous comme vous êtes braves, acquérez l'amour des populations dont vous êtes les défenseurs et les soutiens ; et bientôt nous secouerons jusqu'à l'anéantir le trône sanglant et vermoulu du despotisme, et nous fonderons sur le sol hospitalier de notre belle France le pacte sacré de la fraternité des nations ! »

Quant à la proclamation elle est splendide et digne de passer à la postérité :

« Aux Habitants de la Côte-d'Or !

» Appelé par le gouvernement de la République à la défense de votre beau pays, j'invoque votre coopération. Croyez-vous que ce que nous faisons étant dix, nous ne le ferons pas mieux étant cent ? Croyez-vous qu'en chassant l'ennemi d'ici à vingt jours, vous ne souffrirez pas moins qu'en le chassant dans vingt mois ?

» Il est inutile d'y penser si vous prêtez confiance aux paroles du prêtre qui n'a pas de patrie et qui fait aujourd'hui la cour à Guillaume, le nommé chef du saint Empire, chef de la devise antique : « Trône et Autel », c'est-à-dire des imposteurs et des brigands.

» Inutile aussi d'écouter ces riches et ces puissants dont la majeure partie, énervée par vingt années de sybaritisme, et habituée à vivre dans le luxe et la débauche, ont peur de voir leurs châteaux ruinés et leur *cantine* (sic) mise à sac par les insatiables soldats du Nord. Inutile !!!

» La France ne pliera pas le genou devant l'étranger, surtout quand cet étranger ravage, désole et souille le sol de la patrie, quand les soldats du despotisme détruisent vos récoltes et votre bétail, brûlent vos villages, souillent votre foyer domestique et violent vos femmes et vos filles.

» Il est inutile d'y penser et de se laisser bercer par les espérances d'une paix qui ne serait qu'un esclavage déguisé! La paix, comme la veut Bismarck, c'est-à-dire avec la France à genoux, la France transformée en province du saint Empire d'Allemagne, ne se fera pas, et celui qui la conseillerait vouerait son nom à l'exécration de la postérité. Celui qui la conseillerait, cette paix infamante, serait déchiré, comme sont déchirés par les chiens et les vautours les cadavres dont Guillaume se plaît à couvrir le sol de la France.

» La Côte-d'Or, qu'on nomma à juste titre la Côte-de-Fer, doit donner l'exemple aux populations sœurs de la France, et leur prouver que les envahisseurs ne dévastent que les pays dont les populations n'ont pas le courage de résister et de les chasser.

» Vous m'avez honoré de votre confiance, et je compte sur vous comme sur l'acier des armes de mes Braves. — G. GARIBALDI. »

En attendant, comme tous les citoyens ne montrent pas la même ferveur pour se ranger sous les drapeaux victorieux du grand Italien, la garde nationale a dû arrêter aujourd'hui quelques mobilisés récalcitrants, tous bons républicains, cela va sans dire; et ils vont être envoyés à Dijon, malgré leur grande envie de rester ici.

Dimanche 29 janvier. — Grande nouvelle arrivée ce matin de Paris : le gouvernement de la Défense nationale a conclu un armistice de vingt-un jours, et le pays va procéder immédiatement à l'élection d'une assemblée.

Mardi 31 janvier. — Aucune dépêche de Paris depuis deux jours : la seule nouvelle intéressante, c'est que le citoyen maire de Nuits a déjà couru à Dijon pour offrir le mandat de député au général Garibaldi.

Mercredi 1er février. — Nous apprenons aujourd'hui que la Côte-d'Or n'est pas comprise dans l'armistice ; que l'on s'est battu toute la nuit devant Dijon et que les Prussiens y sont rentrés à huit heures du matin. A onze heures, M. de V. amène des blessés auxquels on a fait évacuer Arnay en toute hâte parce que l'ennemi s'approche, ce qui confirme la nouvelle. Ce n'est que trop vrai, hélas ! et la dépêche en fait foi : « La Côte-d'Or, le Jura et le Doubs sont exceptés de l'armistice, et les opérations de guerre continuent jusqu'à ce que l'on soit fixé sur la position des belligérants. »

A en juger par ce qui s'est passé jusqu'à présent, les Prussiens les occuperont bien tout entiers d'ici quarante-huit heures, et voilà une belle clause pour leurs pauvres habitants !

A propos des élections fixées au 8 février, on affiche un décret de Bordeaux sur les incapacités électorales : incapables tous les sénateurs ! incapables tous les préfets et sous-préfets du régime déchu ! incapables tous les maréchaux et généraux de l'Empire ! incapables tous les magistrats des parquets, conseillers de la cour des comptes, membres des commissions judiciaires ! incapables tous les anciens députés agréables au régime déchu ou patronnés par lui ! incapables tous les anciens ministres ! etc..... Notre aimable dictateur se donne les coudées franches, et l'on ne pourra nommer que les piliers et orateurs d'estaminet, ses camarades et amis. Avec cela il a l'audace de faire afficher une nouvelle proclamation : *Aux armes ! Élevons nos cœurs !*

A huit heures du soir arrivent à la débandade et dans le plus piteux état les premiers soldats de l'invincible Garibaldi qui, malgré la latitude laissée à son courage et sa dépêche du 22 janvier : « Nous tiendrons bon », n'a point osé défendre Dijon. En rentrant à la maison je trouve mes fidèles officiers de mobiles déjà réinstallés. Comme le pigeon voyageur, ils reviennent au gîte en tirant de l'aile.

Jeudi 2 février. — Une grande partie des troupes de l'armée des Vosges bat précipitamment en retraite sur Autun : on annonçait la brigade de Menotti, 4,000 hommes seulement, et ce soir nous en avons 12,000, sinon plus. On prétend qu'hier matin les Prussiens ont surpris à Dijon un train de poudres et de munitions prêt à partir : grâce à la lenteur du chef de gare ils auraient tué le chef du train et trois soldats, et fait prisonniers quelques autres. On dit encore que deux cents mobiles ont été pris ce matin à Arnay. Quelle débâcle!

A deux heures on publie un avis invitant toutes les voitures disponibles à aller au-devant des éclopés sur les routes d'Arnay et d'Épinac. Les mobilisés de l'Ain et de l'Isère, deux régiments complets, arrivent tambours et clairons en tête.

Lundi 6 février. — Club patriotique et républicain au théâtre, égayé par un incident comique : notre coryphée Mérandon, voulant tendre la main à son ami Marais pour le hisser sur la scène, disparaît avec lui dans le trou du souffleur.

Mercredi 8 février. — Élections : la liste de Garibaldi a un triomphe effrayant, et le Creusot lui donne encore deux fois plus de voix qu'Autun : Épinac vote en masse pour lui.

Les élections dans notre ville seraient vraiment risibles si elles n'étaient pas navrantes : toute l'écume des légions garibaldiennes se précipite aux urnes sans contrôle et sans cartes ; on donne son nom et son bulletin en même temps ; peu importe l'âge, je dirai même le sexe, les garibaldiennes se tenant toutes sur l'escalier et dans le vestibule mêlées aux guerriers électeurs.

A la fermeture du scrutin, un honorable avocat dépose une protestation contre le vote des soldats. D., de son côté, et A., en déposent une autre contre le vote des séminaristes et des oblats, prétendant qu'ils n'ont pas de domicile à Autun.[1]

Dimanche 12 février. — Charolles et Louhans ont réparé nos sottises, et la liste Thiers et Changarnier passe avec une forte majorité. Les élections paraissent bonnes presque partout, et la France fatiguée a fait justice des tristes énergumènes qui l'ont plongée dans l'abîme.

---

1. Après avoir épuisé toutes les juridictions pendant deux ans, les plaignants sont renvoyés devant le juge de paix de Lucenay qui les condamne. Pourvoi devant le Conseil d'État qui le rejette au mois de mars 1873.

Lundi 13 février. — Il y a eu à minuit grosse scène au Collège entre le principal et une compagnie de garibaldiens qui voulaient absolument y entrer bien que tous les lits fussent déjà occupés. Il a été menacé d'un revolver et la porte fortement battue en brèche à coups de crosses; mais il n'a pas cédé plus que sa porte. Dans plusieurs maisons de la ville, même tapage de la part de ces bandes indisciplinées qui prétendent nous traiter en pays conquis.

Mardi 14 février. — Au dîner des pensionnaires de l'hôtel de la Cloche autre scène, mais moins sérieuse, entre D., substitut, autrefois impérialiste renforcé, aujourd'hui fervent républicain, et le juge suppléant C. Ce dernier ayant traité les garibaldiens un peu comme ils le méritent, le substitut s'est fâché tout rouge et a soutenu que pendant leur séjour dans l'Autunois ils avaient constamment eu les plus grands égards pour les habitants. La discussion s'est échauffée, et un peu plus ils en venaient aux mains. Faut-il tenir à sa place pour voir les garibaldiens à travers un prisme aussi trompeur! Et l'envahissement des églises, et les réquisitions, et le pillage de l'évêché, de Saint-Jean, des Oblats?

Jeudi 16 février. — Garibaldi mis au ban de l'Assemblée a donné sa démission de député qui était bien forcée, puisqu'il n'est pas Français; et il s'est embarqué hier à Marseille pour rentrer à Caprera avec Bordone, son fidèle Achate. On commence à désarmer ses bandes qui ont déjà déposé leurs cartouches à l'hôtel de ville et doivent partir pour Lyon où elles seront licenciées.

L'armistice, dit-on, est prolongé de cinq jours.

Dimanche 19 février. — Pas de nouvelles de cette prolongation, et aucune dépêche de Paris depuis cinq jours.

Ce matin à dix heures alerte des plus vives; la dépêche suivante était affichée à l'état-major : « Prenez toutes vos dispositions pour repousser une attaque et tenez-vous sur vos gardes ». Aussi branle-bas général et immédiat : les canons sont braqués au petit séminaire et à Saint-Jean; les bataillons de mobiles, comme toujours, sont envoyés aux avant-postes, pendant que les garibaldiens se promènent dans la ville ou jouent au bouchon sur la Terrasse. A trois heures cette grande agitation se calme, on affiche la dépêche annonçant la prolongation de cinq jours, et les troupes rentrent en ville. Quelle comédie si les temps étaient moins tristes !

Le maire du Creusot, Dumay, avait fait venir deux mille garibaldiens *pour assurer la liberté des élections*, et a voulu chasser les mobiles des Basses-Pyrénées et des Basses-Alpes, comme réactionnaires. Mais les deux commandants ont tenu bon et ont menacé d'arrêter le maire et le chef de la garde nationale qui chauffaient une petite émeute contre leurs soldats.

Dimanche 26 février. — Aucune nouvelle des négociations à Paris. Comme c'est le dernier jour, le général prend ses dispositions stratégiques : on garde la route d'Arnay, toujours avec les mobiles ; les Alpes-Maritimes doivent se replier à quatre heures du matin, et à huit heures seulement toute l'artillerie parquée sous la promenade des Marbres doit se mettre en marche, escortée par les Basses-Pyrénées chargées de la soutenir. L'armistice expirant à minuit, les Prussiens auront le temps de tout prendre.

A huit heures et demie du soir, dépêche annonçant une nouvelle prolongation de cinq jours. Aussitôt et comme par enchantement les garibaldiens sortent de dessous terre et remplissent la place et les cafés.

Échauffourée au Creusot : le maire fait sonner le tocsin à neuf heures et appelle tous les citoyens aux armes, coups de fusil dans les rues et charge de cavalerie pour disperser les meneurs dont quelques-uns sont arrêtés. Quelques méchants drôles ayant voulu poser des torpilles à la bifurcation de Montchanin pour arrêter les Prussiens, l'une d'elles a éclaté et a tué ou blessé une douzaine de ces malheureux.

Lundi 27 février. — A la suite de ces désordres, les Basses-Pyrénées retournent au Creusot pour renforcer les Basses-Alpes.

Pendant toute la durée de l'armistice on avait organisé un service d'éclaireurs à cheval sur les routes d'Arnay et d'Épinac, service fait naturellement par les guides d'état-major auxquels on allouait 8 francs pour la circonstance. Or, ils éclairaient avec un tel zèle jusqu'à la limite du dernier cabaret des faubourgs, et leur tour revenait si souvent que pendant tout le mois le corps entier s'est fait une haute paie supplémentaire de 5 francs par jour au lieu des 3 francs qu'il touchait d'ordinaire.

Ces jours derniers a disparu un de nos anciens habitants, ex-employé de la régie, S., qui s'était fait attacher comme aide-de-camp à un général quelconque et avait passé rapidement du grade de sous-lieutenant à celui de capitaine. Aussi s'était-il empressé de venir montrer ses belles épaulettes dans nos murs qu'il avait quittés en assez maigre équipage. Arrivé il y a quinze jours avec le titre de *capitaine ingénieur-hydrographe* et tout battant neuf, il donnait force poignées de main et accostait tout le monde, parlant haut et le bras orné de sa jeune et gracieuse épouse qui, pour la circonstance, avait cru devoir aussi adopter un costume fantaisiste tenant le milieu entre la Vivandière et la Polonaise d'opéra comique : jupe courte en soie brodée, bottes molles avec de mignons éperons en argent, petite veste en velours noir ornée de fourrures et de ganses d'or pinçant sa fine taille, chapeau retroussé avec plumes de coq fièrement campé sur l'oreille. Mais ils n'ont pas produit l'effet qu'ils espéraient sur leurs anciennes connaissances; aussi ne sont-ils pas restés longtemps ici.

Mardi 28 février. — Menotti avait demandé à aller au Creusot, toujours dans le but d'y rétablir l'ordre, et comme on a refusé ses services, il a donné sa démission ce matin et a quitté son bel uniforme de général, lui qui paraissait si heureux de le porter, notamment il y a huit jours quand il a passé la grande revue de toutes les troupes échelonnées depuis le haut de la place jusqu'au chemin de fer.

Le commandant de la garde nationale du Creusot vient d'être arrêté; quant à Dumay, il a pris la fuite pour éviter un semblable désagrément.

Mercredi 1er mars. — C'est aujourd'hui la foire des domestiques des deux sexes qui se réunissent sur la Terrasse : on comprend l'effet que cette bande de jeunes filles a produit sur les garibaldiens qui sont accourus en foule et voulaient embaucher ou plutôt débaucher toutes les servantes. On a été obligé de mettre des factionnaires pour les empêcher de trousser les morvandelles.

Cinq cents francs-tireurs environ sont partis pour Étang parce qu'on refusait de les embarquer à Autun, et ils ont forcé le chef de gare de leur donner un train pour Chagny.

Vendredi 10 mars. — Toute la semaine les différents corps de troupes ont quitté la ville; les derniers sont partis aujourd'hui, avec un, deux ou même trois mois de solde dans la poche, selon qu'ils étaient plus ou moins rebelles au désarmement. Après les brillants services de tous ces gens-là et de leurs officiers, il est certain qu'on ne pouvait assez les récompenser, et nos finances nous permettent cette générosité à leur égard.

Samedi 18 mars. — Émeute et révolution à Paris : l'assemblée, les ministres, M. Thiers, tout déménage et s'enfuit à Versailles devant les communards. L'armée elle-même ne pouvant lutter contre des forces bien supérieures se retire aussi, et le fort du mont Valérien seul est encore occupé par elle. Voilà l'explication de toutes ces bandes de gens sinistres qui sillonnaient la route entre Chalon et Dijon au commencement du mois, se dirigeant sur Paris où leurs frères et amis les appelaient. Après l'invasion étrangère la guerre civile. Pauvre France !

En terminant ces courtes pages bien incomplètes, il n'est pas hors de propos de rappeler un dessin du *Monde illustré*, numéro du 16 juillet 1870, pages 37 et 38, et l'article qui l'accompagnait. Ce numéro, paru trois jours avant la déclaration de guerre si fatale à notre malheureux pays, ne croyait pas être si bon prophète, et vraiment il y a là une coïncidence des plus frappantes. La sécheresse extraordinaire qui a régné pendant tout l'été de 1870 a servi de texte à de nombreux articles de journaux, et voici celui du *Monde illustré* :

LA ROCHE ARQUEBISE.

« Près de Samoreau, dans la Seine-et-Marne, lors des années d'une sécheresse prolongée comme celle-ci, les eaux basses mettent à découvert la fameuse roche d'Arquebise bien connue à la ronde. Je crois même que ce rocher aquatique a sa légende, et que cette légende est assez lugubrement fantaisiste. Il y a *cent quatorze ans* qu'elle n'était apparue aux yeux des riverains ; c'est assez dire combien ses apparitions sont rares. Sa dernière émersion coïncide avec le tremblement de terre de Lisbonne et le commencement de la guerre de sept ans, en 1756 ; elle rappelle donc d'assez tristes souvenirs.

» Mais son apparition n'est pas ce qu'il y a de plus curieux : la roche d'Arquebise parle, c'est-à-dire qu'elle porte une inscription tracée par une main inconnue sur sa surface polie par le courant :

> Ceux qui m'ont vue ont pleuré,
> Ceux qui me verront pleureront.

» Heureusement que nous ne croyons plus aux Nostradamus. A peine les Mathieu de la Drôme et autres trouvent-ils encore parmi nous quelques crédules........

» Aussi ne nous sentons-nous pris nullement de cette appréhension qui tient en éveil l'esprit des paysans de Samoreau et lieux circonvoisins, lesquels, pour avoir aperçu cette année l'inscription fatale, s'imaginent que les sept plaies d'Égypte vont fondre sur la terre. Si ces braves agriculteurs réfléchissaient un peu, ils sauraient que la sécheresse pouvait être une calamité publique sous Louis XV ; mais qu'aujourd'hui nous avons, pour conjurer la mauvaise humeur du baromètre, des moyens que ne connaissait nullement celui qui prenait la roche d'Arquebise pour confidente de ses jérémiades..... »

Ceux qui ont vu cette fameuse roche en 1870, comme ceux qui ne l'ont point vue, ont encore bien plus pleuré que leurs compatriotes de 1756. Que de ruines et que de sang versé dans ce département et dans tous ceux qui ont été si durement foulés par les sauvages cohortes des Prussiens !

Lettre du général Pradier, capitaine de vaisseau, qui fut nommé pendant la guerre général commandant les départements de l'Ain et de Saône-et-Loire.

» Lorient, 18 décembre 1874.

» Monsieur le directeur de *la Patrie*,

» Capitaine de vaisseau en retraite depuis le 1er mai 1872, et habitant la campagne près de Lorient, je reçois d'un de mes amis le numéro du 12 décembre de votre journal : *les Garibaldiens dans l'Est*; et à propos du remarquable rapport de M. le député Perrot, je suis cité dans trois dépêches comme ayant eu un conflit avec le général Garibaldi, conflit qui aurait eu pour résultat de rendre ce général malade.

» Voulez-vous me permettre de vous raconter aussi brièvement que possible les faits tels qu'ils se sont passés, et de prouver que toutes ces dépêches faisaient partie de l'infâme comédie ayant pour but de tromper l'opinion publique sur le rôle joué par l'aventurier italien, dont le seul résultat a été la perte de l'armée du brave général Bourbaki.

» Nommé au commandement des départements de Saône-et-Loire et de l'Ain, j'arrivai à Mâcon animé d'une seule préoccupation, celle d'organiser la défense de la partie du territoire dont le commandement m'était confié, et avec la ferme détermination d'appeler à moi tous les patriotes sans exception de parti. Je passe sous silence la résistance systématiquement hostile que je rencontrai dès le premier jour de la part du préfet Frédéric Morin.

» Le 11 décembre 1870, je reçus du général Bressolles, commandant la huitième division militaire à Lyon, l'ordre de rendre Autun redoutable, et je partis le 12 pour cette ville où se trouvait Garibaldi, accompagné de M. Gilles, chef de bataillon du génie. Nous tombâmes à Autun en pleine orgie garibaldienne : Ricciotti arrosait ce soir-là, à l'hôtel de la Poste où nous étions descendus, son ruban de la Légion d'honneur en compagnie de nombreux officiers et de femmes perdues, tous en état d'ivresse et chantant des chansons obscènes. Oui! ce soir-là, et dans le moment même où la cour martiale, désignée par Garibaldi, condamnait à mort le colonel Chenet de la Légion d'Orient, que le magnanime général graciait de la vie pour le faire dégrader le lendemain en présence de ses bandes cosmopolites et l'envoyer au bagne de Toulon, où grâce à l'énergique refus du préfet maritime, l'amiral Didelot, il ne fut pas enfermé.

» Je ne m'étendrai pas, M. le Directeur, sur les faits ignobles commis journellement par les garibaldiens, je ne parlerai pas de l'infâme attentat perpétré la nuit sur la personne de l'évêque, Mgr de Marguerye, auquel je m'empressai d'aller rendre hommage ; je me bornerai à raconter fidèlement le fait qui aurait, selon les dépêches signées « Bordone et Gauckler », causé à Garibaldi *une attaque qui le mettait hors d'état de servir pour longtemps.*

» Et tout d'abord, Monsieur, veuillez remarquer que ces dépêches sont datées du 20 décembre au soir, et que c'est le 13 que j'ai vu Garibaldi.

» Le 12 au soir, en arrivant à Autun, quoiqu'il fût près de neuf heures, je me rendis à la sous-préfecture pour voir le général en chef de l'armée des Vosges. Le sous-préfet me dit que *Garibaldi était malade et qu'il était trop tard pour le déranger.*

» Le 13 au matin, au petit jour, et par un temps abominable, je partis accompagné du commandant Gilles et de M. Vossier, ingénieur des ponts et chaussées, pour remplir la mission ordonnée par le général Bressolles. Comme nous revenions de faire notre reconnaissance et en montant la rue rapide de Saint-Pantaléon, nous aperçûmes des soldats garibaldiens et des manœuvres occupés à barrer cette rue au moyen d'une sorte de barricade dont la construction appela sur mes lèvres un sourire involontaire. Il était bien difficile en effet de tenir son sérieux en présence de ce travail de défense exécuté en toute hâte et avec un grand zèle, et qui se composait de tonneaux pleins de pierres et d'un revêtement extérieur en terre gazonnée formant un talus dont la base n'avait pas un mètre d'épaisseur.

» Nous allions nous éloigner sans avoir dit un mot ou fait la moindre observation, lorsque M. Vossier aperçut un des conducteurs sous ses ordres qui paraissait présider à la construction de cette barricade enfantine. — « Que faites-vous là ? lui demanda-t-il. — J'exécute les ordres des officiers du génie du général

Garibaldi, répondit le conducteur d'un air assez provocant. — Vous n'avez d'ordre à recevoir que de moi, répliqua l'ingénieur, et vous allez vous rendre immédiatement à votre bureau. Du reste, ajouta-t-il en désignant l'ouvrage en construction, ne voyez-vous pas que tout le danger serait pour les défenseurs de cette absurde barricade? » Puis nous nous rendîmes chez M. Vossier qui, pour nous soustraire au contact odieux des officiers garibaldiens ayant envahi l'hôtel de la Poste, nous avait gracieusement offert à déjeuner.

» Nous nous disposions, le commandant Gilles et moi, à nous rendre auprès de Garibaldi, lorsque j'entendis du bruit dans la cour de la maison, et à travers la fenêtre je vis M. Vossier aux prises avec un grand officier garibaldien que je reconnus pour l'avoir vu la veille en état d'ivresse à l'hôtel, poursuivant une des servantes jusque dans la salle où nous attendions depuis longtemps qu'on voulût bien nous servir quelques restes de ces messieurs, et trébuchant sur le poêle auprès duquel je me tenais. Cet officier était un major du génie, nommé Sartorïo, et, à ce qu'il paraît, l'auteur du plan de la fameuse barricade. Le conducteur dont j'ai parlé n'avait eu rien de plus pressé que de courir informer le major de ce qu'avait dit son chef direct, et ce misérable officier, ivre encore de la veille, était venu accabler l'honorable M. Vossier des plus ignobles injures en le menaçant du poing.

» Vous comprenez, M. le directeur, que je ne fus pas maître de mon indignation, et que, m'élançant dans la cour, je saisis brusquement le bras de cet indigne officier en lui disant : — « Savez-vous qui je suis? — Oui, mon général, me répondit-il d'une voix avinée. — Et vous, qui êtes-vous? — Je suis le major Sartorio, du génie. Ce monsieur, ajouta-t-il en désignant l'ingénieur, s'est moqué de moi, et je..... — Assez! lui dis-je sévèrement; sortez, et je vais de ce pas rendre compte de votre conduite au général Garibaldi. »

» Nous fûmes introduits près du général par deux fort jolies femmes vêtues en officiers : *une capitainesse et une lieutenante*, Garibaldi, coiffé de son chapeau calabrais et couvert de son puncho, était assis dans un large fauteuil d'où il ne se souleva même pas pour nous rendre notre salut, se contentant d'effleurer son chapeau de la main. Sa figure blafarde, ses traits tirés, sa barbe rousse, rare et sale, composaient un ensemble des plus désagréables à voir : ses yeux seuls portaient la trace de quelque animation.

— « M. le général, me dit-il fort impoliment et avec cet affreux accent plutôt niçois qu'italien, je savais que vous étiez arrivé, et je vous demande pourquoi vous n'êtes pas venu me voir hier ? — Parce que je suis arrivé fort tard, M. le général, et que lorsque je me suis présenté, on m'a dit que vous étiez malade et qu'on ne voulait pas vous déranger. »

» Et comme il me regardait bien en face et d'un air fort irrité, j'avoue que je lui rendais regard pour regard, sans baisser le moins du monde les yeux devant ce vieux charlatan pour lequel je n'éprouvais qu'un souverain mépris.

— « Qu'est-ce que vous venez faire ici ? dit-il brusquement ; et d'abord qu'est-ce que c'est que cette insulte qui a été faite à un de mes officiers ? » — J'aperçus en ce moment derrière le général le major Sartorio, debout et flageolant sur ses jambes. — « Ce que je suis venu faire ici, général, je vous le dirai tout à l'heure ; mais quant à l'officier dont vous parlez et que je vois derrière vous, c'est moi qui viens vous demander justice de ses grossières injures envers M. Vossier, un ingénieur français qui ne vous a jamais marchandé son concours éclairé et qui a rang de colonel. — Colonel ! lui ? *il n'a pas de képi !!!*..... — Que M. Vossier porte ou ne porte pas de képi, général, cela ne fait rien à l'affaire ; je vous affirme qu'il a rang de colonel, et que cependant le major Sartorio est venu l'insulter chez lui et l'a menacé de la façon la plus ignoble. »

» En deux mots je racontai à Garibaldi la vérité sur ce qui venait de se passer, et voyant qu'il était un peu interdit de la grande vivacité que j'avais mise à défendre l'excellent M. Vossier, j'ajoutai en anglais, pensant bien que le Sartorio ne comprendrait pas et sachant que Garibaldi entend cette langue : — « Quelle honte, général ! mais regardez donc votre major ; il est encore saoul depuis hier ! » Garibaldi tourna la tête et jetant un regard irrité sur le major, il lui indiqua de l'œil la porte de sortie. Malgré son ivresse, Sartorio comprit et quitta l'appartement en titubant.

» Le général resta un moment comme abîmé dans ses réflexions ; puis se soulevant à demi et avec beaucoup de peine de son fauteuil, il tendit à M. Vossier une de ses mains déformées par la maladie et lui dit avec une certaine solennité : — « Colonel, je vous demande pardon. » Il n'y avait rien à ajouter ; la réparation était complète et, j'en conviens, noblement exprimée.

» Je donnai alors au général toutes les explications nécessaires sur la mission que j'étais venu remplir à Autun par l'ordre du général Bressolles : je lui expliquai en détail, sur une carte d'état-major, la reconnaissance militaire que nous venions de faire, les points faibles que nous avions reconnus et ceux que nous nous proposions de fortifier pour rendre Autun inexpugnable. Pendant tout le temps que je parlai, Garibaldi ne cessa de me témoigner son entière approbation par les expressions les plus louangeuses, se tournant à chaque instant vers les officiers présents, et répétant à satiété : « Je vous le disais bien, Messieurs ; oui, voilà ce qu'il y a à faire » Puis me tendant la main : « C'est très bien, très bien, général ; je vous remercie. »

» Nous prîmes congé de lui, et maintenant, M. le directeur, j'en appelle au témoignage de MM. Gilles et Vossier si ce n'est pas pour ainsi dire mot pour mot le prétendu conflit que j'aurais eu avec Garibaldi.

» Quel fut donc mon étonnement, peu de jours après ma rentrée à Mâcon, de recevoir le télégramme suivant : « Général, *on se plaint* de difficultés que vous feriez naître, et qui seraient de nature à gêner les opérations du général Garibaldi et propres à le décourager. Tenez-vous pour averti, dans vos rapports avec le général, que nous ferons tout notre possible pour lui être agréable et favoriser la mission dont il a bien voulu se charger. — Pour le ministre de la guerre, le délégué : FREYCINET. »

» Profondément indigné de cette dénonciation anonyme, j'écrivis le jour même à Garibaldi en lui envoyant copie du télégramme, et le sommant au nom de l'honneur de me répondre par oui ou non si, après notre entrevue qui avait eu pour témoins M. Gilles et M. Vossier, entrevue pendant laquelle il n'avait pas trouvé assez d'éloges à me donner, c'était lui qui m'avait si odieusement dénoncé. La lettre lui fut remise en mains propres, mais elle est restée sans réponse.

» Voilà, M. le directeur, les faits dans leur entière vérité, je l'affirme sur l'honneur. Depuis lors, je n'ai eu aucun rapport avec Garibaldi; mais le 8 février 1871, étant en uniforme de général, et alors que les comités du parti de l'ordre dans Saône-et-Loire m'avaient porté comme candidat à l'Assemblée nationale, je fus arrêté, meurtri, mutilé, menacé de mort à la gare de Mâcon par une bande de soldats servant sous les ordres de Garibaldi et sur l'ordre du préfet Frédéric Morin.

» En terminant, Monsieur, voulez-vous me permettre de vous donner mon opinion sur l'origine de toutes ces dépêches? Les hommes qui n'ont pas craint d'appeler, non au secours de la France, mais à celui de leur République, et avec la tacite approbation de Bismarck, le misérable qui s'était vanté d'avoir trempé son épée dans le sang français en Italie, croyaient évidemment trouver dans ce pontife de la République universelle un homme d'action encore capable de quelque énergie. Leur illusion ne dut pas être de longue durée en présence du vieillard cacochyme; mais il était trop tard : la marchandise était livrée, la facture payée, et à tout prix il fallait écouler le rossignol.

» De là toute cette honteuse comédie, ces dépêches fallacieuses du général pharmacien Jean Bourdon, devenu Giovanni Bordone, et du sieur Gauckler. On ne voulait pas avouer qu'on ait été trompé sur la qualité de la livraison ; et comme, en fin de compte, la place était bonne et rapportait gros aux comparses de la comédie, on s'ingénia à créer des ennemis imaginaires au vieux charlatan cosmopolite, pour faire croire aux radicaux indignés (car personne autre ne s'y trompait), que c'étaient les intrigues de ces ennemis qui paralysaient la bravoure du héros et le rendaient malade.

» C. PRADIER,
» Capitaine de vaisseau en retraite, ex-général commandant les départements de l'Ain et de Saône-et-Loire. »

Cette lettre énergique est le meilleur épilogue de ces notes sommaires, et le général Pradier n'avait passé que quarante-huit heures à Autun. Qu'eût-il dit s'il avait subi, comme nous, la présence de Garibaldi et de ses bandes durant plus de trois mois !

ERRATA

Page 10, ligne 12, lisez *guidés* au lieu de *poussés*.
Page 25, ligne 18, lisez *à la suite de* au lieu de *par des*.
Page 48, ligne 6, lisez *Bruyères* au lieu de *Brugères*.
Page 222, ligne 19, lisez *Delagrange* au lieu de *Lagrange*.
Page 233, ligne 23, lisez *tourné* au lieu de *débordé*.
Page 238, ligne 3, lisez *imminence* au lieu de *éminence*.
Page 244, ligne 17, lisez *surprise* au lieu de *surpise*.
Page 253, lignes 9 et 19, lisez *Tartarin* au lieu de *Tartarëïn*.
Page 274, ligne 28, lisez *vérité* au lieu de *réalité*.
Page 349, ligne 26, lisez *avait* au lieu de *avai*.
Page 477, ligne 3, supprimez *D'autre part*.
Page 482, ligne 5, au lieu de *trois quarts compagnie pionniers*, lisez *trois quarts de compagnie de pionniers*.
Page 543, ligne 25, lisez *8 heures 5* au lieu de *8 heures 50*.
Page 553, ligne 13 in fine, supprimez le guillemet.
Page 581, ligne 28, lisez *Cordier* au lieu de *Cardier*.
Page 611, ligne 2, lisez *l'objectif* au lieu de *l'objet*.

TABLE DES MATIÈRES

CHAPITRE Ier

Le Quatre-Septembre. — Arrivée de Garibaldi. — Dôle.

I. — Révolution du 4 septembre. Ses conséquences à l'intérieur et à l'extérieur. La levée en masse, les corps francs, les officiers improvisés, Garibaldi 7
II. — Circonstances de la venue de Garibaldi en France, ses projets ; il est nommé commandant de l'armée des Vosges.................. 21
III. — Dôle. État-major garibaldien............................... 32
IV. — Difficultés avec les autorités civiles et militaires. Blanc-seing donné par Gambetta à Garibaldi. Discussions intestines. Affaires Frapolli et de Baillehache..................................... 37
V. — Situation militaire. Guerre aux jésuites, aux prêtres, aux citoyens. Départ de Dôle 46

CHAPITRE II.

Les Garibaldiens à Autun.

I. — Arrivée de Garibaldi à Autun ; invasion des églises et des établissements religieux ; silhouette de l'armée et de la vie garibaldienne ; revue passée par Garibaldi. Première impression sur les républicains universels... 60
II. — Officiers, officières et soldats garibaldiens ; leur recrutement, leur conduite ; malhonnêteté, incapacité, concussions.................. 72
III. — Les troupes françaises régulières de l'armée des Vosges ; le 42e régiment de mobiles de l'Aveyron ; la première légion des mobilisés de Saône-et-Loire ; hostilité des garibaldiens à leur égard. Les malades aux ambulances garibaldiennes ; dénuement et mortalité parmi les troupes françaises 96
IV. — Situation faite à la population par l'occupation garibaldienne ; attentats contre les personnes et les propriétés.................. 110
V. — Impuissance d'une partie des autorités, effacement ou complicité des autres ; les républicains et le sous-préfet Marais............... 127
VI. — Les nuits garibaldiennes.................................. 138

CHAPITRE III.

Mission de Garibaldi.

I. — L'établissement du quartier général à Autun facilite à Garibaldi l'accomplissement de sa mission révolutionnaire 151
II. — Ses paroles, ses actes, ceux de son entourage montrent qu'il est venu en France faire la guerre aux Français 155
III. — Haine des garibaldiens pour les habitants; la terreur à Autun.. 166

CHAPITRE IV.

Expédition de Dijon ; combat d'Autun.

I. — Situation des Français dans l'Est au milieu de novembre; projet d'expédition contre Dijon. Coup de main de Châtillon; Garibaldi marche sur Dijon ; combats de Prenois et de Darois ; attaque infructueuse de Dijon; panique et retraite de l'armée des Vosges. Appréciation du grand état-major prussien sur la journée du 26 novembre........... 172
II. — Le général de Werder prend l'offensive; combat de Pasques ; pertes des Allemands dans les journées du 26 et du 27............. 184
III. — Garibaldi se replie en toute hâte sur Autun ; débâcle de son armée; le général Keller marche sur Arnay et de là sur Autun 188
IV. — Les garibaldiens accusent les Mobiles de l'insuccès du 26 novembre et de la déroute... 193
V. — Malgré les avis reçus de toutes parts, Garibaldi ne prend aucune disposition pour s'opposer à la marche du général Keller et défendre Autun ; arrivée de la 3ᵉ brigade badoise devant la ville ; sa ligne de bataille.. 197
VI. — Surprise d'Autun ; fuite des garibaldiens ; belle conduite des artilleurs mobiles de la Charente-Inférieure..................... 204
VII. — Ordre de combat des Français et des Allemands; le combat du 1ᵉʳ décembre 214
VIII. — Retraite des Allemands; on ne les poursuit pas. Combat de Châteauneuf. Conclusion.. 236

CHAPITRE V.

La légende garibaldienne.

I. — Genèse de la légende garibaldienne française; ses inventeurs, ses propagateurs, ses historiens..................................... 249
II. — M. Marais et son roman du combat d'Autun 255
III. — Récit de M. Bordone. Il est agencé de façon à rejeter sur les habitants et sur le colonel Chenet la responsabilité de la surprise... 265
IV. — La conduite des garibaldiens, le 1ᵉʳ décembre, est l'objet de la réprobation générale; ils cherchent à se disculper en accusant les habitants d'Autun de lâcheté et de trahison....................... 300

CHAPITRE VI.

Affaire Chenet.

I. — Le lieutenant-colonel Chenet; sa venue en France; il organise la Guérilla française d'Orient. Ses rapports à Marseille avec Esquiros et Delpech. Séance du club de l'Alhambra.................................. 319
II. — La Guérilla d'Orient est envoyée à Épinac; elle marche sur Dijon. Incapacité de Delpech; ses démêlés avec le lieutenant-colonel Chenet. Le capitaine adjudant-major de Saulcy; ses motifs de haine contre son chef. Entrevue du colonel Chenet et de Menotti Garibaldi. Le colonel Chenet demande à quitter l'armée des Vosges.................... 331
III. — Retraite de la Guérilla d'Orient sur Autun, sur Montcenis, sur Roanne. Arrestation du colonel Chenet............................ 344
IV. — Le colonel Chenet est conduit à Lyon, puis à Autun: il est traduit devant la cour martiale garibaldienne...................... 358
V. — En cour martiale; la condamnation.............................. 373
VI. — Illégalité de la sentence..................................... 383
VII. — Commutation de peine, dégradation 392
VIII. — Au bagne. Arrêt de cassation et renvoi du colonel Chenet devant le conseil de guerre de Lyon..................................... 407
IX. — Le conseil de guerre de Lyon; acquittement................... 415
X. — Conclusion... 423

CHAPITRE VII.

Garibaldi en décembre.

I. — Le général Pradier et Garibaldi................................ 435
II. — Suite de l'affaire Frapolli et de Baillehache; affaire Panni.... 453
III. — Arrestation de M. Pinard. Situation de l'armée des Vosges au mois de décembre; accentuation de l'orgie et de la désorganisation... 461
IV. — Inaction de Garibaldi pendant la première quinzaine de décembre; ses résultats... 472
V. — Opérations militaires pendant la seconde quinzaine de décembre; bataille de Nuits. Rôle de Garibaldi; escadronnage garibaldien..... 480

CHAPITRE VIII.

Garibaldi à Dijon.

I. — Expédition de Bourbaki dans l'Est; mission confiée à Garibaldi.. 494
II. — L'armée des Vosges se rend à Dijon; sa conduite et celle de l'état-major.. 507
III. — Le général de Manteuffel marche au secours du général de Werder; il traverse la partie méridionale du plateau de Langres sans être inquiété.. 514
IV. — Conséquences de l'inaction de Garibaldi....................... 557

CHAPITRE IX.

Attaque de Dijon par la brigade de Kettler. — Réoccupation de Dijon par les Allemands. — Appréciation des opérations militaires.

I. — Combat de Talant, Fontaine-lès-Dijon et Messigny le 21 janvier. Journée du 22. Exagérations garibaldiennes ; la légende se complète. 564
II. — Combat de Pouilly, le 23 janvier 578
III. — Belle conduite des mobilisés de Saône-et-Loire à Dijon. Les garibaldiens les calomnient et s'attribuent le succès de Pouilly...... 587
IV. — Appréciation des combats sous Dijon. Version garibaldienne. Le gouvernement propage la légende. Jugement sur la conduite de Garibaldi à Dijon... 596
V. — Le général Hann de Weyhern marche sur Dijon. Retraite de l'armée des Vosges sur Chagny et Autun. Toujours la légende...... 617
VI. — Résultats militaires de la campagne de Garibaldi en France.... 625

CHAPITRE X.

Derniers exploits garibaldiens. — Garibaldi à Bordeaux. — Conclusion.

I. — Les garibaldiens pendant l'armistice ; les élections du 8 février.... 632
II. — Désarmement et licenciement de l'armée des Vosges 646
III. — Garibaldi est nommé député ; il se rend à Bordeaux ; sa démission ; son départ.. 658
IV. — Garibaldi est venu en France pour y faire la Commune ; responsabilité du gouvernement du Quatre-Septembre ; un prince de la révolution ; ce que doit la France à Garibaldi........................ 668

APPENDICE.

Carnet d'un garde national............................... 681

ERRATA 747

TABLE DES PLANCHES

	Pages.
Giuseppe Garibaldi	7
Types garibaldiens	73
Armée des Vosges; guide et francs-tireurs	193
Nuits et ses environs	481
Croquis des environs de Dijon	568
Carte d'ensemble pour les opérations sur le théâtre sud-est de la guerre.	752
Plan du combat d'Autun	752

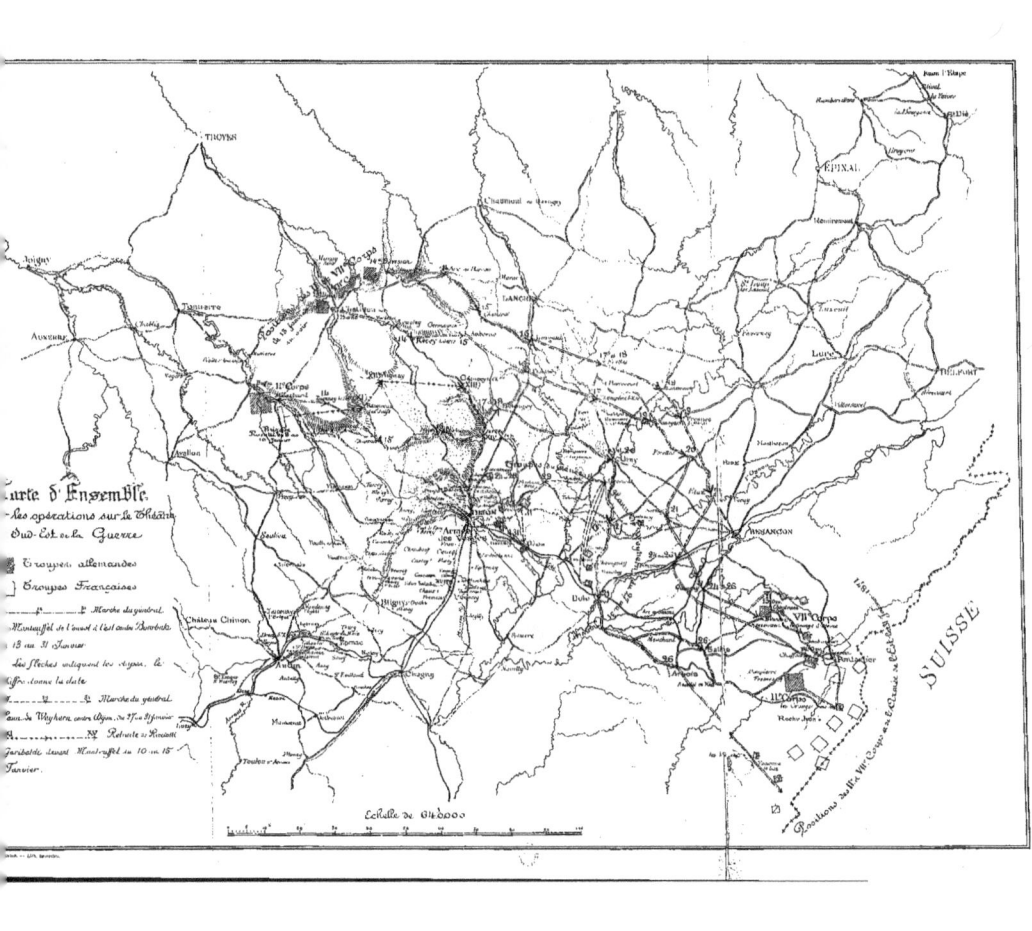

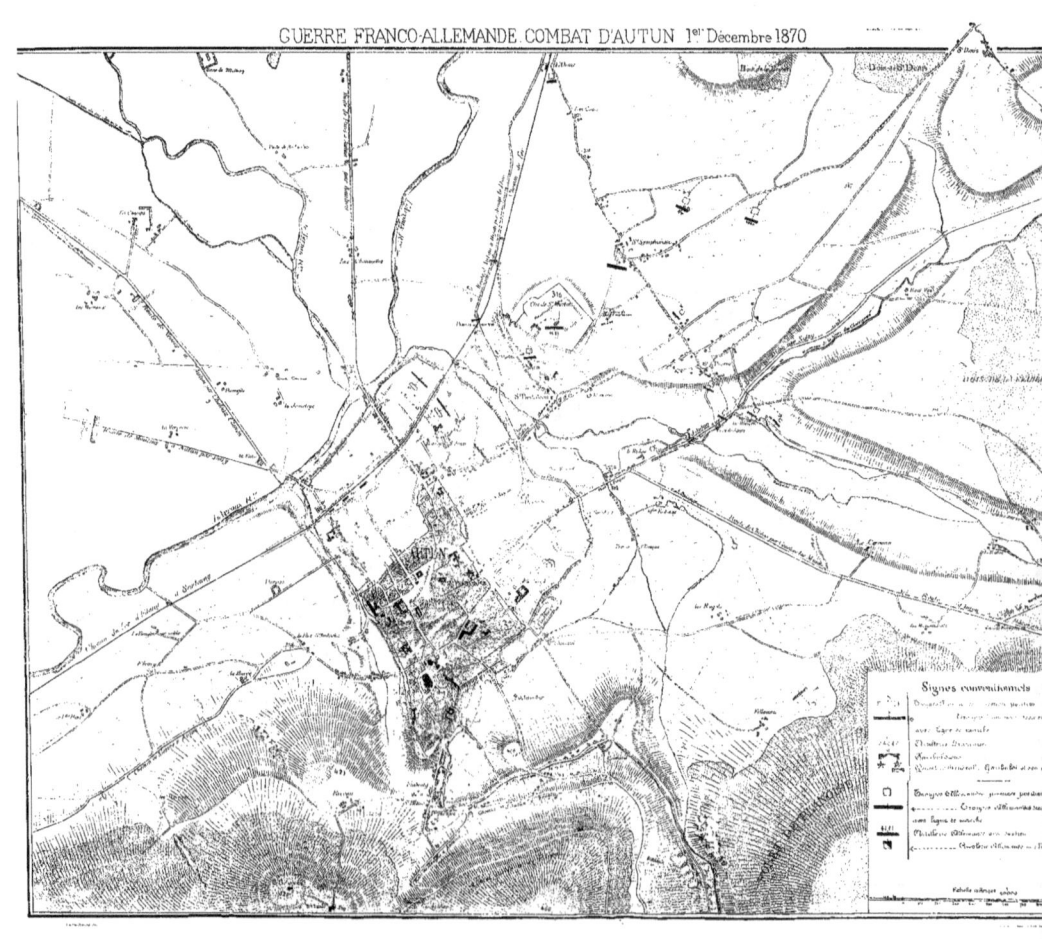

Contraste insuffisant

NF Z 43-120-14

www.ingramcontent.com/pod-product-compliance
Lightning Source LLC
Chambersburg PA
CBHW070055020526
44112CB00034B/1272